강만길 저작집

간행위원: 조광 윤경로 지수걸 신용옥

해제: 고정휴 구선희 김기승 김명구 김윤희 김행선 박은숙 박한용
　　　변은진 송규진 이주철 정태헌 최덕수 최상천 하원호 허은

교열: 김만일 김승은 이주실 조철행 조형열

조선시대 상공업사 연구

강만길 저작집

03

조선시대 상공업사 연구

창비

저작집 간행에 부쳐

　그럴 만한 조건이 되는가 하는 생각을 버리지 못하면서도 제자들의 준비와 출판사의 호의로 저작집이란 것을 간행하게 되었다. 잘했건 못했건 평생을 바친 학문생활의 결과를 한데 모아두는 것도 나름대로 의미가 있을 것 같기도 하고…… 한 인간의 평생 삶의 방향이 언제 정해지는가는 물론 사람에 따라 다르겠지만, 지금에 와서 뒤돌아보면 나의 경우는 아마도 세는 나이로 다섯 살 때 천자문을 제법 의욕적으로 배우기 시작하면서부터 어쩌면 학문의 길이 정해져버린 게 아닌가 생각해보기도 한다. 그리고 요즈음 이름으로 초등학교 6학년 때 겪은 민족해방과 6년제 중학교 5학년 때 겪은 6·25전쟁이 역사 공부, 그것도 우리 근현대사 공부의 길로 들어서게 한 것 같다고 말하기도 한다.

　대학 3학년 때 과제물로 제출한 글이 활자화됨으로써 학문생활에 대한 의욕이 더 강해진 것 같은데, 이후 학사·석사·박사 논문은 모두 조선왕조시대의 상공업사 연구였으며, 특히 박사논문은 조선왕조 후기 자본주의 맹아론 연구였다. 문호개방 이전 조선사회가 여전히 고대사회와 같은 상태에 머물러 있었다고 주장한 일본인 연구자들의 연구에 대항한 것이었다고 하겠다. 역사학계 일부로부터 박정희정권하의 자본주의 성장을 뒷받침하는 연구라는 모함을 받기도 했지만……

　자본주의 맹아론 연구 이후에는 학문적 관심이 분단문제로 옮겨지게 되었다. 대학 강의 과목이 주로 중세후기사와 근현대사였기 때문에 학문적 관심이 근현대사에 집중되었고 식민지시대와 분단시대를 연구하고 강의하게 된 것이다. 『분단시대의 역사인식』을 통해 '분단시대'라는 용어가 정착되어가기도 했지만, '분단시대'의 극복을 위해 통일문제에 관심을 두게 되면서 연구논문보다 논설문을 많이 쓰게 되었다. 그래서 저작집도 논문집보다 시대사류와 논설문집이 더 많이 되어버렸다.

그런 상황에서도 일제시대의 민족해방운동사가 남녘은 우익 중심 운동사로, 북녘은 좌익 중심 운동사로 된 것을 극복하고 늦게나마 좌우합작 민족해방운동사였음을 밝힌 연구서를 생산할 수 있었다는 것을 자 윗거리로 삼을 수 있지 않을까 한다. 사실 민족해방운동에는 좌익전선도 있고 우익전선도 있었지만, 해방과 함께 분단시대가 되리라고는 꿈에도 생각하지 않았기 때문에 민족해방운동의 좌우익전선은 해방이 전망되면 될수록 합작하게 된 것이다.

『고쳐 쓴 한국현대사』는 '한국'의 현대사니까 비록 부족하지만 남녘의 현대사만을 다루었다 해도 『20세기 우리 역사』에서도 남녘 역사만을 쓰게 되었는데, 해제 필자가 그 점을 날카롭게 지적했음을 봤다. 아무 거리낌 없이 공정하게 남북의 역사를 모두 포함한 '20세기 우리 역사'를 쓸 수 있는 때가 빨리 오길 바란다.

2018년 11월 강만길

일러두기

1. 이 저작집은 '내일을 여는 역사재단'의 기획으로, 강만길의 저서 19권과 미출간 원고를 모아 전18권으로 구성하였다.

2. 제15권 『우리 통일, 어떻게 할까요/역사는 변하고 만다』는 같은 해에 발간된 두 권의 단행본을 한 권으로 묶었다.

3. 제17권 『내 인생의 역사 공부/되돌아보는 역사인식』은 단행본 『강만길의 내 인생의 역사공부』와 미출간 원고들을 '되돌아보는 역사인식'으로 모아 한 권으로 묶었다.

4. 저작집 18권은 초판 발간연도 순서로 배열하되, 자서전임을 감안해 『역사가의 시간』을 마지막 권으로 하였다.

5. 각 저작의 사학사적 의미를 짚는 해제를 새로이 집필하여 각권 말미에 수록하였다.

6. 문장은 가급적 원본대로 유지하는 것을 원칙으로 하였고, 명백한 오탈자와 그밖의 오류는 인용사료, 통계자료, 참고문헌 등을 재확인하여 바로잡았으며, 주석의 서지사항 등을 보완하였다.

7. 역사용어는 출간 당시 저자의 문제의식을 살리기 위해 그대로 따랐다.

8. 원저 간의 일부 중복 수록된 글도 출간 당시의 의도를 감안하여 원래 구성을 유지하였다.

9. 본서의 원저는 『朝鮮時代 商工業史 研究』(한길사 1984)이다.

책을 내면서

우리 역사를 전공하면서 계속 조선왕조시대의 상공업 분야에 관심을 쏟아왔고, 따라서 글도 주로 이 부분의 것을 썼다. 그 가운데 왕조후기의 상업자본 발달에 관한 5편을 엮어 책으로 만든 후 10년이 지나도록 상공업에 관한 글들을 모아 책을 만들겠다는 생각은 전혀 하지 못하고 있었다. 그 이유는 그동안에 학문적 관심이 다소 다른 부분으로 기울었던 때문이기도 했지만, 그보다도 그 글들이 한 권의 책으로 묶어지기에는 너무 엉성함을 알았기 때문이다. 특히 공장(工匠) 연구 분야만이라도 왕조후기 부분을 보충해야겠다는 생각을 가지고 있었으나 결국 글을 채우지 못한 채 책을 만들게 되었다. 출판사 측의 권유도 있었지만, 한편으로 지금까지의 학문생활을 일단 중간 정리한다는 마음에서 지난날에 썼던 논문들을 한 권의 책으로 묶어내기로 한 것이다.

『조선후기 상업자본의 발달』속에 넣지 않은 글 중에서 10편을 뽑고 그것들을 4개 부분으로 나누어 책으로 엮으면서 그것에 대한 변명 겸 설명이 다소 필요하다는 생각이 든다.

제1부는 조선왕조시대의 공장제(工匠制) 및 관영수공업 일반을 이해

할 수 있는 부분이 되지 않을까 한다. 공장 연구의 왕조후기 부분을 끝내 채우지 못했지만 분원(分院) 연구가 그것을 어느정도 대신할 수 있으리라 생각되어 같이 엮었다. 왕조후기에는 사장(私匠)이 증가하는 한편 관부에 의해 파악된 공장이라 해도 관영수공업장에 임금을 받고 전속되는 공장과 관영수공업장의 작업에서 해방되어 장포(匠布)만을 바치는 공장으로 완전히 나누어지는 점, 관영수공업장에 민간자본이 침투하여 실질적으로 민영화하고 관수품(官需品) 생산보다 상품 생산이 일반화하는 점 등이 수공업계의 큰 변화이지만, 분원의 운영에서 이와 같은 변화상을 찾아볼 수 있을 것이다.

제2부는 관영수공업장 두 곳의 운영실태를 구체적으로 밝힌 글 두 편과 이조조선사(李朝造船史)로 썼던 글을 함께 넣었다. 왕조전기에는 수공업생산장이 관영수공업장 중심이어서 민수용(民需用) 기와까지도 관영수공업장인 별와요(別瓦窯)에서 만들어 공급했으나 왕조후기에는 민수용은 물론 관수용도 민간의 제와장(製瓦場)에서 공급하게 된 조선왕조 수공업사의 변화과정을 이해할 수 있을 것이다.

관영생산장으로서의 명지도(鳴旨島) 제염장(製鹽場)의 운영과 그 해체과정을 살펴본 글에는 왕조후기 관영생산장의 또다른 한 면이 나타날 것이다. 중앙정부가 재정적 곤란을 메우는 길의 하나로 운영한 이 관영생산장은 결국 사상들의 도전을 받아 해체되고 말았다.

명지도 공염장(公鹽場)의 운영실태를 살피는 일은 같은 시기의 분원·조지서(造紙署)·광산 등 각종 관영생산장의 운영실태를 이해하는 데 도움을 줄 것이지만, 다른 관영생산장이 왕조의 후기로 오면서 그 관영성이 약해지고 민영성이 높아지면서도 그대로 유지된 데 비하여 이 공염장은 해체되고 완전히 민영화한 사례의 하나로서 특징적이다.

조선왕조의 중세적 생산장 운영형태로서의 관영성이 약화하거나 해체되고 그것들이 민영화해갔다는 사실은 그 속에서 새로운 생산형태가 싹틀 수 있는 소지가 마련되어가고 있던 것이라 할 수 있으며, 조선업에서도 그 기술 부분에는 큰 진전이 없는 반면 경영 면에서 민간자본 특히 상인자본이 투입된 민간조선장(造船場)이 발달하고 있었던 것이다.

제3부는 흔히 실학사상을 집대성한 사상가로 불리는 정약용(丁若鏞)의 상공업정책론과 개화기에 실제로 부각된 상공업의 문제점이 무엇이었던가를 다룬 글을 한데 묶었다.

문호개방을 가운데 두고 그 이전, 즉 19세기 전반기의 실학사상가에게 지적된 상공업정책의 바람직한 방향은 어떤 것이었으며 타의로 문호를 개방하여 외국 자본주의의 침략을 받고 난 후, 즉 19세기 말기의 언론이나 사상가들에게 포착된 상공업정책상의 문제점은 어떤 것이었는가 하는 관점에서 비교해볼 수 있을 것이다.

문호개방 전의 진보적 사상가에게서 제기된 상업발전책으로서의 특권상업 및 매점(買占)상업 해체론이 그다지 주목받지 못하다가 문호가 개방된 후 외세의 요구에 의하여 토착상업의 특권성이 해체됨으로써 상권이 외국상인에게 넘어가게 된 사정, 문호개방 이전 사상가들이 강조한 선진기술도입론이 정책적으로 채택되지 못하다가 문호개방으로 외국 자본주의의 침략이 이루어지고 나서야 비로소 정책적 관심의 대상이 되었으나 기술도입에 앞선 경제적·정치적 침략 때문에 조선이 주체적 산업혁명을 이루지 못하고 식민지로 전락해간 사실 등이 읽혀지면 다행일 것이다.

제4부는 '상공업사 연구'라는 제목에서는 다소 벗어나지만, 역시 상공업에 종사한 백정(白丁)의 유래와 성격을 밝힌 글, 그리고 관부(官府)의 노동력동원이 왕조전기의 부역동원제에서 후기의 임금동원제로 넘어가는 과정이 뚜렷이 나타나는 문제를 다룬 두 글을 함께 묶었다.

백정을 다룬 글은 그들의 상공업경영에 관한 문제보다 그 유래와 생활상 중심으로 다룬 것이고, 임금노동제의 발달을 다룬 두 편의 글은 원래 차비군(差備軍)·조묘군(造墓軍)·조례(皂隷)·나장(羅將) 이외에 군인·공장 등의 고립화(雇立化) 문제도 함께 다루어 고립제에 관한 글만으로 한 권의 책이 되게 하려 한 것이었다. 민간경영 공장제수공업장에서의 노동력이 아니고 관부가 사용한 노동력이지만 부역제가 극복되고 임금제가 발달해가는 과정을 폭넓게 밝힘으로써 조선왕조 후기 사회의 또 다른 일면을 부각시키려는 연구계획이었던 것이다.

그러나 각박했던 1970년대의 역사적 사실은 한 사람의 연구자를 전근대사회의 연구에 안주할 수 없게 했고, 그 결과 고립제 연구는 그것만으로 한 권의 책이 되지 못하고 결국 두 편의 글만으로 이 책의 일부로 들어가게 되었다.

이들 10편의 글 가운데는 23년 전에 석사논문으로서 최초로 씌어진 것도 있고 또 최근에 쓴 것도 있다. 오래된 글들은 다시 읽으면서 얼굴이 뜨거워지는 경우가 많았고 책 속에 넣기가 주저스러운 글도 있었다. 그러나 어려운 조건 속에서 그 나름대로 심혈을 기울였던 글들이라는 애착이 있고 아직도 같은 문제에 대한 다른 연구가 없는 경우도 있으며 또 학문적 관심이 식민지시대와 그 이후의 문제로 다가서고 있는 지금 이제까지 쓴 조선왕조시대에 관한 논문을 일단 모아서 정리하자는 생각도 있어서 모두 넣기로 했다.

상업성이 그다지 있을 것 같지 않은 이런 책의 출판을 기꺼이 맡아준 한길사의 김언호(金彦鎬) 사장께, 그리고 편집부 여러 분께 감사한다.

1984년 5월 15일

강만길

차례

官業에서의 임금노동제 발달(2)

I

왕조전기의 官匠制와 私匠
왕조후기, 分院의 운영실태

왕조전기의 官匠制와 私匠

1. 머리말

　조선왕조시대의 수공업 사정을 구명하는 작업은 그것이 왕조의 사회·경제상태를 좀더 명백하게 하는 작업의 일단이며 나아가서 우리 역사의 이른바 근대화 문제와도 깊은 관련을 가지는 것이다. 그러므로 조선왕조시대의 수공업문제 연구는 농업문제·상업문제의 연구와 함께 왕조의 사회·경제의 근본 성격을 해명하려는 연구자들의 시급한 작업대상이라 할 수 있다. 그런데 조선왕조시대에도 수공업 전반의 성격은 차치하고 그 구성은 꽤 다양한 것이어서 수공업 전반을 동시에 다룬다는 것은 개설적이요 피상적인 작업결과를 초래하기 쉬운 일이며, 다만 뚜렷한 문제의식 밑에 부분부분을 신중히 그리고 치밀히 다루어 이를 종합해나가야만 왕조수공업에 대한 좀더 성실한 연구가 이루어질 수 있을 것이다.

　그리고 이와 같은 부분적 연구 중에서도 가장 밑받침이 될 수 있는 것이 당시의 각종 수공업에 종사하던 대표적이며 비교적 전업적(專業的)

이었던 기술인, 즉 공장(工匠, 혹은 匠人)들에 대한 전반적인 연구이리라 믿는 것이다. 더구나 조선왕조와 같은 특이한 아시아적 봉건제사회 밑에서 비교적 하천(下賤)계급에 속하면서 핵심적인 수공업 담당자였던 공장의 사회적·경제적 위치와 성격, 그리고 법제상의 위치와 처우 등을 파악하지 않고서는 수공업 부문의 어떠한 연구도 근본적인 것이 되지 못하리라고 생각되는 것이다. 그러나 현재까지의 공장에 대한 연구는 거의 미개척 상태였으며 한두 선학의 연구가 있기는 하나 제한된 사료에 의존한 결과 문제제시의 정도에 그치기도 하였으며, 또한 극히 부분적이고 단편적인 연구에 그치기도 하였다.[1]

조선시대의 공장 문제를 효과적으로 다루기 위해서는 우선 공장의 신분구성을 면밀히 따져 공장들의 계급적 위치를 명백히 함으로써 왕조의 전업적 수공업이 어떤 사회계급에 의하여 담당되었는가를 구명하고, 관료체제하에서의 그들과 관직의 관계를 밝혀서 왕조수공업의 관료적 조직을 명백히 하여야 할 것이다. 그리고 그 종류와 수를 분석하여

---

1) 조선왕조시대의 공장 문제에 대해서는 1946년에 조선과학자동맹에서 편찬하고 노농사(勞農社)가 간행한 『이조사회경제사(李朝社會經濟史)』 중에 김한주(金漢周)씨의 「이조시대수공업연구」란 논문이 있어서 그 속에 공장수공업을 다룬 1절이 있으며, 1948년에 대성(大成)출판사가 발행한 이북만(李北滿)씨의 『이조사회경제사연구』 가운데 궁정(宮廷)수공업의 1절에서 공장 문제를 다루었고 이광린(李光麟)씨도 『역사학보(歷史學報)』 10집에 발표한 「이조초기의 제지업」에서 지장(紙匠) 문제를 논급하고 있다. 이 가운데 이광린씨는 지장 문제에만 국한되어 있으나, 이북만씨는 거의 김한주씨의 소론을 그대로 인용하고 있어서 결국, 김한주씨의 논문이 지금까지 조선시대의 공장 문제를 다룬 논문 중 가장 대표적인 것이라 할 수 있겠다. 그런데 김씨의 논문은 그 자신이 고백한 것처럼 "스케치―그것도 골격과 채색을 결한 윤곽뿐인―가 제시되었을 뿐"이어서 개설적인 범주에서 벗어나지 못하였으며, 그런데도 왕조수공업 자체의 성격 문제와 관장제(官匠制) 붕괴의 원인과 시기 문제 등에 재고되어야 할 점이 많을 것 같으며 더구나 공장들의 수직(受職) 문제는 전혀 연구되지 않고 있다. 그러나 그의 연구가 개척자적인 임무를 다하고 있음은 인정하여야 할 것이다.

수공업인의 활동상태와 공장수공업의 규모를 엿볼 것이며, 또 그들과 토지의 관계를 고찰함으로써 공장의 전업성 문제를 파악하고 또한 그들의 납세관계를 명백히 하여 그들의 생활실태와 사영(私營)실태를 파악하는 한편 외국과의 교섭관계를 구명하여 국내 수공업인 내지 수공업의 대외교섭 성과 여부를 밝혀 수공업발전을 전망하여야 할 것이다. 그리고 임란(壬亂)을 전후한 관료체제의 해이에 따르는 관장제(官匠制) 붕괴의 원인과 실정을 규명하고 임란 이후 왕조의 정치적·사회적 변동에 따르는 공장의 동태와 특히 사장(私匠)의 활동상을 파악함으로써 비로소 조선왕조시대 공장의 기술 및 생활실태를 이해할 수 있을 것이다.

그러나 본고는 우선 임란 이전까지, 즉 관장제가 붕괴해가고 대신 미약하긴 하나마 사장이 대두하기 시작하는 사정까지를 그 논급 범위로 하여 왕조전기 공장의 실정을 밝힘으로써 후기 공장계를 전망하고 그 결과를 조선왕조의 전체 수공업에 적용시키려 노력한 것이다.

임란 이전의 조선왕조를 연구의 대상으로 하는 모든 연구자들이 공통으로 느끼는 고충은 우선 그 사료의 결핍을 들 수 있을 것이다. 왕조 자체의 관료적이고 중앙집권적인 성격으로 지방사료가 태무(殆無)하며 개인저서마저 많지 못한데다가 왜란·호란 등의 거의 전국에 미친 전란은 이전의 기록물을 불태워버렸으니 우리는 몇 종의 정부기록을 제외하고는 구득할 길이 없으며 더구나 공장과 같은 하층계급에 관한 기록을 구하기는 정말 어려운 일이다.

그리하여 본고는 부득이 『조선왕조실록(朝鮮王朝實錄)』을 주 자료로 하고 그외 몇 종의 법전을 보조자료로 삼을 수밖에 없었음을 말해두지 않을 수 없다. 이들 자료가 모두 중앙관료들에 의하여 이루어진 정부 측 기록이므로 피지배층 중에서도 극히 일부분에 지나지 않는 공장들에 대한 기록이 소홀함은 물론 혹시 두 계급 간에 이해관계가 상반되는 문제가 있을 때는 기록할 수 있는 특권을 가진 치자(治者)계급에 유리하게 기록되었을 가능성도 인정하지 않을 수 없는 것이다. 그러므로 이와 같은 정부 측 기록만으로 피치자(被治者)계급, 그것도 거의 최하층에 가까웠던 공장들의 문제를 입론(立論)한다는 일이 심히 못마땅하고 불안함을 숨길 수 없으나 불행히도 우리에겐 그 길밖엔 남겨지지 않았다.

2. 工匠의 신분과 受職

(1) 신분

조선시대 공장의 신분구성을 구명하는 것은 곧 왕조수공업 자체의 성격을 해명하는 일단이 될 수 있다. 고려말기의 전란의 빈발과 지배체제의 약화, 경제적인 혼란 등으로 사회는 그 계급적인 해이가 심하였고 이로 인하여 하천인들의 불법적인 면역(免役)과 수직(受職)이 자행되었고 증가했다. 예를 들면, 우왕(禑王) 14년 8월의 헌사(憲司) 상소에 공·사노비와 향리·역자(驛子)·공상천류(工商賤類) 등 하천계급으로서 부당하게 관직에 오른 자는 그 관품을 막론하고 작첩(爵牒)을 거두어들일 것을 제의한 기사가 있으며,[2] 왕조가 교체된 후에도 태조(太祖) 때의 판의흥삼군부사(判義興三軍府事)이던 정도전(鄭道傳)의 상서문(上書文)에서 고려말기에 이른바 유취자제(乳臭子弟)와 내료(內僚), 그리고 공상잡례(工商雜隷)들이 '위령지직(衛領之職)'에 충당되어서 그 임무를 감당하

---

2) 『高麗史』志 卷38, 刑法1.
　　公私奴隷·鄕吏·驛子·工商雜類 冒受官職者 請令本府 不論官品 直收爵牒

지 못하였다는 폐단을 들고 있어서[3] 여말의 신분체제 해이를 지적하고
있다.

이밖에도 이와 같은 하층인의 수직 폐단을 논의한 많은 기록을 볼 수
있으나 다음 절에서 재론하기로 하고 이러한 현상이 초래한 사정과 그
대책을 들어보자. 하층인의 수직은 신분체제의 해이와 문란을 가져오
는 한편 기술인의 수직으로 기술노동력을 감퇴케 하였으며 또한 이들
의 관계 진출은 부역의무자의 수를 감소시켰다.

따라서 신왕조의 치자들은 지배체제를 확립하기 위하여 신분체제의
문란을 막고 세원의 감소를 방지하는 한편, 국가의 부역노동력을 확보
하기 위하여 우선 고려시대 이래의 시노비(寺奴婢)를 관노비화했다. 태
종(太宗) 15년에 사사노비(寺社奴婢)를 혁파하고 8만여 명의 사사노비
를 전농시(典農寺)에 전속시켜[4] 종래의 사찰노동력을 신왕조의 부역자
원으로 삼았다. 한편 이와 같은 부역노동력의 확보책은 신왕조의 권위
를 위한 궁궐의 조성, 도성의 수축, 신진귀족·관료들의 사치품·생활품
제조에 필요한 기술노동자의 보충에도 미쳐서 사노(寺奴) 출신과 관노
들이 많이 공장으로 충당되었다. 우선 사노 출신으로 정부에 몰수되어
공장으로 충당된 자들의 경우를 들어보면 세종(世宗) 7년에

刑曹據工曹受敎關啓 各道散住革罷寺社奴子一千口 依他例 給奉足於繕工諸色匠人
酌量分定 使之傳習[5]

---

3) 『太祖實錄』卷5, 太祖 3年 2月 己亥條.
  前朝之季 乳臭子弟及內僚·工商雜隷 充衛領之職 猥微冗雜 不堪其任
4) 『太宗實錄』卷30, 太宗 15年 8月 癸巳條.
  革去寺社奴婢八萬餘口 專屬典農寺
5) 『世宗實錄』卷27, 世宗 7年 正月 庚寅條.

이라 하여 각 도에 산재하여 있는 사노 1천 명을 선공감(繕工監) 공장의 봉족(奉足)으로 배당시켜 이들로 하여금 기술을 습득케 했으며 또한 세종 원년에도

興德寺僧啓 太祖捨宮爲寺 而屬奴婢三十口 上王亦屬奴婢二十口 今繕工奪奴二名 爲泥匠 有違太祖結社願意 右奴等 如不得還寺 則將他奴充給 從之[6]

라 하여 태조의 발의로 만들어진 홍덕사의 노예 2명이 선공감의 이장(泥匠)으로 편입되었음을 말하고 이 노예의 반환이나 다른 노예의 대급(代給)을 요구하고 있다. 결국 그 방법이야 어쨌든 사노 출신의 노예들이 공장으로 충당된 사실을 말해주고 있는 것이다.

다음 각 관아의 일반 노비로서 공장으로 편입된 예도 많이 있다. 이들은 노비 신분을 가진 채 그 신역(身役)을 지는 방법으로 기술 계통에서 제작업에 종사하도록 되어 있어서 대개 연소할 때부터 편입되어 기술을 습득하고 있었던 것 같다. 세종 7년의 기록에

金箔匠·鍊金匠·螺鈿匠·筆匠·印匠·紅鞓匠等 無私習者 以各司年少奴子 於定額內 加數傳習 隨其有闕充額 以爲恒式 從之[7]

라 하여 이들 몇 종의 공장은 사습자(私習者)가 없으므로 각사(各司)의 연소한 노자(奴子)로써 충당시켜 기술을 교습하여 기성 공장에 결원이 생길 때마다 충액하도록 하였으며, 다음 해의 기록에도 공조(工曹)의

---

6) 같은 책, 卷3, 世宗 元年 3月 丙午條.

7) 같은 책, 卷28, 世宗 7年 4月 丁卯條.

전습(傳習)장인으로 각사의 노비를 충당시킴에 있어서 공조의 요구액이 너무 많음을 들고, 젊고 슬기로운 자를 1백 명 이내로 뽑아 견습공으로 만들자는 형조(刑曹)의 계언(啓言)에 왕이 동의한 바 있다.[8]

이와 같이 사노(寺奴) 출신의 노비와 함께 각 경아문(京衙門) 소속의 노비들이 많이 공장으로 편입된 한편 지방에서 선상(選上)되는 이른바 선상노(選上奴)들도 기술인으로 보충되고 있다. 즉『대전속록(大典續錄)』에 "加定選上奴 繕工監差備二十 瓦署差備十四 尙衣院差備十五"[9]라 하여 선상노를 선공감이나 와서(瓦署)·상의원(尙衣院) 등 기술아문의 차비(差備)로 가정(加定)하는 규정이 있는데, 차비역은 일종의 예비원으로 현역 기술인은 아니지만 이들은 조역(助役)으로 사역되어 자연히 기술을 습득할 수 있었을 것이며 또 공장으로 승진할 수도 있었을 것이다.

이상과 같이 왕조전기에 있어서 각종 노비들이 공장으로 편입된 사실은 공장이 왕조수공업 담당자의 대표적 존재였다는 점에서 왕조수공업의 노비노동성의 일면을 나타내는 것이라 하겠으나, 한편 양인 출신들도 공장으로 진출하여 오히려 노비 출신을 능가하는 중요한 수공업 담당자로 활약하고 있었다. 이제 그 사정을 살펴보면 세종 7년의 공조 계문(啓文)에

曹屬諸色匠人 分其所任緊緩 已曾酌量定額 然額內不足者頗多 請以良人 公賤及別
戶私賤成才者 聽各色匠人自告 充定 分番立役[10]

---

8) 같은 책, 卷31, 世宗 8年 3月 戊戌條.
　　刑曹啓 工曹各色傳習匠人 若從工曹關 將京居各司奴婢三百一十名定送 則各司奴子 亦且
　不敷 且工曹匠人元額 不至如此之多 請令傳習奴子 毋過一百名 擇十三歲以上二十歲以下穎
　悟者 加屬 從之
9)『大典續錄』刑典 公賤條.
10)『世宗實錄』卷28, 世宗 7年 4月 丁卯條.

이라 하여 부족한 공조 장인을 충정(充定)하는 데 공천(公賤)·별호사천
(別戶私賤)과 함께 양인 출신을 충당시켜 분번(分番)하여 입역(立役)케
하고 있다. 또한 세종 16년에도 병조가 군기감(軍器監) 제조(提調)와 함
께 공장의 격려 문제와 가수(加數) 문제를 논의한 기록 중에

京中各司及外方各官 公賤匠人 令主掌官 以公閑奴子充數 如或不足 則良人之有巧
性者 漸次充補 從之[11]

라 하여 경중(京中) 각사와 외방(外方) 각관(各官)의 공천장인(公賤匠
人)은 그 주장관(主掌官)으로 하여금 이른바 '공한노자(公閑奴子)'로 충
수(充數)하게 하고 부족하면 양인 중 능력 있는 자를 점차 보충하도록
제의하여 왕의 동의를 얻었다. 한편 양인 출신의 공장 충당은 법전에도
명시되어 있어서 제용감(濟用監)의 모관장(毛冠匠)·재작장(裁作匠)·토
환장(吐環匠)·다회장(多繪匠)·매집장(每緝匠)·분장(粉匠)·하엽록장(荷
葉綠匠)·황단장(黃丹匠) 등의 견습공은 노자(奴子)로서 택정(擇定)하고
부족한 때는 '무역양인(無役良人)'을 충정한다 하였으며[12] 모라장(毛羅
匠)의 견습공과 사의장(簑衣匠)도 양인이나 공천 중에서 택정하도록 하
였다.[13]

이와 같이 공천과 함께 양인도 공장으로 편입됨에 따라 공장의 등록
도 공조와 그 소속 관아 이외에 공천 출신은 형조에서 양인 출신은 병조

---

11) 같은 책, 卷64, 世宗 16年 6月 丙辰條.
12) 『大典續錄』 工典 工匠條.
　　濟用監毛冠匠, 裁作匠, 吐環匠, 多繪匠, 每緝匠, 粉匠, 荷葉綠匠, 黃丹匠, 傳習各一以監奴
　子 擇定 監奴子不足 則無役良人 擇定 毛羅匠傳習四 竝良人·公賤中 擇定
13) 같은 곳.
　　簑衣匠二 竝良人·公賤中 擇定

에서 하기로 되어 있었다.[14] 나아가서 공천과 병행하여 공장으로 진출한 양인들은 노비 출신 공장의 비능률성이 지적됨에 따라 점차 수공업계의 주인공으로 발전하여간 것 같다. 성종(成宗) 16년에 호조판서이던 이덕량(李德良)은

工曹諸色傳習匠人三百 以外方收貢奴子 擇定已久 而無有成才 臣等意以京居可學者擇定 而外方奴子 官收其貢 則其於工事易肄 而國亦有益矣 傳曰可[15]

라 하여 공조 소속의 견습공으로 외방의 신공(身貢) 바치는 노(奴) 3백 명을 택정한 지 오래되었으나 기술을 습득한 자가 없음을 지적하고 앞으로는 '경거가학자(京居可學者)'를 대신 견습시키기로 하여 왕도 동의하였다. 여기에서 말한 소위 '경거가학자'가 양인을 지칭한 것이라고 단정하기는 어려우나 우리는 이 기사에서 우선 노비 출신 수공업자의 비능률성을 엿볼 수 있는 것이다.

　이리하여 한번 지적된 노비수공업자의 비능률성은 자주 논의의 대상이 되었고 또한 노비 대신 양인을 공장으로 택정할 것을 결정하기도 하였다. 즉 성종 19년에 사은사(謝恩使) 성건(成健)이

臣見諸司奴婢 日就凋殘 大率奴婢等 憚其本司苦役 百端規免 求屬於他司 匠人及闕內差備 役於本司者 無幾 至爲未便 自今 如尙衣院事繁匠人及闕內差備外 以良人差定 漸次習熟何如 (…)[16]

---

14) 같은 곳.
　各司匠人成案 藏于本曹·本司 公賤亦藏于刑曹 良人兵曹
15) 『成宗實錄』 卷174, 成宗 16年 正月 癸卯條.
16) 같은 책, 卷213, 成宗 19年 2月 丙午條.

라 하여 각 관아의 노비가 조잔(凋殘)해가는 이유를 노비들이 그 소속 관아의 심한 사역을 꺼려서 백방으로 피하고 또한 다른 관사(官司)로 옮겨가려 하는 데 있다 하고 장인과 궐내(闕內) 차비(差備)로서 그 소속 관사에 종사하는 자는 거의 없으니 지금부터는 요긴한 장인이나 궐내 차비 외에는 양인으로 택정하여 점차 기술을 익히게 하자고 제의하였던바 왕은 "今後匠人等 以良人差定"하라 하였다. 물론 이때 이후로 공장의 전원이 양인 출신으로 교체된 것은 아니나 적어도 노비 출신 공장 중심의 관영수공업체제는 지양되고 양인의 공장으로의 진출이 점점 활발해졌던 것이다.

그리하여 중종 때에 이르러서는 각사의 노비가 날로 감소되어가는 이유가 그들 중 다소 여유 있는 자는 뇌물로써 신역(身役)을 규피(窺避)하고, 빈잔무의(貧殘無依)한 자만이 남아서 중역(衆役)을 한몸에 지게 되므로 괴로움을 견디지 못하여 모두 도망하여버리는 데 있다 하고 제색(諸色) 공장은 양인을 우선적으로 충당할 것을 사헌부(司憲府)가 제의한 바 있으며 왕도 이를 응낙하였다.[17] 생각건대 이때에 이르러서는 관노의 수가 격감되어 관노를 공장에까지 충당시킬 수는 없었던 것 같다. 즉 이때는 벌써 조선왕조의 지배체제가 해이해지기 시작하던 때이며, 국초의 지배체제 확립기에는 강력한 통치권으로 국가의 노동자원인 노비를 확보할 수가 있어서 이들을 수공업 계통에도 사역시킬 수 있었으나 이때에 이르러서는 통치권의 이완으로 노비노동 자원을 확보하

---

17) 『中宗實錄』卷100, 中宗 38年 6月 乙亥條.
　　京各司奴婢 厭其役苦 多娶私賤 元額日減 艱供一司之役 加以近年以來 人心日益奸巧 稍饒衣食者 百端窺避 因緣略請 必投斜付後已 以此 貧殘無依者 獨留本司 其勢益孤 衆役叢集一身 不堪其苦 率皆逃散 或供上之物 輸納無人 或無使喚 有官吏親集其勞者 或文簿庫物 無有典守者 如此之弊 至今轉甚 若不急救 措手無由 凋弊難支矣 各處斜付 自有定額 而不無冒濫其數者 諸色匠人 當以良人爲先 (…) 諸色匠人 樂工等事 如啓

28

지 못하여 대신 양인으로써 공장에 충당시켰던 사정을 드러내고 있는 것이라 하겠다.

이상에서 논술한 바와 같이 조선왕조의 전기를 통하여 공장의 구성원으로 관노와 양인이 다 같이 포함되어 있기는 하나 그 비율에 있어서 점차 양인이 우위를 차지하였으리라는 추측을 가능하게 해주고 있다. 최근 김석형(金錫亨)씨도 그의 연구에서 "고려 말과 이조 시기에 농업과 분리된, 또는 농업과 완전히 분리되지 않았다 하더라도 반공반농이라 할 수 있는 수공업 부문에 있어서 이 수공업을 생계유지의 방편으로 하는 대부분의 직접생산자는 양인 신분에 속하는 사람들이었다"[18]고 논술하고 있다.

그런데 이와 같이 공장으로 진출한 양인들은 대개 천인으로서 속량된 자 등 거의 천인에 가까운 신분의 양인들로서 그들은 소위 신량역천(身良役賤)의 신분이었다.[19] 그러나 이들은 신분의 법적 자유를 인정받은 사람들이므로 사노나 관노처럼 상전이나 관아에 완전 예속된 것이 아니며 생산활동에도 어느정도 자율성을 누릴 수 있었고 아울러 그들의 노동량도 가변적인 것이었으며, 사영업적인 생산의 가능성도 기대할 수 있었다 하겠다. 그러나 그들의 노동력은 조선왕조의 특수한 관료체제 속에 흡수되어버렸는데 이 문제에 대해서는 공장의 수직(受職)을 다루는 장에서 상론하기로 한다.

한편 관노와 양인 이외에 사노로서 공장이 된 자들이 있었다. 앞에서 논급한 바와 같이 공장의 정액(定額)이 부족할 때는 양인·공천과 함

---

18) 金錫亨 『朝鮮封建時代農民の階級構成』, 末松保和·李達憲 譯, 學習院東洋文化硏究所 1960, 163면.

19) 『成宗實錄』 卷21, 世祖 3年 8月 庚午條.
　　傳于兵曹曰 自今 免賤爲良者 勿許屬甲士 皆隷正兵 或匠籍 以正良賤之分

께 '별호사천'의 성재자(成才者)를 공장으로 충당시킨 기록이 있다.[20] 여기에 '별호사천'으로 지칭된 자들은 소위 외거노비(外居奴婢)를 말하는 것이며 사실상 일반 양민과 같이 독립된 생활을 영위하면서 호적상으로 모인(某人)의 사노로 등록되어 그 상전에게 신공(身貢)을 바치고 있었던 것이다. 그러므로 이들은 공장으로서의 국가에 대한 의무와 사노로서의 상전에 대한 의무를 함께 부담하여야 했다. 『세종실록(世宗實錄)』에는

尙衣院工匠內私賤 則公私兩役 一身竝行 艱苦尤甚 以私賤侍丁 古無其例 不許侍丁 孝養老親 其道無由 情理可恤 自今 考其父母年歲及獨子眞僞 許令侍丁 從之[21]

라 하여 사천(私賤) 출신의 공장은 공·사 양역(兩役)을 함께 분담하여 간고(艱苦)가 심함을 들고 그들에게는 공천들에게 베푸는 시정법(侍丁法) 즉 70세 이상의 공천에게 그 아들 중 한 사람을 부역에서 면해주는 특전이 적용되지 않아 효양노친(孝養老親)할 길이 없으니 사천에게도 부모의 연령과 독자(獨子)인가의 진위를 가려 시정법을 허가하도록 하고 있다. 이러한 사실로 미루어보아 이들 사천 출신의 공장은 그 상전이 경영하는 제조업에 종사하던 자들이 아니고, 다시 말하면 고용인적인 성격이 아니고 관역(官役)에 동원되거나 개인적인 생산에 종사하였던 것이다.

성종 때 완성된 『경국대전(經國大典)』에는 경외(京外)의 공장은 성적(成籍)하여 그것을 공조와 그 소속 관아와 도·읍에 보관하되 사천은 공

---

20) 주 10 참조.
21) 『世宗實錄』 卷105, 世宗 26年 閏7月 庚子條.

장이 될 수 없다[22] 하여 사천은 원칙으로 공장이 될 수 없는 규정이 있으나 사실상으로는 이후에도 사천 출신의 공장이 있었던 것 같다. 연산군(燕山君) 때의 기록에 모든 공장은 그 공·사천을 불문하고 한성부와 오부(五部)로 하여금 거주지를 기록하여 관부의 역사(役事)에 응역(應役)할 수 있도록 공장 등록을 강조한 기록이 있다.[23]

이밖에도 조선왕조의 건국과 더불어 그 사회적 지위가 낮아진 승려들이 공장으로 편입된 예도 볼 수 있다. 한 가지만 들어보면 세종 때 개와(蓋瓦)를 자비(自備)할 수 없는 자를 위하여 별요(別窯)를 설치해서 번와(燔瓦)케 하고 그 소요 인원은 와장(瓦匠) 40명에 승인(僧人)을 '위선초정(爲先抄定)'하고 조역인 3백 명에는 자원인(自願人)과 외방의 승려를 쇄출(刷出)해 충당하도록 하였다.[24]

이와 같이 조선왕조의 공장은 대개 사노(寺奴)·관노·양인·사노(私奴)·승려 등으로 구성되어 있었으나 이밖에도 긴요한 장인에 결원이 생겼을 때는 군사나 보솔(保率)·한역(閑役)·관속(官屬)·공천을 불구하고 그 합당한 자를 충정(充定)하도록 하여서[25] 공장 충당의 범위를 넓히고 있다.

한편 조선왕조 공장은 지방 공장인 경우, 삼국시대 이래의 향(鄕)·소(所)·부곡(部曲) 출신인과 연관을 가지고 있는 것 같다. 삼국시대부터

---

22) 『經國大典』 工典 工匠條.
　　京外工匠成籍 藏於本曹·本司·本道·本邑 私賤勿屬

23) 『燕山君日記』 卷60, 燕山君 10年 12月 丁亥條.
　　傳曰 諸工匠 勿問公私賤 令漢城府·五部 錄其居處坊名 國有應役之事 登時赴役

24) 『世宗實錄』 卷31, 世宗 8年 2月 癸巳條.
　　戶曹啓 今失火人家舍及貧窮未能自備蓋瓦者 請設別窯 令燔瓦 輕價分給 其事件條列于後 (…) 一瓦匠四十名 僧人爲先抄定 一助役人 三百名 自願人及外方僧人刷出 (…)

25) 『大典後續錄』 工典 工匠條.
　　諸色最緊匠人有闕 勿拘軍士·保率·閑役·官屬·公賤·可當人充定

발전해오던 부곡과 향·소의 성격에 대해서는 지금도 연구자 간에 논의가 많으나 일찍이 백남운(白南雲)씨는 부곡이 "일종의 행정구역이긴 하나 각 부곡의 명칭을 검토해보면 반드시 그런 것도 아니다. 예를 들면 염졸부곡(鹽卒部曲, 海美)·귀화부곡(歸化部曲, 密陽)·조지부곡(造紙部曲, 靈光)·궁경부곡(躬耕部曲, 洪州) 등과 같은 어떤 현실관계 혹은 생산별에 의하여 특히 명명된 부곡도 있는 것 같다"[26]고 하고 다시 부곡은 "백제에 있어서는 도부(刀部)·주부(綢部)·목부(木部)·마부(馬部) 등과 같이 관부에 부속되어 있는 노예(奴隸)수공업부로서 나타나 신라 통일 이후에는 아시아적 전부(佃部)로서 존재한 것이다. 그리하여 고려 이래의 소·장(莊) 등은 이러한 부곡의 개편에 지나지 않는다고 생각된다"[27]고 하였으며, "우리나라에 있어서는 (부곡은) 지역적으로는 행정구역이 되고 직업적으로는 궁정의 수공업부로 변하여버렸기 때문에 (…)"[28]라고 하였다.

한편 김용덕(金龍德)씨는 "정복사회의 국가체제의 정돈에 따라 피지배집단에도 몇 개의 계층이 생겨 그중의 어느 부분은 드디어 최하위의 천민적 지위에 서게 되니 이것이 즉 향·부곡으로 된다"[29] 하고 대개 이들은 전쟁포로·귀화인·반역민의 집단적 거주지, 반역현(叛逆縣) 등의 강등으로 이루어진 것이라 하였다.

---

26) 白南雲『朝鮮社會經濟史』, 改造社 1933, 351면.

27) 같은 책 352면. 1960년에 하따다 타까시(旗田巍) 씨는 그의 논문「高麗時代の王室の莊園―莊·處」(『歷史學研究』246號, 歷史研究會 1960)에서 "장·처는 부곡·향·소와 함께 현보다 하급단체였으나 그 소멸방법은 대단히 다르다. 그것은 장·처와 부곡·향·소는 군현과의 신분상의 거리가 달라서 부곡·향·소의 사람을 군현민으로부터 구별하는 만큼은 장·처민을 군현에서 구별할 수 없었기 때문일 것이다"라고 하여 장·처와 부곡·향·소에 살던 사람의 신분상의 차이를 지적하고 있다.

28) 白南雲, 앞의 책 354면.

29) 金容德「鄕·所·部曲攷」, 『白樂濬還曆甲記念國學論叢』, 思想界社 1955, 182면.

또한 하따다 타까시(旗田巍) 씨는 "소는 국가가 필요로 하는 금·은·동·철·사(絲)·지(紙)·도기(陶器)·묵(墨) 등을 제작하기 위하여 설치한 특수한 기관이나 거기에서 일하는 공장은 죄인 혹인 천민집단이었다. 부곡이라 함은 당시의 현보다 많은 호구를 가진 행정구획으로서 그곳에 사는 사람들은 양민과 다른 특수신분의 사람들이었다. 부곡은 신라 시대부터 있어서 고려에 이르러 점차 해방되는 경향이 있기는 하였으나 고려 일대를 통하여 전국적으로 존재하였다. (…) 향도 부곡과 유사한 것으로 생각된다"[30]고 논급하고 있다.

한편 『동국여지승람(東國輿地勝覽)』에는 "생각건대 신라가 주군(州郡)을 건치할 때 그 전정(田丁)과 호구가 현이 될 수 없는 것은 혹 향을 두고 혹 부곡을 두기도 하여 그 소재지의 읍에 속하게 하였다. 고려 시에 또 소라 불리는 것이 있어서 금소·은소·동소·철소·사소(絲所)·주소(紬所)·지소(紙所)·와소(瓦所)·탄소(炭所)·염소(鹽所)·묵소·곽소(藿所)·자기소(瓷器所)·어량소(魚梁所)·강소(薑所) 등의 구별이 있었고 각각 그 물품을 공상(供上)하였다"[31]라고 했다.

이상에서 열거한 여러 연구결과와 고전의 기록들을 통해 향·소·부곡의 성격을 살펴보면 그것들이 첫째 하천인의 집단이었으며, 둘째 수공업생산 내지 그 원료생산지와 연관이 있으며, 셋째 삼국시대는 물론 고려 전시대를 통하여 존재하고 있었다는 사실을 알 수 있다. 그런데 이들 향·소·부곡이 조선왕조에 이르러서는 자연 소멸되었으니 이 점에 대하여 김용덕씨는 "향·소·부곡이 이씨조선 왕조의 발전에 따라 결정적으로 소멸의 방향을 밟고 있음은 고려사회와 이조사회의 단계적 차이

---

30) 旗田巍 『朝鮮史』, 岩波書店 1951, 74면.

31) 『東國輿地勝覽』 驪州 古跡條.

성의 전형적 표현으로 이조사회가 고려보다 일보 전진하고 있음을 말해주는 좋은 표지일 것이다"[32]라고 말하고 있으며, 하따다 씨도 "신라·고려 양조에 걸쳐서 존속하여온 향·부곡이 이씨조선 왕조의 발전에 따라 지방행정구획에서 소실된 것은 주목할 일이다. 공·사 노예는 그대로 광범하게 존속하지만 지방제도에서 향·부곡이란 천민집단은 그 자취를 감추었으니 여기에도 이조의 사회·국가가 일보 전진하였음이 나타나고 있다"[33]고 논급하였다. 이들 천민집단이 해체하게 됨에 따라 그중 수공업 종사자는 자연히 조선왕조의 지방 공장으로 편입되었다고 생각할 수 있다. 이 점에 대하여 이광린씨도 "소의 공장은 그뒤 외공장(外工匠)이란 이름하에 지방 주현에 부속된 듯하다"[34]고 가정하고 있으나 우리는 이러한 생각을 좀더 확실한 것으로 하기 위하여 향·소·부곡의 수와 조선왕조의 지방 공장 수를 비교함으로써 효과를 구할 수 있을 것이다. 우선 『신증동국여지승람(新增東國輿地勝覽)』에 보이는 향·소·부곡의 수를 각 도별로 표시하여 보면 표 1과 같다.[35]

---

32) 金容德, 앞의 글 237면.

33) 旗田巍, 앞의 책 117면.

34) 李光麟 「朝鮮初期의 製紙業」, 『歷史學報』 제10집, 1958, 16면.

35) 이 통계는 조선왕조의 중종 25년(1530)에 찬진(撰進)된 『신증동국여지승람(新增東國輿地勝覽)』에 의하여 작성한 것이며, 그 한계는 ① 찬진 당시에는 폐현(廢縣) 혹은 속현(屬縣)이나 옛날에는 향·소·부곡이었던 것, ② 찬진 당시에 고적으로 취급된 향·소·부곡, ③ 찬진 당시 속현이지만 옛날에는 향·소·부곡이었던 것, ④ 찬진 당시는 군현으로 승진하였거나 혹은 군현 속에 편입되었지만 옛날에는 향·소·부곡이었던 것, ⑤ 찬진 당시까지 향·소·부곡으로 남아 있어서 속현조에 기재되어 있는 것(이 경우는 그 수를 괄호로 표시하였다) 등 『신증동국여지승람』의 찬진 당시와 그 이전에 있었던 것으로 동서(同書)에 기재된 모든 향·소·부곡을 망라한 것이다. 그런데 다른 연구자의 통계 숫자와 차이가 있다. 김용덕씨의 통계는 향이 전국에 138, 소가 241, 부곡이 406으로 합계 785이며(김용덕, 앞의 글 181면) 하따다 씨의 통계는 향이 134, 소가 243, 부곡이 404로 합계 781로 되어 있다(旗田巍, 「高麗王朝成立期의 府와 豪族」, 『法制史研究』 第10集, 1960, 39면).

표 1_ 향·소·부곡의 도별 표시

	향	소	부곡	계
경상도	34	45	220(10)	299(10)
전라도	50	88	84(1)	222(1)
충청도	21(1)	62	70(1)	153(2)
경기도	13	7	22	42
강원도	3	33	10	46
황해도	7	10		17
평안도	8		7	15
함경도	1			1
계	137(1)	245	413(12)	795(13)

　　표에서 보는 바와 같이 『신증동국여지승람』이 편찬(1530)되기 이전
에 있었던 향·소·부곡으로, 이 책에 기록된 것은 전국에 795개인데(이
책 편찬 당시까지 남아 있던 향·소·부곡은 모두 13개이다) 그중 경상
도에 가장 많아서 전국의 약 38%에 해당하는 299개가 있었다. 한편 조
선왕조의 외공장 수를 『경국대전』에 의하여 살펴보면 전체 외공장 수
는 3764명이며 그중 경상도 공장이 가장 많아서 전체 외공장의 31%인
1152명이나 된다.[36] 즉 향·소·부곡이 전국에서 가장 많아 전체의 약 3
분의 1이 집중되어 있었던 경상도가 이들 향·소·부곡이 해체되어서 그
구성원 가운데 수공업인에 편입되었으리라고 추측되는 외공장 수도 전
국에서 가장 많아 전체 외공장 수의 약 3분의 1을 차지하고 있는 것이다.
　　이러한 사실로 미루어볼 때 조선왕조의 공장 중에는 사노(寺奴)와 관
노·양인·사천·승려 이외에 삼국시대 이래 각 지방에 발달하고 있었던

---

36) 이 책 66면의 표 8 '외공장의 각 도별 통계' 참조.

천민집단인 향·소·부곡의 구성원 중 수공업 계통에 종사하던 일군의 사람들이 이들 천민집단의 해체와 더불어 편입되었다 하겠다. 요컨대 조선왕조 공장의 구성요소는 사노·관노·양인·사천·승려와 향·소·부곡 출신 등이었으나 그 핵심은 관노와 양인이었으며 그중에서도 관노보다는 양인이 오히려 우세한 실정이었다. 조선왕조의 수공업은 노비 노동적 성격에서 벗어나 양천병행 내지 양인 중심으로 옮겨가고 있었으며 그것은 곧 왕조사회 자체가 전적으로 노비수공업에만 의존할 수 없을 만큼 발전하고 있었던 것이 아닌가 한다.

(2) 受職

조선왕조 전기의 공장들은 그 대부분이 국가기구 밑에 흡수되어서 관장화(官匠化)하였으니 이런 사실은 곧 왕조수공업의 성격을 그대로 표현한 것이었다. 앞 절에서도 잠깐 언급한 바 있지만 여말선초를 통해 사회적인 혼란을 틈타서 소위 '공상천례(工商賤隷)'라 지칭되는 하천계급이 부당하게 관직에 오른 경우가 많았으며 이를 방지하려는 양반계급의 노력도 꾸준한 것이었다. 몇 가지 예를 들면 공민왕(恭愍王) 때의 정언(正言) 윤소종(尹紹宗)은 시사진소(時事陳疏)에서 국가의 경비가 부족하여 관작(官爵)을 상공물(賞功物)로 주었기 때문에 소인들이 뇌물로써 부당히 관직에 올랐으며 지금에는 공장과 공·사 노예들이 모두 벼슬을 얻었다[37] 하였고, 우왕 14년 9월의 전법사(典法司) 상소에도 관사(官

---

37) 『高麗史』 列傳 卷33, 諸臣, 尹紹宗條.
   自辛丑·癸卯以來 國用不足 以官爵 爲賞功之物 於是 小人 濫冒軍功 因緣賄賂 不次超授 其源一開 至于今日 商賈·工匠·公私奴隷 皆得爲官 (…). 辛丑年은 공민왕 10년으로 홍건적(紅巾賊) 10만이 내침하던 해이며 癸卯는 동왕 12년으로 김용(金鏞) 일당이 흥왕사(興

司)에 천구(賤口)로서 모수관직(冒受官職)한 자가 많음을 들고 그 직급이 참상(參上) 이상인 자라도 사첩(謝貼)을 거두고 '친문논죄(親問論罪)'할 것이며 제색(諸色) 장인(匠人)으로 관직에 오른 자도 문죄할 일이 있으면 이와 같이 하라[38] 하여, 공장으로서 수직한 자가 있었음을 시사하는 한편 그들에게 제재를 가하고 있는 일면도 보인다.

하천계급의 수직은 앞에서도 언급한 바와 같이 곧 신분체제의 해이를 뜻하는 것이며 한편 부역의무자의 감퇴를 결과하는 것이었으므로 이를 억제하려는 치자들의 노력은 자연스러운 것이었다. 그리하여 이러한 치자들의 노력은 여말의 신진관료들에게도 예외일 수 없었다. 이성계(李成桂) 일파가 국정을 전단하던 공양왕(恭讓王) 원년에 간관(諫官)이 부병제(府兵制)를 논한 상소에서 제색 장인으로 공로가 있는 자는 전곡(錢穀)으로 표창하고 관직을 주지 말 것을 제의하고 있으며,[39] 조준(趙浚)이 정도전과 더불어 사전(私田)개혁을 주장하여 올린 상소에서도 공·사 노예와 주역리(州驛吏), 공상잡류 중 부당하게 관직을 받은 자는 헌사(憲司)로 하여금 관품을 불론(不論)하고 그 관직을 빼앗도록 제의하고 있다.[40] 한편 신왕조에 들어와서도 태조 7년에 간관이 올린 진시폐사조(陳時弊四條) 중에

王寺)의 변을 일으켰던 해이다.

38) 같은 책, 志 卷38, 刑法1.
　　近年 官司 賤口冒受官職者 難以數計 今後 雖參以上 如有現告 除守直·受判 直取謝貼 親問
　　論罪 諸色匠人 受官職者 如有問罪事 亦如之

39) 같은 책, 志 卷35, 兵1.
　　(…) 諸色工匠 其有勞者 賞以錢穀 不許職事 除先王所設官額外 增置員數 一皆削之

40) 같은 책, 列傳 卷31, 諸臣, 趙浚條.
　　公私奴隷·州驛吏·工商雜類 冒受官職者 請許憲司 不論官品 皆奪其職 (…)

官爵之設 所以尊朝廷 治天職也 當擇賢能公正之士 以任之 前朝之季 工商賤隷 得
蒙顯授 汚辱朝班 舊弊未革 遂至于今 願自今 工商賤隷 如有功勞 賞以貨財 毋令授官
以重名器 以尊朝廷[41]

이라 하여 '중명기(重名器)' '존조정(尊朝廷)'을 이유로 공상계급에는 관
직을 주는 대신 재화(財貨)로써 시상할 것을 건의하고 있다. 이리하여
이후에도 이들 공상계급의 수직 문제에 대하여 논란이 많았으며 치자
계급의 방해는 한결같았으나 그들의 특수한 훈공이나 개인적인 특기를
표창하지 않을 수 없었으며, 재화만으로 시상할 것이 아니라 그들의 기
술을 정부가 정규적으로 확보해야 하는 필요성도 또한 있었던 것이다.

그러나 이들 공상계급의 기술노동력을 정규적으로 확보하기 위해
그들에게 일반 양반계급과 같이 문무관직을 제수할 수는 없었다. 그것
은 소위 '오욕조반(汚辱朝班)'하고 '소이중명기(所以重名器)'에 위배되
며 왕조의 성격상 명분에 어긋나는 일이었다. 이와 같은 애로를 타개하
기 위하여 결국에는 공상계급을 포함하는 비양반계급을 위한 관직으로
잡직(雜職)을 설치하게 되었다. 잡직이야말로 양반계급의 자존심을 만
족시키고 한편 정부가 필요로 하는 하층인을 관료적 통제 속에 긴박(緊
縛)하는 방편이었던 것이다. 이제 조선왕조에 있어서 잡직 설정의 경위
를 살펴보자. 세종 12년에 찬성(贊成) 허조(許稠)가 계언하여

前朝盛時 惡下之陵上 文武參外官 令執法官 直斷施行 故風俗 不至澆薄 今則參外
及有蔭子弟 必皆啓達 論罪 故文武士族外 工商賤隷之輩 亦必啓達論罪 恐將與士類混
雜 良賤無等矣[42]

---

41) 『太祖實錄』卷15, 太祖 7年 11月 癸未條.

라고 하고 법률 시행에 있어서 양반과 공상계급의 차별이 없음을 지적하였는데 왕은

工商賤隷雜職者 則不得齒士類尙矣 若齒於東西職次者 職旣無別 待何有異乎[43]

라 하여 공상계급으로서 관직에 오른 자는 관직에 차이가 없는 이상 법률적인 차별대우를 할 수 없는 사정임을 말하고 있다. 앞의 허조 계언 중의 '공상천례지배(工商賤隷之輩)'는 곧 관직을 가진 공상계급을 지칭한 것으로 당시의 법률은 관직의 유무나 고하보다는 출신계급에 따라서 적용된 일면을 엿볼 수 있다. 아무튼 공상계급이 관직을 가짐으로써 그들과 동등한 법률적 대우를 받는 데 불만이었던 양반들은 잡직이란 특수관직을 고안하였다. 당시 총제(摠制)인 정초(鄭招)가

中朝官制 各品皆有雜職 不列於流品 本朝官制則無雜類之別 故工商賤隷皂隷所由
螺匠杖首之類 若得受職 則立齒朝班 甚爲未便 乞減西班官職 別設雜職 以尊文武官[44]

이라 하여 중국의 관제를 본받아서 일반 문무관직 이외에 잡직을 별정하자고 권의(勸議)하여 이에 왕이 동의하고 제신들에게 물었는데 잡직의 품계를 참외(參外) 이하 즉 7품 이하로 할 것에 합의하였던 것이다.[45]

42) 『世宗實錄』卷49, 世宗 12年 9月 乙巳條.
43) 같은 곳.
44) 같은 곳.
45) 정초의 계언(啓言)에 이어서 "上然之曰 如此輩 受東西班職者 亦參朝班乎 判書申商對曰
司饔·司幕·尙衣院·上林園·樂工·圖畫院之輩 皆非流品 不得參班其餘 雖工商賤隷 若受東西
職 則立參朝班矣 上曰 卿等之言 然矣 其令詳定所 議設雜職便否 啓事者出 上謂代言等曰 工
商賤隷 杖首之類受職者 勿取旨論罪之議何如 皇甫仁等對曰 雖工商賤隷 豈無可用之才 旣受

이후 언제 잡직 규정이 확정되었는지는 상고(詳考)할 길이 없으나 『경국대전』에는 잡직조(雜職條)가 있어서 그 요원은 연(年) 사도목(四都目)이며 그중 사복시(司僕寺)의 마의(馬醫)와 소격서(昭格署)의 도류(道流), 도화서(圖畫署)의 화원을 제외하고는 모두 정직(正職)을 받을 때 품계를 하나씩 낮추기로 되어 있다.[46] 이제 이들 잡직 중 공장에게 주어졌던 부문만을 들어보면 표 2와 같다.

이 표를 분석해보면 공장이 받을 수 있는 잡직은 종7품직 공제(工製)가 9명, 종8품직의 공조(工造)가 12명, 종9품직인 공작(工作)이 13명으로 모두 합해 34명이며 이 중 사첨시(司瞻寺)와 조지서(造紙署)·교서원(校書院)은 3관아가 합쳐서 잡직요원이 공조 4명과 공작 2명인데 이들 잡직은 조지서 장인체아(匠人遞兒)와 제색장체아(諸色匠遞兒)들이 협의해서 번갈아 수직하는 이른바 화회체수직(和會遞授職)이었다.

공장 출신의 잡직요원은 2번(番)으로 나누어 입사(入仕)하고 입사일(元仕日만 계산해서)이 9백 일이 되면 가계(加階)하도록 되어 있었으나 그 품계는 종6품에서 그치도록 되어 있었으며, 다만 상의원 능라장(綾羅匠)과 조지서 지장은 3번으로 분번(分番)해 입사일 6백 일에 가계하도록 우대받고 있었다.[47] 그런데 표 2에서 보는 바와 같이 공조·공작과 같은 잡직을 받은 공장은 모두 체아직원(遞兒職員)들이다. 그러므로 공장의 잡직원은 그들이 잡직원이 되기 전에 이미 체아직을 받은 자들이

流品 則不可區別待之也 嚴刑以厚風俗 稱之議 非正論也 上曰 然 設雜職之議 何如 僉曰 設雜職 待以異類 必皆缺望 豈厚意也哉 若參外則可矣 參上則尤難矣 上然之"라 하였다.

46) 『經國大典』吏典 雜職條.

　　雜職(皆四都目 馬醫·道流·畫員則階同正職 ○授正職時 降一階)

47) 같은 곳.

　　工曹(匠人數 見工典 分二番 仕滿九百 一 尙衣院綾羅匠 造紙署紙匠 則分三番 仕滿六百一加階 從六品而止 他司匠人同)

표 2_ 공장에게 주어졌던 잡직

품계 관야	종7품		종8품		종9품		비고
공조 (工曹)			공조 일원		공작 이원		
사첨시 조지서 교서원			공조 사원	조지서 장인 체아	공작 이원	제색장체아	화회 체수
상의원	공제 사원 (四員)	능라장, 야 장(冶匠), 환 도장(環刀 匠), 체아	공조 일원	옥장(玉匠), 화장(和匠), 은장(銀匠), 체아	공작 삼원	제색장체아	
군기시 (軍器寺)	공제 오원	궁인(弓人), 시인(矢人), 갑장(甲匠), 야장, 체아	공조 이원	궁인, 시인, 주장(鑄匠), 목장(木匠), 체아	공작 이원	1명은 제색장체 아, 1명은 관상감 (觀象監)의 자격장 (自擊匠)체아	
선공감			공조 사원	목장, 석장 (石匠), 야장, 체아	공작 사원	2명은 목장체아, 2 명은 제색장체아	

다. 즉 공제나 공조·공작과 같은 잡직은 이들 공장이 수직의 첫 관문인 체아직을 지나 두번째로 받는 관직이었던 것을 알 수 있다. 그러므로 표 2에서 보는 바와 같이 공장들이 받은 잡직원 수는 34명뿐이나 이 34명 이 관리가 된 전(全)공장 수가 아니고 이밖에도 체아직을 받고 관리가 된 공장들이 많았으며 이들은 체아공장으로 근무하다가 잡직원에 결원 이 생길 때 그 자리에 기용되었던 것이라 생각할 수 있다. 그러므로 공장 들은 이 잡직과 체아직을 통하여 그들의 생산력·노동력을 관가에 빼앗 기고 관장화(官匠化)하여갔다. 이제 우리는 공장과 체아의 관계를 밝혀 봄으로써 왕조수공업의 관료적 성격을 해명할 수 있을 것이다.

체아직 문제는 아직 그 전반적인 성격이 밝혀지지 않았으나 우선 공장과 체아직의 관계만이라도 살펴보기로 한다.『경국대전』에 의하면 체아는 "祿毋越階不授守職 兒隨下階如應授正九品職者 階從九品 則降九品之類"[48)라 하여 체아직원의 봉록(俸祿)은 계품(階品)을 넘을 수 없고 즉 소위 '계비직고(階卑職高)'한 수직(守職)을 받을 수 없으며 '아수하계(兒隨下階)'라 하여 가령 정9품직에 해당하는 직위를 맡는 자라도 그 계품이 종9품이면 종9품의 녹을 받도록 되어 있었다.

이러한 사정으로 미루어볼 때 이미 관직에 있던 자가 실직(實職)에서 물러나야 할 경우 그 생활보장을 위하여 체아직으로 전임시켜 녹봉을 준 것이며 그 급봉규정은 실직관리보다 불리한 것이었다. 그러나 한편 "凡呈都目受遞兒職子 各其堂上提調 限前月十日 計仕多少 取才分數 十五日 呈 薦狀于本曹"[49)라 하여 체아직을 받을 자는 해당 관아의 당상제조(堂上提調)가 입사일의 다소와 시험의 점수를 따져서 이조에 추천하도록 되어 있었다. 이 경우의 체아직은 실직에서 물러나는 관리가 받는 예비직과 같은 성격의 것이 아니라 공장과 같은 하천인들이 처음으로 관부 요원으로 기용되는 관문이었던 것이다. 그러므로 관료국가적 체제하에서의 하층인에게는 체아직은 명예로운 것이었으며 또한 제품의 시장을 거의 가지지 못하였던 공장들에게는 그 기술을 정규적으로 이바지함으로써 받는 급료로 호구책을 마련할 수 있는 소망의 목표이기도 하였다.

따라서 그들이 체아직을 받을 수 있는 경우와 절차는 그리 쉬운 것이 아니었다. 앞에서도 말한 바와 같이 입사일의 다소와 시험 점수가 문제되었던 것이다.『성종실록(成宗實錄)』에도 조지서 장인에게 체아직을 제수할 때는 입사일의 다소와 그 제품의 합격률 다소를 분간해서 수

---

48) 같은 책, 吏典 遞兒條.
49) 같은 곳.

직(授職)하도록 되어 있다.[50] 그러므로 공장과 같은 하천인들은 그들이 번상인(番上人)으로서 입사한 일수가 법정 일수를 넘고 또한 기술을 완전히 습득하였을 때 비로소 번상인 즉 의무적인 부역인의 범주에서 벗어나 소망했던 체아직원이 되고 비교적 안정된 생계를 유지할 수 있었던 것이다.

그러면 공장들의 체아수직(受職)이 경제적인 면에서 어느 정도 의미를 가졌는지 살펴보자. 성종 때의 약장(藥匠) 오금(吳金) 등의 장고문(狀告文)에 약장들은 세종조에는 두 끼를 먹여주고 봉족(奉足) 2명을 주었으며 양인은 6품에서 거관(去官)하고 천인은 장원서직(掌苑署職)을 제수하였으므로 사람들이 다투어 투속(投屬)하였으나 지금(성종 때)은 점심과 봉족을 주지 않고 거관수직하는 법도 없어졌으며 『경국대전』의 약장 원수(元數)는 180명인데 그 체아직 수는 8품 2명과 7품 1명이며 그것마저 잡장(雜匠)들과 협의수직(協議受職)하도록 되어 있어서 종신 동안 체아직을 받지 못하는 자가 있으니 참으로 민망스러운 일이라 하였고,[51] 약장들이 조잔(凋殘)해가는 이유로서 점심과 봉족의 지급이 없고 거관수직법이 혁파되었음을 들고 아울러 그들의 체아직 수가 적음을 들고 있다. 그리고 이와 같은 약장들의 조잔을 방지하는 방안으로서 제신들이 의논한 결과 약장체아직으로 부사정(副司正) 1명, 부사맹(副司猛) 1명, 부사용(副司勇) 2명을 증치하도록 결정하였던 것이다.[52] 경

---

50) 『成宗實錄』成宗 卷10, 2年 5月 丁酉條.
　　造紙署匠人 遞兒職除授時 仕日多少及進獻表箋咨文紙入格多少 分揀合計 授職
51) 같은 책, 卷75, 成宗 8年 正月 戊辰條.
　　兵曹據軍器寺提調單子啓 藥匠吳金等狀告 世宗朝藥匠 饋雨時 給奉足二名 良人則六品去
官 賤人則掌苑署受職 以故人爭投屬 今則無點心·奉足 又革去官受職之法 且大典藥匠元數
一百八十 而只有八品遞兒二 七品遞兒一與雜匠和會受職 或終身未受遞兒者 誠爲可悶
52) 같은 곳.

제적으로 쇠잔해가는 약장들을 구하는 방안으로 그들의 체아직 수를 증가시켰다는 것은 체아직이 그만큼 공장들에게 경제적 의의가 있었던 것이었음을 알 수 있게 한다. 그러나 반면 이런 사실은 조선왕조 전기의 경험 많고 기술이 우수한 공장이 정부의 정책에 의하여 혹은 자진해서 그들의 노동력과 생산력을 체아직을 통하여 정부기관에 긴박시켰음을 즉 관장화하였음을 말해주는 것이기도 하다. 체아직을 받고 관업에 종사하는 것이 사사로운 생산에 종사하는 것보다 생계유지에 안전하였으며, 그만큼 당시의 수공업품 수요는 관부 중심이었던 것이다.

한편 이상과 같은 공장들의 수직은 양인 출신의 공장에게만 적용된 것이 아니라 노비 출신의 공장들에게도 시행되었던 사실을 들 수 있다. 『세종실록』에 의하면 "繕工鑄字匠人 若有功勞 則雖賤口 授以隊副·隊長·司正·副司正之職"[53]이라 하여 공로 있는 노비 출신 공장에게 서반직(西班職)을 제수하도록 하였으며 또한 이와 같은 노비 출신 공장들은 상림원직(上林園職)에 수용하고 있었다.[54] 역시 『세종실록』에

議政府據兵曹呈啓 前此工匠雜技 以一時賞功 授西班軍職 混於朝班 深爲未便 故司

尹子雲·尹士昕·金國光議 藥匠等 給保二名 改號等事 已優 然元額一百八十 而從七品遞兒一 八品遞兒二 多年不受祿 資生無路 前日革罷弓矢人遞兒 副司正二 副司猛二 副司勇七內 副司正一 副司猛一 副司勇二 加給何如 從尹子雲等議

53) 『世宗實錄』卷73, 世宗 18年 閏6月 戊寅條.

54) 『世祖實錄』卷21, 世祖 6年 8月 甲辰條. 상림원이란 관아는 『경국대전』이나 『대전회통(大典會通)』등 법전에 보이지 않으나 주 51에서 인용한 성종 8년의 약장 오금 등의 장고문에 "良人則六品去官 賤人則掌苑署受職"이라 한 장원서의 전신(前身)이 아닌가 한다. 그런데 장원서는 일명 내원서(內苑署)라고도 하여 '掌苑圃花果'한다 하였으므로 이 관아에 제조업에 종사하는 공장이 필요하였던 것이 아니라 다만 장원서직에다 그들을 수용하였을 뿐이며 세종 6년 8월에는 상림원직이 혁파되고 소속 공장을 각처 장인으로 이속(移屬)시켰다.

饗四番內 加設司正四 副司正八 給事八 副給事十二 工匠及雜技 臨時實職 使不得混於
朝班 實爲美法 然本朝良賤之分 甚嚴 前項工匠及雜技 率皆賤口而授以司饗諸員等 都
目去官之職 良賤混雜 自今 司饗四番各品內 司直四 副司直四 司正四 副司正四 給事
八 副給事八仍置 以授司饗諸員 除司直四 副司直四 司正八 副司正十二 給事十二 副
給事十六 以屬上林園 授以工匠 雜技及賤口等 以別良賤 (…) 從之[55]

라 하여 노비 출신을 사옹원직(司饗院職)에 제수하면 양천(良賤)이 혼잡
하다는 이유로 상림원에 노비 출신을 위한 체아직을 두어 이들을 수용하
도록 하였다. 이리하여 노비 출신의 공장에게 상림원 체아직을 제수하게
되자 상림원의 체아직 수는 점점 증가하였다. 세종 27년의 기록에는

上林園職品本少 如飯監·匠人等 不得已賤口授職者 授以攝隊長·隊副 今攝隊長·隊
副給月俸 則賤口除職者無祿科 請於上林園司直·副司直各四 今加各二 司正八 今加四
副司正十二 今加八 給事十二 今加二十三 副給事十六 今加十九 (…) 從之[56]

라 하여 상림원직 수가 적어서 부득이 노비 출신 공장에게 서반직을 제
수하게 되나 서반직에는 천민 출신을 위한 녹과(祿科)가 없음을 이유로
상림원직을 증가시키도록 하였다. 결국 상림원 체아직을 증가시켜 서
반직을 제수한 노비 출신을 이속시킨 것이라 생각된다. 또한『문종실록
(文宗實錄)』에도

議政府據兵曹呈啓 前此 軍器監匠人遞兒 副司直一 唯良人受職 賤口則不得受 庚午

55)『世宗實錄』卷105, 世宗 26年 閏7月 壬午條.
56) 같은 책, 卷109, 世宗 27年 7月 庚寅條.

年 始革副司直 給攝隊副三 勿論良賤 以仕之多少 除授 然賤人則得免苦役 其榮亦足

且年少時入屬 故仕到多 而先受職 良人則率皆年壯投屬 故仕到懸絶 九品尚未得受 況

六品乎 自革副司直以後 覦望者多 勸勵無門 慮有才良匠或至廢絶 請匠人內良人 則還

給六品遞兒 用兩都目 賤人則給上林園副給事遞兒 亦用兩都目 從之[57]

라 하여 군기감 장인 가운데 노비 출신의 수직자는 상림원 체아직을 제
수하도록 하여 양·천을 구별하고 있다. 그러나 상림원 체아직이 반드시
노비 출신만을 위한 것은 아니어서 세종시대의 병조에의 전지문(傳旨
文)에 각사의 제색 장인과 적명(籍名)된 상고자(商賈者)는 비록 양인 출
신이라도 대장(隊長)이나 대부등직(隊副等職)을 제수하지 말고 상림원
직을 제수하도록 한 기록이 있다.[58]

이와 같이 노비 출신의 수공업자들이 체아직이긴 하나 관직을 받을
수 있었다는 사실은 그들이 비록 신분상으로는 노예일지라도 고대사회
에서 볼 수 있는 전반적인 공업노예 단계에서는 벗어나서 그들의 사회
적 지위가 한층 상승하고 있었음을 보여주는 것이라 하겠으며, 한편 양
인 출신의 공장과 함께 노비 출신의 공장도 체아라는 특수관직을 통하
여 관장화하고 있었던 것이다.

조선왕조 전기의 공장 중 관장화한 경우 즉 체아직을 받고 정규적인
국가의 기술요원이 되어 그 제작활동 일체가 관가에 의하여 관장된 공
장들의 수는 얼마나 되었으며 또 그들과 일반 공장 즉 장적(匠籍)에 수
록되어 규정된 기간을 번상함으로써 관역에 종사하고 나머지는 사사로
운 생산에 종사하던 공장의 비율은 어떠하였는가 하는 문제를 밝힘으

---

57) 『文宗實錄』卷8, 文宗 元年 6月 丙戌條.
58) 『世宗實錄』卷110, 世宗 27年 11月 庚辰條.
　　傳旨兵曹 各司諸色匠人及籍名商賈者 雖系良人 勿授隊長·隊副 並除上林園職

로써 당시 수공업자의 사정을 명백히 할 수 있으며, 나아가서 왕조수공업의 근본 성격을 엿볼 수 있는 한 길을 찾을 수 있으리라고 생각한다. 그러나 사료의 부족으로 소기의 목적을 다할 수 없으며 다만 단편적인 자료에 의존해서나마 살펴볼 수밖에 없다.

세조(世祖) 6년 8월에는 앞에서 말한 상림원직이 혁파되고 그 소속 공장을 각처 장인으로 편입시킴으로써 공장의 원액(元額)과 그들의 체아직을 증가시킨 기록이 있다.[59] 이제 이 기록을 바탕으로 당시의 공장 수와 그 체아 수를 표시하여보면 표 3과 같다. 이 표에 나타난 공장은 모두 중앙관아에 소속되었던 이른바 경공장(京工匠)들인데 6개 관아에[60] 전소속공장(全所屬工匠)이 1991명이며 그중 체아직원 수는 48명으로 그 비율은 약 42대 1이다. 전공장 수와 체아공장의 비율이 약 42대 1이긴 하나 표 3에서 보이는 소위 '화회체아(和會遞兒)'란 것은 앞에서도 언급한 바와 같이 체아공장이 어느 개인으로 고정된 것이 아니고 같은 종류의 공장들이 윤번으로 협의해서 체아가 되었던 것이다. 다시 말하면 윤번으로 체아 녹을 받았던 것이니, 이 윤번권 내에 드는 공장은 사실상 체아공장과 다름없이 그 제작활동이 관부에 얽매였던 것이라 생각된다. 한편 체아직 공장 수도 고정된 것이 아니라 점점 증가하였고 그 증가율은 전공장의 증가율보다 훨씬 높은 율을 나타내고 있어서 사실 42대 1이란 비율은 쉽게 무너졌으며 전공장에 대한 체아공장의 비율은 매우 높은 것이었다.

이제 이후의 공장전액(全額) 증가율과 체아공장의 증가율을 단편적

---

59) 『世祖實錄』 卷21, 世祖 6年 8月 甲辰條.

60) 경관아(京官衙) 중 공장을 보유하고 있는 관아 수는 『經國大典』 工典 工匠條에 의하면 30개 아문인데(표 5 참조), 이 기록에는 6개 관아만이 보인다. 상림원에 소속되었던 공장들이 이때 이 6개 관아에만 분속된 이유에서일 것이다.

표 3_ 세조 6년의 공장 수와 체아 수

관아명	공장명	정액	분번 수	매번 원수	체아 수	체아 내역	비고
상의원	속모적 (速毛赤)	40	2	20	10	부사직 1, 사정 1, 부사정 3, 사용 5	
	궁인(弓人)	15	3	5	2	부전사 1, 부급사 1	화회 체아
	시인(矢人)	30	3	10			
	노야장 (爐冶匠)	90	3	30	4	부전사 1, 급사 1, 부급사 2	화회 체아
	주장(鑄匠)						
	도자장 (刀子匠)						
	능라장	160			2	급사 1, 부급사 1	
	제색장	500			2	부급사 2	
군기감	궁인	90	3	30	5	부관사(副管事) 1, 전사 1, 부전사 1, 급사 2	
	시인	60	3	20			
	노야장	45	3	15	5	급사 2, 부급사 2, 부전사 1	화회 체아
	주장(注匠)	45	3	15			
	갑장	45	3	15			
	소아장 (銷兒匠)	30	3	10			
	이갑장 (移甲匠)						
	환도장	33	3	11			
	약장	75	3	25	1	부전사 1	
	주성장 (鑄成匠)	15	3	5			
	쟁장(錚匠)	15	3	5			
	마조장 (磨造匠)	15	3	5			

	고장(鼓匠)	15	3	5			
	거모장 (去毛匠)	15	3	5			
	마경장 (磨鏡匠)	15	3	5			
	소목장 (小木匠)	21	3	7	1	부급사 1	화회 체아
	칠장(漆匠)	9	3	3			
	아교장 (阿膠匠)	6	3	2			
	명유장 (明油匠)	6	3	2			
	조각장 (彫刻匠)	12	3	4			
	시복장 (矢服匠)	12	3	4			
선공감	목수	100			6	전사 1, 부전사 1, 급사 2, 부급사 2	
	조각장	30					
	석수(石手)	70					
	노야장	50			3	급사 1, 부급사 2	
	개장(蓋匠)	24					
	전장(磚匠)	30					
	이장(泥匠)	30					
	제색장	96			1	부급사 1	
교서관	장인	73			2	급사 1, 부급사 1	
조지서	지장	74			2	급사 1, 부급사 1	
공조	제색장				2	급사 1, 부급사 1	
계		1,991			48		

인 자료에 의존해서나마 비교하여보기로 한다.

표 3에서 보이는 세조 6년의 군기감 약장은 정액이 75명에 그 체아직은 부전사(副典事) 1명밖에 되지 않으나 앞에서 인용한 성종 8년 정월의 약장 오금 등의 장고문[61]에는 약장 원액이 180명인데 체아직은 8품 2명과 7품 1명으로 모두 3명이라 하였으며 이때 와서 윤자운(尹子雲) 등의 의견으로 부사정 1명과 부사용 2명을 증가시켜 모두 6명으로 되었다. 결국 약장은 15년간에 전액(全額)이 2.4배가 증가하였는데 그 체아직원 수는 6배로 증가한 것이 된다.[62] 또 상의원 능라장은 표 3의 세조 6년에 원액(元額)이 160명에 체아직원 수는 급사(給事) 1명과 부급사 1명으로 모두 2명이나 성종 23년에 찬진(撰進)한 『대전속록』에는 상의원 능라장 잡직은 9품 체아 3명이며 윤차(輪次) 제수한다[63] 하였다. 체아직원 수는 1명이 증가하였는데 능라장 전원 수는 『대전속록』에는 밝혀져 있지 않으나 『경국대전』에는 105명으로[64] 오히려 55명이나 감소하고 있다.

다음 상의원과 군기감 소속의 궁인과 시인에 대하여 살펴보면 역시 표 3에는 그들의 원액이 195명이며 체아는 모두 7명인데 『경국대전』에는 원액 279명에 체아는 모두 14명이다.[65] 그러므로 결국 공장 수는 84

---

61) 주 51 참조.

62) 이들 약장에게 제수(除授)된 체아직명인 부전사·부사정·부사맹의 품계와 녹봉액을 비교하여 체아직의 증가로 국가지출이 얼마만큼의 차이가 있는지를 밝혀야 하겠으나 이 문제는 후일 체아직 전반에 대한 의견을 따로 제시하기로 하고 여기서는 다만 체아직원 수의 증가율만을 밝혀 공장들의 관장화 정도만을 명백히 하는 데 그친다.

63) 『大典續錄』兵典 遞兒條.
　　　尙衣院綾羅匠雜職 九品遞兒三 輪次除授

64) 표 5 참조.

65) 『經國大典』兵典 番次都目條.

명이 증가하였는데 체아직원 수는 두 배나 증가하고 있는 것이다.

이와 같이 표 3의 근거인 세조 6년 이후 공장 수의 증가율에 비하여 체아직원 수의 증가율은 훨씬 높았다. 요컨대 조선왕조 전기에 있어서는 취재(取才)에 합격되고 그 제조품이 가장 우수하며 제작경험이 가장 많은 공장들이 체아직을 받음으로써 관장이 되어 관부의 제조업에 긴박되었으며 그 증가율은 전공장의 증가율보다 대단히 높은 것이었다. 왕조전기의 공장수공업은 사실상 이들 체아수직한 관장 중심이었던 것이다.

한편 관에 의하여 긴박된 공장은 이들 체아공장뿐만이 아니었다. 체아수직을 하지 않은 공장들, 다시 말하면 장적에 수록되어서 상번일(上番日) 동안만 관역에 종사하여야 했던 일반 공장들도 사실은 그들이 경공장인 경우, 상번일 이외에도 대부분 관역에 종사하고 있었던 것이다. 공장들은 원칙상 번상하여 관역에 종사할 때는 양시료(兩時料) 혹은 삼시료(三時料)를 받았으나[66] 그들 중에는 소위 '不得已役使者'[67]와 '必須役使者'[68] '長番立役'[69] 들이 있어서 이들은 처자의 부양료까지 지급받고 있다. 이들이 곧 상번일 이외에 관역에 종사하여야 했던 공장들이며 이들은 체아공장처럼 정식으로 관장이 되지는 않았다 하더라도 그들이 관역에 얽매이기는 체아공장이나 다름없었던 것이다. 그리고 이들 일반

---

66) 『世宗實錄』卷64, 世宗 16年 6月 丙辰條.
　　尙衣院·工曹·鑄字所匠人 無他役 而分番役使 或受三時之料 或受兩時之料 (…)
67) 같은 책, 卷31, 世宗 8年 2月 乙酉條.
　　諸色匠人 不得已役使者 給妻子料
68) 같은 책, 卷52, 世宗 13年 4月 乙未條.
　　諸色匠人之必須役使者 幷妻子給料
69) 『文宗實錄』卷7, 文宗 元年 5月 庚戌條.
　　(…) 然 其工匠 不可無勸勵之方 若長番立役 則無以畜妻子 請優給衣糧 (…)

왕조전기의 官匠制와 私匠 51

공장들에게 있어서도 가족 부양이 보장되는 이상 관역 종사는 생활안정을 위하여 만족스러운 것이었을 것이다. 농민의 수공업품 수요가 자급자족적 범주에서 벗어나지 못하였고 양반층의 수요도 주문생산에 한정되었던 이 시기의 수공업 사정하에서는 자연스러운 일이었을 것이다.

이상에서 대개 조선왕조 전기 공장의 신분과 그 수직 문제를 살펴보았다. 미비한 속에서나마 하나의 결론을 구해보면 왕조전기의 공장은 관노와 양인이 중심이 되어 구성되고 있었으며 그중에서도 점차 양인 중심으로 옮겨가고 있어서, 노비공업적 성격에서 탈피하고 있었다. 한편 그 출신의 양천을 막론하고 가장 우수한 공장들이 잡직체아가 됨으로써 관장화하여 관료체제 속에 얽매여버렸으며 이들 공장이 왕조수공업자의 가장 대표적이고 핵심적인 존재였던 점에서 왕조수공업은 결국 관장제수공업 중심으로 발전하는 반면 아직도 조직적인 제작활동에 이르지 못하고 극히 개별적이었던 사영수공업은 관영수공업의 그늘에서 위축되고 있었던 것이다.

3. 工匠의 종류와 수

조선왕조 전기의 대표적 수공업자였던 공장의 종류를 분석해보고 그들 각 공장의 수를 통계·비교하여 봄으로써 왕조수공업의 실태와 성격을 좀더 이해할 수 있을 것이다. 조선왕조의 건국 당시에 고려왕조에서 물려받은 공장[70]의 종류와 수가 얼마나 되었으며 또 종래의 향·소·부곡 출신의 수공업자가 얼마나 경공장 혹은 외공장, 즉 지방 공장으로 전

---

70) 이들은 왕조교체 후 대개의 경우 조선왕조의 경공장으로 편입되었을 것이다.

입되었는지 상고할 길이 없다. 다만 앞에서도 언급한 바와 같이 태종시대에 많은 사사노비(寺社奴婢)를 관노비로 편입시켰고 그 결과 세종 7년에는 각 도에 산재하는 이른바 '혁파사사노자(革罷寺社奴子)' 1천 명을 선공감 공장의 봉족으로 충당시켜 기술을 습득케 하였다는 기록을 볼 수 있으며,[71] 이보다 9년 후인 세종 16년 6월에 군기감 공장의 수를 증가시킨 기록이 보이는데, 아마 이 기록이 부분적인 것이기는 하지만 건국 이후 최초로 찾아볼 수 있는 구체적인 공장의 확충 기록이 아닌가 한다. 더구나 이때는 양계(兩界)지방에 사군(四郡)과 육진(六鎭)을 개척하기 시작하던 때여서 군사행동이 많았으므로 군기감 공장의 확충은 시급하였던 것이다. 이제 이때의 공장 원수와 증가수를 공장의 종류별로 표시하여보면 표 4와 같다.[72]

표 4에서 보는 바와 같이 당시의 전체 군기감 공장은 284명이었으나 이때 와서 원액보다 많은 310명을 증가시켜 결국 군기감 공장은 594명이 되었다. 그런데 이와 같이 공장을 증가시킬 때 "前此 本監匠人 七八百餘名 今不過三百餘名 (…)"[73]이라 하여 전에는 군기감 공장이 7백~8백 명이었다고 하였으나 어느 정도 신빙성이 있는 말인지 알 수 없다. 더구나 표 4와 같이 각 공장이 증가한 통계를 "已上在前匠人 二百九十三 加屬匠人 三百十"[74]이라 하여 실수와는 맞지 않는 계산을 하고 있다. 이때의 군기감 공장 수만으로 전체 공장의 수를 추정키는 어려우나 이후의 각 관아의 공장 보유수나 군사행동이 빈번하였던 당시의 사정으로 미루어

---

71) 주 5 참조.
72) 이 표는 『世宗實錄』卷64, 世宗 16年 6月 丙辰條에 있는 兵曹와 軍器監 提調가 의논하여 올린 '工匠激勵及加數條件'에 의거하여 만든 것이다.
73) 『世宗實錄』卷64, 世宗 16年 6月 丙辰條.
74) 같은 곳.

표 4_ 세종 16년의 군기감 공장 수

공장명	원액	증가액	소계	공장명	원액	증가액	소계
궁장	27	13	40	고모장(古毛匠)	2	6	8
속모장	20	40	60	두구장식장 (頭具粧飾匠)		12	12
조각장	9	11	20				
명유장	3	4	7	두구타조장 (頭具打造匠)		20	20
칠장	7	2	9				
시통장(矢筒匠)	1	8	9	답달장(踏達匠)		10	10
궁현장(弓鉉匠)	2	2	4	천혈장(穿穴匠)		16	16
아교장	2	2	4	환도장	2	4	6
고장	6		6	약장	22	10	32
노야장	15	10	25	마조장	5	5	10
주장	9	23	32	염소장(焰焇匠)	35		35
동장(銅匠)	2	4	6	취토장(取土匠)	35		35
전촉장(箭鏃匠)	13	10	23	주성장	8	4	12
연정장(鍊正匠)	6	15	21	소목장	9	11	20
쇄자장(鎖子匠)	24	19	43	쟁장	2	4	6
조갑장(造甲匠)	14	29	43	합계	284	310	594
주루장(綢縷匠)	4	16	20				

보아 공장을 보유하고 있던 각 관아 중 군기감이 보유 공장 수가 많은
관아였던 것만은 확실하다.

　다음, 공장의 수와 종류를 구체적으로 보여주는 또 하나의 기록으로
서 앞 절에서 제시한 바 있는 세조 6년 8월의 상림원직 혁파 시의 각 처
공장 수를 들 수 있다.[75] 이를 살펴보면 앞의 표 3에서와 같이 상의원
소속의 공장이 8개 종류에 총수 835명이고, 군기감 공장이 21개 종류에

---

75) 표 3 참조.

579명이며, 선공감 공장이 8개 종류에 430명, 교서관 공장이 73명, 조지서 지장이 74명으로 모두 32종 공장에[76] 1991명이다. 그런데 이 표에 나타난 5개 관아 가운데 어의대(御衣襨)와 내부(內府)의 재화·금보등물(金寶等物)을 관장하는 상의원의 공장이 전체 공장의 41.9%를 차지하고 있으며 군기(軍器) 제조를 관장하는 군기감 공장이 29.1%를 차지하고 있다. 이런 사실은 당시의 경공장이 왕궁수요품 제조와 군기 제작 위주였음을 시사하고 있는 것이라 하겠다.

한편 앞의 세종 16년의 기록(표 4)과 세조 6년의 기록(표 3) 중 군기감 공장 부분을 대비해보면 세종 16년에는 30종에 594명이던 것이 이보다 26년 후인 세조 6년에는 21종에 579명으로 되어서, 공장의 종류는 9종이나 줄었으며 그 수도 15명이나 적어졌다. 세조 6년 역시 북방에 군사(軍事)가 많아서 정월에 올량합(兀良哈)의 아비차(阿比車)가 알타리(斡朶里)의 속노첩목아(速魯帖木兒)와 결합하여 회령(會寧) 방면에 입구(入寇)하였으며 이들의 노략질이 계속되자 동년 8월에는 신숙주(申叔舟) 등을 내세워서 이들을 토벌하였음에도 군기감 공장 수는 세종 16년과 별로 다름이 없다. 양년이 모두 군사행동이 많았던 때임을 미루어보아 당시 군기감의 공장 수용력은 6백 명 내외였던 것이 아닌가 한다.[77]

한편 상의원 공장은 세종 21년에 "工曹啓 尙衣院工匠元數四百一名 請加六十六名 以爲定額 從之"[78]라 하여 이때 상의원 공장의 전체 수는 결국 467명이었는데 이보다 21년 후인 세조 6년(표 3)에는 835명으로 368명이나 증가하였다. 군기감 공장의 수가 줄어든 데 반해 왕실과 귀족의 생활품·사치품을 제조하던 상의원 공장의 수가 두 배 가까이 증가하고 있

---

76) 소속 관아는 다르지만 같은 종류의 공장일 때는 제외하였다.

77) 『經國大典』의 기록에는 644명이다.

78) 『世宗實錄』 卷84, 世宗 21年 正月 辛丑條.

표 5_ 경공장의 수와 종류

匠人\官衙	綾羅匠	草笠匠	襦笠匠	紗帽匠	涼太匠	都多益匠	多繪匠	網巾匠	帽子匠	擣鍊匠	篋匠	玉匠	甕匠	味匠	銀匠	金箔匠	裹皮匠	靴匠	靸鞋匠
工曹		8		2		2	2	2	6				13	4	8	2	2	6	6
奉常寺													10						
內醫院																			
尙衣院	105	6	2	4	2	2	4	4	2	2	10	10	10	8	8	4	4	10	8
軍器寺																			
校書館																			
司饔院																			
內資寺											2		8						
司䆃寺													8						
內贍寺											2		8						
禮賓寺													8						
司瞻寺																			
繕工監																			
濟用監											2								
掌樂院																			
觀象監																			
典設司							6												
典艦司																			
內需司													7						
昭格署													4						
司醞署													4						
義盈庫													4						
長興庫																			
掌苑署													8						
司圃署													10						
養賢庫													2						
造紙署																			
圖畫署																			
瓦署																			
歸厚署																			
계	105	14	2	6	2	4	12	6	8	2	16	10	104	12	16	6	6	16	14

匠人\官衙	熟皮匠	花兒匠	斜皮匠	毛衣匠	花匠	氈匠	入絲匠	毛冠匠	絲金匠	漆匠	豆錫匠	磨造匠	弓弦匠	油漆匠	鑄匠	螺鈿欌	荷葉綠匠	生皮匠	鍮匠
工曹	10	2	4			4	2			10	4				20	2			8
奉常寺					6														
內醫院																			
尙衣院	8	4	4	8		8	4	2	4	8	4	4	4	2	4	2	2	2	4
軍器寺										12		12	6	2	20			4	
校書館															8				
司饔院																			
內資寺					2														
司䆃寺																			
內贍寺																			
禮賓寺					6														
司瞻寺																			
繕工監												8							
濟用監	2							2										2	
掌樂院																			
觀象監																			
典設司																			
典艦司																			
內需司															10				5
昭格署																			
司醞署																			
義盈庫																			
長興庫																			
掌苑署																			
司圃署																			
養賢庫																			
造紙署																			
圖畫署																			
瓦署																			
歸厚署										2									
계	20	6	8	8	14	12	6	4	4	32	8	24	10	4	62	4	4	6	17

匠人\官衙	褙貼匠	針匠	鏡匠	甲匠	風物匠	彫刻匠	墨匠	銅匠	弓人	矢人	刀子匠	錚匠	周皮匠	汗致匠	鞍籠匠	看多介匠	筆匠	竹匠	鞦骨匠
工曹	2	2	2			2		4					6	2	2	2	8	2	2
奉常寺																			
內醫院																			
尚衣院	4	2	2		8	4	4	4	18	21	6								
軍器寺				35					90	150		11							
校書館																			
司饔院																			
內資寺																			
司宰寺																			
內贍寺																			
禮賓寺																			
司贍寺																			
繕工監						10												20	
濟用監																			
掌樂院					4														
觀象監																			
典設司		2																	
典艦司																			
內需司																			
昭格署																			
司醞署																			
義盈庫																			
長興庫																			
掌苑署																			
司圃署																			
養賢庫																			
造紙署																			
圖畫署	2																		
瓦署																			
歸厚署																			
計	8	6	4	35	12	16	4	8	108	171	6	11	6	2	2	2	8	22	2

匠人＼官衙	印匠	木匠	冶匠	鍊匠	珠匠	韂甫老匠	每緝匠	粉匠	香匠	鞍子匠	於赤匠	靴匠	木梳匠	梳省匠	筒介匠	貼扇匠	表筒匠	阿膠匠	稱子匠
工曹	2		4		2	2	2			10	4	2	2	2	2	4	2		2
奉常寺																			
內醫院								2	4										
尚衣院			8	10			4						2						
軍器寺		4	130	160														2	
校書館		2	6																
司饔院																			
內資寺																			
司䆃寺																			
內贍寺																			
禮賓寺																			
司贍寺																			
繕工監		60	40															2	
濟用監								2											
掌樂院																			
觀象監																			
典設司																			
典艦司																			
內需司		2	2																
昭格署																			
司醞署																			
義盈庫																			
長興庫																			
掌苑署																			
司圃署																			
養賢庫																			
造紙署		2																	
圖畫署																			
瓦署																			
歸厚署		4	2																
計	2	74	192	170	2	2	6	4	4	10	4	2	4	2	2	4	2	4	2

匠人\官衙	鼓匠	圓扇匠	籩簏匠	裁金匠	都目介匠	都結兒匠	熊皮匠	猫皮匠	火鑢匠	竹梳匠	環刀匠	針線匠	合絲匠	靑染匠	紅染匠	洗踏匠	擣砧匠	練絲匠	紡織匠
工曹		2								2		10							
奉常寺			4																
內醫院																			
尙衣院				2	2	2	2	2	2	2	12	40	10	10	10	8	14	75	20
軍器寺	4																	2	
校書館																			
司饔院																			
內資寺																			30
司䆃寺																			
內贍寺																			30
禮賓寺																			
司贍寺																			
繕工監																			
濟用監												24		10	10	4	6		30
掌樂院																			
觀象監																			
典設司																			
典艦司																			
內需司																			
昭格署																			
司醞署																			
義盈庫																			
長興庫																			
掌苑署																			
司圃署																			
養賢庫																			
造紙署																			
圖畫署																			
瓦署																			
歸厚署																			
計	4	2	4	2	2	2	2	2	2	4	12	74	10	20	20	12	20	77	110

匠人 / 官衙	草染匠	木纓匠	均字匠	印出匠	刻字匠	彫刻匠	沙器匠	自擊匠	石匠	蓋匠	泥匠	磚匠	塗彩匠	垛匠	車匠	雨傘匠	簹匠	簾匠	把子匠
工曹	6	4																	
奉常寺																			
內醫院																			
尙衣院	4																		
軍器寺																			
校書館			40	20	14	8													
司饔院							380												
內資寺																			
司䆃寺																			
內贍寺																			
禮賓寺																			
司贍寺				2															
繕工監									40	20	20	20	20	8	10	10	10	14	10
濟用監																			
掌樂院																			
觀象監								10											
典設司																			
典艦司																			
內需司							6												
昭格署																			
司醞署																			
義盈庫																			
長興庫																			
掌苑署																			
司圃署																			
養賢庫																			
造紙署																		8	
圖畫署																			
瓦署																			
歸厚署																			
계	10	4	40	22	14	8	386	10	40	20	20	20	20	8	10	10	10	22	10

匠人 / 官衙	床花籠匠	石灰匠	馬尾篩匠	桶匠	楮幣匠	簀葉匠	黃丹匠	裁作匠	船匠	菌匠	塗褙匠	燭匠	瓦匠	雜象匠	紙匠	計
工曹																231
奉常寺																20
內醫院																6
尚衣院																597
軍器寺																644
校書館															4	102
司饔院																380
內資寺																42
司䆃寺																8
內贍寺																40
禮賓寺																14
司贍寺					2											4
繕工監	4	6	4	10												346
濟用監							2	2								98
掌樂院						2										6
觀象監																10
典設司																8
典艦司									10							10
內需司																32
昭格署																4
司醞署																4
義盈庫												4				8
長興庫										8	8					16
掌苑署																8
司圃署																10
養賢庫																2
造紙署															81	91
圖畫署																2
瓦署													40	4		44
歸厚署																8
計	4	6	4	10	2	2	2	2	10	8	8	4	40	4	85	2795

62

음은 역시 왕조수공업 성격의 일단을 표현한 것이라 하겠다.

　조선왕조 전기 공장의 수와 종류를 나타낸 기록 중 가장 상세하고 대표적인 것은 『경국대전』 공전(工典) 공장조의 기록이라 하겠다. 물론 이 기록에 나타난 수와 종류가 당시의 실제 수 및 종류와 어느 만큼 일치하며 설령 그렇다 하더라도 그것이 어느 시기까지 계속되었는지 밝힐 수 없다. 그러나 적어도 그것은 조선왕조의 제도확립기에 마련된 원칙적인 것이며 당시의 공장등록제와 어느정도 부합된 액수이리라 생각할 수 있는 것이다. 따라서 우리는 이 기록을 통하여 왕조전기에 있어서의 장적(匠籍)에 등록되었던 비교적 전업적인 수공업자의 실태를 파악할 수 있으며 또 이들이 왕조전기의 대표적인 수공업자였다는 점에서 이들의 수와 종류를 분석하여봄으로써 왕조수공업 일반을 추정할 수 있을 것이다.

　이 기록에 의하면 당시의 공장은 그 거주지별·등록지별로 경공장과 외공장으로 양분되고 있다. 경공장이란 한성부의 장적에 등록되어 중앙정부에 소속되어 있던 공장들을 가리키며 이들이야말로 가장 전업적인 수공업자였다. 이제 이들의 수와 종류를 표시해보면 표 5와 같다. 표에서 보는 바와 같이 경아문(京衙門) 중 공장을 보유하고 있는 곳은 30개 아문이며 이들 아문에 소속된 공장의 종류는 129개 종이고, 그 총수는 2795명이다.[79]

---

79) 이 표에서는 수철장(水鐵匠)은 제외했다. 수철장은 다른 공장과 달리 호수로 표시되어 있기 때문이다. 수철장은 공조에 30호, 내수사(內需司)에 6호가 소속되어 있다. 그리고 야장은 50명은 개성(開城), 10명은 양근(楊根)에 있으며 쟁장(錚匠)도 5명은 개성에 있었다. 또한 옹장(甕匠)은 매인마다 조역 2인이 지급되었다. 그리고 이 표에 나타난 공장들이 각각 어떤 종류의 물품을 제작하였는지 일일이 구명할 여유를 가지지 못하였으며, 이들이 또한 실제로 장명(匠名)에 해당하는 물품을 제조하였는지도 확인하기 어렵다. 예를 들면 이 표에는 공조와 상의원·전설사(典設司)에 각각 2명씩의 침장(針匠)이

표 6_ 각 경아문의 공장 보유 비율

관아명	비율
군기시 장인	23%
상의원 장인	21.4%
선공감 장인	12.4%
공조 장인	8.3%
사용원 장인	13.6%
교서관 장인	3.6%
기타	17.7%

이들의 구성을 좀더 명백하게 하기 위하여 공장을 보유하고 있었던 각 경아문의 공장 보유 비율을 계산하여보면 표 6과 같다. 공장을 보유하고 있는 30개 경아문 가운데 이들 6개 아문이 전(全)경공장의 5분의 4 이상을 차지하고 있어서 당시의 경공장이 몇 개의 특수관청에 집중되어 있었음을 나타내고 있으며 그중에도 군기감과 상의원의 두 관청이 전공장의 반수에 가까운 공장을 보유하고 있다. 이런 사실은 왕조전기의 수공업자 중 기술적으로 가장 우수하며 전업적이었던 경공장이 앞에서도 언급한 바와 같이 주로 군기 제조와 왕족 내지 귀족들의 생활품과 장식품 제조에 종사하고 있었음

표 7_ 1백 명 이상 장종의 비율

공장명	비율
야장	6.9%
錬匠	6.1%
시인	6.1%
궁인	3.9%
방직장	3.9%
능라장	3.8%
사기장	13.8%
옹장	3.7%
기타	51.8%

을 말하는 것이며, 이는 또한 왕조수공업의 성격을 나타내고 있는 것이라 하겠다.

다음에 경공장을 그 종류별로 나누어 공장 수가 1백 명 이상 되는 장종(匠種)의 비율을 내어보면 표 7과 같다. 경공장의 종류는 129종(수철공 제외)이다. 그중 1백 명 이상의 인원을 가진 공장이 불과 8종밖에 안 되며 그것도 가장 많은 인원을 가진 공장이 전공장 수의 13.8%이다. 공장의 수가 특정한 관청에는 치우치고 있었다. 공장의 종류별

있으나 이규경(李圭景)의 『오주연문장전산고(五洲衍文長箋散稿)』에는 "(…) 今所用布針者 自燕來者也 (…) 我人籍此 不學其制法 (…)"이라 하여 우리나라에서는 바늘이 생산되지 않았다고 기록하고 있다.

에 있어서는 대단히 고루 배정되고 있었으며 이는 어느정도 분업이 이루어지고 있었던 결과라 하겠다. 그리고 공장 수의 그 종류별 비율에 있어서 사기장이 높은 비율을 보여주고 있는데 이들 사기장은 모두 사용원(司饔院)의 분원에 소속되었으며 당시의 일반적인 생활용기로서 사기가 사용되었으므로 궁정(宮庭)의 사기 수요도 그만큼 많았던 것이다. 또한 야장과 시인·궁인의 비율이 높은 것은 역시 군기(軍器) 제조 기술인이 많았던 결과라 하겠다. 다음에는 능라장과 방직장(紡織匠)의 율이 높은데 당시의 일반민은 대개의 경우 의복지(衣服地)는 베틀을 이용하여 자급자족하였으며 이들 전업적인 능라장과 방직장은 왕족과 귀족층을 위하여 동원되었던 것이다.

이상은 대개 경공장의 경우를 살펴보았으나 다음에 각 지방관아에 등록되어 있던 외공장에 대하여 살펴보기로 한다. 경공장이 비교적 전업수공업인인 데 반하여 외공장은 다음에도 논급이 되겠지만 야장과 같은 일부 공장을 제외하고는 대부분이 농업을 겸영하였으며 다만 장적에 수록되어서 일정한 기한을 관역(官役)에 종사하고 있었다.

이제 외공장조를 근거로 하여 각 도별 통계를 내어보면 표 8과 같다. 이 표에서 보는 바와 같이 외공장은 8도를 합쳐서 27개 종류에 3764명이며 외공장 역시 군사용품을 제조하는 갑장·궁인·시인과 군기와 농구를 제작하였을 야장이 가장 많아서 이들이 전체 외공장의 약 32%를 점하고 있으며 능라장이 없고 사치품 제조 공장이 적음은 지방일수록 상류계급의 수가 적은 탓이라 하겠다. 또 앞에서 말한 바와 같이 경공장은 전체 수가 2795명인데 외공장은 8도를 합쳐 3764명밖에 되지 않는다. 당시의 수공업이 얼마나 중앙중심적이었던가 짐작할 수 있다. 또한 경공장은 2795명에 그 종류는 129종이나 되는데 외공장은 약 1천 명이 더 많은데도 그 종류는 경공장의 5분의 1밖에 안 되는 27종이다. 이런 사

표 8_ 외공장의 각 도별 통계

공장 \ 도	경기	충청	경상	전라	강원	황해	영안(永安)	평안	계
갑장	2	6	11	10	3	3	5	9	49
야장	39	71	121	68	70	34	36	54	493
궁인	19	31	59	40	45	19	26	45	284
시인	37	55	72	61	58	28	22	44	377
목장	37	56	69	59	28	42	22	43	356
피장(皮匠)	5	56	66	61	31	12	21	45	297
유장(鍮匠)	3	4	7	6	2	2	4	8	36
칠장	3	56	73	61	28	26	20	44	311
사기장	6	21	26	43					96
궁현장(弓弦匠)		2	3	2	2	2	22	44	77
지장		131	265	237	33	39			705
석장(席匠)		58	292	58					408
조각장		1					1		2
마조장		2	4	5	6	7			24
묵장		6	8	6					20
소성장(梳省匠)		1	3	1	1			1	7
유구장(油具匠)		64	59	57	1	1			182
황옹장(黃瓮匠)		1							1
각장(刻匠)					1		1	1	3
수철장						3			3
점장(簟藏)						3			3
소장(梳匠)			2	1	1				4
선자장(扇子匠)			6	2					8
상자장(箱子匠)			6	4	2				12
석장					1	1			2
연철장(鉛鐵匠)					2	1			3
종모아장(鬃帽兒匠)								1	1
계	151	622	1,152	782	315	223	180	339	3,764

실 역시 외공장은 경공장에 비하여 그만큼 분업의 발전이 부진하였음을 나타낸 것이며 또한 지방은 중앙에 비하여 그만큼 수요(需要) 수공업품목이 적었던 결과라 할 수 있겠다.

한편 외공장의 각 도별 분포 비율을 보면 8도 중 경상도가 그 비율이 가장 높아 전(全)외공장의 3분의 1을 차지하고 있다. 이와 같이 경상도에 공장이 많은 이유는 앞 장에서도 말한 바와 같이 향·소·부곡이 신라의 고기(故基)인 경상도에 가장 많았으며 또한 그 주민들이 수공업과 관련이 있었던 것으로 미루어보아 그들이 조선왕조시대에 이르러 외공장으로 편입되었기 때문이라고 생각된다.

이상에서 조선왕조 전기의 대표적 수공업자였던 공장의 수와 종류에 대하여 자료가 미치는 한 그 추이를 살펴보았고 『경국대전』에 수록된 공장의 종류와 수를 중심으로 하여 이를 분석해봄으로써 왕조전기의 수공업 사정을 살펴보았다. 공장 수와 종류의 분포상태 위주로 살펴볼 때 왕조전기의 관청수공업은 어디까지나 무기 제작과 상류계급의 생활품과 사치품 제작을 중심으로 하여 발전하였으며 또한 중앙중심적으로 영위되고 있었던 것이다.

4. 工匠의 생활과 납세

조선전기 공장의 실태를 좀더 명백히 하기 위하여 그들과 당시 경제의 근간이었던 토지의 관계, 중세적 신분체제하에서 하층인으로 대우받았던 그들에 대한 사회적·경제적·법률적 제재, 그들의 생활상태를 추측할 수 있는 척도가 될 납세 문제 등을 자료가 미치는 한 살펴보고자 한다.

(1) 공장과 영농

　조선왕조의 토지제도, 특히 초기의 그것은 고려 공민왕 3년 5월에 도
평의사사(都評議使司)가 제의한 과전법안(科田法案)에 그 대체적 윤곽
이 나타나 있다. 이때의 제안 중에 "公私賤口·工商·賣卜盲人·巫覡·倡妓·
僧尼等 人身及子孫 不許受田"[80]이라 하여 원칙상 공상인(工商人)들은 급
전(給田)의 대상에서 제외되고 있으며 조선왕조의 건국 후에 토지분배
를 관장하던 급전사(給田司)도 공상인으로서 부당한 방법으로 관직에
올랐던 자에게는 급전치 않길 제의하고 있다.[81]
　태종 때의 사간원(司諫院) 상소 중에는 공상천례로서 기공(奇功)을
수립한 자는 타물(他物)로써 상을 주고 토전(土田)을 주지 말도록 하
자고 주장하였고,[82] 이어서 왕이 우정언(右正言) 이명선(李明善)을 불
러서 "賤隷受田 則自國初而已"라 하매 이명선은 "臣等竊惟 (…) 賤隷受田
雖自國初而然 不許受田 亦國初之定制也 而我太上王·上王許之者 出於偶然
耳"[83]라 하였다. 결국 원칙상으로는 급전 대상이 되지 않는 공상인들도
국초에는 특수한 훈공(勳功)이나 우연한 일로 수전(受田)을 하고 있었
음을 암시하고 있는 것이다.
　한편 공장들에게는 원칙상으로 급전되어 있지 않으나 특수공장에게

---

80) 『高麗史』志 卷32, 食貨1, 田制條.
81) 『太祖實錄』卷4, 太祖 2年 12月 乙丑條.
　　願將京畿餘田 給於受田科不足者及初仕未受田者 其中 鄕吏子孫 無免鄕明文者 公私賤口·
　　工商·巫覡·倡妓·僧尼子孫 冒受官爵者 幷不給之
82) 『太宗實錄』卷5, 太宗 3年 6月 乙亥條.
　　自今以往 工商賤隷之徒 如有樹立奇功者 賞以他物 不許土田 以正田制 以定貴賤
83) 같은 곳.

는 급전이 되었던 일면도 보여주고 있다. 즉 태조 4년의 대사헌(大司憲) 박경(朴經) 등의 상언(上言)에 경기좌우도와 6도의 전지(田地)를 능침전(陵寢田)·창고전(倉庫田)·군자전(軍資田) 등과 지장전(紙匠田) 등으로 정하였다고 말하고 있다.[84] 그런데 이와 같은 '모수관작(冒受官爵)'한 공상인의 수전지(受田地)와 '기공수립자(奇功樹立者)'의 수전지 혹은 장전(匠田)은 수전한 공장이 직접 경작하였는지 혹은 수조권(收租權)만을 가졌던 것인지 알 수 없으나 국초의 혼란기를 지난 후에는 모두 수전을 불허하는 원칙대로 이행되었으며 합법적으로 급여되었던 공장들의 위전(位田)도 세종 연간에는 모두 혁파되었다. 세종 27년에 호조가 올린 '전제개상정사급가혁조건(田制改詳定事及可革條件)'에서 지장위전(紙匠位田)을 혁파하였으며[85] 또한 "東西窰瓦匠位田十七結 初以鷲頭傳習之功折給 其餘瓦匠及諸色匠人 皆無位田 今革之"[86]라 하여 요와장위전(窰瓦匠位田)을 다른 와전(瓦田)과 모든 장인들이 위전이 없음을 이유로 혁파하였던 것이니 공장의 위전은 이 요와전결(窰瓦田結)이 마지막이 아니었던가 한다. 이리하여 이때부터 공장들은 원칙적으로는 전지를 지급받지 못하고 수공업만을 그 생활수단으로 삼았다고 볼 수 있겠다.

그러나 경공장의 경우 체아직 공장은 정부 소속의 수공업인이 되어 소정의 녹봉을 받았고 일반 공장은 일정한 공역일에는 관영의 역사에 동원되었으며 공역일 이외에는 부득이한 공역에 종사하여 급료를 받기도 하였을 것이고 또 한편 가장 번영한 도회인이면서 그 대부분이 비생

---

84) 『太祖實錄』卷7, 太祖 4年 4月 丁卯條.

　　前朝之季 田制紊亂 豪强兼幷 倉庾空竭 爭訟日繁 骨肉相殘 殿下卽位之初 損益制度 遂正經界 將京畿左右道及六道之田 以定陵寢·倉庫·軍資·公廨·寺院田·學校·神祠·鄕津·驛吏·紙匠等田 (…)

85) 『世宗實錄』卷109, 世宗 27年 7月 乙酉條.

86) 같은 곳.

산인이었던 서울 주민들의 생활품을 제조 판매하여 생활할 수 있었으므로 전업적 수공업자로 발전할 수 있었겠으나 지방 공장 즉 외공장의 경우는 사정이 달랐다. 앞에서도 잠깐 언급한 바 있지만 외공장은 관아의 기록상에 공장으로 등록되어 있었기는 하지만 사실 그들은 대부분 농업에 종사하고 있었거나 약간의 수공업을 겸영하고 있었던 것이다. 야장 등 약간의 전업적인 일부의 공장을 제외하고는 거의 농민에 가까운 처지가 아니었던가 한다.

이제 몇 가지 기록을 들어서 살펴보면 "諸道産鐵處 置冶場 成籍 藏於本曹·本邑 每當農隙 吹鍊上納"[87]이라 하여 '농극(農隙)' 즉 농한기를 택하여 야장(冶場)에서의 연철(鍊鐵)을 하게 하였으며 또한 태종 때의 강원도 관찰사 이안우(李安愚)의 상서에

> 月課軍器 國家禦侮之備 誠不可一日廢其修造也 然近因條令 自郡縣至于庶民 皆有其備 而節制營與界首各鎭 日常打造 其爲冶匠者 日夜在官 失其生理 未免妻子啼飢之嘆 亦可憫也 願自今 三月至七月 則放還歸農 自八月至明年二月 驅而赴役 則庶乎 國不廢備 而匠亦遂其生矣 議得右條 自四月至七月 歸農[88]

이라 하여 지방의 군기 제조 공장이 공역일이 많아서 그 처자의 부양 방도를 잃고 있음을 지적하고 그들을 구제하기 위한 방책으로 농기에는 귀농시키고 농한기에만 부역시키도록 하였다. 군기 제조와 농기 제조를 겸하였을 야장까지도 농업을 겸영하고 있었음을 시사해주고 있는 것이다. 또한 문종시대의 기록에도

---

87) 『經國大典』工典 鐵場條.
88) 『太宗實錄』卷29, 太宗 15年 4月 丁亥條.

議政府據兵曹呈啓 各道都會所製造軍器 雖當夏月 多聚工匠及助役者 廢農誠爲未便 今考各鎭月課軍器製造之 限春則自正月至二月 秋則自八月至十一月 今此都會所軍器 亦依此例製造 從之[89]

라 하여 역시 농번기의 공장 소집을 피하고 있으며 그 이유를 공장들의 폐농에 두고 있다. 이런 기록 등으로 미루어볼 때 이 시기의 지방 공장은 사실상 제조업에 종사하는 것보다 농업에 종사하는 일이 생계유지를 위하여 더 중요한 것이었으며 그들의 제작활동은 군기 제조나 진상품 제조를 위하여 공역에 징발되었을 때뿐이며 주업은 농업이었다고 간주되는 것이다.

한편 이와 같은 지방 공장의 농업겸영으로 그 기술이 진상품 제조마저 감당할 수 없었던 형편이어서 『세종실록』의 기록에 의하면

謂之方物者 以其方土産出之物也 令其界工匠 用其地所産 製造以進可矣 近聞各道監司·都節制使 每年三大朝會及講武行幸進上之物 或多備其直 貿易于京 或請京中工匠 多給其價 製造進上 有違方物之意 弊亦不小 今後各道方物 不論精麤 令本道工匠製造進上 永爲恒式[90]

이라 하여 지방 관리들이 방물(方物)을 서울에서 사서 바치거나, 혹은 경공장에 그 제조를 의뢰하는 실정을 들고 이를 금하도록 하였다. 이는 공물대납의 폐를 막기 위한 목적이겠으나 지방 관리가 방물의 제조를 지방 공장에 의뢰하지 않은 이유는 역시 지방 공장의 기술퇴보에 있

---

89) 『文宗實錄』 卷6, 文宗 元年 3月 丙寅條.
90) 『世宗實錄』 卷79, 世宗 19年 10月 乙亥條.

었던 것 같다. 즉 방물은 '불론정추(不論精麤)'하고 본도(本道) 공장으로 하여금 제조·진상케 하라 한 것은 곧 지방 공장의 기술이 미숙하여 경 공장의 제품으로 대납되고 있었기 때문이었다. 이런 현상은 농업을 주 업으로 하고 있었던 당시의 지방 공장에게는 당연한 결과였으며, 이런 결과가 지방 공장은 공역에의 기술적 부역보다도 물질적 부역을 부담 하게 되어 이른바 공장미(米)·공장포(布) 납부제가 생기는 이유 중의 하나라 생각되는 것이다.

이와 같은 지방 공장의 농업겸영은 그대로 계속되어 임란 이후의 기 록이기는 하나『반계수록(磻溪隨錄)』의 '분전절목(分田節目)'에도 "今我 國 工商治田 幾於農夫 故亦減半以定"[91]이라 하여 공상인의 농업경영이 거 의 농부와 같으므로 이들에게도 농부의 절반만큼 농지를 급여하여야 한다고 주장하고, 다시

> 或曰 工商 旣事其利 不當受田 是不然 工商 若京都人眾之處 則可以其業爲生 外方
> 居者 全不受田 無以資生 (…)[92]

이라 하였다. 반계가 농부의 절반만큼 급전을 하여야 한다는 공상인은 지방인을 지칭한 것인 듯하며 당시의 지방 공장은 농업을 겸영치 않고 는 '무이자생(無以資生)'할 만큼 전업화되지 못하고 있었던 것이다.

한편 최근 「양안(量案)의 연구」를 발표한 김용섭(金容燮)씨의 경상도 의성군(義城郡) 구산면(龜山面) 양안 분석 중 평민층의 직역별 계층분화 표에 의하면[93] 이 면의 농지 점유 평민층 128호 중 공장이 38호나 되며

---

91)『磻溪隨錄』卷1, 田制上.

92) 같은 곳.

93) 金容燮 「量案의 硏究」, 『史學硏究』 7호, 1960, 92면. 이 양안은 숙종(肅宗) 46년(1720)에

72

그중 3호는 토지 1결 이상을 점유하고 있으며, 50부(負) 이상이 8호, 25부 이상이 14호, 25부 이하가 13호로 표시되어 있다. 김용섭씨는 1결 이상의 농지를 소유한 농가를 부농층, 1결 이하를 중농층, 50부 이하를 소농층, 25부 이하를 빈농층으로 볼 수 있다고 말하고 있다.[94]

이상에서 논술한 바와 같이 조선왕조의 지방 공장은 전기에는 대체로 농업겸영이 일반화하고 있었으며 이런 현상은 후기에 넘어가서도 쉽게 변화하지 않았음을 알 수 있다. 이와 같은 지방 공장의 농업겸영은 농촌 수공업이 농업에서 분리되지 않았음을 뜻하는 것이며, 그것은 또한 왕조의 수공업발전을 위해서는 청산되어야 할 문제였지만 이러한 지방 공장의 농업겸영은 농민들이 수공업품을 거의 자급자족하고 있었다는 데 이유가 있는 것이라 하겠다.

(2) 공장에의 제재

조선왕조시대에 있어서 국가법률의 적용은 일률적인 것이 못 되었다. 즉 같은 죄를 범한 수인일지라도 그들의 사회적 계급과 신분에 의하여 그 치죄방법과 형량에 차이가 있었던 것이다. 당시 사회의 거의 최하층에 가까운 신분층으로 구성된 공장들은 법률 적용에 있어서도 최악의 경우에 처해 있어서 중세적 사회구조하에서의 그들의 사회생활에 많은 제재를 받고 있었으며 그것은 또한 그들의 생산활동에도 영향을 미쳤던 것이다. 이제 몇 가지 기록을 들어 살펴보면, 『세종실록』의 기록에

작성된 것이다.
94) 같은 글 74면.

司憲府啓 文武官及三品以上有蔭子孫 犯十惡奸盜 非法殺人 枉法受贓及行私外笞
杖 依今年正月十六日受敎 並移送義禁府施行 然其中 前銜東班參外及時散西班參外
與有蔭子孫所犯 推考後 除啓聞 須卽移送義禁府科斷 其本系常人者 請依前例 笞罪則
直斷 杖罪則移送刑曹論決 若工商賤隷 雖參上 亦依前例 笞杖直斷 從之95)

라 하여 법률 적용에 몇 종의 단계를 두어 문무관과 고위 관리 후예들
의 치죄와 하급 관리·일반 상민·공상천례 들의 치죄 방법을 각각 달리
하고 있다. 공상천례 계급은 그들이 관직에 올라서 참상(參上)일지라도
본계상인(本系常人)과 같이 태장(笞杖)은 직단(直斷)하도록 되어 있다.
그러나 동왕 12년에는 형조판서 김자지(金自知)가

凡工商賤隷受職者 當犯罪論決之際 援引有職者 雖本系常人 取旨論決之敎 不卽受
罪 若其已厥得情之事 雖取旨決罪 固無失機之弊 其或推劾之際 違端微露 當卽拷訊
必待取旨 乃加拷訊 故生謀飾詐 遂不輸情 詞訟因以淹滯96)

라 하여 공상천례 수직자의 치죄에 있어서 왕의 윤허를 얻어야 하는 폐
단을 말하자 왕은

其稱本系常人 非謂工商賤隷也 乃謂非世族 而仕於卑官 西班八品 東班九品以上之
人也97)

라 하여 본계상인과 공상천례를 구별하고 있다. 이와 같이 상공업자는

95)『世宗實錄』卷21, 世宗 5年 7月 辛卯條.
96) 같은 책, 卷48, 世宗 12年 4月 癸未條.
97) 같은 곳.

비록 관직에 있어도 법률상 관직인의 대우를 받지 못하였다. 『경국대전』에도

凡下官 罵差等官者 於罵人本律 加一等 隔等子 又加一等 以此遞加至杖一百而止 工商賤隷 勿論有無職 各又加一等[98]

이라 하여 그 관직 유무를 막론하고 법률상 최악의 대우를 받고 있었던 것이다.

한편 이들은 또 관가에 대한 의사표시도 상언(上言)만 허용되고 상서(上書)는 할 수 없게 제약되고 있었으며[99] 주거지에도 제한을 가한 기록이 있다. 즉 세종 2년에 종부직장(宗簿直長) 최만리(崔萬里) 등의 상언에

今之工商 布散里巷 交騖於利 物價騰湧 國家旣建行廊 以爲市鏖 自今 分某匠某工 而類居之 使京市署 平其物價 違者痛徵[100]

이라 하여 물가등용(物價騰湧)을 이유로 시전(市鏖)과 같이 공장들도 유거(類居)하게 할 것을 제의하였는데, 이를 의정부와 육조에서 논의하여 "行廊及諸色工匠之門 依中國例 立標"라 하여 공장의 문전에 표지를 하기로 하였다. 이 법이 시행되었는지 또 시행되었으면 얼마나 계속되었는지 알 수 없으나 그들의 자유로운 활동을 위해서는 제재가 되었을 것이다.

한편 조선시대의 공장들은 그들의 제작활동에도 많은 제약을 받고

---

98) 『經國大典』 刑典 告尊長條.
99) 『大典續錄』 刑典 訴冤條.
　　(…) 雖干自己迫切重事 如工商·僕隷·鄕吏·驛吏·卑賤之人 只許上言 勿許上書
100) 『世宗實錄』 卷7, 世宗 2年 閏正月 戊戌條.

있었다. 왕조의 수공업이 어디까지나 관가나 왕궁 중심으로 영위되었으며 그렇기 때문에 약간의 사사로운 제조를 제외하고는 그 원료와 제품이 대부분 관부의 관리하에 있었다. 그리하여 공장은 그 제조활동이 그들 개인의 영리와는 직접적 관련이 없었으며 그러므로 그들은 제품에 애착이나 도의적 책임 같은 것은 거의 느낄 수 없었던 것이다. 이러한 사정은 자연히 공장의 태만과 제품의 저질성을 초래하게 되었으며, 이러한 문제를 타개하려고 관장제 조직을 지속시킴으로써 관가나 궁가(宮家)의 소수품(所需品)을 확보하려는 치자들의 노력은 자연히 공장에 대한 심한 통제로 나타나게 되었다. 『세종실록』의 기록에

工曹啓 凡進上器皿 不用心堅緻造作 緣此不久破毀 今後於器皿底書 造作匠名 以憑後考 其不用心者 徵其器皿 從之[101]

라 하여 조잡한 기명(器皿)이 진상되는 것을 방지하기 위하여 제품에다 제작인의 성명을 기입하도록 하였으며 또한 "銀·錫·鍮器皿 竝刻斤·兩及造年月日"[102]이라 하여 원료의 유용을 막고 제품의 수명을 보장하기 위하여 원료의 양과 제작시일을 각서(刻書)하기로 하였다. 한편 조잡품을 제작한 공장에 대한 사후 제재도 엄중하여서

尙衣院綾羅所織 中之下 則織匠 削仕二十五日 引紋匠 削仕二十 緯奉足 削仕十五 下之上以下 則織匠 削仕五十 引紋匠 削仕四十 緯奉足 削仕二十[103]

101) 같은 책, 卷11, 世宗 3年 4月 戊申條.
102)『經國大典』工典 雜令條.
103)『大典續錄』工典 雜令條.

이라 한 바와 같이 상의원의 능라장이 저질품을 만들었을 때는 공장은 물론, 그 봉족인까지 입사일을 삭제하도록 한 예를 찾아볼 수 있으며, 이러한 제재로는 심지어 체형을 실시한 예까지 볼 수 있다. 즉 도서인쇄공이 서적에 오자가 나게 한 경우에는 공장은 물론 관원까지 태형을 받았으며,[104) 자문표지(咨文表紙)를 만드는 지장들에게도 장형을 적용시키도록 한 기록이 있다.[105)

한편 유교국가로서의 조선왕조는 의식적(儀式的) 규범과 사치 방지를 이유로 제조품의 양상이나 규격에도 엄격한 통제를 가하여 그 변화를 저지하고 있었다. 예를 들면 연산시대의 기록에

下體高簷低新樣笠子一曰 付平市署 令笠匠 一依此樣結造 司憲府與禮曹 禁斷舊體
犯者治罪[106)

라 하여 입자(笠子)의 양식을 평시서(平市署)에 주어 그것에 의하여서만 제조하게 하였고 또한

傳于承政院曰 遣書吏於市 取新體笠 幷書工名以來 承旨姜澂啓 院使令到市 市人驚
匿 故僅取八九笠以來耳 傳曰 其令當直員 拿市人逃匿者以來 市人等至 命承旨權鈞 監
杖八十[107)

---

104) 『大典續錄』禮典 雜令條.
　　書冊印出時 監印官·監校官·唱準·守藏·均字匠·微每一卷一字誤錯者 笞三十 每一字加一
　　等 印出匠 每一卷一字 或濃或熹微者 笞三十 每一字 加一等 竝計字數治罪 官員 五字以上罷
　　出 唱準以下匠人 論罪後 削仕五十 竝勿揀赦前
105) 『大典後續錄』工典 雜令條.
　　咨文表紙 不用意麤造匠人 初次杖八十 每次加一十 一百而止
106) 『燕山君日記』卷53, 燕山君 10年 5月 丁巳條.

이라 하여 새로운 양식으로 입자를 제조하는 것을 통제하기 위하여 강권을 발동한 예를 볼 수 있다. 이 문제는 다음 중종 때도 논란이 거듭되어 영사(領事) 심정(沈貞)이 의복과 입체(笠體)가 통일되어 있지 않음을 들어 그 시정책을 왕과 의논한 가운데

成宗朝 雖儒生 亦着三十竹笠子 上下之人 皆從法令故也 今也工匠之人 惟利是求 其體制異於衆者 取直必多 故百端巧計 變易其體 雖法司與平市署 亦不能禁矣[108]

라 하여 입자 제조 공장이 영리를 목적으로 제조품의 형태를 바꾸는 것을 금지시키도록 주장하고 있으며, 이 문제는 결국 신·구체제를 참작하여 새 양식을 만들고 이후부터는 이 규격을 어기는 자는 처벌하도록 하였다.[109] 공장들은 그 제조품의 형태에도 제재를 받고 있었으며 이런 제재는 비단 입자에게만 국한된 것이 아니고 의류나 화류(靴類), 기타 장식품에도 적용되었던 것이다.[110]

공장들은 제품의 형태에 제재를 받는 한편 비록 특수품이기는 하나 제품의 판매에도 제한을 받고 있었다. 『경국대전』에 의하면 활세포(闊細布)·채문석(彩紋席)·후지(厚紙)·초피(貂皮)·토표피(土豹皮)·해달피

---

107) 같은 책, 卷54, 燕山君 10年 7月 甲午條.

108) 『中宗實錄』 卷68, 中宗 25年 5月 丁未條.

109) 같은 곳.
　　傳于政院曰 今之士大夫及庶人 笠子體制 匠人等 高低廣狹 任意造作事 經筵入侍之人 皆言之矣 笠子體制 予不見之矣 前日行幸時見之 則皆不如古 擅便變易 至爲不當 自今令尙衣院參酌新舊笠體 別作一笠 以爲定式 使民間 皆倣此體爲之 且定禁限 如有違制者 則坐罪匠人事 言于法司

110) 『經國大典』의 禮典 儀章條에 각 품관과 하급 관리들의 관(冠)·복(服)·대(帶)·홀(笏)·패옥(佩玉)·말(襪)·화혜(靴鞋)·안구(鞍具) 등에 대한 엄격한 규정이 성문화되어 있으며 『大典續錄』에도 초립(草笠)·대(帶)·사모(紗帽) 등에 대한 규정이 있다.

(海獺皮) 등등과 철물·우마·금은·주옥(珠玉)·보석·염소(焰硝) 등 중국에 보내는 조공물과 군기원료는 금매품(禁賣品)으로 되어 있어 이를 잠매(潛賣)한 자는 상당한 벌을 받도록 규정되어 있다.[111] 이들 물품은 자유판매가 금지되어 자유롭게 시장에 출품할 수 없었을 것이며 더구나 자유로운 해외무역은 엄금되었으며 그 제조 역시 자유스럽지 못하였던 것이다.

요컨대 조선시대의 공장들은 그들이 처했던 사회적 조건으로 인하여 그 관직의 유무를 막론하고 법률상 최악의 대우를 받았으며 또한 그들의 제작활동에 있어서도 그 관장제적 체제 아래서 부정품(不精品) 제조로 처형을 받았어야 할 만큼 제품에 대한 애착이나 책임을 느낄 수 없었다.[112] 뿐만 아니라 치자들의 유교사회적 보수성으로 제조품의 형태변화에도 제재를 받아 영리를 위한 창의성의 발휘가 불가능하였으며 조공품과 같은 물품의 경우 자유판매 금지로 사사로운 생산활동에 더욱 제재를 받았다. 이러한 사정이 조선왕조의 수공업발전에 저해요인으로 작용하였던 것이다.

(3) 공장과 납세

조선왕조가 건국된 이후의 공장들에 대한 수세(收稅) 사정을 살펴보면 그것은 세수입(收入) 문제보다 저화(楮貨)의 보급책과 더 관계가 있

---

111) 『經國大典』刑典 禁制條.
　　潛賣禁物者(闊細布·彩紋席·厚紙·貂皮·土豹皮·海獺皮之類) 杖一百 徒三年 重者(鐵物·牛馬·金銀·珠玉·寶石·焰硝·軍器之類) 絞 付屬者 減一等

112) 제작활동이 영리와 직접 연관이 없기 때문에 제품 속에 예술적 정성이 깃들 수 있었던 일면도 인정할 수 있겠으나 그것이 여유 있는 취미적인 것이 아니고 가난한 그들의 유일한 호구책이었다면 예술성이나 도의성보다 임기응변이 앞섰을 것이다.

다. 태종 10년에 2품 이상의 시산(時散) 관리와 서반의 대호군(大護軍) 이상에게 '저화통행절목(楮貨通行節目)'을 진의하게 하였을 때의 그 가행(可行)조건 중에

征工商 有國常典 令京中工商 每月一名 納楮貨一張于漢城府留後司 各道行商之稅 亦不可不征 漢城府 考其行商名數 每一名 計收楮貨三張[113]

이라 하여 저화를 유통시키기 위한 방책으로 이때 처음으로 공상인들에게 매월 저화 한 장씩을 받도록 하였으며 행상들의 납세규정도 정하고 있다. 공장세는 이후 여러 번 액수가 변화했으며 그 징수수단도 화폐정책에 따라 변동되어갔던 것이다.

이제 왕조전기에 있어서의 장세(匠稅)의 변동을 개관하여보고자 한다. 앞에서 말한 바와 같이 태종 10년에 매월 저화 한 장을 징수키로 한 장세는 당시의 공장들에게는 과중하였던 모양으로 다음 해 정월에 의정부의 상소에는

先是 令漢城府 凡大小工匠·商賈 記名成籍 每至月季 徵稅楮貨各一張 以爲恒規 閭 里巷市 皆輟業逃遁 窮困已甚至是 乃停此法[114]

이라 하여 저화 한 장을 납세치 못하게 된 공장과 상고(商賈)들이 폐업을 하게 된 실정을 말하고 있다. 당시의 저화 가치에 대해서는 뒤에 말하기로 하고 계속해서 수세규정의 변천을 살펴보면 이 뒤에도 월 1장의

---

113) 『太宗實錄』 卷20, 太宗 10年 11月 甲子條.
114) 같은 책, 卷21, 太宗 11年 正月 癸酉條.

징세는 계속되었으며 동왕 14년에는 역시 저화를 통용시키기 위하여 다시 세액을 변경시키고 있다.

> 諸色匠人稅 楮貨 每月納一張例也 凡工作之價 潛以米布收之 乞自今每月 收納四張 以興楮貨之用 從之[115]

라 하여 종래의 월 1장을 4장으로 증액시키고 있는 것이다.

이때의 세액 변경은 장세를 받는 데 목적이 있었다기보다는 오히려 제품의 댓가를 미포로 받는 것을 막고 저화를 보급시키려는 데 그 목적이 있었으며 세액이 저화 4장으로 증액된 것은 당시 저화 가치가 그만큼 저하되었던 것으로 생각된다. 더구나 이때까지도 장세는 영업규모나 판매액수에 의하여 차액을 두지 않고 일률적인 과세를 하고 있었다. 공장의 사적 생산활동이 그만큼 성행하지 못하였음을 시사하는 것이라 하겠다. 그런데 다음 해 즉 태종 15년 3월에는 의정부와 육조가 '화인심 조목(和人心條目)'을 의계(議啓)한 가운데

> 農工商賈 均爲國民 農家之苦尤甚 猶且十分稅一 工及商賈 不曾有稅 雖不十分稅 一 許令三十分稅一 以補軍國之用 免其月稅 三十分取一 每楮貨三十張 取其一張 未 滿三十張 其稅不滿一張者 以紙及米計取 原物價 未直二張者免稅 農器貿易者亦免 稅[116]

라 하였다. 농민세가 '十分稅一'인 데 비하여 공장세는 징세하지 않았다

---

115) 같은 책, 卷28, 太宗 14年 12月 辛卯條.
116) 같은 책, 卷29, 太宗 15年 3月 丙午條.

하고 공장과 상인세는 ‘三十分稅一’로 정하되 납세액이 저화 1장이 못
되는 경우 지물이나 미곡으로 계산하여 받도록 하고 원물가 즉 판매액
이 저화 2장 값이 못 될 때와 농구를 매매한 경우는 면세하도록 하여 종
래의 일률적인 과세제를 폐지하고 제품량에 의한 과세제의 시행을 제
의하였으나 ‘공상일절 불윤(工商一節 不允)’이라 하여 왕의 허가를 얻지
못하였다. 그러나 다음 4월에는 다시 세제가 바뀌어서 “工匠·商賈人之稅
因取利多少 爲三等 上等 每月納 楮貨三張 中等 二張 下等 一張”[117]이라 하여
일률적인 과세제를 지양하고 그 판매액수에 의하여 공장세를 3분하고
있다. 이는 세제 자체가 발전한 데도 이유가 있겠으나 한편 공장들의 사
적 생산활동이 다소 발전하고 있는 증좌라 하겠다.

이상이 대개 태종조의 장세 변동 사정인데 이러한 장세는 다음에도
상세히 언급되겠지만 원칙적으로 공장들의 공역일을 제외한 제작활동,
즉 그들이 사적 생산활동에 종사한 날만을 수세하게 되어 있었으므로
공장세제의 변동과 그 액수에 의거하여 당시 공장들의 사적 생산활동
의 실태를 파악할 수 있는 가능성을 기대할 수 있겠다. 그러나 앞에서도
언급한 바와 같이 공장세가 세수입 자체보다도 오히려 저화를 보급시
키기 위한 방편으로 제정되고 저화법의 시행 자체가 일률적인 것이 못
되었으며 또한 저화의 가치 역시 걷잡을 수 없게 변동하여 기준으로 삼
기 어려웠다. 태종 원년에 사섬서(司贍署)를 설치하여 저화를 관장하게
하고 동왕 2년에 반록(頒祿)에 저화를 병용하여 사용하게 하였다가 백
성이 그 사용을 꺼려서 저화가 유통되지 않으므로 동왕 3년 9월에는 사
섬서를 일단 폐지하였고 10년 7월에 저화통행법을 다시 실시하였으나
역시 성공하지 못하고 15년 6월에는 주전법(鑄錢法)을 논의하는 등 저

---

117) 같은 책, 卷29, 太宗 15年 4月 己巳條.

화법 시행에 파란이 많았으며 아울러 그 가치 역시 파악하기 어려운 실정이었다. 저화법을 시행한 당초부터

命戶曹 以楮貨 貿得民間五升布二萬四千六百匹 初以楮貨一張 準五升布四匹 民皆
不用 上聞之 命戶曹 以五升布一匹 準楮貨一張 不日而貿得二萬餘張 乃以五升布三匹
準楮貨一張 三斷其布而與之 民爭易之[118]

라 한 기록을 남길 정도로 불안정한 것이었고 조선초기의 저화에 대한 연구논문을 쓴 미야하라 토이찌(宮原兔一) 씨는 "저화는 거의 통화적 기능을 다하지 못하였다"[119]고 말하고 있는 형편이다.

태종 15년에 규정된 매월 '上等三張, 中等二張, 下等一張'의 공장세액은 이후 10년 동안 그대로 시행되어왔으나 세종 7년에는 호조 계문(啓文)에

在前 諸色匠人月稅 每朔上等一名 楮貨三張 中等二張 下等一張 (…) 請今以一張
準米一斗 每米一升 直錢四文計 工匠每朔 上等一名錢一百二十文 中等八十文 下等
四十文 (…) 以此定式收納 (…) 命依所啓[120]

라 하여 저화 한 장의 가치를 전(錢) 40문(文)으로 비정(比定)하고 공장세를 전문(錢文)으로 환산하여 징수하도록 하였는데, 이는 동년 7월에 "戶曹啓 今除楮幣 用錢幣 請除各道民戶 歲貢楮貨 從之"[121]라 하여 저화 대

---

118) 같은 책, 卷3, 太宗 2年 6月 壬戌條.

119) 宮原兔一「朝鮮初期の楮貨について」,『東洋史學論集』第3集, 東京敎育大學 東洋史硏究
室 1954, 372면.

120)『世宗實錄』卷29, 世宗 7年 8月 丙戌條.

신 동전을 사용케 한 데 원인이 있는 것이며 결국 공장세는 저화에서 동전으로 바뀌었을 뿐 세액에는 변동이 없는 것처럼 되어 있다. 그러나 이때의 '저화일장(楮貨一張)'이 '준미일두(準米一斗)'하고 '매미일승(每米一升)'이 '직전사문(直錢四文)'이라는 화폐가치 역시 현실적인 것이라고 믿기는 어렵다. 즉, 이보다 2년 전인 세종 5년에 "議鑄銅錢 初造楮貨一張 直米一斗 三十張 直木緜一匹 至是 楮貨甚賤一張一升 百餘張一匹"[122]이라 하여 저화 한 장이 미(米) 1승(升)에 해당한다 하였으며 그 5개월 전인 세종 7년 3월에는

> 刑曹啓 前此 犯罪收贖之法 笞一十 楮貨六張 (…) 去壬寅年(세종 4년) 因民間楮貨價賤 笞一十 十八張 (…) 今則 笞一十 銅錢一百五十文 楮貨七十五張[123]

이라 하여 결국 저화 한 장이 동전 2문에 해당하였고 4개월 전인 동 4월에는

> 戶曹啓 今依甲辰年(세종 6년)十一月日受敎 楮貨·銅錢兼用 然民心未安 請除兼用 楮貨 專用錢文 (…) 楮貨一張 準錢一文 從之[124]

라 하여 저화 한 장의 값이 동전 1문으로 폭락되어버렸다. 앞에서 인용한 세종 7년 8월 병술조에서 저화 한 장에 동전 40문으로 비정한 사실과는 커다란 차이가 있는 것이다. 왕조의 화폐정책이 극도로 문란하고

---

121) 같은 책, 卷29, 世宗 7年 7月 丁亥條.
122) 같은 책, 卷21, 世宗 5年 9月 甲午條.
123) 같은 책, 卷27, 世宗 7年 3月 己卯條.
124) 같은 책, 卷28, 世宗 7年 4月 癸丑條.

무계획한 것이라 하더라도 불과 4개월 만에 저화와 동전의 가치비율이 40 대 1로 변할 리는 없을 것이다. 세종 7년 8월에 저화 한 장의 가치를 '준미일두'하고 '매미일승'을 '직전사문'하여 종래 저화로 받던 공장세를 전문(錢文)으로 환산하여 제정한 것은 그 시행 여부는 고사하고 정부의 일방적인 강압책에서 나온 것이라 하겠다.

한편 세종 7년 8월 이후 공장세의 수단이 된 동전 역시 그 가치가 하락 일로에 있었다. 이때 '매미일승'에 '직전사문'으로 규정하여 공장세액을 전문으로 받도록 하였지만 이보다 3개월 전인 동왕 7년 5월에

時 錢文 已行於市 而民不樂用 米一升 直錢三文 錢價日賤 上軫慮 命代言司召富居人 訪問民間錢文行用便否 富居人等 皆曰 每錢一文 準米一升 則錢價不賤矣[125]

라 하여 동전의 실제 가치는 3문이 미 1승에 해당하는데 동전이 가치를 유지하기 위해서는 1문이 미 1승에 준하도록 하여야겠다는 의견이 나오고 있다. 그러나 이보다 1년 8개월 후인 세종 9년 정월에는 사간원 정언(正言) 성자량(成自諒)이 상소하여

(…) 且錢幣 當視其貴賤 而爲之緩急 已鑄四萬貫 而民間施用 纔一萬餘貫 尙且民不樂用 其直甚賤 升米至七·八錢[126]

이라 하여 미 1승에 동전 7~8문의 가치가 있다 하여 전기 7년 8월에 정부가 정한 미 1승에 직전 4문보다 약 2배나 하락하고 있다. 또한 동왕 11

---

125) 같은 책, 卷28, 世宗 7年 5月 丁丑條.
126) 같은 책, 卷35, 世宗 9年 正月 丙申條.

년 9월에는

前此 貿鹽一石之直 納正布一匹 楮貨一張 銅錢二文 至是 以其直輕 乃加銅錢之數
時 民間 不喜用錢 米一升 直錢十二·三文[127]

이라 하여 이때는 세종 7년 8월보다 약 3배나 떨어졌다.

이와 같이 공장세의 수단이 된 저화나 동전의 가치가 당시의 실제적
인 화폐였던 미가(米價)를 기준으로 비교해보아 걷잡을 수 없이 폭락해
가고 있음에 반하여 동전으로 징수한 공장세는 오히려 감액되어간 예
를 볼 수 있다. 즉 세종 9년에

漢城府 收工商月稅 每月 上等 錢一百二十文 中等 八十文 下等 四十文 (…) 上猶
嫌其重 更命 上等 九十文 中等 六十文 下等 三十文[128]

이라 하여 동전의 가치가 하락하는데도 동전으로 징수하는 공장세액
은 삭감되고 있으며, 이때는 미 1승에 7~8문 하던 동전 가치가[129] 앞에
서도 인용한 바와 같이 이보다 2년 후인 세종 11년에는 미 1승의 가치
가 동전 12~13문에 해당할 만큼 하락하였음에도 공장세는 이때 규정
된 상등 90문, 중등 60문, 하등 30문의 세액이 이보다 26년 후인 단종(端
宗) 원년에도 그대로 고정되어 있다.[130] 이후에 공장세의 수단은 다시

---

127) 같은 책, 卷45, 世宗 11年 9月 丙寅條.
128) 같은 책, 卷35, 世宗 9年 正月 壬辰條.
129) 주 126 참조.
130) 『端宗實錄』 卷7, 端宗 元年 8月 丙申條.
  戶典謄錄 (…) 諸色匠人 則每月收稅錢 上等 九十文 中等 六十文 下等 三十文

저화로 바뀌어서 예종(睿宗) 원년에는 "上等 每朔 楮貨九張 中等 六張 下
等 三張"[131]으로 되어 있으며 『경국대전』에 게재된 공장세액도 이와 같
다.[132]

그런데 이때의 저화 가치는 저화 1장이 준미 1승이어서[133] 세종 7년
의 '一張準米一斗'보다 10분의 1로 하락되었다. 그러므로 세종 7년과 예
종 원년 양년의 공장세액을 미곡으로 환산해보면 표 9와 같아서 역시
공장세액은 약 3분의 1로 감액되었다.

표 9_ 공장세액과 미곡의 비교

등급＼연대	세종 7년(1425)	예종 원년(1469)
상등	30승	9승
중등	20승	6승
하등	10승	3승

조선왕조 전기의 화폐가 저화나 동전을 막론하고 실제로 화폐적 가
치를 발휘한 것이 아니고 다만 정책적 필요에 의한 것이어서 미야하라
토이찌 씨가 지적한 바와 같이 "아래서부터가 아니고 위에서부터의 필
요에 의한 것"[134]이었기 때문에 정부가 규정한 그 가치가 현실적인 것
이었다고 볼 수 없는 사정이다. 저화나 동전으로 징수한 세액을 공장들
의 사적 생산활동의 척도로 삼으려는 생각은 위험하며 또 세액의 증감
에만 의존해서 영업실태를 파악하려는 노력도 타당하지 못한 일일는지

131) 『文獻備考』 卷150, 田賦考 10.

132) 『經國大典』 戶典 雜稅條.

133) 같은 책, 戶典 國幣條.

134) 宮原免一 「朝鮮初期の銅錢について」, 『朝鮮學報』 第2集, 朝鮮學會 1951.

모르나 앞에서 말한 바와 같이 동전 가치가 하락하는데도 동전으로 징수한 공장세액이 삭감된 예가 있다. 표 9와 같이 당시의 사실상의 화폐였던 미곡으로 환산해본 세액 역시 점차 감소되고 있는 사실 등으로 미루어보아 혹시 이런 사실이 관영수공업에 억눌렸던 사영수공업의 부진을 시사해주는 것이 아닌가 생각된다. 여기에 사영수공업에 종사하던 어느 공장의 일화를 소개하면, 세종 때의 기록에

鞋匠李上左 賣皮鞋 換米一斗五升 以不用錢文 見執於京市署 署以年老 不得決杖充軍 徵曠錢八貫 上左家貧 貸納一貫 本署 督其畢納 上左力窮 自縊於家前槐樹[135]

라 하여 어느 가난한 피화장(皮靴匠)의 최후를 전해주고 있다. 이와 같이 곤궁한 생활을 해야 했던 그들은 자연히 그 호구책을 관영수공업에 자진 의뢰하지 않을 수 없었으며 그 결과는 이들을 관장으로 만들어갔던 것이라 생각된다.

이상에서는 대개 경공장 납세 사정을 살펴보았으나 다음엔 외공장의 경우를 살펴보기로 한다. 지방 공장에 대한 징세규정은 그 최초의 기록이 세종 7년에 보인다. 즉 호조의 계문에

各道各官水鐵匠 大中小爐冶 分別爲難 請以率居二十名以上 爲大爐冶 十五名以上 爲中爐冶 十四名以下 爲小爐冶[136]

라 하여 지방에 있는 수철장(水鐵匠)의 등급을 정하고 각급 수철장의 납

---

135) 『世宗實錄』卷29, 世宗 7年 8月 己丑條.
136) 같은 책, 卷29, 7年 9月 戊戌條.

표 10_ 수철장의 납세규정

도 별	납기	대로야(大爐冶)	중로야(中爐冶)	소로야(小爐冶)
경상·전라	춘계(春季)	전 980문	920문	660문
	추계(秋季)	미 6석 8두	6석 2두	4석 6두
평안	일년	미 6석 8두	6석 2두	4석 6두
경기·충청·강원·황해	일년	철 100근	90근	80근

세규정을 표 10과 같이 정하고 있다.

이 표에서 보는 바와 같이 세율이 가장 높은 경상도와 전라도는 춘추
두 계절에 납세하도록 되어 있으며 기타 도는 연 1회만 납세하게 되어
있다. 또한 이들의 납세는 동전과 미곡·철물 등으로 하도록 되어 있는
데 동전으로 납입하도록 한 것은 동전을 유통시키기 위한 방책이었으
며 미곡이나 철물 등이 사실상의 납세물이라 생각된다. 그리고 철물로
써 납세하게 한 것은 이 철물을 관부의 수요에 충당시켰던 것이니『대
전속록』에 "歸厚署所用鐵物 用黃海道諸邑鐵匠稅鐵"[137)]이라 하였다. 다음
『경국대전』에는

外方冶匠 鑪鐵匠 每一冶 春正布一匹 秋米十斗 鑄鐵匠 每一冶 春綿布一匹 秋米
十五斗 水鐵匠 大冶 春綿布一匹半 秋米六石八斗 中冶 春綿布一匹 秋米六石二斗 小
冶 春正布一匹 秋米四石六斗 永安·平安道 則無布稅 京畿·忠淸·江原·黃海道 則每年
大冶 水鐵一百斤 中冶 九十斤 小冶 八十斤 勿收米布[138)]

---

137) 『大典續錄』戶典 支供條.

138) 『經國大典』戶典 雜稅條 및 『文獻備考』卷150, 田賦考에 보이는 기록도 이와 꼭 같다.

라 하여 유철장(鍮鐵匠)과 주철장(鑄鐵匠)의 세액이 처음으로 보이며, 수철장세는 경상·전라·경기·충청·강원·황해도 등의 세액이 봄철의 동철(銅鐵)과 면포(綿布)의 차이가 있어서 그 가치비율을 따지기 힘드나 가을철의 미곡 납세액은 세종 7년의 세액표와 같고 평안도의 경우 세종 7년에는 1년에 대로야 미 6석 8두, 중로야 6석 2두, 소로야 4석 6두이던 것이 이때 와서는 영안(함경)도와 같이 면세되어 있다.

이러한 사실은 비록 수철장의 경우만을 밝힐 수 있을 뿐이지만 지방 장세가 세종 7년에서부터『경국대전』이 찬진(撰進)된 예종 원년까지 44년간 적어도 철물과 미곡으로 바친 세액에 있어서만은 변동이 없었으며 평안도의 경우는 오히려 면세마저 되고 있다. 전술한 경공장 세액이 고정 내지 감소되고 있었던 것과 같은 현상이 아닌가 한다.

한편 앞에서도 언급한 바 있지만 공장들에 대한 수세는 공역일을 제외하게 되어 있었다. 이 문제를 상세히 살펴보면 세종 9년의 호조 계문에

漢城府 收工商月稅 (…) 不計公役日收之 不便 請每月季 所掌各司 以役日數 列名 報曹 移文漢城府 除役日收稅 以爲恒規[139]

라 하여 매월 말에 공장을 사역시킨 각 관아에서 각 공장의 사역일수를 계산하여 공조에 보고하면 한성부에서 이 사역일수에서 공역일을 제하고 수세하도록 되어 있었다. 이 규정은 또『경국대전』에도 "錄工匠等第 及坐賈公廊之數 藏於工曹·本邑收稅 (…) 計除公役日 收稅"[140]라 하여 성문화되고 있다.

---

139)『世宗實錄』卷35, 世宗 9年 正月 壬辰條.

140)『經國大典』戶典 雜稅條.

그러나 이 규정의 시행에도 여러가지 논란이 있어서 성종 때의 평시서(平市署) 제조(提調) 김승경(金升卿)이 "大典內 凡收工匠月稅 計除公役日數 今者戶曹 不顧此法 竝徵月稅 人怨頗多"[141]라 하여 공장들이 공역일을 제하고 납세하는 특전을 못 받고 있음을 진언하여 이 규정 적용의 한계가 다시 논의되었다. 즉 김승경이 다시 계언(啓言)하여

大典內 凡工匠 除公役日數收稅 今戶曹 於公役日 亦收稅 民甚苦之 以此臣於經筵 啓之 而其後無發落 故敢稟[142]

이라 하였으므로 왕이 이 문제를 호조에 문의케 하였는데 호조정랑(戶曹正郎) 최한원(崔漢源)이 "凡工匠 計除公役日數收稅者 指工匠而言 坐賈則不在此例 故本曹收月稅耳"[143]라 하여 이 규정이 상인을 제외한 공장에게만 적용되는 것이라 하였다.

이에 왕은 『경국대전』을 찬집(簒集)한 재상들에게 의논하였는데 홍응(洪應)·노사신(盧思愼) 등이 "凡工匠 計除公役日數收稅者 指工匠而言 坐賈不與 故右條 置於工匠之下 坐賈之上"[144]이라 한 것으로 보아 결국 공장들은 끝내 공역일을 제하고 납세하는 혜택을 받았음을 알 수 있다. 또한 지방 공장들도 공역일을 제외하고 납세하였으며 이들이 군역에 종사하고 있는 동안 역시 면세하도록 되어 있었다.[145]

---

141) 『成宗實錄』 卷238, 成宗 21年 3月 丁巳條.

142) 같은 책, 卷238, 成宗 21年 3月 丙寅條.

143) 같은 곳.

144) 같은 곳.

145) 같은 책, 卷27, 成宗 4年 2月 丙寅條.
　　戶曹啓 今承傳敎人言 民間器用 水鐵爲重 而水鐵匠 竝定軍役 又收稅鐵 因而失業 存者無 幾 農器稀貴 果如是言 非徒農器 公私日用釜鼎之屬 所賴甚緊 不可不慮 其議以啓 臣等 參詳

요컨대 왕조전기의 공장들은 공역에 종사하는 이외의 노동량 즉 사적 생산활동에 종사하는 일수만 계산해서 납세하게 되어 있었으며 그러므로 공장의 납세액은 곧 사영업의 척도가 될 수 있는 것이다.

5. 工匠과 외국의 관계

국내 산업 발전의 요인으로 그 생산품 혹은 생산인의 해외와의 교섭을 들 수 있으며, 그것은 또 국가의 외교활동과도 깊은 관계를 가지는 것이다. 그러므로 조선왕조와 같은 쇄국주의 국가에서의 외국 기술인의 입국 관계와 국내 기술인의 해외진출 실정을 고찰해봄으로써 왕조 수공업 사정의 일단을 엿볼 수 있을 것이다.

(1) 외국 기술인의 입국

왕조전기에 있어서 외국 기술인으로 투항 혹은 귀화하거나 초청된 자는 지리적 관계로 북방의 여진족과 바다 건너의 왜인과 류우뀨우인 (琉球人)들이 그 대부분이었다. 이제 이들의 동태를 기록에서 찾아보면, 태종 때에

> 賜申得財米及緜布 得財遼人也 造華紙以進 下鑄字所 印十七史 賜得財米五石·綿布三匹 令紙工傳習[146]

水鐵匠 除公役日收稅之法 載在大典 今屬軍役者 亦當依此例 除軍役日收稅 而守令不顧立法 本意 全徵其稅 以致怨咨者 或有之令各道觀察使 嚴加考察 務使安業 從之

146) 『太宗實錄』卷24, 太宗 12年 7月 壬辰條.

이라 하여 요(遼) 출신의 지장(紙匠) 신득재(申得財)가 있었으며 이 경우 그는 귀화인이었으리라 생각된다. 다음 세종 때에도 "賜六郎·次郎 米豆共五十石 以請送琉球國船匠也"[147]라 하여 대마도인인 로꾸로오(六郎)와 지로오(次郎)를 통하여 류우뀨우국 선장(船匠)을 초청케 한 바 있으며 "賻琉球國船匠吾甫也古 棺及紙五十卷·米六石又令行掩壙之奠"[148]이라 하여 류우뀨우 출신의 선장으로 이 땅에서 죽은 오보야고(吾甫也古)가 있었다. 또한 같은 류우뀨우 출신의 선장으로 삼보라(三甫羅)가 있었으니 "賜琉球國船匠三甫羅 米豆共十石 仍令戶曹 月給三甫羅及妻料"[149]라 하였다.

한편 왜인으로서는 "傳旨慶尙道觀察使 倭鐵工加智沙也文 幷其妻子 乘驛上送"[150]하라 하여 철공 카지사에몬(加智沙也文)이 있었으며 이밖에도 투항하거나 혹은 포로가 된 기술인이 많았으리라 생각된다. 즉 명종(明宗) 때의 기록에

備邊司啓曰 各道生擒倭人 以其情犯 觀之 則所當殄戮無遺 然其中 亦有能言其國事 可因探驗賊情者 有吹鍊銅鐵者 解造瀝靑者 解採石硫黃者 鐵匠 船匠 則不無利益於國家備邊之策 請令監司 更加究問 處置何如 傳曰 如啓[151]

라 하여 포로가 된 왜구의 기술인을 이용하도록 한 예를 볼 수 있다.

이 이외에도 외국 기술인의 입국이 있었을 것으로 생각되나 기록에 나타난 이들을 중심으로 그들에 대한 대우 및 가족관계와 그들의 기술

---

147) 『世宗實錄』卷61, 世宗 15年 7月 癸酉條.
148) 같은 책, 卷64, 世宗 16年 5月 癸未條.
149) 같은 책, 卷65, 世宗 16年 9月 庚子條.
150) 같은 책, 卷84, 世宗 21年 2月 己未條.
151) 『明宗實錄』卷25, 明宗 14年 6月 甲子條.

수준을 살펴보자.

이들 외국 출신의 기술인에 대해서는 정부에서 대개의 경우 월급과 처자료(妻子料)까지 지급하고 있으며 또한 곡물이나 면포 등을 상여(賞與)하고 있다. 즉 앞에서 인용한 바와 같이 류우뀨우 선장 삼보라에게는 상곡(賞穀) 20석과 처료를 주고 있으며, 요인 지장 신득재에게도 미 5석과 면포 3필을 주었고 국내 지공에게 화지(華紙)의 제조법을 가르쳐주었다 하니 그후에도 상당한 대우가 있었으리라 생각되며, 오보야고의 경우는 그가 사망하였을 때 그 장사비용을 하사하고 있다.

한편 이들 외국 출신 기술인의 가족관계를 살펴보면 그들의 취처(娶妻) 문제를 두고 여러가지 논란이 있었던 예를 오보야고의 경우에서 볼 수 있다. 즉

吏曹判書許稠啓曰 今聞 令琉球國船匠吾甫也古等 娶妻 臣心以謂 本國禮義之邦 天下所共知 不可使彼土人 許令嫁娶 乞停娶妻之令[152]

이라 하여 허조(許稠)는 오보야고의 본국인과의 결혼을 반대하였는데 왕도 이에 동의하여 "稠之言 是矣"라 하고 곧 영의정 황희(黃喜), 좌의정 맹사성(孟思誠) 등에게 의논하였다. 맹사성은 "吾甫也古等 久居不回 則許令娶妻可也 若令還歸 則娶妻未便"[153]이라 하였고, 황희는 "臣議與思誠同 但彼輩 預知擇日娶妻 而無故不許 則未知其意 以爲何如耶"[154]라 하였다. 이에 왕은 "彼人不知娶妻之事 則然矣 彼已預知 則不許似難 乃令娶妻"[155]라 하

152) 『世宗實錄』卷61, 世宗 15年 閏8月 戊辰條.
153) 같은 곳.
154) 같은 곳.
155) 같은 곳.

여 결국 취처를 허가하였다.

　다음 이와 같은 외국 기술인의 기술과 제조품이 국내에서 얼마만큼
의 효과를 나타냈던가를 살펴보기로 하겠다. 앞서 말한 요 출신의 지장
신득재가 화지를 만들어 바쳐서 그것으로 십칠사(十七史)를 인쇄케 하
였으며 그 제조법을 국내 지공에게 전습하도록 하였다 하니 화지제조
법의 습득은 제지술 발전에 도움을 준 듯하다. 그리고 류우뀨우 출신의
선장들이 많이 입국하였는데 그들이 만든 선박(주로 병선)이 국내 선장의
제조품보다 얼마나 효능이 있었던가 기록에서 살펴보면

> 幸喜雨亭 觀新造戰艦 王世子扈駕 初琉球國人到國 命造戰艦 浮于西江 與本國戰艦
> 竝駕 較其快鈍 琉球國人所造船 稍疾 然不甚相遠 或從流而下 或遡流而上 如是者再三
> 乃止[156]

라 하여 양국 선장이 만든 전함의 효능을 시험한 결과 류우뀨우인이 만
든 전함이 조금 빨랐다고 하였으며, 또한 관개용의 수차(水車)도 본국
인의 제품보다 왜 수차가 약간 우수하였음이 인정되고 있다. 그 사실에
대해 언급한 기록을 들어보면

> 判書安純啓 今以倭水車 與吳致善所造水車 激水試之 倭水車 可用於灌漑 致善水車
> 可汲井 不可灌漑 倭水車 於農事甚便益 請分送工匠于諸道 造而用之[157]

라 하여 국내인이 만든 수차는 우물 푸기에 알맞고 왜 수차는 가히 관개

---

156) 같은 책, 卷63, 世宗 16年 3月 乙未條.
157) 같은 책, 卷54, 世宗 13年 10月 辛酉條.

에 이용할 만하다 하여 왜 수차의 보급을 장려하고 있다.

이상에서 우리는 왕조전기에 있어서의 외국 출신 기술자의 실태와 그 기술수준을 살펴보았다. 물론 이밖에도 외국 기술인의 입국이 더 있었으리라 생각되나 기록상에 나타나는 그들의 국내 기술계에의 영향은 그다지 큰 것이 못 되었음을 알 수 있다.

(2) 국내 기술인의 해외진출

조선왕조 전기의 외교범위는 극히 좁은 것이어서 신속(臣屬) 관계에 있는 명을 위시하여 바다 건너의 일본·류우뀨우와 국가체제를 갖추지 못하였던 북방의 여진족 정도에 지나지 않았으며 이들 제국과의 물질적 교역도 중국과는 예물의 교환 정도를 벗어나지 못하였고 일본·여진과의 교역은 그들의 일방적인 요구에 마지못해 응하고 있는 형편이었다. 국내 수공업품의 해외진출은 물론 수공업자의 진출로 인한 신기술 습득도 거의 불가능한 실정이었다.

조선왕조의 전기에도 중국과 일본에 가는 사신의 수행원 중에 공장들이 끼여 있는 것을 가끔 볼 수 있다. 우선 중국의 경우를 살펴보면 세조 7년에

戶曹據尙衣院提調啓箚啓 綾羅匠等成才者頗多 繰絲染色等事 皆不能得如唐物 請
自今 擇有巧性者 每於赴京之行 輪送一人 使之傳習 從之[158]

라 하여 능라의 염색기술을 습득시키기 위하여 사행(使行)에 공장 1명

---

158) 『世祖實錄』卷24, 世祖 7年 5月 丁卯條.

을 수행시킬 것을 결정한 바 있고 연산군시대에도 "傳曰 赴京之行 令綾羅匠隨去 如大紅·草綠諸色 紵絲習染·習織 各將四·五尺以來"[159]라 하여 역시 염색과 방직 기술을 습득케 하기 위하여 능라장을 파견하고 그 증거물을 가져오게 하였다.

이와 같이 중국에 가는 사신을 수행하는 공장의 목적이 기술습득이긴 하였으나 여기에 여러가지 어려운 문제가 있었다. 『중종실록』에

三公議啓曰 今赴京行次 泥豆錫·瀝靑·燻金匠·白鐵匠入送事 臣等 前日啓達 今更思之 今去謝恩·陳慰等使 似不久留中原 各匠人雖送之 必未及傳習 除燻金·白鐵匠 送瀝靑及泥豆錫匠 使泥豆錫匠 兼習燻金何如 答工曹及三公曰 今赴京之行 匠人入送傳習事 予以爲 如此紛擾入送 恐有濫行生事之弊 而匠人傳習於中國 有前規 故不止耳 今啓如此 果不可多送 瀝靑匠·泥豆錫匠入送 其餘除之 且私匠人雖習來 不可移屬於官 前日 尙衣院匠人 徐今阿同 入中原 請習燻金 而中原人 畏法不敎 故不能傳習 而還至通州 潛隱傳習云 以此觀之 則今雖請習 中原之人 必不輕易敎之也 前去徐今阿同送之 則中原人知其面 必敎誨矣 此人入送 使之傳習可也[160]

라 하여 저간의 사정을 말해주고 있다. 이제 이 기록을 상고하여보면 우선 공장을 파견함에 있어서 그들이 기술을 습득하기 위해서 체류하는 기간이 사신 일행의 체류기간과 같았던 모양인데[161] 사신의 체류기간이 짧아서 완전히 기술을 습득할 수 없다 하면서 수행공장 수를 감하

159) 『燕山君日記』卷42, 燕山君 8年 正月 乙酉條.

160) 『中宗實錄』卷76, 中宗 29年 2月 乙酉條.

161) 최근에 발표된 고 김성칠(金聖七)씨의 유고 「연행소고(燕行小攷)」에 의하면 그것이 호란 이후 청국에 가는 사신의 경우이기는 하지만 사신의 체류기간은 40일 내지 60일 동안이었다 한다(『歷史學報』제12집, 1960, 9면).

여 한 사람이 두 가지 기술을 배우게 하자는 모순된 의견을 제시하고 있
으며, 한편 사비로 갔으리라고 생각되는 사장(私匠)을 파견하여 기술을
배워 오게 하더라도 관업에 종사시킬 수 없음을 지적하고 있다. 생각건
대 공장의 파견 수를 제한하려는 저의는 경비 문제에 있었던 것이 아닌
가 한다.[162] 또한 공장을 중국에 보내어 기술을 전습케 하는 것은 전규
(前規)가 있는 일이므로 파견을 정지할 수 없으나 많은 수를 파견할 수
없다고 한 것은 공장 파견이 마치 의례적인 일 같은 것이었다는 느낌도
주고 있다.

　다음으로 문제되는 것은 조선 측에서 기술습득을 위하여 공장을 파견
하더라도 중국 측의 기술인이 교습을 꺼려 목적을 달성할 수 없었다는
점이다. 서금아(徐今阿)란 상의원 장인이 기술을 배우러 중국에 갔다가
중국인이 '외법불교(畏法不敎)'하였다는 기록으로 미루어보아 중국 측에
서는 법적으로 외국인에 대한 기술교습에 제재를 가하고 있었던 것이라
생각할 수 있으며, 이런 사정으로 그가 통주(通州)에 가서 '잠은전습(潛
隱傳習)'하였으며 지금에 비록 교습을 청하더라도 중국인이 쉽게 가르쳐
주지 않을 것이니 중국인과 지면이 있는 그를 다시 보내는 것이 가하다
한 것으로 미루어보아, 당시의 유일한 외교 상대이며 선진국이었던 중국
으로부터의 기술습득이 얼마나 어려운 문제였던가를 엿볼 수 있다.

　이밖에 또 하나의 난점은 중국 측의 요구에 의하여 보내는 공물과 관

---

162) 김성칠씨는 「연행소고」에서 "사행의 노비(路費)에 대해서는 처음부터 일정한 성규
　　(成規)에 의한 일정액의 지급이 없었기 때문에 매년 6월의 도정(都政)에서 사신이 결정
　　되면 출발하기까지의 사이에 제가끔 외방 각 군읍에 발간구청(發簡求請)하였다. 그러
　　나 그것이 어떠한 성규에 의거한 구청이 아니었기 때문에 지방관으로서 이에 응하지
　　않는 경우가 많아서 때로는 사신이 빈손으로 떠나서 중로에서 무수한 고난을 겪는 일
　　이 많았다"(같은 글 13면)고 하였으니 사신의 사정이 이러하였을 때 수행공장의 경비
　　를 마련하기는 극히 곤란하였을 것이다.

계되는 것으로서 금은과 같이 국내의 산출로는 중국 측의 요구에 응할
수 없어서 면공을 청한 경우, 그 취련법(吹鍊法)을 습득하기 위한 공장
의 파견이 불가능했던 사실이다. 이제 이 문제를 둘러싼 논의를 들어보
자. 성종 24년에 정언 민수겸(閔壽謙)이

> 今聖節使之行 令金箔匠 賫金隨去 臣等未知其由 但我國 自前朝 請免金銀 今若持
>
> 往 爲中朝人所見 則必以爲金銀産於本國 請停之[163]

라 하여 사신이 수행하는 금박장에게 금을 가져가게 하면 우리나라에
금이 산출된다는 것이 탄로나서 금은에 대한 면공이 실패할 것이라 하
여 공장의 파견 정지를 제의하자 왕은 "令秘習其吹鍊之方耳"라 하였다.
이에 민수겸이 다시

> 金銀 雖使我國匠人吹鍊 自祖宗朝至於今 國用不乏 何必習於中朝乎 國家禁令雖嚴
>
> 猶有以金銀 爭相買賣者 今許賫去傳習 則勢難秘密 人豈不知 雖使答之曰 沿海居民 覓
>
> 之於倭 與倭相通 亦非可聞於中朝也[164]

라 하여 역시 국내 기술로써 취련할 것을 주장하고 있다. 이에 이 문제
를 영돈령(領敦寧) 이상과 정부에 논의케 하였는데 윤필상(尹弼商)이 말
하기를

> 我國祖宗朝 屢請免金銀貢 而不得 使王子君更奏 而後乃准 今雖使秘密 安保其匠人

---

163) 『成宗實錄』卷276, 成宗 24年 4月 辛酉條.

164) 같은 곳.

必謹也 況大明一統誌 本國所産 金銀居首 若更責貢 則將何辭以對 我國匠人鍊金自好

不須學於中朝[165]

라 하여 『대명일통지(大明一統誌)』에 본국 산물로서 금은이 으뜸으로
되어 있음을 들어 역시 공장 파견을 반대하고 있다. 또한 이극배(李克
培)·윤호(尹壕)·이철견(李鐵堅)·정문형(鄭文炯) 등은 "臣意妄謂 不愛其
銷鑠 累次吹鍊 則常金可至於赤金"[166]이라 하여 국내 기술로써 취련할 것
을 고집하고 있으며 노사신(盧思愼)·허종(許琮)·이극균(李克均)·유지
(柳輊) 등은 "不須持金 而只令金箔匠 多賫人情而去 學其吹鍊之方 何如"[167]
라 하여 금박장을 보내되 금을 가져가게 하지 말고 인정 즉 일종의 교제
비를 많이 주어 보내라고 제안하고 있다. 그러나

傳曰 尙衣院提調啓 請學鍊金之術於中朝 予以爲我國不用金則已矣 若用之則必欲

極其精鍊 故允之耳 然世宗朝 咸寧君 艱難請免金銀貢 此非急務 其停之[168]

라 하여 끝내는 왕이 뜻을 굽혀서 공장 파견을 정지하고 있다. 중국에
공장을 파견하여 기술을 습득시킬 필요를 느끼면서도 양국의 종속관계
에서 오는 특수한 사정으로 공장 파견에 제약을 받지 않을 수 없는 일면
이 있었던 것이다.

다음 일본과의 관계를 살펴보면, 통신사절목에 "(…) 船匠二名 爐冶匠
二名 火桶匠二名 吹螺赤二名 竝以才能人 充格軍率行"[169]이라 하여 몇 종의

---

165) 같은 곳.
166) 같은 곳.
167) 같은 곳.
168) 같은 곳.

공장이 통신사에 수행한 것을 알 수 있다. 그러나 이들이 통신사를 수행하여 일본에 가는 경우, 그 수행목적이 기술의 습득이나 교류에 있었다고 보기는 어려운 점이 있다. 즉 성종 때의 '통신사재거사목(通信使賚去事目)에'

帶去通事及工匠 不知事體 出入無防 與彼人 輕易說話 一皆禁止 且如弓矢火砲造式 一應當諱之言 尤加嚴禁[170]

이라 하여 수행공장이 기밀이나 병기제조법을 누설할까 두려워 일본인과의 접촉을 금하고 있으며 이보다 먼저 지사(知事) 강희맹(姜希孟)도

今日本通信使之行 令帶行京中藥匠能合火藥者 臣謂焰硝火藥 兵家所重藥匠至倭國 萬一漏洩 則甚非細故 請勿送京匠 抄外方人以送[171]

이라 하여 역시 군사물 제조법의 누설을 꺼려 기술적으로 우수한 경공장의 수행을 피하고 지방 공장을 뽑아 보낼 것을 제안하였다. 수행공장이 중국에 파견되는 공장과 달리 기술습득을 목적한 것이 아니었음을 알 수 있게 한다. 왕이 이 문제를 좌우에게 물었던바 영사(領事) 김국광(金國光)이 "使倭人 得知用藥 則非細事 以銃筒軍中 不知火藥者 送之可也"[172]라 하여 총통군 중에 화약조법(造法)을 모르는 자를 파견하자 하였으며 결국에는 우승지(右承旨) 이경동(李瓊仝)의 의견에 의하여 "擇慶

---

169) 같은 책, 卷75, 成宗 8年 正月 丁未條.
170) 같은 책, 卷102, 成宗 10年 3月 辛巳條.
171) 같은 책, 卷101, 成宗 10年 2月 癸丑條.
172) 같은 곳.

尚道銃筒軍二人 送之"할 것으로 결정을 보았던 것이다.

이와 같은 기록 등으로 미루어보아 일본에 가는 통신사행에 수행한 공장은 일본인과의 접촉이 금지되어 있었으며 기술이 없는 사람을 일부러 가려서 보내는 실정이었다. 그 이유는 그들이 일본인과 접촉함으로써 우리의 기술 특히 군사적 기술이 누설될 것을 두려워한 데 있었다. 그 결과는 양국의 기술적 교섭을 불가능케 하였으며 통신사에 수행한 공장은 다만 의례적인 수행이 아니었던가 생각된다.

이상에서 논술한 바와 같이 조선왕조 전기의 중요한 외교대상국이었던 중국이나 일본과의 기술교류는 모두 효과적인 것이 못 되었으며 그로 말미암아 기술자의 해외진출로 인한 국내 기술계의 발전은 기대할 것이 못 되었던 것이다.

6. 官匠制의 붕괴와 私匠

왕조전기 공장들의 대부분이 직접 혹은 간접으로 관부(官府) 관리의 제조장에 흡수되어 그 생산활동은 거의 타의적인 것이었으며 또한 관부 제조장에 종사하는 공장들은 왕조의 관료적 수공업체제 속에 포섭되어버렸다. 그들이 당시 수공업계의 가장 우수한 기술인이었다는 점에서 왕조전기의 수공업은 거의 관장제였던 사실을 들 수 있는 것이다. 그러나 이와 같은 관장수공업체제가 그 자체 내의 여러가지 모순성과 조선왕조 통치체제의 이완 등으로 인하여 연산·중종조를 전후하여 붕괴되어가는 현상을 나타내고 있다. 이제 우리는 이와 같은 관장제 붕괴의 원인과 그 과정을 살펴봄으로써 왕조전기의 공장, 나아가서는 수공업 사정을 이해할 수 있을 것이다.

우선 관장제 붕괴의 원인을 찾아보면 그 첫째는 국가 재정의 결핍으로 인한 관장에 대한 불충분한 대우로 그들의 생활이 궁핍화하여 관장제 조직하에서 도피하지 않으면 안 되었던 사실을 들 수 있다. 앞에서도 잠깐 인용한 바 있지만 성종 때의 화약장 오금(吳金) 등의 장고(狀告)에

世宗朝 藥匠 饑兩時 給奉足二名 良人則六品去官 賤人則掌苑署受職 以故人爭投屬 今則無點心·奉足 又革去官受職之法 (…) 且名雖匠人 火砲 非民間日用之物 故必資他業以生 而禁制之 不令遠出 長在京中 興販無路 彼此計窮 年少者 傍觀指笑 誓死不入 恐藥匠之業 從此廢絶[173]

이라 하여 관부의 대우가 불충분한데다 수직(受職)마저 용이하지 않아 연소자의 지망이 없음은 물론, 기성 공장도 그 생활유지가 어려웠던 실정을 말하고 있다. 이들 약장은 군사물 제조인이란 특수사정으로 다른 공장보다 더 많은 곤란을 당했다. 그러나 앞에서도 말한 바와 같이 이때는 체아직의 정원 수를 늘려서 대책을 세울 수 있었다. 그러나 이와 같은 재정의 궁핍으로 인한 관장들의 수난은 연산·중종조에 이르러서는 한층 더 현저해져서 지사 심언광(沈彦光)이

百工之事 前則以其月俸 得保妻子 故專心於官役矣 今則減其月俸 而工匠輩 不能保其妻子 故輒爲逃避之計也 良人之爲工匠者 以此而散盡 不得已 以各司奴子 爲之充定 各司之無奴婢 亦職此之故耳[174]

---

173) 같은 책, 卷75, 成宗 8年 正月 戊辰條.
174) 『中宗實錄』 卷84, 中宗 32年 4月 癸酉條.

라 하였다. 관부에서 공장들의 월봉을 감해버렸으므로 생계에 위협을 받은 공장들이 도피를 꾀하게 되어 신분적 자유를 가진 양인 출신의 공장들은 모두 이산(離散)해버리고 다시 노비 출신들이 공장에 편입되었던 사실을 말해주고 있다. 그러나 이때에 이르러서는 노비들의 대충(大充)으로 관장제가 유지될 수 없는 형편이었다. 특진관(特進官) 조윤손(曺潤孫)은

今之匠人 皆有名無實 如工曹·繕工監等處 竝無匠人 雖有某事 皆役私匠人 而其匠 亦皆拙矣 蓋以料食減少故 皆不樂於所業而然也[175]

라 하여 이때 벌써 관장은 유명무실화하여 관가수요품의 제조도 사장들이 담당하는 실정이며 그 이유는 역시 요식(料食)이 감소된 데 있다 하였다. 대개 공조와 선공감은 그 보유 공장 수가 많은 관아인데도 이들 관아에 공장이 거의 없다 하였으니 저간의 사정을 짐작할 수 있겠다.

관장조직이 붕괴한 또 하나의 원인으로 우리는 귀족·관료들의 횡포를 들 수 있다. 즉 관아에 소속된 공장은 관원들이 자의로 사역(私役)시키거나 구종(丘從)으로 만들었으며 그 결과는 공장들이 기술인으로서의 위치를 확보할 수 없었음은 물론, 마침내는 관장제를 붕괴시키는 원인이 되었던 것이다. 이제 몇 가지 기록을 들어 살펴보면 중종 23년의 왕의 전언(傳言)에

前者 大臣及臺諫 於經筵 以百工伎藝之事 啓之曰 各司匠人 雖有一·二能才者 官員 或役以他事 或以丘史帶率 其於伎藝 未能專業 故成才者數少 若有事則 每以私匠役之

---

175) 같은 곳.

至爲有弊[176]

라 하여 기술이 우수한 공장들이 관원들의 사역에 흡수되어 관영제조
장에는 사장을 고용치 않을 수 없는 사정을 들고 있다. 사장 문제에 대
해서는 다음에 상론하기로 하고 이같은 실정을 좀더 들어보면 동왕 31
년에는

傳于政院曰 近來觀尙衣院事 官員之不謹 莫有甚於此時矣 夫設立百工者 爲內用也
而銀器造作事 去三月·七月傳敎 去十月·十二月間 又啓下 去十月·十二月啓下之事
則曰近猶可言也 去二月·七月之事 則緩慢太甚 近聞之則 官員 以其匠人 或作丘史 或
私自借人 致令內用器物 未及造納 至爲非矣 卽令下義禁府 推考可也[177]

라 하여 관원의 공장 유용(流用)으로 심지어는 왕의 전교(傳敎)에 의한
물품까지 만들 수 없었던 사정을 말하고 있으니 관원의 횡포가 얼마나
심하였는지 짐작할 수 있다. 또한 동왕 33년에는 영중추부사(領中樞府
事) 정광필(鄭光弼)이

凡百工 各有其役 而不務傳習 爲官員者 以丘史帶行 廢其所業 故當國家之事 無一
公匠 而所役者 皆私匠 其弊亦豈細哉[178]

라 하여 역시 관원들의 부당사역으로 공장들이 '폐기소업(廢其所業)'
하여 공장은 하나도 없고 관부의 제작에도 모두 사장으로 대신하고 있

176) 같은 책, 卷60, 中宗 23年 正月 癸未條.
177) 같은 책, 卷81, 中宗 31年 1月 辛巳條.
178) 같은 책, 卷88, 中宗 33年 8月 癸亥條.

음을 말하였고 심정(沈貞) 역시 행영(行營)이나 진영을 건설·설치하는 데 "(…) 役以當領水軍及各官 案付匠人 而匠人則名存實無 必調發民間 弊亦 甚多"[179]라 하여 장인은 유명무실하였음을 말해주고 있다. 물론 관장이 이때 와서 유명무실해진 것은 관원의 그들에 대한 사역만이 그 원인의 전부가 아니겠으나 이러한 관원의 관장 사역이 관장제 붕괴의 중요한 이유였음을 알 수 있으며, 여기서 관료국가체제의 일단인 관장제가 관료들의 횡포로 무너져가는 일면을 엿볼 수 있는 것이다.

관장제 붕괴의 다른 또 하나의 원인은 공장계급 내부에서 찾아볼 수 있다. 즉 공장들 사이에서 이익독점을 목적으로 기성(旣成)이 후진에 대해 기술의 교습을 꺼림으로써 마침내는 특수한 기술이 폐절(廢絶)되어버리는 일이 있는 것이다. 이제 그 실정을 살펴보면, 역시 중종 때의 기록에

(…) 亦令各司堂上 或提調及郎官等 勿以匠人定爲丘史焉 其立法 不爲不嚴 而攸司 專不奉行 廩養甚薄 雜役煩苦 以致闕匠頗多 雖或有之 亦於一匠之中 只有一人 而其間 或 有精於業者 又欲獨專其利 秘術不傳 其人旣罷 則其工必廢[180]

라 하여 구사(丘史)로 전역(轉役)되거나 대우 불량으로 이산(離散)되고 남은 극소수의 공장 가운데 혹시 기술이 우수한 자가 있다 하더라도 이익을 독점하기 위하여 후진에게 교습치 않으므로 기술이 폐절된다 하였다. 관장제 아래서의 공장들은 기성과 후진이 사적으로 결합된 주종관계 혹은 도제관계가 아니고 다만 관역에 종사할 때만 공적인 입장에

179) 같은 책, 卷44, 中宗 17年 2月 甲辰條.
180) 같은 책, 卷84, 中宗 32年 4月 辛酉條.

서 맺어진 상하관계였으므로 그들 사이에 영리를 위한 협력이나 동조가 없음은 물론 관부라는 경영주에 대해서 개인적 기술을 인정받기 위하여 오히려 경쟁하는 입장이었으므로 기술교습을 꺼렸던 것이며 이러한 폐단은 곧 관장제의 지속을 불가능하게 하는 원인이 되었던 것이다.

다음에는 이와 같은 관장 상호 간에 일어난 폐단 이외에 관장 개개인의 태만과 그들의 관원에 대한 반발적인 태도를 관장제 붕괴의 한 요인으로 들 수 있을 것이다. 이 문제에 관하여서 역시 중종시대의 김안로(金安老)는

> 百工之人 頹廢成習 幸有某官 雖百計興勸 不遵其意 不改其習 反以撿課之嚴爲怨 輒懷中陷之計 其誰肯犯怒 而力爲之乎 此風不革 則更無致力於國事者也[181]

라 하여 관장들이 관원의 지휘에 순응하지 않을 뿐만 아니라 오히려 제품이나 작업에 대한 관원의 검열이 엄한 데 대하여 원한을 품고 그들을 모함한다 하였으며, 또한

> 幸有掌工匠之官 檢督嚴密 則必指曰 何以獨自騷擾 使工匠 不得安業耶 人人反自救 過之不暇 何暇 力於國事乎[182]

라 하였다. 관장에 대한 관원들의 지휘감독이 얼마나 권위를 가지지 못하였던가를 알 수 있다. 그런데 이러한 폐단의 원인은 역시 관장제 자체의 모순성에 있는 것으로 관장들의 제조활동은 그들의 직접적인 영

---

181) 같은 책, 卷84, 中宗 32年 4月 癸酉條.
182) 같은 곳.

리와 무관한 것이어서 작업의욕을 진작시킬 수 없었던 데 있다 하겠다. 관장제하의 공장들이 감독관원의 명령을 위배하고 그 권위를 인정하지 않았다면 관장제의 지속은 어려웠을 것이다.

다음에 지방 공장의 붕괴 사정을 살펴보면 명종 때 단양군수로 갔던 황준량(黃俊良)이 이 군의 민폐십조(民弊十條)를 진소(陳疏)한 가운데

其四曰 冶匠之弊 丙午年中 初定二名 皆以丐乞之徒 苟充其額而不省厥終之弊 額存人 亡 幷責民間 而六朔之番 二名之價 已闕數年 則貸息之在 至於八十 而坐受侵索 其剜肉 剝血之慘 有不忍言者矣 伏願永除冶匠之弊 幷除二年之闕 則餘民或於是而少蘇矣[183]

라 하여 이때는 이미 지방 공장의 가장 대표적인 야장마저 사실상 유명 무실하여 이들 야장의 국가에 대한 부역은 수공업과는 아무 연관 없는 일반 백성들이 담당하고 있었음을 말해주고 있다.

이와 같은 관장제의 붕괴와 병행하여 왕조수공업계에 등장하는 일군의 수공업자로서 이른바 사장(私匠)들이 있었다. 이제 이들의 등장 경위와 그 실태를 고찰하여 왕조전기 수공업계의 실정을 살피는 한편 후기 수공업계를 전망할 것이다.

앞에서 인용한 중종 23년 정월의 왕의 전언[184]과 동왕 33년 8월의 정광필 계언[185]에서 보이는 바와 같이 각사의 공장들이 모두 관원들의 구종(丘從)으로 동원되고 관역에는 사장들이 종사하고 있다 하였고 동왕 32년의 특진관 조윤손의 계언에도 월봉이 적어서 생계에 위협을 받은 관장들이 모두 이산해버리고 공조나 선공감에까지 공장이 없어 모두

---

183) 『明宗實錄』 卷22, 明宗 12年 5月 己未條.
184) 주 176 참조.
185) 주 178 참조.

사장을 사역시키고 있다[186] 하였으나 사장을 공역에 사용한 것은 벌써 연산군시대부터였다.

이제 사장 사용의 실정을 들어보면 연산군 8년에

傳日 欲服藥 速造銀匙以入 若付有司 則緩不及期 且不能精造 故爲此等事 置匠于 內 以便指揮 非爲戲玩之具也 政丞未得詳知 故言役私匠之弊 若有不得已之事 則豈暇 區別公私乎 是則政丞 不無聽私匠本主之言也[187]

라 하여 왕이 사장을 사역시키는 이유로서 관장에게 시키면 이들이 기한 내에 납품치 않는 것과 정조(精造)하지 못함을 들고 있다. 즉 불충분한 대우와 관료들의 횡포로 관장의 수가 적어져서 이들이 기한 내에 납품할 수 없었을 것이며, 공장 간의 비협조, 관원과의 반목 등으로 기술이 퇴보하고 물품 제작에 성의가 없었던 결과일 것이다. 또한 당시의 사관(史官)은 저간의 사정을

傳日 鍮火爐 大五十 中五十 鍮香爐 大五十 中五十 令工曹鑄入 王多內寵 日以造供 御器服 賞賜之物爲事 如工曹·尙衣院·濟用監等司 疲於工造 官吏監督 猶不能及 至被 刑杖 工人不足 盡括私匠[188]

이라 하여 연산군의 호사방탕한 생활로 공예품의 수요가 증가되어 사장을 동원하였다 했으며 연산군의 전언에 정승이 사장사역(私匠使役)의 폐를 누차 말했으나 공조와 내수사(內需司)에서 물품을 기한 내에 제

186) 주 175 참조.
187) 『燕山君日記』卷45, 燕山君 8年 8月 癸卯條.
188) 같은 책, 卷53, 燕山君 10年 5月 己亥條.

조하려면 사장을 동원하여야 한다[189] 하였고, 상의원에서 거울 20개의 제조를 명령받았으나 경장(鏡匠)의 수가 적어서 사장을 사역시켜야겠다고 진언하여 윤허를 받았다[190]는 기록이 있다. 역시 관장 수의 부족과 기한 내에 납품시키기 위함을 사장 사용의 이유로 삼고 있다. 연산군 때 이르러 그의 호사한 생활로 공예품 수요가 많아진 한편 이때 벌써 관장은 궁내수요품도 공급할 수 없을 만큼 그 기능이 저하되었으며 이러한 관장의 조잔(凋殘)은 앞에서 논급한 바와 같이 중종 때 결정적인 것이 되었던 것이다.

그러면 이들 사장을 사용함에 있어서 그들에 대한 대우는 어떠하였는가를 살펴보자. 중종 24년의 사헌부 계언에

四寅劍造作時 必預爲山役 聚私匠而後 乃可爲也 一朔山役 民弊不貲 私匠一人一日之役 雖不甚害 搜括之弊 亦豈少哉 如此凶歲 雖汲汲之事 尙可停罷 而以不急之事[191]

라 한 것으로 보아 사장을 관부의 제작에 종사시키는 데도 정당한 임금을 지불하는 것이 아니라 일종의 부역 형식으로 동원시킨 것 같다. 역시 동왕 26년의 사헌부 계언에

(…) 夫三處役軍 雖以留衛軍爲之 匠人百餘名 則皆私匠人 其人雖食月俸 妻子則皆至於飢餓 如此之事 雖微細 爲人君者 如一夫一婦之不獲其所 皆可以省念矣[192]

---

189) 같은 책, 卷45, 燕山君 8年 8月 己未條.
　　傳曰 政丞屢言 役私匠之弊 然今工曹·內需司所造器物 皆及期事 可竝役私匠
190) 같은 책, 卷53, 燕山君 10年 5月 癸卯條.
　　尙衣院啓 命造鏡二十 而鏡匠數少 請竝役私匠 傳曰可
191) 『中宗實錄』卷66, 中宗 24年 12月 己卯條.
192) 같은 책, 卷70, 中宗 26年 5月 戊戌條.

라 하여 공역에 동원된 사장들에게 월봉을 주기는 하나 가족을 부양할 수 없는 정도의 것이었음을 알 수 있다.

요컨대 왕조전기의 관장제는 재정의 궁핍과 관료들의 횡포 등 여러 가지 이유로 연산·중종조를 전후하여 붕괴 과정에 들어가고 있었으며 그 대신 사장들이 관역에 동원되고 있었으나 이들도 아직은 정당한 임금을 받고 고용된 것이 아니라 부역 형식으로 동원되어 겨우 그들 자신의 호구를 유지할 수 있었던 것이다.

7. 맺음말

조선왕조 전기에 있어서 양인들이 현저하게 공장으로 진출하여 그 수공업이 전적인 노비제적 성격에서 탈피하고 있음을 보여주고 있으나 왕조의 관료체제 확립과 함께 대부분의 공장은 그 출신의 양천(良賤)을 막론하고 그들이 경공장이었던 경우에는 관장화하여 이들 관장이 왕조전기의 수공업계를 대표하고 있었으며, 외공장의 경우는 거의 농업을 겸영하고 있었다. 중앙의 관장에 의하여 대표된 왕조전기의 수공업은 거의 전적인 국가통제하에 운영되어 사적 생산활동의 발달을 저해하고 있었다. 그러나 이러한 관장제수공업도 왕조의 지배체제가 금가기 시작한 연산·중종조를 전후하여 왕조사회의 지배체제 이완과 관장제 자체의 모순성 등으로 인하여 점차 붕괴되어갔으며, 이와 같은 관장제의 붕괴에 병행하여 자연히 사장들이 대두하게 되었던 것이다.

그러면 이들 새로이 등장한 사장들의 성격과 이들의 후기 수공업계에 대한 위치 등을 생각해봄으로써 결언을 삼을까 한다.

조선왕조가 수립되어 그 지배체제를 확립시켰을 때는 원칙상으로 모든 공장은 그 거주지의 경외(京外)를 막론하고 장적에 등록되어 일정 기간을 부역하고 부역일 이외에는 사적 생산에 종사하여 그만큼 납세만 하도록 되어 있었다. 그러나 당시의 일반 농민은 대부분 그들의 소요 수공업품을 자급자족하고 있었으므로 전업수공업자는 자연히 중앙정부나 지방관아의 수요에 응하게 되었으며 이와 같은 관부가 수요 주체가 된 수공업자는 자연히 관장화하여 하급이기는 하지만 그래도 관인 신분으로 종사하게 되었던 것이다. 이와 같이 관장으로 전화한 수공업자 이외의 공장들 즉 서울 및 지방관아 소재지에서 일반 민중을 대상으로 제작활동을 하고 있던 극히 기술적으로 뒤떨어지고 영업규모가 작았던 일군의 수공업자가 있어서 이들은 초기에는 관장에 억눌려 있다가 관장이 무너지고 관장제에서 이탈된 공장들이 가세하여 점차 그 두각을 드러내게 되었으니 가위 자유수공업자라 할 수 있는 무리였다.

관장제가 무너질 때 이들은 관장 대신 관역에 동원되어 시달림을 받기는 하였으나 벌써 관장에 대신할 수 있을 만큼 수적으로 증가하였으며 기술적으로 오히려 관장을 능가할 만큼 발달하였고 또한 사회 사정이 초기와 달라져서 이들이 사장의 위치로서도 생계를 유지할 수 있을 만큼, 그리고 관장제하에서 이탈하여 사장이 되더라도 수공업자로서 위치할 수 있을 만큼 일반민의 수공업품 수요가 증가되었다고 볼 수 있는 한편 관장제의 붕괴와 함께 관가를 대신하여 공장(工匠, 私匠)을 고용하는 사적 고용주마저 있어서[193] 왕조의 수공업은 관장제 붕괴를 계기

---

193) 『燕山君日記』 卷45, 燕山君 8年 8月 癸卯條.
　　연산 8년의 왕의 전언(傳言)에 "(…) 政丞未得詳知 故言役私匠之弊 若有不得已之事 則 豈暇區別公私乎 是則政丞 不無聽私匠本主之言也"라 하였고 또 "傳曰 役鐮工事 不可停 率 土之濱 莫非王臣 其役私工 有何不可 竝書其主姓名以啓 其主喧播 以及卿聞 此私强公弱之風 也"라 하여 사장을 관역에 동원하매 그 주인이 반대하고 있었던 사실을 기록하고 있다.

로 새로운 국면을 보여주고 있다.

이상과 같은 여러 사정과 임진란 후에는 왕조의 지배체제가 초기같이 강화되지 못하여 철저한 관장제가 부활하지 못한 사실 등으로 미루어보아 이들 사장이 후기 수공업계의 주인공으로 등장하리라 생각되나 이에 대한 연구는 후일을 기약하는 바이다.

(『史學硏究』12호, 1961년 2월, 原題「朝鮮前期工匠考」)

왕조후기, 分院의 운영실태

1. 머리말

조선왕조의 성립과 함께 수공업은 강한 관장제(官匠制) 조직하에 놓이게 되었다. 그러나 이 관장수공업제도 왕조 자체의 지배체제에 금이 가기 시작하던 16세기경, 즉 연산·중종조를 전후하여 관장들이 관영수공업체에서 이탈하면서부터 차차 무너지기 시작하였고 이와 같은 현상은 임진왜란을 통하여 거의 결정적인 단계에 이르렀었다. 임진왜란으로 파경에 빠진 조선왕조의 관영수공업체제는 그후 재편성되지 못하고 다만 무기 제조와 왕실용 사기(沙器) 제조 등 극히 제한된 몇몇 분야에서만 존속되었다.

조선왕조 후기에 있어서 관영수공업체제가 재편성되지 못한 것은 두 번의 전란으로 왕조의 경제 사정이 악화되고 이 때문에 관장에 대한 대우가 불충분하였고 따라서 그들이 관영수공업체에서 이탈하여 사장화 (私匠化)하는 현상이 한층 심해진 데 그 이유가 있었다. 또 한편 17~18세기에 접어들면서 금속화폐가 거의 전면적으로 유통되고 이와 아울러

난전금지법(亂廛禁止法) 등을 폐기하지 않을 수 없을 만큼 상업 및 민간 수공업이 발전하여 정부 자체가 그 수요품을 시장을 통하여 구입할 수 있었고, 약간의 자조(自造)하지 않을 수 없는 수공업품의 경우도 사장(私匠)을 고용하여 제조하게 된 때문이었다고 생각된다.

이와 같이 관영수공업체제가 전반적으로 무너져가는 경제적·사회적 양상 속에서도 전술한 바와 같이 무기 제조 분야와 왕실용 사기 제조장 즉 분원(分院)은 관영수공업체제로서 남아 있었다. 무기 제조의 경우는 그 제품용도의 특수성 때문에 민간수공업의 발전과 관계없이 오랫동안 관영 상태에 남아 있을 수 있었다. 그러나 이와 같은 무기 제조 공업도 19세기 초엽에는 그 사영(私營)이 유행하였으니 순조 14년(1814)에는 법으로 금지되어 있음에도 불구하고 약환(藥丸)과 총·도(刀) 등 사조무기(私造武器)가 시장에서 판매되고 있었음은 물론 업자들이 계(契)와 도고(都賈)까지 만들고 있었다.[1]

어찌 됐든 특수수공업품인 무기가 사조(私造)·사매(私賣)되고 있었던 당시에 있어서 유독 왕실용 사기 제조만이 어떻게 완전한 관영 상태로 남아 있었는지 의심스럽다. 조선후기에 있어서 조직적이고 분업적이며 비교적 대규모적인 수공업체였던 분원을 우리는 흔히 그것이 관영이었다는 이유로써 수공업발전사의 연구대상에서 논외로 하는 경향이 있으며 이로 인하여 봉건사회 말기에 있어서의 수공업발전상을 과소평가하는 일이 있는지도 모른다.

---

1) 『備邊司謄錄』204冊, 純祖 14年 2月 11日條.
　　大臣備局堂上引見入侍時 領議政金所啓 (…) 又所啓 卽見三軍門牒報則以爲 弓箭外無得私造私賣 法禁至嚴 而近來藥丸·銃·刀 列肆欄賣 甚至作契都賈 若不嚴斷 後弊難言 自今申明舊典 嚴立科條 都賈最甚者 斷以一律 其次 嚴刑遠配 物件則屬公之意 申飭三司·捕廳·平市署 每朔譏察 隨現捉納事 定式施行爲辭矣 (…)

본고는 분원 경영의 실태를 구명함으로써 17~18세기를 전후한 분원에 있어서의 그 경영상의 변화를 파악하고, 나아가서는 수공업발전상에 있어서의 분원의 위치를 부각시키고자 한 것이다. 그러므로 본고는 사기 문제를 다룬 것이면서도 그 제조상의 기술 문제나 제품의 질 특히 그 예술적 가치 등은 논외로 하였으며 조선시대 후기에 있어서의 대표적인 관영수공업체로서의 분원의 경영상의 문제점만을 밝히어 동시대의 수공업발전의 일면을 엿보고자 한 것이다.

연구대상이 관영수공업체이기 때문에 불만을 무릅쓰고나마 관청기록을 주 자료로 하여 입론할 수 있으리라 생각하였으며 다만 『조선왕조실록(朝鮮王朝實錄)』이나 『비변사등록(備邊司謄錄)』은 거의 섭렵하였지만 『승정원일기(承政院日記)』는 경종조(景宗朝)까지만 조사하였을 뿐이며 『일성록(日省錄)』도 중점적으로만 취급하였음을 밝혀두고자 한다.

2. 분원의 이동과 시설

조선시대에 있어서 어기(御器) 공급을 위한 관영사기제조장 즉 사옹원(司饔院)의 사기번조소(燔造所)가 처음 설치된 것이 언제부터인지는 분명하지 않다. 유우잔카꾸(雄山閣) 발행의 『도기강좌(陶器講座)』 이조편을 쓴 오꾸다이라 타께히꼬(奧平武彦)는 분원 말기의 서리(書吏)·도공 등의 증언을 인용하여 "처음에 서울의 광희문(水口門) 안에 요(窯)를 설치하였으나 훗날 경주로 옮겨갔다"고 전하고 있으며,[2] 지금부터 약 40여 년 전에 당시 우리나라의 요업을 조사한 젠쇼오 에이스께(善生永

---

2) 奧平武彦 『陶器講座』 第20卷, 雄山閣 1937, 38면.

助)는 그의 보고서에서 "분원은 지금부터 5백여 년 전에 서울의 훈련원(訓鍊院)에 설치되어 사옹원 주관하에 왕가용 사기를 제조하였으나 연료와 원료의 결핍으로 인하여 북한산성 혹은 관악산으로 옮겼다가 송파를 건너 광주군(廣州郡)의 돌마면(突馬面)·실촌면(實村面)·퇴촌면(退村面)을 거쳐 약 270년 전에 분원리(分院里, 광주군 南終面)로 이전하였다"고 말하고 있다.[3] 오꾸다이라 타께히꼬는 분원 말기 즉 19세기 후반기의 분원 종업원의 말을 그대로 인용하였지만 그것은 분원이 광주지방으로 옮겨간 수세기 후의 구전에 지나지 않으며 젠쇼오 에이스께의 보고서는 그 근거를 밝히지 않았으므로 분원 이동의 경위를 어느 사료에서 구한 것인지 불분명하다. 아직 분원으로 표기되지는 않았으나 조선왕조의 관요(官窯)는 15세기경에 이미 광주지방으로 옮겨갔던 것 같다.

『세종실록지리지(世宗實錄地理志)』에 보면 당시 광주의 벌을천(伐乙川)·소산(所山)·석굴리(石掘里)·고현(羔峴) 등 4개처에 자기소(磁器所)가 있다고 기록되어 있다. 이 기록에 이들 자기소가 관요였다는 명문은 없지만 흔히 알려진 성현(成俔, 1439~1504)의 『용재총화(慵齋叢話)』에는 당시 "전국 각지에서 산출되는 사기 중 가장 우수한 것이 광주사기였으며 그것은 매년 파견되는 사옹원 관리에 의하여 감조(監造)되었고 세종조에는 백자(白磁)가 어기로서 전용되었다" 하였으니,[4] 이로 미루어보면 『세종실록지리지』에 보이는 전기(前記) 광주의 4개 자기소는 역시 어기 제조를 위하여 사옹원에서 관할하던 관영사기소였던 것 같다.

이때의 사옹원 소속 사기제조장을 분원이라 부른 기록은 없지만 이후 관영사기제조장은 계속 광주지방에 머물렀으니 중종 25년(1530)에

---

3) 『朝鮮の窯業』, 朝鮮總督府調査資料 第18輯, 1926, 130면.
4) 『慵齋叢話』 券之十.

간행된『신증동국여지승람(新增東國輿地勝覽)』의 광주토산조(土山條)에 의하면 매년 사옹원관이 화원(畫員)을 거느리고 어용 기명(器皿)을 감조하였으며, 조선왕조 말기(헌종조)의 학자 이규경(李圭景)도 그의 저서『오주연문장전산고(五洲衍文長箋散稿)』에서 "우리나라의 관요는 분원 한 곳밖에 없으며 이는 주원(廚院, 사옹원)에서 관리하는바 왕도(王都)에서 70리 떨어진 경기 광주군의 강변에 설치되어 있는데 매년 주원에서 낭관(郞官)을 보내어 감번(監燔) 진상한다"고 기록하고 있다.[5]

광주지방으로 옮겨간 관영사기제조장을 언제부터 분원이라 하였고 그 제품을 분원사기라 부르게 되었는지는 분명하지 않다. 그런데 이 분원 명칭의 사용 연대에 관하여 종래 조선왕조시대의 자기 연구에 있어서 비교적 널리 참고되어온 앞의 오꾸다이라 타께히꼬의 책에서는 숙종(肅宗) 44년(1718)에 분원이 양근군(楊根郡) 우천강(牛川江)의 상류에 이설되었다는 실록 기사를 들어 "이것은 현재까지 내가 알고 있는 한 분원 명칭이 보이는 최초의 것이며 (이조 磁器史의 시대구분에 있어서) 대개 이해까지를 이조의 전기라 하고 그 이후를 이조의 후기로 하고 싶다" 하고 숙종 44년대 즉 청국의 강희(康熙) 연대는 청조의 문화가 다소나마 조선에 인정되기 시작하던 때였다는 이유에서 이조 도자기사를 명조문화 접촉 시기와 청조문화 접촉 시기로 대별하여 전자를 전기, 후자를 후기로 한 도자사의 시대구분을 시도하고 있다.[6]

이와 같은 그의 시대구분이 청조문화와의 접촉에 좀더 큰 비중을 둔 것이라면 모르거니와 만약 그가 최초의 것이라 믿었던 분원 명칭의 출현 시기에 그 근거를 둔 것이라면 그것은 사료를 널리 구하지 못하였

---

5)『五洲衍文長箋散稿』卷774, 古今甕窯辨證說.

6) 奧平武彦, 앞의 책 15면.

기 때문에 빚어진 잘못이라 생각된다. 필자가 조사한 사료의 범위 내에서도 숙종 44년보다 93년 전인 인조(仁祖) 3년(1625)에 이미 당시의 분원소설처(分院所設處)를 타처로 옮기려는 계획이 있었고 그 이전부터도 분원이 '수목무성처(樹木茂盛處)'를 따라 이동하였음을 시사하고 있다.[7] 즉 인조 3년 이전에 관영사기번조소를 이미 분원이라 부르고 있었으니 비록 분원 명칭을 시용(始用)한 정확한 연대를 밝힐 수는 없으나, 숙종 44년에 분원 명칭이 처음으로 나타나므로 이를 기점으로 하여 조선왕조시대의 자기사를 전·후기로 구분하려 한 것은 그것이 명칭에 관계되는 한 부당한 것이라 생각된다.

어떻든 광주지방에 자리잡고 17세기 이전에 분원이라 지칭되고 있던 관영사기제조장은 일정한 장소에 고정되어 있었던 것이 아니라 대개 광주의 6개 면과 양근의 1개 면 안에 있는 이른바 '분원시장절수처(分院柴場折受處)' 중 수목이 우거진 곳을 택하여 설치하며 근처의 수목이 다하면 원칙상 10년간을 기한으로 다른 '수목무성지'를 찾아 옮겨가게 되어 있었다.[8]

사기 번조를 위한 가장 중요한 자료는 사기의 원료인 백토(白土)와 연료인 시목(柴木)이었다. 그중 백토의 경우는 특수 토질층에서만 산출되므로 산지가 거의 전국 각지에 산재하여 있어 토맥(土脈)이 진(盡)할

---

7) 『承政院日記』1冊, 仁祖 3年 8月 3日條.
　　趙翼 以司饔院言啓曰 分院之設 自前擇其樹木茂盛之地 移來移去 而今則所設處 累年入樹取用 燔柴已盡 不得已他樹木茂盛處 擇地移設 乃能燔造矣 本院郎廳 爲先發遣擇地 移設擧行條件 隨後磨鍊啓下之意 敢稟 (…) 傳曰依啓
8) 『備邊司謄錄』77冊, 英祖 元年 正月 7日條.
　　司饔院官員 以諸提調意啓曰 分院設立之意 專在於御器燔造之役 故隨其樹木之茂密 立釜伐木 以爲取用之地 至於柴路垂乏 則限十年移設他處 自是規例 而廣州六面及楊根一面 折受多年 四山濯濯 實無取柴之路 (…)

때마다 원거리에 있는 다른 산지를 따라 제조소를 옮기기는 곤란하였다. 그러나 시목의 경우는 수목이 무성한 일정한 산지를 시장(柴場)으로 정해놓고 시장 내의 적당한 곳을 찾아 제조장을 옮기면 원거리 이동의 어려움은 피할 수 있었던 것이니 분원이 시목산지를 따라 이동한 이유가 여기에 있었던 것이다.

분원이 주로 광주지방을 중심으로 옮겨다니게 된 것은 분원시장이 이 지방에 정해진 때문이겠지만 한편 이곳은 시장을 정하고 분원을 설치하기에 알맞은 여러가지 조건을 갖추었다고 생각된다. 즉 광주지방은 무갑산(武甲山) 등 수목이 무성한 산지가 있어서 시목 조달 사정이 좋은데다 백토가 산출되는 곳이었고 또 제품의 주 공급지인 서울에서 가까울 뿐만 아니라 한강을 이용한 자료 및 제품의 운반에도 편리하였으니 분원을 설치하기에는 가장 적당한 곳이었던 것이다.

분원이 대개 광주지방을 중심으로 옮겨 다녔으므로 그것이 설치되었던 곳을 순차적으로 찾아내어 그곳에서 나오는 사기를 비교·분석하면 분원사기의 질 및 형태의 변화를 파악할 수 있으며 나아가서는 조선왕조시대의 사기 전반의 발달과정을 이해할 수 있을 것이다. 지금 광주지방 일대에는 무려 80여 개처의 요적(窯跡)이 있으며 이 요적들의 연대적인 체계를 세우려는 연구가 몇 박물관에서 진행 중임을 알고 있지만 분원이 대개 10년에 한 번씩 옮겼다는 기사에 비하여 분원 이설에 관한 사료는 너무 희소하고 불분명하며 요적과 문헌상의 기록이 잘 부합되지 않는다. 따라서 요적과 기록이 상부(相符)하는 분원 이동의 연대적 체계 수립은 현 단계로는 불가능하다. 그러므로 본고에서는 필자가 조사한 범위 내에서의 분원 이동 기록만을 소개해두고자 한다.

앞에서도 인용하였지만 필자가 조사한 사료의 범위 내에서는 분원으로 표기된 관영사기제조장의 이설에 관한 기록은 인조 3년(1625)에 처음 보인다. 그러나 이때 분원이 설치되어 있던 곳이 어디였는지 지적되어 있지 않으며 또 분원의 낭청(郞廳)을 파견하여 분원을 이설할 곳을 조사하게 하였으나 분원이 어느 곳을 택해 옮겨갔는지 분명하지 않다. 이보다 약 50년 후인 숙종 2년(1676)에 사옹원에서 "분원사기번조소를 설치하고 취시(取柴)하다가 10년 가까이 되어 수목이 진(盡)하고 번조를 계속할 수 없게 되면 타처에 이설함이 고례(古例)이며 현 번조소는 설치한 지 12년이 지나 시목을 조달할 수 없게 되었으므로 이를 추동기에 옮기지 않으면 명춘(明春)에 작업을 계속할 수 없다"고 보고함으로써 낭청을 파견하여 이설하기에 가합(可合)한 곳을 조사케 하였다.9) 여기에서 한 번 더 명시된 것처럼 분원사기번조소를 10년에 한 번씩 옮기는 예가 그대로 통용되었다고 생각하면 인조 3년부터 이때까지 4,5차 이동이 있었겠으나 그에 관한 기록은 구할 수 없다. 그러나 이때의 분원 이설 계획에 관해서는 좀더 구체적인 기록이 남아 있다. 장차 이설하기에 가합한 곳을 조사하고 온 낭청이 "현 분원설치처에서 서북으로 15리 떨어진 곳에 있는 탑립동(塔立洞)이 전면의 계천이 창일(漲溢)할 경우 큰길을 만들기 어려운 결점은 있지만 산을 의지하고 계천에 임하여 사람이 살 수 있고 진황지(陳荒地)가 있어서 분원을 설치하기에 가합한 바 분원의 민정(民情)도 이곳으로 옮기기를 원한다"고 보고하여 명춘에 이설하기로 결정하였다.10) 탑립동은 지금은 '탑선동'이라 부르며 그 음

9) 『承政院日記』 255册, 肅宗 2年 8月 1日條.
　　李觀徵 以司饔院官員 以都提意啓曰 分院沙器燔造之所 排設取柴 若近十年 則樹木旣盡 決難繼燔 故例移於他處矣 今者燔所之設 已至十二年 切無刈柴之路 不得不移設 而必趁秋冬有所經營 可於明春始燔 廣州本院屬柴山內 可合移設處 爲先發遣郎廳 看審其地勢及辦柴難易 然後 應行諸事 更考前規 磨鍊啓下 擧行何如 傳曰允

10) 같은 책, 256册, 肅宗 2年 8月 28日條.
　　(…) 該掌郎廳奉事沈瑱 往審形勢 而來呈稟 自時設處 西北距十五里許 有可設燔所之地 地

을 따라 '塔仙洞'으로도 표기하는 광주군 퇴촌면에 있는 마을이며 요적이 지금도 있다. 한편 탑립동으로 옮길 것을 결정한 당시의 분원설치처가 어디였는지 밝혀져 있지 않으나 결국 탑립동의 동남방 15리 지점이겠으니 혹시 지금의 도압동(道壓洞) 부근이 아닌가 생각해본다.

이상에서 인용한 기록들이 전해주는 대로 분원의 이동이 10년에 한번씩 정기적으로 실시되었으리라 믿기는 어렵다. 그러나 시목을 분원으로 운반해오지 않고 분원이 시목을 따라다닌 이상 빈번한 분원의 이동은 불가피하였을 것이며 여기에 여러가지 불편하고 어려운 문제가 뒤따랐음도 짐작할 만하다. 이와 같은 사정에 관해서는 숙종 23년(1697)의 사옹원 관리의 보고 속에서 그 실정을 알 수 있다. "분원을 설치하여만 10년이 되면 그 근처의 수십 리 내는 수목이 모두 베어져 없어질 뿐만 아니라 초근(草根)까지 남지 않게 되므로 부득이 분원을 타처로 옮기게 되었는데 한번 분원이 설치되어 나무가 베어진 곳은 곧 전지(田地)로 개간되어 수목을 다시 기르지 못하게 되니 이후에는 분원을 이설하여도 수목무성처가 태진(殆盡)하여 염려스럽다"고 전하고 있다.[11] 원래 분원은 시장(柴場) 내의 적당한 장소에 설치하였다가 시목이 다하면 다른 적당한 장소로 옮기고 한번 지나간 곳에는 새로 수목을 심어 다음에 분원을 또 설치하는 것이었으나 분원이 한번 설치된 곳은 화전(火田)으로 변하였으니 이와 같은 사정은 곧 사기 번조를 위협하였으며, 그 타개책이 불가피하였다.

名塔立洞 依山臨水 可宜人居 亦有陳荒可墾之地 而但値潦水 前川漲溢之時 則難通大路 (…)
分院民情 切願移設於此地云 明春 分院移設 定於此處 爲之宜當 (…) 傳曰允

11) 같은 책, 370册, 肅宗 23年 閏3月 12日條.
　　(…) 且燔造所設置滿十年 則近處數十里內 非但斫盡樹木 竝與草根而無餘 故不得已移設
於他處 一經燔造之處 則仍成永久之田 難望樹木之更養 自今以後 雖欲移設於他處 樹木茂盛
之處 殆盡 殊甚可慮 (…)

이와 같은 난문제를 해결하기 위하여 이때 사옹원에서 몇 가지 대책을 마련하였으니, 첫째는 시장 내에서 화전을 개간하여 생활하는 화전민들에게 분원이 1년간 소요하는 시목을 배당하여 매년 겨울철 안으로 그들로 하여금 바치게 하자는 방안이었다. 사옹원 관리들은 이 방안이 가지는 이점으로 분원은 재목운반 비용을 덜 수 있으며 화전민들은 생활기반 즉 화전을 잃지 않고도 문제를 해결할 수 있는 점을 들고 있다. 둘째는 종전의 시장 내의 화전과 가호는 낭청을 파견하여 수세하되 화전세는 시목으로 거두고 가호세는 미곡으로 거두어 낭청과 장인(匠人)의 요미(料米) 등으로 충당하자는 것이었고, 셋째는 시목을 화전민으로 하여금 조달하게 하면 분원이 그것을 따라 이동할 필요가 없어지므로 강변에 가까워 백토와 사기 운반에 편리한 현재의 분원을 고정시킴으로써 종전과 같이 10년에 한 번씩 옮길 때마다 생기는 공사(公私)의 허비와 소요(騷擾)를 없이하자는 것이었다.[12] 요컨대 재목을 따라 옮겨다니던 분원을 교통이 편리한 곳에 고정시켜두고 시장 내에 화전을 개간하여 생활하는 사람들에게서 번목(燔木)을 거두어 사기를 번조하자는 의견이었다.

조선시대 수공업체는 관영이나 민영을 막론하고 대개의 경우 제조장이 원료산지를 따라다니는 실정이어서 제조장의 위치가 판매로나 교통

---

12) 같은 책, 370册, 肅宗 23年 閏3月 12日條.

司饔院啓曰 (…) 作田之處 則酌量一年燔造所所用柴木 計數分定於耕食人等處 使於冬前 輸納于分院 則其在民間 可免禁斷失所之弊 其在公家 亦除運柴給價之費云 此在卽今變通之 道 似爲便當 且從前柴場內 火田及家戶 例爲別遣郎廳 使之收稅矣 今則以明年 當次燔造官定 送 火田稅則以柴木收捧 家戶稅則依前以米穀收捧 以爲燔造時 郎廳及下人·匠人等 供饋給料 之用 則非但着實 亦多省弊 稅納柴木 如是定式之後 則燔造所 不必取便燔木 更移他處 且卽 今燔所 近於江邊 輸納各官所送白土及進上沙器載運之際 事事皆便 卽今所設燔所 若令一定 不移 則從前十年一移之際 公私無限虛費騷撓之弊 亦可永減云 (…)

상의 편의 등 경제적인 여건을 참작하여 정해진 것이 아니었으며 이동이 잦았다. 그러므로 그 시설은 항상 임시적인 것이었고 규모 역시 크게 발전할 수 없었으며 이와 같은 실정이 곧 수공업을 부진하게 하는 원인의 하나이기도 하였다. 그러므로 연료를 따라 이동해 다니던 분원을 교통이 편리한 일정 장소에 고정시키자는 의견이 이때 나온 것은 관영수공업체로서의 분원이 경영형태 면에 있어서나 혹은 그 규모 면에 있어서 획기적인 발전을 할 수 있게 될 하나의 가능성을 나타낸 것이라 할 것이다. 한편 분원 고정 주장이 나오게 된 표면상의 주된 원인은 연료 조달상의 애로에 있었으나 이때는 이미 자주 이동해 다니기엔 부적당할 만큼 분원의 규모가 확장되어 있었으며 이와 같은 사정이 "공사(公私) 간의 무한한 허비와 소요"로 표현된 것이라 생각되기도 한다.

분원을 일정 장소에 고정시키자는 의견이 나오기는 하였으나 그것이 곧 실현되지는 못한 것 같다. 앞서 인용한 분원 고정 의논이 나온 뒤로 20년 후인 숙종 44년(1718)에는 흔히 알려진 우천강 변에의 분원 이설 기록이 보인다. 이때 사용원의 청에 의하여 분원을 양근군의 우천강 변에 옮기고 시장의 세미(稅米)를 분원에 할속(割屬)시켜서 그 반액으로써 시목을 무취(貿取)하며 나머지 반액으로 공장들의 요급(料給)에 충당하게 하였던 것이다.[13] 이때 분원을 옮긴 우천강 변은 한강의 지류로서 지금은 강의 양안이 모두 광주군이지만 철종(哲宗) 12년(1861)에 간행된 『대동여지도(大東輿地圖)』에 의하면 이 강이 한강 본류와 합류하는 지점에서 약 5리 상류까지가 양근군과 광주군의 경계를 이루고 있으며 이 강의 양근군 쪽 강변에 분원이 있었던 것으로 표시되어 있다. 이로 미루어보면 이때 분원을 양근군 우천강 변으로 옮겼다고 한 것은 곧

---

13) 『肅宗實錄』卷62, 肅宗 44年 8月 乙未條.

지금의 광주군 남종면 분원리 근처로 옮겼음을 뜻하는 것이니, 당시 양근군에 속하는 우천강 변은 지금의 분원리를 중심으로 하는 길이 약 5리 지역밖에 없기 때문이다.

분원을 양근군 우천강 변으로 옮겼다는 숙종 44년의 기록을 그대로 믿으면 결국 종전에 이동해 다니던 분원이 이때 지금의 분원리에 옮겨져서 이후 그곳에 고정된 것이라 생각할 수 있다. 그러나 숙종 44년을 분원이 우천강 변 즉 지금의 분원리로 이동한 연대라고 쉽게 단정하기는 어려울 것 같다. 이보다 2년 후인 경종 즉위년(1720)의 기록에 의하면 분원번조소를 정유년(숙종 43, 1717)에 시장 내의 실촌면 오양동(五陽洞)에 옮겼으나 그곳도 시목이 태진(殆盡)하여 다시 옮기지 않으면 명년의 시목을 조달할 수 없게 되었다. 낭청을 파견하여 이설하기에 가합한 곳을 찾게 하였던바 시장 내의 우천(牛川)이 수목이 무성하지는 않으나 수로가 가까워서 재목을 간간이 무용(貿用)하면 낭패되지는 않을 것 같다는 사옹원 관원의 의견에 좇아 분원을 옮기게 하였다.[14]

여기에서의 우천은 지금의 광주군 남종면 우천리(牛川里)로서 우천강과 지금의 분원리 중간에 있는 강변마을이며 현지민은 흔히 '소내'라고 부르는 곳이니 현재의 분원리와 가까운 곳이다. 그러므로 앞서 숙종 44년에 분원을 옮긴 곳과 경종 즉위년에 옮긴 곳이 결국은 동일지역이어서 숙종 44년의 우천강 변으로의 분원 이동 계획은 실현되었다고 보기 어렵다.

---

14) 『承政院日記』528冊, 景宗 卽位年 12月 17日條.
　　又以司饔院官員 以提調意啓曰 本院燔造所 丁酉年間 移設場內 實村面五陽洞矣 本院匠卒
　　輩 齊聲呼籲曰 燔所近處 柴木殆盡 明年燔木 無路繼用 若不趁卽移設 必將有狼狽之患 故使
　　郞廳 移設可合處看審 則場內牛川 樹木雖不茂盛 水路最近 間間貿用 不至狼狽云 依此移設
　　宜當 (…) 傳曰允

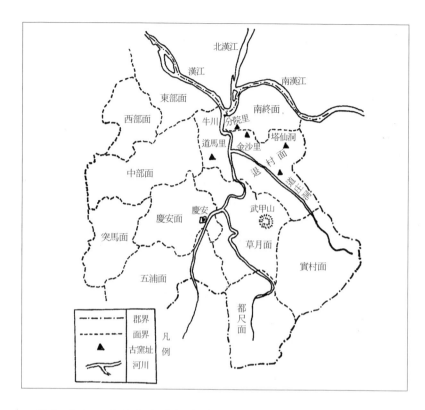

한편 경종 즉위년에 분원을 우천으로 옮기게 한 기록에 대해서는 다음 해인 경종 원년에 분원이 이미 우천으로 이설되어 시목은 수상을 통하여 무용하고 있다는 기록이 있어서[15] 그 실현성을 뒷받침하고 있다. 그러나 4년 후인 영조(英祖) 원년(1725)에는 사용원 관리가 다시, "광주 6개 면과 양근 1개 면의 분원시장이 모두 탁탁(濯濯)하여 시목을 취할 길이 없어졌으며 이 때문에 부득이 지난 신축년(경종 원년)에 계품(啓稟)하여 분원을 우천강 변으로 이설하여 수상목을 무용하고 그동안에 7개

---

15) 같은 책, 531册, 景宗 元年 閏6月 20日條.
　　(…) 況今燔所 旣已移設牛川 貿柴水上 以爲燔器之用 則費用之浩大 視前倍蓰 (…)

면에 양목(養木)하려 하였지만 시일만 천연하고 실시되지 못하였다"하고 또 "지금에는 형세가 다급하여 장졸(匠卒)을 보내어 이설하기에 가합한 곳을 찾게 하였더니 지평(砥平)의 가오개(加五介), 신다오리(新多五里), 성조동(聖造洞) 등 3개처가 수목이 무성하여 5~6년간은 지탱할 만하다는 보고를 해왔다"고 말하고 있다.[16] 이로 미루어보면 영조 원년까지는 분원이 우천강변으로 이설되지 않았으며 앞으로는 한강 상류를 거슬러 올라가서 지평지방으로 옮겨갈 계획이었던 것같이 전하고 있으나 그것은 실현되지 않았던 것이 확실하다.[17] 이밖에 영조 2년(1726)에도 당시의 분원이 강변에서 10리나 떨어져 있어서 시목운반 비용으로 연 기천 냥이 소요되니 분원을 우천강 변으로 옮기자는 의논이 보이고 있다.[18]

이와 같이 숙종 말년경부터 분원을 우천강 변으로 옮겼다는 기록이 있는 반면 영조 2년까지 아직 우천강 변으로 옮겨지지 않았음을 나타내는 기록이 있어서 정확한 이설연대를 잡기 어렵다. 그러나 숙종조 말경부터 점점 우천강 변 가까이로 옮겨가기 시작한 분원이 경종조 내지 영조조 초년에 대개 지금의 분원리 근처에서 고정된 것이라 생각되니 영조 8년(1732)에는 분원을 우천강 변으로 옮기고 번목을 수상으로 운반

---

16) 『備邊司謄錄』77册, 英祖 元年 正月 7日條.
   司饔院官員 以諸提調意啓曰 (…) 而廣州六面及楊根一面 折受多年 四山濯濯 實無取柴之路 不得已 去辛丑年啓稟 移設於牛川江邊 欲爲水上木貿用 而且養七面樹木之計矣 在莭時日 未及變通 卽今形勢 已到萬分之境 發遣匠卒輩 搜覓可合移設處 則回告內 砥平加五介·新多五里·聖造洞三處 樹木頗茂 可支五六年云

17) 같은 책, 77册, 英祖 元年 2月 22日條에 의하면 가오개 등 3개처의 수목을 운반해 와서 번조에 이용하였다.

18) 같은 책, 80册, 英祖 2年 12月 6日條.
   (…) 分院之距江邊十里許 燔木自江邊運入燔所之際 一歲駄價 幾千餘兩之多 此亦分院難支之一端 燔所移設於牛川江邊 則庶可紓此等弊端 (…)

하여 사용한 지 이미 10년이 지났다는 기록이 보인다.[19]

이상에서 분원 이동에 관한 사료를 소개하면서 약간의 의견을 덧붙여보았지만, 전술한 바와 같이 기록이 불충분하여 문헌만으로 분원의 이동경로의 체계를 세우기는 불가능한 일이며 다만 앞으로의 요적 조사에 다소 도움이 되면 다행이겠다.

우리는 분원의 시설 규모와 그곳에서 사용한 도구의 질과 양의 변천을 살펴봄으로써 사기제조장으로서의 분원의 발달상황을 파악할 수 있을 것이다. 그러나 요적의 거의 완전한 폐허화와 기록의 부족으로 입증하기 어려운 실정이니 본고에서는 남아 있는 문헌을 통하여 가능한 한 논급하여보기로 한다.

분원을 탑립동으로 옮기자는 의논이 나왔을 때 관청과 가가(假家)·곳간(庫間)을 짓는 일은 '유래등록(流來謄錄)'에 의해서 본도(本道)로 하여금 초옥을 '급시조작(及時造作)'하게 하고 목조(木槽)·목판(木板)은 전례에 따라 양 도(道)의 감사(監司)에게 공문을 보내어 수송하게 하였다.[20] 이 경우 관청은 분원의 사무를 관장하던 곳이며 '곳간'은 자료와 제품을 보관하기 위한 창고를 뜻하는 것 같으며 '가가'는 기타 부속 건물을 가리킨 것 같다. 여기에 가가로 표현되어 있는 건물 속에 사기 제작 공장이 포함되어 있는지는 의문이나 경종 즉위년 분원을 우천으로 옮기자는 의논이 나왔을 때 관청 곳간 이외에 공작청(工作廳)이 보인다.[21]

---

19) 같은 책, 92册, 英祖 8年 8月 27日條.
　　(…) 近年 則柴山之濯濯愈甚 更無材木之可斫 不得已移設燔所於牛川江邊 水上木貿易燔造者 已過十年矣 (…)
20) 『承政院日記』256册, 肅宗 2年 8月 28日條.
　　(…) 官廳及□作假家·庫間 依流來謄錄 令本道 以草屋 及時造作 木槽·木板 則亦依前例令〔缺〕送事 兩道監司處 行文知委 何如 傳曰允
21) 같은 책, 528册, 景宗 卽位年 12月 17日條.

이 공작청은 백토의 정련(精練), 사기의 조형(造形), 화공의 작업 등을
위한 공장일 것으로 생각되며 공작청과 가마[釜]가 함께 있었는지도 모
르겠다. 다른 기록에는 또 "고사(庫舍) 부가(釜家) 등 잡가가(雜假家)"란
말이 있는데[22] 이 경우의 부가도 곧 공작청을 겸하는 것이 아닌가 한다.

분원 설치와 함께 곧 만들어져야 하는 이들 건물은 대개 초옥으로 지
어진 것 같고 그 비용과 작업은 앞에서 인용한 기록에서 보이는 바와 같
이 설치되는 지방의 관아에서 담당하였다.[23] 한편 분원에서 사용하는
기물은 백토를 정련하는 데 쓰는 목조·목판 등이 기록에 보이는바 이
기물은 대개 10년 만에 한 번씩 개비(改備)하였다. 정조 21년(1797)의 경
우를 예를 들면 번조소 소용의 목조 9부와 광판(廣板) 8립(立), 배판(排
板) 3립이 개조한 지 10년이 되어서 이때 다시 만들어야 할 사정이었는
데 소요 목물(木物)을 전에는 강원도 12읍에 복정(卜定)하였으나 폐단
이 많아 12읍 중 수로에 가깝고 수목이 많은 4읍만 전과 같이 목물을 바
치게 하고 나머지 8읍은 전문(錢文)으로 대납케 하여 서울에서 무용하
였다.[24]

이상에서 논술한 바와 같이 15세기경에 이미 광주지방으로 옮겨갔
던 조선왕조의 관영사기제조장이 언제부터 사용원 분원이란 명칭으로
불렸는지는 분명하지 않으나 적어도 인조 초년 즉 17세기 초엽에는 이
미 분원으로 지칭되고 있었다. 생각건대 관영사기제조장은 그 설치 당

---

22)『備邊司謄錄』113冊, 英祖 21年 4月 9日條.

23) 주 20 참조.

24)『日省錄』584冊, 正祖 21年 11月 16日條.
　　　命分院燔造木物卜定關東八邑者 以錢代捧 自京貿用 司饔都提調金履素啓言 燔造所用木槽
　　九部 廣板八立 排板三立 十年一次 卜定於江原道十二邑 而今當年限矣 此木物 爲東民難支之
　　弊 不可不從長釐革 故北四邑 則以水路之便近 木物之稍裕 使之依前擧行 而長廣比前稍減 餘
　　外八邑 則以錢代納 自京貿用 (…)

초부터 사옹원에서 관장하였으나 제조장의 규모가 점차 커지고 궁중에서의 사기수요량이 증가됨에 따라 제조작업 자체가 중시됨으로써 직접 현지에서 제조작업을 관할하는 관청이 별설되었고 이를 사옹원의 분원이라 부르게 된 것 같다.

한편 광주지방으로 옮겨간 관영사기제조장은 처음에는 수목이 무성한 곳을 따라 그 시설 일체를 이동하다가 18세기 초엽에 이르러 교통이 편리하며 제품공급지가 가까운 광주의 우천강 변 즉 오늘날의 분원리 부근에 정착하게 되었고 이때부터 백토는 물론 시목까지도 운반하여 사용하였으니 이로 인하여 분원을 경영하기 위한 비용, 특히 번목운반비의 조달을 위하여 여러가지 새로운 방안이 시도되었고 그것은 곧 분원이 가진 관영수공업체로서의 성격마저 변하게 하였는데 이는 다시 상론될 것이다.

3. 白土의 산지와 조달

사기 제조에서 가장 중요한 원료는 백토였다. 조선왕조시대에 있어서 가장 우수한 사기로 인정되어온 분원사기를 제조함에 있어서 어느 지방의 백토를 사용하였으며 그것은 또 어떤 사정하에서 굴취(掘取)·운반되었던가를 살핌으로써 분원사기의 질과 나아가서는 관영사기제조장의 경영실태를 파악할 수 있을 것이다.

임란 이후에 있어서 분원사기의 제조에 사용된 백토는 대개 강원도의 원주·양구, 경상도의 경주·진주·곤양(昆陽)·하동, 평안도의 선천, 경기도의 광주·가평·이천, 충청도의 서산·충주·음성, 황해도의 봉산(鳳山) 등지에서 산출되는 것이었다. 이상 각지에서 산출되는 백토는 모두 분원

사기를 제조하는 데 사용되었으나 각각 질과 사용된 연대가 다르다. 한편 오꾸다이라 타께히꼬는 앞에서 언급한 그의 저서에서 대개 영조조 이전에는 분원에서 광주토만을 사용하다가 영조조부터 광주의 도토(陶土)만으로는 부족하여 각지에서 굴취·운송하게 된 것이라 하였지만[25] 영조조 이전에 이미 원주와 서산·선천·경주 등 각 지방의 백토를 분원에서 사용하고 있었다.

이제 각 백토산지별로 그 사정을 살펴보기로 한다.

(1) 原州土와 瑞山土

원주산의 백토를 분원에서 사용한 것은 임란 이후의 경우 대개 인조·효종(孝宗)·현종조(顯宗朝)인 것 같다. 인조 14년(1636) 감군(監軍) 시에 사용할 사기제조용 백토를 원주에서 굴송(掘送)하지 않았기 때문에 어기제조용 백토를 전용(轉用)한 기록이 있으니[26] 이 이전부터 원주토를 사용하였음을 알 수 있다. 한편 원주에서의 백토 굴송이 원활하지 못하였던 이유는 그것이 산지민에게 큰 부담이 되었기 때문이었다. 원주민(原州民)의 경우 개토군(開土軍) 5백 명과 운반용 말 2백여 필이 동원되어서 타읍에 없는 대역(大役)이라 호소하고 있는 것이다.[27] 백토산지의

---

25) 奧平武彦, 앞의 책 42면.

26) 『承政院日記』 53冊, 仁祖 14年 9月 5日條.
   崔惠吉 以司饗院言啓曰 監軍時所用沙器別燔造 原州白土(缺)掘取輸送事 啓下移文 而今者監軍(缺)無意掘送 不得已 以前日御器燔造白土 先爲移用 (…)

27) 같은 책, 129冊, 孝宗 4年 11月 30日條.
   引見入侍時 大司憲趙壽益所啓 頃日奉使往來時 路由原州 本州大小人民等 齊訴於路頭 乃司饗院白土事也 載運則馬至於二百餘駄 所入開土軍 亦多至五百餘名云 此他邑所無之大役故 春間 入於本道弊瘼狀啓中 自備局回啓 令本道道內卜定之物 參酌蠲減 以償其勞矣 厥後本道 視之尋常 尙不擧行 請監司推考 令備局 更爲行文 申飭擧行 上曰 依啓

백성이 요역(徭役)으로 고통을 받는 것은 어디에서나 같은 현상이었으며 이 때문에 분원의 백토 조달에 차질을 가져오기도 하였다. 이때 분원에서의 원주토 사용량이 얼마나 되었는지 분명치 않으나 5백 명의 개토군과 2백여의 마필이 동원된다는 것과 이후의 타지방 굴취량과 비교하여 볼 때 당시의 분원 소용 백토량 가운데 원주토가 차지하는 비율은 높았던 것 같다. 그러나 이 원주토는 서산토와 함께 그 토품(土品)이 정결(精潔)치 못하다는 이유로 오래 사용하지 않은 듯[28] 현종 원년(1660) 이후에는 기록에서 보이지 않는다.

원주토와 함께 토품이 불결하다고 지적된 서산토는 대개 원주토와 같은 시기에 사용되었으며 한때는 사용량도 적지 않았던 것 같다. 즉 효종 9년(1658) 이전에 한 번 개기(開基)하여 약간 양을 굴취한 채 역사(役事)를 중지하였다가 이해에 사옹원 관원이 현지에 내려가 굴토군(掘土軍) 450명분의 역가(役價)를 운미비(運米費)로 지불하고도 281명의 개기군(開基軍)을 조발부역(調發赴役)시켜 고가(雇價) 28석을 소비했으므로 동 관원을 파면시킨 일이 있었다.[29] 관리의 부정이 있었던 것으로 생각되기는 하나 비교적 대규모의 굴취작업이었던 것 같다.

원주토는 토품 부정(不精)이 논의된 후 사용되지 않았으나 서산토의

---

28) 같은 책, 162冊, 顯宗 元年 6月 12日條.

李殷相 以司饔院官員 以提調意啓曰 祭器燔造 依上年擧行事傳敎矣 本院燔造所用 原瑞兩土 皆非精潔 而他處則 亦無可合之土 上年 不得已 以慶州白粘土取用事 入啓行會矣 今年又有燔造之役 而他處更無可合之土 依上年例 本州土三十石掘取 罔夜上送之意 令該曹撥馬行移本道觀察使處何如 傳曰允

29) 같은 책, 155冊, 孝宗 10年 閏3月 13日條.

蔡忠元 以宣惠廳言啓曰 忠洪道瑞山地 司饔院白粘土 一番開基之後 則只用若干掘取之軍 別無逐年開基之役 而上年司饔院官員下去運來之時 掘土軍四百五十名役價用下之外 開基軍 調發赴役之數 多至二百八十一名 所費雇價 亦至二十八石零 此雖出於司饔院官員之勒定責立 而本官亦難免其失 其時司饔院官員 先罷後推 該邑守令 姑先從重推考何如 傳曰允

경우는 얼마 동안은 그대로 사용된 것 같다. 토품 부정으로 지적된 현종 원년 이후에도 동 8년과 11년에 서산토가 분원에서 사용된 예를 찾아볼 수 있다.[30] 그러나 현종 11년의 기록을 마지막으로 서산토에 관한 기록이 보이지 않으니 역시 부정한 토품 때문에 이후에는 사용되지 않은 것 같다.

(2) 慶州土와 宣川土

원주토와 서산토의 토품이 부정하여 사용할 수 없게 되었을 때 부득이 경주토를 사용하였던 것으로 미루어보면[31] 경주토 역시 원주토·서산토와 함께 혹은 그전부터 사용하였던 것 같으며 운반로가 멀고 토품이 좋지 않아 일시 사용치 않다가 가까운 원주토·서산토를 쓸 수 없게 되었을 때 부득이 다시 쓴 것으로 생각된다.

한편 선천토는 경주토보다 먼저 사용하였었다. 숙종 8년(1682)의 사옹원 관리의 보고에 의하면 어기번조용 백토 250석은 을미년부터 선천에서 굴취 운반하여 사용하였으나 본도의 감사(監司)가 민막(民瘼)을 이유로 굴취를 반대하였으므로 곧 작업을 정파(停罷)하고 경주토를 사용하였다. 그러나 그 색품(色品)의 결백(潔白)함이 선천토와 같지 못하여 진연(進宴) 시에 사용할 정번기(精燔器)의 제조에는 적당한 원료가 되지 못했으며 이에 정사년의 예에 따라 선천 백토 80두(斗)를 앙금〔滓〕을 없이하고 물기를 말리어 상송(上送)할 것을 선천부에 명령하였으나 평안감사는 백토 250석의 굴취는 민막으로 인하여 일단 정지하였

---

30) 같은 책, 220册, 顯宗 11年 8月 11日條.
31) 주 28 참조.

으므로 다시 이를 분정(分定)할 수 없다는 내용으로 회첩(回牒)하였다. 이에 사옹원에서는 진연 시의 소용기(所用器)는 상시의 복정과 다르며 또 결백한 토품이 선천토보다 더한 것이 없는데다 긴급히 사용하기 위하여 부득이 분정하였던 것이라 하고 다시 거행하게 할 것을 요구하였다. 이에 왕은 양이 많지 않으며 또 상시의 번조와 다르니 특별히 이번만 거행하되 금후는 다시 분정하지 않도록 결정하였다.[32]

이 기록을 그대로 믿으면 선천 백토를 처음 사용한 것은 기미년부터 인데 이 기미년은 가까이는 숙종 5년(1679)이며 한 육갑을 더 소급하면 광해군 11년(1619)에 해당한다. 그리고 정사년의 예에 따라 선천 백토 80두를 상송하게 하였다는 정사년은 가까이는 숙종 3년(1677)이며 한 육갑을 더 소급하면 광해군 9년(1617)이 된다. 이 경우 선천토를 처음 사용한 기미년을 숙종 5년으로 보면 정사년 예에 따라 선천토 80두를 상송하게 하였다는 정사년은 모두 숙종 5년 이전이므로 전후에 모순이 생긴다. 그리고 기미년을 광해군 11년으로 보면 인조조·효종조·현종조를 통하여 선천토를 사용한 기록이 나타날 법한데도 전혀 보이지 않아 믿기 어렵다. 생각건대 선천토를 처음 사용한 것이 기미년부터라 한 것은 기록의 잘못인 것 같으며 선천토를 사용한 것은 아마 현종 말년경부터

---

32) 『承政院日記』292冊, 肅宗 8年 8月 9日條.

魚震翼 以司饔院官員 以都提調意啓曰 御器燔造所用白土二百五十石 自己未 掘取於宣川
地矣 其後 因本道監司 民瘼狀啓 卽爲停罷 而移定慶州 燔土今方取用 而色品之潔白 不如宣
土 今此進宴時所用 各樣別器 不可不十分精燔 故白土八十斗 依丁巳年例 八斗作石 去滓水飛
定色吏 上送之意 行關于宣川府矣 卽見本道監司回牒 御器燔造所用白土 二百五十石 因民瘼
旣已停止 則今不可更爲分定 具由馳報 此出於慮民之意 本院亦非不知 而進宴所用 與常時卜
定 有別 當初二百五十石掘運 雖爲民瘼 只以八十斗水飛運來 元非大段 且潔白之土 無過宣川
爲其緊急之用 從略分定 槪出於萬不得已 而本道 不量如此形勢 有此所報 誠爲不當矣 依前行
移 擧行之意 更爲知委 何如 傳曰 石數不多 又與常時 燔造有異 特爲依啓辭施行 而今後切勿
援例分定 復貽民弊可也

정사년 즉 숙종 3년 이전이 아닌가 한다.

한편 원주토·서산토가 정결하지 못하여 대신 사용하게 된 경주토도 선천토보다 품질이 떨어졌던 것 같다. 그러나 이 기록은 또 원주토·서산토가 쓰이지 않게 된 후 정번을 요하는 특수사기를 제외하고는 대개의 경우 경주토를 원료로 사용하였음을 시사해준다 하겠다.

선천토는 전술한 바와 같이 대개 현종조 말경부터 사용되었으나 곧 민막을 이유로 그 사용이 일시 정지되었다. 타지방의 백토의 경우는 민막이 표면상으로는 그다지 문제되지 않았으나 선천토의 경우 그것을 이유로 굴취가 중지된 것은 그만큼 그 굴취·운반에 노력이 많이 들었기 때문이며 또 그만큼 산지의 조건이 나빴던 것이 아닌가 한다. 그러나 선천토는 그 품질이 다른 어느 지방의 그것보다 우수하였으므로 지방 관민의 반대에도 불구하고 계속 사용되었다.

숙종 14년(1688)에는 마침 혼전제기(魂殿祭器)와 산릉진배명기(山陵進排明器)를 별도 번조하게 되었던바 연례의 사기 번조에 쓰는 진주·양구 등지의 백토는 선천토와 경주토에 비하여 우열이 현수(懸殊)하므로 제기나 명기를 제조할 수 없다 하여 전례에 따라 선천토와 경주토를 수송케 하였다.[33] 품질이 좋은 선천토를 제기 등 특수사기의 제조에 계속 사용하고 있을 뿐만 아니라 지금까지 선천토보다 색품이 불결하여 특수사기의 원료로는 쓰지 않던 경주토도 이때 와서는 후술할 진주토·양구토보다는 질이 좋다 하여 선천토와 함께 사용하고 있었다. 이때는 연

---

33) 같은 책, 331册, 肅宗 14年 9月 3日條.
　　宋奎濂 以司饗院官員 以提調意啓曰 魂殿祭器及山陵進排明器等器 今當別爲燔造 而年例磁器所燔晉州·楊口等白土 本來未盡 比諸宣川·慶州之土 優劣懸殊 莫重祭器·明器 以此品劣之土 決難精燔 宣·慶兩邑白土各二石 依甲寅·癸亥年例 令本道 掘取水飛 九斗作石 趁速輸送之意 移文知委何如 傳曰允

례(年例) 사기 즉 일반사기의 원료로는 이미 진주토와 양구토를 쓰고 있었으며 과거에 일반사기의 주 원료로 쓰던 경주토는 토맥이 다하였거나 혹은 기타 사유로 일반사기 원료로는 쓸 수 없게 되었지만 그 토질이 진주토·양구토보다 우수하여 선천토와 함께 특수사기의 원료로 쓰고 있으며 이후에도 선천토와 경주토는 계속하여 정변을 요하는 특수사기의 원료로 사용하고 있었다.[34) 다음에도 논급이 되겠지만 조선후기에 있어서 분원사기의 제조에 사용한 각 지방의 백토 중 선천토와 경주토가 토질이 좋았으며 특히 선천토는 가장 뛰어난 것이었다.

(3) 楊口土·晉州土 및 鳳山土

전술한 바와 같이 양구토와 진주토는 그 토품이 경주토와 선천토보다 떨어졌다. 그러나 당시 선천토와 경주토가 특수사기 제조에만 사용되고 그 굴취량이 적었던 데 반하여 양구토는 일반사기의 원료로 사용되었던 만큼 그 굴취량도 많았으리라 생각된다. 양구토는 그 토품에 있어서도 선천토와 경주토를 제외한 다른 지방의 백토보다는 양질이었다. 숙종 30년(1704)에는 양구토의 갱혈(坑穴)이 너무 깊어 역사(役事)에 불편해 봉산토를 사용하였으나 그 토성이 지나치게 강(剛)하여 제품의 파상(破傷)이 많이 나므로 양구토를 섞어서 썼었다.[35)

경주토와 선천토를 특수사기 원료로만 사용한 후 타지방의 백토보다

---

34) 같은 책, 399冊, 肅宗 27年 8月 14日條에 양구토가 제기 제조에 부적당하다 하여 선천·경주토를 쓴 것을 비롯하여 이후에도 같은 자료가 많다.

35) 같은 책, 419冊, 肅宗 30年 7月 8日條.
   (…) 分院燔造時所用白粘土 楊口地 坑穴已深 (…) 堀土之役移定於鳳山地 (…) 且其土性 過剛 破傷居多 必以楊口土 若干斗交合 然後 可以成器 (…)

질이 좋은 양구토를 많이 사용하였으므로 마침내 갱혈이 깊어 굴취 불능한 상태에 이르렀으며 곧 그 채취가 중지되었던 것 같다. 그러나 당시에도 양구토만큼 질이 좋은 백토가 없어서 양구토가 아닌 타토를 쓰면 그릇이 뒤틀리거나 우그러져서[苦窳] 낭패한다는 사옹원 측의 호소에 의하여 이후 수차에 걸쳐 양구토 재용론(再用論)이 나오다가[36] 마침내 양구 경내의 궁가시장(宮家柴場)을 혁파하여 민폐를 덜고 토맥굴개(土脈掘開)작업 이외의 정토(正土) 굴취·운반 등 일체의 작업은 인근 타읍 민에게 분정한다는 조건으로 전수요량의 절반만이라도 양구토를 쓰게 하였다.[37]

당시에 있어서 가장 품질이 좋은 양구토를 사용하기 위하여 양구민에게 최대한의 편의를 제공하고 있지만 사실 굴토작업은 위험하고 고된 것이었다. 양구 출신의 정언이던 조명겸(趙鳴謙)은 숙종 40년(1714)에 그의 상소에서 "5백 호를 불과하는 응역민호(應役民戶)가 고산(高山) 중에 있는 백토를 굴취하기 위하여 천인절봉(千仞絶峰)을 깎아 겨우 토맥을 얻으면 애안(崖岸)이 선퇴(旋頹)하여 역부가 압사하지 않은 해가 없다"[38]고 말하고 있다. 그러나 이후에도 양구토는 분원사기의 원료로서 분원 말기까지 사용되고 있었다.[39] 그리고 한 가지 간과할 수 없는 사실은, 선천토와 경주토를 사용하다가 양구토와 진주토로 바꾸어 쓸 때 그 토질이 불량하여 제기·명기 등 특수사기의 원료로는 사용할 수 없다 하고 선천토·경주토의 계속사용론이 나왔으나 이후 선천토와 경주토는 토맥이 다하여 사용되지 않은 것 같다는 점이다. 그후 양구토와 진주토

---

36) 『肅宗實錄』 卷47, 肅宗 35年 正月 甲戌條 및 『承政院日記』 446冊, 肅宗 35年 正月 22日條.
37) 『備邊司謄錄』 60冊, 肅宗 36年 3月 22日條 및 肅宗 36年 7月 16日條.
38) 『肅宗實錄』 卷55, 肅宗 40年 8月 壬辰條.
39) 『六典條例』 卷2, 吏典 司饔院條.

가 일반적으로 사용되다가 다시 그 토맥이 다하게 되자 이번에는 봉산토를 사용하게 되었는데 이때 또 봉산토는 양구토보다 질이 나빠서 사용할 수 없다는 이유로 양구토의 재용을 주장하였으며 결과적으로 양구토와 봉산토를 절반씩 섞어서 사용하게 한 것이다. 이런 사정으로 미루어보면 조선후기에 있어서 분원사기의 원료로 사용하던 백토의 질은 시대가 내려갈수록 저하되었다는 결론이 나오게 된다. 생각건대 조선후기에 있어서 분원사기의 질이 시대가 내려갈수록 저하되었다면 그 원인의 하나는 백토 즉 원료의 질이 점차 떨어진 데 있었던 것이 아닌가 한다.

한편 진주토는 언제부터 사용하였는지 분명하지 않다. 앞에서도 인용한 바와 같이 숙종 14년(1688)의 기록에 진주토는 양구토와 함께 그 토질이 경주토·선천토보다 떨어져 제기 제조의 원료로는 부적당하다 하였지만 어떻든 진주토는 그 이전부터 사용되고 있었던 것 같다. 숙종 33년(1707)의 기록에 진주 백점토(白粘土)를 상납한 것은 오래된 일이라 하고 을유년(숙종 10)부터 각 읍의 폐단을 덜어주기 위하여 낭청의 발견(發遣)을 정지하고 본도로 하여금 차사원(差使員)을 별정하여 굴취·상송하게 하였더니 장인 등이 함부로 다루어 토품이 전일보다 불량하고 이 때문에 기명의 색품이 정결하지 못하였으므로 다시 낭청을 파견하여 굴취하게 하였다.[40]

어떻든 숙종조 초기에 있어서 진주토는 경주토와 함께 분원사기 원료의 주요 부분을 차지하고 있었다. 숙종 16년(1690)경에는 분원사기 제

---

40) 『承政院日記』436册, 肅宗 33年 8月 5日條.

南就明 以司饔院官員 以都提調意啓日 晉州白粘土 輸運上納 自有定數 其來已久 而乙酉年間 爲慮各邑弊端 姑停發遣郎廳 而令本道 別定差使員 掘取上送矣 各邑匠人等 不爲致精 近來土品 不及前日 器皿色品不精 自今年爲始 依遣郎廳 依舊例掘取 務爲精備 明春解氷 卽爲稅船添載上送之意 本道監司處分付何如 傳曰允

조 시의 소용 백토를 으례 경주와 진주에서 굴출한다 하였고[41] 숙종 23년(1697)경에는 벌써 진주의 토맥이 다하여 대신 충주토를 쓰기도 하였으며[42] 곧 진주토의 굴취를 정파하였으나 대신 쓰기로 한 충주토의 굴취·운반 사정이 여의치 못하여 진주토를 다시 쓰게 되었다.

이제 이때의 사정을 기록에 의하여 좀더 상세히 들어보기로 한다.

원래 분원 소용의 백토 250석과 축부토(築釜土) 20석, 법근토(法斤土) 15석, 구목회(仇木灰) 15석은 가을에 낭청을 진주에 보내 굴취하고 이를 그곳에 유치했다가 다음 해 봄에 그 반은 임선(賃船)으로 급히 운반하여 춘계번조에 충당하고 나머지 반은 세선(稅船)으로 운반하여 하계와 추계의 번조에 사용하는 것이 상례였다. 그러나 본도에서 토맥이 단절되어 굴취할 때 인력이 많이 들며 원거리를 운송함으로써 비용이 많이 든다고 호소하는데다 또 진주에서 백토를 싣고 떠난 선박이 전라도 영광 앞바다에서 복몰(覆沒)하였으므로 추계번조에 쓸 백토를 다시 진주에서 굴취·운반하기는 어려운 실정이었다. 이에 장인을 음성·충주 등지에 보내어 그곳 백토를 파오게 하여 이를 간색(看色)하고 또 시번(試燔)해본 결과 색품이 퍽 좋았으므로 진주토의 굴취를 정파시키고 이후의 분원 소용 백토는 충주토를 사용하게 하였다.

그러나 충주토를 굴취함에 있어서, 흉년이 들었기 때문에 폐를 덜기 위하여 분원의 낭청을 파견하지 않고 장인만을 보내었더니 그들이 중간에서 조롱작폐(操弄作弊)하고 태만하여 굴취·운송한 백토와 질이 추악(醜惡)하고 축이 많이 났으며 이 때문에 하계의 진상 사기는 색품이 부정하고 형체가 고유(苦窳)하였다. 이에 추계 사기에는 충주토를 사용

---

41) 『備邊司謄錄』 44冊, 肅宗 16年 10月 28日條.
42) 『承政院日記』 371冊, 肅宗 23年 4月 16日條.

할 수 없게 되었으며 다시 진주에 분원 낭청 1명을 파견하여 백토를 굴
취하여 급속히 운반해 오게 함으로써 명춘의 번조에나마 사용하게 하
였다.[43] 이후에도 진주토는 계속 사용되었으나 그 양은 점차 감축된 것
같다. 숙종 39년(1713)에 종래 250석씩 사용하던 진주토를 2백 석으로
줄였고, 고종조에는 불과 80석을 사용하였다.[44]

(4) 기타 지방의 백토

이상에서 대략 중요한 백토산출지의 사정을 알아보았지만 그밖에 일
시 굴취·사용한 여러 백토산출지의 사정을 살펴보고자 한다.

우선 분원이 있는 광주지방은 그것이 분원설치지로 선택된 이유 중의
하나가 백토산출지였기 때문인 것 같다. 그리하여 영조 22년(1746)에 완
성된 『속대전(續大典)』에 사옹원 번조 사기의 원료로는 광주·양구·진
주·곤양 등지의 백토가 가장 적당하다는 기록이 남아 있으며[45] 고종 4

---

43) 같은 책, 372册, 肅宗 23年 7月 26日條.

　　司饔院官員 以都提調意啓曰 本院燔造所用白土二百五十石 築釜土二十石 法斤土十五石
　　仇木灰十五石 例於秋間 下送郎廳于晉州地 看審掘取 計數留置本州 翌年春 一半則賃船裝載
　　趁早上送 以爲春等燔造之用 一半則添載於稅船上送 以爲夏秋等繼用之地矣 上年春 本道以
　　土脈斷絶 掘取之時 多費人力 遠地輸運之際 耗費亦多之意 粘移本院 且於五月間 自晉州發送
　　白土所載船隻 覆沒於全羅道靈光地 秋等所用白土 勢難更爲掘取於晉州 運致燔所 故發送匠
　　人于陰城·忠州等地 取來其處白土 看色次燔造 則色品頗精 故晉州掘土之役 則姑爲停罷 今春
　　以後所用白土 則掘取於忠州之意 入啓允下矣 上年秋 因年事凶歉 爲慮外方民弊 忠州掘土處
　　不爲下送郎廳 只令匠人下去掘取 則匠人不無中間操弄作弊之患 且本邑亦有怠慢之事 今春上
　　送白土 品旣麤惡 亦多欠縮 因此今夏等進上磁器 色品不精 形體苦窳 (…) 今秋等沙器 則決難
　　仍用忠土 (…) 本院郎廳一員 卽爲下送于晉州地 本州白土 依前掘取 急速裝載 以爲趁速 上送
　　之地 (…) 傳曰允

44) 『肅宗實錄』卷54, 肅宗 39年 7月 癸亥條 및 『六典條例』卷2, 吏典 司饔院條.

45) 『續大典』卷之六, 工典 雜令條.

140

년(1867)에 편찬된『육전조례(六典條例)』에도 광주 수을토(水乙土) 1400
석을 본부(本府)가 굴급(掘給)하면 선박으로 운반해 온다는 조항이 있
다. 이때 1년 분원으로 운납(運納)되는 각처의 백토는 모두 2095석인데
그중 반이 넘는 1400석이 광주토로서 충당되었으니[46] 광주토의 사용
량은 어느 지방의 백토보다 많은 것이었다. 그러나 기타 사료에서는 광
주토에 관한 기록을 거의 찾아볼 수 없다. 산지가 분원에서 가까우므로
굴취작업·운반 등에 불편이 적었고 그러므로 기록의 대상이 되지 못하
였는지 혹은 사실상에 있어서는 17~18세기를 통하여 사용되지 않았던
것이 아닌지 의문스럽다.

　광주토 이외에도 이미 논급된 충주토·음성토·이천토 등이 사용되었
으니 이중 음성토와 충주토는 그 색품이 정결하였으나 이천토는 색이
추탁(麤濁)하고 질이 너무 유연하다 하였다. 이밖에 숙종 39년(1713)에
는 곤양 수을토의 토맥이 다하여 근처의 하동토를 조사하였던바 그 토
품이 곤양토보다는 못하나 타처의 것보다 나아서 하동토 5승(升)에다
전일 쓰던 곤양토 2두 5승을 교합(交合)하여 시번(試燔)하였더니 사기
색이 청흑색이 나고 활택(滑澤)하지 않아 쓰지 못하고 부득이 가평토 30
석을 굴취·운반하게 하였다.[47] 한편 곤양토는 이때 그 토맥이 다하였
다고는 하였지만 이후에도 계속 사용하였던 것 같다.『속대전』의 기록
에서 곤양토가 가장 적절한 사기원료로 지적되고 있으며『육전조례』에
의하면 해마다 곤양 수을토 45석이 운납되었다.

46)『六典條例』卷2, 吏典 司饔院條.
47)『承政院日記』480册, 肅宗 39年 8月 4日條.
　　司饔院啓曰 進上瓷器所用昆陽水乙土之脈 已盡 上年爲送本院郎廳 看審其旁近諸處 則河
　東土品 雖不及於昆陽 猶有勝於他處 故仍爲掘取以來矣 卽見分院燔造官所報 則以爲河東水
　乙土五升 交合於前日用餘昆陽土二斗五升 水飛試燔 則色皆靑黑 且不滑澤 決不可用云 (…)

(5) 백토의 掘取 및 운반

백토산지에서의 굴취작업은 대체로 그 지방민의 부역노동에 의하고 있었다. 곤양토 굴취작업의 경우를 예로 들면 소요 노동력을 그 지방에 일임시키기 때문에 농민들이 모두 굴취작업에 동원됨으로써 실농(失農)할 상태에 이르렀었다. 한편 부역을 인근 타읍에 분정하려 하여도 인근 읍민들이 동원되는 경우 그들이 각자의 식량을 휴대하고 왕래하여야 하므로 역시 곤란한 사정이었다.[48]

부역에 동원되는 농민 각자가 식량까지 자비(自備)하여 취역한 것은 완전한 부역노동이었다 할 것이다. 그러므로 굴취작업은 지방민에게는 '본읍 최대의 민폐' '타읍에 없는 대역'으로 생각되었으며 가능한 한 회피하려 하였음을 우리는 이미 원주토·양구토·진주토의 굴취 사정에서 살펴보았다. 한편 백토굴취역에 동원되는 지방민에게 그 댓가로서 여러가지 면세조처를 취하여 부담을 덜어주고 있으며[49] 또한 이들에게 고가(雇價)를 지급하기도 하였다.[50] 그러나 백토 굴취작업은 아직 거의 완전한 부역노동제에 의하여 이루어지고 있었으니 다음 절에서 논급이 되겠지만 당시 사기 제조 기술자인 사기장(沙器匠)은 거의 임금노동의 단계에까지 발전하였으나 기술자가 아닌 굴토군은 부역노동자로서 충당되었던 것이다.

---

48) 『備邊司謄錄』 69冊, 肅宗 42年 9月 5日條.
　　啓曰 因司饔院啓辭 昆陽掘土之弊 與楊口無異 而所用軍人 全責一邑 以致農作失時 呼怨徹天 如欲分定於他邑 則裏糧往來 亦所難堪 (…)
49) 주 27 참조.
50) 주 29 참조.

142

백토의 굴취작업은 일반적으로 분원에서 파견된 낭청과 장인이 관리·감독하였다. 그러나 분원이 낭청을 파견하면 현지의 부담이 늘어나게 되므로 흉년이 들거나 경제 사정이 곤란하였을 때는 낭청을 파견하지 않고 장인만을 파견하거나 혹은 장인의 파견마저 중지하고 현지의 수령을 차사원(差使員)으로 삼아 작업을 전관(專管)하게 하였다.[51] 그런데 이런 경우 작업이 소홀하여 토품이 정결하지 못하거나 파견된 장인이 여러 가지 폐단을 일으켰으며 심지어 가칭 장인이 있어 뇌물을 받거나 백토를 횡령하였으니 이들의 작폐로 인해 270석을 봉토(捧土)한 백토가 114석으로 결축(缺縮)되었던 예가 있다.[52] 이때 유출된 백토는 근처의 민요(民窯)로 들어가 사제 사기의 원료가 된 것이 아닌가 한다.

지방 각처에 분산되어 있는 산출지에서 백토를 굴취하여 분원으로 운반하는 방법은 육운(陸運)과 수운(水運)의 두 가지가 있었다. 소량의 백토를 급히 운반하여야 할 경우는 주로 육로로 운송하였다. 숙종 39년(1713)에 가평 백토 30석을 운반하는데 그중 10석은 우선 태운(駄運)하고 나머지 20석은 이듬해 봄에 선운(船運)케 한 것이[53] 그 한 예라 하겠다. 육운의 경우는 대개 말을 이용하였고 그러므로 20~30석 정도의 소량에 한하였다. 그러나 효종 4년(1653)에는 원주토를 운반함에 있어서 말 2백여 필이 필요하였을 만큼 대량의 백토를 육운하고 있는데[54] 이는 원주

---

51) 『備邊司謄錄』 60册, 肅宗 36年 7月 16日條.
啓曰 曾因重臣陳達 楊口白土還掘事 (…) 而楊口則勿遣京郎廳 以除廚傳之弊 自本道 以本
縣縣監 定爲差使員 專管其事 (…)
52) 『承政院日記』 371册, 肅宗 23年 4月 16日條.
(…) 下送匠人 則不自下去 使其族屬 代持關文而去 假稱匠人 尤多依憑索賂之弊云 (…) 且
分院郎廳 斗量白土 捧上之際 元數二百七十石內 欠縮至於一百十四石 (…)
53) 『備邊司謄錄』 60册, 肅宗 39年 7月 6日條.
54) 주 27 참조.

가 지리적으로 선운이 불가능하기 때문이었던 것 같다. 백토의 육운에
는 많은 노동력이 필요하였으며 선운의 경우도 백토산출지에서 포구까
지의 운반은 역시 육운의 경우와 같은 노동력이 동원되어야 하였다.

이와 같은 백토의 육운에 필요한 노동력도 대체로 부역으로 충당된
것 같다. 양구토는 양구민들이 굴취하면 양구와 춘천·홍천·인제·낭천
(狼川) 등 5읍에서 민력을 내어 포구까지 운반하였다가 분원으로 상납
하였는데 각 읍이 모두 그것을 견디기 어려워하였으며 더구나 굴취와
운반의 이중부담을 졌던 양구 주민들은 그 중역을 벗기 위하여 호소하
고 있다.[55]

급송을 요하는 소량을 제외한 대부분의 백토는 선편으로 운반되었으
며 운반용 선박은 각 읍의 세선과 개인 소유의 임선이 이용되었다. 앞에
서도 인용하였지만 진주토 운반의 경우 춘등(春等) 번조용으로 충당하
기 위한 급송을 요하는 백토는 임선으로 운반하고 추등(秋等) 번조용 백
토 즉 급송치 않아도 될 백토는 세선으로 운반하며,[56] 봉산토는 봉산·
황주·재령 등 세 고을의 세선이 운반을 담당하고 있었다.[57]

요컨대 분원사기의 제조에 사용된 원료는 대개 부역으로 육운을 통
하여 분원에 옮겨지거나 포구에까지 운반되었고 포구에 옮겨진 백토는

---

55) 『肅宗實錄』 卷55, 肅宗 40年 8月 壬辰條.

　　壬辰 正言趙鳴謙 自楊口縣 承召入來 疏陳楊民掘取白土之弊曰 (…) 勞費數月力功 僅掘
　　五百石正土 然後 春川·洪川·麟蹄·狼川·楊口五邑 各出民力 載運船所 上納分院 春·洪·麟·
　　狼四邑 初不同力掘取 只當運納之勞 而猶且難堪 況此楊邑 旣無地土船 而獨當掘取之重力 又
　　添運納之大役乎 上 下其疏于司饔院.

　　『六典條例』에는 양구토 510석을, 낭천(浪川)에 110석, 춘천에 220석, 인제에 60석, 홍
　　천에 210석을 각각 분정하여 춘추로 운납하게 되어 있다. 양구는 마침내 백토 운반의
　　의무를 벗었던 것이다.

56) 주 43 참조.

57) 『承政院日記』 465冊, 肅宗 38年 正月 11日條.

144

선박을 통하여 분원에 운반되었으며 선박은 주로 세선을 이용하였지만 한편 임금을 지불하고 민간의 선박을 이용하기도 하였는데, 민간선박을 이용한 경우 빨리 운반할 수 있어서 능률적이었던 것이다.

4. 燔木의 산지와 조달

사기 제조에 있어서 백토와 함께 불가결한 자료가 곧 연료인 번목이 었다. 관영수공업으로서의 분원사기의 제조에 조달된 연료의 채취 및 운반 사정 등을 살펴보면 분원의 경영형태에 관한 좀더 분명한 이해가 가능할 것이다. 앞에서도 논급한 바와 같이 분원의 경영과 번목산지의 관계는 백토의 경우보다 더 깊어서 대체로 분원의 이동은 번목산지에 의하여 결정되는 것이었다. 분원이 설치된 당초부터 사용원은 분원사 기 제조에 필요한 번목의 조달을 위하여 일정한 산지를 지급받았다고 생각되며 그것이 이른바 분원시장(柴場) 절수처(折受處)였다. 분원시장 은 대개 광주지방을 중심으로 하여 지급되었으며, 그것은 분원이 이 지 방을 중심으로 하여 설치되었기 때문인 것 같다.

기록에 의하면 분원에 지급된 시장은 시대에 따라 지역에 변동이 있 었으며, 또 그것이 분원에서 사용할 번목을 채취하기 위하여 지급된 산 지라는 본래의 의미도 시간이 지나고 여러가지 여건이 달라짐에 따라 변하고 있다.

광주지방의 분원시장은 대개 퇴촌면·실촌면·초월면(初〔草〕月面)·도 척면(刀〔都〕尺面)·경안면(慶安面)·오포면(五浦面) 등 6개 면에 걸쳐 있 었는데[58] 이들 6개 면은 변동 없이 계속 분원에 소속되어 있었고 따라 서 분원도 대개의 경우 이 지방 내에서 이동하였던 것 같다. 그러나 이

들 6개 면 내에 있는 특정한 산이 분원 소속에서 제외되어 타 관서의 시
장으로 이급(移給)되기도 하였는데 그 예를 초월면에 있는 무갑산의 경
우에서 찾아볼 수 있다. 무갑산은 본래 사옹원시장이었으나 숙종 10년
(1684)에 수어청(守禦廳)이 이를 절수하였기 때문에 사옹원에서는 일단
광주와 이천 접경지에 있는 산지를 대수(代受)하였다가 그곳 백성의 반
대로 다시 경상도의 예천(醴泉)지방 산지를 절수하였으며, 이보다 30년
후인 숙종 40년에는 무갑산을 다시 사옹원이 절수하도록 하고 예천의
사옹원시장을 호조에 귀속시키려 하자 사옹원에서는 무갑산의 수목은
이미 30년간 수어청의 시탄용(柴炭用)으로 탕진되었다 하여 대수를 거
부한 일이 있다.[59]

　광주 6개 면과 예천지방 이외에도 강원도 춘천·낭천·양구·인제·홍
천 지방에 시장이 있어서 주민이 뗏목〔筏〕으로 분원까지 운반하였으나
민폐가 심하여 영조 3년(1727)에 혁파되었으며[60] 양근지방 3개 면도 분
원절수지였다지만[61] 면명을 확인할 수는 없다.

　요컨대 광주지방으로 이동해온 관영사기장이 분원 형태를 갖추게 되
면서부터 연료 조달을 위한 시장이 지급되었으며, 그것이 처음에는 경
안천(慶安川)을 중심으로 하는 분원 근처의 광주 6면과 양근지방의 일
부에만 한하였으나 번목이 점차 부족해짐에 따라 강원도 지방에까지
확대되었고, 멀리 예천지방까지 분원에서 절수하였던 것이다. 그러나
광주·양근 지방 이외의 시장에는 분원이 설치되지 않았으며 강원도 시

---

58) 『日省錄』 477冊, 正祖 18年 11月 16日條.
　　楊州·廣州俵結摘奸史官徐俊輔書啓曰 (…) 但分院次知山火田 在於退村·實村·初月·刀尺·
　　慶安·五浦六面
59) 『承政院日記』 305冊, 肅宗 10年 9月 3日條 및 484冊, 肅宗 40年 8月 6日條.
60) 『英祖實錄』 卷11, 英祖 3年 5月 己卯條 및 『備邊司謄錄』 81冊, 英祖 3年 6月 4日條.
61) 『承政院日記』 70冊, 肅宗 23年 閏3月 12日條.

장에서는 수목을 운반하여왔고 예천의 경우는 시장 내 주민에게서 수세하였다.[62]

앞에서 언급한 바와 같이 분원은 약 10년에 1회씩 시장 내의 수목이 무성한 곳을 따라 이전하였고 한번 분원을 설치하여 번목을 채취한 곳은 수목이 다시 무성해질 때까지 비워두었다가 다음에 다시 그곳에 분원을 설치하여 수목을 채취할 수 있게 하는 것이 원칙이었다. 그러나 한번 분원이 설치되어 수목이 채취된 곳은 곧 화전으로 개간되었기 때문에 다시 수목을 양성하지 못하게 되었고, 따라서 분원이 이동을 계속할수록 수목이 우거진 산지가 점차 줄어들고 대신 화전이 늘어나서, 이런 상태가 계속되면 장차 광주지방의 분원시장은 모두 화전화하고 분원은 연료의 단절로 사기 제조를 계속할 수 없게 될 실정이었다.

이와 같은 사정하에서 분원의 관리들은 분원을 교통이 편리한 곳에 고정해두고 반대로 번목을 분원으로 운반하여 사용하고 시장 내의 화전민들에게서 세를 거두어 번목 조달에 이용하자는 대책을 세웠다. 분원의 고정과 번목의 수세(收稅)·사용이 처음으로 논의된 것은 숙종 23년(1697)이었다. 이때 시장의 실정을 조사하고 돌아온 분원 관리는 분원을 고정하고 번목을 수세·사용하자는 대책을 올리는 한편 광주와 양근 시장 내의 평지 전답이 지방관서의 장부에 들어감은 당연하나 산상에 작전(作田)한 곳, 즉 화전은 신기전(新起田)·구기전을 막론하고 분원에 소속되어야 할 것임에도 화전 중에도 지방관서의 소유로 된 것이 많다 하고 이를 즉시 분원에 환속(還屬)시키라고 주장하고 있다.[63] 분원을 옮기지 않고 시장 내 주민에게서 시목을 수세하여 충당할 계획을 뒷

---

62) 같은 책, 484册, 肅宗 40年 8月 6日條.

63) 같은 책, 370册, 肅宗 23年 閏3月 12日條.

받침하기 위하여 세원을 확보한 것이라 하겠다. 그러나 시장 내 화전민에게서 수세한 시목만으로 분원의 연료를 충당할 수 없었으며 분원을 우천강 변으로 옮길 의논이 나왔던 숙종 44년(1718)에는 분원시장의 가호미(家戶米)를 분원에서 직접 수봉(收捧)하게 하여 그중 반액으로 '水上流下之燒木'을 무취(貿取)하여 사용할 것을 결정하고 있다.[64] 여기에서의 '水上流下之燒木'은 민간인이 벌목 운반하여 판매한 시목인 것 같다. 당시 분원시장을 중심으로 수목을 벌작(伐斫) 방매(放賣)하던 상인이 생겨났던 것이다.[65]

어떻든 분원을 고정하고 시장 내의 화전민에게서 번목을 거두어 그 연료에 충당하자는 의견에서 한걸음 더 나아가서 민간의 번목을 구입하여 연료로 쓰게 한 것은 관영수공업체로서의 분원의 운영 면에 일종의 변화를 초래할 증좌가 될지 모른다. 그러나 민간상인에게서의 연료의 구입 사용이 곧 실시된 것은 아니었으며 또 분원이 연료 조달을 위하여 자체 경비를 지불할 사정에는 이르지 못하였던 것 같다. 이리하여 여기에 수상시목상(水上柴木商)에게서의 수세 방안이 고안되었다.

분원 이설의 후보지로서 지평의 가오개·신다오리·성조동 등이 보고되던 영조 원년(1725)에는, 한강을 선로로 이용하여 시목을 운반·판매하는 상인들에 대한 일종의 통행세를 과거에는 연강(沿江) 각 읍의 관아가 받아 이용하였으나 이후부터는 그것을 분원에서 받아 사기 제조에 필요한 연료로 이용하도록 결정하였다.[66] 이와 같은 결정은 곧 시행

---

64) 『肅宗實錄』卷62, 肅宗 44年 8月 乙未條.

65) 『備邊司謄錄』 77冊, 英祖 元年 正月 7日條.
　　司饔院官員 以諸提調意啓曰 (…) 且廣·楊七面 場內樹木 長養六七年 則可以取用於燔役
　　而此時人心極惡 一邊放火起墾 潛自偸斫放賣之弊 (…)

66) 같은 곳.
　　司饔院官員 以諸提調意啓曰 (…) 水上商賈 貿來柴木 所經各邑 例有收稅私用之規 七面樹

되어서 각별히 관문(關文)을 보내어 상고(商賈) 시목에 대해서는 연강 각 읍이 수세하지 않도록 엄명하는 한편 호조의 예에 따라 분원이 십일(什一) 수세하도록 결정을 보았다.[67] 앞의 『도기강좌』 이조편의 저자 오꾸다이라 타께히꼬가 그의 저서 중에 인용하고 있는 윤제규(尹濟奎)의 시에서 "三時聚集載柴船 分院監官管稅錢 瞞過靑天知不敢 淨瓷燔畫御廚傳" 이라 한 것은 이때의 사정을 읊은 것인 듯하다.

분원에서 필요한 번목 전부를 수상시목상에게서 받은 십일세(什一稅)로써 충당하였다고 가정한다면 분원의 연간 소요 번목량이 8천 거내(迲乃)이며[68] 번목 1거내가 5~6태(駄)라 한 것으로 미루어보아[69] 분원의 연간 소요 번목량을 태로 계산하면 4만 태 내지 5만 태가 되는데 그 10배나 되는 40만 내지 50만 태의 시목이 매년 상인들에 의하여 한강을 왕래한 셈이 된다. 당시 이만한 다량의 시목이 판매되었는지도 의문이지만 수상상고에게서 수세하는 시목으로써 분원 소요의 번목을 조달하려던 계획은 원만히 시행되지 못하였다. 이듬해인 영조 2년의 기록에 의하면 '수상유하시목(水上流下柴木)'에 대하여 십일세를 받고는 있으나 시목을 싣고 내려가는 선박들이 모두 군문의 번초용목(燔硝用木)이라 하여 납세를 기피하니 분원이 그 진가(眞假)를 구분하기 어려운 실정이었으며, 이에 군문의 번초용목 운반선 수를 분원이 확인하고 각 아문(衙門)이나 제 궁가(宮家) 소속의 시목선은 일괄(一括) 수세하도록 결

木長養間 分付列邑 姑勿收稅 自分院官吏 眼同收稅 以補燔用 (…) 答曰允
67) 같은 책, 77册, 英祖 元年 4月 8日條.
68) 같은 책, 79册, 英祖 2年 2月 22日條.
    司饔院官員 以提調意啓曰 (…) 柴場內樹木濯濯 八千迲乃一年應入燔木 無他着手處 (…)
69) 같은 책, 79册, 英祖 2年 2月 14日條.
    京畿監司李喬岳所啓 (…) 北面民戶 不過百餘戶 一迲乃所運 多至五六駄 以百餘戶之民 運四千迲乃之木 雖終歲運出 未由盡輸 (…)

정하였지만[70] 만족할 만한 성과가 나타나지 않아서 분원에서는 곧 노임을 지급하고 번목을 운반하여 사용하게 되었다.

'수상유하시목'에 대한 수세가 '유하시선(流下柴船)'의 납세 기피로 여의치 못하다는 보고가 있은 지 1개월 후의 기록에 분원이 양주군 북면민(北面民)들을 지나친 저임금으로 번목운반에 동원하여 말썽을 일으킨 일이 있다. 이때 분원에서는 북면에다 가목(價木) 2동(同)을 보내고 대신 번목 4천 거내를 강변으로 작운(斫運)하게 하였다. 당시의 경기감사 이교악(李喬岳)의 보고에 의하면 북면의 민호는 불과 1백여 호였는데 번목 1거내가 5~6태가 되므로 1백여 호의 면민이 4천 거내의 번목을 운반할 수 없는 실정이었으며 이 때문에 면민들이 도산(逃散)할 생각으로 역가(役價)를 받아가지 않을 뿐만 아니라 춘계환상(還上)도 받아가지 않으며 경작에도 뜻이 없었다 한다.[71]

분원을 고정하고 번목을 운반하여 사용하게 되면서부터 그 조달 사정이 점차 어려워지고 이에 운반을 위한 노임을 지급하게 되었으나 그 노임은 작업량에 비하여 너무 저렴한 것이었고 일면 강제성도 띠고 있었으며 그러므로 민폐를 끼치게 되었던 것이다. 이후 번목의 급가무용(給價貿用) 문제는 많은 논의를 야기하고 있으며 그것은 주로 사용원 측

---

70) 같은 책, 79冊, 英祖 2年 正月 19日條.

　　西平君橈所啓 (…) 夫春以水上木收稅取用事 令廟堂稟處 自備局依戶曹什一之例 收稅之意覆啓後 分院依此收稅 則水上流下者 皆稱以軍門燔硝木 而自分院 有難的知其眞假 (…) 聞軍門燔硝木下來 則其船隻有定云 此後 則都監燔硝木載運船隻數 依案付數 令都監成冊 移送于本院 俾無虛實相蒙之弊 其他各衙門·諸宮家所屬流下之木 一並收稅 以補萬一之地 何如 上曰 依爲之

71) 같은 책, 79冊, 英祖 2年 2月 14日條.

　　京畿監司李喬岳所啓 (…) 今此分院燔造木四千法乃價木二同 勒送於本郡 使北面之民 斫運江邊 北面民戶 不過百餘戶 (…) 運四千法乃之木 雖終歲運出 末由盡輸 故北面之民 擧懷逃散 役價終不受去 春年還上 亦不來受 蓋以勢將渙散 無意耕作也

150

과 현지 지방 관리 간의 대립에서 일어나는 것이었다.

양주군 북면에서의 분원 소용 번목의 '늑가(勒價)운반'과 거기에 따르는 폐단을 보고받은 정부는 이 문제를 의논한 결과 분원번목을 급가무용하는 일은 전에 없던 일임에도 분원이 염가를 주어 운반하게 한 것은 부득이한 사세(事勢)에서 취해진 일임을 인정하고, 춘궁기를 당하여 허다한 민호가 일시에 도산함은 놀라운 일이니 전에 있던 일을 창개(創開)함으로써 궁잔(窮殘)한 인민을 침요(侵擾)하는 일이 없게 할 것이며, 번목운반은 분원이 비용을 별도 마련하여 적절히 무용하게 할 것을 결정해 사용원과 경기감사에게 통고하였다. 이에 대하여 사용원에서는 우선 이교악 감사의 보고가 사실과 상이함을 해명하는 한편 북면민에게 역가를 지급하고 분원의 장졸들과 함께 번목을 작벌(斫伐) 운반하여 뗏목을 만들어 유하(流下)하면 불과 수일에 분원에 도착할 수 있어 민폐가 될 리 없다 하였다. 한편 비변사의 복계(覆啓)에 따라 '급가무목(給價貿木)'하지 말고 분원이 비용을 별도 마련하여 편의에 따라 무용토록 결정한 데 대해서도 분원의 경비가 탕갈(蕩竭)하여 따로 마련할 수 없으며 북면민에게 지급한 역가 2동목(同木)도 어영청(御營廳)에서 대출한 실정이니 계속 분원에 무목비용을 전담시키는 이상 사기 제조가 불가능함을 호소하고 정부의 조속한 처리를 요구하고 있다.[72]

---

72) 같은 책, 79冊, 英祖 2年 2月 22日條.
　　司饔院官員 以提調意啓曰 (…) 京畿監司李喬岳 日昨陵幸教 是時備陳民弊 令廟堂商確 速爲稟處可也事命下 而廟堂覆啓以爲 分院燔造木 自前元無給價貿用之事 而今此略送廉價 勒貿燔木 蓋出於事勢之不得已也 第念 當此春窮許多民戶之一時逃散 誠爲驚慘 且無前之規 不宜創開 窮殘之民 不可侵擾 自本院 別爲料理 隨便貿用 似爲得宜 以此意分付司饔院及京畿監司處何如事 蒙允矣 (…) 則北面之於江邊 近則七八里 遠不過十餘里 故給價於北面民等 與分院匠卒 同義斫伐 運下江邊 仍爲作筏 順流而下 則不數日 自可至於燔所矣 (…) 而今觀備局覆啓 則無前之規 不宜創開 自本院 別爲料理 隨便貿用爲言 卽今院儲蕩竭無餘 雖欲料理 其勢未由 向日所給役價二同木 猶且貸於御營廳 則此後更安有措手之地乎 (…) 今若自朝家依此

이와 같이 사옹원 측과 현지 지방 관리의 논쟁이 거듭되고 있었지만 사실 그 속에서 근본적인 해결책을 구하기란 어려운 일이었다. 분원 측으로서는 수목이 무성한 곳으로 옮겨다니지 않는 이상 번목을 운반해서 사용하여야 함에도 시장 주변의 백성들을 이미 완전한 부역으로 동원시킬 수는 없는 사실이었으며, 반면 그들에게 만족할 만한 임금을 지불할 만한 재정적인 뒷받침이 되지 않았다. 분원에서의 제품이 완전한 관수품인 이상 운반경비를 자체에서 마련할 수는 없는 것이었다. 한편 현지 수령의 입장에서는 군민 각자가 이미 응분의 역에 종사하고 있는 이상 저임으로 강제 동원할 수는 없었으며, 군민은 이미 도산하거나 피역(避役)함으로써 과중한 부역에 순응하지 않게 되어버렸던 것이다.

이와 같이 상반되는 두 입장을 조정하고 해결하기 위하여 정부에서도 노력을 했으나 역시 근본적인 해결책을 발견하지 못하고 임기응변책을 쓰고 있다. 이제 이에 관한 비변사 측의 의견을 들어보면 "전일에 경기감사 이교악의 상계에 의하여 양주민(楊州民)에 의한 번목운반을 금하게 하고 분원이 스스로 비용을 마련하여 무용하게 한 바 있으나 지금 사옹원 측의 보고를 보매 스스로 운반비를 마련할 수 없을 뿐만 아니라 사기 제조가 불가능할 만큼 사세가 급박하다 하니 금년은 노임을 더 지급하고 지평·가평 등 부근 면민을 더 동원하여 운반하되 명년 이후는 분원이 물력을 마련하여 직접 무용하도록 조처한다"는 것이었다.[73]

變通 則或可稍除一邑之偏苦 而可役燔事之定耳 若使本院專委 終無別樣變通之事 則莫重燔役 將未免停廢 (…) 更令廟堂 急速從長指揮料理之道 (…)

73) 같은 책, 79冊, 英祖 2年 3月 19日條.
　　司啓曰 頃因京畿監司李喬岳所啓 司饔院燔造木 勿令楊根民人斫運 自本院從便料理貿用之意 覆啓允下矣 今觀司饔院草記 備陳燔木之難支於私貿 至諸隣邑之分力斫運 (…) 故使本院以其本價料理貿用者 實出於軫恤民隱之意 而本院旣難及時覓取 燔役亦不當停廢 則事勢急迫 不可無變通之道 今年則添給價本 使砥平·加平附近面人丁 與楊根北面居民 合力斫運 明年以

이에 사용원에서는 정부에 대하여 무목비용의 지원을 요청하였다. 당시 관서(關西) 유고목(留庫木)의 수가 파다하여 경아문들이 그것을 팔아서 그 이윤을 이용하고 있음을 듣고 이 예에 따라 본도의 감사에게 분부(分付)하여 유고목 2백 동을 특매하게 해주면 그 영여(贏餘)를 취하여 무목경비로 전용하겠다 하였는데, 이 계획은 왕의 윤허를 받았다.[74] 그러나 당시의 관서 유고목 2백 동을 판매한 이익이 얼마나 되었는지 모르지만 1년에 기천 냥이 필요하다는 번목의 운임[75]을 그것으로 충당할 수 있었는지 의문이다.

이후에도 분원번목의 운반비 문제에 관해서는 계속 많은 논의가 거듭되었다. 이에 대한 비교적 상세한 사정을 전해주는 것은 춘천 등 강원 5읍의 분원시장을 혁파할 때의 기록에서 찾아볼 수 있다. 영조 3년(1727)에 강원감사 유복명(柳復明)이 춘천·낭천·양구·인제·홍천 등지에 있는 분원시장의 혁파를 주장하자 당시의 좌의정 홍치중(洪致中)은 분원이 받는 광주의 화전세가 1년에 근 1천 석이 되며 수상시목상에게서 받은 세가 있으므로 분원이 능히 '급가무목'을 할 수 있다는 점을 들어 번목운반을 위한 민정(民丁)의 부역동원을 반대하고, 나아가서는 춘천 등 5읍의 분원시장을 혁파할 것에 찬성하고 있다. 그러나 한때 사용원 관리였으며 당시 한성판윤(漢城判尹)이었던 이병상(李秉常)은 화전에서의 약간의 세수입은 허다한 역원의 급료에 충당되고 외방(外方) 장포(匠布)는 흉년으로 인하여 해마다 재감(裁減)되므로 분원 자체의 운

後 則自本院料理物力 使之直爲貿用

74) 같은 책, 81册, 英祖 3年 閏3月 27日條.
　司饔院官員 以諸提調意啓曰 (…) 卽聞關西留庫木 其數頗多 京衙門 多有請得取剩之事云 本院亦依此例 限二百同 特爲許賣事 分付本道監司處 取其贏餘 以爲補用於御燔役之地如何 答曰允

75) 주 18 참조.

영비도 부족한 형편이니 번목운반비가 마련될 리 없다는 점과, 설사 분원이 힘써 한두 번 변통한다 하더라도 그것이 임시 처방에 불과하다는 점을 들어 춘천 등지의 분원시장을 존속시키고 다소의 민폐를 무릅쓰고라도 민정을 동원하여 번목을 운반함이 가하다는 주장을 하고 있다. 이와 같이 상반되는 의견을 들은 왕은 결국 운목비용의 부족액을 정부가 참작·획급(劃給)하기로 하고 춘천 등 읍의 시장은 혁파하기로 결정하였다.[76]

이상에서 분원번목의 조달 사정에 관하여 그 추이의 대강을 살펴보았지만 분원사기를 제조하는 데 있어서 가장 중요한 자료 중의 하나인 번목을 조달하는 사정과 방법이 차차 변화하고 있음을 엿볼 수 있다. 처음에는 분원 자체가 번목산지 즉 수목이 무성한 곳을 따라 이동해 다녔고, 이 경우에는 분원 장졸들이 직접 번목을 채취하여 사용하였던 것으로 생각되며 번목의 운반은 전혀 문제되지 않은 것 같다. 그러나 일정한 장소에 분원을 설치하고 주변의 수목을 작벌(斫伐)하여 번목으로 이용하고 수목이 다하면 타처로 분원을 옮겨서 원분원지의 수목을 양성하

---

76) 『備邊司謄錄』81冊, 英祖 3年 6月 4日條.
　　同日入侍時 左議政洪所啓 此卽江原前監司柳復明啓本也 (…) 故原任大臣 曾爲時任時 以自本院 給價貿用之事 亦有所定奪矣 其後本院 每以燔木請得事 縷縷陳請於朝家 雖未知本院物力之如何 而其所屢次陳請 終涉未安矣 廣州火田稅 一年所捧 將至近千石云 且自水上船 運作筏之木 皆許收稅 雖給價貿得 足以推移用之 而不此之爲 每欲於空中取辦 豈不難乎 當此生民倒懸之日 動民伐木 運致燔所 其爲弊端 有不可言者 此等撓民之事 一切防塞 然後 峽民可以支保 春川等邑柴場 似當革罷 故敢達矣 判尹李秉常曰 臣待罪廚院 而本院凡事公事 提調例主之 不能詳知矣 第火田略干收稅 例歸許多員役料下之用 外方匠布 因年凶 年年裁減 卽今所入 比前大縮 院布應下 亦患不足 豈有贏餘貿木之資乎 四邑封柴 安得無少弊端 而此亦出萬不獲已之計也 廟堂每今本院料理以用 而本院近有一二變通事 亦被防塞 將何以料理乎 此實泄泄矣 (…) 上曰 廚院所用 火田稅外 他無着手處 必令本院 料理周旋 則此謂乾木水生 豈不難乎 燔所移設 民弊所關 姑難輕議 而廟堂更與廚院相議 不足之數 參酌劃給 春川等邑柴場 革罷可也

154

여 적당한 후일에 분원을 다시 그곳으로 옮기려던 당초의 계획이 화전민의 입주·개간으로 여의치 못하게 되고 이런 현상이 계속되자 부득이 분원의 이동을 중지하여 일정 장소에 분원을 고정시키고 원거리의 번목을 고정된 분원으로 운반하여 사용하지 않으면 안 되게 되었으며 여기에 번목운반에 따르는 여러가지 문제가 야기되었던 것이다.

분원을 고정시킨 초기에는 시장 내에 입주·개간한 화전민들에게서 번목을 거두거나 한편 한강을 이용하는 시목상들에게서 수세한 시목을 번목으로 충당하였다. 그러나 그것이 여의치 못하게 되자 번목산지 주변의 민정을 부역으로 동원하거나 극히 저렴한 노임을 지급하여 번목을 운반함으로써 사용하려 하였지만 이 계획마저 현지 지방 관리의 반대와 주민들의 기피로 실패하였으니, 이제 번목운반비의 염출 방법은 정부의 지원을 받거나 화전세에 의지하는 길밖에 없게 된 것이었다.

화전세 수입에 관해서는 절을 달리하여 상론하겠지만 사옹원 관리들의 횡령 여부는 차치해두고 그 전액을 징수하여도 무목비용에 부족하다고 호소한 실정이며[77] 정부 지원 역시 왕조의 재정 사정이 날로 기울어가던 당시에 있어서는 용이하지 못하였던 것 같다.

이에 번목운반비를 포함한 분원의 운영경비는 중앙정부의 관리들이 항상 내세운 이른바 자체 마련에 의존할 수밖에 없었으며 그것은 곧 제품의 완전 관수(官需) 원칙을 깨뜨리지 않는 한 불가능하였으리라 생각된다. 한편 17~18세기경에 있어서는 관영수공업체인 분원이 노임을 지불하지 않고는 번목을 운반할 수 없었던 사실이 주목되어야 할 것이다.

---

77) 같은 책, 92冊, 英祖 8年 8月 27日條.
　　司饔院官員 以提調意啓曰 (…) 近年則柴山之濯濯愈甚 更無材木之可斫 不得已移設燔所 於牛川江邊 水上木貿易燔造者 已過十年矣 戶米今雖盡捧 猶患不足於貿木 今若減捧許多之 米 則木價欠縮之數 更無出處矣 (…)

5. 沙器匠의 생활과 취업

『경국대전(經國大典)』에 의하면 당시 공조에 등록된 정규 사기장은
전국적으로 482명이었는데 그중 380명이 사용원 소속이며 6명이 내수
사(內需司) 소속, 나머지 96명이 각 도에 분속되어 있는 지방 사기장이
다.[78] 사용원 사기장 380명은 모두 관영사기제조소에 소속되어 있었으
며, 이 관영사기제조장은 왕조의 후기에 접어들면서 관영수공업이 거
의 전반적으로 무너져가는 사정하에서도 분원이란 이름으로 관영체제
로서 존속되었으므로 이들 사기장도 이른바 관장(官匠)으로서 분원에
소속되어 있었던 셈이다. 그러나 그들의 생활상과 취업 사정은 왕조전
기의 그것에 비하여 다분히 변해갔던 것으로 생각된다. 이제 그 사정을
살펴보기로 하자.

조선왕조의 관장제수공업은 대개 임진왜란 전후를 통해 무너져갔으
며, 그 중요한 원인의 하나는 관장수공업체제에서의 공장(工匠)의 이탈
이었다고 생각된다.[79] 공장이 관장체제에서 이탈하는 사실은 사기장의
경우도 다를 바 없었다. 임란 이전인 중종 25년(1530)에 벌써 사기장이
절반이나 도망하여 정기적으로 수군 50여 명을 대충(大充)할 것을 논의
한 바 있다.[80] 한편 중종 38년(1543)에 편찬된 『대전후속록(大典後續錄)』
에는 사용원 사기장의 자지(子枝)는 타역(他役)에 배정하지 않고 직업

---

78) 『經國大典』 工典 工匠條 및 이 책 첫번째 글 참조.
79) 이 책 첫번째 글의 '官匠制의 붕괴와 私匠' 참조.
80) 『中宗實錄』 卷67, 中宗 25年 2月 乙丑條.
   傳于政院曰 (…) 古者沙器匠果多 而今則爲牛逃亡 當領水軍 雖不能多定 以五十餘名 爲恒
   式定給事 幷議之 (…)

을 세전(世傳)하게 한다는 규정이 있는데[81] 『경국대전』이나 『대전속록(大典續錄)』에 없던 이 규정이 중종조에 생긴 것도 역시 당시 관장제하에서 점차 이탈해가던 사기장을 확보하기 위한 것이었다. 특히 사기장에게만 직업의 세전을 규정한 것은 관수사기(官需沙器)의 제조를 그만큼 관영기업체제하에 두어야 할 필요성을 느꼈기 때문이며, 그 필요성이 관영수공업체로서의 분원을 왕조의 말기까지 존속하게 한 이유 중의 하나라 생각된다.

직업의 세전화 규정에도 불구하고 임란을 계기로 사기장들의 관영기업에의 취역 기피는 점점 심해져서 분원에서의 관수사기 제조는 큰 타격을 받았다. 인조 3년(1625)의 기록에 의하면 호(戶)와 봉족(奉足)을 합하여 법정 인원 1140명이었던 분원 사기장이 해마다 도망하여 당시에는 821명만이 남았으며 수령들이 지방의 사기장을 전혀 동원[起送]해주지 않으므로 분원에서는 노동력 부족으로 작업을 계속할 수 없는 실정이었다. 이에 사기장 동원에 태만한 수령과 읍리들에 대한 엄한 벌칙까지 마련하여 동원을 독려하고 있다.[82] 임란 직후에 사기장이 부족하였던 것은 많은 기술자가 포로가 된 데 원인이 있었다 하겠으나, 분원사기의 경우 사기장 자신이 분원에서의 취역을 기피한 데도 중요한 이유가 있었다. 그 구체적인 예를 들면, 인조 10년(1632)에 지평현에 거주하는 사기장 윤희운(尹希雲)이 고역을 기피하여 어영군에 투속(投屬)하였으므로 어영청에서는 그를 허명(虛名)으로 등록시키는 대신 타인을 사기

---

81) 『大典後續錄』工典 工匠條.
　　司饔院沙器匠子枝 毋定他役 世傳其業
82) 『承政院日記』7冊, 仁祖 3年 7月 2日條.
　　李敏求 以司饔院言啓曰 本院沙器匠 法典內 戶·奉足竝一千一百四十名內 年年逃故稱頉
　　只存八百二十一名 (…) 此時 外方守令 朝家命令 專不奉行 置之相忘之域 極爲痛駭 若不別樣
　　處置 必無終年起送之理 (…)

장으로 충정(充定)시킨 일이 있었다. 이에 사옹원 도제조(都提調)는 어영군은 타인으로 충정하더라도 연습을 시키면 지장이 없으나 사기장은 하루아침에 기술을 습득하지 못하며 한번 다른 관아로 투속하는 길을 열어놓으면 기피하는 무리들이 속출하여 막을 수 없을 것이라 하고 윤희운을 사기장으로 환속시킬 것을 요청하였다.[83]

사기장으로 등록되어 역을 지게 되면 직접 분원에 동원되어 일정 기간을 부역하였지만 어영군의 경우는 사실상 직접 번상(番上)하지 않고 번포(番布)만 바쳤던 것이다. 사기장이 그들의 전문직업에서 이탈하기를 원하였고 또 그것이 실현되고 있었던 것은 관장제 자체의 붕괴를 초래하는 것이지만, 한편 신역(身役)상으로나마 그들이 사기장의 신분을 떠나서 다른 관아로 전속하는 것은 결과적으로 중세적인 신분세습제 내지 직업세습제에 대한 일종의 반발이라 할 수 있을 것 같다.

임란을 전후하여 관장체제하에서 이탈하여 사장(私匠)으로 전환하거나 혹은 전혀 다른 계통의 직업에 종사하게 되는 공장들이 점차 많아짐으로써 대부분의 관장제수공업체는 붕괴되었지만 관수용 사기제조장인 분원만은 계속 유지하여야 했다. 따라서 사기장의 이탈을 방지하기 위한 직업의 세습제는 더욱 강조되었으며, 우리는 임란 후 관장의 이탈이 가장 심하였던 인조조에서 숙종조에 이르는 사이 즉 17세기 후반기에 있어서 사기장의 직업세습제를 강조한 허다한 기록을 발견할 수 있다. 예를 들면 인조 11년(1633)의 군적개편 때 사옹원 장인 1140명 중 3백여 명이 병조로 이속(移屬)되었으나 사기장직을 세습시키기 위하여 그 환속을 요구하였고[84] 숙종 15년(1689)에는 사기장 자지의 피역(避役)과

---

83) 같은 책, 35冊, 仁祖 10年 2月 8日條.
84) 같은 책, 40冊, 仁祖 11年 6月 11日條.

한역(閑役)에의 투속을 극력 저지하는 한편 장인들로 하여금 '동류(同類) 자지' 중의 한유자(閑遊者)를 수득(搜得)·보고하도록 조처하였다.[85]

이후 사기장의 직업을 세습케 하는 규정이 어느 정도 지켜졌는지 의문이며 또 실제로 타역에 이정(移定)되었던 장인 자지 전원이 사용원으로 환속된 것은 아니었다.[86] 그러나 사기장 자지의 직업 세습을 꾸준히 강조·실천시키고 다른 관서로 이정된 그들을 번번이 환속시켰으므로 다른 관장이 흩어진 후에도 분원 사기장만은 확보되었고 그러므로 관영수공업체로서의 분원이 유지되었던 것이다.

분원에서 사기 제조에 종사하는 사기장은 임란 직후까지도 교대로 부역 동원되어서 번번이 이원(吏員)이 영솔(領率)하여 정해진 기한 내에 분원에 교부하도록 되어 있었다.[87] 분원의 공역(公役)에 동원되는 지방 사기장이란 지방 각 읍에 거주하며 사기제조업에 종사하거나 혹은 타업에 종사하되 신역상의 소속은 사용원 사기장으로 되어 있는 사람들이었다. 예를 들면 남원의 경우, 영조 원년(1725)에 22명의 사용원 소속 사기장이 있었으며 이들의 정원은 고정되어서 그중 사고가 생기면 지방관이 충정하였다.[88]

---

85) 같은 책, 335册, 肅宗 15年 5月 16日條.

　　禮曹判書閔宗道曰 (…) 本院沙器匠 法典所付三百八十名 各給三保 亦有前後受敎 而卽今匠人戶保 俱未準數 案付不過千二百名 而亦不能齊□立役 或稱逃故 或見抄於兵曹餘丁 以致燔造物力 常患不足 事甚可慮 匠人子枝 世傳其業 載在法文 各官之移定他役 及匠人子枝之厭避匠役 投屬歇役者 俱甚可惡 自今以後 申飭各官 匠人子枝 勿定他役 且令匠人輩 互相搜得 其同類子枝閑遊者 望告本院 以爲充定有頉之代 俾爲分院物力之地 何如 上曰 依爲之

86) 같은 책, 265册, 肅宗 4年 6月 24日條에 의하면 사용원 측의 요구에도 불구하고 장인 자지로서 훈련별대(訓鍊別隊)와 포보(砲保)로 이속된 자는 환속을 허용치 않았다.

87) 같은 책, 100册, 仁祖 26年 2月 26日條.

　　司饔院啓曰 本院案屬沙器匠 依前例擇定 差使員無遺領率 期限內交付分院 使無闕役之弊 而慢不擧行官吏 則依前事目施行 (…) 傳曰允

88) 『備邊司謄錄』 77册, 英祖 元年 正月 8日條.

조선왕조시대를 통하여 공장은 일반적으로 해마다 일정 기간 동안 공역에 동원되었으며 공역에 동원된 일수는 납세액에서 공제되었다.[89] 따라서 사기장도 교대로 동원되어서 일정한 기간 동안 분원에서의 관수용 사기 제조에 종사하였으며 분원 공역에 동원되지 않은 기간은 사옹원에 공장세를 납부하였다. 그러나 늦어도 17세기경부터는 사기장들이 교대로 초집(招集)되어 분원 공역에 종사하던 제도가 바뀌어 분원 사기장과 지방 사기장이 구분되고 각각 고정된 것 같다. 즉, 지방 사기장을 교대로 동원하여 분원사기를 제조하면 우선 그들의 왕래에 시일이 허비되어 불편하고 한편 지방 사기장은 그들이 신역상 사옹원 소속 사기장이지만 실제는 사기제조업을 버리고 농업 등 다른 직업에 종사하는 경우가 많았으므로[90] 설령 분원에 동원된다 하더라도 극히 우수한 기술을 요하는 분원사기의 제조에는 이미 부적당하였다. 이에 분원 전속의 사기장이 고정되고 그밖의 지방 사기장은 분원 공역에 동원되는 대신 소정의 번포만 납부하게 되었던 것이다.

이리하여 분원에 전속된 사기장은 일종의 직업적 기술자로 변하여

司饔院官員 以諸提調意啓曰 頃因全羅監司狀聞 本院所屬 南原沙器匠人二十二名 自備局覆啓革罷 而本院御器匠人 事體重大 自有定數 雖有逃故 自本官 隨闕充定 乃是事目 (…)

89) 『世宗實錄』卷35, 世宗 9年 正月 壬辰條.

戶曹啓 漢城府 收工商月稅 (…) 不計公役日 收之不便 請每月季 所掌各司 以役日數 列名報曹 移文漢城府 除役日收稅 以爲恒規

90) 『사학연구(史學硏究)』지에 「양안(量案)의 연구」 등 논문을 발표한 바 있는 김용섭(金容燮)씨가 제공하여준 자료에 의하면 숙종 46년(1720)에 작성된 경상도 의성군 구산면(龜山面) 양안에 토지를 가진 사기장 4명이 있는데 신남이(申南伊)는 17부(負) 1속(束)을, 이만백(李萬白)은 71부를, 이손걸(李孫乞)은 1결(結) 19부 5속을, 이중길(李中吉)은 1결 28부 2속을 각각 가지고 있다. 김용섭씨는 위 논문에서 1결 이상 소유 농가를 부농층, 1결 이하 소유 농가를 중농층, 50부 이하 소유 농가를 소농층, 25부 이하 소유 농가를 빈농층으로 나누고 있는데 이에 따르면 동면의 사기장 4명 중 2명이 부농층에 속하고 1명이 중농층, 1명이 빈농층에 속한다.

생활기반도 완전히 분원 근처에 정하고 그들만의 특수촌락을 이루어 17세기 말엽 즉 숙종 23년(1697)에는 그들이 "別作一村"하였다는 기록이 보인다.[91] 분원에 전속된 사기장은 당시에 있어서 가장 전업적인 수공업자였으며 또한 가장 임금노동자적인 존재들이었다.

이제 이들의 생활상과 취업 사정을 살펴봄으로써 당시의 관영수공업 사정, 나아가서는 사회 사정을 한층 분명히 파악할 수 있을 것이다.

분원 전속 사기장들의 노임은 분원 공역에 동원되지 않는 지방 사기장의 번포로써 충당되었다. 인조 13년(1635)의 기록에 이미 "분원에 유재(留在)하는 장인(匠人)은 외방(外方) 장인의 가포(價布)로써 호구(糊口)하므로 명춘 번조 시에 지급할 가포는 금년 11월까지는 거두어져야 한다"는 말이 있고[92] 숙종 33년에는 좀더 구체적인 기록이 있다. 사용원 구규(舊規)에 의하여 외거번조장인(外居燔造匠人)은 그 신역으로서 포필(布疋)을 예봉(例捧)하는데 원수(元數) 중 530명분은 분원 입역장인(立役匠人)의 급료로 주고 나머지 352명분은 내외 각종 인부의 급료와 물종비(物種費)에 충당하였다. 그러나 전년부터는 이정청(釐正廳)절목으로 인하여 3필씩 받던 신포(身布) 중 1필이 감해지게 되어 공역비용이 부족함은 물론 장인고용비마저 지급할 수 없는 사정이었다. 이에 누차 비변사에 보고하여 병조의 여정포(餘丁布) 10동 30필을 이용함으로써 역사(役事)를 완성할 수 있었다.[93]

---

91) 『承政院日記』370冊, 肅宗 23年 閏3月 6日條. 주 98 참조.

92) 같은 책, 50冊, 仁祖 13年 11月 19日條.
　　司饔院官員 以都提調意啓曰 (…) 留在分院匠人 受食於外方匠人價布乃餬口 此後若無所食之資 皆必散去 明年所用價布 今年十一月捧之 可及於明春燔造之用 (…)

93) 『備邊司謄錄』58冊, 肅宗 33年 2月 2日條.
　　司饔院官員 以都提調意啓曰 本院舊規 外居燔造匠人身役 例捧三疋 元數內五百三十名 則分院立役匠人 受其直 如其所捧之數 其餘三百五十二名 則內外各樣人夫物種之價 皆出於此

분원 전속의 사기장이 받은 노임의 성격 문제는 차치하고 우선 그들이 일종의 임금노동자적 성격을 가진 기술자들이었다고 생각할 수 있다. 그러나 그들의 취업에는 아직 강제성과 의무성이 적용되어서 다분히 부역노동제적인 성격이 남아 있었으며 그 노임도 정기적인 것이 아니었기 때문에 생활이 안정되지 못하였다.

숙종 23년(1697)의 경우 분원에는 3번으로 나누어 입역하는 사기장과 백토·시목의 운반 등의 역무에 종사하는 인원이 모두 352명이었고 이밖에 매일 마(馬) 40여 태가 사역되고 있었다. 분원 관리들의 보고에 의하면 이때 분원에서 취업하고 있는 종업원들이 기근이 심하여 하루에 39명이 아사(餓死)하였으며 63명이 병들고 굶주려 취업하지 못하였고, 막심한 생활고로 24호가 유리하였기 때문에 남은 입번(立番)장인에게 작업을 독려하여도 사기 제조가 불가능한 실정이었다 한다.

이와 같이 분원 사기장이 기근에 빠지게 된 이유는 그들은 본래 농업이나 상업을 겸영하지 않고 약간의 봉족가(奉足價, 지방 사기장이 바치는 匠布)와 사제 사기의 판매로 얻는 수입에 의하여 생활을 하는데 전년에는 가을에 분원이 사기 제조를 정지하였기 때문에 농기를 잃어 작농할 수 없었고 분원에서 지급하는 급료도 없었으며 사제 사기로 인한 이익도 취하지 못하였기 때문이었다.[94] 분원 관리의 이와 같은 보고는 환상미

流來通行 未有變易矣 自上年 因釐正廳節目 身布凡納三疋者 皆減一疋 以此不但役價 無以繼用 至於匠人雇立之價 不得准給 擧皆呼冤 將至撤役 不得已 累報備局 則移給兵曹餘丁布十同三十疋 以此得以准給完役矣 (⋯)

94) 『承政院日記』370册, 肅宗 23年 閏3月 2日條.
　　司饔院官員 以都提調意啓曰 卽接廣州燔造所分院郞廳牒報則以爲 本所通三番立役匠人及運土載木種種應役人 通計三百五十二名 夫馬立役 每日亦不下四十餘䭾 而卽今飢餒之患日甚 一日 院下飢死者 已至三十九名 病飢委頓 不能出門者六十三名 顚連流離者二十四戶 其餘立番匠人 無不忍飢委茶 低頭呻痛 有奄奄之狀 雖欲鞭策强役 不能造成器皿貌樣 (⋯) 燔造所匠役等 本無農商資生之道 自前只受若干奉足價 且有私燔賣食之道矣 因上年秋停燔之故 旣失

162

(還上米)를 더 타려는 데 그 목적이 있었던 것이므로 다소 과장된 것이리라 생각되기도 하나 여기에서 몇 가지 시사를 구할 수 있을 것 같다.

첫째, 이 보고는 분원 사기장이 본래 농업이나 상업을 겸영하지 않았다고 언급하고서도 곧 전년에는 가을에 정번(停燔)하였기 때문에 농시를 잃어서 작농이 불가하였다고 상반되는 말을 하고 있는 점이다. 여기에서의 작농이 자작농이나 소작농을 뜻하는 것인지 혹은 분원에서의 작업이 없는 틈틈이 이웃 농가에 가서 품팔이하는 것을 말함인지 분명하지 않으나, 앞으로도 인용되겠지만 이후의 사료들이 한결같이 분원 사기장은 농상을 겸영하지 않음을 내세우고 있는 것을 보면 여기의 작농은 대개 품팔이 정도를 뜻함이 아닌가 생각되며, 설사 그들이 자기 소유의 농토를 가졌거나 혹시 타인의 농토를 소작하였다 하더라도 분원에서 사기 제조 작업이 없을 때는 아사하거나 유리할 정도로 그 생활을 사기 제조에 의지하였던 것이라 생각된다. 그러므로 이때의 분원 사기장은 거의 전업수공업자들이었다 할 것이다.

둘째, 전년 가을에 분원이 정번하였기 때문에 급료가 지급되지 않았다고 한 것으로 보아 분원 사기장은 그들이 분원 공역에 종사할 때만 임금을 받을 수 있었던 비계약적인 노동자였음을 시사해준다. 즉, 그들은 사기 제조 기술자로서 이미 그 직업이 고정되었고 일단 타업 겸영의 단계는 넘어섰으나 분원과의 장기적인 혹은 정기적인 계약관계에 의거하여 채용된 것이 아니었으므로, 번조작업이 중단될 경우 심한 생활상의 타격을 받아 아사하거나 유리하게 되었던 것이다. 그러나 심한 생활고로 아사하면서도 다른 활로를 찾아갈 수 없었고 일단 유리하였다가도

農時 不可作農 而亦無本院應下之料 又失渠等私燔之利 飢困難支 散之四處 及至今春始役之際 招呼逃散之人 僅僅充數始役 (…)

작업이 다시 시작될 때는 분원으로 소환되어야 할 만큼 그들의 생활과 취업 사정은 다시 강제성 혹은 부역성에 얽매이고 있었던 것이다.

셋째, 분원 사기장의 생활방편은 분원에서 받는 노임 이외에 사제 사기의 판매에도 있었던 점이다. 사기장이 3번으로 나누어 입역하였다고 한 이 분번입역제는 원래 부역노동에 있어서의 취역제도이며 그것이 분원에서 적용되고 있던 것은 사기장의 취업 사정 속에 남아 있던 부역노동제적 요소라 할 것이다. 어떻든 3번으로 나누어 교대로 분원 공역에 취역했다면 1년간의 작업가능일수 가운데 3분의 2의 일수는 분원 공역에 종사하지 않고 사제 사기의 제조에 종사한 셈이 된다. 그러나 취역인원이 항상 부족하다는 분원 측의 보고와, 다음에 인용하겠지만 해빙시부터 결빙될 때까지 1일의 가극(暇隙)도 없었다는 기록 등으로 미루어보아 전(全)작업가능일수 가운데 3분의 2까지는 불가능하였겠지만 어느정도 공역의 여가는 있었으며 이 여가를 이용하여 사역(私役)에 종사하였던 것 같다. 그런데 사기장의 사역이 그들이 가진 사요(私窯)에서 행해진 것인지 혹은 공역이 없는 틈을 타서 관요(官窯)에서 행하여진 것인지는 분명하지 않다.[95] 다만 앞에 인용한 기록에서 분원이 정번하였기 때문에 사번(私燔)의 이(利)를 취할 수 없었다는 것으로 미루어보아 사기장의 사번은 요나 혹은 백토와 시목 등 자료 면에서 분원에 의지하고 있었으리라 추측되기도 한다. 관에서 마련한 요와 원료에 의존하여 사기장이 사제 사기를 제조하고 이를 자유롭게 판매할 수 있었다면 곧 관영수공업체가 가진 사영적 성격의 일면이라 할 것이다.

이제 분원과 사기장의 사정을 한층 명백히 하기 위하여 몇 사료를 더

---

95) 오꾸다이라 타께히꼬(奥平武彦)는 앞의 그의 저서 41면에서 "분원이 설치되어도 그 부근에는 물론 민요(民窯)가 있었다"고 단정하고 있다.

들어보자. 숙종 24년(1698)의 분원 낭청(郎廳)의 보고에 의하면 번조사기장들은 매년 해동하는 초춘에 입역(立役)하여 동빙(凍氷)하는 초동에 파역(罷役)하므로 사영(私營)을 할 수 있는 여가가 없고 오로지 해조(該曹)에서 주는 점심요미(點心料米)와 봉족번포(奉足番布)로써 연명하는데 근년에는 흉년이 계속되어 혹시 약간의 사번기(私燔器)가 있다 하더라도 판매되지 않아 굶주림이 심한 형편이었으며, 더구나 전년에는 기(畿)·호(湖) 양 도의 봉족번포가 흉작으로 전멸되었고 다른 도들도 피재(被災)의 경중에 따라 감액되었기 때문에 그것을 진휼청(賑恤廳)에서 전문(錢文)으로 계산하여 대신 지급하게 되었으나 정부에서 정한 환율은 포 1필가가 전문 3냥(兩)임에도 불구하고 진휼청에서는 포필을 전문 1냥 2전 5푼으로 계산하여 지급하였으므로 장인의 생활이 극히 곤란하였다. 일반 농민의 경우는 6월 이후부터는 조곡(早穀)이 성숙하여 도움이 되나 장인들은 원래 작농하지 않고 매일 입역하기 때문에 호구책을 다른 곳에서 구할 틈이 없으며, 따라서 6월 이후에도 13명의 아사 장인이 나는 실정이었다. 이에 관리들은 봉족번포의 삭감을 반대하면서 "봉족은 납포하는 외에는 타역이 없어 각자 자기 생활을 영위할 수 있으나 종년(終年) 입역하는 장인은 별도로 진급(賑給)할 길이 없는데다 그들이 받는 약간의 봉족가문(奉足價文)도 이같이 극감(剋減)되니 심히 불공평한 일이다. 장인 등은 누(累) 10년을 전습하여야 비로소 완전한 기술자가 될 수 있는데 모두 아사하고 나면 후계인을 구할 수 없을 것이라" 하였다.[96]

분원 사기장에 지급할 노임이 지방 사기장에게서 받는 번포만으로는 부족하여 진휼청에서 그 일부를 대급(貸給)한 것은 당시 분원의 경영

---

96) 『承政院日記』 380册, 肅宗 24年 8月 27日條.

사정을 잘 나타내고 있는 것 같다. 외방 사기장의 번포로써 분원 사기장의 급료를 충당할 수 없었던 원인이 비록 흉년으로 인한 번포의 삭감에 있었다고는 하나 그것은 천재로 인한 일시적인 현상이라기보다 왕조의 지배체제의 해이와 경제적인 파탄이 관영수공업체로서의 분원마저 유지될 수 없을 단계에까지 이르게 하였던 것이라 생각된다. 한편 분원 사기장이 비록 번포의 부족한 액수에 한한 것이기는 하나 화폐로써 노임을 받게 된 것은 숙종조 이후 화폐가 비교적 널리 보급, 사용되어갔던 사실에 비추어 특히 관영기업체에 있어서의 임금제의 한 변화를 시사하는 것이라 할 수 있다.

지방 사기장에게서의 번포의 징수가 여의치 못하고 그로 인하여 분원 사기장에 대한 노임 지급이 어렵게 되자 사기장의 이탈을 막고 분원을 계속 유지하기 위하여 정부에서는 그들에게 비교적 좋은 조건으로 환상미를 대급하였다. 분원 사기장 39명이 아사하였다던 숙종 23년(1697)에는 전년의 환상미 13석과 조(租) 70여 석에 비하여 대폭 증액된 환상미 2백 석과 태(太) 1백 석을 대급하였다.[97] 그러나 환상미를 대부 받은 사기장이 그것을 환납(還納)하지 못하였으므로 환곡의 양이 부족하여 대출을 계속할 수 없는 실정이었으며 그러므로 사기장의 생활은 더욱 곤란해지는 것이었다. 이에 사옹원에서는 남한산성 유고곡(留庫穀) 3백 석의 대급을 청하는 한편 분원 장인이 비록 따로 촌락을 이루고 있어서 원민(元民, 일반 민간부락인)과 차별이 있기는 하나 그들이 광주에 입적(入籍)하고 마을을 이루어 살고 있는 이상 병기(病飢)로 인한 유리를 방지할 책임은 현지 수령에게 있다 하여 광주부윤(廣州府尹)의 치죄를 주장하고 있다.[98]

---

97) 같은 책, 370册, 肅宗 23年 閏3月 2日條.

해마다 상당량의 환곡이 분원 사기장들에게 지급되었고 전년분이 환납되지 않아 대출할 미곡이 없는 경우에는 군량미까지 전용하여 대급하였던 것이며 특히 분원 사기장들은 따로이 특수부락을 이루고 있었으므로 환곡도 지방관을 거치지 않고 직접 대여되었던 것 같다. 한편 일단 대여한 환곡을 수납함에 있어서도 사기장의 경우는 일반 농민보다 훨씬 너그러운 것이었다.[99] 또 외방 사기장의 번포로써 충당되어오던 분원 사기장의 노임이 외방 장포의 징수가 여의치 못하므로 점차 부족해지고 이로 인하여 사기장의 생활이 도탄에 빠지게 되자 부득이 환상미를 대여하여 그들이 유리·도산함을 막고 분원을 유지하려 하였으나 사기장의 처우 문제 역시 환상미 대여에 신축성을 두는 것만으로 근본적인 해결이 구해지는 것은 아니었다.

요컨대, 부역노동으로 충당되던 분원 사기장이 대개 17세기경을 고비로 부역노동제적인 성격에서 탈피하여 전업수공업자들의 노동력에 의하여 운영되는 임금노동제로 변천하였던 것 같다. 그러나 이미 문란해진 왕조의 지배체제와 회복할 수 없게 된 경제적 파탄과 이로 인하여 변한 사회 사정 등이 분원 사기장의 노임 조달을 거의 불가능하게 만들

---

98) 같은 책, 370册, 肅宗 23年 閏3月 6日條.

備邊司啓曰 (…) 分院匠人 本無農商資生之道 且失上年私燔之利 卽今飢困 其勢固然 頃因該院論報 上年匠人等所食還上 準其還納之數 使之出給矣 今觀該院所報 則分給零星 不足以救活云 此出於匠人等不能還納之致 而到今全無變通 則飢荒之狀 燔造之役 俱涉可慮 山城前留庫中 除出米太與已分給米租 竝計準三百石 卽爲出給之意 分付廣州府 而該院所報內 院下飢死者 已至三十九名云 分院匠人 雖或別作一村 與元民差有間別 而一村之內 飢死之數 至於此多 其他病飢流移者 其數亦多 雖是道路流丐之類 死於境內 則守土之官 當任其咎 況此工匠等 入籍本州 成村居生 則不爲救活之責 該邑守令 實所難免 (…)

99)『備邊司謄錄』51册, 肅宗 26年 11月 10日條에 의하면 분원 사기장에게 대여한 환상미를 일시에 징수하면 그들이 이산(離散)할 것이라 하여 5년간의 환상미 1490여 석의 징수를 보류하여 외방 농민보다 우대하였다.

어버렸다.

전업수공업자로서의 분원 사기장들의 생활은 주로 분원에서 지급되는 노임과 사제 사기의 판매에 의존하고 있었던바 분원에서 지급되는 노임이 원만히 조달·지급되지 못하는 사정하에서도 분원이 왕조의 말기까지 그 명맥을 유지할 수 있었던 것은 관장으로서의 사기장의 생활이 자연히 사제 사기의 판매에 좀더 크게 의지하게 된 데 그 근거가 있으리라 생각된다.

6. 분원운영비와 火田稅 및 家戶稅

17~18세기에 있어서의 분원은 사기장 등 종업원의 노임, 번목운반비 등 제반 경영비의 조달책이 당면한 문제였다. 앞에서 논급한 바와 같이 분원 사기장이 전업수공업자로서 분원에 전속됨에 따라 그들의 노임은 지방 사기장이 납부하는 번포로써 충당하였지만 그 징수가 여의치 못하게 되자 진휼청곡(穀)·군량미 등을 지급하고 환상미를 대급하였으며, 분원이 우천강 변에 고정된 후의 번목운반비에는 수상시목상으로부터의 수세 및 중앙정부의 보조 등이 있었다. 그러나 이와 같은 분원운영비의 조달책은 모두 순조롭지 못하였으며 다만 분원을 운영함에 있어서 가장 중요한 자금조달로는 분원시장 내에 거주하는 화전민들에게서 받는 가호세(家戶稅)와 화전세(火田稅)였다.

정조 3년(1779)에, 왕이 대신들에게 "사옹원이 시장 근처의 평민에게서 그들이 수목을 작벌(斫伐)한다는 이유로 대신 수세를 한다는데 이 사실을 아느냐"고 물었던바 당시 영의정이었던 김상철(金尙喆)은 "이 법이 언제부터 비롯된 것인지는 모르나 처음에는 2두씩을 징수하다가 영조조에 이르러서 그중 5두를 감하였다"[100]고 대답한 기록이 있다.

분원이 그 시장 내의 주민에게서 수세한 것이 언제부터인지 정조조의 영의정도 모른다 하였고, 숙종 9년(1683)에도 당시의 광주유수(留守) 여성제(呂聖齊)는 "광주부의 상도(上道) 6면은 사옹원 소관지인데 설시(設施)할 당초에는 방화와 벌목을 금할 뿐이어서 폐단이 적었으나 그 후에 시장 내 주민들에게서 매호에 미 2두, 화전 1일경(日耕)에 미 4두씩을 거두어 그 반액은 분원의 경비로 사용하고 나머지 반액은 경중(京中)에 납부하였다"[101] 하여 분원시장 내 주민에게서 가호세와 화전세를 받기 시작한 것은 관영사기제작소가 분원으로 되고 광주 6면이 그 시장으로 절급(折給)된 후부터라는 막연한 암시만을 해주고 있다. 그러나 가호세를 처음 징수하게 되었을 때의 사정과 그 시기에 관해서는 영조 8년(1732)의 사옹원 관리의 말 가운데서 비교적 상세한 설명을 얻을 수 있다. 그의 말에 의하면, 분원번목을 양식(養殖)·조달하기 위하여 획급한 광주 7면의 분원시장 내에 인구가 증가하여 곳곳에 마을이 이루어지고 주민들이 방화·개간하여 가사(家舍)를 짓는 재목과 취반(炊飯)하는 신시(薪柴)까지 장내의 수목에서 취용하므로 시장이 점차 공지화(空地化)하였고 이로 인하여 '이거임인년(二去壬寅年)' 즉 현종 3년(1662)에 시장 내의 주민을 모두 구축하려 하였으나 소요를 일으키게 되겠으므로 주민의 시장 내 거주를 허가하되 대신 매호마다 미 2두씩을 납부하

---

100) 『日省錄』 73冊, 正祖 3年 3月 19日條.
　　行次對于熙政堂 (…) 予曰 司饔院之收稅民戶事 卿等知之乎 以其居近柴場之故 勒謂樹木之必斫 而逐戶捧稅者 甚可怪矣 (領議政金)尚喆曰 此法未知創於何時 而初捧二斗矣 聞先王朝減其 五斗云矣 (…)

101) 『承政院日記』 298冊, 肅宗 9年 4月 3日條.
　　引見時廣州留守呂聖齊所啓 (…) 本府上道六面 乃司饔院所管之地 當初設施之時 禁火伐木而已 別無弊端矣 其後每戶米二斗 火田一日耕 米四斗 一半納于燔造所 一半納于京中 (…)

게 하고 그것으로써 번목운반비에 충당하였다는 것이다.[102]

이 기록으로 미루어보면 분원시장 내의 주민에게서 가호세를 받기 시작한 것은 현종 3년(1662)부터였던 것 같다. 그러나 매호에 미 2두씩 받았다고 하였을 뿐 화전세의 경우는 언급하지 않고 있다. 가호세를 징수하게 될 때 화전세도 같이 받았는지는 의문이나 숙종 23년(1697)에 10년 1회씩 분원을 옮기던 종래의 예를 중지하고 그것을 고정하자는 의견이 나왔을 때 시장 내에 작전(作田)하고 사는 사람들에게서 시목을 거두어 분원번목으로 충당하되 종래에 받던 화전세와 가호세는 계속해서 징수하고 다만 화전세는 시목으로, 가호세는 미곡으로 징수하도록 하였다.[103] 가호세를 받게 된 후 곧 화전세도 받았던 것 같다.

분원이 수목이 무성한 곳을 따라 이동하고 외방 사기장의 번포가 예정대로 징수될 때는 화전세나 가호세가 그렇게 중요시되지 않았던 것 같으나 분원이 고정되어 번목운반비가 늘어나고 외방 장포의 징수가 여의치 못하게 되자 분원운영비의 가호세 및 화전세에 의존하는 도가 훨씬 높아지게 되었고 이 때문에 화전세와 가호세를 둘러싼 논란과 그에 따르는 폐단이 많았다.

가호세 2두씩을 징수하게 된 후 수차에 걸쳐 지방관들에 의하여 감세가 요청되다가 마침내 영조 8년(1732)에는 당시 광주부윤이던 이종성(李宗城)의 청에 의하여 시장 내의 주민을 대·중·소·잔호(殘戶)로 4분하고 납세액을 5승씩 차감했다. 즉 잔호는 5승, 소호는 10승, 중호는 1

---

102) 『備邊司謄錄』 92册, 英祖 8年 8月 27日條.

　　司饔院官員 以提調意啓曰 (…) 當初劃給七面者 專爲其養木燔器 而中年以來 生齒日盛 禁山之內 處處成村 放火起耕者 不知其數 家舍材木及炊飯薪柴 皆取於場內 場內之木 因此而漸空 二去壬寅年 啓下節目中 場內居民 所當一倂驅逐 而亦慮騷擾 姑許仍住 每戶收米二斗 以爲質木之需 (…)

103) 주 12 참조.

170

두 5승, 대호는 2두를 바치게 하였던 것이다. 이에 사용원에서는 당초에 시장 내 민호를 4분하지 않은 것은 가호세가 다른 호역(戶役)과 다르기 때문이며 그것을 징수함도 강제적인 것이 아니라 주민들의 자원에 의한 것임을 해명하는 한편 분원을 우천강 변으로 옮겨 번목을 운반·사용한 지 10년이 지났으므로 가호미를 전액 징수하여도 번목의 운반비용이 오히려 부족하며 또 시장 내 주민들이 대호이면서도 전지가 적어 빈한한 자가 있는 반면 소호이면서도 전지가 많은 부자가 있으므로 이를 4분하기는 어려운 일이라 하고 재황(災荒)이 특히 심한 금년만은 일률적으로 5승이나 혹은 1두를 감하되 삭제된 액수는 진휼청이 보충하도록 요청하여 그대로 허가되었다.[104]

시장 내 주민에게서 받은 가호세가 운영비의 큰 부분을 차지하고 있었기 때문에 사용원 측은 가능한 한 이를 감액하지 않으려 노력하였지만 심한 흉년과 지방관들의 꾸준한 주장으로 매호 2두씩 징수하던 가호미는 곧 1두 5승으로 감해졌다. 그것은 앞에서도 인용한 바와 같이 정조조의 영의정 김상철의 말을 빌리면 영조조부터였다. 이리하여 영조조부터는 시장 내의 주민에게서 가호세 매호 1두 5승과 화전세 1일경(日耕) 미 4두씩을 징수하였고 이로써 분원 경비에 충당하였다. 그러나 가호세와 화전세를 징수하기 시작한 후 얼마 지나지 않은 숙종조 초년에

---

104) 『備邊司謄錄』 92冊, 英祖 8年 8月 27日條.
　　司饔院官員 以提調意啓曰 今因廣州府尹李宗城所達 本府上道七面中 分院所納家戶米大·中·小 殘分四等 遞減五升事 命下矣 (⋯) 大·中·小戶 初不區別者 蓋以收米 與他戶役絶異 只是作家禁山之收贖 不當爲等差故也 (⋯) 大抵戶米之捧 初非勒定之事 渠欲仍居禁山之內 自願納贖之致 (⋯) 移設燔所於牛川江邊 水上木貿易燔造者 已過十年矣 戶米 今雖盡捧 猶患不足於貿木 今若減捧許多之米 則木價欠縮之數 更無出處矣 (⋯) 且民 或有大戶而田小家貧者 亦或有小戶而田多家富者 以大·中·小·殘戶爲差等 亦難必其均一 (⋯) 今年本州 災荒特甚 勿論大·中·小·殘戶 一例量減五升或一斗 後勿爲例 而今年許減之數 則使賑廳 移送本院 (⋯)

벌써 징세에 따르는 폐단이 지적되고 있으며 한편 징세권을 둘러싼 사옹원 측과 현지 관리의 대립도 심하였다.

시장 내 주민에 대한 수세는 사옹원 관리들이 직접 하였는데 이들은 동거하는 양반의 노(奴)와 그 아들 혹은 상민의 부자(父子)를 분호(分戶)시켜서 각각 과세하는 한편 뇌물을 받고 조종하기도 하였으며, 분원의 서원(書員)들은 각처의 산직(山直)들과 결탁하고 민가를 수색하여 목물이 발견되기만 하면 필목을 징속(徵贖)하였으며 이로써 민원(民冤)이 철천(徹天)하였다고 한다.[105]

분원 관리가 직접 수세함으로써 여러가지 폐단이 생긴다고 중앙에 보고한 것은 지방관의 소행이지만 그들은 한걸음 더 나아가서 분원 관리의 작폐를 이유로 수세권을 이양받으려 꾀하였다. 즉, 정조 3년(1779)에 당시의 경기감사 정창성(鄭昌聖)은 분원 소속의 광주 6면 수천 호가, 지나친 침어(侵漁)로 모두 환산(渙散)하기에 이르렀다 하고 분원 공장의 매년 양료(糧料)는 원정수(元定數)가 있는데 추수 후에 분원이 직접 곡물을 거두므로 남징(濫徵)하는 폐가 생기는 것이니, 차후부터는 민정(民情)에 따라 광주부가 시곡(柴穀, 화전세)과 가호세를 적절히 조절하여 징수하고 이를 분원에 이납(移納)하도록 할 것을 요구하여 일단 허락되었다.[106]

---

105) 같은 책, 37册, 肅宗 9年 4月 5日條.

　　大臣備局堂上引見入侍時 廣州留守呂聖齊所啓 (…) 且司饗院官員 下來摘奸 或有兩班奴子 及常漢父子同居之類 分戶各執 加以火田收稅 太重 色吏受其賂物 操縱莫甚 且燔造所書員 與各其處山直 窮搜閭家 一枝之木 亦皆執捉 徵贖一疋木 民間 不得造一間草舍 呼冤徹天 六面民人 齊聲呼訴 (…)

106) 같은 책, 160册, 正祖 3年 4月 8日條.

　　司啓辭 因京畿監司鄭昌聖 狀聞 廣州六面數千戶之爲分院所屬 侵漁之弊 可謂滋甚 況其中 不正名色 非止一二 此不大加釐正 此面之民 其將渙散而後已 (…) 分院許多工匠之每年糧料 自有元定之數 而秋後穀物 自分院徵稅之故 有此濫捧之弊 所謂柴穀豆 若自本府 收納於燔所

172

이와 같은 조처가 분원 말기까지 계속되었는지 의문이나 화전세와 가호세를 지방관이 징수하여 분원에 이납하게 된 것은 분원의 입장으로서는 그 경영자금의 조달상 심히 불리한 조처였을 것으로 생각된다. 그러나 분원의 경영비 조달상의 난점은 이것으로 끝나는 것이 아니었다.

이제 정조 6년(1782)의 사용원 도제조의 보고에 의하여 그 실정을 좀더 살펴보기로 하자. 이해에 정부에서는 경기감사의 청에 따라 가호미를 소미(小米)로 대봉(代捧)하도록 허락하였다. 이에 분원에서는 당초에 5두씩 받던[107] 가호미가 1두 5승으로 감액되었기 때문에 다른 민역(民役)보다 수월함에도 불구하고 흉년 때마다 감세를 바라고 풍년에도 납세를 거부하니 이런 현상이 계속되면 장차 분원을 혁파하고 사기 번조를 철거(撤去)하지 않을 수 없을 것이라 하여 세납을 거부하는 반호(班戶)는 일일이 적발하여 엄하게 다스릴 것을 요구하고 있다.[108]

요컨대 분원의 고정으로 인한 번목운반비의 증가, 지방 사기장에게서의 번포 징수의 부진 등으로 분원경영비는 가호세와 화전세에 한층더 의지하게 되었으나 그것마저 세액이 자주 삭감되었고 마침내는 시장 내 주민이 납세를 거부하기에 이르렀다. 이후 화전세와 가호세에 의

則可以除分院法外侵漁之弊 本府民情 聞亦如此 足可爲彼此俱便之道 自今秋 依此擧行之意 分付地方官 (…) 勿論柴穀與戶米 方令本府捧稅 就其中 可捧可減 亦爲査實釐正 往復該院 更爲定式施行之意 分付何如 答曰 (…) 依此回啓 卽爲分付本道 從長蘇除舊瘼 擧行形止 仍令狀聞可也

107) 대부분의 기록들이 가호세는 당초 2두씩 징수하였다고 되어 있으나 간혹 3두 혹은 5두씩 받은 것으로 된 기록이 있다. 그러나 2두씩 받았다는 기록이 훨씬 많고 또 그것이 3두 혹은 5두 징수 기록보다 시대가 더 올라간다.

108) 같은 책, 165冊, 正祖 6年 9月 16日條.

京畿監司李亨逵所啓 (…) 而當初五斗 次第鐫減 今爲一斗五升 (…) 則比他民 可謂至歇至輕 而每當歉歲 輒事希覬 雖於豐登之時 亦多拒納之弊 不但民習之可痛 若此不已 則將至革罷分院 撤去燔造之境 (…) 或有班戶拒納之類 一一摘發 各別嚴繩之意 一體申飭何如 上曰 依爲之

지하여 분원을 유지하기는 어려운 실정이었으며 정부 측의 자금 조달역시 원활하지 못하였으므로 이와 같은 사정하에서도 분원이 유지되기위해서는 부득이 민간재력의 조달, 제품의 상품화 등 새로운 경향이 생겼으리라 추측되기도 한다.

한 가지 부언할 것은 분원운영비 조달의 한 방책으로서, 몰수한 역적의 전답을 분원에 지급하고 호조로 하여금 그 전답에 대하여 면세하도록 조처한 기록이 있다.[109] 분원이 시장 이외에 전답을 얼마만큼 절수(折受)하였는지는 알 길이 없으나 경종 4년(1724)에 분원에 지급된 김포소재의 이 전답은 외방 사기장에게서의 번포 징수가 원활하지 못하게 된후에 지급된 것이며 이밖에 분원에 전답을 지급한 예는 보이지 않는다.

7. 사기의 생산과 공급

분원에서의 사기 제조는 원칙상 어기(御器) 공급을 위한 것이었다.그러나 분원에서 제조되는 모든 사기가 반드시 어기로만 사용된 것은아니었다. 분원에서의 번조작업은 대개 해동할 무렵에 시작하여 결빙될 때까지 계속되었으며 번조작업은 사용원에서 파견하는 봉사(奉事)

---

109) 『承政院日記』 565冊, 景宗 4年 4月 18日條.
又以司饔院官員 以提調意啓曰 分院燔造之役 因柴木之艱難 不得已 移設於牛川江邊 以爲貿柴燔用之地 而連因荒歲 本院所納匠諸布 多數災減 以致財力匱竭 而無他推移之道 去上年春 逆宰世相之金浦伏在田畓 入啓折受 以爲補用之地矣 今因臺啓 凡逆家田畓 自地部 一依民田例徵稅 故本院所屬金浦田畓 亦入於徵稅之中 而本院 係是御供衙門 事體與他司自別 曾所折受之處 元無納稅於地部之規者 蓋所以尊事體 重燔役也 獨於此田畓 豈宜區別 有所異同乎昨年稅穀 本院旣已收用 則今不宜疊徵於民間 以致呼冤之弊 依前免稅之意 分付該曹何如 傳曰允

에 의해서 관리되었다. 종8품직인 봉사 중 1명은 번조작업이 있을 때마다 분원으로 파견되었는데 이들은 번조관(燔造官) 혹은 분원 낭청이라 불렸고 그들이 번조작업을 관리하던 중 타직으로 전출되면 곧 다른 낭청이 대파(代派)되었다.[110]

『조선도자명고(朝鮮陶磁名考)』의 저자 아사까와 타꾸미(淺川巧)가 인용한 「분주원보등(分廚院報謄)」에 의하면[111] 분원에 파견된 사용봉사(司饔奉事)는 감관(監官)이라 하였고 그 밑에 원역(員役) 20명이 있어서 이들이 분원 경영의 실무를 담당하고 있었다. 이들의 관리하에 1년 동안 분원에서 제조되는 사기량은 일정하지는 않았으나 별번(別燔), 즉 특수사기 제조 이외의 예번(例燔), 즉 통례적인 경우 숙종 20년의 예에 의하면 1300죽(竹)이었다.[112]

이제 이들 사기가 어떻게 사용되었는지 살펴보기로 하자. 정규적인 진상사기가 주로 왕궁 소용의 일반 용기와 봉상시(奉常寺)의 제기, 내의원(內醫院)의 제약(劑藥)용기 등으로 사용되었으며 이외에도 외국 사절 접대용에 필요한 사기로도 공급되었다. 인조 3년(1625)의 경우 명사(明使) 접대 용기가 223죽이나 소요되고 있다.[113] 이밖에도 일반 진상사기

---

110) 같은 책, 403冊, 肅宗 28年 3月 22日條.
　　司饔院啓曰 分院沙器進上 例在於六日 卽今功役未半 而燔造官奉事李宜璋 昨日政 移拜司宰監直長 所當以他郞廳 代送畢役 (…)

111) 淺川巧『朝鮮陶磁名考』, 朝鮮工藝刊行會 1931, 139면.

112) 『承政院日記』 355冊, 肅宗 20年 2月 13日條.
　　領議政權大運所啓 司饔院別沙器 今當燔造 白土掘取輸運之際 民弊不少 春秋燔造 至於一千三百竹 而今又加定 則民役倍重 (…)

113) 같은 책, 7冊, 仁祖 3年 6月 17日條.
　　李楘以司饔院言啓曰 本院外方沙器匠立役之數 年年減縮 餘存者 僅十分之一 而沙器燔造之役 日漸浩大 如各陵殿祭器 年年奉常寺督捧之數 及內醫院劑藥時進排之數 不知其幾 而物力竭乏 進上沙器 僅得成形 麤陋之故 皆由物力未敷之所致也 今番天使時沙器 前後輸納都監之數 多至二百二十三竹 (…)

이외에 가례(嘉禮) 등 왕가의 경사에 사용하는 특수사기 역시 분원에서 번조·조달하였다.

왕궁 소용기(所用器)와 제기 등은 상비되어 있어서 몇 년 만에 한 번씩 개비하거나 파손되는 대로 보충하였을 것 같으며 외국 사절 접대용이나 가례 시에 사용한 자기는 한번 사용하고 나면 환납하게 되어 있었으나 한번 지급된 사기는 여러가지 핑계로 환납되지 않고 관리들의 사용(私用)으로 흘러들어갔다. 인조 26년(1648)의 경우를 예로 들어보면 연접도감(延接都監)의 응용(應用)사기를 전에는 가외로 별번(別燔)하였기 때문에 설령 공급한 전수가 반납되지 않아도 부족하지 않았으나 근년에는 사절이 자주 오는데도 분원에 가외번조를 시키지 않고 연례의 진상사기로써 충당하는데 한번 사용량이 2백여 죽이나 되며, 그중 40~50죽이 파손되거나 탈(頉)이 있어 환납되지 않았고 내자사(內資司)와 예빈시(禮賓寺)도 전년 가을에 사절이 왔을 때 지급한 사기 중에 20죽을 서실(閪失)을 이유로 환납하지 않았으니 금년 불납 수와 합하여 30죽이나 되었다.[114]

당시에 있어서 가장 우수한 것이 분원사기였으므로 관리들이 그것을 가지기를 원하였거나 혹은 그들을 통하여 분원사기가 민간으로 유출된 것이라 생각되며 특히 사용원 관리의 경우에는 공공연하게 분원사기를 사취(私取)하였다. 숙종 3년(1677)에 사용원 제조이던 화창군(花昌君) 연(沇)은 매년 어용 사기를 번조할 때 사기(私器)를 번취(燔取)하였는데

114) 같은 책, 101册, 仁祖 26年 閏3月 15日條.
　　　自前延接都監應用沙器 例定加役 別爲燔造 故還納之際 雖稱破失 自無不足之患 而近來勅
　　行 逐年再來 旣不加役於匠人 又停別燔于分院 只以年例進上磁器 除出輸送 而一番所用 多至
　　二百餘竹 及其還納 破失懸頉者 亦不下四五十竹 非但此也 龍樽一雙 竝皆破送 無非下人不謹
　　之罪 而至於內資·禮賓等司 則上年秋間 勅使時出給之器 稱以閪失 尙今不納者 幾至二十竹
　　與今年不納之數 合而計之 則多至三十竹零也 (…)

그의 요구에 응하지 않으면 발노침학(發怒侵虐)하여 분원의 하인들이 괴로움을 견딜 수 없었으며 진연 시에 쓸 사기를 별도 번조할 때도 사용(私用) 갑기(匣器)를 다수 '늑령번취(勒令燔取)'하였다. 갑 속에 넣어서 번조하는 어용 사기인 갑기는 제조에 비용이 많이 들고 그 공역이 대단히 어려우나 분원의 하인들이 그의 명령을 두려워하여 어려움을 무릅쓰고 이를 제조하여 그의 집으로 수송하면 색품이 좋지 못하다 하여 모두 환퇴(還退)하고 다시 제조케 하였다.[115]

비록 합법적인 방법에 의한 것은 아니었으나 분원에서 제조된 사기가 갑번기(匣燔器)에 이르기까지 관리들에 의하여 유용되었으니 그들이 사취한 사기들이 혹시 양반사회에 판매되었던 것이 아닌가 한다. 정조 때의 기록에 의하면 당시의 조신(朝臣)들은 물론 하천인(下賤人)들까지 일용사기로서 모두 갑번기를 사용하고 있었다 한다.[116] 분원에서만 제조되고 어기로서만 사용되던 최고급 사기인 갑번기가 일반 민간에도 많이 보급되었던 것이 사실이며 양반뿐만 아니라 하인들까지 갑번기를 사용하였다는 것이 다소 과장된 표현이라 하더라도 갑번기가 민간에 판매되고 있었던 것이 아닌가 한다.

한편 분원사기가 원칙상 궁중용기로만 사용되었기 때문에 각 아문의 일용사기와 포폄(襃貶) 시에 필요한 사기는 사기전(沙器廛)을 통하

---

115) 같은 책, 262冊, 肅宗 3年 11月 21日條.
　　司饔院提調花昌君沈 每年御用沙器燔造之時 輒有私器燔取之事 少不稱意 則發怒侵虐 罔有紀極 本院下人 不堪其苦矣 今此進宴時所用別器燔造時 私用匣器 多數勒令(缺) 所謂匣器者 乃御用之器 入匣燔出者也 物力多入 工役甚難 而外院下人 畏其威令 莫敢違越 艱難燔造 輸納其家 則以色品不好 盡數還退 使之改備 (…)
116)『正祖實錄』卷38, 正祖 17年 11月 丙辰條.
　　上問司饔院副提調徐邁修曰 近聞朝臣日用磁器 皆用匣燔 至於輿儓下賤 亦多效之云 然否 邁修奏誠有此弊 (…)

여 민간제조의 사기가 충당되었다. 그러나 사기전을 통한 공급이 여의치 못하게 되었을 때는 역시 분원사기를 전용하였다. 중앙관부의 일용사기는 사기전에서 조달하였는데 사기전이 그 침탈을 견디지 못하여 인조 말년경에 파전(罷廛)하였고 그후부터는 중앙관부 소용 사기는 각 시전에다 분정(分定)하였으나 각 시전은 사기를 저치(儲置)하고 있지 않으므로 자연히 서둘러서 무납(貿納)하게 되고 그 때문에 폐단이 많았다. 이에 관부 소용의 사기는 각기 전복하인(典僕下人)이 사무역하게 하고 시전에서의 책봉(責捧)을 금하게 하여 한때 그 폐가 제거되었으나 해가 지남에 따라 점차 여전히 독봉(督捧)하게 되었으니 그것은 각사 하인들의 소위(所爲)였으며 이로써 폐단이 더욱 심하였다. 이에 이후부터는 공조에서 사기를 별무역(別貿易)하여 궐내, 상사(上司)와 권설도감(權設都監)에 진배(進排)하게 하며 다른 아문의 횡침(橫侵)의 폐를 일절 금하게 하였다. 한편 1년에 소용되는 사기를 공조가 조비(措備)하기 어려우면, 사옹원이 1년 2회 번조하는 사기 중 진상되는 수의 배나 되는 퇴기(退器)를 그 반은 제조(提調)분으로 하고 나머지 반을 공조에 보내게 하였다.[117]

이와 같은 조처가 항례적인 것이었는지는 의문이지만 분원사기의 일

---

117)『承政院日記』144册, 孝宗 8年 正月 9日條.

　　李應蓍 以司饗院官員 以都提調意啓曰 前日本院提調啓辭內 工曹啓辭 平市署提調尹絳啓辭內 諸上司各衙門日用各樣沙器等物 自其司直 發甘結 刻督進排 本無定限 故沙器廛 不能支堪 撤罷本廛 已至九年 罷廛之後 上司所用 分定各廛 沙器元非各廛所儲 廛人奔走貿納 非但廛輩 窘迫難堪 其在差役之道 亦涉無遽 往年以上司所用沙器 各其典僕下人 私自貿易 切勿責捧市上事 捧承傳 厥後此弊少除 而一年二年 漸至於督捧如前 此實由 於下人之所爲 至如政院 則人情所捧之弊 倍於他司 下輩利其利 而頻數督納 各司以此 稱寃益甚 自今以後 令工曹 別爲貿易沙器 或收稅於站人 進排於闕內·上司及都監權設之處 其他衙門橫侵之弊 一切痛禁 則一年所用之數 必不至浩大 工曹 尙以措備爲難 則司饗院一年兩度燔造 退器之數 倍於進上 分半爲提調分兒 分半送于工曹 亦似便當 以此議處 以爲恒式 (…)

178

부가 궁중용이 아닌 각 관청용으로도 공급되었고 더구나 분원에서 1년 간 진상하는 사기의 배가 퇴기로서 진상에서 제외되고 퇴기의 반이 사 옹원 제조의 소유로 되었다 하니 퇴기야말로 분원사기가 민간으로 흘 러들어가는 요인이었던 것이다.

이밖에 분원에서 제조되는 사기로서 민수로 들어간 것으로는 분원 사기장에 의한 소위 사번기(私燔器)가 있었다. 앞에서도 인용하였지 만 분원의 사기장이 전속 장인이 된 후의 호구책은 외방 사기장이 바치 는 번포를 급료로 받거나 사제 사기를 만들어 판매하는 데 있었다. 분 원 사기장이 농업이나 상업을 겸영하지 않고 오로지 사기 제조를 통해 서만 생계를 유지한다는 것을 강조한 사료가 많은데 분원 공역이 분번 입역제였던 것으로 미루어보아 그들이 사기(私器) 제조에 종사할 수 있 는 시간도 적지 않았던 것 같다. 한편 분원이 흉년으로 경비가 부족하거 나 재고품의 여유가 많아서 사기 제조를 중지할 경우 사기장의 사기(私 器) 제조도 불가능하였다는 기록으로 미루어보면[118] 그들의 사기 제조 가 다분히 관요에 의지하였던 것 같으며 사실 백토와 번목을 원거리에 서 사비로 운반하여 사요에 의하여 사기(私器)를 제조할 만한 경제적인 실력을 가진 자가 당시의 분원 사기장 중에 있었는지 의문이다. 그러므 로 분원 사기장에 의한 사기 제조는 처음에는 관요와 관수용 사기의 원 료에 의지하였던 것이라 생각된다. 그러나 정부가 분원의 경영비 조달 특히 연료운반비 조달과 사기장의 노임 지급에 심한 타격을 받은 데 반 하여 분원사기의 민간사용량은 증가되어갔으니 결국 분원은 점차 순수 한 관영수공업체적 성격을 벗어나게 되었던 것이라 생각된다.

118) 주 114 참조.

8. 맺음말

이상으로써 우리는 조선왕조의 후기 특히 17~18세기에 있어서의 분원의 경영실태를 그 제조장 사정과 원료와 연료의 조달 사정, 사기장의 취업 사정, 자금조달 및 제품의 공급 사정 등을 통하여 살펴보았는데 이제 몇 가지의 결론을 얻을 수 있을 것 같다.

첫째, 관영사기제조장으로서의 분원은 그 설치 당초부터 주로 번목산지를 따라서 이동해 다녔으나 대개 18세기 초엽 즉 경종조(1721~24)를 전후하여 우천강 변에 정착하고 백토와 번목을 한강을 통하여 수상운반함으로써 조달하였으니 여기에 분원은 전보다 더 많은 경영비를 필요로 하게 되었다.

둘째, 원료인 백토는 전국 10여 개처에서 산출되었으나 그중 특히 선천토와 경주토의 질이 가장 좋았으며 그 굴취작업과 운반작업은 대부분의 경우 부역노동에 의하여 이루어졌으나 간혹은 노임이 지급되기도 하였고 운반에 있어서는 개인 소유의 소위 임선을 이용하기도 하였으니, 그것은 관가 소유의 세선을 이용하는 것보다 백토를 빨리 운반할 수 있었기 때문이다.

셋째, 연료인 번목은 분원이 우천강 변으로 옮기기 전까지는 그 종업원이 직접 작벌하여 사용하였으나 우천강 변으로 옮긴 후에는 시목상에게서 수세하여 충당하기도 하였고 번목산지민을 저임금으로 동원하여 운반하였다. 그러나 이미 부역노동이나 저임금으로 번목을 운반할 수 없는 실정이었으며 시장 내의 화전세와 가호세에 의지하면서도 운반비 조달은 당시 분원이 당면한 가장 어려운 문제 중의 하나였다.

넷째, 분원에서 사기 제조에 종사하는 사기장은 종전에는 전국 각지의 사기장을 교대로 부역 동원하였으나 17세기경부터는 분원 전속 장인과 지방 장인이 구분되어 분원 전속 사기장은 전업수공업자로, 임금기술자로 발전하였다. 분원 전속 사기장의 노임은 지방 사기장이 바치는 번포로써 지급하였으나 번포수입이 점차 삭감되어 노임 조달에 심한 곤란을 받았다.

다섯째, 분원을 경영해나감에 있어서 가장 중요한 자금조달로는 분원시장 내 거주민에게서 받는 화전세와 가호세였다. 그러나 지방 관리들의 반대와 시장 내 주민의 납세 기피 때문에 분원 경영에 큰 타격을 받고 있었다.

여섯째, 분원에서 제조한 사기는 원칙상 어기 및 왕가의 제기 등 왕실용으로만 사용되는 것이었으나, 실제는 관리의 농간에 의해 다량 민수로 유용되었으며 진상퇴기, 분원 사기장의 사조기(私造器) 등이 모두 민간에 유입되었으니 어기 중에도 가장 고급품인 갑번기까지도 민간에 보급되었다.

17~18세기경에 있어서의 분원은 사기장이 전속화하고, 연료를 운반하여 사용하게 되고 부역노동력을 동원할 수 없게 됨으로써 그 경영상에 큰 변화를 가져왔고 많은 경영비가 필요하게 되었다. 그러나 반면 경영비의 중요 조달로였던 화전세·가호세의 징수 사정은 점점 악화하였으며 이와 같은 사정하에서도 분원이 계속 유지되기 위해서는 분원에서의 민수 사기 제조의 증가 및 민간자금의 조달 등이 불가피하였으리라 생각된다.

한편 이와 같은 분원에서의 민수용 사기의 제조·판매는 어디까지나 관영수공업체로서의 분원의 설치목적에 위배되는 것이었고, 그러므로 관청문서에서는 이에 관한 기록을 찾아볼 수 없다. 현지를 답사하며 노력하였으나 분원이 폐지된 지 1세기가 지난 지금에는 당시 분원 낭청 등이 가지고 있었을 판매부(販賣簿) 등의 기록을 구할 길이 없다. 그러나 현지 고로(古老)의 기억력을 빌려 당시의 사정을 다소나마 짐작할 수 있었으니 광주군 남종면 분원리에 거주하는 82세의 아직도 기억력이 좋은 함창섭(咸昌燮) 옹은 소년 시절에 들은 기억을 통하여 다음과 같이 전하고 있다. 즉 말기에 있어서의 분원은 30명의 서리(胥吏) 가운데서 선출되는 도제원(都諸員)에 의하여 거의 관권의 지배 없이 경영되었으며, 향반·전직관리 등 경제적 유력자에게서 차용한 자금으로 만들어지는 분원사기는 극히 적은 일부분만이 왕실에 납품되고 대부분은 판매되어서 지금의 분원리는 전국 각처에서 모여드는 사기행상으로 인하여 상설 사기 전문시장과 같이 되었다고 한다.

분원이 폐지된 후에 출생한 함옹이 들은 이와 같은 분원 말기의 사정을 어느 정도 믿을 수 있을는지 의문이어서 소개하는 것으로만 그치지만 분원이 17~18세기 이후 순수한 관영수공업체로서의 성격을 잃기 시작한 것을 추측할 수 있으며 그것은 곧 당시 전체 관영수공업계의 실정을 전하는 것이라 생각된다.

(『亞細亞研究』통권 제20호, 1965년 12월, 原題「分院研究 —

17, 8세기 朝鮮王朝 官營手工業體의 運營實態」)

II

민수용 製瓦場, 別瓦窯
鳴旨島 官營製鹽場
조선업과 조선술의 발전

민수용 製瓦場, 別瓦窯

1. 머리말

조선왕조의 전기(前期)를 통하여 수공업제품의 최대 수요자는 관부 (官府)였고 관부가 사용하는 대부분의 수공업제품은 관설제조장에서 제작·조달되었다. 국민의 대다수를 점하는 농민들은 수공업제품의 대부분을 자급하고 있었으며, 극소수의 도회지인은 관역(官役)의 여가에 사영(私營)에 종사하는 일부 전업적인 수공업자에 의하여 그 수요품을 공급받았다. 그러므로 전업적인 도회지 수공업자의 주된 생활로는 관설제조장이었으며 당시의 관설제조장은 또 최대의 규모와 최다의 자금과 최고의 기술을 망라한 수공업장이었던 것이다.

그러나 모든 관설제조장은 그 설치목적이 관수품과 일부 특권귀족층의 생활품을 조달하는 데 있었으므로 그 제품은 원칙상 전혀 상품화하지 않았으며, 따라서 관설제조장은 아무리 그 규모가 크고 제품의 질이 우수하더라도 일반 국민의 경제생활과는 직접적으로는 연관되지 않았던 것이다. 뿐만 아니라 최고의 기술진을 모두 포섭한 관설제조장의 존재는 오히려 사영수공업장이 발전할 여지를 주지 않았으며, 이 때문에 일반 민중과 특권층의 생활수준 차이가 한층 더 벌어지는 일면도 있었던 것이다.

왕조전기의 수공업계는 관설제조장이 지배적이었지만, 이들 관설제조장은 관수품 제조장이었을 뿐만 아니라 민수품도 제조·판매한 예를 찾아볼 수 있었으니, 별와요(別瓦窯)가 곧 그것이다. 15세기 초엽부터 16세기 말엽까지 존속되었던 별와요는 관설제와장(製瓦場)이면서도 주로 민수 기와를 제조·판매하였는데, 그것은 곧 조선왕조 전기를 통해 관설제조장이 얼마만큼 당시의 수공업계를 지배하고 있었는가를 말해주는 한 예가 될 수 있으며, 반면 사영제조장의 제품활동이나 판매활동이 얼마나 위축되어 있었던가를 암시해주고 있기도 하다. 그러나 이와 같은 왕조전기의 사정과는 달리 17세기 이후에는 민수품을 제조·판매하던 관설제조장은 물론 관수품을 제조·조달하던 관설제조장도 대부분 해체되고 민수품 그리고 관수품까지도 사영제조장이 제조·공급한 실정을 찾아볼 수 있다. 본고는 이와 같은 조선왕조시대의 수공업상의 변천을 파악하기 위하여 왕조전기에 설치되었던 민수용 제와장으로서의 별와요의 운영 실정을 살피고 나아가서 왕조후기에 있어서의 제와계의 변화상을 살피고자 한 것이다.

2. 別瓦窯의 설치와 운영

조선왕조는 개국 당초부터 민수용 제와장인 와요를 설치하였다.[1] 신

---

1) 『太祖實錄』卷1, 太祖 元年 7月 丁未條.

왕조의 각종 공공건물 건조에 필요한 기와를 제조하기 위하여 설치한 와요는 이후 와서(瓦署)라는 종6품 아문(衙門)으로 발전하여 제조(提調)·별제조(別提調) 등 관리와 40명의 제와기술자를 두고 있었다.[2] 이와 같이 국초부터 와요가 설치되기는 하였으나 그것은 순수한 관수용 제와장이었으므로 신수도의 민가 건조에는 그 제품이 사용되지 않았고 또 아직 사설제와장이 그다지 발달하지 않았으므로 아마 민가는 거의 초가였던 것으로 생각된다.

신왕조가 한양을 수도로 정한 것은 1394년(태조 3)이며 다음 해에 그곳에 궁궐을 건조하기는 했지만 정작 그것이 공사(公私) 간에 수도로서의 면모를 갖추기 시작한 것은 제1차 왕자란으로 일단 개성으로 돌아갔다가 다시 한양으로 천도한 1404년(태종 4) 이후부터였으며 이때부터 민가도 수도의 미관과 방화(防火)를 위하여 와가(瓦家)로 지을 필요를 느꼈다. 민수용 제조장을 설치하게 된 것도 그 때문이었다.

1406년(태종 6)에 해선(海宣)이란 불승(佛僧)이 정부에 대하여 "신도(新都)의 대소 민가가 모두 초가이므로 명나라 사신이 왕래하는데 보기에도 불미하고 또 화재도 두렵다. 만약 별와요를 설치하여 이를 관리하게 해주면 기와를 구워 팔아서 10년 미만에 성중의 여염이 모두 와가가 되게 하겠다"하고 청원한 것이 계기가 되어 처음으로 별와요를 설치하게 되었던 것이다.[3]

별와요는 설치 당초부터 와서와 같이 제조와 부제조 등 관리를 두었

定文武百官之制 (…) 東西窯直各一

2) 『經國大典』 吏典 京官職 瓦署條 및 같은 책, 工典 工匠條.

3) 『太宗實錄』 卷11, 太宗 6年 1月 己未條.
始置別瓦窯 (…) 海宣 嘗言於國曰 新都大小人家 皆蓋以茨 於上國使臣往來 瞻視不美 且火災可畏 若置別窯 使予掌以燔瓦 許人人納價買之 則不滿十年 城中閭閻 盡爲瓦屋矣 國家然之 (…)

으나 실제 운영은 해선을 화주(化主)로 삼아 담당하게 하고 기술자를 제외한 일반 노무자도 역시 불승들을 각 도에서 동원하여 충당하였다.[4] 그 설치목적은 민수용 기와를 생산 공급하는 데 있었다. 비록 관설제조장이긴 하지만, 그것은 경영을 자청한 승려들의 주관하에 승려들의 노동력에 의하여 운영되었고 그 제품도 민간에 판매되었으므로 일반적인 관설제조장과는 그 성격이 다른 것이었다. 즉 그것은 영리성을 가진 관설제와장이었으며 충분히 사영제와장을 제압할 만한 것이었다.

이와 같은 성격을 가진 별와요는 처음부터 비교적 민간의 이용도가 높았던 것 같다. 즉 그것이 설치된 3년 후에는 제품의 구입을 원하는 사람들이 선불한 대금이 미 1백 석에 이르렀다는 기록이 있는 것이다.[5] 그러나 별와요는 그 이후 한때 폐지되었던 것 같은데 그 이유는 아마도 흉년이 여러 해 계속되어서 제품의 판매가 원활하지 못하였기 때문이었던 것 같다.

한때 폐지되었던 별와요는 역시 해선에 의하여 복설(復設)이 건의되었고 또 새로운 운영방안도 제시되었다. 해선은 1424년(세종 6)에 제와작업의 난점은 연료와 원료 및 노임의 조달 등에 있음을 지적하고, 면포(綿布) 3천 필로써 3종의 보(寶)를 만들어서 미곡이 흔하면 보포(寶布)로써 이를 매수하고 귀하면 매출하여 그것으로 얻는 이윤으로 별와요를 운영하면 제와사업이 계속될 수 있을 것이라 제의하는 한편, 평안

---

4) 같은 곳.
　　始置別瓦窯 以參知議政府事李膺爲提調 前典書李士穎·金光寶爲副提調·僧海宣爲化主 (…) 發諸道僧匠 有差使赴其役 忠淸·江原道 各僧五十名 瓦匠六名 慶尙道 僧八十名 瓦匠十名 京畿·豐海道 各僧三十名 瓦匠五名 全羅道 僧三十名 瓦匠八名

5) 같은 책, 卷18, 太宗 9年 7月 壬午條.
　　議政府 請勿罷別瓦窯啓曰 今以陳言罷別瓦窯 然各人曾納瓦價米百餘石者 尙未畢受 乞待畢燔瓦而後革去 不允

도와 황해도에 있는 그의 사비미(私備米) 1천 석을 그 도에 바치고 대신 충주 경원창(慶原倉)의 정부미를 받아 별와요의 보미(寶米)로 충당하게 해줄 것을 요청하였으며, 정부는 별와요의 관리를 승려들에게 전담시키지 않고 관리 2명을 차정(差定)한다는 조건하에 이를 허가하였다.[6] 이때 해선이 구상하고 건의한 별와요의 운영방법은 거의 사영에 가까운 것이었다고 생각된다. 자기 소유의 미곡 1천 석을 운반상의 번잡을 덜기 위하여 정부곡과 교환하고 그것을 자본으로 하여 식리(殖利)사업을 하고 그 이익금으로 제와장을 운영해나가자는 것이었다. 이 경우 정부가 관리 2명을 차정키로 한 것은 별와요가 명분상 관설제조장임을 나타내는 이외에 별 의의가 없었을 것이다.

이리하여 별와요는 해선의 새로운 제의에 의하여 이제 실제상으로 사영제와장화할 것 같았으나, 이보다 2년 후 서울 시내에 큰 화재가 일어남으로써 사정이 바뀐 것 같다. 별와요의 운영이 해선의 구상대로 시행되었는지는 상고(詳考)하기 어려우나 1426년(세종 8)에 서울 시내의 화재를 입은 자와 빈궁하여 기와를 자비(自備)할 수 없는 자들의 요청에

<hr>

6) 『世宗實錄』卷26, 世宗 6年 12月 戊申條.

別窰化主 都大師 海宣 呈書于戶曹 其辭曰 僧海宣伏觀 歲在乙酉 太宗大王 還都于此 念營建之未久 慮民戶之未葺 命設別窰陶瓦 許人買賣 不數年而瓦屋成者過半 豈惟免於火災 將永觀於厥成 不幸値數年之歉 以省經費 而見罷焉 小僧 仰體聖慈 發大誓願 於丙申年中間 而復建別窰 欲令一城之內 皆爲瓦家 俾無修葺之勞 亦無延燒之患 苦心奔走 于今九年 事巨力微 未能博施 草屋猶多 僧心疹瘁 竊念 僧年老耄 西景迫近 將恐志願之未畢 聖澤之未廣 思所以久長之計 無如立寶 夫燔瓦之功 其難有三 燒木之辦一也 供給之費二也 工役之錢三也 如得縣布三千匹 立爲三色之寶 定其考察之官 率領僧徒 米賤則買之 米貴則賣之 存其本取其利 以贍其用 則三事可辦 燔瓦何難 後之繼吾志者 將永久而不替 庶幾都城之內 皆爲瓦家矣 僧於平安·黃海兩道 私備米一千石 願納於其道 充爲軍須 受忠州慶原倉陳米 以爲立寶之本 則無害於國家 而有益於都人矣 伏望轉達於上 明降施行 戶曹啓上項 海宣所備之米 姑令平安·黃海道所在各官收納錄之 會計換給 以慶原倉米 但全委僧徒 任之別窰未便 依歸厚所例 朝官二員差定 其餘布置 一從所言 從之

따라 별와요를 강화하고 제품을 염가로 분급(分給)할 것을 결정하였다.

이제 그 강화규정을 보면, 첫째 제조와 감역관(監役官)을 차정하고, 둘째 와장(瓦匠) 40명은 승려를 우선으로 초정(抄定)하며, 셋째 조역인(助役人) 3백 명은 자원인(自願人)과 지방의 승려로써 충당하되 그들에게 의복과 양식을 지급하며 승려는 그 부역(赴役)일수와 근무태도로써 상직(賞職)하고, 넷째 흙을 이기는 소(踏泥牛) 20두는 각사(各司)의 '서손포(鼠損布)'를 팔아서 구입하며, 다섯째 제와용 연료목은 매년 경기·강원·황해도로 하여금 선군(船軍)을 동원하여 한강 상류에서 채벌(採伐)하여 수참선(水站船)으로 운반하고, 여섯째 와장과 조역인에의 급료와 답니우의 사료는 초년에는 정부에서 지급하되 차년부터는 기와를 판매한 대금으로 충당하며, 일곱째 제와장의 기지(基地)는 한성부로 하여금 마련하게 할 것 등으로 되어 있다.[7]

이와 같은 규정으로 미루어보면, 그것은 2년 전 해선의 구상과는 많은 차이가 있어서, 제품을 민수용으로 판매하는 점은 같으나, 그 운영면에 있어서는 훨씬 관영성이 농후해졌음을 알 수 있다. 즉 그 운영자금의 거의 전부를 정부에서 조달하였고 연료의 채벌과 운반도 군인과 관선을 이용하게 하였던 것이다. 아마 불의의 대화재로 인하여 기와의 수요가 높아져서 해선의 별와요만으로는 그것을 충당할 수 없었으며, 특

7) 같은 책, 卷31, 世宗 8年 2月 癸未條.

　　戶曹啓 今失火人家舍及貧窮未能自備蓋瓦者 請設別窯 令燔瓦輕價分給 其事件條列于後 一提調及監役官差定 一瓦匠四十名 僧人爲先抄定 一助役人三百名 自願人及外方僧人刷出給衣糧 僧人則考其赴役日數及勤慢賞職 一踏泥牛二十頭 以各司鼠損布 貨許於自願人貿易 一燔瓦木量宜定數 每年令京畿·江原·黃海道 當領船軍 於漢江上流斫伐 用水站船輸納 一瓦匠·助役人供給及踏泥牛養飼米豆 初年 酌量支給 自次年 以瓦價供給 其醬及魚藿 以各司陳醬及司宰監·義盈庫陳魚藿支給 一瓦窯基地 令漢城府折給 其餘未備事件 別窯官吏 臨時續議以啓 從之

히 가격이 높아질 것을 생각하여 정부가 직접 운영하여 대량 생산하고 가격을 낮추어 공급함으로써 화재 후의 민가를 단시일에 복구하려는 계획이었던 것 같다.

그러나 이와 같은 별와요의 복설에도 불구하고 화재 후의 민간의 수요에 충당할 만큼 기와가 생산되지 못하여 3년 후까지도 화재를 당한 민가 중 1~2할만이 복구된 실정이었다. 당시의 좌사간(左司諫) 유맹문(柳孟聞)은 민가의 복구가 여의치 못함을 지적하고 그 이유로서 화재로 가산을 탕진한 빈민들이 생활이 곤란한 데 반하여 와가(瓦價)가 과중하며, 또 별와요에서 1년에 기와 10만여 장을 생산하고 있으나 그것이 자주 관수용으로 조달되었기 때문이라 하고, 그 대책으로서 경기의 동서남 3면에 별요 1개처씩을 증설할 것을 건의하였으며, 증설하는 별요의 운영은 역시 노동력은 승려를 동원하고 간사승(幹事僧)을 두고 각 요마다 명망 있는 자 2~3명을 판관(判官)으로 임명하고, 운영자금은 군자미 2천~3천 석과 제용감(濟用監), 전농시(典農寺)의 면포 2백~3백 필로써 충당케 하되 판매가를 낮추고, 한성부의 조사에 따라 화재가(火災家), 일반 초가의 순으로 판매하고 극빈가에게는 무상으로 지급할 것을 제의하고 있다.[8]

---

8) 같은 책, 卷45, 世宗 11年 9月 癸酉條.
　　左司諫柳孟聞等上疏曰 (…) 一惟我都城 地窄人稠 接屋連墻 草蓋之家 十居七八 一遇火災 連燒百餘戶 是以別窯之瓦 必先給失火之戶 誠爲美法也 然失火之家 財産旣乏 能復造家者 十之一二 而貧乏之人 僅庇風雨耳 安能買瓦乎 此無他 民産不裕 而瓦之價過重也 且別窯之瓦 果先給失火之人 則自丙午至今三四年間 可盡爲瓦家矣 其瓦蓋之家 猶未至十之二三 則未知 所易之瓦 置之何所乎 不歸於民 則必有所歸 抑別窯一年燔瓦才數 十餘萬張 而往往或補於國 用 雖買賣者 切切求之 亦難得也 臣等竊謂 京畿東西南三面 各置一窯 役以僧徒 除幹事之僧 其判官每窯擇有名望者二三幹之 出軍資陳米二三千石 濟用典農縣布二三百匹 分授三窯 京 山松木稠密之處 或伐枝條 或伐枯幹 以資燔造 其買賣之際 量減其價 令漢城府親檢五部各坊 草蓋之家 籍送工曹 工曹啓聞然後 分送三窯 又以監察 考其間闊多少 前受有無 先給失火之戶

처음 설치될 때나 두번째 해선이 제의하던 때보다 훨씬 관영성이 짙어진 이때의 별와요 제품이 관수용으로 제공되었음은 오히려 당연하며 이 때문에 민수용 기와가 부족하였던 것이라 생각된다. 민수용 제와장으로 설치한 별와요가 관수품도 조달하게 됨으로써 그 운영은 더욱 관영성이 짙어졌으며, 그 규모가 확대되어 민수용 및 관수용을 공급하는 범위가 넓어짐으로써 관설제조장으로서의 별와요가 차지하는 위치는 더욱 커진 것이라 생각된다.

이때의 별와요 증설 계획은 2년 후에 실현된 것 같다. 즉 1431년(세종 13)에는 서울의 북동부와 서남부, 중부에 별와요 각 1개씩을 증설하였는데, 노동력은 지방의 승려들을 각 요마다 3백 명씩 동원하였고 연료는 경기와 함경·평안도를 제외한 지방 각 도에서 조달하게 하였다.9) 이때 별와요를 증설한 것은, 종래의 별와요 제품이 관수용으로 공급됨으로써 부족해진 민수용 기와를 보충하려는 목적이었지만, 민수용 기와 중에도 특히 양반층이 아닌 일반 서민층의 수요에 응하기 위한 것이었다. 1431년(세종 13)에 지신사(知申事) 안숭선(安崇善)은 "이번에 설치한 삼별요는 평민을 위한 것인바 양반이 화재를 만날 때를 생각하여 그들도 구입할 수 있게 하자"10)고 말하고 있으며, 우의정 권진(權軫)도 "삼

次給草蓋之家 其中衆所共知貧乏者 勿令納價 給與殘瓦 則不出數年 都城之內 盡爲瓦家 而不幸有火災 必無延燒之弊矣

9) 같은 책, 卷52, 世宗 13年 4月 癸卯條.

工曹啓 今番城中各戶失火延燒之狀 緣草屋數多 風亂日未易及救除 在前別窯仍舊外 又設三別窯 東北部一窯 西南部一窯 中部一窯 分隸燔瓦 平均分給 軍人則 京畿·慶尙道一窯 留後司忠淸·黃海道一窯 平安·全羅·江原道一窯 皆以僧徒 每於一窯抄送三百名 幷給來往料役之 燒木則京畿東西兩界外 量分于各道 每年農隙 斫取雜木 令司宰監船·水站船·軍船輸之 (…)

10) 같은 책, 卷52, 世宗 13年 4月 甲辰條.

上謂代言等曰 今設三窯 分屬五部 則曾設別窯 將焉置之 知申事安崇善啓曰 今設三窯 爲平民也 兩班儻遇火災 則亦可憐憫 別窯仍舊 令有財者 自願貿易 則貴賤皆得蓋瓦矣 (…)

별요의 제품은 오로지 평민을 위한 것이다"라고 말하고 있다.[11]

　이와 같이 증설한 3개처의 별와요는 완전히 서민층에서 필요로 하는 기와를 제조·공급하였고, 또 그 제품의 가격이 사영제와장의 제품보다 염가로 판매되었던 것 같지만[12] 서민층의 기와 구매는 그다지 성하지 못하여 별와요의 생산은 곧 과잉 상태가 되었다. 3개처의 별와요가 증설된 2년 후인 1433년(세종 15)의 경우 당시 3별와요에는 15만 장의 기와가 장치(藏置)되어 있어서 평민들에게 구매를 권장하였으나 그들에게 구매력이 없어서 판매되지 않은 실정이었고 이 때문에 증설한 3별와요의 제품도 양반에게 판매할 수 있게 하자는 의견이 나오기도 하였으나 결국에는 생산을 제한하였던 것이다.[13]

　관설제와장으로서의 별와요는 그 설치목적이 민수용 기와를 공급하여 도시를 미화하고 화재를 방지하는 데 있었고 따라서 공급대상도 양반가보다 일반 민가에 치중하여 와가를 널리 보급하려 하였다. 그러나 한편 그 제품은 판매하는 것이었고 특히 승려들이 운영을 주관하고 있었으므로 관설제조장이면서도 영리를 추구하지 않을 수 없었으며, 이 때문에 제품은 서민층보다 구매력이 높은 양반층을 대상으로 판매되지 않을 수 없었다. 이같은 추세에 대해 1440년(세종 22)에 예조는 "별와요는 본래 민가 건조를 위해 설치된 것이니 간사(幹事)하는 승려들이 이

---

11) 같은 책, 卷60, 世宗 15年 5月 甲子條.
　　右議政權軫啓曰 三別窯燔造瓦 專爲平民也 (…)
12) 같은 책, 卷121, 世宗 30年 9月 乙巳條에 의하면 이때 왕이 별요를 혁파하자는 의견을 제시하였는데 衆議(衆議)가 "一朝革別窯 則私窯瓦價增貴 而造家者 必難得也"라 하여, 반대하고 있는데 별와요의 와가(瓦價)가 사영제와장의 그것보다 다소 저렴하였던 것 같다.
13) 같은 책, 卷61, 世宗 15年 9月 丙申條.
　　工曹判書趙啓生啓曰 三別窯燔造瓦 見在一十五萬餘張 日督平民買之 不能買焉 勿論貴賤和賣何如 上曰 爲平民燔造 何兼給士大夫家戶乎 平民無買者 則停來春燔瓦

를 위반하여 '빙공영사(憑公營私)'하고 자신의 이익만을 취하니 판매하는 기와는 모두 부민가(富民家)에 들어가고 빈민에게는 돌아가지 않는다"[14]고 말하고 있다. 이와 같은 사정으로 미루어보면 별와요는 그것이 관설제와장이기는 하지만 사실상의 운영은 사영제와장이나 다름없었던 것이다. 다음에 논급하겠지만 왕조의 후기에는 관설제와장이 모두 쇠퇴하고 사영제와장이 크게 발전하는데, 그 원인은 역시 왕조전기에 이미 별와요와 같은 사영제조장적인 성격이 농후한 제조장이 발달한 데 있다고 생각된다.

　이후 별와요는 일시적으로 폐쇄되기도 하였으나, 대체로 임진왜란 이전까지는 계속되었다.[15] 그러나 이후부터의 별와요는 그것이 관설

---

14) 같은 책, 卷89, 世宗 22年 5月 庚戌條.

　　議政府據禮曹呈啓 前日啓下各品陳言 謹擬議條列于後 (…) 別窯之設 本爲營構民廬 而幹事僧徒 不體本意 憑公營私 各利於己 恣行不義 其所賣之瓦 皆入富民之家 不及於貧民 其不均甚矣 (…)

15) 이후『端宗實錄』卷10, 端宗 2年 3月 辛酉條에 "議政府啓 宣德元年二月間 都城內適有火災 因多草家 勢易延熱 其時復立別窯 燔瓦賤賣 今京中蓋瓦家舍已多 請罷別窯 從之"라 한 것으로 보아 이때 별와요가 혁파되었으리라 생각되며, 다시『成宗實錄』卷14, 成宗 3年 正月 丙辰條에 "傳于吏曹 加設別瓦署 提調一別坐一"이라고 한 것과 같은 책, 卷70, 成宗 7年 8月 己卯條에 "傳于承政院曰 雖設別瓦窯 和賣者 皆豪强之人 無益於貧民 革去何如 (…) 世宗朝屢有火災 立此法今 家家皆得蓋瓦 及世祖朝革之 今復設焉 (…)"이라 한 것으로 보아 성종 초년에 복설되었음을 알 수 있고, 이후에도『中宗實錄』卷13, 中宗 6年 5月 乙未條에 "議政府與吏兵曹同議啓曰 (…) 別瓦署 雖不載大典 自成宗朝 設局燔瓦 許民貿用 所以便民 不可輕革 (…)"이라 한 것으로 보아 그것의 폐지가 논의되었다가 실현되지 않은 것 같지만 같은 책, 卷40, 中宗 15年 8月 丙子條에 "都事金友謹啓曰 成宗朝設別瓦署 欲使城中無草屋 今可復設"이라 한 것과 같은 책, 卷75, 中宗 28年 7月 乙卯條에 대사헌(大司憲) 심언광(沈彦光)이 별와요의 폐단을 말하면서 "自庚辰(중종 15년, 1520)秋更設之後"라 한 것으로 보아 중종 15년경에 다시 설치된 것 같다. 이후 임진왜란 후의『宣祖實錄』卷164, 宣祖 36年 7月 丁丑條에 "特進官尹泂曰 瓦署廢後 燔瓦一事 專責於工曹"라 한 기사가 있는데 이즈음 와서와 함께 별와요도 폐지된 것이라 생각되며,『承政院日記』51冊, 仁祖 14年 正月 13日條에 "(…) 庚子年 瓦署雖未及復立 而戊申年 瓦署復立之後 (…)"라 한 것으로 보아 임진왜란 후 와서만은 복설된 것 같다. 이 기사의 庚子年은 선조 33년(1600)이

제와장인 점은 변함없으나 서민층의 건축자재를 염가로 공급하는 것이 아니라 이제 구매력이 높은 양반층을 대상으로 하는 영리 목적의 제와장이 되어갔던 것이다. 주 15에서 볼 수 있는 바와 같이 단종조에 일시 폐지되었던 별와요가 성종조에 다시 설치되기는 하였지만 그 제품은 모두 소위 '호강지인(豪强之人)'에게만 판매되었으며 왕조전기에 있어서 별와요의 제조활동이 마지막으로 활발하였던 16세기 중엽 즉 중종조에 있어서도 제품이 부호양반들에게 독점·매수되는 것은 마찬가지였다. 1529년(중종 24)에 진사 송세연(宋世衍)은 "국가가 별와요를 특설한 목적은 빈민들에게 기와를 염가로 공급하기 위한 것이었으나 한 사람의 백성도 별와요의 기와를 매입해 와가를 지었다는 말을 들어보지 못했으니 해마다 제조하는 기와가 어디로 가는지 알 수 없다. 호세가(豪勢家)가 제조에게 청촉(請囑)하고 서민의 이름을 빌려 마음대로 사들이고 있다" 하여 별와요의 혁파를 주장하였고, 혁파할 수 없는 경우는 별와요의 1년간 제와 수를 한성부에서 파악하고 서울의 각 부로 하여금 민간의 매입량을 보고케 하여 별와요의 제품이 민가에 공급되는 여부를 엄사(嚴查)함으로써 폐단을 막으라 하였다.[16] 그러나 별와요의 제품이 양반부호들에게만 판매되는 현상이 시정되지는 않아서 이보다 4년 후에 당시의 대사헌 심언광은 "경진년(중종 15, 1520)에 별와요가 복설된 후 백성은 반 조각의 기와도 얻을 수 없다. 처음에는 그래도 백성의 이

며 戊申年은 선조 41년(1608)이다.

16) 『中宗實錄』 卷66, 中宗 24年 8月 壬辰條.

進士宋世衍上疏其略曰 (…) 國家特設別瓦署 使貧民 廉價而貿之 以蓋其家 雖然 未聞有一民貿其瓦蓋其家者 (…) 年年所燔之瓦 臣不知歸何地耶 豪勢之家 請囑提調 滿意貿用 而必以庶人之名錄之以爲 (…) 伏願殿下 特罷別瓦署 使無冗官 則豈不幸哉 設之旣久 不可輕革 則一年燔瓦之數 令有司錄之 申報于漢城府 又令各部 報民家貿蓋之數 其於歲抄 詳錄啓達 特遣中使 往摘民家 以檢虛實 則貧民庶蒙其澤 而國家之本意 庶不墜矣

름으로 매매하기도 하였으나 지금은 사대부 중에도 권세가 없는 자는 구득할 수 없다" 하여 역시 별와요의 혁파를 주장하고 있다.[17]

관장(官匠)제도를 기반으로 하는 조선왕조의 관설제조장은 대개 16세기를 전후하여 점차 해체되는데, 그 중요한 원인은 왕조 통치체제의 해이와 재정적 곤란, 관설제조장에서의 기술자의 이탈 등에 있었다.[18] 관수품을 제조·공급하기 위한 관설제조장이 해체되어가던 사정 아래서 민수품 기와를 사영제와장보다 염가로 공급하기 위하여 설치한 관설제와장 별와요가 그 본래의 설치목적을 유지하기는 어려웠으며 따라서 자연히 양반부호층을 대상으로 하는 제와장으로 변하여 자체의 경영을 유지할 수밖에 없었던 것이며 이와 같은 별와요 판매대상의 변화는 그것이 사실상 사영제와장화하였음을 말하는 것이다. 양반부호층만을 대상으로 함으로써만 유지될 수 있는 별와요는 이미 관영수공업 공장의 성격에서 벗어난 것이었으며, 관설제와장의 명분 아래 다만 이를 운영하는 일부 관리와 승려들의 사적인 영리 목적의 제와장이 될 수밖에 없었고 이 때문에 그것을 혁파하자는 여론이 일어났던 것이라 생각된다.

본래의 설치목적을 벗어난 별와요를 폐지하자는 여론이 자주 일어났음에도 불구하고 그것은 대개 임진왜란 이전까지는 유지되었다. 그 이유는 이에 대치할 만한 규모의 사영제와장이 발달하지 못한 데도 있었겠지만 이미 일부의 양반권력층과의 관계가 깊어진 데도 이유가 있었을 것이다. 그러나 임진왜란 이후 사영제와장이 발전함으로써 민수용

---

17) 같은 책, 卷75, 中宗 28年 7月 乙卯條.

　　大司憲沈彦光曰 (…) 且近來遇災減省之時 臣欲啓之故敢啓 別瓦之弊 不合於國家設立之本意 當初設立時 以都城內 恐有火災 故令五部 擲奸給瓦 自庚辰秋更設之後 今則百姓不得受半片之瓦 初則猶以百姓名字貿易者有之 今則士大夫之間 非有權勢者 無從得受 (…) 臣意革罷何如

18) 이 책 1장의 「왕조전기의 官匠制와 私匠」의 '官匠制의 붕괴와 私匠' 참조.

기와는 물론 관수용 기와까지 사영제와장이 공급하게 되며 이 때문에 와서는 유명무실화하고 별와요는 폐지된다.

3. 私營製瓦場의 성장

17세기 접어들면서 대부분의 관설제조장은 점점 해체되어가고 설령 존속되었다 하더라도 몇몇 특수한 분야의 제조장을 제외하고는 유명무실하게 되었다. 이제 관설제와장의 경우를 살펴보자.

관수용 기와를 제조·조달하던 와서는 주 15에서 보이는 바와 같이 한때 폐지되었다가 1608년(선조 41)에 복설되기는 하였으나 이미 관설제와장으로서의 기능을 다하지 못하고 있었다. 1658년(효종 9) 당시의 도승지 홍중보(洪重普)는 와서의 실정을 말하면서 "와서에는 소속 장인(匠人)이 없고 다만 병조에서 지급하는 약간의 가포(價布)로써 사장(私匠) 수삼 인을 고용하고 있으며, 매양 상사(上司)의 침해를 입어 역사(役事)를 중지할 때가 많고 이 때문에 관수품 조달도 부족하니 딱한 사정이다. 본서의 구안(舊案)을 상고(相考)하니 소속 관장이 40명 있어서 봉족을 받고 교대로 작업하였다"[19]고 말하고 있다. 전술한 바와 같이 『경국대전』이 성립될 때 40명의 전속 관장을 가지고 있던 와서가 17세기 중엽에는 관장은 전혀 없고 몇몇의 사장을 고용하고 있었으며, 제와작업도 계속되지 못하여 관수 기와를 제대로 조달할 수 없는 실정이었던

---

19) 『承政院日記』152册, 孝宗 9年 9月 25日條.
　　都承旨洪重普所啓 二字缺殘弊 比他司最甚 而本署素無所屬匠人 只得兵曹所給若干價布 雇立數三私匠 而每爲上司所侵 多有停役之時 以致國用不足 誠爲可悶 本署舊案相考 則案付官匠 至四十名之多 而爲給保率 輪回燔造矣 (…)

것이다.

관수품을 조달하기 위한 관설제조장으로서의 와서가 사실상 유명무실하게 된 이후 관수용 기와 조달방법은, 대체로 필요한 때마다 임시제와장을 설치하여 제조하거나, 와서의 사와장(私瓦匠)들에게 가격을 지불하여 제조케 하거나, 와서를 통하여 각처의 사영제조장에서 구입하게 하였다. 이제 기록을 통하여 몇 가지 예를 들어보기로 하자.

1636년(인조 14)에는 전년에 죽은 왕비의 능을 축조하였는데, 와서의 제와량으로써는 도저히 이를 감당할 수 없었으므로 부득이 임시제와소를 설치하여 조달하였다.[20] 이때 산릉도감(山陵都監)에서는 미잔(微殘)한 와서로서는 원료와 자금을 조달할 수 없으며, 장인들도 동원할 수 없는 사정이어서 공사기일 내에 기와를 제조·공급할 수 없다고 보고하여 당시 와서의 잔폐상(殘廢相)을 짐작케 한다. 임시로 설치된 제와장에는 각 지방의 제와기술자와 일반 노무자들이 동원되어서 다소의 노임을 받고 작업에 종사하였을 것이며, 작업이 끝난 후에 모두 각자의 사영제와장으로 돌아갔고 따라서 임시제와소도 폐지되었으리라 생각된다.

또한 1637년(인조 15)의 기록에는 강화도에서의 건축공사를 위하여 정부가 와서의 사와장들에게서 기와 70눌(訥) 즉 7만 장을 구입하였다 한다.[21] 이 경우 7만 장의 기와를 와서에 고용되어 있던 사와장들이 와

---

20) 같은 책, 51册, 仁祖 14年 正月 13日條.
　　山陵都監啓曰 山陵丁字閣·齋室等處所用 瓦甎應入之數 各項雜物 一體磨鍊 別單開錄 已爲啓下 自該曹 令瓦署燔造矣 卽見瓦署所報 自前山陵時 都監別設一所燔造 已成定規 而今番非如庚午·壬申丁字閣·齋室仍舊 此應入瓦甎之數 比前極爲浩大 以微末殘署 價物受出 匠人推捉 皆未及期 必無趁時燔造之理云 臣等 據此參商 (…) 依庚子等年例 自都監 別設燔瓦所 以瓦署官員一員 監造官差下 該用材料·牛隻·軍人 令該曹磨鍊 使之刻期燔造似當 (…)
21) 같은 책, 62册, 仁祖 15年 12月 1日條.
　　金光煜 以戶曹言啓曰 以本曹句管廳材瓦去處草記 (…) 其餘京江所在材椽及瓦署私瓦匠處 本廳給價所貿七十訥 上年秋 欲爲下送 而無船隻 趁未載運 (…)

198

서에서 제조하였는지 그들이 가진 사영제와장에서 만들어 납품하였는지는 분명하지 않으나 1656년(효종 7)에 와서의 월과번조와(月課燔造瓦)가 관수품을 조달하기에 항상 부족하여 오래 전부터 각 능침(陵寢) 수리에 필요한 와전(瓦甎)도 선혜청(宣惠廳)에서 지급하는 비용을 와서가 사장들에게 분급하여 그들에게서 기와를 매입하였다는 기록이 있는 것으로[22] 미루어보면, 관수용 기와를 제조·공급하는 기관으로서의 와서가 그 본래의 기능을 다하지 못한 반면 정부와 사영제와장의 중간에서 사영제와장의 상품을 정부에 납품하게 하는 역할을 맡아보았던 것으로 추측된다.

이와 같이, 17세기 이후에는 관수용 기와의 대부분이 사영제와장에서 조달되었던 실정에 비추어 당시의 민수용 기와는 당연히 사영제와장에서 공급되었으리라 생각되며, 민수용 기와를 관설제와장인 별와요에서 제조하여 판매했던 왕조전기의 사정과는 많은 차이가 있었음을 알 수 있는 것이다.

4. 맺음말

조선왕조의 정치·경제·사회·문화 면의 여러 사정이 대개 16세기를 전환점으로 하여 크게 변천하였다고 생각되지만, 특히 수공업 분야에 있어서는 그 질적인 변화를 일으키고 있었음을 엿볼 수 있다. 16세기를

---

22) 같은 책, 139冊, 孝宗 7年 4月 11日條.
　　戶曹啓曰 各司中瓦署 最爲殘弊 月課燔瓦 尙難備造 而被侵於各處者 罔有紀極 將無以支持矣 卽者本署官員 來訴於臣等曰 以月課燔造之瓦 供各處修理之用 每患不足 故至於各 陵寢修理所用瓦甎 則自宣惠廳給價 而本署以其價米 分給私匠 以爲貿用之地 流來已久

고비로 하여 그 이전에는 각종의 관설제조장이 강력한 조직을 통하여 수공업품 생산의 주류를 형성하고 있었으며, 기술이 우수한 전업적 수공업자의 대부분이 여기에 포섭되어 있었다. 이와 같은 관설제조장의 생산품은 모두 관수품으로 사용되었고, 별와요의 경우와 같이 약간의 관설제조장의 제품이 민간에 판매되기도 하였으나, 그것은 순수한 의미에서의 상품이 되지 못하였고 설령 상품화하였다 하더라도 그 수요자는 극히 제한된 일부 양반부호층에 지나지 않았다. 그러나 17세기 이후에는 민간의 수공업품 수요가 점차 증대됨으로써 전업적 수공업자들이 차차 제품의 시장을 확보할 수 있게 되었으며, 특히 관설제조장이 해체되고 관수품이 민간제조장에서 구입됨으로써 그들의 시장은 한층 확대되어갔던 것이다.

제와계의 사정 역시 대개 16세기 이전에는 와서·별와서 등 관설제와장이 관수 기와는 물론 민수품까지도 공급하였으며 특히 별와요는 비록 영리를 목적으로 하여 설치된 것은 아니라 하더라도 자금·원료·노동력의 조달과 동원에 관부가 가지는 유리한 조건을 바탕으로 하여 대부분의 민간수요, 특히 구매력이 높은 양반부호층의 수요를 독점·공급함으로써 민간 제와업계를 압도하였다.

그러나 17세기 이후에는 와서가 그 기능을 다하지 못하고 별와요는 폐지되었으므로 오히려 사영제와장이 관수 기와도 조달하기에 이르렀다. 왕조전기에 관설제와장에 억압되어 발전하지 못하고 있던 민간제와장이 후기에 접어들면서 별와요가 개척해놓은 민간의 기와 시장을 물려받음으로써 그 규모를 확장시켰고 마침내는 그 생산수준이 관수 기와를 조달할 수 있게끔 향상된 것이었다.

민간에는 물론 관부에까지 판매로를 개척한 민간 제와업계는 이후 자금과 기술·시설 면에서 계속 확대되었으며, 이와 같은 현상은 와가

(瓦家) 건조(建造)의 지역적 범위가 넓어짐으로써 더욱 발전하였으리라 생각된다.

(『史學志』 1호, 1967년 9월, 原題 「別瓦窯考 — 朝鮮時代의 製瓦業 發展」)

鳴旨島 官營製鹽場

1. 머리말

조선왕조시대의 각종 생산장이 일반적으로 어떤 체제하에서 운영되고 있었는가 하는 문제를 하나하나 구명해나가는 작업은 조선왕조시대 전반의 경제구조를 파악해가는 일이며 나아가서 조선왕조 사회의 성격을 밝히는 길이 될 수 있을 것이다. 전체 조선왕조시대를 통해 각종 생산장의 운영체제가 항상 일률적이었던 것은 아니며 특히 관설제조장의 경우 다양한 변화를 나타내고 있지만 그 변화는 곧 조선왕조 사회의 경제적 변화, 더 나아가서 사회 전반의 변화를 말해주는 것이기도 하다.

조선왕조 사회의 수공업 사정을 이해·파악하기 위해서는 특히 민간 수공업의 발전상을 구명하는 것이 중요한 일이기는 하지만 한편 이 시기에 있어서의 관설제조장의 생산 사정을 밝히는 작업도 시급하다. 이 작업은 조선시대 수공업의 기술수준 및 생산규모·경영수준의 상한을 이해하는 데 큰 도움을 줄 것이라 생각되며 또 그 운영형태의 변화상을 포착하는 것은 곧 조선왕조 사회 자체의 변화발전상을 이해하는 실마

202

리가 될 수 있을 것이다.

전체 조선왕조시대를 통하여 15세기를 중심으로 하는 초기는 확실히 관설제조장이 민영제조장을 압도하였다. 그러나 16세기에 접어들면서 관설제조장은 차차 쇠퇴해가고 수공업 분야에 있어서의 관부(官府)의 관여도는 차차 약화하였다. 그러나 왕조의 후기에도 정부는 그 재정적 곤란을 타개하는 방법의 하나로 광산(鑛山)과 같은 일정한 생산장을 접수하여 직접 별장(別將)을 파견하거나 혹은 지방관으로 하여금 이를 운영하게 함으로써 재정적으로 어느정도의 도움을 받을 수 있었다.

그러나 이와 같은 정부의 생산장의 공영(公營)은 이 시기에 성장하고 있던 상업자본가로서의 부상대고(富商大賈)들의 생산 지배를 저해하는 일로서 그들의 강한 반발을 사지 않을 수 없었다. 부상대고들은 별장이나 지방관의 생산장 운영에 개입하여 그것을 간접으로 지배하기도 했지만 더 나아가서 정부의 공영으로부터 생산장을 빼앗아갔다.

김해(金海) 명지도(鳴旨島)에서 실시되었던 공염(公鹽)제도는 그 두드러진 사례의 하나이다. 본고는 명지도 공염장의 설치 경위와 그 운영 상황 및 붕괴과정 등을 살펴봄으로써 전술한 바와 같은 우리나라 18세기와 19세기 전반기 사이의 경제사적 변화를 파악하고 장차 그것이 주는 의미를 이해하는 데 도움이 되고자 한 것이다.

2. 公鹽制度의 실시 경위와 그 관리

(1) 蒜山倉 설치 이전의 製鹽 사정

김해평야를 지난 낙동강은 그 하구에 큰 삼각주를 만듦으로써 동서

양쪽으로 나누어진다. 이 삼각주는 또 그 속에 많은 수로를 가짐으로써 여러 개의 도서(島嶼)로 나누어지는데『신증동국여지승람(新增東國興地勝覽)』에는 이들 도서의 이름으로 덕도(德島)·죽도(竹島)·취도(鷲島)·명지도·전산도(前山島) 등이 보이고 지금에는 대저도(大渚島)·맥도(麥島)·덕도도(德道島)·수봉도(水峯島)·명호도(鳴湖島) 등으로 되어 있다. 본고에서 다룰 명지면은 지금은 명호도로 이름이 바뀌어 있고 이 도서의 행정구역상의 명칭은 명지면으로 되어 있다. 이 섬은 남해 쪽으로 대마도에 이르기까지 넓은 사장(砂場)을 가지고 있어서 제염장(製鹽場)으로 적합한 곳이다.『신증동국여지승람』에 의하면 이 섬은 김해부에서 남쪽으로 40리 지점에 있으며 그 둘레 17리라 하였고, 섬 이름의 유래로서 큰비가 오기 전이나 큰 가뭄이 있기 전 혹은 큰 바람이 불기 전에는 반드시 섬이 우레소리 혹은 북소리 혹은 종소리를 내면서 우는데 섬속에서 들으면 그 소리가 멀리서 들려오는 것 같지만 정작 어디에서 울려오는지는 모른다 하였다.[1]

그러나『신증동국여지승람』에는 명지도에서 소금이 산출된다는 기록이 없으며 김해도호부(金海都護府)의 토산물 중에도 소금이 들어 있지 않다. 아마 조선왕조의 전기에는 이곳에 제염장이 있지는 않았던 것 같고『신증동국여지승람』이 편찬된 1530년(중종 25)까지는 없었던 것으로 보이며 명지도 제염장이 이후 언제 설치되었는지 분명하지 않다. 필자가 찾을 수 있었던 자료 중 명지도에의 공염장 설치 논의는 1731년(영조 7)의 것이 가장 오래된 것 같다. 이해에는 삼남지방에 흉년이 들어 그 대책이 논의되었는데, 훗날 명지도에서의 공염장 설치를 담당할 특진관

---

1)『新增東國興地勝覽』卷32, 金海都護府山川條.
　　鳴旨島 在府南海中 水路四十里 東隔鷲島二百步許 周十七里 將大雨·大旱·大風 則必鳴其聲 或如雷如鼓如鍾 然若在此島聞之 則其聲又遠 未知鳴在何處

(特進官) 박문수(朴文秀)가 스스로 양남(兩南)과 해서(海西)지방에서의 진곡(賑穀) 확보를 위한 제염사업에 파견될 것을 원하였고[2] 며칠 후에는 왕과 조신(朝臣)이 명지도에서의 제염 문제에 관하여 의논하고 있다.

이때 경상감사를 역임한 바 있는 조문명(趙文命)은 김해가 해로를 통해서 낙동강과 연결되어 그 염리(鹽利)가 산군(山郡)에까지 미치고 있으며 통영이 해마다 수만 냥의 자금을 주어서 제염함으로써 많은 이익을 얻고 있다 하고 정부에서 직접 재신(宰臣)을 파견해서 제염하는 것은 폐단이 있을 것이라 하여 명지도의 공염장화를 반대하고 있다.[3] 그러나 약방(藥房) 도제조(都提調)이던 홍치중(洪致中)은 당시 명지도에서는 통영이나 경상감영 혹은 김해부가 직접 제염하지 않고 몇 사람의 부상대고가 제염하고 있는데 비록 이를 금하더라도 해가 없을 것이라 하고 다만 염민(鹽民)들의 소금 매매를 금하지 않을 것을 전제로 하여 이곳의 공염장화에 찬성하고 있다.[4] 또한 호조판서이던 김동필(金東弼)은 정부가 재신을 보내어 제염하는 것은 대고(大賈)이거늘 어찌 소고(小賈)가 실리(失利)를 하지 않겠는가[5] 하여 명지도의 공염장화를 일종의 영리사업으로 보고 이로 인하여 민간업자가 해를 입을 것을 들어

---

2) 『承政院日記』735册, 英祖 7年 11月 17日條.
　　(特進官朴)文秀曰 卽今三南大歉 麥前賑資則 勿論多少 朝家已有區劃 而麥若有歉 則三南億萬蒼生 盡劉之外 實無生活之望 (…) 煮鹽亦不可違時 若失其時 則大事去了 兩南及海西 當爲煮鹽 以臣差送 則臣當竭力以報國矣

3) 같은 책, 735册, 英祖 7年 11月 22日條.
　　(右議政趙)文命曰 (…) 臣曾經本道監司 熟知其事勢 金海自海路 通于洛東江 其鹽利 至及於山郡 統營歲給累萬兩本錢 而煮取收其利 其贏餘則爲一道所料賴 而今送宰臣煮取 則終有害於實事矣

4) 같은 곳.
　　(藥房都提調洪)致中曰 (…) 明智島在洛東下流之處 統營·監營及本府 無煮鹽之事 富商大賈數三人爲之云 此則雖禁之 無害矣 小民鹽漢 則不必禁其買賣 文秀之意本如是 更爲申飭下送好矣

이곳의 공염장화를 반대하고 있다. 그러나 왕은 명지도의 공염장화가 영구적인 것이 아니라 흉년에 대비하는 1년 계획이라는 점과 그 때문에 통영이나 경상감영, 김해부 및 부상대고의 이익이 줄어들기는 하지만 소민(小民)의 이익에는 관계가 적은 점 등을 들어서 찬성하였고,[6] "況地是國家之地也 海亦國家之海也 何嫌於此而不爲之乎"라 하여 강경한 태도를 보이고 있다.

명지도에서의 공염장 경영 문제를 두고 이와 같은 논란이 있은 것은 그만한 이유가 있었다고 생각된다. 조선왕조의 건국을 계기로 전국의 염장은 정부에 의해 파악되었고 정부는 이들 염장에서 제조된 소금을 일반 백성으로 하여금 미포로 교환케 했다.[7] 일종의 전매제도를 실시한 것이다. 그러나 16세기에 접어들면서 왕조의 지배체제가 차차 해이해짐에 따라 염장이 점차 귀족·관료층에 의하여 사유화되었고,[8] 특히 임진왜란 이후 생활이 궁핍해진 왕족들에게 염장이 절수(折受)됨으로써[9] 정부의 염장 파악은 해이해지고 있었다. 명지도 공염장의 경영이 논의되던 당시에도 약방 도제조 서명균(徐命均)이 "我國魚鹽之利 勝於中

---

5) 같은 곳.
　(戶曹判書金)東弼曰 朝家送宰臣而煮之 是大賈也 小賈安得不失利乎

6) 같은 곳.
　上曰 (…) 明智亦國家之地也 然將欲永爲則有弊 予亦當不許 而此則出於一年救急之計 文秀如手熟處 故亦欲爲之 其小民之見利者無幾 而統營·監營·本官及富商大賈之所擅有者也 勸分之政 猶且爲之

7) 『度支志』 卷8, 漁鹽事實條.
　太祖卽位初 每沿海州郡 置鹽場 自官煮鹽 聽民以米布 稱價換鹽

8) 高承濟 『近世韓國産業史硏究』, 大東文化社 1959, 149면 참조.

9) 『增補文獻備考』 卷158, 財用考5 魚鹽條.
　壬辰亂平後 諸宮家 新歸城中 無以資賴 戶曹請權給各處漁鹽之場 上從之 諸宮家之折受 漁箭·鹽盆始此

國 而近來則盡入於折受處矣"라 하였고 이에 대하여 왕이 "雖不折受 必爲官家私橐矣"[10]라 한 것으로 미루어보면 당시 대부분의 염장이 왕족이나 관아의 사경영(私經營) 밑에 있었고, 이 때문에 정부는 이를 정부경영화할 계획을 세우려 하였으며, 따라서 조신들 사이에 찬반의 논의가 일어나고 있었던 것이다.

명지도 염장을 공염장화하는 문제에 대해서 이밖에도 많은 논의가 있었다. 몇 가지 예를 들어보면 1732년(영조 8)에도 우의정 조문명은 당시 이미 공염장화하고 있던 안면도(安眠島) 이외의 장소에서 정부가 다시 소위 '여민쟁리(與民爭利)'를 하는 것은 불가하다 하여 명지도 염장의 공염장화를 반대하고 있지만, 명지도 현지에 가 있던 박문수는 현지민이 공염장화를 찬성한다고 보고하였고, 이에 대하여 예조판서 송인명(宋寅明)은 현지민이 찬성하는 것으로 미루어보면 공염장화하더라도 이익이 적을 것이라 하여 반대하는 입장을 취하고 있다.[11]

한편 영의정 홍치중은 이때 낙동강을 왕래하는 염선(鹽船)이 끊어져서 염가(鹽價)가 등귀하였다 하고 그 원인이 소금의 사조(私造)를 금한 데 있다 하였다.[12] 다음에서 논급이 되겠지만 당시 낙동강을 왕래하는 염선은 대개 명지도 염장의 산품을 판매한 것으로 보아 이때 이미 명지도에서는 공염이 제조되고 있었고 종래의 사염 제조는 금해져 있었던 것이라 생각된다. 명지도 염장의 공영화에 대하여 많은 논란이 있었고 또 정확하게 언제부터 공염이 제조되었는지는 알 수 없지만, 이곳에

---

10) 『承政院日記』753册, 英祖 8年 12月 16日條.
11) 같은 책, 740册, 英祖 8年 3月 5日條.
　　(右議政趙)文命曰 臣意則安眠島外 與民爭利處 不可爲矣 上曰 見朴文秀狀啓 則鳴旨煮鹽事 居民多願從云矣 (禮曹判書宋)寅明曰 使民樂從 則利必不多矣
12) 같은 책, 740册, 英祖 8年 3月 21日條.
　　(領議政洪)致中曰 (…) 近聞洛東江鹽船阻斷 故鹽價極貴云 此必禁其私煮 故如是矣

서의 공염 제조에 관한 비교적 구체적인 기록은 1733년(영조 9)에 보인다. 즉 이해 12월에 박문수가 여러가지 악조건과 염상(鹽商)이라 비난하는 세론을 무릅쓰고 소금 2만 석을 자신의 주관으로 제조하였다고 보고하고 있는 것이다.[13] 이때 박문수 주관하에서의 명지도 공염 제조는 항구적인 사업으로 시작된 것이 아니라 왕이 "將欲永爲則有弊 予亦當不許 而此則出於一年救急之計"[14]라 한 바와 같이 흉년에 대비한 진곡(賑穀)을 확보하기 위한 일시적 사업으로 시작된 것이었고, 1734년(영조 10) 7월까지는 비용을 제외하고, 1만 5천 석을 제조할 수 있었으며, 이것으로 곡물 3만 석을 교환하여 경상도의 진곡에 충당케 할 계획이었다.[15]

이와 같이 명지도에서의 공염 제조는 진곡 확보를 위하여 일차에 한하여 실시된 것이다. 그러나 일차로 끝나지 않고 이후에도 계속되어서 1742년(영조 18)에도 민응수(閔應洙), 박문수로 하여금 그것을 관리하게 한 기록이 있고,[16] 또 진휼청(賑恤廳)에서 관할하던 명지도 공염 제조를 경상도 감영에 소속시키되 그것이 감영의 '사재(私財)'가 아닌 중앙정부의 재원이 되게 규정한 기록 등이 있다.[17]

---

13) 같은 책, 770冊, 英祖 9年 12月 19日條.
    朴文秀繼達曰 臣往嶺南時 櫛風沐雨 躬入島中煮鹽 其利不些 臣之不憚勞而如是者 只出於爲國之誠 而臣自嶺歸 臥病在家 其間臣之所區劃者 一倂錯誤 臣實痛之 世之惡臣者 皆以爲鹽商 而苟有利國家之事 雖賤於鹽商者 何可不爲乎 方今煮鹽爲二萬餘石矣 上曰 主管者誰也 文秀對曰 臣方主管 而人皆有謗言矣
14) 같은 책, 735冊, 英祖 7年 11月 22日條.
15) 『備邊司謄錄』 95冊, 英祖 10年 6月 28日條.
    陳奏副使朴文秀所啓 臣以嶺南煮鹽事 曾於筵席略陳其槪 而猶有所未盡底懷 敢此復達矣 (…) 今當畢役 而其間兩水連仍 貽害鹽田 一萬五千石雖未盡煮 要不出數月內當收殺 而至於惠廳所貸木·錢·米·牟 以鹽料理 幾盡還償 七月內亦 當盡爲收殺矣 今年若稍豐 則以鹽一萬五千石 可辦三萬石穀 此足爲一道備凶之資矣
16) 『英祖實錄』 卷55, 英祖 18年 3月 戊子條.
    左議政宋寅明 請以鳴智島煮鹽事 分管閔應洙·朴文秀 使之料理區畫 以爲裕財之道 上許之

요컨대, 대개 임진왜란을 전후하여 설치되었고 또 왕족이나 관아의 사경영하에 들어갔던 명지도의 염장을 1732년경에 중앙정부가 한때의 진곡 확보를 위하여 일부의 반대를 무릅쓰고 공염제조장으로 만들었으며, 그 출발은 일시적인 것이었으나 이윤이 많고 정부의 재정 보충에 도움이 됨으로써 계속 사업이 유지되었고 마침내는 이곳에 산산창(蒜山倉)을 설치하여 공염 제조를 제도화하기에 이른 것이다.

(2) 蒜山倉 설치와 公鹽場 관리

명지도에서의 정부의 공염 제조 사업이 1730년대의 일시적 사업으로 그치지 않고 이후에도 계속되었지만, 1745년(영조 21)에 이르러서 큰 전기를 가져오게 되었으니 그것은 이곳에 산산창이 설치된 것이었다. 이곳에 산산창을 설치하게 된 표면상의 목적은 한편으로 포항창곡(浦項倉穀)[18]의 부족을 보충하고 한편으로는 호서지방과 호남지방의 흉작을 대비하기 위함이라 하였지만,[19] 사실은 이윤이 많은 명지도 염장을

---

17) 『備邊司謄錄』111册, 英祖 18年 9月 22日條.

　　左議政宋(寅明)所啓 (…) 鳴智島 雖令賑廳句管 而該廳尙無設施之事 勢將歸於無實 臣意則限今年屬之本道監營 使之貿鹽作米 形止則這這報於備局 以數三萬石穀物 辦出爲限 而在前則 此島爲巡營貿辦私財之歸矣 今則專意爲國家積儲 (…) 上曰 依爲之

18) 이 포항창의 설치경위와 그 목적에 관해서는 『增補文獻備考』卷168, 市糴考6 諸倉條에 "英祖壬子(8年, 1732) 慶尙監司趙顯命狀曰 本道東沿一帶 無一儲積之所 凡有水旱 民不沾渦 迎日縣浦項地 別儲一倉 多積穀物 平時糴糴 本道凶荒 則賑貸於東沿 北路凶荒 則移轉於南關 萬一有用之事 則雖北關絶遠之地 一帆之風 可以運饋 所辦穀物 合爲三萬石 (…) 設浦項倉於迎日 置別將以管之"라 하였다.

19) 『增補文獻備考』卷168, 市糴考6 諸倉條에 산산창 설치 목적에 관해 "英祖甲子(20年, 1744) 領議政金在魯奏 以金海鳴旨島事 年來講確 尙未有定法矣 若朝家 設置倉舍 辦鹽儲穀 則左可以補浦項之不足 右可以 接濟兩湖之凶荒"이라 하였다. 이 기록 중 산산창 설치 연대가 英祖 甲子 즉 20년으로 된 것은 오기이며 사실은 다음 해 즉 영조 21년이다.

계속 중앙정부의 직영하에 둠으로써 정부 재정의 일단을 보충하려는 데 목적이 있었다. 또 직접생산 담당자로서의 현지의 염민들이 왕족이나 지방관아의 사경영하에 있기보다는 오히려 중앙정부에 직속되기를 원하고 있었기 때문이기도 하였던 것 같다.[20] 명지도에 산산창이 설치된 당시에는 그곳에 개인이나 왕족 혹은 관아의 사경영하에 있던 50여 개의 염분(鹽盆)과 60여 결의 염전이 있어서 각기 차인(差人)들이 관리, 수세하고 있었으나 산산창의 설치와 함께 별장(別將)이 관리하였다.[21]

『비변사등록(備邊司謄錄)』의 1745년(영조 21) 11월 4일조에는 산산창 설치를 위한 23개조의 절목이 기재되어 있는데 이 절목에 의거하여 산산창 설치에 따르는 명지도 공염장의 운영실태를 살펴보면 다음과 같다.

첫째, 그 운영권 문제를 보면, 산산창 설치와 더불어서 창의 운영권은 물론 명지도의 행정권도 비변사에 직속되었고 산산창에 있어서의 곡물의 출납과 염미(鹽米)의 교환 등 모든 사무는 별장이 이를 담당하게 하였으며 운영상의 각종 문서는 별장이 작성하여 연말에 감영에 보고하고 감영에서는 이를 다시 비변사에 보고하게 하였다.[22] 이 경우 공염장의 실질적인 운영은 별장에게 일임되어 있었고 감사는 일종의 감독권

---

20) 『度支志』 卷8, 版籍司 煮鹽事實條.
　　英宗二十一年(乙丑) 命設蒜山倉於金海鳴旨島 (…) 慶尙監司狀啓 鳴旨島在左右沿 南北要衝 就其近處設倉儲穀 則備災經遠之方大矣 島民所願 若專屬一處 則稅鹽千石 逐年自納云
21) 같은 곳.
　　英宗二十一年(乙丑) 命設蒜山倉於金海鳴旨島 (…) 五十餘坐之鹽盆 六十餘結之田土 換定他處後 稅鹽從輕收捧 折直作米 不能換定 則委諸別將 每歲輸送稅鹽 防塞差人 亦爲一道 貸米換鹽
22) 『備邊司謄錄』 114冊, 英祖 21年 11月 4日條 蒜山倉節目.
　　蒜山設倉 專爲鳴旨一島而制置 不可不嚴 事面不可不重 本倉及本島 自本司句管爲白乎矣 倉之穀物出納 島之鹽米換作等事 使別將次知擧行 而各項文書 每於歲末 別將修成冊 申報監營 自監營磨勘 轉報本司爲白齊

만을 가지고 있었으며 비변사는 제도상의 운영기관으로서 운영방침을 결정하고 별장을 파견하여 매년 사업보고를 받는 것이었다. 전술한 바와 같이 종래 명지도의 염장은 그것을 절수한 각 아문(衙門)이나 궁방(宮房)의 차인과 부상대고들에 의하여 경영되었지만, 이제 명지도의 공염장 관리권이 비변사에서 보낸 별장에게 주어졌던 것이다.

절목 중에서 별장에 관한 사정을 조사해보면, 그 정원은 1명이며 임명대상자는 동서반 실직을 거친 당상관(堂上官) 혹은 당하관(堂下官) 중 능력이 있는 자로 되어 있으며 병조에서 임명하고 직명은 산산창 별장이다.[23] 또 "別將體貌 與各鎭邊將無異"라 한 것으로 보아 그 대우는 대체로 진장(鎭將) 및 영장(營將)과 같았던 것으로 생각된다. 이들은 급료로서 매월 미 3석과 포목 3필, 찬가미(饌價米) 1석을 받으며 춘추로 의자목(衣資木) 각 4필을 받았다.[24]

조선왕조 후기의 각종 작업장은 대개 이들 별장에 의하여 운영 관리되고 있었다. 예를 들면 1681년(숙종 7) 이전까지의 황해도 철현철점(鐵峴鐵店)은 별장에 의하여 운영되었고,[25] 진선(津船) 제조 같은 것도 별장에 의하여 이루어지고 있었음을 볼 수 있다.[26] 산산별장을 포함하여 이들은 관리이지만 또한 관영작업장의 실질적인 경영주였던 것이다.

별장 이외의 산산창 소속 직원으로는 도호수(都戶首)가 있다. 이들은

---

23) 같은 곳.

　別將一員 毋論堂上堂下 以曾經東西班 實職 有幹才者 自兵曹極擇擬差 名之曰蒜山別將

24) 같은 곳.

　別將料布段 每朔米三石 木三疋 饌價米一石 春秋衣資木 各四疋磨鍊爲白遣 (…)

25) 柳承宙「朝鮮後期 軍需鑛工業의 발전」,『史學志』제3집, 1969, 31면 참조.

26)『備邊司謄錄』53冊, 肅宗 29年 3月 28日條.

　兵曹判書 李濡所啓 (…) 又聞年前工曹 給價於津夫中着實者 使之造船 而本曹則看檢申飭 故船體完固矣 中間有受價防納之事 以致漸不如初 今後則亦依舊例 以其價出給於別將 俾令指揮備材 着實造船 而工曹別樣檢飭似好 並爲分付施行何如 上曰所達誠是 依爲之

도민(島民) 중에서 소위 '근간유근착자(勤幹有根着者)' 2명을 임명하여 창곡(倉穀)의 분배와 소금의 수납을 직접 담당하게 하였다.[27] 이밖에도 창의 색리(色吏) 2명이 있었는데 이들은 산산창 소속 6개 읍 즉, 동래(東萊)·양산(梁山)·밀양(密陽)·김해(金海)·웅천(熊川) 등지의 이서(吏胥)를 교대로 차출하여 1명은 곡물출납을 전담하게 하고 다른 1명은 미곡과 소금의 교환 업무를 전담케 하였으며, 폐단을 없애기 위하여 1년마다 교대 근무케 하였다. 또 도고직(都庫直) 1명을 '토착근실인(土着勤實人)' 중에서 뽑아 임명케 하였으며,[28] 한편 '창속(倉屬)'이라 하여 사환(使喚) 및 별장의 대솔(帶率) 등으로 종사하는 인원 30명을 배정하였다. 이들은 창 근처에 사는 사람들로서 양민과 천민의 구별 없이 원(願)에 따라 모집·배치하였으며 대신 연호잡역(煙戶雜役)을 면제해주었다.[29]

둘째, 그 운영내용을 살펴보자. 전술한 바와 같이 명지도의 제염장은 본래 그 대부분이 궁방이나 아문에 절수되어 그 사경영하에 들어가 있었으며 이 경우 그것은 차인이나 위임받은 부상대고에 의하여 운영되고 있었다. 산산창이 설치되기 이전에도 이곳에서 지방관부가 제염을 하였으므로 이 제염장들이 정부경영 속에 일부 흡수되었으리라 생각되지만 산산창절목에 의하여 설창(設倉) 이후의 이 제염장들의 귀추를 보면 대개 두 가지 경우를 들 수 있다. 즉 명지도 내에 있던 경상도 지방 각 영읍

<hr />

27) 같은 책, 114册, 英祖 21年 11月 4日條 蒜山倉節目.
　　島中之 勤幹有根着者二名擇定 爲兩島都戶首 分米納鹽等事 使之句檢
28) 같은 곳.
　　本倉色吏二人 以所屬六邑吏 另擇輪差 一人則專管穀物糶糴 一人則專管鹽米換作 而久任
　　有弊 一周年相替 都庫直一名段 以土着勤實人 報監營差定 勿爲頻數遞改爲白乎旀
29) 같은 곳.
　　設倉則有倉屬例也 倉底募軍 限三十名 勿論良賤 從願募入 蠲減煙戶雜役 專屬本倉 以爲排
　　定使喚之地 而別將帶率名色段置 亦在此中爲白乎旀

(營邑)의 염분은 모두 폐지시켜 산산창에 소속하게 하였고,[30] 또 그곳에 있던 각 아문, 궁방 및 역(驛) 소속의 염분과 염전·둔전(屯田)·마위전(馬位田)은 별장이 일괄 수세하여 해당 아문, 궁방 등에 보내도록 하여 차인의 참여를 엄격히 막고 있는 것이다.[31]

지방관아의 사경영하에 있던 제염장은 완전히 흡수하였지만, 왕족이나 중앙관아에 절수된 제염장은 완전히 흡수하지 못하고 수세권은 해당 궁방이나 아문에 그대로 주고 그 운영권만을 차인에게서 빼앗아 별장에게로 넘겼던 것이다.

이리하여 산산창에서는 도 내의 소금생산자들에게 매년 11월에 창곡 1500석을 대부(貸付)하고 다음 해 2월에 미곡 1석을 소금 2석으로 환산하여 소금 3천 석을 거두어들이고 그것으로 또 미곡 3천 석을 당년 내에 교환하게 하였으며, 미곡은 풍흉을 막론하고 가격을 변동시키지 못하게 규정하였고 소금의 양도 그 풍흉에 따라 증감시키지 못하게 하였다.[32] 이와 같은 규정에 따르면 결국 정부는 11월부터 다음 해 2월까지 불과 4개월 사이에 미곡 1500석을 3천 석으로 증량시킬 수 있었으며, 따라서 정부의 명지도 염장 운영은 대단히 유익한 사업이었고 산산창

---

30) 같은 곳.
  道內各營邑鹽釜之在兩島者 一倂永罷 屬之本倉 使不得侵責島民爲白齊

31) 같은 곳.
  島中所在 各衙門各宮房及自如驛屬鹽釜·鹽田·屯田·馬位田收稅 使別將 一從各處所捧之 數 逐歲徵捧 輸納各處 而運價段 依常例元數中計減 成冊段 自監營 收聚磨勘 其移文上送爲 白遣 差人等下來 一款 永爲防塞 使島民得以支保爲白乎矣 差人如或冒禁下來 則嚴刑重究爲 白乎旀

32) 같은 곳.
  本倉米 一千五百石 每年十一月 分貸於島中鹽民 俾作煮鹽之糧 而米一石 折鹽二石 翌年二 月 及良鹽三千石 一時準捧 必於當年內 換作米三千石爲白乎矣 米直勿以豐歉而高下 鹽數勿 以貴賤而增減事 定式施行爲白齊

설치의 목적도 여기에 있었던 것이다. 정부는 산산창 운영으로 증가하는 미곡을 2만 석까지는 창고에 보관하고 그 이상의 것은 판매하거나, 다른 창고로 옮기게 하였으니33) 산산창 운영이 정부 재정에 많은 도움이 되었으리라 생각된다. 산산창 설치와 공염장의 운영이 정부에 많은 이익을 가져다주었지만 그것에 따르는 폐단도 많았고 그 가운데서도 별장의 작폐가 특히 문제되었던 것 같다. 산산창과 공염장의 운영이 정부에 의한 것이기는 하였지만 실제 현지에서 그 운영을 담당한 것은 별장이었고 그만큼 폐단도 따랐던 것이다.

산산창이 설치된 15년 후인 1760년(영조 36)에는 창의 운영방법을 개정하기 위한 절목 개정이 있었고, 그 주된 개정은 별장제의 폐지에 있었다. 즉 이때의 개정절목에 의하면 별장이 점점 부패해가고 창의 관리들이 모두 감영에서 임명한 사람들이어서 일을 관할하지 못하는 폐단이 많다 하고 수습책으로 별장과 감영에서 임명하는 창의 관리들을 혁파하고 그 운영권을 김해부에 넘겨 곡물의 출납과 염·미의 교환 등 사무를 부사(府使)가 담당하게 하였다. 또한 공염장 운영에 있어서의 감영과 비변사의 위치는 종전과 같지만34) 창 소속의 색리와 고직(庫直) 등도 김해부 토착인 중의 '근착부실인(根着富實人)'으로 임명케 하였다.35)

---

33) 『增補文獻備考』卷168, 市糴考 6 諸倉 蒜山倉條
　　設蒜山倉於金海 本倉米 一千五百石 每年十一月 分貸於島中鹽民 後米一石 折鹽二石 當年內換作米三千石 年年糶糴 其數漸夥 則留庫限二萬石 餘數作銀 移上架山南倉

34) 『備邊司謄錄』138冊, 英祖 36年 3月 20日條, 蒜山倉節目.
　　蒜山之設置倉舍 句管鳴旨島 實爲朝家長遠之慮是白如乎 別將 漸多苟充 倉屬 皆是營差 事不管轄 弊亦滋生 今則已成敗局 莫可收拾 不得已革罷別將及監營色庫是白遣 專屬地方官 金海府 穀物出納 鹽米換作等事 自本官擧行 而依前句管於本司爲白乎矣 各項文書 每歲末修報監營 自監營 轉報本司事 更良成節目施行爲白齊

35) 같은 곳.
　　本倉色吏二人 各別擇差 一人則專管穀物糶糴 一人則專管鹽米換作 庫直一名 亦以有根着

214

그러나 김해부사의 공염장 경영도 여러가지 폐단이 따랐고 특히 공염장 경영을 비변사가 관장하는 것은 정부가 소위 '여민쟁리'하는 것이라 하여 많은 논란이 일어났다. 그것은 공염장의 운영이 너무 영리 위주로 변하였기 때문이며 이와 같은 사정은 그 운영권이 김해부사에게로 넘어감으로써 더욱 심해졌던 것 같다.

1763년(영조 39)에는 왕이 산산창 경영이 '여민쟁리'에 가깝다 하여 종래 비변사가 관장하던 것을 감영이 관장하게 할 것을 제의했는데 이에 대하여 대부분의 비변사 당상들이 그것이 '여민쟁리'가 아님을 강조하면서도 감영이 관장케 할 것에는 찬성하였다. 특히 행부호군(行副護軍) 이이장(李彝章)은 명지도 염민들이 창곡 대부에 힘입어서 제염에 종사할 수 있다 하고 만약 창곡이 아니면 염장을 모두 부호들이 겸병하여 더 많은 수취를 할 것이며 관부에서 환곡(還穀)을 대부하고 소금을 징수하는 것은 염민을 위하는 일일지언정 '여민쟁리'가 아니라 하였으며 만약 산산창을 폐지하면 그 이익이 모두 부호에게로 돌아갈 것이라 하였다.[36]

한편 좌의정 홍봉한(洪鳳漢)은 산산창의 운영이 처음에는 영리사업이 아니었으나 지금에는 영리사업에 가까워져서 국가의 체모를 손상시킬 염려가 있다 하고 비변사가 관장하지 말고 도신(道臣)에게 운영을 일임하거나 한층 더 엄격히 단속할 것을 주장했고,[37] 행부호군 이장오

富實人差定爲白乎矣 營門差送之法 旣已革罷 本府土着人中差出 而如使 一人久任 則必有奸濫之患 一周年相遞爲白乎旀

36) 같은 책, 143册, 英祖 39年 5月 2日條.
　　上曰 蒜山倉事 終近於與民爭利 予意則 欲令道臣句管 (…) 諸臣各陳所懷 (…) 行副護軍李彝章曰 蒜山事 鳴智一島 全是鹽田 鹽民 專仰倉穀以煮鹽 若微倉穀 則適足爲兼竝 富豪漁利之資 必有倍徙勒徵之弊 自官給還穀 捧之以鹽 此所以爲民也 實非與民爭利也 今若罷之 則其利歸於富豪矣

37) 같은 곳.
　　左議政洪(鳳漢)曰 蒜山倉事 本異於料販 而猶以近於料販 損於國體爲嫌 則毋管備局 專委

(李章吾)는 그것이 '여민쟁리'라 하여 폐지할 것을 주장하였다.[38] 그러나 이 문제는 다수의 의견에 따라 감사(監司)가 관장하도록 결정되었는데[39] 이는 좌부승지(左副承旨) 이담(李潭)이 말한 바와 같이 산산창 운영이 혹시 '여민쟁리'가 되면 정부가 이를 관장할 수 없고 도신에게 맡기는 것이 좋다는 생각이었기 때문인 것 같다.[40]

요컨대 흉년을 대비한 진곡 확보를 위하여 실시된 명지도의 공염장화는 그 목적을 충분히 달성할 수 있었고, 따라서 이를 항구적인 사업으로 지속시키기 위하여 정부는 이곳에 산산창을 설치하고 직접 이를 관리하면서 별장 혹은 김해부사로 하여금 실무를 담당하게 하였다. 이제 공염장의 운영이 진곡 확보를 위한 본래의 목적에서 벗어나 영리사업으로 발전하게 되었으며 이 때문에 명분상의 불합리성을 피하기 위하여 그 운영권이 중앙정부에서 지방관서로 옮겨가게 되었던 것이다.

명지도 공염장의 운영권이 감영으로 넘어간 것은 이제 그것이 본격적인 영리사업으로 발전할 계기가 된 것이며 따라서 그 운영상에 많은 변화가 일어났으니 이 점은 다음 절에서 논급될 것이다.

道臣可矣 不然則毋寧仍前置之 稍可申飭之爲得矣

38) 같은 곳.

   行副護軍李章吾曰 蒜山事 果如聖敎 而雖出爲民之政 錢米鹽轉換之間 自爾與民爭利 罷之可也

39) 같은 곳.

   上曰 (…) 今後則令監營專管操切 而勿送營裨 俾無鹽漢無限受困之弊

40) 같은 곳.

   左副承旨李潭曰 蒜山倉事 本道事情 臣雖未能詳知 而事或近於與民爭利 則朝廷決不可句管 付之道臣似好

3. 公鹽制度 운영의 실제

앞에서도 논급한 바 있지만 명지도 공염장은 경제성이 대단히 높은
제염장이었다. 사료에서 보이는 "嶺南上道數十邑生民 專以洛東販鹽爲仰
哺"[41] "本道 七十州 皆食此島(鳴旨)所煮之鹽"[42] "嶺南一道産鹽之處只是鳴旨
一島"[43] 등의 기록이 말해주듯이 당시 경상도 전체의 소금을 명지도 제
염장이 공급하고 있었던 것이다. 명지도 공염장이 이와 같이 경제성이
높아지고 그 운영으로 많은 이윤을 얻게 되자 정부는 그 본래의 목적이
었던 진곡 확보에만 그치지 않고 정부 경비의 일부를 이 공염장의 운영
에서 염출하게 하였으니 균역청(均役廳) 상납의 비공급대(婢貢給代), 감
영의 방채급대(防債給代) 등의 염출이 그것이었다.

공염장 운영에서 이와 같은 정부 경비의 일부를 충당한 것이 언제부
터의 일인지는 상세하지 않으나 1787년(정조 11)의 경우 염본미(鹽本米)
1500석으로 교환하는 소금 3천 석 가운데 4천 냥을 비공급대와 방채급
대로 충당하고 있다. 당시 소금 1석의 공정가는 2냥이었고 염장을 운영
하는 관리들이 불법으로 만든 가격은 많으면 11냥 내지 12냥, 적어도
7~8냥이었다 한다.[44] 이와 같은 사정으로 미루어보면 공염장의 이윤

---

41) 같은 책, 159冊, 正祖 2年 閏6月 7日條.

42) 같은 책, 173冊, 正祖 12年 7月 10日條.

43) 같은 책, 180冊, 正祖 16年 5月 22日條.

44) 같은 책, 170冊, 正祖 11年 5月 30日條.

 觀此慶尙左道暗行御史 鄭大容別單 則以爲金海鳴旨島春秋營貿鹽 爲累千石 而一石殆近
三十斗 每石之價 只是二兩 (…) 則官鹽未盡之前 不許私商之興利 該掌輩 邀其價高 故爲藏置
一石之價 多至十一二兩 少不下七八兩 (…) 每年十一月 以本倉米一千五百石 分貸鹽民 作爲
煮鹽之糧 而米一石折鹽二石 翌年及良 春二千石 秋一千石 合三千石 分捧運上洛江 從時直發
賣 當年內 換作鹽本米 以其餘利四千兩 婢貢及防債給代 又以其餘利 一以補營用 一以爲監色

중에서 충당되는 비공급대와 방채급대액은 공정가의 경우 전체 염장수입의 3분의 2에 해당하는 셈이다. 또 다음에 공염장이 해체된 1819년(순조 19)의 경우 염본미 1500석의 대금인 4500냥을 도민(島民)에게 대급(貸給)하고 소금 3천 석을 징수하여 이를 다시 소금 1석당 7냥씩에 판매하였는데 이때의 비공급대는 2281냥, 감영탕채대(監營蕩債代)는 3219냥이었다.[45] 이 당시의 비공급대와 감영탕채대를 합한 총 5500냥은 공염장의 모든 수입 2만 1천 냥의 4분의 1을 조금 넘는다.

명지도 공염장의 운영이 이와 같이 정부 재정의 충당을 위한 영리사업으로 변하게 되자 여기에 새로운 여러가지 문제점이 부각되게 되었다. 우선 그 첫째 문제는 영리사업화한 정부의 공염장 운영에 기생하는 공염장 운영 관리들의 소위 '빙공영사(憑公營私)' 행위였다. 공염장 경영에 있어서의 염장 관리들의 작폐는 우선 염가의 조종을 들 수 있다. 이 염장이 경상도 전지역의 소금 수요에 독점적으로 공급하고 있었던 사정을 이용하여 불법적으로 공정가보다 더 높은 가격으로 공염을 판매하는 것이었다. 1774년(영조 50)의 한성좌윤(漢城左尹) 김응순(金應淳)의 말에 의하면 당시 공염 1석의 가격은 3냥으로 공정(公定)되어 있었으나 염장 관리들이 공염이 매진되기 전에는 사상의 판매를 금지하고 공염가를 올려서 1석에 8냥 혹은 9냥씩 받고 있었으며,[46] 앞에서도 인

聊賴之資是白如乎

45) 같은 책, 208冊, 純祖 19年 5月 26日條.

領議政徐龍輔所啓 (…) 蒜山倉鹽本米一千五百石 代錢四千五百兩於兩島鹽民等處 捧鹽三千石 每石價定以七兩發賣 四千五百兩還報 本米代錢二千二百八十一兩 添補於婢貢給代條 上納均應 三千二百十九兩 劃屬於本營蕩債之代

46) 같은 책, 156冊, 英祖 50年 5月 20日條.

左尹金應淳所啓 婢貢給代錢木所區劃者 十分艱辛 誠切悶矣 嶺南蒜山倉鹽利錢 亦入於區劃中 而此事有不可不變通者 當初定式時 則蓋以洛江以上鹽價極貴 民不得食 故以鹽本米一千五百石 貿鹽三千石 船運洛東江 鹽一石作錢三兩 合以計之 其數倍於本米 小民之受惠亦

용한 바와 같이 1787년(정조 11)의 경우도 공정염가는 1석에 2냥이었으나, 염장의 관리들이 사상의 활동을 봉쇄하고 독점 판매하면서 소금 1석에 많을 때는 11냥 혹은 12냥씩, 적을 때도 7냥 혹은 8냥씩 받고 있었던 것이다.[47] 이와 같은 사정으로 미루어보면 그 경영권이 감영으로 넘어간 후의 명지도 공염장도 그 운영은 현지에 파견된 감영 소속 관리들에게 일임되었고 이들은 비공급대·방채급대 및 감영경비 일부의 충당을 핑계하여 크게 사리를 취하고 있었던 것이다.

공염장 관리들의 또 하나의 작폐는 규정량보다 많은 공염을 제조 판매하는 일이었다. 즉 공염장의 규정된 1년 판매량인 3천 석 이외에 스스로 제조하였거나 염민에게서 매입하였을 다량의 사염을 공염과 같이 사상의 활동을 막고 판매함으로써 이득을 취하고 있었던 것이다.

1781년(정조 5)의 기록에 의하면 명지도 공염장의 폐단을 시정하기 위하여 노력하던 경상감사 조시준(趙時俊)은 공염은 불과 3천 석이지만 관리들이 정량 이상의 소금을 판매하여 이익을 독점한다 하고 관리들의 정량 이외의 판매를 금지하기 위하여 소금이 판매지역에 운반된 후 그 지방관으로 하여금 검열케 하고 정량 이외의 소금이 발견되면 관리는 치죄하고 소금은 속공(屬公)케 할 것과 염가는 지방관이 사상을 불러 공정가에 따라 정하되 7냥을 넘지 못하게 할 것을 제의하여 그대로 실시되었다.[48]

不小矣 因地方官之不善擧行 十年前移屬巡營 而營屬操縱私商 俾不得賣鹽 先以公鹽發賣 如是之際 鹽價漸高 一石價或至於八九兩 此實難支之痼弊

47) 주 44 참조.

48) 같은 책, 163册, 正祖 5年 12月 29日條.
　　領議政徐(命善)所啓 (…) 前以嶺南公鹽権利之弊 令道臣從長登聞形止事 覆奏行會矣 卽見慶尙監司趙時俊狀啓 則以爲公鹽不過三千石 而監色輩數外加賞 獨自專利 (…) 公鹽不得不發賣 則嚴防其加賞 以期速了之爲愈 船運上江之後 使地方官點閱 如有加運 則監色報營科

그러나 이와 같은 조처에도 불구하고 염장 관리들의 정량 3천 석 이외의 판매는 그치지 않았고 그것은 또 이 무렵에 있어서의 공염장 운영상의 가장 큰 문제점의 하나로 지적되어 이후 암행어사들의 보고사항 속에 번번이 나타나고 있다.

예를 들면 1798년(정조 22)의 경상도 암행어사 여준영(呂駿永)은 김해 명지도 공염을 매 석 7냥으로 정한 후부터는 관리들이 그 사염을 반드시 공염과 함께 판매하고 있다 하였고,[49] 1816년(순조 16)의 경상도 암행어사 이화(李墷)도 김해 산산창의 공염은 1년 3천 석이 정량이지만 관리들이 '빙공영사'하여 정량 이상을 판매하며 그것도 강매하거나 염가를 불법 징수하여 백성들의 원한을 사고 있다 하고 공염장 운영을 감영 관리에게 맡기지 말고 다시 별장제도를 실시할 것을 건의하고 있다.[50]

이상과 같은 사정으로 미루어보면 이 무렵의 명지도 염장은 공염장으로서 감영이 운영하는 것으로 되어 있었지만 실질적으로는 감영에서 지정한 실무자들이 독자적으로 운영하면서 다만 감영에 대하여 비공급대 등 일정액의 경비만을 납부하고 있었던 것이라 생각된다. 이 때문에 이들 실무자들에 의하여 정부가 정한 3천 석 이상의 소금이 제조·판매되고 있었던 것이며, 비단 공염장만이 아니라 조선후기에 설치된 대

治 加運之鹽 竝爲屬公 鹽直則地方官招致私商 從公定價 雖値鹽貴之時 無過七兩之意 (…) 上曰 依爲之

49) 같은 책, 187册, 正祖 22年 4月 28日條.
　右議政李(秉模)所啓 比慶尙道暗行御史呂駿永別單也 (…) 其一金海鳴旨島公鹽 春秋分捧 三千石 而以七兩定價發賣 爲奴貢給代 本米還作發賣 雜費及營門需用之資 而創出七兩定價之後 監色輩之私貿者 必與公鹽同爲發賣 (…)

50) 같은 책, 205册, 純祖 16年 閏6月 19日條.
　司啓辭 卽見慶尙道暗行御史 李墷別單 則 其一 (…) 金海蒜山倉公鹽之一年三千石 自是定式 而監色加數料販 憑公營私 峻捧勒授 偸剩白徵等諸弊 爲小民切骨之冤 自今勿委營裨及營屬 而蒜山倉別將 作兵批棄 另擇差送 使之照管 (…)

부분의 관영제조장은 그 운영이 실무자들에게 일임되어서 그들에 의한 영리 위주의 경영하에 놓여 있었음이 일반적인 현상이었다고 생각되고 있는 것이다.

명지도 공염장의 운영이 일시적인 진곡확보책을 넘어 정부 경비의 조달을 위한 경영과 그것을 빙자한 실무자들의 사경영으로 변하게 되자 여기에 큰 문제점이 나타났다. 종래 낙동강을 무대로 하여 활약하던 사염상(私鹽商)과 이 공염장 경영 사이에 치열한 경쟁이 벌어진 것이다.

정부에 의한 공염장이 명지도에 설치되기 이전에는 전술한 바와 같이 그 염장이 부상대고나 궁방(宮房) 혹은 관아의 차인 등에 의하여 운영되었고 이때는 그 제품이 일반 상인들에게 넘어가서 이들 염상이 선박을 이용하여 낙동강 연안지역에 판매하고 있었던 것이라 생각된다. 그러나 공염제도가 실시된 후에는 산산창에서 염본미 1500석으로 교환된 3천 석의 소금 즉 공염과 가외로 생산되어 염상에게로 넘어간 사염이 함께 낙동강 연안지대에서 판매되었으며 이에 공염과 사염 사이에 판매상의 경쟁이 벌어졌던 것이다. 그러나 양자의 경쟁은 자연스러운 조건하에서는 공염 측이 불리하였다.

1784년(정조 8)에 명지도 염민 박시성(朴始成)이 말한 바에 의하면 공염과 사염을 동시에 판매하게 되면, 사상들은 친면을 찾아 외상으로도 판매하여 분할수금을 하며 또 1년 내내 매매할 수 있지만 공염의 경우는 그 이윤이 중앙정부에 상납되어야 하기 때문에 판매기간이 한정되어 있고 또 반드시 값은 선금으로 치러져야 하기 때문에 수요자들이 사염은 다투어 구입하되 공염은 구입을 원하지 않는다 하였다.[51]

---

51) 같은 책, 167冊, 正祖 8年 8月 20日條.
　　司啓辭 以慶尙道金海府鳴旨島 菉島民人朴始成等上言 (…) 公私鹽同時竝賣 非不便好 而
　　但私商隨其所親 散給外上 鱗次斂價 一邊往貿 一邊來賣 終年轉販 殆無已時 至於公鹽 取其

공염이 사염보다 판매조건이 나쁘면서도 그것과 경쟁을 하게 되었으므로 여기에 자연히 사염 측에 대하여 제재를 가하기에 이르렀으며, 그 것은 공염이 매진되기 전에는 사염의 판매를 금하는 조처였다. 사상에 대한 이와 같은 제재는 명지도 공염제도의 유지상 부득이한 것이었지만 그것은 또 공염제도 운영상의 가장 큰 문제점이기도 하였다. 1778년(정조 2)에 좌의정 정홍순(鄭弘淳)은 영남상도(嶺南上道) 수십 읍의 백성들이 모두 낙동강을 통하여 운반·판매되는 소금에 의존하고 있는데 산산 창을 경상감영이 관장한 후부터는 실무관리들이 이익을 독점하기 위하여 공염이 매진되기 전에는 사상의 판매를 금함으로써 염가가 등귀하여 백성들의 괴로움이 크다 하고 이후부터는 사상의 활동을 금하는 일과 염가를 조절하는 폐단을 엄금하도록 건의하여 그대로 채택되었다.[52]

그러나 공염제도를 존속시키는 한 사염 판매에 대하여 제재를 가하지 않을 수 없었으니 공염은 그 판매조건에 있어서 사염과 자연스러운 경쟁을 할 수 없기 때문이었다. 공염 매진 전의 사염 판매금지 조처는 이후에도 계속되어 1788년(정조 12)에도 좌의정 이성원(李性源)이 이 문제를 거론하였다. 경상도 70주가 모두 명지도 제염에 의지하고 있지만 관염이 매진되기 전에는 사염의 판매가 금지됨으로써 염가가 날로 등귀하여 염 1석이 10냥을 넘으며 이 때문에 백성이 겪는 폐단이 크다 하여 그 시정책을 촉구하였고, 이에 왕이 경상감사를 지낸 바 있는 관리들의 의견을 물었으나 결국 그 해결책을 구하지 못했다.[53] 사실 이 문제는

所剩 京司上納 自有定期 必先捧價而後 始爲許賣 故求買之人 爭赴私鹽 不願公鹽 (…)
52) 『正祖實錄』 卷5, 正祖 2年 閏6月 甲子條.
　　右議政鄭弘淳啓言 (…) 嶺南上道數十邑生民 專以洛東販鹽爲仰哺 一自蒜山倉爲監營句管 任事之徒 權利爲事 官鹽未賣之前 切禁私商 以致鹽價高騰 民多爲病 此後禁斷私商 操切鹽價 之弊 另加痛禁爲宜 從之
53) 『備邊司謄錄』 173册, 正祖 12年 7月 10日條에 "左議政李性源所啓 (…) 金海府鳴旨島事

공염제도를 유지하는 이상 그 해결책을 구하기 어려운 것이었고 다음 절에서 논급되겠지만 사상층의 부단한 공세로 공염제도가 무너짐으로써 그 해결을 보게 된다.

명지도의 공염제도가 진곡 비치를 목적으로 한 설치 당초의 그것과 달라진 또 하나의 차이점은 염본미가 염본전(鹽本錢)으로 변한 것이었으며 이 문제는 조선후기의 금속화폐 보급의 한 측면을 나타내주는 사실이기도 한 것이다.

전술한 바와 같이 산산창 설치 당시의 운영방법은 창에 비치된 미곡 중 1500석을 염본미로 하여 이를 도내(島內)의 염민들에게 대여하였다가 다음 해에 미 1석을 소금 2석으로 환산하여 징수하고 이 소금으로 다시 염본미를 교환·확보하며 그 이윤으로 산산창 경비와 경상감영 경비의 일부 및 중앙정부 경비의 일부를 충당하는 것이었다.

그러나 1781년(정조 5)부터는 당시의 경상감사이던 조시준의 건의에 따라 염본미를 도민에게 대부하는 대신 염본전을 지급하도록 결정하고 있다. 공염제도 운영상의 폐단에 대한 시정책의 강구를 지시받은 조시준은 "산산창에 상비되어 있는 미곡 5천 석 중 1500석을 염본미로서 도민에게 방출하고 그 대신 염가전(鹽價錢)을 받아서 그것으로 다시 염본미를 교환·비치하기 때문에 미곡의 환전 과정에서 여러가지 폐단이 생긴다" 하고 앞으로는 염본미 대신 미곡 1석을 전 3냥으로 환산하여 도

甚可悶矣 本島素稱沃土 兼饒漁利 四方閑雜無賴之類 擧皆投入 便成逋逃藪 莫敢誰何 且本道七十州 皆食此島所煮之鹽 而洛東江發賣之際 官鹽未盡賣 則私鹽一切禁斷 鹽價日益高峻 殆過十緡 而鹽是民生日用之不可闕 故艱食之氓 亦不免以高價貿取 此誠痼弊矣 上曰 曾經嶺伯人 各陳所見可也"라 하였고 이에 한성판윤 김상집(金尙集), 우참찬(右參贊) 정창순(鄭昌順), 예조판서 이병모(李秉模), 좌의정 채제공(蔡濟恭) 등이 각각 의견을 진술하였고 "上曰 旣發言端 不可仍置 退與領相及曾經道伯人 爛議民弊 如果難支 何嫌銷刻 苟有不然 亦何必續續更張 以此知悉覆奏可也"라 하였으나 이후 더 논의된 기록은 없다.

민에게 대부할 것을 건의하였고 그대로 승인된 것이다.[54]

이때 염본미 대부제도를 폐지하고 염본전 대부제도를 실시하는 표면 상의 이유가 미곡을 환전하거나 전냥(錢兩)을 환곡(換穀)하는 과정에 서 생기는 폐단을 없애기 위한 것이라 하였지만 사실은 염민들이 염본 미 대부제도보다는 염본전 대부제도를 원하고 있었기 때문이다. 예를 들면 1784년(정조 8)에 명지도민 박시성 등은 염본미 대부제도가 염본전 대부제도로 바뀐 경위에 대하여 염본미를 대부받을 때 그 양이 정확하 지 못하였으므로 도민들이 그것을 전냥으로 다시 교환하면 1석의 가격 이 2냥여밖에 환산되지 않았으며, 이 때문에 감사 조시준이 도민(島民) 의 의견에 따라 염본전 대부제도로 바꾸고 미곡 1석을 전 3냥으로 환산 하여 대부한 것이라 하였다.[55]

진곡 비치를 위하여 미곡을 대부하고 소금을 징수하던 공염제도가 이제 금속화폐를 대부하게 바뀐 것은 공염제도 자체가 영리 위주의 사 업으로 변하고 있었음을 말해주고 있지만 한편으로는 왕조후기 사회에 있어서의 금속화폐 유통의 일반화를 나타내주고 있는 것이다.

---

54) 같은 책, 163册, 正祖 5年 12月 29日條.

領議政徐(命善)所啓 (…) 前以嶺南公鹽権利之弊 令道臣從長登聞形止事 覆奏行會矣 卽 見慶尙監司趙時俊狀啓 (…) 蒜山倉恒留米五千石中一千五百石 以鹽本米出給島民 其代以鹽 價錢還爲作米 故以米給民 以錢作米之際 不無弄奸之弊 此後則恒留米以二千石定式取耗 用 下作米之規 永爲革罷 鹽本米每石代錢三兩 直爲出給 依此成節目施行事 令廟堂稟處爲請矣 (…) 上曰 依爲之

55) 같은 책, 167册, 正祖 8年 8月 20日條.

司啓辭 以慶尙道金海府鳴旨島菉島民人朴始成等上言 (…) 至於鹽本米 則無以推移 且雖 貿納租米相雜 斗斛不完 受去之島民 以米換銅 則只捧二兩餘 有名無實 爲弊多端 臣時俊待罪 本道時 訪問於島中鹽民輩 則皆願受錢 不願受米 故以革罷鹽本米 每石代錢三兩出給之意 附 陳於鹽弊狀聞中 覆奏許施者也

224

4. 私商 활동과 公鹽場의 폐쇄

명지도에서의 공염제도가 그 실시 당초와 같이 흉년에 대비할 진곡을 확보하는 목적만으로 운영될 때는 이미 그곳에 있었던 사염장을 흡수하거나 사상의 소금 판매를 금지할 수도 있었다. 앞에서도 인용한 바 있지만 공염제도 실시 이전의 명지도 염장은 각 궁방이나 관아의 절수장(折受場)으로 되어 있어서 차인과 같은 대행인이나 부상대고에 의하여 운영되었지만 공염제도가 실시되면서부터 염장의 운영권은 별장으로 혹은 김해부사에게로 또 경상감사에게로 넘어갔으며 따라서 공염매진 이전의 사상의 판매는 강력히 통제되고 있었다. 그러나 공염제도가 단순한 진곡 확보만을 위하여 운영되지 않고 정부 경비의 조달책으로 운영되거나 혹은 실무관리들의 사경영이 이에 편승함으로써 영리사업으로 변하게 되자 종래 공염제도 실시로 크게 해를 입던 사상들이 다시 공염제도를 폐지시키기 위한 노력을 펴게 되었다.

사상들의 공염제도 폐지를 위한 노력은 우선 공염 매진 전의 사염 판매금지 조처를 해제시키려는 데서 나타나고 있다. 명지도의 공염이 매진되기 전에는 낙동강 연안에 있어서의 사염의 판매를 금지하는 조처가 언제부터 실시되었는지 분명하지 않지만, 사상층이 이 조치의 폐지를 위하여 노력하고 따라서 이 문제가 중앙정부 관리들의 관심의 대상이 되기 시작한 것은 이미 산산창(蒜山倉)이 설치된 영조조 때부터였던 것 같다.

1774년(영조 50)에 한성좌윤 김응순(金應淳)은 명지도 공염장의 관리들이 사상의 판매를 막고 먼저 공염을 판매하면서 염가를 올리는 폐단이 있음을 지적하고 그 시정책으로서 염본미를 모두 사상에게 대부하고 대신 쌀 1석을 소금 2석으로 환산하여 소금을 징수한 후 그 소금을 다시 사상들에게 1석당 쌀 3석씩으로 판매할 것을 주장하였다.[56] 이와 같은 건의는 마침 감사 교체기를 당하여 실시되지는 않았지만[57] 공염의 조달과 판매를 모두 사상에게 위임하자는 의견이 나왔고, 그것이 공염 매진 전의 사상활동 금지를 시정하기 위한 방책으로 건의된 것임을 생각해보면 공염제도에 대한 사상층의 적극적인 공세의 결과라 생각할 수 있을 것이다.

앞에서도 잠깐 논급한 바 있지만, 공염 매진 전의 사염 판매금지 조처는 공염이 사염과 그 판매상의 경쟁에서 이길 수 없기 때문에 취해진 것이었으므로 공염 매진 전 사염 판매금지 조처의 존속 여부가 곧 공염장 자체의 유지를 좌우하는 것이었고 따라서 이 조처와 나아가서 공염장을 폐지시키려는 사상층의 활동은 부단한 것이었다.

사상층의 공염제도 폐지를 위한 노력은 조선후기에 있어서의 경상감영이 당면한 가장 큰 행정상의 문제점의 하나가 되어서 이 시기에 경상도 지방에 파견된 암행어사의 보고서와 건의 안건 속에는 대부분 이 문제가 포함되어 있으며 그 내용은 모두 공염제도의 폐지가 타당한 정책으로 나타나고 있다. 한 가지 예를 들어보면, 1787년(정조 11)에 영남좌도 암행어사로 다녀온 정대용(鄭大容)은 낙동강 연안에서 관염(官鹽)이 매진되기 전에 사상의 판매를 금지하는 조처 때문에 공염장의 관리들이 염가를 마음대로 올리고 염가의 징수에도 인족침징(隣族侵徵)과 같

---

56) 같은 책, 156冊, 英祖 50年 5月 20日條.
　　左尹金應淳所啓 (…) 臣意則鹽本米 盡爲出給私商 依定式每一石貿鹽二石 運致洛東江 仍使私商 鹽一石作錢三兩 直納官家 (…) 領議政金(相福)曰 此非時急之事 前監司在任已久 必詳知其利害 方帶備堂 新監司亦必不疎於嶺南事 使前監司先爲論報 待新監司下去 亦爲詳察論報 而處之何如 上曰 依爲之
57) 주 56 참조.

은 가혹한 방법을 써서 백성들의 원망이 크다 하고 공염제도의 폐지를
주장하고 있다.[58]

　이와 같은 암행어사의 건의에 대하여 비변사 측은 반대의견을 제시
하였다. 이제 그 이유를 들어보면, 공염이 매진되기 전에는 사상의 판매
를 금지하기 때문에 낙동강 연안의 백성들이 공염제도의 폐단을 말하
고 이 때문에 암행어사가 공염제도의 폐지를 주장하고 있지만, 공염제
도가 폐지되면 명지도 염장이 각 영 각 읍으로부터 많은 침해를 받을 것
이며 또 염량(鹽糧)의 대부도 사력(私力)으로써는 불가능하므로 곧 후
회할 것이라 하고, 낙동강 연안의 백성들이 사상에게 선동되어서 공염
제도의 폐단을 말하지만 공염제도가 폐지되고 나면 소금은 사상에게
독점될 것이며, 이들은 운반 사정이 불편한 상류지방에는 가지 않을 것
이므로 상주(尙州)와 선산(善山) 이북 지방은 소금의 공급이 부족하고
따라서 염가가 오르게 되며 그 결과는 사상만이 이익을 얻고 백성의 피
해는 오히려 클 것이라 하여 공염제도 폐지를 반대하였는데 그대로 채
택되었다.[59]

　사상층의 공염제도에 대한 공세는 공염 매진 전 사염 판매금지 조처

---

58) 『正祖實錄』 卷23, 正祖 11年 4月 丙寅條.
　　嶺南左道暗行御史 鄭大容復命進書啓論 (…) 沿江官鹽未盡之前 不許私商之興利 該掌輩
必要高價 藏置不發 一石之價 多至十一二兩 少不下七八兩 推納之際 至徵隣族 事近權利 害
同聚斂 嗟怨之說 在在皆然 請令廟堂 講究方便 營貿一節 自今革罷 庶爲衆民之惠
59) 같은 곳.
　　備邊司覆啓言 (…) 公鹽未發賣之前 不許私商之賣買 洛東民人 以此爲怨 繡衣之請罷 實爲
無怪 而不但給代條之有難從他區劃 雖以島民言之 一罷此法 則各營各邑之許多侵困 將無以
禁遏 而千餘石鹽糧 又非私力之所可猝辦 方其未罷 雖或稱冤 及其旣罷 必有追悔以言乎 洛東
之民 則動于私商之言 說此公鹽之弊 公鹽旣罷之後 所謂私商 乃以權利之心 沿江逗遛而不泊
洛東一步之地 則尙善以上之鹽貴且如金 而十倍之利 都歸私商 民之受害 反有甚焉 莫如仍舊
貫而申飭 其濫捧及過價發賣之弊 且以繡啓 關問道臣 (…) 嚴查論報 以爲勘報之地爲宜 允之

의 폐지에서 시작되었지만 한걸음 더 나아가서 공염제도 자체를 폐기시키기 위하여 낙동강 연안의 수요자를 대상으로 여론을 환기시켰고 그 결과는 암행어사들을 통하여 중앙정부에 보고되었던 것이다. 이와 같은 사상층의 책동으로 공염제도의 폐지를 요구하는 여론이 높아가고 있었지만 한편으로는 공염제도 자체가 가지는 여러가지 문제점이 드러나고 또 조선왕조 사회의 사회적·경제적 발전과 이에 따르는 여러가지 시대적 추이가 공염제도의 유지를 불가능하게 하고 있었다.

이와 같은 사정은 우선 명지도에서 공염 제조에 종사하고 있는 염민들의 반발에서 나타나고 있다. 예를 들면 1788년(정조 12)에 명지도 염민 이천주(李天柱) 등은 명지도 명례궁(明禮宮) 소속 전답이 있기 때문에 염민들이 궁방세도 부담하는 폐단이 있다 하고, 또 공염제도는 전국적으로 그 사례가 없는 일이며 관리들의 비용과 본궁(本宮)의 지세(地稅), 영문(營門)의 침장염(沈醬鹽) 등 각종 소금의 징납(徵納)이 4백여 석에 달하여 60개의 염분(鹽盆)으로 수천 석의 공염을 감당하기는 어려운 일이라 하여 공염의 부담을 도내의 18개 염산출읍(鹽産出邑)에 모두 분배할 것을 요청하고 있다.[60]

명지도 공염제도를 처음 실시할 때는, 앞에서도 논급한 바와 같이, 이곳 염민들이 그것을 오히려 자원하였고 그 이유는 공염제도가 실시됨

---

60) 『備邊司謄錄』173册, 正祖 12年 9月 30日條.

云云 向前慶尙道金海鳴旨島鹽民李天柱等限內現身 戶牌現納 親呈的實是白在果 觀此上言
則以爲宮稅疊徵 丙午年特蒙蠲減之恩 當年則得免宮房之侵徵矣 翌年丁未 自宮房 托以有土
丙丁兩年稅條 一時竝徵 已不勝痛冤之情 而公鹽買販 乃是八道所無之例 以鹽本米一千五百
石 米租相半 不完石出給後 米代鹽三千石 準數監捧 江上發賣 每石七兩式 恒定收捧 春秋捧
鹽時 內外監色與營屬 供饋浮費 指不勝屈 其外本宮之地稅 營門之沈醬鹽等 各樣名色之徵納
亦爲四百餘石 六十鹽盆 何能當屢千石公鹽之販 而豈復有餘利之爲生業者乎 道內十八鹽邑
鹽是一也 民是一也 以此公鹽買販之役 分之於十八邑 俾無偏苦之冤事 伏蒙天恩爲白良結 有
此呼籲爲白有臥乎所

으로써 그 이전보다는 덜 수탈당하리라는 생각 때문이었으며,[61] 한편 그들에게 대부되는 염본미도 어느정도 도움을 주었기 때문이라 생각된다. 그러나 이때에는 이미 공염제도가 염민들에게 전혀 도움을 주지 못하였으므로 오히려 다른 염산지에 고루 부담시킬 것을 원하고 있다. 그 원인은 공염제도 자체가 진곡을 비치하기 위한 본래의 목적에서 벗어나 영리행위로 변하였고 이 때문에 염민들에게 가해진 수탈이 심화된 데도 있었으며, 한편으로는 명지도의 자연적 특수조건 때문에 설치되었던 공염제도가 이제 더 계속될 수 없을 만큼 사회적·경제적 여건이 변화한 데도 있는 것이라 생각된다.

염민들이 공염제도를 도내의 18개 염생산읍에 모두 적용하여 공염 부담을 감해줄 것을 요청한 데 대하여 정부 측은 우선 그것이 '전불성설(全不成說)'이라 하고, 그 이유로서 경상도 내에 명지도와 같은 염산지가 없는 점과 염민들의 생활이 염본미에 의존하지 않을 수 없는 점, 공염제도를 연해(沿海) 제읍(諸邑)에 모두 적용시키는 경우 염본미가 분산·대출되어서 영쇄(零瑣)해지고 관리의 폐단이 많아진다는 점 등을 들고, 염민의 이익은 역시 감영이 주관하는 공염제도에 있으며 이와 같은 염민들의 요구는 이익을 독점하려는 사상의 계략에서 나온 것이라 하여 반대하였다.[62]

염민과 사상의 심한 반대를 무릅쓰고 정부 측이 공염제도를 유지하기 위하여 강경한 태도를 보이고 있는 것은 공염제도의 운영이 그만큼

---

61) 주 20 참조.
62) 『備邊司謄錄』173册, 正祖 12年 9月 30日條.
　　(…) 今此公鹽之分貿於十八邑云云 全不成說 大抵 本道産鹽 莫過於鳴旨島 鹽民生利 亦必有鹽本米然後可以公私相濟故也 今鹽散貿於沿海諸邑 則所謂本米 尤當零瑣 而各定監色爲弊當如何哉 鹽民之利 莫過於營門主管 而如是紛紜者 專出於私商專利之 計也 揆以民習 誠極痛駭 上言內辭緣勿施 狀頭令本道照律嚴勘何如 啓依回啓施行爲良如敎

정부에 이익을 가져다주었기 때문이겠지만, 그러나 정부의 방침에도 불구하고 한편으로 공염제도는 차차 무너져가고 있었다. 이 무렵의 공염제도의 운영 실정과 그것이 차차 무너져가고 있었던 사정은 1792년(정조 16)에 경상감사 정대용이 올린 공염 문제에 관한 장계(狀啓)를 정부가 처결한 내용에서 잘 나타나고 있다.

이때 정대용이 말한 공염제도의 운영 사정을 들어보면, 염민들은 염본미 1500석을 대부받고 공염 3천 석을 제조·납부하는 이외에 김해부에 십일조세(什一條稅)를 바쳤고 또 용당창(龍塘倉)의 침장염 168석 10두와 왜관염(倭館鹽) 2석 7두 등을 조달하여 관부에의 1년 조달량은 모두 3470석이었으며, 이 가운데 용당창 침장염은 1석에 2냥씩을 받고 있었다. 그러나 이때에는 자염(煮鹽) 연료의 조달이 어려워져서 종래 8~9냥이면 구입할 수 있었던 양의 가격이 30~40냥까지 올랐으므로 염민들은 이제 염본미 1석이 공염 2석을 제조하는 댓가가 될 수 없는 것이라 말하고 있었다. 그러나 정대용은 도내의 창원·동래·울산 등지의 염전이 모두 공염제도를 실시하기에 적합하지 않은 점, 공염 3천 석은 산간민에게 공급하기 위한 것이며, 그외의 왜관염은 양이 적어서 그 존폐의 영향이 크지 않고 기타의 공용 염도 이를 혁파하기 어렵다는 점 등을 들고, 시정책으로서 연료비 3천 냥을 따로 지급하고 또 용당창 염가도 1석에서 1냥씩을 더 지불할 것을 건의하였다.[63]

---

63) 같은 책, 180册, 正祖 16年 5月 22日條.

　　左議政蔡(濟恭)所啓 (…) 項因金海鹽民上言 爲弊之端 矯捄之策 詳査狀聞之意 行會本道矣 卽見慶尙監司鄭大容狀啓 則以爲 鳴旨菉豆兩島 鹽産豊饒 始自乙丑設倉儲米 每年出給本米 一千五百石於鹽漢等處 公鹽三千石 使之煮納 此外又有什一條稅 納於本邑者及龍塘倉沈醬鹽 一百六十八石十斗之每石二兩式給價取用者 倭館鹽所納 不過爲二石七斗 一年應捧 合爲三千四百七十石零 而近來柴道極艱 昔之八九兩所貿 今爲三四十兩 以一石本米 不能辦二石鹽煮出之資 而昌原·東萊·蔚山等邑鹽田 擧皆防築海口 片片設釜 陳起無常 況其屢經危險

앞에서 논급한 바와 같이 명지도의 공염제도는 염본미 1500석을 염민에게 대부하고 그 댓가로 소금 3천 석을 거두며 그것으로 다시 미곡 3천 석을 교환하여 운영경비와 진곡(賑穀) 혹은 비공급대(婢貢給代) 등에 충당하게 되어 있었다. 그러나 정대용의 장계에서는 염민이 염본미는 종래와 같이 1500석을 받으면서 공염은 종래 3천 석 이외에 약 5백 석을 더 납부하고 있어서 그만큼 부담이 커진 것이었다. 또한 정부의 공염제도 운영은 앞에서 지적한 바와 같이 불과 4개월간에 염본미 1500석을 3천 석으로 배증시킬 수 있는 영리성이 높은 사업이었으므로 염민들도 이때에는 연료비의 앙등과 더불어 염본미 1석을 소금 2석으로 환산하던 종래의 공염가를 개정하려 하였고 그 결과가 암행어사를 통하여 건의된 것이라 생각되며, 또 한편으로는 여기에도 역시 공염제도를 폐지시키고 이를 민영화하려는 사상층의 책동이 적용된 것이라 생각된다.

이와 같은 사정을 뒷받침해주는 기록은 1798년(정조 22)에 명지도 공염제도의 폐단을 지적한 양산군수의 상소에 대하여 왕이 답한 내용에서 나타나고 있다. 이 기록에 의하면 당시의 양산군수 윤노동(尹魯東)은 명지도 공염제도가 중국의 제도를 본받은 것이며 그 목적이 백성에게 이익을 주는 데 있었지만 지금에는 오히려 관부가 민업(民業)을 빼앗은 결과가 되어 해도(該島)의 50여 염부(鹽釜)가 반으로 줄고 도민(島民)이 생활로를 잃었을 뿐 아니라 낙동강 좌우 연안민이 소금을 먹지 못하여 탈이 난다 하고 사상인의 소금 판매를 금하면 남은 염부도 모두 폐지될 것이라 보고했던 것이다.[64] 앞서 논급한 암행어사 정대용의 보고에 대

米鹽運輸不便 移定一款 非所議到 而公鹽三千石 係是峽邑民食 倭館鹽數 亦至些別 無存減之可論 而公用所需 到今革罷 俱難遽議 目下矯捄之方 惟有添給貿柴之價 而本倉米錢不敷 推移無路 還穀應留中 如得萬石米 加分取耗 依詳定發賣 則逐年辦錢 當爲三千兩 以此添給三千包公鹽之費 龍塘鹽 自臣營別爲措劃 每包添給一兩 亦如公鹽之例事 請令廟堂稟處矣

하여 많은 논의가 있었지만 결국 좌의정 체제공의 의견에 따라 공염 3천 석을 1500석으로 반감하고 그 결과 여유가 생기는 염본미로써 연료비를 더 지급하도록 결정하였다.[65]

　다음에 인용이 되는 바와 같이 공염제도가 폐지되던 당시의 기록으로 미루어보아 체제공의 의견에 따라 공염량을 반감하기로 한 이때의 결정이 반드시 현실적으로 실시되었는지는 의문이지만,[66] 이와 같은 사실은 공염제도 자체가 가지는 운영상의 불합리 내지 모순성과 사상인층의 강력한 저해활동 등이 원인이 되어 공염제도가 점차 무너져가고 있었던 실정을 말해주고 있다.

　내적인 혹은 외적인 요인 때문에 점점 그 기능을 잃어가던 명지도의 공염제도는 마침내 1819년(순조 19)에 폐지되고 말았으니 그것은 명지도에서 공염이 제조된 지 70여 년 후였다. 공염제도의 폐지는 이때 경상감사를 지낸 김노경(金魯敬)의 제의에 의한 것이었다. 그의 장계에 의하여 폐지된 당시의 공염장 운영 사정과 그것을 폐지한 과정을 살펴보면 다음과 같다.

　김노경은 당시의 경상도 내 민읍(民邑)의 폐단 가운데 이 공염제도가 으뜸이라 지적하고 그 운영상황에 대하여 염본미 1500석을 전냥으로 환산한 4500냥을 염민에게 대부하고 소금 3천 석을 거두며 그것을 다

---

64) 같은 책, 188冊, 正祖 22年 11月 29日條.
　　答梁山郡守尹魯東疏曰 (…) 我國鳴旨島煮鹽 亦倣文靖·建安置倉之式 近反官擅其收 民奪其業 半百餘釜 所縮幾半 島氓之失哺 姑無論 道內左右沿民 亦將食無鹽而肌生毛 (…) 爾所謂 私船路阻 則竊恐餘釜漸空云者 道得如盡透破眞境 (…)
65) 같은 책, 180冊, 正祖 16年 5月 22日條.
　　(左議政蔡濟恭)曰 臣意則煮鹽三千石數內 減其一千五百石 則所煮減半 民力必紓 且於本倉 曾前所給千五百石本米 亦當有餘 以此量宜添給柴價 則恐爲兩便之政 (…) 上曰 依爲之
66) 주 67에 제시한 자료에 보이는 바와 같이 이보다 약 30년 후 공염제도가 폐지될 때도 염본미는 1500석이며 그것으로 거두어들이는 염도 3천 석으로 되어 있다.

시 소금 1석당 7냥으로 판매하여 그 금액으로 염본전 4500냥을 환보(還報)하고 비공급대 조로서 2281냥을 균역청에 납부하며 또 감영의 탕채대로서 3219냥을 충당하고 나머지는 선임(船賃)과 관리들의 비용으로 사용케 하였으나 실시한 지 얼마 안 되어 폐단이 생긴 것이라 하였다.[67]

염민에게서 매년 거두는 소금 3천 석을 1석당 7냥으로 판매하면 그 대가는 모두 2만 1천 냥이 된다. 이 금액 중에서 전술한 염본전과 비공급대, 감영의 탕채대를 지급하면 그것이 합계 1만 냥이어서 결국 나머지 선임(船賃)과 관리의 비용이 1만 1천 냥이 된다. 선임이 1년에 얼마씩 지급되었는지 알 수 없지만 관리에게 지급되는 비용이 그것과 합하여 전체 경비의 반이 넘는 셈이며, 이 기록이 말해주는 것과 같이 이때의 공염제도는 실시 당초의 목적인 진곡 확보와는 전혀 관계없이 완전히 중앙정부와 지방관아 및 현지 관리의 비용을 염출하기 위하여 운영되고 있었음을 알 수 있다. 그러므로 그것은 설치 당초의 명분을 잃고 하나의 수탈기관으로 존속될 뿐이었고 이 때문에 염민과 사상층의 강력한 반발에 부딪히게 되었으며 따라서 폐지되지 않을 수 없었던 것이다.

명지도의 공염제도가 폐지될 경우 지금까지 공염제도를 운영함으로써 충당해오던 비공급대 조의 2281냥과 경상감영 탕채대 3219냥 합계 5500냥을 마련할 길이 없었으며, 그것은 또 공염제도를 폐지하지 못한 이유이기도 하였다. 그러나 김노경은 공염제도의 폐지를 주장하면서 이 5500냥을 마련할 방책도 아울러 제시하였다. 그것은, 첫째 지금까

---

67) 같은 책, 208册, 純祖 19年 5月 26日條.

領議政徐(龍輔)所啓 此慶尙前監司金魯敬狀啓也 以爲本道民邑之弊 卽鳴旨·菉豆兩島公鹽爲最 每年自本營出給蒜山倉鹽本米一千五百石代錢四千五百兩於兩島鹽民等處 捧鹽三千石 每石價定以七兩發賣 四千五百兩 還報本米代錢 二千二百八十一兩 添補於婢貢給代條 上納均廳 三千二百十九兩 劃屬於本營蕩債之代 其餘則船價及監色輩雜費聊賴之資而行未多年 無弊不生 (…)

지 산산창 관리들에게 지급하던 요미(料米) 2450석과 기타 비용 1300석을 합한 3750석의 모곡(耗穀) 375석을 환전한 1125냥과, 둘째 지금까지 염민에게 대부하던 염본전 4500냥과 시가첨급전(柴價添給錢) 1500냥과 당시 산산창에 있던 6천 냥으로 환곡한 1만 석의 모곡 1천 석을 환전한 1200냥과 공염제도가 폐지된 후에도 계속 매년 염민에게 거두어들일 소위 염민의 원납세염(願納稅鹽) 1천 석을 매 석당 2냥 5전씩으로 환전한 2500냥 등 합계 4825냥으로 충당하며 아직도 부족한 675냥은 경상감영의 탕채대를 삭감함으로써 해결하자는 것이었다.[68]

이와 같은 김노경의 대책은 3종의 모곡을 환전함에 있어서 가격의 차이가 있는 등 다소 의문점이 없지도 않으나 당시로서는 실현성 있는 방안이었던 것 같아서 정부에 의하여 그대로 받아들여지고 있다. 즉 김노경의 장계에 대하여 정부에서는 "경상도의 공염제도로 인한 폐단은 암행어사에 의하여 여러 번 보고되었지만 각종의 급대를 대신 충당할 방안이 없었기 때문에 지금까지 개혁하지 못하였던바, 이번 전 감사의 건의는 내용이 상세하고 합당하여 충분히 그 폐단을 시정할 만하다" 하고 김노경의 건의에 따라 공염제도를 폐지할 것을 주장하였고 왕이 이에 동의함으로써[69] 공염제도는 마침내 폐지되었던 것이다.

---

68) 같은 책, 208冊, 純祖 19年 5月 26日條.
 (…) 今若罷此公鹽 以蒜山倉米租之劃付防債條中 該倉監色庫等料米之年例上下條折米二千四百五十石及其外 一千三百石合添付取耗三百七十五石 作錢一千一百二十五兩 鹽本錢四千五百兩 柴價添給錢一千五百兩 蒜山倉時留錢六千兩 合作租一萬石 取耗一千石 作錢一千二百兩 鹽民之願納稅鹽 一千石 每石價定以二兩五錢 合二千五百兩 使之每年收納 則通計米粗鹽稅價 合爲四千八百二十五兩 給代不足之數 只爲六百七十五兩 此則減下於本營蕩債劃付條而其代 自本營從他塗抹 (…)

69) 같은 곳.
 (…) 本道公鹽之弊 前後繡衣之論啓 非止一再 而只緣各樣給代之無所出處 至今因循 今觀前道臣狀辭 其所條列 纖悉燦然 不煩區劃 而可除一路積痼之瘼 事實旣如此 則何可斬持 依狀

공염제도가 폐지된 후의 명지도 염장의 운영문제에 관해서는 전혀 기록을 찾을 수 없는데 그 이유는 지금 우리가 이용할 수 있는 기록이 모두 정부문서이기 때문이다. 명지도 염장의 경우 그것이 공염제도하에 놓여 있을 때는 정부문서의 기록대상이었으나 공염제도가 폐지된 후부터는 그 대상에서 벗어났으며 이때의 운영 실정은 사문서·민간문서에서 찾을 수 있을 것이지만 지금은 그것을 구하지 못한다. 따라서 1819년(순조 19)에 공염제도가 폐지된 후부터 명지도 염장의 운영에 관한 기록이 정부 측 문서에서 전혀 보이지 않는 사실은 곧 그것이 이때부터 사상인층 혹인 염민들의 사경영하에 들어갔음을 간접적으로 말해주는 것이라 할 수 있다.

공염제도가 폐지된 후의 명지도 염장이 어떤 형태로 운영되었는지 밝힐 수 없지만 대개 부상대고로 지칭되던 비교적 자본규모가 큰 몇 사람의 상인에 의하여 운영되었으리라 추측되며, 이 경우 중앙과 지방 관리에게 납부하는 세금만이 정기적으로 부과되었던 것이라 생각된다. 예를 들면 공염제도가 폐지된 76년 후인 1895년(개국 504)에 작성된 김해읍지에 의하면 명지도와 채도(菜島)의 염민은 매년 호조에 대해 염세전(鹽稅錢) 5백 냥을, 경상좌수영에 대하여 백합염(白蛤鹽) 11두 값으로 33냥을, 염곽대전(鹽藿代錢)으로 19냥 5전을 납부하고, 이밖에도 김해부에 백합염 3두 2승과 침장염 49석, 지세염(地稅鹽) 250석을 납부하였는데 김해부에 바치는 침장염은 매 석당 1냥씩의 대금을 바치고 있다.[70] 이와 같은 염민들의 부담을 공염제도 실시 당시의 그것과 정확히

請施行之意 分付何如 上曰 依爲之

70) 『金海邑誌』, 開國五百四年.

京司上納 戶曹納鹽稅錢五百兩 六月上納 鳴菜兩島民 左水營 白蛤鹽十一斗 代錢三十三兩 鹽藿代錢 十九兩五錢 官用 白蛤鹽三斗二升 臺也鳴旨菜島三面無本錢 春秋分捧 大祭時

비교할 수는 없지만 관부에 대한 부담이 줄어드는 반면 새로운 경영자로 나타난 사상층에의 부담이 가중되었으리라 추측된다.

5. 맺음말

이상에서 우리는 18세기 중엽에 실시되었다가 19세기 전기에 폐지된 조선왕조의 명지도 공염제도에 대하여 그 운영실태와 와해 과정을 살펴보았다. 이에 결론을 위하여 본고에서 특히 유의하려 생각하였던 점을 다시 지적해본다.

첫째, 18세기는 조선왕조 정부가 그 재정확보책으로 생산장을 직접 관장하는 경우가 많았으며 그것으로 재정적인 도움을 어느정도 받았다. 그러나 그것은 이 시기에 일부 발달해가고 있던 상업자본의 생산 지배 현상과 대치되어 심한 경쟁을 빚었다.

둘째, 주목할 것은 이 시기에 있어서의 관부가 운영하는 각종 생산장의 운영체제 문제이다. 제철장·조선장·제염장 등 관부가 운영하는 생산장은 대개 별장·대장(代將) 등의 관리인에 의하여 운영되었는데 이들은 단순한 관리인이라기보다 이들 생산장의 실질적인 경영주로서 비록 관부에 기대기는 하지만 생산장 경영을 통하여 부의 축적에 성공하고 있었으며, 이들은 또 생산장의 관영성이 배제된 후에는 사영주(私營主)로서 옮겨 앉을 가능성도 없지 않았던 것이다.

셋째, 17~18세기에 나타나는 이와 같은 관영생산장은 관영이란 테

進排 沈醬鹽 三十四石春等 十五石秋等 每石本錢一兩式 出給鳴菜鹽民 春秋捧用 地稅鹽 一百七十五石 代錢七百兩春等 七十五石 代錢三百兩秋等 鳴旨菜兩島民處無本錢分 捧春等 每朔一百十六兩六錢七分 秋等每朔五十兩

두리 안에서 민간자본이 투입되어 민수품을 생산하기도 하였고 명지도 공염장과 같이 끝내 폐쇄되기도 하였다.

넷째, 주목되어야 할 점은 조선왕조 후기에 나타난 관부의 생산장 경영이 명지도 공염장과 같이 폐쇄되는 경우 그것을 폐쇄시킨 힘은 사상인층이나 민간수공업자들의 성장에 있었으며 이 점이 바로 조선왕조 후기 사회경제 사정의 큰 흐름이었다는 점이다.

(『史學志』, 1970년 1월, 原題 「朝鮮時代 公鹽制度考 ― 鳴旨島 鹽場을 중심으로」)

조선업과 조선술의 발전

1. 머리말

반도를 생활무대로 하는 한민족의 해상활동은 그 역사의 전개와 더불어 시작된 오랜 것이었으며, 따라서 조선(造船)의 역사도 같은 것이었다. 삼국시대 이래 전개된 중국 측과의 부단한 해상교역이나, 일본 측과의 빈번한 군사적인 혹은 교역상의 접촉은 서해와 동해 혹은 남해를 넘어 다닐 수 있는 수준의 선박이 건조되었음을 말해주고 있는 것이다. 백제는 중국의 남조 측과 활발히 교섭함으로써 그 조선술은 황해를 정복하였고, 신라는 이미 진한(辰韓)시대부터 일본에 자주 왕래하였던 뒤를 이어, 초기부터 현해탄을 정복하였던 것이며, 빈번한 왜인의 내침에 대비하여 일찍부터 전선(戰船) 건조에 주력하였고, 국세가 확장되어 중국 측과의 해상교통이 열렸을 무렵에는 선부서(船府署)와 같은 조선기관을 설치하여 조선술을 발전시켰던 것이다.

신라 조선술의 발전상은 그 수군의 활약에서도 엿볼 수 있으며 특히 백제와 고구려가 멸망한 후 당군을 한반도에서 축출할 때의 신라 수군의 활약은 눈부신 것이었다. 통일 후의 신라는 당과의 빈번한 교섭을 대부분 해상을 통해 했으며, 중국 연안에서의 신라인 거류지의 확보, 장보고(張寶高) 등에 의한 서해 및 남해의 제해권(制海權) 장악 등은 모두 신라인의 우수한 조선술이 뒷받침된 것이다.

고려 태조 왕건(王建)의 통일과업은 궁예(弓裔)의 막하에서부터 그가 직접 영솔하던 수군력에 힘입은 바 컸던 것이니, 그의 수군이 전라도 해상을 제압함으로써 후백제 공략에 성공할 수 있었던 것이다. 또한 고려 왕조 성립 후에도 도부서(都府署)를 중심으로 하는 수군 조직은 동해에 출몰하는 여진(女眞)의 해구(海寇)를 격퇴할 수 있었으며, 현종(顯宗) 때 75척의 과선(戈船)을 건조하여 동북 해적에 대비한 것이나, 고려의 병선 수백 척이 이른바 도이적(刀伊賊)을 공격하였다는 기록 등은 당시의 조선 규모를 전해주고 있다.

고려시대를 통하여 대규모적인 선박 건조는 역시 일본 원정 시에 있었다. 고려는 앞서 원종(元宗) 13년(1272)에 전함병량도감(戰艦兵糧都監)을 설치하였고, 동 15년(1274)에는 공장(工匠)과 역부(役夫) 3만 5백 명을 동원하여 대소 선박 9백 척을 건조하였던 것이다. 두 번의 원정이 모두 실패하였지만, 폭풍우 속에서도 온전하였던 고려 병선의 우수한 건조술은 원나라 사람들에게도 알려졌다. 일본 원정 이후에 있어서의 고려 수군의 활약상과, 이에 따르는 조선활동은 왕조말기에 빈번하였던 왜구의 격퇴에서 나타났으며, 특히 정지(鄭地)의 혁혁한 전공은 전함 건조에 주력한 결과였고, 전선 1백여 척이 동원된 박위(朴葳)의 대마도 원정에서도 조선활동의 일단을 엿보게 한다.

한편 고려시대에는 세곡(稅穀)운반을 위한 조운(漕運)제도가 확립되어서, 남부지방을 중심으로 12조창(漕倉)이 설치되었고, 조창마다 일정한 조선(漕船)이 건조 비치되었는데, 각 조창에는 대개 평저선(平底船)

20척이 있었으며, 그 적재량은 1천 석에 이르는 것이 있었으니, 선박의 규모를 짐작할 수 있다. 이들 조선은 멀리는 경상도의 남해안 지방에서 세곡을 적재하여, 서해를 들러 개성까지 운반하였으며, 항로에는 안흥량(安興梁)과 같은 험로가 있어 자주 침몰사고가 일어나기도 하였던 것이다. 그러나 고려인들의 조선술이 이를 극복할 수 있었음은 물론, 그들의 교역선은 황해와 동중국해를 지나 중국 남부에 있던 송나라에까지 빈번히 왕래하였다. 옹진지방에서 황해를 건너 산동(山東)반도에 이르는 옛날로부터의 항로 이외에, 유명한 벽란도(碧瀾渡)에서 흑산도를 지나 양자강(揚子江) 이남 협주산(脅周山)에 이르는 험하고도 새로운 항로를 개척한 것은, 거란(契丹)·금 등 북방민족들의 세력이 팽창하여 위협을 받은 데도 이유가 있지만, 한편으로는 조선술의 발달이 뒷받침된 것이라 할 수 있다.

고려시대의 이와 같은 활발한 해외진출 기상은 조선시대에 들어오면서 쇄국적인 정부시책에 따라 위축되었다. 민간인의 해외왕래는 허용되지 않았고, 중국 측과의 공식적인 내왕도 육로를 통하였으며, 일본 측과의 교섭도 주로 그들의 입국이 많았을 뿐, 조선 측에서는 몇 번의 통신사행(通信使行)이 있었을 뿐이었다. 그러므로 조선시대의 해상활동은 내해(內海)지역에 한정된 것이었고, 선박 건조도 조운선(漕運船)과 주로 일본 측에 대비한 전선 및 근해 어로와 내륙지방의 도강에 이용된 어선·진선(津船) 등에 한하였다. 따라서 선박의 규모도 어느 정도를 넘어서지 못하였고, 조선술 역시 일정한 한계를 벗어나지 못하였다. 조선왕조가 존속하였던 약 5세기 동안에 세계 해양사상에는 대변혁기가 있었지만, 조선왕조의 조선 사정은 그 기술 면에서는 획기적인 발전을 가지지 못하였고, 다만 조선업 부문에서 새로운 양상이 나타나고 있었으니, 왕조후기에 보이는 민간조선업의 발전이 그것이다. 한편 19세기 말엽의 문호개방 이후에는 조선왕조의 조선계에도 많은 변화가 일어났지만, 본고는 문호개방 이전까지만을 그 서술 범위로 하였다.

2. 官府의 造船 관리

(1) 조선기관의 변천

신라와 고려시대에는 관부의 조선기관으로서 선부서와 전함도감 등이 있었으며, 조선시대에도 그 건국 당초부터 조선기관이 설치되었다. 왕조가 성립되던 1392년(태조 원년) 7월에 문무백관(文武百官) 제도를 제정할 때, "掌營修戰艦 監督傳輸等事"하기 위한 기관으로서 사수감(司水監)을 설치하였으며, 이에 배속된 관리는 정2품의 판사(判事) 2명, 종3품의 감(監) 2명, 종4품의 소감(小監) 1명, 종5품의 승(丞) 1명과, 겸승(兼丞) 1명, 종6품의 주부(注簿) 3명과 겸주부 1명, 종7품의 직장(直長) 2명, 정8품의 녹사(錄事) 2명 등이었다.[1] 이와 같은 사수감은 그것이 선박 관리기관만이 아니라, 직접 그곳에서 선박을 건조하였음을 알 수 있는데, 태조 6년(1397)에 "幸龍山江 視司水監新造兵船"[2]이라 하였음이 그것을 말해주고 있다.

이후, 사수감은 태종 3년(1403)의 관제개편으로 사재감(司宰監)에 병합되었다가[3] 세종 14년(1432)에는 병선 제조의 중요성이 강조되어, "專

1) 『太祖實錄』 卷1, 太祖 元年 7月 丁未條.
2) 같은 책, 卷12, 太祖 6年 8月 丁亥條.
3) 『太宗實錄』 卷5, 太宗 3年 6月 乙亥條.
   汰冗官改官制 (…) 司水監合司宰監

掌戰艦 凡干培養松木修造船隻等事"하는 사수색(司水色)으로 부활하고, 관원으로 도제조(都提調) 1명과 제조(提調) 2명, 별감(別監) 2명, 녹사 2명을 두었고,4) 다시 세종 18년(1436)에는 수성전선색(修城典船色)으로 개편되어, 축성 분야를 관장하는 별감 4명을 더 두게 되었으며,5) 다시 세조 11년(1465)에는 전함사(典艦司)로 그 명칭이 고정되었다.6) 『경국대전(經國大典)』에는 "掌京外舟艦"하는 기관으로서 도제조와 제조 각 1명, 제검(提檢)·별좌(別坐)·별제(別提) 등 5명을 두었으며,7) 성종 원년(1470)에는 경기좌우도의 수참판관(水站判官)을 통속(統屬)할 기관이 없어서 조선의 간수와 조운업무가 철저히 이행되지 않는다는 이유로 이후부터는 참선(站船)도 전함사에 소속시키고, 수참판관의 포폄(褒貶)도 호조와 전함사 제조가 협의하여 이행케 하는 한편 전라·충청도의 조선도 종래 삼도경차관(三道敬差官)이 관장하던 것을 역시 전함사에 소속시켰다.8)

이와 같이 전함사는 그 기구 면에서의 변화는 빈번하였지만, 왕조의 전기(前期)를 통하여 선박 관리기관으로서만 아니라 직접 조선소로서

---

4) 『世宗實錄』 卷58, 世宗 14年 12月 乙巳條.
5) 같은 책, 卷72, 世宗 18年 5月 甲午條.
   兵曹啓 改司水色爲修城典船色 擇勤謹者四人爲別監 兼掌各官築城 分遣各道 監檢造築 以爲恒式 從之
6) 『新增東國輿地勝覽』 卷2, 京都 下 典艦司條.
   南袞記 典艦司 掌舟船之事 厥初無衙門 但謂之典船色 假寓於街廊 使錄事 權主文簿而已成化紀元之初年(世祖 10) 始改今名 設局置員 又用宰相二人 以總領之 略倣宋人轉運司遺制
7) 『經國大典』 吏典 京官職 典艦司條.
8) 『成宗實錄』 卷6, 成宗 元年 6月 乙丑條.
   戶曹啓 京畿左右道水站判官 無所統屬 故漕船看守及漕轉諸務 專不用心 事多陵夷 請今後站船並屬典艦司 其水站判官褒貶 本曹及典艦司提調 同議施行 又全羅·忠淸道漕船 三道敬差官掌之 而亦無統屬未便 可依上項例施行

의 기능을 다했으며 조선기술상의 문제도 모두 여기에서 취급하고 있었다. 앞에서 든 바와 같이, 태조 6년(1397)에 이미 왕이 사수감에서 새로 만든 병선을 관람하였다는 기록이 있는가 하면, 세종 16년(1434)에는 사수색에서 만든 전함과 류우규우국(琉球國) 선장(船匠)이 만든 전함의 효능을 비교한 기록이 있으며,[9] 문종 원년(1451)에는 중국의 조선술을 도입하면서 그것을 설명한 보고서를 수성전선색에 보내었다.[10] 새로운 조선술을 수성전선색으로 하여금 시험하게 한 것이라 생각된다. 또한 세조 7년(1461)에는 신숙주(申叔舟)가 한 척의 선박으로 병선과 조선을 겸용할 것을 건의하였는데, 이때도 그 구조를 전선색에서 연구하게 하였고,[11] 이에 따라 전선색에서는 전투와 조운에 양용(兩用)할 수 있는 새로운 선박의 구조를 고안하여 모든 포구의 병선을 이 구조에 따라 개조해가도록 결정하고 있으며,[12] 앞에서 말한 바와 같이 성종 원년(1470)에는 경기도와 전라·충청도의 조선을 직접 관리하게 되었고, 이 때문에 조운을 관리하는 수운판관(水運判官) 2명과 해운판관(海運判官) 1명을 직원으로 소속시키고 있다.[13]

전함사는 원래 내사(內司)와 외사(外司)가 있어서, 내사는 서울의 중부 징청방(澄淸坊)에 있고, 외사는 서강(西江)에 있었다고 하는데,[14] 내사는 선박 관리 혹은 조선 관리 사무를 관장하였으며, 서강에 있는 외사는 그것이 바로 조선소였으리라 생각된다. 조선왕조시대의 서강은 황

9) 『世宗實錄』 卷65, 世宗 16年 9月 丁酉條.

10) 『文宗實錄』 卷6, 文宗 元年 3月 壬寅條.

11) 『世祖實錄』 卷26, 世祖 7年 10月 戊辰條.

12) 같은 책, 卷26, 世祖 7年 11月 甲子條.

13) 『成宗實錄』 卷6, 成宗 元年 6月 乙丑條.

14) 『新增東國輿地勝覽』 卷2, 京都 下 典艦司條.
   在中部澄淸坊 外司在西江 掌京外舟艦

해·전라·충청·경기 등 각 도의 조운선이 집결하였던 곳이며,[15] 따라서 이곳에는 광흥창(廣興倉)·풍저창(豐儲倉) 등이 있었다.[16]

조선왕조의 전기를 통해서도 병선·조선 등 관선이 모두 전함사에서만 건조된 것은 아니었다. 예를 들면, 태종 원년(1401)에는 '삼도도체찰사(三道都體察使) 임정(林整)'으로 하여금 조선 5백 척을 건조하게 하였는데,[17] 그는 다음 해에 경상도에서 111척, 전라도에서 80척, 충청도에서 60척을 건조하여[18] 이를 서강으로 옮겼다.[19] 이 경우, 이들 251척의 선박은 3개 도에서 건조된 것이지만, 역시 서강으로 옮겨 전함사의 관할 아래 두었던 것이라 생각되며, 그 조선 관리도 전함사에 의하였던 것이라 생각된다.

어쨌든 조선왕조의 전기를 통하여 선박 건조는 이와 같이 전함사에 의하여 관장되었다. 그러나 왕조의 후기에 접어들면서 전함사의 선박 관리 및 조선 기능은 점점 약화되어갔고, 마침내는 전함사 자체가 폐지되었다. 우선 영조조에 편찬된『속대전(續大典)』에서는 수운판관이 없어지고, 정조조에 편찬된『대전통편(大典通編)』에서는 해운판관이 없어지며,[20]

---

15) 같은 책, 卷3, 漢城府條.
　　西江在城西十五里 黃海·全羅·忠淸·京畿下流漕轉 皆集于此

16)『世宗實錄』卷148, 地理志 京都漢城府條.
　　西江在西小門外十一里 亦收貯遭運之所 有廣興江倉 豐儲江倉

17)『太宗實錄』卷2, 太宗 元年 12年 壬申朝
　　初上用領司平府事河崙獻議 以都捴制朴子安爲慶尙道都節制使 林整爲三道都體察使 發忠淸·全羅·慶尙之民 造漕船五百艘 冬寒民甚苦之

18) 같은 책, 卷3, 太宗 2年 5月 丙戌條.
　　三道體察使林整 造漕運船 慶尙道一百十一艘 全羅道八十艘 忠淸道六十艘

19) 같은 책, 卷3, 太宗 2年 6月 癸亥條.
　　議政府 宴三道體察使林整于西江 整多造兵船 領二運漕船 泊于西江

20)『續大典』吏典 京官職 典艦司條 및『大全通編』吏典 京官職 典艦司條 참조.

마침내는 전함사 자체가 공조에 병합되어버린 것이다.[21]

왕조후기를 통하여 전함사가 조선 관리기관 혹은 조선장으로서의 기능을 잃어가게 되자, 조선 관리 업무는 주로 비변사(備邊司)와 공조, 선혜청(宣惠廳)으로 돌아갔고, 조선장으로서의 기능은 주로 삼남지방의 수영(水營)이 대신하게 되었다. 앞에서도 말한 바와 같이, 왕조의 전기에 있어서도 선박 건조가 전함사에서만 이루어진 것이 아니었고, 연해지방의 선재(船材)산지가 곧 조선장이 되었으리라 생각되지만, 왕조후기에는 삼남지방의 수영, 특히 전라도의 좌·우수영이 일종의 관선 청부 제조장화하였던 것이다.

우선 비변사와 공조가 조선 관리 업무를 맡았던 사정을 들어보면, 비변사는 병선을 비롯한 대부분의 관선 제조를 관장하였는데,『비변사등록(備邊司謄錄)』에 보이는 "沿海養松處船隻造作之時 必自本司 啓稟分付然後 始爲斫取材板事 已有先組定奪矣"[22] 혹은 "本道(黃海道)無養松船材斫取之處 故備送價本於備局 備局送于公洪·全羅等道水營 使之造船上送"[23]이라 한 기록 등은 관선 건조에 있어서의 비변사의 역할을 잘 말해주고 있는 것이다. 즉 관선을 건조함에 있어서 그 건조장은 지방의 선재산처나 수영이었다 하더라도, 그 사무 관장은 비변사가 맡고 있었던 것이다.

다음, 공조의 경우는 주로 서울 근교의 진선(津船) 건조를 관장하고 있었다. "京江船隻 皆屬工曹 收捧船稅 各處津船 如有改造初造之事 則以其所捧船稅 措備物力者 本曹規例也"[24]라 한 것이나, "本曹(工曹)所管四鎭津船

---

21)『東國輿地備攷』卷1, 革廢官署條에 의하면, "戰艦署 在中部澄淸坊 外司在西江 國初置司水監 掌營修戰艦 監督轉輸等事 世祖乙酉改典船 後改今名 其屬京畿左右道水站 後罷屬于工曹"라 하였다. 그러나 전함사가 공조에 폐합된 정확한 시기는 알 수 없다.

22)『備邊司謄錄』31册, 肅宗 元年 1月 15日條.

23) 같은 책, 42册, 肅宗 14年 1月 25日條.

24) 같은 책, 59册, 肅宗 34年 12月 19日條.

(…) 近緣本曹物力蕩殘 造船諸具 無以備給"[25]이라 한 것 등은 그것을 말해
주고 있다.

왕조후기에 있어서는 주로 비변사와 공조가 전함사에 대신하여 선박
건조를 관리하였지만, 한편 선박의 건조장은 앞에서도 말한 바와 같이
대부분 삼남지방의 수영이었다. 조선시대의 수영으로서 독립적으로 설
치된 것은 경기도와 황해도·충청도에 각 1개처, 경상도와 전라도에 좌
우 2개처가 있었으며, 이밖에 임진왜란을 계기로 설치된 통영이 있었는
데, 주로 경상도와 전라도·충청도의 수영 및 통영이 선박 건조를 담당
하였던 것이다.

이들 수영이 선박을 건조한 것은 그 주변에 재목산지를 가지고 있었
기 때문이지만, 점차 수영 자체가 보유하는 전투선을 건조할 뿐만 아니
라, 다른 기관의 선박도 청부하여 건조하기에 이르렀다. 예를 들면 인조
16년(1638)의 경우, 이때 한산군에도 새로이 주사(舟師)가 설치되었는
데, 이곳에는 선박재목이 없었으므로 수영에서 전선 1척에 쌀 250석 내
지 3백 석으로 구입한 기록이 있으며,[26] 앞에서도 잠깐 인용하였지만,
숙종 14년(1688)의 기록에 의하면, 현종 15년(1674) 이래 황해도의 소강
첨사(所江僉使)가 방어사(防禦使)로 승격하여 도내 연해(沿海) 읍진(邑
鎭)의 전선을 검칙(檢飭)하였는데, 황해도는 선재를 양성하는 곳이 없
으므로 선박가격을 비변사에 보내고, 비변사에서는 그것을 다시 충청
도와 전라도의 수영에 보내어 선박을 건조하게 하여 황해도로 보냈다.
그러나 여기에도 많은 폐단이 있었으니, 이들 남부지방의 수영이 건조

---

25) 같은 책, 81册, 英祖 3年 1月 10日條.
26) 같은 책, 5册, 仁祖 16年 5月 8日條.
　　檢討官崔有海所啓 近來沿海各官中 韓山一郡 弊瘼偏多 (…) 況今人設無前之舟師 泰安則
　　可以得材木 而他官則絶無材木 故不能造船 必以三百石 或以二百五十石米 貿船於水營

246

하여 보내온 전선이 그 원래의 제도에 맞지 않은 것이다. 예로서 장연(長淵)의 전선은 충청도 수영에서 건조되었으나 제도에 맞지 않아 건조당시의 수사(水使) 이지원(李枝遠)을 심문할 것을 요청한 일이 있으며, 전라 좌수영에서 건조하여 보낸 해주의 전선이 전투용에 맞지 않는다하여 수사를 심문하게 하였다.

이같이 삼남의 수영이 타도의 전선을 건조하는 데는 많은 폐단이 있었다. 황해도 전선을 개조할 때는 경기도의 예에 따라 각 읍진(邑鎭)이 자량(資糧)과 역가(役價)를 구비하고 공장(工匠)을 구득, 조선처에 직송케 했지만,[27] 그대로 실시되었는지는 의문이다. 왜냐하면, 이와 같은 황해도 전선 건조방법의 선례가 된 경기도도 곧 전선 건조를 삼남 수영에 일임하고 있었기 때문이다. 예를 들면 숙종 29년(1703)에도 강화(江華) 덕포진(德浦鎭)의 방패선(防牌船) 3척이 건조된 지 12년이 되어 개조하지 않을 수 없게 되었는데, 정부에서는 삼남 수영에 각각 1척씩을 분배하여 건조하도록 하는 이외에는 다른 방법이 없다 하고, 그대로 시행하고 있다.[28]

이와 같이 전국 수영 소속의 전선들이 모두 삼남지방 수영에서 건조

---

27) 같은 책, 42冊, 肅宗 14年 1月 25日條.

　　領議政南(九萬)所啓 自甲寅年後 所江僉使 陞爲防禦使 檢筋道內沿海邑鎭戰船 而本道無養松船材斫取之處 故備送價本於備局 備局送于公洪·全羅等道水營 使之造船上送 (…) 受價造送之船 漸不如前 頃日以長淵戰船 不合制度之故 公洪前水使李枝遠 啓請拿問矣 卽者海州戰船 自全羅右水營造送者 其不合戰用 (…) 今後則黃海道戰船改造當次 則依京畿例 自各其邑鎭 措備資糧役價 求得工匠 直送于造船處 某處許斫之意 報本司 則自本司 成給公文 似爲便當 (…) 上曰 依爲之

28) 같은 책, 53冊, 肅宗 29年 1月 22日條.

　　行兵判書李濡所啓 江華德浦鎭防牌船三隻 已至十二年 若不趁今改造 則待變之地 實涉疏虞 (…) 今亦似當依例 三南水營各一隻 分定造給 下詢于大臣而處之何如 右議政申(琓)曰 雖論報備局 自備局旣無可給之物力 則依例使三南水營改造之外 無他道理矣 上曰 依爲之

되었을 뿐만 아니라, 각 중앙관서나 군영 소속의 선박도 모두 남부지방
의 수영에서 건조되고 있었다. 조선왕조 후기의 삼남지방 수영은 관선
의 청부건조장과 같은 역할을 하고 있었던 것이라 생각된다. 각 중앙관
서 소속의 선박이 삼남지방의 수영에서 건조된 예를 몇 가지 들어보면,
현종 11년(1670)에는 사복시(司僕寺)의 둔곡(屯穀) 운반선을 예에 따라
전라도 좌·우수영에 배정하여 건조하였고,[29] 숙종 원년(1675)에는 훈련
도감(訓鍊都監)의 삼수량(三手粮) 운반선 5척을 개조하였는데, 3척은 전
라도 좌수영에서 2척은 동 우수영에서 개조하였으며,[30] 숙종 8년(1682)
의 기록에 의하면 당시 강화부가 관장하던 선박은 대·중·소 3등의 관선
이 60척이었고 진선이 47척이었는데, 10년에 한 번씩 개조하는 것이 원
칙이었고 개조할 때는 삼남지방의 수영이 이를 담당하지만, 강화부가
그 제조가를 지불하지 않아서 폐단이 있었다 한다.[31]

    요컨대 조선왕조는 그 건국 당초부터 중앙관부에 조선 관리기관으로
사수감을 두었고, 그것이 전함사로 명칭이 변경되었으며 왕조초기에는
조선소로서의 역할도 겸하고 있었다. 그러나 왕조의 후기에 접어들면
서 관영수공업기관으로서의 전함사는 기능이 마비되어 마침내 폐지되

---

29) 같은 책, 29册, 顯宗 11年 2月 14日條.
    啓曰 卽接司僕寺牒呈內 本寺不可無船隻之意 曾在先朝榻前定奪 中船二隻 造置京江 限滿
    則移文全羅左右水營 使之覓給船材船匠 改槊改造矣 今者一隻限滿 當爲改造 仍載興陽屯穀
    以來 而近來松禁至嚴 請自本司分付云 依頃日訓鍊都監船隻例 令主管左水營改造以給 (…)
    答曰允
30) 같은 책, 31册, 肅宗 元年 1月 15日條.
    啓曰 (…) 訓鍊都監三手粮所運船五隻 今年當爲改槊 三隻則送于全羅左水營 二隻則送于
    右水營 依前添木改槊宜當 (…) 答曰允
31) 같은 책, 36册, 肅宗 8年 8月 26日條.
    江華留守趙師錫所啓 (…) 本府所屬官船 大中小竝六十餘隻 津船亦四十七隻 (…) 而十年
    爲限 一度改造 故每當改造之年 則自備局 分付三南水營 使之新造上送於江都 而元無給價之
    規 三南各營 每當新造 擧皆難堪 (…)

고, 조선 관리는 비변사와 공조가 대신하였으며, 지방의 수영이 조선장의 역할을 하게 되었던 것이다.

(2) 造船 관리상의 변화

왕조전기의 조선기관이었던 전함사는 관장제(官匠制)수공업체제의 일환으로 설치된 것이었으므로, 앞에서 든 바와 같이 그것을 운영하는 관리가 소속되어 있었으며, 조선기술자인 선장(船匠)이 10명 전속되어 있었다.[32] 관영수공업장으로서의 전함사는 정부가 조달하는 경비와 원칙적으로 부역노동에 의존하여 관선을 건조하였다. 예를 들면 앞의 태종 원년(1401)의 삼도체찰사 임정이 조선 5백 척을 건조할 때 충청도와 전라도·경상도민을 징발하였는데, 겨울철을 당하여 징발된 백성들이 고통스러워한다 하므로, 또 삼도문민질고사(三道問民疾苦使)를 파견하고 있다.[33] 또한 세종 원년(1419)에 충청·전라·경상도의 병선을 개조할 때도 하번선군(下番船軍)을 동원하고 있다.[34] 이와 같은 사정은 왕조전기의 관선 건조 업무가 관부와 직결되고, 거의 순수한 부역노동에 의하여 이루어지고 있었음을 말하는 것이며, 다른 수공업 분야도 같은 사정이었다.

왕조의 후기에 와서도 선박 건조는 정부가 관할하는 산지에서 재목이 조달되어 부역노동에 동원된 조군(漕軍)이나 병졸들에 의하여 이루어지고 있었다. 병선이 수영에 소속되어 있는 수군들에 의하여 건조되었으리라는 것은 쉽게 추측할 수 있으며, 조선(漕船)의 경우도

---

32) 『經國大典』 工典 工匠條 참조.
33) 『太宗實錄』 卷2, 太宗 元年 12月 壬申朝.
34) 『世宗實錄』 卷4, 世宗 元年 7月 辛未條.

漕船 三年則改槊又三年再改槊 又三年改造 改槊改造之材木曳運牛價 船匠糧料
報施 船中什物 其價甚多 靡費之苦 十倍他軍 以故閑丁 一爲漕軍 則如就死地 百計窺
避[35]

라 한 것이나, "漕卒之役 素稱偏苦 而漕船造作 專責於此輩"[36]라 한 것으로
보면 이들은 노동력뿐만 아니라 그 비용까지도 부담하고 있었던 것 같다.
　　그러나 한편으로는 각종 관선의 건조비용이 책정되고, 그 예산된 비
용으로 특정 관리나 기관이 선박을 건조하는 일종의 청부건조 방법이
실시되고 있었다. 영조 원년(1725)의 기록에 의하여 진선 건조 사정의
예를 들어보자. 공조가 관리하는 서울 근교 4개처 진도(津渡)의 진선 수
는 합계 58척이었는데, 10년 만에 신조(新造)하고, 이후 5년 만에 개삭
(改槊)하는 것이 상례로 되어 있었으며, 그 건조비용은 1년 전에 지급하
는 것이었다. 그러나 이해 즉, 영조 원년의 조선비용 1600여 냥이 염출
되지 않아서 미리 지급하지 못하였다가 한강을 운행하는 민간선박에게
서 징세한 3백 냥과, 공조에서 저축하여왔던 550냥을 합하여 850냥을
조선감관(造船監官)에게 지급하였지만, 다음 해의 선재가(船材價) 9백
여 냥과, 이해에 지불하지 못한 조선비용을 합한 1600여 냥은 전혀 염
출할 길이 없었다.[37] 진선의 건조비용은 원래 공조가 한강에 출입하는

35) 『宣祖實錄』卷5, 宣祖 4年 11月 丁亥條.
36) 『備邊司謄錄』13冊, 仁祖 27年 3月 29日條.
37) 『承政院日記』595冊, 英祖 元年 6月 16日條.
　　(左副承旨)柳復命以工曹言啓曰 (…) 本曹所管四津津舡都數 至於五十八隻 而十年新造五
年改槊 自有其例 而新造改槊之役 無歲無之 來年應造之價 今年春初 預爲上下 以爲前期備待
者 意非偶然 而上年應下之價 至於錢文一千六百餘兩之多 而未由推移 至今未下 誠甚渴悶 依
前例發遣郎廳 京江舡摘奸 僅收三百兩錢及本曹餘儲錢文五百五十兩 合八百五十兩 艱以推移
題給於造舡監官 而明年舡材價九百餘兩 今年未下價 通以計之 則合爲一千六百餘兩也 百爾
思量 無他拮据之道 (…)

민간선박에게서 매 척당 3냥씩 징수하여 그로써 충당하게 되어 있었지만,[38] 그것만으로는 진선 건조비용이 확보되지 않음으로써 일어나는 난점이었던 것이다.

공조의 진선 건조가 진부(津夫)나 혹은 진선을 이용하는 강변민들의 부역으로써, 혹은 그들의 비용부담으로써 이루어지지 않고, 그 비용이 선세 수입에서 충당되고, 그것이 '조선감관'에게 주어져 그의 청부 아래 진선이 건조되었던 것이다. 이와 같은 사정은 전함사의 관장과 부역에 의하여 이루어지던 왕조전기의 조선 사정과는 다른 것이었으며, 또 조선감관에 대한 청부조선제도가 점점 발달하여 다음에서 논급하는 바와 같이, 관선을 민간업자가 조달하기에 이르는 것이라 생각된다. 특히 대동법(大同法)이 실시된 후에는 각종 선박의 건조비가 대동미(大同米)로써 예산되어 있었는데, 선혜청의 호남청 사례에 의하면, 조선 1척의 신조비용은 미 48석과 목(木) 5동(同)이 책정되어 있으며, 5년 만의 개삭비용은 미 15석과 포 15필이 책정되어 있다.[39] 한편 전선의 경우는 3년 개삭에 5년 개조를 원칙으로 하여 각 읍에서 징수하는 대동미 가운데 전선가미(戰船價米)로서 매년 1백 석을 저치(儲置)하고, 5년 사이에 저치된 5백 석 중에 150석을 개삭비용에, 3백 석은 개조비용에 충당하고, 나머지 50석은 전·병선에 필요한 각종 집물(什物)을 마련하는 데 충당하였다. 병선의 경우는 병선가미로서 매년 9석을 저치하고, 5년간에 저치된 45석 중 30석은 개조비용에 충당하게 하였으며, 병선의 집물은 퇴선이 된 전선의 것을 이용하거나, 퇴선이 된 전·병선의 판매가로써 충당하게 하였다.[40] 또한 같은 사례에는 각종 전투선의 개조비용이 명시되어 있는데,

---

38) 『備邊司謄錄』 59冊, 肅宗 34年 12月 19日條.

39) 『湖南廳事例』 造船定式條.

40) 같은 책, 戰兵船條.

전라 좌수영의 경우 전선 1척의 개조비용은 미 267석 14두 8승, 귀선(龜船)은 219석 4두 8승, 해골선(海鶻船)은 80석 6두 5홉, 방패선(防牌船)은 54석, 병선은 40석 2두 8승, 사후선(伺候船)은 12석으로 되어 있다.[41]

요컨대 왕조전기 관장제수공업체제의 확립기에는 각종 관선의 건조가 관장제수공업체제의 일환으로서 운영되었고, 따라서 그것은 부역노동과 정부기관의 직접적인 운영에 의하여 이루어지고 있었던 것이다. 그러나 왕조후기에 이르러서는 관장제수공업체제의 붕괴와 함께 정부직영의 조선체제가 지양되고, 공식적인 조선비 예산이 책정되었으며, 이에 따라 감관과 같은 특수관리나 수영과 같은 특정 기관에 대한 청부제조 형태가 발전하게 되었으며, 이와 같은 사정은 차차 관선의 민간 건조·조달을 가능하게 하였던 것이다.

3. 민간조선업의 발전

조선왕조시대의 선박은 그 규모나 수에 있어서 관선이 우세하였으며 그러므로 조선 부문에 있어서도 관선 제조가 그 중심이 되었음은 물론이다. 그러나 한편 왕조전기부터 사선(私船)이 수운과 해운에 차지하는 비중도 적지 않은 것이었다. 조선왕조시대는 정부에서 조운을 주관하고 그것을 위한 조선(漕船)을 보유하였지만, 한편으로는 조운에 사선을 고용하기도 하였다. 조운은 조선시대 전체를 통하여 가장 그 규모가 큰 선운(船運)이었으므로, 사선이 이를 담당할 수 있었음은 사선의 규모나 수가 그만큼 크고 많았음을 말해주는 것이라 할 수 있다.

---

41) 같은 곳.

이제 사선 조운의 실례를 몇 가지 들어보자. 태종 3년(1403)에는 경상도 세곡의 육운 여부가 논의되었는데, 이때 경상도의 세곡은 전라도 연안을 통하는 해운을 피하고, 충주 김천까지 육운하여 그곳에서 조운선과 사선으로 경창(京倉)에 운반하자는 의견이 있었으며,[42] 태종 12년(1412)에도 전라도의 1년 세곡 7만 석 중 2만 석을 사선으로 운반하자는 의견이 나오기도 하였지만,[43] 태종 15년(1415)에는

漕轉之事 莫若私船給稅而轉運也 何則今夏敗船之時 私船之敗居一 而軍船之敗居多 以私船人 便習舟楫 而知其水路也 六曹擬議以聞 乃許以私船運米 而以軍船護送[44]

이라 하여, 사선으로 조운할 것을 결정하고 있다. 이후 조운 문제 자체에 변화가 많았지만, 어떻든 조운에 있어서의 사선임용(私船賃用)은 왕조의 후기에도 계속되었으며, 조운뿐만 아니라 경우에 따라서는 사선을 전투용으로 이용하기도 하였다.[45]

조운에 있어서의 사선임용은 조선시대의 사선업이 그만큼 발달하고

42)『太宗實錄』卷5, 太宗 3年 6月 辛亥條.
　議政府 司平府 承樞府 與耆老宰樞及各司 會于議政府 議慶尙道租稅陸運漕轉可否 一慶尙道下道漕運之數 不過四萬餘石 往往風水失利 船敗人沒 又每年船軍一番 漕轉上京 一番防禦皆失農時 今以其道田十九萬五千餘結 忠州金遷至三四日程途則二分之一 五六日程途則三分之一 七八日程途則四分之一 九十日程途則五分之一 令民隨其所耕多少 自十月至二月 各自輸納於金遷 乃以漕運船及私船輸于京 則差過於漕運之數 今後 依此輸轉 何如
43) 같은 책, 卷24, 太宗 12年 11月 甲申條.
　議漕運法 右軍同知摠制洪有龍上書曰 (…) 且全羅一年租稅之數 率七萬石也 當四五月風順之時 役下番船軍 每一艘 載五百餘石 則可輸五萬餘石 其餘二萬餘石 分載私船而畢運 (…)
44) 같은 책, 卷29, 太宗 15年 6月 壬午條.
45)『中宗實錄』卷48, 中宗 18年 6月 乙丑條.
　宣傳官尹泗來 自忠淸道 以觀察使尹希仁言啓曰 其所謂空船 乃洪州居高若山私船也 水使當初 抄私船二十隻 入送逢倭相戰 以致敗沒 (…)

있었음을 말해주며, 그리고 그것이 가장 규모가 큰 사선업이기도 했다. 그러나 조운 이외에도 사선 경영은 많았다. 왕조초기에도 한강의 노도(露渡)·삼전도(三田渡)·양화도(揚花渡) 등에 설치하였던 관영진선이 지중(遲重)하다 하여, 도강인들이 이를 이용하지 않고, 대신 운임이 더 비싸지만 경쾌한 사진선(私津船)을 이용하였다는 기록이나,[46] 왜구로 인한 피해를 막기 위하여 사선이 해양으로 나갈 때는 3~4척 혹은 6~7척을 일종(一宗)으로 하여 소재 관청이 발급하는 문인(文引)을 소지하게 한 기록[47] 등은 활발한 사선의 활동상을 말해주고 있다.

이와 같은 사선들이 어떻게 건조되었는가를 상세히 전해주는 기록은 거의 없으며, 다만 연안의 산지에서 선주들에 의하여 건조되었으리라 추측될 뿐이다. 세종 8년(1426)에는 병조에서 사선 건조에 대한 금령이 없으므로 송목(松木)을 도벌해서 선박 건조하는 경우가 있다 하고, 해변 송목의 도벌은 그 소재 지방관과 각 포(浦)의 만호(萬戶)와 천호(千戶)가 엄금하고, 사선을 건조하는 자가 있으면 치죄하고 선박을 몰수하라고 요청하여, 그대로 실시하게 하였다.[48] 선박 건조의 적지로는 해안이나 강안으로서 송림이 무성한 곳이었는데, 이런 곳은 정부에서 모두 금벌구역(禁伐區域)으로 정하여 관선 제조를 위한 재목을 확보하고

---

46) 『世宗實錄』 卷102, 世宗 25年 10月 壬辰條.

掌令趙孜啓 漢江露渡·三田·揚花渡等津關 官船遲重 人馬未易渡涉 私船輕快易涉 故常不用官船 皆用私船 收稅太重 往來者 務要速涉 皆納稅以過 (…)

47) 같은 책, 卷28, 世宗 7年 6月 辛酉條.

議政府 六曹 採擇各品陳言以啓 (…) 工曹判書李孟畇等八人 濟用判事徐彌性等十一人陳言 一凡京外私船 工曹及所在各官 依敎旨 將三四隻 或六七隻爲一宗 給文引然後 乃許下海 (…)

48) 같은 책, 卷33, 世宗 8年 8月 丁亥條.

兵曹啓 近海之地 爲造兵船 種養松木禁火禁伐之法 已曾受敎 但私船造作 不立禁令 故沿海各處 松木潛伐造船者有之 今後 海邊松木 令所在官及各浦萬戶·千戶嚴禁 如有私造船隻者 隨卽論罪 船隻沒官 守令·萬戶·千戶 不能考察者 亦依律論罪 從之

있었으므로, 사선 건조는 원칙상 관선제조장 이외의 지역에서 이루어졌다고 생각할 수 있겠다. 그러나 왕조의 후기로 접어들면서 목재 사정이 악화됨에 따라 자연히 관선 건조용 목재가 유용되기도 하였으며, 사선 건조가 대규모 상인들에 의하여 이루어지기도 하였다. 한 가지만 예를 들면, 영조 39년(1763)에는 경상병사(慶尙兵使) 김범로(金範魯)가 전에 충청수사(忠淸水使)로 있을 때, 금벌구역 내에서의 '강상해고(江商海賈)'의 사선 건조를 불법으로 허가하였다 하여 사헌부(司憲府)의 탄핵을 받았다.[49]

조운 등 해운과 수운에 이용된 사선이 모두 민간인 선주들에 의하여 건조되었음은 물론이며, 이런 면에서 민간조선업의 발전을 생각할 수 있겠지만, 조선왕조 후기의 규모가 큰 민간조선업은 관선을 민간업자가 건조·조달하는 데서 발전하였다. 앞에서도 언급한 바 있지만, 왕조전기에는 병선과 조선 등 중요한 관선을 전함사의 관리하에 정부가 직접 건조·운용하였다. 그러나 왕조후기에는 수영과 같은 정부기관이 직접 건조하기도 하였지만, 한편으로는 차차 민간에서 관용선박을 건조·조달하기에 이르렀던 것이다. 앞에서 언급한 바와 같이, 왕조후기에는 정부의 선박 건조가 감관들에게 위임되기도 하였으며,[50] 또 수영에서 선박을 건조하여 다른 수영이나 기관에 팔아넘겨 수영 자체가 일종의 영리활동을 하고 있었던 예도 있었지만,[51] 이와 같은 사정이 점점 발전하여 순수한 민간인이 관선을 건조·조달하기에 이른 것이라 생각되는 것이다.

---

49) 『英祖實錄』 卷101, 英祖 39年 2月 丙申條.
　　憲府又啓 慶尙左兵使金範魯 曾任忠淸水營帖 許禁松於江商海賈 多造私船 (…)
50) 『承政院日記』 595冊, 英祖 元年 6月 16日條.
51) 『備邊司謄錄』 5冊, 仁祖 16年 5月 8日條.

선조 6년(1573)의 기록에 의하면, 사간원(司諫院)에서 조선이 침몰하는 경우 언제나 조졸(漕卒)들만이 형을 받고 그것을 변상하지만, 조선이 침몰하는 원인은 이른바 '봉가조선자(捧價造船者)'가 소홀하게 건조하였기 때문이며, 전년에 전라도 법성창의 조선을 부안·변산에서 많이 건조할 때, 그 지방의 품관(品官)들이 현감에게 청원하여 청부·건조하였는데, 이들이 선박 건조 비용을 충분히 받았으면서도 천박하고 소루하게 만들어 발선(發船)하기 전에 배가 이미 침몰할 것을 예측할 정도였다. 그러나 막상 조선이 침몰한 후에는 조졸이 벌을 받고 현감이 파직되고 담당 관리가 역리(驛吏)가 되었을 뿐, 청원해서 선박을 건조한 토호들은 전혀 처벌되지 않았다 하고, 본도(本道) 감사(監司)로 하여금 청부 조선한 품관을 적발하여 처벌할 뿐만 아니라, 그들이 받은 조선비의 반액을 압수하여 조졸들에게 돌려주도록 하였다.[52]

이 경우에 있어서의 조선 건조를 청부하였던 '품관' 혹은 '토호'로 표시된 사람들은 당시 지방에서 세력을 떨치고 있던 전직 관리 즉 퇴직 양반층을 가리키는 것이라 생각되며, 앞에서 말한 조선감관이 현직 관리였으리라 추측되는 점과 다르다. 이들은 조선 건조를 관리하는 지방 수령과 결탁하여 스스로 청부업자가 됨으로써 정부가 지급하는 혹은 지방 수령이 조졸들에게서 거두어주는 조선건조비를 받아, 일정한 기한 안에 재료를 조달하고 기술자를 동원하여 건조·납품하였던 것이라고 생각된다.

---

52)『宣祖實錄』卷7, 宣祖 6年 2月 甲戌條.
　　司諫院啓曰 漕卒 每以敗船 受刑而被徵 其實專由於捧價造船者之慢忽也 去歲全羅法聖倉漕船 多造於扶安邊山 而扶安品官等 請於縣監 捧造某字船 (…) 全不用意造作 淺薄踈漏 未發船前 皆知其將敗 及其旣敗 漕卒受罪 縣監見罷 色吏定驛吏而已 私請入已之土豪 則返無毫絲之罰 無所徵艾 人心痛憤 國事日耗 至爲寒心 請令本道監司 摘發受帖字造船品官 囚禁治罪 其所捧之價爲半 生徵還給 漕卒 庶蒙一分之惠 上答依啓

다음 진선 건조의 경우를 들어보자. 숙종 29년(1703)에 병조판서 이유(李濡)가 "又聞 年前工曹 給價於津夫中着實者 使之造船 而本曹則看檢申飭 故船體完固矣 中間有受價防納之事 以致漸不如初"라 하고, 금후에는 구례에 따라 조선비를 별장(別將)에게 주어서, 그들이 지휘하고 재료를 갖추어 착실히 건조케 하며, 공조에서 이를 검칙하게 하자 하여 그대로 채택되었다.[53] 진선도 관선이었고, 왕조초기의 경우는 정부기관이 직접 건조하였던 것이라 생각되지만, 이 무렵에는 정부가 조선비를 염출하여 진부(津夫)들에게 건조를 맡겼던 것이다. 그러나 실상은 진부들이 진선 건조를 담당할 수 없었으며, 결국 조선 건조 경우의 토호와 같이 경제적으로 실력을 가진 대행업자가 생겨서 방납(防納)을 하기에 이르렀던 것이다. 이와 같은 조선대행업자들의 영리목적에 의한 조선이 착실하지 못하다 하여, 진선 건조를 '별장'이라는 하급 관원에게 위임함으로써 정부의 감독을 강화시키려 하고 있지만, 이 무렵에는 이들 별장이나 감관(監官) 등이 이미 관원이라기보다는 일종의 대행업자화하고 있었던 것이다. 예를 들면, 이 무렵 지방관아에서는 관할하에 있는 전선을 신조하거나 개수할 때는 그 경내에 있는 부민(富民)을 '대장(代將)'으로 차출하여 건조 업무를 전담시키고 있었다.[54]

왕조후기에 있어서의 민간조선업자 중 그 활동이 가장 뛰어난 것은 '경강상인(京江商人)'들이었다. 한강을 중심으로 하여 선박을 통한 운수업과 판매업에 종사하던 이들 경강상인들은 사선을 가지고 주로 정부

53) 『備邊司謄錄』 53册, 肅宗 29年 3月 28日條.
54) 같은 책, 188册, 正祖 22年 12月 30日條.
　　林川郡守尹持範上疏 (…) 其一 湖西之舟師邑爲十三 本郡居其一 有防船二隻 兵船一隻 而新造改槊添木時雜費 新造則至七八百金 添木改槊則至五六百金 而此則抄出境內富民一人 名曰代將 而責成之 一經其任 (…)

의 세곡을 운반하거나 스스로의 자금으로써 해산물을 수송·판매하였
는데, 그들의 자본규모가 확대됨에 따라 그 영업의 범위도 선박의 매매
혹은 건조로까지 발전하게 되었던 것이다. 숙종 36년(1710)의 기록에 의
하면, 무신 이상욱(李相頊)이

前任安岳時 見海西戰船 極爲疏虞 蓋本道無船材長養之處 每當造船之時 收聚價錢
於民結 貿取於京江 此是商賈輩買得 三南退戰船者也 年久已朽 而其價則至於七八百
兩[55]

이라 하여, 황해도 지방의 전선 조달 사정을 말하고 있다. 조선왕조 후
기에는 선재의 부족이 심하여 퇴선(退船)이 된 전선을 줄여서 병선으로
개조하고, 그것이 다시 퇴선이 될 기한이 되면 또 줄여 더 작은 선박으
로 개조하는 실정이었으며, 한편으로는 퇴선이 된 전선을 민간인에게
전매하여 그 수입을 전선의 신조비용에 충당하였다. 이와 같은 정부의
시책을 틈타서 선상(船商)으로 혹은 세곡운반을 위하여 삼남지방에 다
니던 경강상인들이 그곳의 퇴전선을 매입하여 약간 수리한 후 그것을
황해도 지방에 전선으로 전매하여 이익을 취하고 있었던 것이다.

경강상인들의 관선 조달은 퇴전선의 수리·전매뿐만이 아니라, 곧 제
조·조달로 발전하였다. 영조 7년(1731)에는 호조판서 김동필(金東弼)이
경강의 패선인(敗船人)들에게 양자(糧資)를 지급하고 이들을 지방에 파
견하여 조선(造船)케 하되, 건조된 선박은 그곳 지방 읍에 소속시켜 대
동미를 운반하게 하면 공·사간에 모두 이로우며, 조선을 위하여 연정
(煙丁)을 징발하는 폐단을 없앨 수 있다는 의견을 제시하였다.[56] 이해

---

55) 같은 책, 60册, 肅宗 36年 6月 27日條.

에 경강선인(京江船人) 33명을 모집하고 이들로 하여금 조선(漕船) 33
척을 건조하여 선혜청에 납품하게 하였으며, 선혜청은 이들 선박을 각
지방관아에 분속시켜 대동미 운반에 이용하게 하였다.[57] 이와 같은 조
선의 건조 조달은 경강상인들에게 큰 이익을 주는 것이었다.[58] 한편 경
강상인의 관선 조달은 중앙정부에만 한하지 않았으니, 지방관아에서
선박 건조가 필요할 때도 이들에게 의뢰하고 있었다. 예를 들면 영조 13
년(1737)의 경우, 경상도 진주목에서는 군자감(軍資監) 등에 상납하는
부세(賦稅)의 운반선을 경강인들을 초치해 건조하게 하였으나, 그 조선
비용을 지불하기 전에 목사가 경질되었는데, 후임 목사가 이를 지불하
지 않아서 말썽이 되었었다.[59]

이와 같이 경강상인들이 중앙관서는 물론 지방관아의 선박까지 건
조·조달하게 됨으로써 그들의 조선업은 차차 일반화하였고, 따라서 그
자본규모도 확대되어갔던 것이라 생각되지만, 대개 18세기 말엽경에

---

56) 같은 책, 90册, 英祖 7年 12月 27日條.
　　(行戶曹判書)金東弼曰 造船一事 初雖出於經遠之圖 而擧行過時 以欽有弊端矣 惠廳·地部
　　分得京江敗船之人 略給糧資 下送造船 屬之本邑 俾載大同 此於公私俱便 若令本官 從便顧見
　　善爲區劃 則豈至於發煙丁眙民弊乎 (…)

57) 같은 책, 102册, 英祖 13年 12月 25日條.
　　宣惠廳啓曰 辛亥年(英祖 7年)間 因大臣陳達 募得京江船人三十三名 題給湖南風落松 又貸
　　曳運糧 造船三十三隻 仍爲案付於本廳 分排於各邑 以爲大同米運來之地矣

58) 같은 책, 92册, 英祖 8年 11月 21日條.
　　參贊宋寅明所啓 昨年風落木造船事 雖曰爲國遠慮 而其實在船人爲大利 一大船所造之費
　　幾於千金 而糧資物力 皆自公家備給 則渠輩所當感德之不暇 而船人輩 乃反藉重於新造船 糜
　　費私用不些 逋欠無數 誠爲痛駭 (…)

59) 같은 책, 102册, 英祖 13년 11月 28日條.
　　戶曹啓曰 近年以來 諸道上納賦稅 敗船與無面相續 仍成逋欠者 不知其數 (…) 而其中 晉
　　州牧上納 凡五船 (…) 而船主沙格 監色等 供稱本州以無船之故 賦稅不得上納 前牧使在任時
　　招致京江人 下來造船 約以造船之價 拮据備給 故渠等 皆出債辦造之際 牧使遞歸 新牧使到任
　　造船之價 全不出給 (…)

는 경강상인들 사이에 도고(都賈)가 발달하였고, 이 도고가 조선업을 영위하게 되었다. 도고는 대개 17~18세기경의 조선왕조 상업계에 발달하였던 독점 상업조직 혹은 그 기관을 말하는 것인데,[60] 한강 변에도 미곡혹은 해산물을 운반·도매하는 도고들이 많이 발전하고 있었다. 특히 미곡운반 상인 등이 도고상업을 통하여 축적된 자본을 바탕으로 하여 선박 건조에 착수하였다. 정조 12년(1788)에는 호조판서 서유린(徐有隣)이 "(…) 至若站船 則乃是十四年新造 七年改槊者 而民人 都庫主人 受價於外邑 造納於忠爲"[61]라 하여, 세곡을 운반하는 참선(站船)이 경강상인들로 조직된 도고(都庫)에서 건조되었음을 전해주고 있으며, 이보다 4년 후에도 충주 목사와 도차원(都差員)이 관장하는 세곡운반용의 선척(船隻)은 역시 7년에 개삭비용은 4백 냥이고, 신조비용은 6백 냥인데, 그 비용을 각 해당 읍에서 도고주인에게 지급하면 도고주인이 이를 차지(次知)하고 선박을 건조하여 사공들에게 넘겨주는 것이 정식으로 되어 있으나, 도고주인들은 본래 강상의 무뢰배들이라 조선비용을 받고는 간혹 부후(腐朽)한 구선(舊船)을 매입하여 납품하는 폐단이 있다는 기록이 있다.[62]

이 경우 조선업에 착수한 도고가 그 자본이나 시설 면 혹은 생산 면에서 어느 정도의 규모를 가졌던 것이며, 또 그 기술이나 공정 면에서 어느 정도의 수준에 있었는지 이를 밝힐 수 있는 기록은 전혀 구할 수 없

60) 姜萬吉「朝鮮後期 商業資本의 成長 — 京市廛·松商 등의 都賈商業을 中心으로」,『韓國史研究』제1호(1968) 참조.

61)『日省錄』260冊, 正祖 12年 1月 13日條.

62)『備邊司謄錄』180冊, 正祖 16年 6月 15日條.
　　戶曹判書趙鼎鎭所啓 (…) 捧稅領運等事 並以都差員忠州牧使 專爲句管擧行 俾有實效 而至於船隻 則七年改槊 十四年新造 而改槊價錢 爲四百兩 新造價錢 爲六百兩 米爲十五石 隨其年限 各各該邑 備給於都庫主人 則該主人 次知修改轉給沙工 雖是定式 而所謂都庫主人 本以江上無賴之輩 受價之後 或買腐朽舊船 塞責備納 (…)

다. 그러나 18세기 말엽의 조선도고(造船都賈)의 발달로 인하여 민간조선업은 적어도 그 경영 면에서는 한층 수준이 높아진 것이라 생각된다. 어쨌든 이후 조선도고는 계속 발달하였으며, 그것은 또 오직 경강상인의 도고에만 한하는 것이 아니었을 뿐만 아니라, 관선 건조에 있어서의 도고주인의 역할은 한층 강화된 것이었다. 철종 원년(1850)에는 호조판서 서희순(徐憙淳)이

站船十四隻 卽忠州等五邑田稅大同分載者也 改槊改造 各有年限 所入物力 例爲分定 而至於沙格之應劃復戶保錢 身布船價等條 一竝付之都賈主人 使之專管擧行 故邑屬輩 圖差主人 專事肥己 所受物力 盡入私橐 反以境內稍饒之民 勤定沙格較略多少 朝差暮改[63]

라 하여 관선 건조에 있어서의 도고주인의 횡포상을 말하고 있다. 관선을 건조·조달하면서 관권과 결탁한 이들은 이제 조선비용을 직접 조군(漕軍)들에게서 징수하면서 폐단을 일으키기에 이르렀던 것이다.

요컨대 왕조전기에는 대부분의 관선은 전함사 등 정부의 조선기관에 의하여 조선되었지만, 사선도 조운의 일익을 담당할 수 있을 만큼 활발히 활동하였으므로, 이를 통해서도 민간조선업이 발달하고 있었음을 엿볼 수 있다. 그러나 본격적인 민간조선업은 왕조후기에 이르러 관선특히 조운선이 민간인에 의하여 건조·조달됨으로써 크게 발달하였다. 왕조후기에 있어서 관선을 건조·조달한 민간업자의 중심은 경강상인들이었으며, 특히 이들의 조선도고가 발달하게 됨으로써 민간조선업은 새로운 양상으로 발전하게 된 것이다.

---

63) 같은 책, 237册, 哲宗 元年 7月 15日條.

4. 船材의 산지와 그 관리

(1) 선재의 산지

조선시대는 대개의 경우 선재의 산지가 곧 조선장이었다. 그러므로 조선장은 일반적으로 송목이 무성한 해안이나 강안이 선정되었으며, 이러한 곳은 정부에 의하여 금벌구역으로 지정되어 특별히 관리되고 있었다. 조선시대의 선재산지는 곧 고려시대에 지정되었던 곳이 계속 확보된 것이었으며, 또 새로운 지역이 더욱 개발되기도 하였다. 고려시대의 주된 선재산지를 모두 밝힐 수는 없으나, 원종 15년(1274)에 일본 원정을 준비하던 원나라의 요청에 의하여 선박 3백 척을 건조하였는데, 이때는 전주도의 변산과 나주도의 천관산(天冠山)의 선재를 이용하였다.[64] 고려시대를 통하여 대규모적인 선재의 조달지는 주로 삼남지방이었으리라 생각되지만, 조선시대 초기에는 삼남지방의 선재가 다하여, 북부지방의 산지를 개발한 기록이 보인다. 즉 세종 원년(1419)에 유정현(柳廷顯)이 하삼도(下三道)의 선재산지는 누년간의 조선으로 송목이 거의 다했다 하고, 평안도 지방에서의 선재 조달을 건의하는 상소를 올렸다. 이때 지적한 평안도 지방의 선재산지는 대동강 상류의 삼등(三登)·양덕(陽德)·성천(成川) 등지와 안주강(安州江) 상류의 향산(香山)과 압록강 상류의 이성(泥城)·강계(江界) 등지이다.[65] 이 지역들은 그곳이

---

64) 『高麗史』 世家 卷27, 元宗 15年 6月 辛酉條.
　　遣大將軍羅裕如元 上中書省書曰 今年正月三日 伏蒙朝旨 打造大船三百艘 即行措置 遣樞密院副使許珙於全州道邊山 左僕射洪祿遒於羅州道天冠山備材
65) 『世宗實錄』 卷4, 世宗 元年 7月 辛未條.

직접 조선장이 될 수 있었던 것은 아니며, 대동강·안주강·압록강을 이용하여 선재를 운반하고, 그 하류에서 선박을 건조하려는 계획이었던 것이다. 다음 세종 30년(1448)에는 병조에서 선재 확보의 중요성을 주장하고 다음 표에서 보이는 약 3백 개처의 연해지방 도서(島嶼)와 곶을 지정하여, 이 가운데 이미 송목이 무성한 곳은 그 채벌을 금지시키고, 송목이 없는 곳은 그 도의 감사로 하여금 관리를 임명하여 재식(栽植)하고 근처의 수령과 만호에게 그 배양을 관리하게 하였다.[66)]

그러나 선재의 채벌과 배양이 가능하리라고 지정되었던 이들 지역 중 몇 곳이나 실제로 선재가 채벌되고 또 배양되었는지는 의문이다. 성종 5년(1474)의 기록에 의하면, 조선(漕船) 건조용 재목이 변산에서 이미 소진되어 완도로 옮겼으나, 완도에서 소진되면 옮길 곳이 없고, 강원도의 사정이 좀 나았지만 여기도 곧 재목이 없어져간다 하였다.[67)] 앞에서 말한 바와 같이, 변산은 고려시대부터의 선재산지였지만, 조선시대 전체를 통해서도 가장 중요한 선재산지의 하나였다.

한편 임진왜란 중의 조선장으로는 경상도의 거제와 평안도 철산, 황해도 장산곶, 충청도의 안면곶, 전라도의 변산 등을 들 수 있다. 왜란이

柳廷顯上疏論事曰 (…) 一, 下三道 因累年造船 材木殆盡 乞令平安道 用下番船軍 斫伐材木 三登·陽德·成川等處 則流下大同江 香山等處 則流下安州江 泥城·江界等處 則流下鴨綠江 (…)

66) 같은 책, 卷121, 世宗 30年 8月 庚辰條.
議政府據兵曹呈申 兵船國家禦寇之器 造船松木 使不得私自斫伐 已曾立法 無識之徒 潛相斫伐 或造私船 或爲屋材 松木殆盡 實爲可慮 今以沿海州縣 諸島各串 宜松之地 訪問置簿 (…) 上項州縣島串 前此有松木之處 則嚴禁樵採 無木之處 令其道監司 差官栽植 使旁近守令·萬戶 監掌培養 以待有用 從之

67) 『成宗實錄』 卷48, 成宗 5年 10月 庚戌條.
司憲府大司憲李恕長等上疏曰 (…) 加又造船之板 必用松木 而其養成材 必百年而後可用 今聞漕船之材 邊山之松已盡 而移於莞島 莞島若盡 又將何歸 舊稱江原一道 材木淵藪 今亦將盡 (…)

표 1_ 선재 관리 지역

경기도	南陽府	仙甘彌(島) 大部籄 興三島 巨才串
	富平府	文知島 甫只串
	江華府	今音北(島) 彌法島 末島 網山 南巾山 冬乙山 蛇島
	水原府	靐三串 荊頭山 弘原串 廣德城山
	仁川郡	紫鷰(島) 龍流島
	安山郡	吾叱耳島
	喬桐縣	西憑將串
	通津縣	古里串 大明串 扴毛老
황해도	安岳郡	迎津大山
	豐川郡	貴林串 椒島 席島
	長連縣	蛇串 加乙串
	長淵縣	甫仇島 長嶺島 白翎島 長山串
	康翎縣	沙匠串 登山串 許沙浦 西嶺 吾叉浦 六沙外島 龍媒葛串 茄乙浦 無知串
	所江	今勿餘串 白叢串 阿郞浦
	甕津縣	西粧串
강원도	江陵府	賓之
	蔚珍縣	扴物里 北山 藥師山
	通川郡	所山 馬山 叢石亭
충청도	沔川郡	藏宅串 泉谷
	瑞山郡	波治島 大也島 安眠串
	舒川郡	開也助島
	新平縣	明海串 內島 津頭熊島 草島 連陸串
	唐津縣	唐津浦 北山 湯字島 難知島
	結城縣	龍生頭山 東山山
	海美縣	喧吉串 勝善山 扇峴山
	保寧縣	陵城串 松島 牛峴 高巒島
	庇山縣	都芚串
	安邊府	押戎串 女島 浪城浦
	德源府	薪島 西峴 大母城
	永興府	寧仁社 仇里池 白安浦串

264

咸吉道	咸興府	甫靑社 退潮社 東溟社 先德社
	北靑府	長津浦海汀 俗厚海汀
	吉州	古多布里 海邊串
	鏡城府	南廣加津串
	會寧府	好音也串 雙浦串
	慶興府	豆伊山 鹿屯島
	龍津縣	加退島 曹至浦 北峯
평안도	博川郡	德安串 大藏山
	嘉山郡	南未 冬音里
	定州	仍朴串
	隨川郡	陳海串
	郭山郡	金老串 亏里串
	宣川郡	撿山 屈串
	鐵山郡	西所串 多只島 大串
	龍川郡	石串 信知島 德泉山
	麟山郡	倉浦串
	義州	鎭兵串
	安州	古孟山 淸川江邊
	肅川府	檢音山
	永柔縣	柔遠所山 大船串
	咸從縣	白石山
	三和縣	吾音山
	龍岡縣	加乙串山
	江西縣	金丁梁山
	扶安縣	猬島 鳩島 火伊島
	靈光縣	毛也島 每音帖島 古耳島 甑島 沙島串 槍頭串 九岬山 臨淄島
	咸平縣	海際串 西鉢浦 阿士羅山 石浦串 金浦串
	羅州	可也山 多利島 飛示島 都草島 巖泰島 安昌島 慈恩島 其佐島 八示島 河衣島 伊示島 松島
	靈巖	貴山 葛頭山 甫吉島 豆臥頭山 靈島 海際串
	唐津	月伊串 佐谷串山 鵝島 莞島 古示島 仙山島
	海南縣	珍山串 白也浦 百房山 草島 坪島 加兒島

전라도	長興府	大伊每島 牛頭串 帳內串
	順天府	松島 長省浦串 三日浦串 京島 金鰲
	光陽縣	猫島
	樂安郡	獐島 龍頭串
	寶城郡	草羅山
	茂長縣	梨津串
	沃溝縣	千方山
	興陽縣	板串 舟浦串 牛頭串 望智串 荒山串 場巖串 朴吉串 伊老島 俠島 井島 洒島 頃竹島 蛇浦串 加羅浦 愁德山 楡珠山 所訖羅串 末介島 其火島 八嶺山 天燈山 城頭串
	珍島郡	加士島 坪島 草島
	務安縣	古鐵金山 鍮達山 茅頭串
	興德縣	所要山
	臨波縣	城山
	咸悅縣	城山
경상도	寧海府	奉松坪島 項串
	東萊縣	蘇莶亭山 絶影島 朔長浦串
	蔚山	長生浦串 加里串 南海島 望所訖山 場島
	固城縣	林浦串 於里島 草島 吾非島 昆伊島 上模島 下模島 楸島 自亂島 國正島 申伊島 爐大島 欲知島 豆密島 叱法吉介 所非浦 古反溪串 行廊巖串 彌乙加助音串 古加背 梁鞍島 終海島 深水島 介島 彌勒山
	巨濟縣	沙火串 巨大串 松茸串 赤乙島 吾時項串 朱元島 小左里島 大左里島 松島 松串 崛梁串
	泗川縣	初永島 草島 白也島 楮島 仇郎島
	金海府	亐音島 伐島 水島 加德島 鳴島 旨島 焉島 甘勿島
	晉州	夫火谷里
	昆陽郡	非刀里串
	盈德郡	沙冬浦 南驛浦 下渚浦 烏保浦
	南海縣	孤獨絶島 錦山 所屹山 呼乙浦 亐勿浦 小柯島 兩柯島
	迎日縣	三士郎
	昌原府	蓑島
	機張縣	今音未串 冷井山
	梁山郡	大渚島

일어나던 다음 해인 선조 26년(1593)에는 거제도가 토지가 넓고 선재가 많이 산출되는 곳이므로, 평상시에도 경상우도의 병선재는 모두 이곳에서 채벌했다 하였으며,[68] 선조 31년(1598)에는 철산에서 20척, 장산곶에서 50척, 안면곶에서 10척, 변산에서 20척의 조선을 건조하게 하였다는 기록이 있다.[69]

임진왜란 이후에도 군비를 계속 강화하고, 특히 병선의 확보에 주력하고 있어서, 선재산지인 봉산(封山)을 지정하여 엄격히 관리하고 있었다. 순조 8년(1808)에 편찬된『만기요람(萬機要覽)』에 의하면,[70] 당시 각 도의 봉산(封山)이 충청도는 태안에 20처, 홍주에 2처, 서산에 51처로서 합계 73개처이며, 전라도는 장흥에 4, 순천에 5, 보성에 4, 낙안에 7, 광양에 7, 강진에 26, 구례에 2, 흥양에 12, 나주에 2, 영암에 9, 영광에 14, 고부에 1, 부안에 1, 흥덕에 7, 무장에 11, 무안에 4, 해남에 10, 함평에 5, 진도에 11개처로서 합계 142개처이며, 이밖에 황장목(黃腸木) 봉산이 3개처 있다. 경상도는 봉산이 모두 65개처인데, 그것은 진주 5, 김해 11, 풍기 6, 남해 4, 봉화 9, 단성 7, 곤양 4, 경산 4, 신녕 13, 사천 2개처 등이며, 또 송전(松田)이 진주 5, 경주 10, 창원 8, 김해 6, 밀양 9, 동래 2, 거제 126, 남해 11, 장기 2, 기장 10, 울산 12, 하동 10, 흥해 2, 양산 2, 곤양 16, 고성 6, 진해 5, 영일 2, 사천 3, 웅천 17개처로서 합계 264개처이며,

---

68) 『宣祖實錄』卷43, 宣祖 26年 10月 丙申條.
　　豊原府院君柳成龍·工曹判書金命元啓曰 (…) 且巨濟在南邊海中 土地甚廣 多産船材 常時 慶尙右道兵船之材 皆取諸此島 (…)

69) 같은 책, 卷97, 宣祖 31年 2月 丁丑條.
　　(…) 以經理分付 派定船數 平安道鐵山造船 該數二十隻而已 完八隻加造十二隻 黃海道長 山串 該數五十隻而已 完四十隻加造十隻 忠淸道安眠串 該數十隻 而今方始役 全羅道邊山 該 數二十隻 而前日屬公船十三隻 仍加修補 加造七隻 (…)

70) 『萬機要覽』財用編 5, 松政 各道封山條.

황장목 봉산도 14개처가 있다. 다음 황해도 봉산은 장연 1개처와 강령
1개처로서 합하여 2개처이며, 강원도는 황장목 봉산만 43개처가 있고,
함경도는 송전만 29개처가 있어 이로써 전국의 봉산이 282개처, 황장목
봉산이 60개처, 송전이 293개처로 되어 있다.

앞에서 말한 바 있지만, 왕조의 후기에는 선재의 부족이 심하여, 이
기록에서 보는 바와 같이 해안이나 강안 지역이 아닌 상당한 오지까지
도 봉산을 정하고 있다. 그러나 이 가운데서 또 선재산지로서 특히 유
명한 곳은 충청도의 안면도와 전라도의 변산·완도·고돌산(古突山)·팔
영산(八影山)·금오도(金鰲島)·절보도(折甫島), 경상도의 남해와 거제,
황해도의 순위(巡威)와 장산, 강원도의 태백산·오대산·설악산, 함경도
의 칠보산 등이었으며,[71] 이 가운데서도 또 실제적인 선재산지는 안면
도와 변산·완도 및 장산곶 등지였다. 즉 현종 6년(1665)에 당시 영의정
이던 정태화(鄭太和)가 "我國 安眠串 邊山莞島之外 無船材可合之木"[72]이
라 한 것이나, 영조 4년(1728)에 역시 영의정 홍치중(洪致中)이 "戰船之材
專賴於安眠一島"[73]라 한 것은 왕조후기에 있어서의 선재산지 사정을 잘
말해주고 있다.

(2) 선재의 재배와 관리

앞에서도 말한 바 있지만, 조선 재목은 모두 송목만이 사용되었으며,
가옥 건축이나 기타 부문에 사용되는 송목에 비해 선박 건조용 송목은
그 질이 가장 좋고 또 장기간 양성된 것이어야 하였다. 조선시대의 경

---

71) 같은 곳.
72) 『備邊司謄錄』25冊, 顯宗 6年 2月 29日條.
73) 『英祖實錄』卷31, 英祖 8年 正月 戊辰條.

우, 이와 같은 조선 재목은 국외에서 수입되지도 않았고, 완전히 국내 산지에서 조달하지 않을 수 없었으므로, 선재의 양성은 정부시책 중 가장 중요한 것의 하나가 되고 있었다. 조선왕조시대에 있어서 선재를 위하여 송목을 재식(栽植)한 최초의 기록은 태종 7년(1407)에 보인다. 즉 이때 충청도 경차관(敬差官)이던 한옹(韓雍)이 병선을 건조할 송목이 태진(殆盡)하였다 하고, 각 지방의 송목이 성장할 만한 산은 금화(禁火)·금벌하고, 매년 맹춘(孟春)에 수령의 감독하에 재식케 할 것을 건의하여 그대로 실시된 것이다.[74] 이와 같은 조처가 어느 정도 실현되었는지는 의문이나, 이후에도 정부에서는 계속 선재의 확보를 위하여 노력하고 있어서, 세종 5년(1423)에는, 가옥 건축과 선박 건조 이외의 경우에는 송목을 쓰지 못하게 되어 있는 금령을 위반하는 자에 대한 처벌이 논의되고 있는데, 송거(松炬)는 유목(杻木)이나 상목(橡木)으로 대신하고, 제와용(製瓦用) 소목(燒木)도 잡목을 사용하게 규정되어 있었던 것이다.[75] 또한 다음 해에는 왕명에 의하여 병조에서 송목 양성·병선 수호조건을 마련하여 보고하였는데, 그중 송목 양성 조건을 들어보면, 첫째무인(無人) 해도(海島)의 송목은 만호나 천호·진무(鎭撫) 등이 전관해서 채벌하며, 육지의 송목은 그 양수(量數)를 감사에게 보고하면 감사는 그 소재관(所在官)으로 하여금 건조 선박의 등급에 따라 채벌량(採伐量)을 정해주고, 과다하게 채벌한 경우는 그 만호·천호·진무와 그 지방수령을 처벌할 것, 둘째 연해의 각 지방관은 재식한 송목의 수와 그 배양상태를 매해 연말에 보고할 것 등을 정하고 있다.[76]

74) 『太宗實錄』卷13, 太宗 7年 4月 辛卯條.
　　命各道守令 孟春栽松 忠淸道敬差官韓雍上言 近因兵船造作 松木殆盡 乞令各道各官 松木可得成長之山 禁火禁伐 每當孟春 守令親監栽植 從之
75) 『世宗實錄』卷19, 世宗 5年 3月 甲申條.

한편 세조 7년(1461)에는 병조의 건의에 따라 처음으로 불법채벌자에 대한 상세한 처벌규정을 정하고 있다. 즉 병조에서는 "송목금벌법(松木禁伐法)이 엄하지만 경외(京外)의 관리와 산직(山直) 등이 단속을 게을리하여 조선 재목이 다 베어진다" 하고, 앞으로는 국용 이외에 관가나 양반가는 조선 재목을 쓰지 못하게 하며, 서민가는 잡목을 쓰게 하여 경외의 송목이 있는 모든 산은 근근(勤謹)한 자를 뽑아 산직으로 삼고, 경중(京中)은 한성부의 낭청(郞廳)이, 지방은 수령과 만호가 불시로 이를 조사하며, 연 4회씩 형조와 의금부 낭청과 감사와 수령관을 파견하여 조사·보고하게 하되, 1~2주를 도벌하면 도벌자는 장(杖) 100, 산직은 장 80, 관리는 태(笞) 40형에 처하며, 도벌목이 3~4주인 경우는 도벌자는 장 100형에 충군(充軍)하고, 산직은 장 100형, 관리는 장 80형에 처하며, 10주 이상인 경우는 도벌자는 장 100형에 전가사변(全家徙邊)하고, 산직은 장 100형에 충군하고, 관리는 장 100형에 파출(罷黜)하며, 반대로 10년간 1주도 도벌하지 않았을 경우 산직을 산관직(散官職)에 임명하게 할 것을 건의하여 그대로 실시하게 되었다.[77] 송목 관리규정이 얼마나 엄하였는지 엿볼 수 있다. 그러나 이와 같은 규정은 곧 변경된 것으로 보이는데,『경국대전』에는 지방에 금산을 정하고 금벌·금화를 하되 안면곳은 해운판관이, 해도(海島)는 만호가 살피며, 매년 봄에 치송(稚松)을 재식하거나 씨를 뿌려서 배양하여 그 수를 보고하게 하였고, 이를 위반하는 자는 산직은 장 80형, 당해 관리는 장 60형에 처하기

76) 같은 책, 卷24, 世宗 6年 4月 癸酉條.
　　兵曹啓 松木養盛·兵船守護條件 (…) 一, 松木 無人海島 則萬戶·千戶·鎭撫 專管斫取 陸地則量數報監司 令所在官 大中小船分揀 計條題給 如前過多斫取 則其萬戶·千戶·鎭撫及 各其官守令 依律論罪 (…) 一, 沿海各官 所種松木之數 培養之狀 每年歲末啓聞
77)『世祖實錄』卷24, 世祖 7年 4月 丁酉條.

로 정한 규정만이 있다.[78]

다음에서도 논급이 되겠지만, 왕조후기에는 선재의 부족이 심하여, 특히 선재생산지의 관리에 주력하고 있으며, 장산곶·변산 등 중요한 선재산지에 대해서는 그 관리규정인 '금송절목(禁松節目)'이 제정되어 있으며, 그 내용을 통하여 조선시대의 선재 관리 상황을 엿볼 수 있다. 각 지방의 금송절목 중 숙종 17년(1691)에 제정된 '변산금송절목(邊山禁松節目)'[79]에서 중요한 내용만을 들어보면 대략 다음과 같다.

① 격포(格浦)·부안(扶安)·검모포(黔毛浦) 등 3처는 경계를 나누어 금송을 하되, 각기 경내에서는 매 동(洞)에 풍력(風力)이 있는 자 1명을 감관으로 하고, 또 산직 2명씩을 택정해서 수호케 할 것.

② 산직은 임기가 없고, 감관은 임기 3년으로 하되, 감관이 임기가 끝나거나 산직이 혹 유고하여 경질될 때는 당해 수령과 수사(水使)·병사(兵使) 등이 격포진(格浦鎭)에 보고하며, 신구 감관이나 산직이 교체할 때는 도벌과 화재의 유무를 함께 조사하여, 이상이 없으면 표를 붙여 인계하고 있으면 당해 관가에 보고하여, 후일 발견됨으로써 서로 책임을 미루는 일이 없게 할 것.

③ 부안은 향소(鄕所)를, 격포와 검모포는 믿을 만한 군관을 파견하여 매월 불시로 조사를 하며, 향소와 군관이 조사한 후에도 당해 지방관과 병사·수사가 역시 시시로 직접 조사하되 위반된 곳이 있는 경우, 조사한 향소나 군관이 묵인하고 보고하지 않았으면 범금률(犯禁律)을 적용시킬 것. 각 지방관과 병사·수사는 매월 말에 조사보고서를 격포 첨사(僉事)에 보내되, 조사가 철저하지 못하였거나 이상을 알고도 즉시 보고하지 않았다가 후일 격포 첨사의 조

---

78) 『經國大典』 工典 裁植條.
79) 이 절목은 『備邊司謄錄』 45冊, 肅宗 17年 8月 24日條에 게재되어 있다.

사 시에 발견하면 비변사에 보고하여 문죄(問罪)할 것.

④ 금표(禁標) 내에 있는 오래된 묘는 일일이 이장할 수 없겠지만, 신미년 (숙종 17) 5월 이후에 축조된 묘는 '有主墳地內盜葬律'을 적용시키며, 당해 지방관과 수사·병사에게도 이를 금지하지 못한 문죄를 할 것.

⑤ 금표 내의 토지를 불법 경작하는 자는 '盜賣田宅條'에 의하여 '强占官民山場律'로 다스릴 것.

⑥ 생송(生松)을 도벌한 자는 '盜園陵樹木律'에 의하여 다스릴 것.

⑦ 송전을 방화한 자는 일죄(一罪)로서 다스리되 단연코 관대하지 말 것.

⑧ 금표 내의 고송(枯松)은 화재로 인한 것이나 자연적인 것을 막론하고, 중송(中松) 이상은 주수(株數)를 일일이 치부(置簿)하며, 전선 재목이 못 되면 비록 산중에서 부후(腐朽)할지라도 채벌을 허가하지 말고, 도벌한 자는 생송 도벌자와 같은 죄로 다스릴 것.

⑨ 변산 일대는 선재 양성지로 지정되었음에도 근래 유민들이 곳곳에 화전을 만들어서 마침내 송목에도 침범한다. 선재를 양성하기 위해서는 화전을 금하지 않을 수 없으니, 산 전체를 통하여 일체 엄금하되 금령에 따르지 않는 자가 있으면 감영에 보고하여 엄하게 다스리며, 이를 금단하지 못하면 당해 수령과 변장(邊將)을 중앙에 보고하여 논죄할 것.

⑩ 금령이 준행되지 않는 이유는 관리들이 봉법(奉法)하지 않는 데 있다. 생송 도벌자에 대한 처벌이 자주 있지만 간민(奸民)들이 법을 희롱하여 금령이 날로 해이해지니, 이후부터의 처벌은 당해 수령과 변장이 시행할 것.

⑪ 금송절목이 이와 같이 마련된 후 당해 수령과 변장이 태만하여 시행되지 않으면, 격포 첨사가 비변사에 보고하여 논죄할 것.

이상에서 본 바와 같이, 왕조후기에 있어서의 선재 관리는 대단히 엄하였다. 그러나 이와 같은 철저한 관리규정에도 불구하고, 정부지정 선재산지에서의 민간에의 선재 유출은 심하였고, 따라서 관선재(官船材)의 조달 사정은 대단히 어려운 것이었다. 금산(禁山)의 선재가 민간업자들에게 유출된 예를 하나만 들어보자. 정조 원년(1777)의 경우 이른바 '경중모리배(京中牟利輩)'가 안면도의 선재 1백여 주를 채벌하여 영종도 부근에서 판자를 만들다가 체포되었는데, 그것은 수영의 비장(裨將) 조정채(趙廷采) 등이 경강상인 마희대(馬希大)·마홍석(馬興石) 등에게 판매한 것이었다.[80] 이와 같은 선재의 유출은 자연히 그 조달 사정을 악화시켰는데, 당초에는 해안이나 강안의 봉산에서 조달할 수 있었던 선재를 점차 육산(陸山)에서라야 채벌할 수 있게 되었고, 마침내는 수로에서 40~50리 들어간 곳에서 채벌하지 않을 수 없게 되었으며, 이런 경우 그 운반 문제는 또한 많은 폐단을 초래하였던 것이다.[81]

한편, 정부에서 지정한 봉산에서의 선재 조달이 극도로 악화됨으로써 마침내는 관선 건조용 재목을 민간 소유의 산지에서 매입하는 경우도 있다. 정조 11년(1787)의 기록에 의하면 훈련도감의 대변선(待變船) 5척을 신조하기 위한 재목은 인제의 사양산(私養山)에서 매입하고 있다.[82]

---

80) 『備邊司謄錄』158冊, 正祖 元年 6月 1日條.
　　領議政金(相喆)所啓 封山禁松 法意至嚴 而如湖西之安眠島 尤是緊要之地 頃見京畿道臣
　所報 京中牟利輩 貿來此島 松近百株 作板於永宗鎭近處 而被捉於本鎭云 故聞甚驚駭 査問於
　該道水使處矣 卽見其査報則以爲 昨年前水使在任時 兵船改槊餘材木十五株 戰船改槊餘材木
　三十株 裨將趙廷采 與由吏姜俊得 居間發賣於京江居馬希大·馬興石等處

81) 같은 책, 48冊, 肅宗 20年 8月 7日條.
　　忠淸監司黃欽所啓 (…) 凡戰船·漕船之新造 取材於安眠島 自是古例 而近年以來 因島材之
　不敷 漕船新造之時 取材於陸山 而陸山亦無可合船材 或斫取於去水路四五十里之外 發丁曳
　運 蹂嶺越險 民間呼冤 罔有紀極 (…)

82) 같은 책, 170冊, 正祖 11年 5月 30日條.
　　觀此原春監司金載瓚啓本則以爲 訓局待變船五隻新造木物 麟蹄私養山 給價貿得 斫伐流下
　事 纔有備局關文 (…)

5. 造船術 및 船型의 변화·발전

(1) 조선술의 변화·발전

1) 鐵釘 사용

조선왕조시대의 조선사(造船史)를 통하여 그 기술 면의 변화 가운데 두드러진 것은 종래의 나무못 대신 차차 쇠못을 사용한 점이라 할 수 있다. 고려시대에도 조선에 쇠못을 사용하였는지는 밝히기 어려우나, 조선왕조 초기에는 나무못을 사용하고 있었으며, 쇠못을 처음으로 사용하게 된 것은 대개 세종 초부터인 것 같다. 세종 12년(1430)에는 병조에서

> 병선을 건조할 때 송판을 충분히 말리지 않고, 또 목정(木釘)을 사용하므로 풍랑을 만나면 판자를 연합(連合)한 부분이 쉽게 위해(違解)되고, 또 틈이 많이 생기며, 이 때문에 누습(漏濕)하고 쉽게 상해서 7~8년을 견디지 못하고 다시 개조하게 되어, 선재(船材)의 낭비가 심하며 그 조달이 어렵다. 중국의 선박은 역시 송목으로 건조하지만 20~30년은 견딘다. 청컨대 중국의 조선술에 따라서 철정(鐵釘)을 사용하고, 판자 위에 회를 바르고, 또 괴목판(槐木板)을 겹으로 붙여서 건조하되 괴목이 구하기 어려우면 노목(櫓木)·회목(檜木)·유목(楡木)·추목(楸木) 등을 바닷속에 잠가두었다가 사용케 하라.

하고 건의하여, 그대로 실시케 하였다.[83]

---

83)『世宗實錄』卷48, 世宗 12年 5月 癸亥條.
　　兵曹啓 各浦兵船 率以未乾松板造之 又用木釘 故如遇風浪 連合之處 易以違解 且多罅隙 因以漏濕 致令速朽 不耐七八年 又改造故 沿邊松木 殆盡 勢將難繼 唐船則亦用松木以造 而可經

이와 같이 선박 건조에 있어서의 쇠못 사용은 선박의 수명을 연장하고 선재를 절약할 목적으로 이때 처음 결정된 것 같으며, 이때의 쇠못 사용 결정은 실시를 보게 되어, 다음 해 세종 13년(1431)에는 쇠못을 사용한 전함이 건조되었다. 즉, 세종 16년(1434)에는 의정부와 육조에서 명령하여 각종 전함의 속력을 비교하게 되었는데, 이때 가장 빨랐던 전함은 이해(세종 16년)에 경강에서 사수색(司水色)에 의하여 건조된 '왕자갑선(往字甲船)'으로 그것은 선박의 하체에는 쇠못과 나무못을 반반씩 사용하고, 상장(上粧) 즉 갑판 부분엔 완전히 쇠못을 사용한 것이었으며, 소용된 철은 1900근 1냥이었다고 한다. 다음으로 빨랐던 전함은 세종 13년에 경강에서 건조한 '동자갑선(冬字甲船)'으로, 역시 하체 제조에는 쇠못과 나무못을 절반씩 사용하였고, 상장에는 모두 쇠못을 사용하였으며, 철은 1800근이 든 것이었다. 다음 제일 느렸던 것은 이해(세종 16년)에 류우뀨우국(琉球國) 선장(船匠)이 만든 '월자갑선(月字甲船)'이었는데, 그것은 상장과 하체를 모두 쇠못을 사용하여 건조하였으며, 3352근의 철이 소용된 것이었다. 이와 같은 보고에 따라 정부에서는 이후부터 각 포의 전함은 동자갑선과 왕자갑선의 견양(見樣)에 따라 건조하게 하고, 한편 류우뀨우국 선장이 만든 월자갑선도 그 하체가 견실함이 쓸 만하다 하여, 그 견양을 각 도에 보내게 하였다.[84]

二三十年 請依唐船之制 粧用鐵釘 而板上塗灰 復用槐木板 疊造以試之 若槐木難得 則櫨·檜·楡·楸等木 令各浦 斫取沈海 以試堅靭柔脆用之 從之

84) 같은 책, 卷65, 世宗 16年 9月 丁酉條.

議政府·六曹具啓 戰艦快鈍 辛亥年(세종 13년)京江造冬字甲船 中快 下體鐵釘木釘相半 上粧 全用鐵釘 共入鐵一千八百斤 右議政崔閏德曰 可取 今秋 京江司水色造往字甲船 上快 下體 鐵釘木釘相半 上粧 專用鐵釘 共入鐵 一千九百斤一兩 政府·六曹皆曰 可取 今春琉球國船匠造 月字甲船 下快 上粧下體 竝用鐵釘 共入鐵三千三百五十二斤一兩 上乃命兵曹曰 今後各道各浦戰艦 以冬字往字試驗船見樣造作 琉球國船匠所造月字船 雖上粧不合於戰艦 然其下體堅實 可以取法 亦幷見樣事行移各道

이 기록으로 미루어보면, 이후에도 월자선과 같이 쇠못만으로 건조
하는 조선법보다도 동자선이나 왕자선과 같이, 상장 부분은 모두 쇠못
을 쓰지만 하체 부분은 쇠못과 나무못을 절반씩 쓰는 조선법이 일반적
으로 시행된 것 같으며, 그것은 월자선과 같이 쇠못만으로 건조된 전함
이 속도가 느린 데 주된 이유가 있었겠지만, 한편으로는 쇠못을 만드는
원료철(原料鐵)의 조달에도 이유가 있었던 것이 아닌가 생각된다. 전함
건조용 쇠못은 대개 관부 소장의 철로써 만들었지만,[85] 이 무렵에는 일
반 가옥 건축에 있어서도 쇠못 사용은 그다지 보급되지 않고 있었는데,
그 이유는 역시 원료철을 구하기 어려웠던 데 있던 것 같다. 참고로 한
가지 예를 들면, 성종 21년(1490)에는 경상도 수군절도사(水軍節度使) 이
승조(李承祚)가 쇠못 30개를 만들어서 본가에 보냈다는 이유로 고발되
었지만 사실은 당시의 경상도 관찰사 홍귀달(洪貴達)에게서 함창(咸昌)
에 있는 그 부가(父家)의 건축에 필요하다는 청탁을 받고 쇠못 1백여 개
를 만들어 보내준 것이라 하였다.[86] 당시 민간에서는 쇠못 얻기가 어려
웠던 사정이었음을 짐작할 만하다.

한편, 선박 건조에 있어서 쇠못 사용이 쉽게 일반화되지 못한 이유는
다른 곳에도 있었는데, 그것은 쇠못을 사용하여 선박을 건조하면, 개삭
(改槊) 즉 중수(重修)를 할 수 없기 때문이었다. 앞에서도 언급한 바 있지
만, 조선왕조시대의 전선·조선 등 모든 선박은, 신조(新造)한 후 일정한
기간이 지나면 그것을 모두 해체하여 부식된 부분을 개신하고, 다시 조
립하여 사용하였는데, 이 경우 나무못은 쇠못과 달라서 정혈(釘穴) 부분
을 그대로 쓸 수 있었다. 숙종 30년(1704)에 한성좌윤 윤취상(尹就商)이

---

85) 『世祖實錄』 卷27, 世祖 8月 乙未條.

86) 『成宗實錄』 卷242, 成宗 21年 7月 庚申條.

타도의 조선법은 모두 진목(眞木)을 정(釘)으로 쓰는 것이므로, 개삭할 때
는 그 구혈(舊穴)을 다시 쓸 수 있고, 그러므로 자주 개삭하여도 무방하지만,
영남은 조선법이 타도와 달라서 목정을 쓰지 않고 철정을 쓰는데, 개삭할 때
는 구혈을 버려야 하므로 기한만 차면 개삭하지 못하고 버려야 한다.[87]

고 말한 것은 이와 같은 사정을 잘 전해주고 있는 것이라 할 것이다. 그
러나 쇠못을 사용하는 방법이 영남지방의 조선법이 되고, 또 그것이 법
전에까지 규정된 것은[88] 역시 선박의 견고성과 관계되는 것이었다. 숙
종 34년(1708)의 기록에 의하면, 전선의 신조 기한이 영남은 80개월, 호
남과 호서는 60개월이었는데, 대개 목재의 품질이 견강하면 개조 기한
을 꼭 지킬 필요는 없고, 다만 충해가 있는 판자만 새것으로 바꾸면 되
지만 영남은 수세(水勢)가 대단히 급하여 나무못을 쓰지 않고 쇠못으로
조선하므로 판자를 환개(換改)할 수 없고, 부득이 신조한다 하였다.[89]
즉 선박의 개삭에는 불리하지만, 그 견고성을 위해서는 유리하였으므
로 쇠못의 사용이 이루어지고 있었던 것이다.

이와 같이 선박 건조에 있어서의 쇠못 사용은 개삭의 불편, 쇠못 자체

---

87) 『備邊司謄錄』 55冊, 肅宗 30年 6月 3日條.
   (左尹 尹)就商曰 他道造船之法 皆以眞木爲釘 改槊之時 還用其舊穴 故雖頻數改槊 少無所
   妨 而嶺南則造船之法 與他道不同 不用木釘 以鐵釘用之 改槊之時 棄其舊穴 故限滿則元無改
   槊之事 仍作等棄之物
88) 『續大典』 卷之四, 兵典 兵船條에 의하면, 경상도 전·병선의 경우 "皆用鐵釘 故無改槊之
   事"라 하였다.
89) 『備邊司謄錄』 59冊, 肅宗 34年 11月 23日條.
   行禮曹判書李寅燁所啓 (…) 蓋戰船新造期限 三南各異 嶺南則八十朔 湖南則六十朔 湖西
   則與湖南 似無異同矣 大抵 木品堅强 則不必依limits改造 而年久之後 有蠹蟲傷損之患 嶺南爲尤
   甚 若拔去蟲損之板 改用新板則好矣 而嶺南水勢甚急 不用木釘 以鐵釘造船 故有難換改 不得
   不新造

의 구득난 등 여러가지 여건 때문에 쉽사리 일반화되지는 않았으나, 대
개 18세기경에 이르러서는 결국 나무못을 사용함으로써 선박을 개삭하
는 것보다, 설사 개삭을 하는 데는 불편하더라도, 쇠못을 사용하는 것이
선박의 수명을 길게 할 수 있다는 것이 실증되었고, 이 때문에 조선(造
船)에 있어서의 쇠못 사용이 일반화되어간 것 같다. 예를 들면 정조 11
년(1787)에는 전 전라좌수사(全羅左水使) 강오성(姜五成)의 건의에 따라
전라도 지방의 조선에도 쇠못을 통용하기로 하였는데, 나무못을 사용
할 때는 선박을 36개월 만에 개삭하였지만, 쇠못을 사용한 후에는 84개
월을 운용할 수 있어서, 연장된 4년간에 선재 1만여 주가 절약된다는 결
론이 나왔기 때문이었다.[90]

　이와 같이 조선왕조시대에 이르러서 선박 건조에 쇠못이 사용되고,
그것이 또 일반화되어간 것은 선박의 수명을 연장시킬 수 있었던 점에
서 커다란 발전이었다 할 수 있을 것 같다. 아울러 한 가지 더 부기하여
둘 것은 닻(碇)은 언제부터 철제를 사용하였는가 하는 점이다. 이 문제
도 그 정확한 시기를 가릴 수는 없으나, 대개 18세기경이었으리라 추측
되는데, 영조 19년(1743)에는 전 전라우수사 노계정(盧啓禎)이 전선의 닻
을 모두 철제로 개조하였다가 철정(鐵碇)의 이해(利害) 문제는 차치하고
임의로 기기(器機)를 변제하였다는 이유로 파직을 당한 기록이 있다.[91]

---

90)『正祖實錄』卷23, 正祖 11年 4月 己亥條.
　　備局有司堂上徐有隣啓言 松政一事 關係不輕 而至於湖南 則以戰船之用木釘 朔數太近 斧
斤相尋矣 年前 前左水使姜五成 應旨狀聞 遵用嶺制 代以鐵釘 昔之三十六朔改槊 今爲八十四
朔 通計四年之間 所得爲萬餘株矣 又令湖南右沿 倣用此制 仍爲遍行於畿湖之地 則松政裨益
莫大於此矣 上詢于大臣 領議政金致仁曰 左沿鐵釘 已有成效 則分付右沿 遵用此例爲便 允之
91)『備邊司謄錄』112册, 英祖 19年 5月 20日條.
　　咸寧君朴纘新所啓 卽見前全羅右水使盧啓禎狀啓 則戰船碇 皆以鐵改造云 器械變制 何等
重事 而不爲先稟朝家 獨以已意 任自爲之 鐵碇利害 姑舍勿論 其在事體 極爲未安 且關後弊
不可仍置 故敢達 上曰 所達得體 當用何律耶 宋曰以爲可罪 則當罷職矣 上曰 依爲之

2) 침수·부식방지법

조선왕조시대의 선박이 모두 목조선이었으므로, 그 수명을 연장시키기 위해서는 무엇보다도 침수 부분의 부식을 방지하는 일이 중요한 것이었다. 침수 부분의 부식을 방지하는 방법으로 대개 연훈법(烟熏法)과 도회법(塗灰法)·갑조법(甲造法) 등을 사용하였다. 우선 연훈법은 일정한 기간마다 선박을 육상시켜놓고서 침수 부분에다 연기를 쐬는 방법을 말하는데, 태종 17년(1417)에 이미 그것을 권장한 기사가 보인다. 즉 이해에 전 도총제(都摠制)이던 김을우(金乙雨)는 병선사의서(兵船事宜書)를 올려서, 근래 왜구의 침입을 그치게 한 것은 병선에 힘입은 바 컸지만 병선을 간수하는 관리가 불용의(不用意)하여, 그것이 쉽게 부패하며 이 때문에 선박 건조가 빈번해진다 하고, 만호·천호 등으로 하여금 그 관할하에 있는 병선을 자주 연훈케 하되, 이를 어기는 자는 처벌할 것을 건의하여 그대로 채택되었던 것이다.[92] 연훈법은 이후 지방 수영의 의무조항으로 규정되어서『경국대전』에도 매월 2회씩 실시하도록 규정되어 있다.[93]

도회법은 역시 선박의 침수 부분에 석회를 바르는 것인데, 앞에서도 인용한 바와 같이, 세종 12년(1430)에 쇠못 사용 문제가 논의될 때도 "板上塗灰"할 것이 제의되었지만,[94] 이보다 먼저 태종 12년(1412)부터 이미 도회법이 실시되고 있었던 것 같다. 이해에 안성군(安城君) 이숙번(李

---

92)『太宗實錄』卷33, 太宗 17年 4月 辛巳條.

　　前都摠制金乙雨 上兵船事宜書曰 近來倭賊 不得侵我邊鄙者 雖因殿下之至德 亦賴兵船也 爲管守者 全不用意 以致朽敗 頻年造船 松木殆盡 無餘將來之患 甚可慮也 願自今 萬戶·千戶 以至領船 所掌舟楫 趁時烟熏 永久不敗 則造船之弊可除 而沿海松木 亦不殆盡矣 苟不用意烟熏者 痛懲以法 以爲恒式 上曰 (…) 可採

93)『經國大典』兵典 兵船條.

94) 주 83 참조.

叔蕃)이 축선법(畜船法)을 건의하면서 전함 건조용 재목의 양성이 곤란함을 지적하고 선박의 충해로 인한 부훼(腐毀)를 막기 위한 방법으로서 "臣聞中國 以石灰塗船底蟲不能食"이라 하였는데, 왕도 이에 찬성하고 장단·강화 등지에서 석회의 출토 여부를 조사시키고 있다.[95] 어쨌든 조선왕조시대에도 건축에 석회를 많이 사용하고 있었으며, 선박에의 도회법도 적용되었던 것이다. 갑조법은 선박 건조에 있어서 판자와 판자 사이의 연결 부분에 생기는 틈을 막아서 판자를 이중으로 붙이는 법이다. 이 법이 처음으로 시도된 것은 역시 조선왕조 초기인 것 같다. 세종 6년 (1424)에는 병조에서 병선의 외면에 박판(薄板)을 붙였다가 그것이 소식(蟲食)이 되는 대로 이를 갈아 붙이면 20여 년은 운행할 수 있다 하여, 이를 시험하게 한 바 있다.[96] 이후 세종 13년(1431)에는 당시 천문기계와 활자 제조 등에 뛰어난 솜씨를 보이던 이천(李蕆)이 갑조법에 의한 조선을 주장하고 있다. 그는 당시 조선 문제의 가장 큰 관심사 중의 하나였던 '蟲食'(배 좀) 문제를 말하면서, 전날에 박희중(朴熙中)이 전라도에서 갑선(甲船)을 만들었다가 속도가 느리다는 이유로 포기하였던 사실을 들어, 선박의 둔쾌(鈍快)가 갑조(甲造) 여부에 있는 것이 아니라 그 체제에 있는 것이라 하고, 자신이 일찍이 대마도 정벌 때 빼앗은 왜인들의 대형 선박의 갑조술을 보았는데, 그 경쾌하기가 우리의 병선보다 더하더라 하고, 이와 같은 조선술을 따를 것을 주장하고 있다.[97]

---

95)『太宗實錄』卷23, 太宗 12年 5月 甲辰條.
96)『世宗實錄』卷25, 世宗 6年 7月 己亥條.
　　兵曹啓 兵船外面 施薄板 隨其蟲食改之 則可用二十餘年 姑將劍船一艘 外施薄板 試其快鈍 從之
97) 같은 책, 卷52, 世宗 13年 5月 丁丑條.
　　摠制李蕆上書曰 (…) 去己亥年東征時 護軍尹得民 騎新造船 而行往還數月之間 蟲傷水潤 爲甚 臣親見之 此無他 蟲好食生木故也 今試驗船亦生木 若泊於花之梁等處無蟲之水 則未知

어쨌든 이후 한동안 갑조법이 실시되어서, 앞서 인용한 바 있는 세종 15년(1433)에 쇠못을 사용하여 건조한 전함 3척이 모두 갑선이었으니, 동자갑선·월자갑선·왕자갑선이 그것이었다.98) 그러나 다음 문종 때에 이르러서는 중국 측의 단조법(單造法)이 다시 수입되어 조선술은 다시 단조술로 변하게 되었다. 문종 원년(1451)에는 중국에 다녀온 통사(通事) 김퇴(金䨥)가 서계(書啓)하여,

> 통주(通州)에 이르러서 단조법으로 선박을 건조하는 자가 있기에 그 방법을 물었더니, 선박의 틈〔罅隙〕을 숙마(熟麻)로 막고 그 위에 석회에다 동유(桐油)를 섞어서 바르며, 동유가 없는 경우는 어유(魚油)나 마유(麻油)도 된다더라.

고 보고하였는데, 그의 이 보고는 곧 수성전선색(修城典船色)에 보내졌다.99)

이와 같은 김퇴(金䨥)의 보고가 있은 지 약 2개월 후에는 왕이 점선별감(點船別監) 이사평(李士平), 전선색 제조 황보인(皇甫仁)·이천·고득종(高得宗) 등을 불러,

> 조선법에 있어서 단조와 갑조의 편부(便否) 논의는 오래되었지만, 갑조선은 수명이 오랜 것이 장점이다. 그러나 우리나라는 그 제조법이 정교하지 못

䨥食與否 恐非試驗之意 宜移泊有䨥處以試之 昔朴熙中歸全羅道 監造甲船 以鈍棄之 臣謂船之鈍快 不在甲造與否 實由體製之使然爾 臣嘗見東征時 取來倭大船 其甲造之術 外用月外松板裹之 中無灰隔 其輕快勝於兵船逈矣

98) 주 84 참조.

99)『文宗實錄』卷6, 文宗 元年 3月 壬寅條.
通事金䨥以書啓曰 (…) 又到通州 有單造船隻者 臣問之 答云 船之罅隙 用熟麻塡塞之 又以石灰和桐油塗之 無桐油 則魚油·麻油亦可 (…) 卽下所啓之書于修城典船色

하여 공정이 어려우면서도 오히려 패선(敗船)이 되기 쉬우며, 단조선은 공정은 쉬우나, 갑조선보다 수명이 길지 못하다. 나의 생각으로는 갑조선은 20년을 운행할 수 있으며, 단조선은 15년 혹은 10년을 운용할 수 있을 것 같다. 그러나 갑조선의 공정은 단조선의 배(倍)가 든다. 지금부터는 갑조를 하지 말고 모두 단조로 하는 것이 어떠하겠는가.

하고 물었는데 모두 이에 찬성하고 있으며, 이에 왕은 갑조선은 비록 더 건조할 필요는 없지만, 그 제조체제를 잊어버릴 염려가 있으니, 한두 척을 만들어두고, 그 제조규식(規式)을 비치해둘 것을 제의하였다. 이에 따라 중국식에 의하지 않은, 즉 국내식에 따라 마유를 바른 갑조소맹선(甲造小猛船) 1척을 만들어 견본으로 두고, 전선색으로 하여금 그 제조규식을 기록해두게 하였다.[100]

한편 정부에서는 이와 같은 단조법을 결정해놓고 곧 경기·충청·전라 등 지방에 사람을 보내어 병선의 갑조법과 단조법에 대한 의견을 물었는데, 이에 대한 의견은, 갑조선은 우수한 기술자에 의하여 중국 체제에 따라 정교하게 제조하면 소식(蠹食)이 없고 견고하여 파훼되지 않고 유리하지만, 지금에는 졸공(拙工)들이 제조하여 체제대로 되지 않으므로 15년 혹은 13~14년 미만에 부후(腐朽)하고, 공정은 배가 들면서도 그 이로움이 단조선에 미치지 못하며, 단조선은 재료가 적게 들고 비록 파

---

100) 같은 책, 卷7, 文宗 元年 5月 壬戌條.

　　點船別監李士平復命 命召典船色提調皇甫仁·李蕆·高得宗曰 船隻單造與甲造便否之議 久矣 所貴乎甲造者 以其經久也 然我國人 製造未精 事功難而反致易毁 單造則事功易 而經久不下於甲造 予意以爲 雖甲造船 可經二十年 單造船經十五年或十餘年 然甲造之功 倍於單造 自今勿令甲造 只皆單造何如 僉曰 上敎允當 上曰 甲造船 雖不必加造 若棄而不爲 則製造體制 必至遺忘 將造一二隻而置之 使爲模樣乎 備錄製造規式而傳之乎 僉曰 今所造船隻 勿用唐體但甲造小孟船一隻 依法用麻油塗之 使爲模樣 又令典船色 傳錄製造規式 以爲儀軌 (…) 從之

훼(破毁)되더라도 보수를 하면 수십 년을 운용할 수 있으며, 상장(上粧)만 하면 조운선으로도 이용할 수 있어서 이로움이 많다는 데 일치하였고, 금후 각 도의 병선은 갑조하지 말고 단조하자는 요청이 있어 그대로 실시하였다.[101]

이와 같이 문종조에 선박의 단조법이 결정된 후, 왕조의 후기에 이르러서도 갑조와 단조 문제에 관한 논의는 기록상에 나타나지 않으며, 다만 조선용 판자의 후박(厚薄) 문제만이 가끔 논의될 뿐이었다. 예를 들면 효종 3년(1652)의 경우 무신 유정익(柳廷益)이 전선(戰船) 사정을 묻는 왕에게 답하면서 전선은 체제가 모두 속력 위주여서 박판이 사용되기 때문에 쉽게 부패하거나 파훼되어 3년에 한 번씩 개조하게 되므로, 이 때문에 재력이 많이 소모된다 하고, 자신의 통제사(統制使) 재직 시에는 신조하는 전선을 모두 후판으로 만들어 훈련을 시켜보았지만, 선박의 질둔(疾鈍) 여부가 그 재목의 후박에 있는 것이 아니었다 하였으므로, 왕이 통제사에게 전선 체제는 유정익이 건조한 것에 준하라고 명령하였다.[102] 문종조에 병선의 단조 방침이 결정된 후 왕조후기 전체를 통하여 단조와 갑조에 관한 논의가 없는 것을 보면, 이후의 선박은 모두

---

101) 같은 책, 卷8, 文宗 元年 6月 己卯條.

　議政府據兵曹呈啓 今遣人于京畿·忠淸·全羅三道 訪問兵船甲造·單造便否 其甲造之船 果得良匠 依中國體制 精巧製造 則蠢不能食 牢固不毁 誠爲有益 今則使拙工製造 不如法故 纔過十五年 或未滿十三四年 已至腐朽 用功倍而反不及單造之利 若其單造之船 則所入之物不多 且雖破毀 若修補 則可經數十年 又其上粧可用于漕轉之船 實爲無窮之利 請自今諸道 兵船 毋令甲造 並皆單造 從之

102)『備邊司謄錄』15冊, 孝宗 3年 11月 4日條.

　上謂武臣柳廷益曰 南方戰船器械如何 柳廷益曰 自前戰船體制 以輕捷爲主 務用薄板 非但腐朽 易破三年一改造 財力亦甚不貲 故臣爲統制使時 新造戰船 皆以厚板造作 試爲習操 則船之疾鈍 不在於厚薄 而亦無頻數修補之弊矣 上曰 言于備局 新統制使處 戰船體制 依柳廷益時所造事 分付可也

단조법에 의하여 건조된 것이라 생각된다.

(2) 船型의 변화·발전

조선왕조시대 전체를 통하여 이용된 선박은 전투용 배나 운반용 배를 막론하고 각각 그 종류가 대단히 많았고, 각종 선박이 모두 제 나름대로의 구조상의 변화와 발전을 일으키고 있었을 것이라고 쉽게 추측할 수 있을 것 같다. 그러나 지금 우리가 접할 수 있는 조선왕조시대의 기록물에는 선박에 관한 것 자체가 많지 않을 뿐만 아니라 그 구조를 정확히 설명해주고 있는 것이 대단히 희귀하다. 더구나 선박의 구조상의 변화를 전해주고 있는 약간의 기록물도 그것이 모두 관변 측 기록이므로 그 범위가 전투선과 조선 등 관선에 한정되어 있다. 이 절은 이와 같은 대단히 불완전한 기록들을 토대로 하여 조선시대의 각종 선박의 구조상의 변화를, 그것도 관선에 한하여 극히 피상적으로나마 정리해보고자 한 것이다.

1) 猛船

조선왕조 전기의 전투용 선박은 우선 『경국대전』에 보이는 대맹선(大猛船)·중맹선·소맹선의 3종류를 들 수 있다. 그러나 이들 맹선(猛船)의 체제와 형태에 관해서는 전혀 상고(詳考)할 길이 없으며, 그 척도에 있어서도 정확한 것을 찾을 길이 없다. 그러나 『경국대전』에는 일반적으로 선박의 척도를 규정한 조목이 있으며, 그것은 표 2와 같다.

표 2는 『경국대전』 공전(工典) 주차조(舟車條)에 의하여 작성한 것이며, 척수(尺數)는 영조척(營造尺)을 기준으로 한 것이지만, 선박의 종류에 있어서 해선(海船)과 강선(江船)만으로 구분하였는데, 맹선은 대개

표 2_ 해선과 강선의 척도

		길이	폭
해선	대선	42척 이상	18척 9촌 이상
	중선	33척 이상	13척 6촌 이상
	소선	18척 9촌 이상	6척 3촌 이상
강선	대선	50척 이상	10척 3촌 이상
	중선	46척 이상	9척 이상
	소선	41척 이상	8척 이상

해선에 기준을 두었으리라 생각된다. 이 표에서 보는 바와 같이 해선은 강선에 비하여 길이가 짧고, 대신 폭은 강선에 비하여 넓은데, 파도가 높은 곳의 해선은 그 모양이 짧고 넓으며, 파도가 없고 수면 폭이 좁은 곳의 강선 경우는 반대로 폭이 좁고 길이가 길었던 것이라 생각되고, 왕조초기의 선박들은 후기의 그것에 비하여 그 규모가 작았음을 알 수 있다. 다음에서 논급이 되겠지만, 후기의 경우 전투용 선박은 대개 백 척 가까운 길이였다.

왕조초기에 있어서의 주 전투선인 맹선의 보유수를 『경국대전』에 의하여 도별로 집계해보면 표 3과 같다. 『경국대전』에 나타나는 조선왕조의 기본적 전함은 맹선이었다. 그러나 16세기에 이르러서는 맹선은 그 사용가치가 희박해져가고 있었다. 중종 16년(1521)의 기록에는 이미 "大猛船 爲無用盡去之 只用小船"[103]이라 하여 실정을 전하고 있으며 2년 후인 중종 18년에는 조신(朝臣) 간에 맹선의 폐지 문제를 두고 많은 논란이 일어나고 있다.[104] 의논에 참가한 관리들은 당시의 전함 사정을 말하

---

103) 『中宗實錄』 卷42, 中宗 16年 5月 戊午條.
104) 같은 책, 卷48, 中宗 18年 6月 乙丑條.

표 3_ 맹선의 보유상황

	경기	충청	경상	전라	강원	황해	영안	평안	계
대맹선	16	1	20	22		7		4 (1)	78 (1)
중맹선	20	34	66	43		12	2	15 (3)	192 (3)
소맹선	14 (7)	24 (40)	105 (75)	33 (86)	14 (2)	10 (10)	12 (9)	4 (16)	216 (145)
계	50 (7)	69 (40)	191 (75)	98 (86)	14 (12)	29 (10)	14 (9)	23 (20)	486 (149)

* ( ) 속의 수는 無軍船 즉 수군이 배정되어 있지 않고 선박만 비치된 것이다.

면서, "猛船有大中小三等 乃忠淸·黃海·京畿 所常用不可 一切廢之 而改以兵船也" 혹은 "慶尙·全羅兩道 雖有猛船 皆置而不用 故徒掛陸腐朽"라 하였다.

이와 같이 맹선류가 실용적인 전함이 되지 못한 이유는 대개 그것이 경질(輕疾)하지 못하다는 데 있었다. 이 논의에 참가한 조윤손(曹潤孫)은 경상 좌·우수사를 역임한 경험을 바탕으로 "見諸浦大小猛船 則果多載軍人 然其體不輕快 遭風則不得任意而用 將有敗沒之患"이라 하여 맹선의 비실용성을 지적하고 황해도와 충청도에는 맹선이 이미 전무하다 하였으며, 충청수사를 지낸 바 있던 심순경(沈順經)은 "前於丁巳年(연산군 3년) 倭犯鹿島 命李季仝爲將搜討 而臣以軍官 從往見之 大猛船 體大不快 非緩急可用者 皆聚鮑作之船用之"라 하여, 맹선이 전함으로서의 기능을 잃고 어로에 사용되고 있었음을 말해주고 있다.

이와 같은 사정으로 미루어보면, 대개 16세기 이후에는 맹선이 전투용 선박으로 실제 사용되지는 않았던 것 같다. 임란이 일어나기 20년 전인 선조 4년(1571)의 기록에는 수군들에게 괴로움을 주는 것이 『경국대전』에 규정된 대맹선·중맹선·소맹선을 비치하는 일이라 하고, 명종 10

286

년(1555)의 을묘왜변(乙卯倭變) 이후로는 전투용 배로는 판옥선(板屋船)과 방패선(防牌船)·협선(夾船)만이 요긴하게 쓰이고 있다 하였다.[105] 다음에 논급이 되겠지만, 임진왜란 때에는 전투용 배로는 주로 판옥선과 귀선(龜船)이 사용되었고, 따라서 임진왜란 이후에는 전함제도가 완전히 개정되어 맹선제가 없어지고, 전선·방선(防船)·병선·귀선·사후선(伺候船)·거도선(艍舠船)·해골선(海鶻船) 등이 법전상에 규정된 전투용 선박으로 되는 것이다.[106] 숙종 42년(1716)에 작성된 '양남수군변통절목(兩南水軍變通節目)'에 의하면, "大猛船 卽今之戰船 中猛船 猶今之龜船 小猛船亦今防牌船及兵船之類"[107]라 하여 왕조전기의 맹선제가 후기에 바뀌어간 사정을 잘 말해주고 있다.

2) 鼻居刀船

왕조전기의 기본적 전함은 맹선이었으나, 그것이 실제 전투에는 적합하지 않았고, 그러므로 또 일반적으로 사용되지 않았음은 앞에서도 지적한 바 있지만, 이와 같은 맹선의 비실용성을 보충하기 위하여 건조된 것이 비거도선(鼻居刀船)이었다. 조선왕조 정부가 대형 전함 이외에 소형선을 만들 것을 처음 결정한 것은 이미 태종 3년(1403)이었다. 즉 이해에 의정부에서는 "왜구가 왕왕 도서지방에 와서 숨어 있다가 틈을 보아서 약탈 도주하지만, 우리의 전함이 무겁고 커서 이를 추급(追及)하지 못한다" 하고, 이후에는 대선(大船)은 요해지(要害地)에 두고, 각 도

---

105) 『宣祖實錄』卷5, 宣祖 4年 11月 丁亥條.
　　柳希春 以晝講特進官啓曰 (…) 水軍之所患者 大典載各浦大猛船·中猛船·小猛船若干 今則自乙卯以後 禦敵所用 板屋船·防排船·夾船等爲緊
106) 『續大典』卷之四, 兵典 兵船條.
107) 『備邊司謄錄』69冊, 肅宗 42年 10月 24日條.

로 하여금 경쾌소선(輕快小船) 10척을 만들어 왜구를 추포케 하라고 건의한 데 따라 처음으로 소선을 만들게 하였던 것이다.[108] 이때에 만든 소선이 비거도선을 말하는 것인지는 의문이지만, 이보다 20년 후인 세종 5년(1423)의 기록에는 "小船輕疾者俗謂之鼻居刀"라 하고, 그것이 대선을 따라다니며 전투하는 데 편리하다 하여 경상좌도의 각 포에 명령하여 건조케 할 것을 결정하고 있다.[109] 비거도선이 어떤 구조를 가지고 있었던 것인지는 전혀 알 수 없으며, 다만 전투에 임하여 대형 전함의 기동성을 뒷받침하던 소형의 쾌속선이었으리라 추측될 뿐이다. 그리고 비거도선의 규모에 대해서도 전혀 알 길이 없으며, 다만 『경국대전』의 '유실병선변상규정(遺失兵船辨償規定)'에서 "居刀船 於小猛船 減半徵"[110] 이라 한 것으로 미루어보아, 그 규모가 소맹선의 절반쯤이었으리라 추측될 뿐이다.

이후 각 수영의 전체 병선 보유수 가운데에서 비거도선이 차지하는 수는 점점 많아진 것 같다. 각 수영의 정확한 비거도선 보유수를 파악할 수는 없지만, 세종 7년(1425)의 전라도 수군처치사(水軍處置使) 보고에 의하면, 이해에 제주도에서 비거도선 28척이 건조되었는데, 이때 전라도 지방에는 이미 49척의 비거도선이 건조되어 있었다.[111] 이와 같이 비거도선의 이용도는 점점 높아간 것 같지만, 중종 5년(1510)에 이르

---

108) 『太宗實錄』卷5, 太宗 3年 6月 丁巳條.

　　始造小船 議政府啓 倭寇往往來隱諸島中 乘我不備 擄掠而去 我國戰艦重大 不能追及 今後 以大船 置於要害處 令各道造輕快小船十隻 以追捕 允之

109) 『世宗實錄』卷19, 世宗 5年 正月 丁亥條.

110) 『經國大典』兵典 兵船條.

111) 『世宗實錄』卷28, 世宗 7年 5月 丁丑條.

　　兵曹據全羅道水軍處置使牒啓 濟州所造鼻居刀船二十八隻 本營及左右道各浦 今春加造船 二十二隻 元兵船八十四隻 曾加造四十隻 鼻居刀船四十九隻 孟船二十六尺 請改字號 春夏等 會計施行 從之

288

러서는 전투에서는 비거도선만을 쓰고, 병선은 모두 조운선으로 이급(移給)하자는 의논이 나오고 있으며,[112] 앞에서도 든 바 있지만, 중종 18년(1523)에는 기본적 전함인 맹선을 모두 폐지하자는 의논이 나왔는데, 그 이유는 당시 실제의 전투용 선박으로는 비거도선의 이용도가 높았기 때문이었다. 이때의 논의 중에 "所常用者 乃鼻居刀船也"라 한 것이나, "猛船雖不可廢 鼻居刀船 所當倍數造置" 혹은 "臣爲忠淸水使時見之 大小猛船皆不用只用鼻居刀船矣"라 한 것 등은 현실적으로 비거도선이 전투용 선박의 주축을 이루고 있었음을 말해주고 있는 것이라 하겠다. 그러나 임진왜란 이전에 이와 같이 널리 사용되었던 비거도선도 임진왜란 이후에는 별로 사용되지 않았던 것 같은데,『속대전』에서의 법정 보유선으로서는 경기도에 3척, 황해도에 21척, 평안도에 1척의 배정이 있을 뿐이며,[113] 이후의 각종 기록에서도 비거도선의 제작에 관한 기사를 찾을 수 없다.

3) 板屋船

맹선이 기본 전투용 선박으로서의 기능을 잃어가고 있을 때, 대형 전투선으로서는 판옥선(板屋船)이 나타나고 있다. 명종 21년(1566)에는 『경국대전』에 규정된 각 지방의 보유 맹선을 모두 판옥선으로 충당하자는 의견이 나왔는데, 그 이유로 옛날에는 왜적이 모두 평선(平船)을 타고 왔으므로 우리 측도 역시 평선으로써 승리하였지만, 지금에는 왜적이 모두 옥선(屋船)을 타고 오므로 부득이 판옥선을 이용하여야만 상적(相敵)할 수 있다는 점을 들고 있다.[114] 판옥선의 체제는 대개 종래의

---

112)『中宗實錄』卷12, 中宗 5年 10月 壬子條.

　　司勇金世瑚上疏凡十八條 (…) 其一 請用鼻居舠(小舟名) 勿用兵船 以兵船移給漕運

113)『續大典』卷之四, 兵典 兵船條.

평선에 옥개(屋蓋)를 만들어서 시석(矢石)을 피하게 했던 것이라 생각된다. 영조 36년(1760)에 동지(同知) 이천구(李天球)가 비선(飛船)의 체제를 말하면서 "船上立柱上樑 作板屋 屋中造置十櫓"[115]라 하였는데, 이것으로 미루어보면 판옥선도 배 위의 네 귀에 기둥을 세우고 4면을 가렸으며, 마룻대를 얹어 지붕을 덮었던 것이라 생각된다.

전투용 선박으로 판옥선이 사용되기 시작한 것은 대개 명종조를 전후한 때부터였으리라 추측되지만, 앞에서도 언급한 바와 같이 을묘왜변 이후에는 판옥선이 가장 중요한 전투선의 역할을 하였고, 특히 임진왜란 때는 귀선과 함께 가장 활약을 많이 하였던 것 같다. 『이충무공전서(李忠武公全書)』에 보이는 판옥선에 관한 기록으로는 "三道板屋戰船 僅至百有餘隻 各率小船"[116] 혹은 "賊船留泊等地 形勢狹淺 板屋大船 容戰甚難"[117]이라 한 것 등이 있다. 아마 임진왜란 당시에 있어서의 가장 규모가 컸던, 그리고 또 일반적으로 사용된 전투선은 판옥선이 아니었던가 생각되며, 『증보문헌비고』에 보이는 "李恒福曰 我國戰船 上設板屋 周以防牌 用夫一百餘名 儼然 爲一少城堡"[118]라 한 기록 등은 이와 같은 생각을 뒷받침해주는 것이라 믿어진다. 그러나 왕조후기에는 판옥선에 관한 기록이 보이지 않는데, 이후 대형 전투선은 판옥선에서 누선(樓船)으로 된 전선으로 바뀌어간 것이라 생각된다.

---

114)『明宗實錄』卷32, 明宗 21年 3月 甲辰條.
　　大臣備邊司同議啓曰 各鎭浦板屋船 當初設立之時 厥數果多 其後 漸次減省 而今則略除艋船 以板屋船充大典艋船之數 且古昔賊倭之來 皆乘平船 故我國亦以平船制勝 今則賊倭皆乘屋船 不得已用板屋船然後 可以相敵
115)『英祖實錄』卷95, 英祖 36年 正月 戊辰條.
116)『李忠武公全書』卷3, 狀啓2, 陳倭情狀.
117) 같은 책, 卷2, 狀啓1, 玉浦破倭兵狀.
118)『增補文獻備考』卷120, 兵考12, 舟師條.

4) 戰船

맹선과 판옥선 다음으로 사용된 대형 전투선은 전선(戰船)인 것 같다. 앞에서도 인용한 바와 같이, '양남수군변통절목'에서 "大猛船 卽今之戰船"이라 한 것으로 보아도 전선이 왕조후기에 있어서의 최대형 전투선이었음을 짐작할 수 있겠다. 또 이 절목에 의하면, 당시의 전선 가운데 가장 큰 것은 좌우의 노로(櫓櫨)가 24간(間)이나 되며, 1간에 필요한 노군(櫓軍)이 장(長)을 합해 5명씩이며 그렇게 하여 전체 노군이 120명이나 되므로, 『경국대전』의 대맹선 1척에 80명씩 배당한 노군으로써는 전선을 운행할 수 없는 실정이라 하였고,[119] 대개 전선 1척의 소요 인원을 164명으로 규정하였다. 그 내역을 보면, 선직(船直) 2명, 무상(無上) 2명, 타공(舵工) 2명, 요수(繚手) 2명, 정수(碇手) 2명, 사부(射夫) 18명, 화포장(火砲匠) 10명, 포수(砲手) 24명, 좌우 포도장(捕盜將) 각 1명, 노군 100명으로 되어 있으며, 노군 100명은 선박의 좌우가 8간으로 되어 있어 매 간마다 격군(格軍)이 4명씩이며 장(將)이 1명이어서, 좌우현 8간에 모두 80명이고, 여군(餘軍)이 20명으로 되어 있다.[120] 또한 숙종 21년(1695)의 기록에 의하면, 전선 체제는 광해군 7년(1615)에 순무사(巡撫使) 권분(權盼)이 대소장단의 제도를 정하고, 그것을 통제사 이하 각 영, 각 관(官), 각 진포(鎭浦)에 시달하였으나, 그후 첨사(僉使)나 만호가 소관하는 선박도 크고 사치하게 꾸며져 차차 구제(舊制)를 잃어가며 바람이 없으면 움직이지 못하고, 바람이 불면 또 조종하기 어려우며 간조(干潮) 시와 물이 얕은 곳에서는 운행할 수 없는 실정이라 하였다.[121]

---

119) 『備邊司謄錄』 69册, 肅宗 42年 10月 24日條.
 (…) 而船制輒變 兩南戰船之最大者 則左右櫓櫨 或至二十四間 一間櫓軍·長竝五名 應入櫓格當爲 一百二十名 以古制八十名之櫓軍 決不可運用
120) 같은 책, 69册, 肅宗 42年 10月 24日條, '各軍船制定額數' 참조.

이와 같이 왕조후기에 있어서의 가장 규모가 큰 전투선은 전선이었고, 그것은 또 왕조전기의 전투선보다 대체로 규모가 컸던 것이라 생각되지만, 대규모의 외란을 당하지 않았던 왕조후기에 있어서의 대형 전선의 유지에는 반대도 많았던 것 같다. 대형 전선은 운행이 어렵고 건조재료가 많이 든다는 이유로 전선을 일부 폐지하고, 전선 1척을 병선 2척으로 개조하자는 의견이 자주 나왔고,[122] 숙종 42년(1716)에는 각 도의 수사들에게 전선을 병선으로 개조하는 데 대한 의견을 물었는데, 그 결과 당시 전국의 보유 전선 121척 가운데 12척을 방패선으로 개조할 것을 결정하였다.[123] 전선을 병선으로 개조하기 위해 수사들에게 행한 의견 청취의 결과가 전선 121척 중 12척을 개조하게 하였다는 것은 역시 대형 전선의 유지에 찬동한 의견이 많았던 것이라 생각된다. 정조 10년(1786)에 전 정언(正言) 이우진(李羽晋)이 상소를 올려 전선은 체제가 커서 간조 시에는 운행할 수 없다 하고 이를 경첩(輕捷)하게 건조하고 물

---

121) 같은 책, 49册, 肅宗 21年 正月 23日條.

一, 戰船之制 萬曆乙卯年間(광해군 7년, 1615) 巡撫使權盼 定大小長短之制 統制使以下 各營各官各鎭浦 以次定式尺量成冊 尙在統營 而厥後 雖僉萬戶之船 務勝以高大爲觀美 漸失 舊制 無風不動 有風則難制 潮縮時及水淺處 皆不得運用

122) 같은 책, 68册, 肅宗 41年 10月 15日條.

行判尹閔鎭厚所啓 古者戰船 必臨戰而造之 未嘗恒常造置 (…) 其實則戰船不如兵船矣 今 雖不可盡罷戰船 擇諸道船滄最好處 仍置戰船 俾作將帥所騎 而其餘不緊處 以其戰船 換作兵 船二隻 則臨難尤可以得力 而財力民弊 亦有減除之效 (…)

123)『肅宗實錄』卷58, 肅宗 42年 8月 辛亥條.

前年冬 閔鎭厚白上 以諸道戰船 漸失其制 難於運用 船艙絶無好處 若値潮退 無以移動 船 艙不緊處 以戰船換作兵船二隻 則臨亂尤可以得力 當此船材乏絶之時 財力民弊 亦有減除之 效 上命廟堂稟處 其後李光佐以爲 戰船用之 今已數百年船材盡後 再作區處爲宜 而今若以船 艙之不好而改之 則船艙好處 十不居一 舊制將盡廢 決難變改 又下廟堂 至是覆奏曰 兩言得失 博詢於諸道各閫及統帥 諸道回牒 今已齊到 而所見各異 又有請改作防牌船者 摠而論之 諸道 戰船仍存者 一百二十一隻 而又有龜船五隻 戰船之當改作防牌船者 只是湖南二隻 湖西四隻 京畿海西各三隻 都合不過十二隻 此不可謂變改舊制 而其於減除弊端 則猶不無少補 上從之

292

이 얕은 선소(船所)를 옮기자고 주장하였을 때, 정부에서는 이순신(李舜臣)의 승리가 대형선에 힘입은 것이라 하고 포구의 준설작업을 권장하고 있다.[124] 역시 대형 전선을 유지하려는 정책의 일단을 엿볼 수 있을 것 같다.

이와 같은 전선이 왕조후기에 실제로 얼마나 보유되었는지는 의문이며, 앞에서 든 바와 같이 숙종 42년경에는 전국의 보유수가 121척이었다는 기록도 있지만, 참고로『속대전』에 나타난 각 도의 전선 보유수를 들어보면, 경기도 4척, 충청도 9척, 경상도 55척, 전라도 47척, 황해도 2척으로 합계 117척이다.[125]

조선왕조 후기에 있어서의 주 전투선이었던 전선이 어떤 체제였던가를 정확하게 보여주는 기록은 거의 없는 것 같다. 그러나 일반 사료 가운데 보이는 단편적인 기록과 몇 종의 도본(圖本) 등을 통하여 그 대체적인 구조 정도는 살펴볼 수 있다. 앞에서 살펴본 바와 같이 조선왕조시대의 주 전투선은 맹선에서 판옥선으로, 판옥선에서 전선으로 바뀌었는데, 전선은 판옥선이 더 발전하여 누선으로 된 것이었다. 현종 5년(1664)에 좌의정 원두표(元斗杓)가 전선의 구조를 말하면서 "戰船卽樓船也 軍士則在於樓上 格軍在內櫓役"[126]이라 한 것이나, 영조 44년(1768)의 통제사 이주국(李柱國)의 장계 가운데 "漕船 比之戰艦 體樣差小 亦無樓屋之具"[127]라 한 것은 조선왕조 후기의 전선이 누선이었음을 실증해주는

---

124)『正祖實錄』卷22, 正祖 10年 10月 甲辰條.

　　備邊司啓言 前正言李羽晋上疏 (…) 其一 沿海戰船體制極大 船所潮退 長在陸地 自今戰船新造 務從輕捷 船所之無水處 幷令移設於有水浦港事也 戰船體制之減其把數 前後甲乙之論 非止一二 而畢竟仍舊者蓋以忠武公李舜臣之遺制 而忠武破賊之功 多在大船也 又況漕船商船莫非緩急可用 則何必改 舊船所移設一款 前已行會於各首水閫 已令從便掘浦 今不必更論矣

125)『續大典』卷之四, 兵典 兵船條.

126)『備邊司謄錄』24冊, 顯宗 5年 3月 6日條.

자료라 하겠다.

임진왜란을 당했을 때 조선왕조 측은 판옥선과 귀선이 주 전투선이었지만, 일본 측은 이때 누선을 사용했다. 이순신이 안골포에 출동하였을 때의 일본 측 선박에 대해 "到安骨浦 望見船滄 倭大船 二十一隻 中船十五隻 小船六隻來泊 其中三層有屋大船一隻 二層大船二隻 浦口向外浮泊"[128]이라 하여, 3층누선과 2층누선이 있었음을 말하고 있지만, 조선왕조도 그 후기에 있어서는 전선이 누선으로 건조되었던 것이다. 조선왕조 후기의 누선으로 된 전선의 구체적 구조에 관한 기록은 구하기 어렵지만, 영조 11년(1735)의 기록에, 형조판서이던 장붕익(張鵬翼)이 이삼(李森)과 더불어 전선과 귀선을 개조하면서, 이때까지의 전선은 2층상장(二層上粧)이 대단히 무거워서 바람이 불면 배를 조종하기 어려웠으므로, 상층방패(上層防牌)를 다시 설계하여 수시로 세웠다 눕혔다 할 수 있게 하였으며, 선두에는 압경(鴨頸) 모양의 곡목(曲木)을 붙이되 좀 날카롭게 해서 풍랑을 만나도 빨리 뚫고 나갈 수 있게 하고, 암석에 부딪혀도 곡목이 먼저 파괴됨으로써 선체를 보호할 수 있게 하였다 한다.[129] 이 경우의 전선은 아마 2층누선에다 선두(船頭)에는 귀선과 같이 곡목을 붙인 모양이었던 것 같다.

한편 우리나라에서 널리 참고되었던 것으로 생각되는 병서 『무경절요(武經節要)』에도 누선이 도해되어 있다. 그림 1에서 보는 바와 같이 선체 위에 3층의 누각을 얹었고, 여장(女墻)과 전격(戰格)을 치고 번치(幡

---

127) 같은 책, 151冊, 英祖 44年 正月 28日條.

128) 『李忠武公全書』 卷2, 狀啓 1, 見乃梁破倭兵狀條.

129) 『英祖實錄』 卷40, 英祖 11年 正月 辛卯條.
　　刑曹判書張鵬翼奏言 前冬因別軍職尹弼殷疏獻戰船之制 臣承命與李森 改造戰船與龜船 而戰船之二層上粧甚重 遇風難制 故上層防牌 別作制度 隨時俀竪 船頭加付曲木 狀如鴨頸而稍尖 雖隨風浪 穿過甚疾 或觸巖石 曲木先破 甚便利矣 命其制樣內入後 下備局

그림 1_「武經節要」樓船

幟)를 세웠으며 노창(弩窓)과 모혈(矛穴)이 있고 화기(火器)를 장치한 것
이다.[130]

　조선왕조시대의 누선이 그 초기에는『무경절요』의 것을 본받았을지
의문이지만, 지금 규장각(奎章閣) 도서 중에 전하고 있는『각선도본(各
船圖本)』에 보이는 전선의 누각(樓閣)은『무경절요』의 그것과는 차이가
있다.『각선도본』은 그 작성연대가 미상이지만, 규장각 도서 중의 대부
분의 문서나 기록물이 그러하듯이, 대개 조선왕조 후기의 것이리라 추

---

130)『武經節要』卷5, 水戰條.

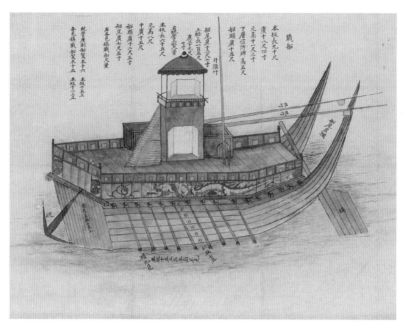

그림 2_『各船圖本』의 上粧 架設 戰船

측되며, 이 도본은 지금 우리가 볼 수 있는 가장 정확한 조선왕조시대의
선박 설계도라 할 수 있을 것이다.

　이『각선도본』에는 6매(枚)의 도본이 있는데, 그것은 상장(上粧)이 있
는 전선도본 1매와 상장이 철거되어 없는 전선도본 2매, 병선도본 1매,
일반 조선(漕船)도본 1매, 북부지방의 조선도본 1매 등이다. 우선 그 가
운데서 상장이 가설되어 있는 전선도본을 제시하여보면 그림 2와 같다.
이 그림에서 보는 바와 같이, 이 전선도 누선으로 되어 있으나,『무경절
요』의 그것과는 차이가 있어서 누각 부분은 면적이 좁고, 또 2층으로만
되어 있으며, 일종의 지휘탑의 역할을 하고 있는 것 같다. 도본에는 각
부분의 척도가 명시되어 있는데, 이를 옮겨보면 다음과 같다.

　본판(本板) 즉 해면에 닿는 저판(底板)의 길이는 90척이며, 그것은 모

두 15매의 판자로 되어 있는데, 너비는 18척 4촌이고 원고(元高) 즉 저판에서 갑판까지의 높이는 11척 3촌이며, 양 현은 각각 7판의 삼판(杉板)으로 되어 있다. 갑판 위의 하층신방패(下層信防牌) 즉 제1층 누각의 높이는 5척이며, 그림에서 보는 바와 같이, 거기에는 상층누각으로 올라가는 계단이 가설되어 있다. 선두의 너비는 선복(船腹)의 그것보다 좁아서 15척이며, 선미(船尾)의 너비는 더 좁아서 12척 7촌이다. 상장부분의 길이는 선저 부분의 길이보다 15척이 더 긴 105척으로 되어 있고, 그 너비도 선저보다 21척 3촌이나 더 넓은 39척 7촌이다. 또한 선두부분에는 비하직판(飛荷直板) 15매로 되어 있고, 양 선미는 길게 치솟아서 다음에 보일 귀선의 그것과 같다. 갑판 위에는 깃대가 하나 있고, 범죽(帆竹)이 둘 있는데, 범죽은 세웠다 눕혔다 할 수 있게 설계되어 있으며 그림에서는 눕혀져 있다. 노(櫓)는 한쪽에 9개씩이 있으며, 정(碇)은 그림에서와 같이 선두에 붙어 있고, 치(鴟)는 양 선미 사이에 붙어 있다.

다음 조선(漕船)을 설명할 때도 언급하겠지만, 왕조의 전기에는 대개 전투선이 조운선의 역할까지도 겸하고 있었지만, 후기에 이르러서는 조선으로만 사용된 것 같다. 그러나 전선의 상장 부분을 철거하면 일반 조선과 다름없는 운반용 선박으로도 이용될 수 있었는데, 『각선도본』에는 상장이 철거되어 없는 전선도본 2매가 있으며, 그것은 그림 3과 그림 4이다.

그림 3은 앞에서 든 상장이 있는 전선과 똑같은 구조로서 다만 상장만이 철거된 것이며, 그림 4는 구조에 약간의 변화가 있는데, 그것은 선미가 훨씬 짧고 선두의 비하(飛荷)가 곡목으로 되어 있으며, 원삼판(元杉板)이 8매로 되어 있고, 거기에 또 동삼판(同杉板)이 1매 더 붙어 있다. 한편 조선왕조 후기에 있어서의 각종 선박 즉 전선·병선·조선 등의 상장을 철거한 선체 부분은 그 규모에 있어 차이는 있지만 구조상으로는

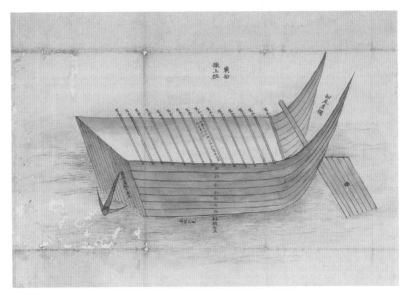

그림 3_ 上粧 撤去 戰船圖本(1)

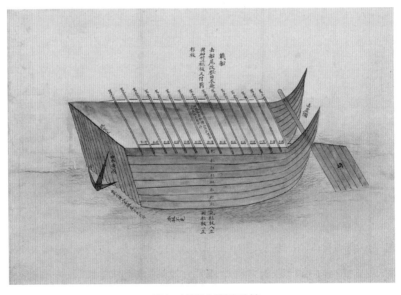

그림 4_ 上粧 撤去 戰船圖本(2)

모두 같음을 알 수 있다. 다음에 제시할 병선과 조선은 물론 귀선까지도 그 선체의 구조에 있어서는 전선의 그것과 같음을 발견할 수 있다.

5) 龜船

왕조의 후기에 있어서 전선 다음으로 규모가 큰, 즉 왕조전기의 중맹선에 비길 수 있는 것은 역시 '양남수군변통절목'에서 "中猛船 猶今之龜船"이라 한 바와 같이 귀선(龜船)이었던 것 같다. 이미 알려진 바와 같이 귀선이란 이름의 전투선이 기록상에 나타나는 것은 왕조초기로서, 태종 13년(1413)에 "上 過臨津渡 觀龜船倭船相戰之狀"[131]이라는 기록이 보이고, 이보다 2년 후에도 좌대언(左代言) 탁신(卓愼)이 "龜船之法 衝突衆敵 而敵不能害 可謂快勝之良策 更令堅巧造作 而備戰勝之具"[132]라 하였다. 이와 같이 귀선은 왕조초기부터 비교적 성능이 좋은 전투선으로서 이용된 듯하나, 그 구조와 규모를 전혀 알 수 없으며, 이후부터 이순신의 귀선 제조 때까지 다른 귀선이 제조·사용된 기록을 전혀 찾을 수 없다. 앞에서도 논급한 바와 같이, 왕조전기에는 맹선 이외에 비거도선·판옥선 등이 전투선으로 이용된 기록은 있으나, 태종조에 그 성능이 높이 평가되었던 귀선이 이후 제조·사용된 기록을 찾을 수 없는 이유를 알 수 없지만, 어쨌든 이후 귀선은 이순신에 의하여 다시 제조되었고, 임진왜란을 통하여 혁혁한 전공을 세웠음은 물론 왕조후기 전시대를 통하여 가장 중요한 전투선의 하나로 보유되었던 것이다.

이순신의 전공이 귀선에 힘입은 바 컸음은 많이 알려진 사실이지만, 임진왜란 당시 직접 이순신에 의하여 만들어진 귀선의 그림이나 도본

---

131) 『太宗實錄』 卷25, 太宗 13年 2月 甲寅條.
132) 같은 책, 卷30, 太宗 15年 7月 辛亥條.

이 현재 전하지 않음은 물론 그 정확한 구조를 알려주는 기록도 없다. 다만 단편적인 기록을 통하여 그 구조와 기능의 대략적인 점만을 엿볼 수 있을 뿐이다. 임진왜란 당시에 사용된 귀선이 어떤 성능을 가진 전투선이었는가를 엿보게 하는 몇 가지 기록을 들어보면 다음과 같다.

선조 25년(1592) 즉 임진왜란이 발발하던 해의 5월 29일에 이순신과 원균(元均)이 노량에서 만났는데, 이때 그곳에는 왜인들이 해변의 산에 진을 치고 있었고, 바다에는 그들의 전선 12척이 정박하고 있었다. 퇴조기가 되어 해수가 얕으므로 큰 배로써 공격하지 못할 것을 안 이순신은 "우리가 거짓으로 물러가면 적이 반드시 배를 타고 우리를 추격할 것인데, 바다 가운데로 끌어내어서 거함으로 합격(合擊)을 하면 이길 수 있을 것이다"하고, 배를 돌려 1리도 나가기 전에 왜인이 과연 배를 타고 아군을 추격하였으며, 이에 아군은 귀선으로 하여금 돌진케 하여 먼저 대소 총통(銃筒)으로 적선을 모두 불태우니, 육지에 남은 적들이 멀리서 보고 발을 굴렀다 한다.[133] 이와 같은 사정으로 미루어보면 귀선은 충분한 화력을 갖추고 돌진전법을 쓰며 기선을 제하는 역할을 한 것 같다. 그는 또 장계 가운데서,

신은 일찍이 왜적의 난리가 있을 것을 걱정하고 따로 귀선을 만들었다. 그것은 앞에는 용두(龍頭)를 붙여 그 입으로부터 대포를 쏘게 하고, 등에는 쇠못을 꽂았으며, 선내에서는 외부를 볼 수 있으나 외부에서는 선내를 볼 수 없게

133) 『宣祖實錄』 卷27, 宣祖 25年 6月 己酉條.
　　(五月)二十九日 舜臣·元均再會於露梁 遇賊一船 焚之 俄見海邊一山 有賊百餘 長蛇而陣 其下有戰船十二艘 緣崖列泊 時早潮已退水淺 大舟不得進 舜臣曰 我佯退 賊必乘船追我 引出 洋中 巨艦合擊 蔑不勝矣 回船未一里 賊果乘船追之 我軍令龜船突進 先放大小銃筒 盡燒其船 餘賊遠望 頓足叫呼

하였으며, 비록 수백 척의 적선 열 가운데로도 돌진하여 포를 쏠 수 있게 되어
있다.[134]

고 귀선을 설명한 것으로도 그 구조와 기능을 어느정도 짐작할 수 있다.

이순신이 제조한 귀선의 구조 문제에 관해서는 비교적 상세한 몇 개
의 기록이 있지만, 이들 기록이 표현하고 하는 귀선의 구조는 각각 다르
다.[135] 귀선의 구조에 관한 기록 가운데 이순신의 제조 시기와 가장 가
까운 것은 이분(李芬, 1566~1619)이 지은『이순신행록(李舜臣行錄)』이다.
이분은 이순신의 형 의신(義臣)의 아들로서, 왜란 때는 27세의 청년으
로 숙부 순신의 막하에서 군중문서(軍中文書)를 다루었다. 그러므로 그
의 귀선에 관한 기록은 이순신이 제조한 귀선을 직접 목격하고 쓴 것이
라 할 수 있다. 그는『이순신행록』에서 거북선을 설명하면서 다음과 같
이 말하고 있다.

크기는 판옥선과 같고, 위에는 판자를 덮었으며, 그 판자 위에 십자형의 세
로(細路)를 만들어 사람이 다닐 수 있게 하고, 나머지는 모두 도추(刀錐)를 꽂
아서 발붙일 곳이 없게 하였다. 앞에는 용두를 만들고 그 입을 총(銃) 구멍으
로 하였으며, 뒤에는 귀미(龜尾)를 만들었고 꼬리 밑에도 총구멍이 있다. 좌우
에는 각각 6개씩의 총구멍이 있다. (배 전체의 모양이) 대개 귀형(龜形)과 같

---

134)『李忠武公全書』卷2, 狀啓1, 唐浦破倭兵狀條.
　　臣嘗慮島夷之變 別制龜船 前設龍頭 口放大砲 背植鐵尖 內能窺外 外不能窺內 雖賊船數百
　　之中 可以突入放砲
135) 최영희(崔永禧)씨는『사총(史叢)』제3집(高大史學會 1958)에 실린 논문「귀선고(龜
　　船考)」에서 귀선의 체제에 관하여, 이분(李芬)이『이순신행록』에서 설명한 귀선과, 영
　　조 27년에 균세사(均稅使) 박문수가 본 귀선과『이충무공전서』에 실린 귀선이 각각 다
　　름을 지적하였고, 또 그것이 철갑선(鐵甲船)이라는 점에 의문이 있다고 하였다.

으므로 귀선이라 하였다. 후에 전투에 임해서는 ·모(茅)를 엮어서 도추 위를 덮고 선봉으로 삼았는데, 적이 배 위에 올라가서 침몰시키려 하다가는 곧 도추에 찔려 죽었으며, 이를 포위하면 좌우 전후에서 일시에 총으로 쏘아서, 적선이 비록 바다를 덮도록 운집하여도 이 배는 마음대로 출입할 수 있었다.[136)

이와 같은 이분의 설명에 의하여 임진왜란 당시에 사용되던 귀선의 구조를 어느정도 짐작할 수 있지만, 왜란이 일어난 때부터 약 160년이 지난 영조 27년(1751)에 균세사(均稅使)로 영남지방을 다녀온 박문수(朴文秀, 1691~1756)는 그가 본 당시의 귀선 구조에 관하여 다음과 같이 말하고 있다.

영남 연해에서 전선과 귀선의 체제를 상세히 본즉, 전선은 개조할 때마다 그 선체가 점점 길어져서 운용할 수 없게 되었다. 귀선은 당초에는 몽충(艨衝)과 같이 체제가 경편(輕便)하여 왜진(倭陣)을 마음대로 출입할 수 있었고, 위에는 두꺼운 판자를 덮어서 화살과 돌을 피할 수 있었으며, 배 안에서 총을 쏘기 때문에 왜군이 모두 패주하였다. 또 충무공 이순신의 사적(事蹟)이 기록된 책자를 본즉, 귀선은 좌우에 각각 6개의 총혈(銃穴)이 있는데, 지금은 8개의 총혈이 있으니, 이것으로 보아도 귀선이 전에 비하여 과대하여졌음을 알 수 있다.[137)

---

136) 『李忠武公全書』 卷9, 附錄 1, 行錄 1.
  (…) 又創作戰船 大如板屋 上覆以板 板上有十字形細路 以容人之上行 餘皆插以刀錐 四無 着足之處 前作龍頭 口爲銃穴 後爲龜尾 尾下有銃穴 左右各有六穴 大棊狀如龜形 故名曰 龜 船 及後遇戰 以編茅覆於錐刀之上 而爲之先鋒 賊欲登船陷之 則斃於刀錐 欲來掩圍 則左右前 後 一時銃發 賊船雖蔽海雲集 而此船之出入橫行
137) 『備邊司謄錄』 122冊, 英祖 27年 2月 28日條.
  均稅使朴文秀所啓 (…) 臣於嶺南沿海 詳見戰船·龜船之制 戰船則每於改造時 其體漸長 決

302

그림 5_『武經節要』艨衝圖

　이때 박문수가 보았다는 "忠武公李舜臣事蹟所記冊子"가 어떤 것인지
는 알 수 없으나 임진왜란 당시의 귀선이 6개의 총혈이 있었다는데, 이
때 와서 8개가 되었다는 것은 그만큼 귀선의 선체가 길어진 것을 뜻하
는 사실이라 하겠다. 참고로 박문수가 초기의 귀선과 비유한 몽충을
『무경절요』에서 찾아보면, 그것은 생우피(生牛皮)로 배면(背面)을 덮은
전선으로서 선체 좌우에 노 젓는 구멍을 만들되 시석(矢石)을 피할 수
있게 하고, 전후 좌우에 노창(弩窓)과 모혈(矛穴)이 있어서 적이 접근하
면 쇠뇌와 창을 쏠 수 있게 되어 있는 것이었다.[138] 또한 그림 5에서 보
는 바와 같이, 그것은 한쪽에 노가 각각 4개씩 있었다.
　박문수가 말한 바와 같이, 영조조의 귀선은 이순신 제조의 귀선보다

難運用 至於龜船 則當初如艨衝 而體制輕便 迭相出入於倭陣 而上覆厚板 能避矢石 自舟内放
銃 故倭皆敗走 且臣得見忠武公李舜臣事蹟所記冊子 則龜船左右 各開六銃穴 而卽今則 各開
八穴 雖以此言之 龜船之比前過大 可知
138)『武經節要』卷5, 水戰 蒙衝條.

그 규모가 커진 것이었지만, 정조 19년(1795)에 인쇄되어서 분포된 『이충무공전서』에 게재된 귀선보다는 또 규모가 작았던 것이라 생각된다.

다시 말하면 귀선은 시대가 내려오면 올수록 점점 선형이 커졌던 것이라고 생각된다. 이제 『이충무공전서』에 게재된 귀선의 구조와 규모를 들어보면, 우선 통제영(統制營) 귀선의 경우 저판(속명 본판)은 판자 10매로 되어 있으며, 길이는 64척 8촌, 선두 부분의 너비는 12척, 선복 부분의 너비는 14척 5촌, 선미 부분의 너비는 10척 6촌이다. 좌우 양편의 현판(舷板, 속명 삼판杉板)은 판자 10매인데, 그 전체의 높이는 7척 5촌이며, 제일 밑 현판의 길이는 6척이고, 위로 올라갈수록 길어져서, 위의 현판 즉 일곱번째 현판의 길이는 113척이며, 각 현판의 두께는 4촌이다. 노판(艫板, 속명 하판荷板)은 판자 4매로 되어 있으며, 높이가 4척이고 둘째 판자의 좌우에 현자포혈(玄字礮穴) 각 1개씩을 뚫었다. 축판(舳板, 속명 하판荷板)은 판자 7매로 되어 있고, 높이가 7척 5촌, 상부의 너비는 14척 5촌, 하부의 너비는 10척 6촌인데, 여섯째 판자 한가운데에 직경 1척 2촌의 구멍을 파고 거기에 타(舵, 속명 치鴟)를 끼웠다. 좌우 현에는 난(欄, 속명 신방信防)을 설치하고, 난두(欄頭)에 횡량(橫梁, 속명 가룡駕龍)을 가설하였는데, 이것이 바로 노전(艫前)에 닿게 되어 마치 우마(牛馬)의 억(臆, 가슴줄)과 같다. 난을 따라서 포판(鋪板)이 있고, 그 둘레에 패(牌)를 세우고, 패 위에 다시 난(欄, 속명 언방偃防)을 가설하였으며, 현란(舷欄)까지의 높이는 4척 3촌이다. 좌우의 패란(牌欄)에서 속명 개판(蓋板) 혹은 귀배판(龜背板)이라고 하는 11매의 판자가 비늘 모양으로 맞덮어 올라가게 하고, 선배(船背)에 1척 5촌의 하(罅, 틈)를 만들어 돛대를 세우고 눕히기에 편리하게 하였다.

노(艫, 뱃머리)에는 길이 4척 3촌, 너비 3척의 귀두(龜頭)를 가설하고, 그 속에서 유황과 염초(焰硝)를 태워서 벌린 입으로 연기를 토하게 하

304

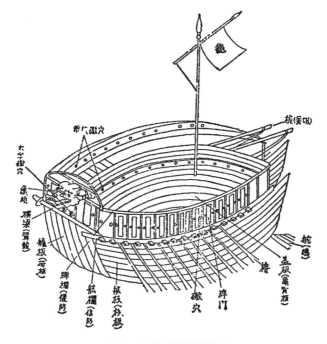

그림 6_ 正祖朝의 統制營 龜船圖

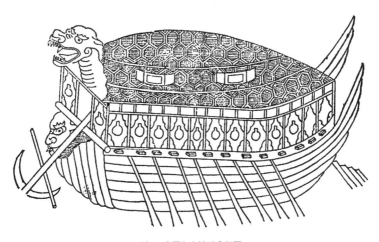

그림 7_ 全羅左水營의 龜船圖

여 적을 어지럽힌다. 좌우의 노는 각 10개씩이고, 좌우 패에는 각각 22개씩의 포혈을 뚫고 12개의 문을 만들었다. 귀두 위에도 2개씩의 포혈을 뚫고, 그 밑에도 2개의 문이 있는데, 문 옆에도 각 1개씩의 포혈이 있다. 좌우 복판(覆板)에도 각각 12개씩의 포혈을 뚫고 귀(龜)자 기를 꽂았다. 좌우 포판 밑에 각각 12간이 있는데, 2간은 철물을 보관하고, 3간은 화포와 궁시(弓矢)·창검을 분장(分藏)하고, 19간은 군병의 휴식소로 되어 있다. 좌편 포판 위의 1간은 선장(船將)의 거처이며, 우편 포판 위의 1간은 장교의 거처다. 군병들이 휴식할 때는 포판 밑에 있고, 전투할 때는 포판 위에 올라와서 각 포혈을 통하여 사격을 하는 것이다.[139] 『이충무공전서』에 게재된 정조조 당시의 통제영 귀선도는 그림 6과 같으며, 각 부분의 명칭은 『이충무공전서』에 의하여 필자가 붙인 것이다.

한편 『이충무공전서』에는 편찬 당시의 전라좌수영 귀선도와 그 설명이 있다. 이에 의하면 전라좌수영 귀선은 그 척도와 장광(長廣)이 통제영 귀선과 비슷하나, 다만 귀두 밑에 또 귀두(鬼頭)를 새기고 복판 위에 귀문(龜紋)을 그렸으며, 복판의 좌우에 각각 2개의 문이 있고, 귀두 밑에 포혈이 2개 있으며, 현판 좌우에 포혈 각 1개씩, 현란 좌우에 포혈 각 10개씩이 있고, 복판의 좌우에도 포혈 각 6개가 있으며, 노(櫓)는 좌우에 각 8개가 있는데,[140] 그림 7이 곧 그것이다.

박문수가 보았다는 "忠武公李舜臣事蹟所記册子"에 있는 귀선은 한쪽에 각 6개씩의 총혈이 있었는데 그가 실제로 목격한 영조조 당시의 것은 한쪽에 8개의 총혈이 있었으며, 정조조에 편찬된 『이충무공전서』 중의 통제영 귀선은 한쪽에 22개의 포혈과 18개의 노가 있었고, 같은 시

---

139) 『李忠武公全書』圖說 龜船條.
140) 같은 책, 圖說 龜船條.

대의 전라좌수영 귀선은 한쪽에 10개의 포혈과 8개의 노가 있다. 또한 이순신 자신이 말한 귀선과 이분이 말한 귀선에는 선배(船背)에 세로 (細路)와 도추(刀錐)가 있었으나 박문수는 자신이 본 귀선에 그것이 있다는 말이 없고, 『이충무공전서』도 2개의 귀선도를 게재했어도 세로와 도추는 설명하고 있지 않으며, 다만 이분의 이순신행장을 인용하여 그것들이 있었음을 전하고 있을 뿐이다. 이와 같이 귀선이 조선왕조의 후기를 통하여 전투선으로서 항상 보유되기는 하였으나, 그 구조는 차차 변하고 있었던 것이다. 더구나 『이충무공전서』가 편찬된 지 불과 14년 후인 순조 9년(1809)에 좌의정 김재찬(金載瓚)이

　　귀선은 고 통제사 충무공 이순신이 창제했으며, 이 배로써 전투마다 승리를 거두었던 것이다. 그 도식은 『충무전서』에 상세히 있어서 한 번만 살피면 알 수 있다. 그러나 요즈음 들으니 각 수영에 있는 귀선이 이름만 거북선이지 화호불성(畫虎不成)으로, 다른 선박과 다름이 없으며 사용하는 데는 오히려 다른 선박보다 불리하다.[141]

한 것으로 보면, 그동안에도 귀선의 구조는 변하고 있음을 알 수 있으며 특히 그것이 다른 선박과 다름이 없다고 한 점은 주의를 끌게 한다.

　앞의 전선 항목에서도 잠깐 논급한 바 있지만, 『각선도본』에 있는 전선은 갑판 부분을 제외한 선체와 선미 부분은 『이충무공전서』의 귀선, 특히 전라좌수영 귀선과 같으며 선두 부분도 귀두(龜頭)와 귀두(鬼頭)

---

141) 『備邊司謄錄』199册, 純祖 9年 4月 17日條.
　　左議政金(載瓚)所啓 (…) 龜船卽故統制忠武公李舜臣所創 而以是船 每戰必捷者也 圖式 詳在於忠武全書 一按可知 然近聞各水營所在龜船 名以龜船 畫虎不成 與他船無異 而使用之 便 反不如他船云

이외에는 그 구조가 같다. 뿐만 아니라, 척도에 있어서도 앞에서 든 바와 같이 『이충무공전서』의 귀선은 『각선도본』의 전선과 비슷하거나 오히려 크다.[142]

이와 같은 사정으로 미루어보면 결국 일반 전선과 귀선의 차이는 왕조후기의 경우 상장 부분과 귀두 등에 있었을 뿐이며, 그러므로 "名以龜船 畫虎不成 與他船無異"라 하였던 것이다. 또 전선을 귀선으로, 혹은 귀선을 전선으로 쉽게 개조할 수도 있었다. 예를 들면 정조 15년(1791)의 경우 경상좌수사 최동악(崔東岳)의 청원에 의하여 그의 수영에서 보유하고 있는 누선 10척 가운데 3척을 귀선으로 개조하였는데 그 이유는 누선이 귀선보다 빠르지 못하였다는 데 있었다.[143]

6) 兵船

앞에서 든 '양남수군변통절목'에서 "小猛船亦今防牌船及兵船之類"라 한 바와 같이, 조선왕조 후기에 있어서 일반적으로 보유되고 있던 소형 전투선은 병선과 방패선 등이었으며 그 가운데서도 병선이 가장 일반적인 소형 전투선으로 보유되고 있었던 것 같다. 『속대전』병전(兵典) 병선조(兵船條)에 의하면 전국의 병선 보유수는 경기도 10척, 충청도 20척, 경상도 66척, 전라도 51척, 황해도 9척, 평안도 5척으로서 합계 161

---

142) 한편 선박의 척도뿐만 아니라 승무원의 수에 있어서도 별 차이가 없었다. 예를 들면 앞에서도 인용한 숙종 42년의 '양남수군변통절목'에 의하면, 전선의 승무원이 164명이었고 귀선의 승무원은 148명으로 귀선이 전선보다 사수(射手)가 4명, 화포장이 2명, 노군(櫓軍)이 10명 적었을 뿐이었다.

143) 『備邊司謄錄』179册, 正祖 15年 11月 20日條.

司啓曰 因慶尙左水使崔東岳狀啓 樓船六隻 改以龜船事 有草記稟處之命矣 樓船・龜船之疾鈍懸殊 狀中所陳 旣詳且悉 而本營之當初設始 樓爲十隻龜爲五隻 亦必有所以然矣 樓船四隻外 餘外六隻 換作龜船 似涉過多 待限滿改造之時 樓船十隻內三隻 改爲龜船 則樓龜數爻 似爲適中 諸將臣之意 亦皆如此 以此分付何如 答曰 允

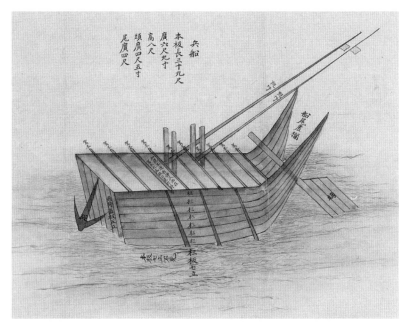

그림 8_ 『各船圖本』 兵船圖

척이다. 이 수는 조선왕조 후기의 포수를 가지는 전투선 중에서는 가장 많은 수이다. 즉, 보유수에 있어서는 병선보다 사후선(伺候船)이 더 많으나 사후선은 매 척마다 타공(舵工) 1명과 노군 4명만이 있고 포수는 없어서,[144] 실질적으로 전투선으로서의 기능을 가지고 있지 못하였던 것이라 생각된다.

이와 같이 병선의 보유수가 많아진 이유는 앞에서 논급한 바와 같이 대형 전투선인 전선은 재목과 건조비용 조달의 곤란, 수심 관계로 인한 선소(船所), 즉 정박지 사정의 곤란 등으로 점차 유지가 어려워지고, 대신 병선이 더 건조되었던 데 있는 것이 아닌가 생각된다. 앞에서도 지적

---

144) 같은 책, 69冊, 肅宗 42年 10月 24日條, '各軍船制定額數' 참조.

한 바와 같이 전선은 선창(船艙)이 마땅하지 못하여 퇴조 때는 이동하지 못하며, 또 선재와 재력 조달이 곤란하다는 이유로 전선 1척을 병선 2척으로 개조하자는 의견이 나오기도 하였던 것이다.

병선의 규모는 전선보다 훨씬 작았던 것 같다. 우선 그 승무원 수에 있어서도 앞에서 말한 바와 같이 전선이 1척에 보통 164명이었던 데 비하여, 병선은 타공 1명과 포수 2명, 노군 14명으로 모두 17명이어서, 전선의 거의 10분의 1에 불과하다.[145] 이제 『각선도본』에 의하여 병선의 척도와 구조를 살펴보면, 우선 그 구조 면에 있어서는 그림 8에서 보는 바와 같이 상장을 철거한 전선과 별 차이가 없다. 그러나 그 척도에 있어서는 많은 차이가 있다. 우선 그 본판 즉 저판의 길이는 39척이며, 높이는 8척, 선체의 너비가 6척 9촌, 선두의 너비는 4척 5촌, 선미의 너비가 4척으로 되어 있고, 본판과 삼판의 수는 각각 7매이며, 선두의 비하직판이 5매이고, 범죽(帆竹)은 2개로 되어 있다.

7) 防牌船

방패선(防牌船)은 앞에서도 언급한 바와 같이 '양남수군변통절목'에서 병선과 함께 왕조전기의 소맹선에 비유한 소형 전투선이었다. 이미 임진왜란 전부터 제조·사용되고 있었지만, 그 구조에 관한 상세한 기록이나 도본이 전하지 않으며, 다만 현종 5년(1664)의 좌의정 원두표의 말에 의하면, 전선은 누선이어서 군사는 누상에 있고, 격군(格軍)은 그 안에서 노를 젓지만 "防牌船 則只設防牌 格軍 不得避矢石"이라 하였다.[146] 생각건대 방패선은 갑판 위에 누각을 만들지 않고 다만 포수들을 위한

---

145) 같은 곳 참조.
146) 같은 책, 24冊, 顯宗 5年 3月 6日條.

방패만을 세웠던 것이라 추측된다.

숙종 42년(1716)에 작성된 '양남수군변통절목' 중에도 방패선에 관한 조목이 있다. 이에 의하면 양남의 방패선은 서해의 방비를 목적으로 비치한 것이었지만 한번 설치한 후에는 그대로 방치하였고 또 더 만들지도 않았다 하며 이미 만든 것은 경기도와 황해도의 각 진에 이급하게 하고,

各鎭兵船兼防牌者 兵船之上 只設防牌 稱以牌船 軍卒之數 比兵船 幾至三倍 旣非戰船 又非輜重船 殊無意義是白去乎 自今 去其防牌 專爲輜重之用 而其軍卒剩數 則罷定於本鎭諸色軍逃故之代爲白齊

라 하였다.[147] 이와 같은 사정으로 미루어보면, 방패선은 그 구조 면에 있어서 병선과 다름이 없었으며, 다만 병선에 따로 방패를 설치하면 방패선으로 불리었던 것 같다. 이때 이르러서는 전투선의 기능을 잃고 치중선(輜重船), 즉 수송선(輸送船)으로 대치된 것 같고,『속대전』에 나타난 보유수는 경기도에 10척, 충청도에 21척, 경상도에 2척, 전라도에 11척, 황해도에 26척, 평안도에 6척, 합계 76척으로 되어 있다.[148]

8) 鎗船

임진왜란 당시 이순신의 귀선이 제조되고, 그것이 많은 전과를 올렸으며, 이에 영향을 받아 그후에도 이와 유사한 몇 종류의 전투선이 창안되었는데 그중의 하나가 창선(鎗船)이다. 선조 36년(1603)에는 임진왜란

---

147) 같은 책, 69冊, 肅宗 42年 10月 24日條.
148)『續大典』卷之四, 兵典 兵船條.

때 이순신의 막하에 있었고 이때 삼도통제사(三道統制使)이던 이운룡
(李雲龍)이 역시 이순신의 막하에서 귀선 건조에 참여한 바 있던 나대용
(羅大用)의 상소 내용을 전하였다. 그에 의하면 나대용은 창선의 창안에
대하여 다음과 같이 말하고 있다.

귀선은 비록 전투용으로는 이롭지만, 사부(射夫)와 격군의 수가 판옥선의
120명보다 적지 않으며, 사부 역시 편의하지 못하다. 그러므로 각 영에는 1척
씩만 비치해두었을 뿐 더 건조하지 못한다. 신은 항상 격군의 수를 줄일 수 있
는 방책을 생각하였는데, 기해연간(선조 32년, 1599)에 순찰사 한효순(韓孝純)
의 군관이 되어 전선 25척을 감독·제조하였을 때, 판옥선도 아니고 귀선도 아
닌 다른 모양의 배를 만들었는데, 검창(劍槍)을 꽂아 창선(鎗船)이라 부르고
격군 42명을 분재하여 시운(試運)하였던바 대단히 빠르고 활쏘기도 편리하여
판옥선보다 유리하였다. 그러나 그후 승평(昇平)하여 한 번도 실전에 사용해
보지 못하고 방치하여 썩히고 있다.[149]

생각건대 귀선 건조에 참여하였던 나대용이 귀선의 격군 수가 너무
많았던 데 착안하여 격군의 수를 줄이고, 또 귀선에서 선배에 꽂았던 도
추의 효능을 좀더 강조한 것이 아닌가 한다.

나대용의 이와 같은 상소 내용을 보고하면서, 이운룡은 창선에 대한
자기의 의견을 덧붙여서

---

149) 『宣祖實錄』卷206, 宣祖 39年 12月 戊午條.
　　兼三道統制使李雲龍馳啓曰 羅州居前縣令羅大用上疏內 (…) 龜船雖曰 利於戰用 射格之
　　數 不下板屋船一百二十五名 射夫亦不便宜 故各營各置一隻 不爲加造 臣常念格軍減入之策
　　而己亥年間 曾爲巡察使臣韓孝純軍官 別造船二十五隻監造時 非板屋非龜船 別樣造作 森挿
　　劍槍 名曰鎗船 格軍四十二名分載 試掉洋中 其疾如飛 射矢之便 亦勝於板屋 而其後昇平 一
　　不戰用 累年棄置朽破 (…)

창선제도는 아직 시용(試用)하지 않았지만, 격군 42명을 싣고 운행하면 선체가 협소하여 좌우에 방판(防板)을 설치할 수 없으며, 방판을 설치하지 않으면 시석을 막을 수 없어서 접전 시에는 곤란하다. 임진·정유·무술란 때도 대개 판옥거함에 힘입어서 승리하였다. 창선의 이점을 예측할 수 없지만, 그것을 창조한 나대용을 조선차관(造船差官)에 임명하여 1~2척을 감독 건조케 하고, 시험해봄이 좋을 것 같다.

하였고, 이에 정부에서도 그대로 실시하게 하였다.[150] 그러나 그후 나대용이 창선을 더 건조하였다는 기사는 보이지 않고, 다만 이보다 4년 후인 광해군 2년(1610)에는 남해현령 나대용이 사람됨이 우망(愚妄)하고 술을 좋아하여 품위를 잃으므로 지방관으로 부적당하다는 기록이 보인다.[151] 이와 같은 사정으로 미루어보면, 이후에는 창선이 전혀 건조되지 않았던 것이라 생각된다.

9) 海鶻船

귀선과 비슷한 또 하나의 전투용 선박으로 해골선(海鶻船)을 들 수 있다. 해골선이 우리나라에서 처음 만들어진 것은 영조 16년(1740)이었다. 이해에 전라좌수사이던 전운상(田雲祥)이 해골선을 만들었는데, 이것이 "體小而輕疾 無畏風之慮"하다 하여 정부에서 통영과 각 도의 수영에

---

150) 같은 곳.

鎗船制度 曾未試用 要使格軍四十二人充載 疾行洋中 則船體狹小 不能設左右防板 若去其防板 無以蔽矢石 臨陣交鋒 勢難措手 大槪壬辰·丁酉·戊戌之役 皆賴板屋巨艦而得捷 此已見之驗也 臣不敢臆料 其利用之妙 而創造羅大用 造船差官稱號 使之監造一二隻 以試利鈍何如 (…)

151) 『光海君日記』 卷34, 光海君 2年 10月 26日條.

南海縣令羅大用 爲人愚妄 嗜酒失儀 不合臨民之官

명령하여 이를 건조하게 하였다는 기록이 있지만,[152] 그 구조가 어떤
것이었는지 전혀 기록되어 있지 않다. 그러나 이보다 69년 후인 순조 9
년(1809)에는 좌의정 김재찬이 해골선은 전운상이 창조한 것이 아니라,
『무경절요』에 있는 것을 전운상이 참고하여 만든 것이라 하였다. 그 구
조는 선두가 낮고 선미 부분이 높으며 전부(前部)가 크고 후부(後部)가
작아서 해골(海鶻)의 모양과 같고 뱃전(舷) 위의 좌우에 부판(浮板)을 설
치하여 두 날개같이 폈는데, 그것은 생우피를 성형(城形)으로 벌린 것
이며, 질풍노도에도 나는 북(梭)과 같이 전진할 수 있어서 전복될 염려
가 없고 대단히 빠르다 하였다. 또한 선내에서는 밖을 볼 수 있으나, 바
깥에서는 안을 볼 수 없는 것이 대개 귀선의 구조와 같다. 귀선에 비하
여 그 규모가 작고, 당시에는 전라좌수영에만 있었으나 그 본래의 구조
를 모두 잃어서 무용지물이 되었고, 다른 수영에는 그것마저 없다 하였
다.[153]

　전운상이 만든 해골선은 『무경절요』에서 그 원형을 참조한 것이라
하였는데 사실 『무경절요』에는 다른 선박들과 함께 해골선이 도해되어
있다. 그 형태는 그림 9와 같으며 그 설명도 대개 김재찬이 말한 전운상
제(製)의 그것과 비슷하지만 현상(舷上) 좌우에 설치한 부판에 관하여
"船舷左右兩傍橫板 如鶻翼者曰浮板 言駕水而行也"[154]라 한 부주(附註)가

---

152) 『英祖實錄』卷52, 英祖 16年 閏6月 丁巳條.
　　命統營及諸道水營 造海鶻船 時全羅左水使田雲祥 造海鶻船 體小而輕疾 無畏風之慮
153) 『備邊司謄錄』卷119, 純祖 9年 4月 17日條.
　　左議政金(載瓚)所啓 (…) 英廟庚申 全羅左水使田雲祥 創造海鶻船 具由狀聞 請廣置此船
　　于統營及各水營 而亟降允音 蓋所謂海鶻船 非雲祥所創卽在於武經節要 而雲祥按制新造者也
　　其制頭低尾高 前大後小 一如海鶻之形 舷上左右 置浮板 張如兩翼 以生牛皮 列爲城形 疾風
　　怒濤 行若飛梭 不畏傾覆 用甚輕疾 內能窺外 外不能窺內 殆同龜船之制 而較小於龜船 此在
　　於文獻備考 國朝寶鑑矣 今則只於全羅左水營有之 而全失本制 反爲無用 他水營則竝無之云
154) 『武經節要』卷35, 水戰 海鶻船條.

314

그림 9_『武經節要』海鶻船圖

있으며, 전운상의 해골선에서 볼 수 있었던 "선내에서는 밖을 볼 수 있
으나, 바깥에서는 안을 볼 수 없는" 귀선의 구조와 비슷한 점은 『무경절
요』에도 설명되어 있지 않다.

영조 16년(1740)에 처음으로 만들어진 해골선이 영조 22년(1746)에 완
성된 『속대전』에는 전라도에만 1척이 보유되어 있는 것으로 보면, 전운
상이 이를 처음으로 만들었을 때 통영과 모든 수영에 이를 만들게 하라
고 한 정부의 명령은 실현되지 않았던 것 같다.[155] 또한 순조 9년(1809)

---

155) 『增補文獻備考』卷120, 兵考12, 舟師條에 의하면, "英祖十六年 治創海鶻船 置於全羅左

당시의 해골선이 그 본래의 구조를 잃었으며, 그것도 전라좌수영에만
있고 다른 수영에는 없다고 한 것으로 보면, 왕조후기 전체를 통하여 해
골선이 전투선으로 널리 보급되고 사용된 것은 아니었던 것 같다.

10) 漕船

조선왕조 정부는 그 초기부터 조운에 있어서 관선과 사선을 겸용하
였음은 앞에서도 말한 바 있지만, 조선(漕船)의 구조에 대해서는 관선
이나 사선을 막론하고 알 길이 없다. 왕조초기의 전투선이었던 맹선(猛
船)의 구조가 어떤 것이었는지도 알 수 없지만, 어쨌든 조선 특히 관조
선(官漕船)의 경우 맹선과는 그 구조에 차이가 있었던 것 같다. 조선의
구조 문제가 기록상에 논의되는 것은 세조 7년(1461)이다. 이해 10월에
좌의정이며 전선색(典船色) 제조(提調)이던 신숙주(申叔舟)는

臣意以爲 漕船兵船不可二之 以一船可兼二用 在制作之巧耳 請令典船色改制 漕船
隔板 令可設可撤 漕則設之 戰則撤之 以此體樣 分遣諸浦 倣而造之 一擧兩善矣[156]

이라 하여, 한 척의 배를 그 격판(隔板)을 설치하거나 철거함으로써 조
선이나 전투선을 겸할 수 있게 하자는 의견을 제시하였다. 그것은 곧 왕
에 의해 받아들여졌고 다음 달에는 전선색 도제조에 의하여 '조선사의
(造船事宜)'가 작성·보고되어 모두 그대로 실시하게 되었다. 그 조선의
체재와 관계되는 조목만을 들어보면 다음과 같다.

水營"이라 하여 처음부터 전라좌수영에만 비치하였던 것같이 전하고 있다.
156) 『世祖實錄』 卷26, 世祖 7年 10月 戊辰條.

① 병선의 구조는 하체가 평직(平直)하면 빠르지 못하여 수전(水戰)에 적합하지 못하며 적재량도 적어서 조운에도 적합하지 못하다. 지금에 신조한 조선은 그 선체가 매우 경쾌하고 적재량도 많아서 전투와 조운에 모두 편리하다. 청컨대 지금부터는 모든 포구의 병선을 이 체제에 의하여 개조하되, 일시에 모두 개조하면 어려움이 있을 것이니 앞으로 퇴선을 개조할 때마다 이 경선(京船)의 견양(見樣)을 보내어 개조하게 한다.

② 전에 병선을 조운에 이용할 때는 그 상장을 철거하였으므로 선판(船板)이 파훼되었다. 지금부터는 상장을 장식하지 않거나 임시로 철거하여 조운한다.[157]

'조선사의'에서 결정된 이와 같은 사정으로 미루어보면 이때부터의 전투선과 조선은 같은 선박이었으며 다만 상장을 떼거나 붙임에 따라 그 용도가 달라졌을 뿐이다.

한편 이때 만들어진 병선과 조선을 겸할 수 있는 선박은 그 이름을 병조선(兵漕船)이라 하였으며, 이후 적어도 16세기경까지는 전투선과 조선은 겸용되고 있었던 것 같다. 즉 기록에 의하면 세조 11년(1465)에는 신숙주가 전함사 제조로서 중국과 일본 및 류우뀨우 등의 선박 체제를 참작하여 대·중·소 3등의 선박을 만들었다. 그 가운데 대선은 상장을 설치하여 전공(戰攻)에 사용하고 상장을 철거하면 조운에 사용하여 선박 1척이 양용(兩用)되게 함으로써 이를 병조선이라 불렀다고 한다.[158]

---

157) 같은 책, 卷26, 世祖 7年 11月 甲子條.
　典船色都提調條陳造船事宜以啓 一兵船之制 下體平直 不快不合水戰 所載又小 不合漕運 今新造漕船 體甚輕快 所載亦多 戰漕俱便 請自今諸浦兵船 並依此制改造 然一時並改爲難 每當朽損改造時 送見樣京船造之 一前此用兵船 漕轉時撤去上粧 故致船板破毁 自今 上粧勿令 粧飾 臨時撤去漕轉
158) 『增補文獻備考』卷120, 兵考12, 舟師條.

앞에서도 언급한 바 있지만 중종 18년(1523)에 맹선을 폐지하고 비거도 선(鼻居刀船)을 전투선으로 주로 사용하자는 의논이 나왔을 때, 이에 반대하는 사람들은 "我國漕運皆用猛船 不可專廢也"[159]라 하였다. 이 무렵에 있어서의 맹선은 전투선으로보다 오히려 조선으로 더 많이 사용되고 있었던 것이라 생각되는 것이다.

그러나 왕조의 후기에 이르러서는 다시 전투선과 조선은 분리되어갔다. 왕조전기에는 같은 선박에 상장을 가설하거나 철거함으로써 양용하던 것을, 후기에는 전투선이 모두 누선으로 되었으므로 상장을 고정시키지 않을 수 없었으며, 또 조선은 전선보다 그 규모도 훨씬 작아진 것이었다. 영조 44년(1768) 통제사 이주국의 장계 속에 "漕船 比之戰艦體 樣差小 亦無樓屋之具"[160]라 한 것은 이와 같은 사정을 잘 말해주고 있으며 『각선도본』에 보이는 조선도 그 구조가 전선과는 다르고 규모에도 큰 차이가 있다. 그림 10과 그림 11에서와 같이, 조선은 상장 부분이 정판(碇板)밖에 없으며, 선미 부분이 전선이나 병선과는 다르고 비하판(飛荷板)도 모두 횡판으로 되어 있다. 그 척도에 있어서도 일반 조선(그림 10)의 경우 본판의 길이가 57척, 선복 부분의 너비가 13척, 선두 부분의 너비가 10척, 선미 부분의 너비가 7척 5촌이며, 원(元) 높이가 11척, 선두 높이가 10척, 선미 높이가 9척 5촌이고, 삼판(杉板)이 11매, 본판이 10매, 비하횡판이 17매로 되어 있다. 또한 북도지방의 조선(그림 11)은 이보다 그 규모가 더욱 작아서 본판의 길이가 27척 5촌, 선복 부분의 너비가 17척 5촌, 선두 부분의 너비가 16척, 선미 부분의 너비가 15척이

世祖十一年(作十二年)始置兵漕船 申叔舟爲典艦司提調 博觀唐倭琉球等國船體 折衷爲船 分作大中小 以便於用 而於大船 施上粧用於戰功 去上粧用於漕運 一船而有兩用 謂之兵漕船
159) 『中宗實錄』卷48, 中宗 18年 6月 乙丑條.
160) 『備邊司謄錄』151冊, 英祖 44年 正月 28日條.

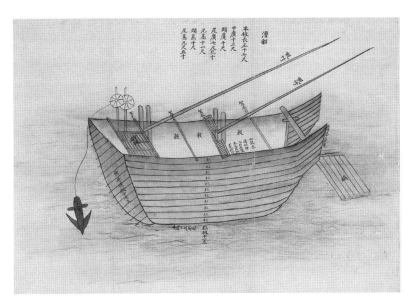

本板長五十七尺
中廣十三尺
頭廣十尺
尾廣七尺五寸
元高十尺
頭高十尺
尾高九尺五寸

漕船

그림 10_『各船圖本』漕船

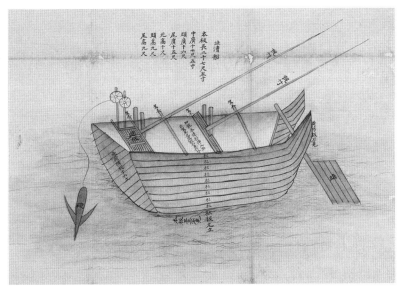

本板長六十七尺五寸
中廣十三尺
頭廣十尺
尾廣十五尺
元高十尺
頭高九尺
尾高九尺

北漕船

그림 11_『各船圖本』北漕船

며, 원 높이 10척, 선두 높이 9척, 선미 높이 9척으로 되어 있으며, 본판은 5매, 삼판은 9매, 비하횡판은 16매로 되어 있다.

조선왕조의 후기에는 대동미가 경강상인들에 의하여 많이 운반되었고 또 일부의 관선이 이들에 의하여 건조·조달되기도 하였지만, 경강상인의 대동미 운반선이나 또 이들이 건조·조달한 관선도 그것이 곡물운반선인 경우는 그 구조와 규모가 대개 『각선도본』에 보이는 조선과 같은 것이었으리라 추측된다.

6. 맺음말

이상에서 문호개방 이전까지의 조선시대 선박 건조 사정을 살펴보았다. 조선시대의 조선 사정이 그 이전 시대의 그것과 달라진 점은, 첫째로 조선에 있어서의 쇠못 사용의 일반화, 둘째로 선박 형태 특히 전투용 선박 형태의 다양화, 셋째로 민간조선업의 발전 즉 관선의 민간조달이 이루어진 점이라 할 수 있을 것 같다. 머리말에서도 언급한 바와 같이, 조선시대는 그 쇄국정책으로 인해 국민들의 해외진출은 오히려 고려시대 이전보다 더 위축되어 있었으며, 따라서 문호개방 이전 조선시대의 모든 선박은 내해 운행용 목조 범선(帆船)의 한계를 넘어서지 못하였다.

1876년의 문호개방 이후에는 선박 사정에도 많은 변화가 있었으니, 목조 범선 이외에 기선이 운행된 것이다. 조선정부가 기선을 처음으로 이용한 것은 1884년부터라 전해지고 있다. 이해에는 정부가 내지 제항(諸港)으로부터 인천으로 향하는 조곡(租穀)의 수송을 관리하기 위하여 운송국을 설치하였고, 운송국(運送局)에서는 해룡호(海龍號)·창룡호(蒼龍號)·현익호(顯益號) 등 3척의 기선을 비치하였다는 것이다.[161] 이후에는 1886년에 내무부 공작사(工作司)에서 수선(輸船)을 구입하여 각 도의 공부(貢賦)를 전운(轉運)케 하였으며,[162] 차차 민간에서도 기선 이용이 보급되어갔다. 예를 들면, 1889년에는 부산에 기선회사가 설립되어 일본 기선을 구입하여 판선예인용(板船曳引用)으로 이용하였으며, 인천에서도 이종하(李鍾夏)란 사람이 일본 기선 타이꼬마루(太湖丸)를 6만 5천 원에 구입하였던 것이다.[163] 그러나 이후 기선에 의한 해운업은 차차 일본인들에 의하여 독점되었으며, 이에 따라 종래의 범선해운업은 점점 몰락하였던 것이다.

(『韓國文化史大系』 Ⅲ, 高大民族文化硏究所 1968, 原題「李朝造船史」)

---

161) 露國大藏省 編『韓國誌』, 日本 農商務省 山林局 譯, 1905, 83면.

162) 韓㳓劤「東學亂 起因에 關한 硏究」,『亞細亞硏究』 15호, 1964.

163) 같은 글 참조.

III

정약용의 상공업정책론
개화기의 상공업문제

정약용의 상공업정책론

1. 머리말

임진왜란과 병자호란을 겪은 후 조선왕조는 역사적 탄력성을 이미 잃었으면서도 새로운 왕조로 교체되지 않고 그대로 지속되었으며 그 속에서 형성된 실학은 왕조 자체가 교체되어야 한다는 논리를 제외하고는 거의 국정 전반에 걸친 개혁론을 제시했다 해도 과언이 아니다. 그중에서도 17세기 중엽에 산 유형원(柳馨遠)과 18세기 후반기에서 19세기 전반기에 걸쳐 산 정약용(丁若鏞)은 다소 적극적으로 표현해서 새로운 또하나의 국가체제를 계획하는 것 같은 자세로 국정 전반에 관한 개혁론을 제시하였으며, 특히 세도정권 아래서의 유배생활 중에 저술된 정약용의 『경세유표(經世遺表)』는 그런 성격이 더 짙은 것이 아닌가 한다.

이들 실학자들의 국정개혁론 중에서도 경제체제개혁론은 토지개혁론에 치중되었지만 그것은 지배계급으로서의 지주계급의 경제기반과 직결되는 문제여서 권력구조상의 개혁이 앞서지 않는 한 실현되기 어려운 것이었으며 실제로 그것은 지배계급에 의하여 전혀 받아들여지지도 않았다.

한편 실학자들은 토지개혁론 외에 경제 분야의 개혁론으로 상공업 및 기술개혁 문제에도 비교적 폭넓은 의견을 제시하였다. 실학자들의 상공업론은 대체로 그것을 발전시켜야 한다는 방향으로 나타났으며 실학의 집대성자로 이해되고 있는 정약용의 경우도 예외는 아니다. 실학자들의 상공업론이 발전론적 방향으로 나타났다는 사실은 몇 가지 음미하여야 할 문제를 가지고 있다. 우선 그것은 14세기 말에 성립된 조선왕조가 중세적 농업중심 사회를 유지하기 위하여 강조한 농본주의 경제체제와 반대되는 방향이라는 점이다.

대체로 정부의 세원을 종래의 토지세·인두세(人頭稅) 이외에 상공업세 분야로 확대시켜야 한다는 논리를 앞세워 제시된 실학자들의 상공업발전론은 토지개혁론과 같이 치자계급에 의하여 전적으로 거부된 것은 아니지만 그렇다고 하여 순조롭게 받아들여진 것도 아니다. 그러나 그들의 상공업발전론은 곧 조선왕조 본래의 억상(抑商)정책을 한정된 범위 안에서나마 무너뜨리는 이론이었다는 점에 큰 의미가 있다.

실학자들의 상공업발전론에 대하여 또 하나 음미하여야 할 점은 그 발전론이 결국 무엇을 지향하였는가 하는 문제이다. 문호개방 이전의 조선사회에 농업 분야에서의 자본주의적 생산양식이 발달할 만한 소지가 어느정도 형성되어 있었는가 하는 문제와 관련해 상공업 분야에서 자본주의적 생산방식이 어느정도 나타나고 있었으며, 실학자들의 상공업발전론이 이와 같은 문제와 얼마나 연결되어 있었는가 하는 문제이다.

이와 같은 문제들을 염두에 두면서 실학을 집대성한 사상가로 불리는 정약용의 상공업 분야에 관한 의견을 수집해서 이를 다시 분류해보면 우선 특권상업 및 매점(買占)상업을 반대하고 상업세 수입의 확대를 전망한 상업정책론과 수공업기술의 개발과 광산국영론을 내용으로 하는 광공업정책론으로 대별하여 정리해볼 수 있지 않을까 한다.

2. 상업정책론

(1) 특권 및 매점 상업 반대론

조선왕조 본래의 경제정책을 흔히 농본주의·억상주의로 표현하지만 실학자들의 상업관은 이익(李瀷)의 금속화폐 유통 반대론도 있으나, 대체로 발전론적 방향으로 나타났다.

유형원의 경우 "수공업자와 상인은 선비나 농부와 같이 없을 수 없다. 다만 그것에 종사하는 자가 많으면 농업에 해가 되므로 세를 무겁게 하여 억제하고 그 수가 적으면 세를 가볍게 하여 물화유통의 길이 열리게 하여야 한다" 하였다.[1] 상업발전을 기대하면서도 그것이 농업중심 경제체제를 무너뜨리지 않는 한계 안에서의 발전이어야 한다는 생각에 머무르고 있었다고 할 수 있으며 아직 농본주의적 경제관에 한정되어 있는 것이라 할 수 있을 것이다.

이에 비하여 유수원(柳壽垣)은 관직에 나아가지 않은 양반계급을 상인으로 전환시키는 문제, 대자본을 육성하기 위하여 상인에게 특권을 주거나 합자(合資)상업을 유도하는 문제, 지방도시에 상설시장을 발전시키는 문제 등을 중심으로 하는 적극적인 상업발전론을 제시하였고,[2] 박

1) 『磻溪隨錄』卷1, 田制上.
　　按工商之不可無 與士農無異 但業之者過多 則害於農 多則重其稅以抑之 少則輕之 以開通
　　貨之路
2) 姜萬吉 『朝鮮後期 商業資本의 發達』, 高麗大學校出版部 1973, 제1장 참조.

제가(朴齊家)의 경우도 양반상업종사론과 해외통상론을 제기하였다.[3]

정약용의 경우도 이와 같은 상업발전론을 따르고 있음은 물론 상인
의 관직 진출도 무관하다고 생각한 것이 아닌가 한다. 그는 상업억제론
에 반대하면서

상업은 이익이 많기 때문에 그 세도 또한 따라서 무거운 것이며 이는 선왕
의 법이다. 상업을 억제하여 곤욕스럽게 하는 것은 좋지 않은 것 같다. 있고
없는 것을 교역하는 일은 우직(禹稷)이 시행한 일이다. 어찌 반드시 억제하기
만 하겠는가.[4]

하였다. 유수원과 같은 적극적인, 또 구체적인 상업발전론을 펴지는 않
았다 하여도 상업억제론에서는 탈피하고 있었던 것이다. 그는 또 상인
의 사회적 지위 및 관직 진출 문제에 대하여

천하의 이익이 장사만 한 것이 없다. 그 이익이 이미 많은데 또 그 명색도
높다면 누가 농사에 종사하겠는가. 그러므로 선왕이 농사를 중히 여겨 사(士)
와 농(農)이 서로 통하게 하였다. (…) 박지원(朴趾源)의 『열하일기(熱河日記)』
에서 말하기를 "지금 중국의 상인들은 비록 문아(文雅)하고 준수하더라도 관
리나 세족과 더불어 결혼을 하거나 동석하지 못한다. 역시 옛 풍습이 내려오
고 있는 것이다" 하였다.[5]

---

3) 『貞蕤集文集』 卷3, 丙午所懷條.
4) 『經世遺表』 卷10, 地官修制 賦貢制3.
   臣謹案 商賈利重 故其稅亦隨而重 此先王之法也 其必抑商以困辱 亦恐未善 懋遷有無者 禹
   稷之行也 何必抑之乎
5) 같은 곳.
   伏念 天下之利 莫如商賈 若其利旣厚 又其名亦高 則天下之人 又誰有負耒耜入田疇者乎 故

하여 상인의 사회적 지위가 관인은 물론 농민과도 차이가 있어야 한다는 의견을 나타내면서도 또 한편으로는

> 마(馬, 馬端臨)는 말하기를 (…) 이(利)가 있는 곳에 사람이 따라가는 것은 물이 흐르는 것과 같다 화식전(貨殖傳)에 있는 것은 대개 큰 상고(商賈)들이며 농사를 힘껏 지어 부자로 된 자가 있다는 말은 듣지 못했다. 효무제(孝武帝) 때에 와서 동곽함양(東郭咸陽)이 큰 염상(鹽商)으로서, 공근(孔僅)이 큰 대장간으로서 대사농(大司農)이 되고 상홍양(桑弘羊)이 상인의 아들로 어사대부(御史大夫)가 되고서부터 전날의 법이 폐지되었다고 하였다.[6]

하여 상인이나 그 자손이 관리가 된 중국의 예를 들고 있으며, 그의 「여전론(閭田論)」에서는 관직에 오르지 못한 양반계급이 농사에 종사하게 하되 농사꾼이 되지 못할 경우는 공장(工匠)과 상인으로 변할 수도 있을 것이다 하여[7] 유수원과 박제가와 같이 양반의 상인화를 전망하였다.

정약용의 상업관에 유형원·유수원·박제가 등의 상업발전론 및 양반계급의 상업종사론 등이 이어져 있지만, 이들 선배 학자들과 큰 차이를 나타내고 있는 점은 특권 및 매점 상업을 강경히 반대하고 있는 점이다. 유형원은 상업발전을 농업을 해치지 않는 범위 안에 한정하여야 한다

先王重農 土農相通 (…) 朴趾源熱河日記云 今中國商賈 雖文雅俊秀 猶不得與 擧人世族 通婚序齒 亦古風之流下者也

6) 같은 곳.
　馬(端臨)云 (…) 然利之所在 人趨之如流水 貨殖傳中所在 大抵皆豪商鉅賈 未聞有以力田致富者 至孝武時 東郭咸陽 以大鬻鹽 孔僅以大冶 領大司農 桑弘羊 以賈人子 爲御史大夫 而前法盡廢矣

7) 『與猶堂全書』 詩文集 田論5.
　曰有必不得轉而綠南畝者 將奈何 曰有轉而爲工商者矣

하였고 유수원은 대자본을 육성하고 상업을 발전시키는 방법으로 특권
상업을 오히려 강조하고 있으나 정약용은 관부(官府)의 특권적인 상업
과 민간상인의 매점상업을 모두 반대하고 있는 것이다.

그 이유는 그가 산 18세기 후반기에서 19세기 전반기에 걸친 시기가
이미 특권상업 및 매점상업의 폐단이 나타나고 있는 때였기 때문이었
다. 조선왕조 사회는 임진왜란과 병자호란 등의 전쟁을 겪고 난 후 대체
로 17세기 후반기부터 국내 상업과 청국 및 일본을 대상으로 하는 외국
무역이 발달하기 시작하였고 특히 18세기 전반기를 통하여 서울의 시
전상인(市廛商人), 경강상인(京江商人) 및 개성상인(開城商人) 등에 의한
특권상업·매점상업이 성행하여 중소생산자 및 중소상인, 도시 소비자
를 압박하였다.8)

이 때문에 18세기 후반기에 들어와서는 우선 서울시전상인들의 금난
전권(禁亂廛權)을 통한 특권상업을 제한하려는 움직임이 있었고 그것
이 채제공(蔡濟恭)이 주도한 신해통공(辛亥通共, 1791)으로 나타났다. 정
약용은 우선 신해통공을 다음과 같이 지지하였다.

    (신해통공이 실시되자) 서울의 시전상인들이 그것을 반대하기 위하여 공
    (채제공)의 집 앞을 메웠고 원망이 분분하였다. 사람들이 모두 그것의 시행이
    옳지 못하다 하였으나 1년쯤 지나고 나니 물화가 모여들어 백성들의 생활품
    이 넉넉해졌고 백성들이 크게 기뻐하였다. 전에 원망하던 사람들도 모두 공
    의 정책이 옳다 하였다.9)

---

8) 姜萬吉, 앞의 책 참조.
9) 『與猶堂全書』詩文集 樊翁遺事.
   辛亥 公請罷市民都估之法 (…) 上從之 於是 市民號訴公者 塡門咽巷 而怨詛朋興 雖凡民
   皆言 令不便行之 歲餘物貨湊集 民用以裕 百姓大悅 雖前之怨詛者 皆言公奏則善也

통공정책은 정부에서 시전상인의 금난전권을 일정하게 제한하여 중소생산자층과 중소상인 및 도시빈민층을 보호하는 정책이었고 그는 이를 지지하여 특권상업에 반대하는 의견을 간접적으로 표시하였다. 이밖에도 그는 특권상인의 존재 자체를 강력히 반대하고 있다. 그에 의하면

> 천하의 전지(田地)는 모두 왕의 전지이며 천하의 재물(財物)은 모두 왕의 재물이며 천하의 산림(山林), 천택(川澤)도 모두 왕의 것이었다. 대체로 그런 다음에 왕이 그 전지를 백성들에게 널리 나누어주었으며 또 왕이 그 재물을, 그리고 그 산림과 천택을 백성들에게 널리 나누어주었으니 이것이 옛 선왕의 뜻이었다. 왕과 백성 사이를 막는 사람이 있어서 왕의 세(稅) 거두는 권한을 훔치고 널리 나누어주는 은혜를 막는다면 임금은 극(極)을 세우지 못하며 백성은 고르게 받지 못한다. 탐관오리의 부당한 징수와 호상(豪商)과 활고(猾賈)들의 이익 독점이 그것이다.[10]

하여 지방 관료 및 토호들과 결탁되었거나 그들의 대행자인 특권상인이 배제되어야 함을 주장하고 있는 것이다. 정약용의 이와 같은 생각은 토지개혁론에서 왕권과 백성 사이에서 '무위도식(無爲徒食)'한다고 본 지주를 없이하려 한 생각과 같은 것이라 할 수 있으며, 또 단순한 왕토사상(王土思想)의 범위를 넘어서서 중세적 귀족세력을 배제하고 왕권과 백성세계가 직결되는 정치·경제체제를 만들려는 생각을 바탕으로

---

10) 『經世遺表』 卷11, 地官修制 賦貢制5.
　天下之田 皆王田也 天下之財 皆王財也 天下之山林川澤 皆王之山林川澤也 夫然後王以其田 敷錫厥庶民 王以其財 敷錫厥庶民 王以其山林川澤之所出 敷錫厥庶民 古之義也 王與民之間 有物梗之 竊其斂時之權 阻其敷錫之恩 則皇不能建極 民不能均受 若貪官汚吏之橫斂 豪商猾賈之權利者是也

하고 있는 것이라 할 수 있다. 또한 그것은 중세적 귀족권을 약화시키고 왕권을 강화시키는 한편 농민적 토지소유를 실현하려는 경제사상이었다고 할 수 있을 것이다.

정약용은 정치·사회적인 면에서 중앙의 귀족적 관료와 지방 토호, 그리고 특히 지방의 아전세력 등을 시급히 제거하여야만 위로 왕권이 강화되고 아래로 백성이 편안해진다고 생각하였지만 경제적인 면에서는 '호상활고(豪商猾賈)'가 바로 국부(國富)를 좀먹고 민리(民利)를 박탈하는 존재라 생각하였다. 그의 다음과 같은 말이 그것을 잘 말해주고 있다.

태공(太公)과 환공(桓公)은 이미 어염(魚鹽)의 이(利)를 유통시켰는데, 이를 유통시킴에 있어서는 반드시 담당 관청을 두고 금령으로 단속하여 소민(小民)이 스스로 생산하고 판매함으로써 그 이익이 독점되게 하지는 않았을 것이다. 반드시 관부에서 수납하고 방출하기를 곡물의 상평법(常平法)과 같이 하여야만 아래로 백성이 이롭게 되고 위로 국가가 부유하게 되며 다만 그 중간에 있는 '호상활고'만 실리(失利)하게 될 것이다. 대저 '호상활고'를 왕자(王者)가 반드시 금하는 것은 그들이 아래로는 백성의 재물을 박탈하고 위로는 국가의 권리를 나누어가기 때문이다. 후세 사람들의 논의가 이를 일으키고 해를 제거하는 일을 두고 '여민쟁리(與民爭利)'라 하여 재부(財賦)가 나오는 일을 모두 '호상활고'들에게 맡김으로써 그들이 조종하고 신축(伸縮)하게 하여 가난한 백성의 부렴(賦斂)만 증가시켰으니 이것은 모두 세상일에 어두운 선비들의 청의(淸議)가 그르친 것이다.[11]

---

11) 같은 책, 卷10, 地官修制 賦貢制4.
　太公桓公 旣通魚鹽之利 方其通利也 必設官掌禁 管束其利 必不令小民 自煮自糶 以擅其利 必官爲之斂散 如穀粟之有常平 下以利民 上以裕國 惟其中間 豪商猾賈 失其利也 夫豪商猾賈者 王者之所必禁抑 爲其下剝民財 上割國權也 後世之論 凡興利除害之政 亦謂之與民爭利 凡

18세기 전반기에 산 유수원은 상업을 발전시키기 위한 방법으로서 군소상인을 없이하고 대규모의 특권상인을 길러야 한다고 생각하였지만,[12] 정약용이 산 18세기 후반기에는 앞에서 논급한 것과 같이 금난전권을 대폭 제한하여야 할 만큼 특권상업의 횡포가 심하였고, 특히 19세기 전반기의 세도정권 시기에는 세도권력과 그것을 뒷받침하고 있는 지방의 토호세력, 혹은 아전세력들과 결탁된 '호상활고'들의 매점상업에서 오는 폐단이 심화되어 있었다. 정약용이 『목민심서(牧民心書)』에서

　　　흉년에 상선(商船)이 포구에 정박하면 점주(店主, 船主人)·아랑(牙郎, 執斗者) 등이 조종하여 값을 깎고 관교(官校)와 읍리(邑吏)들이 빼앗고 농간질하므로 상인들이 이를 듣고 배를 멀리 돌리며 이 때문에 쌀값이 날로 등귀한다. 수령은 이를 알고 상인들을 안심시키기에 힘쓰고 상선이 많이 들어오게 함으로써 돈 있는 사람은 곡식을 살 수 있게 하여야 할 것이다.[13]

하였다. 각 지방에서의 선주인(船主人)과 같은 매점상인의 횡포와 아전들의 농간질이 순조로운 물화유통을 저해하고 이 때문에 소비자가 희생되는 실정을 이해하고 있었던 것이다. 정약용은 당시 우리나라의 매점상업의 실태에 대하여 구체적인 예를 들어놓지는 않았지만 중국의 경우를 예로 들면서 다음과 같이 말했다.

　　財賦所出 一委之豪商猾賈 使得操縱伸縮 唯於下戶殘民 增其賦斂 皆汪儒淸議之所誤也

12) 姜萬吉, 앞의 책 제1장 참조.

13) 『牧民心書』 卷12, 賑荒六條 備資.
　　　凶年商船 泊於浦口 店主(船主人) 牙郎(執斗者) 操縱削價 官校邑吏 侵漁作奸 商賈聞聲 回船遠逋 此米價之所以日貴也 牧宜知此 務悅商賈之心 使之輻輳 則有錢者 得以交糴矣

생각건대 승매(承買)라는 것은 박매(樸買)이다. 작은 것을 승매라 하고 큰 것을 박매라 하지만 사실은 한가지이다(樸이란 物의 전체이며 樸買란 全買이다). 이 법은 송(宋) 태조의 개보(開寶) 초년에 나타났는데 송의 시대가 끝나도록 없어지지 않았고, 원나라 초에도 이 법이 있어서 은 50만 냥으로 천하의 차발(差發)을 박매한 자가 있고 은 5만 냥으로 연경(燕京)의 주과(酒課)를 박매한 자가 있었으며 은 1백만 냥으로 천하의 강변 배 닿는 곳과 교량 및 나루터를 박매한 자가 있었다. 야율초재(耶律楚材)가 "이것은 모두 간사한 사람들이 위로 임금을 속이고 아래로 백성을 기만한 것으로 그 해로움이 크다" 하였고, 이에 모두 아뢰어서 이를 폐지하였다.[14]

정약용에게 있어서 경제문제의 주된 관심은 역시 농업문제에 있었다. 그러나 상업문제에 있어서도 그것의 발전을 부정하는 입장에 있지는 않았고 발전론적 상업관을 가지고 있었으며, 다만 그 관심이 유수원과 같이 도시의 대자본 상인을 육성하기 위하여 그들에게 특권을 주어야 한다거나 박제가와 같이 국내 상업을 발전시키기 위하여 외국과의 통상을 적극적으로 벌여야 한다는 데 있는 것이 아니라 특히 농촌사회에 있어서의 지방관이나 아전세력과 결탁하여 특권적이고 매점적인 상행위를 함으로써 농민들에게 해를 끼치고 있는 '호상활고'의 폐단을 지적하는 데 치중되고 있는 것 같다.

그것은 그가 저술생활을 하던 19세기 전반기의 세도정권 아래서 아

---

14) 『經世遺表』卷10, 地官修制 賦貢制3.
　　臣謹案 承買者 樸買也 小曰承買 大曰樸買 其實一也(樸者物之全也 樸買者全買也) 此法起於宋太祖開寶之初 終宋之世 不能革也 元初亦有此法 有以銀五十萬兩 樸買天下差發者 有以銀五萬兩 樸買燕京酒課者 有以銀一百萬兩 樸買天下河泊·橋梁·渡口者 耶律楚材曰 此皆姦人 欺上罔下 爲害甚大 咸奏罷之

전세력과 결탁된 상인들의 횡포가 심했고, 특히 이 시기에 발달하고 있었던 농민층의 상업적 농업생산이 이들 중간상인의 매점상업에 의하여 희생되고 있었던 실정을 오랫동안의 유배기간을 농민 속에 살면서 소상히 파악하고 있었기 때문이 아닌가 한다.

(2) 商業稅源 擴大論

실학자들의 대부분이 조선왕조 본래의 억상주의를 넘어서서 상업발전론을 주장한 배경은 여러가지 측면에서 구할 수 있지만, 그 가운데 가장 중요한 문제의 하나가 상업 부문에서 정부의 세수원(稅收源)을 확대시키려는 데 있었다. 조선왕조 정부의 중요한 세수원은 토지세와 인두세였고 군역(軍役)이 군포수납제(軍布收納制)로 바뀐 다음에는 특히 인두세 부분의 조세가 높아졌다.

그러나 임진왜란·병자호란 등의 대규모 전쟁을 겪으면서 농토가 황폐화하고 백성이 흩어짐으로써 토지세 및 인두세 수입에 큰 차질이 생겼고 전쟁 후에도 탈세지의 증가와 농민들의 피역(避役)으로 세원이 확대되지 못하여 정부 재정은 계속 곤란했다. 정부에서는 전쟁 후에 상공업이 일정하게 발달함으로써 세원을 그쪽으로 확대시킬 가능성이 있었지만 종래 토지세와 인두세 중심으로 편성된 수세(收稅)체제만으로는 상공업세를 징수하기가 불편하였고 이 때문에 유수원의 경우 세과사(稅課司)·독세사(督稅司) 등 새로운 세무관서의 설치를 주장하기도 하였다.[15]

정약용도 "나라의 온갖 용도는 오직 토지세에만 의존하였다. 농부를

---

15) 姜萬吉, 앞의 책 제1장 참조.

착취하여 고혈(膏血)을 말리면서 부상대고(富商大賈)는 털끝만큼도 침노하지 않으니 어찌 왕정이라 할 수 있겠는가"[16] 하여 상업세 수입을 높일 것을 주장하였고, 새로운 세무관서를 설치하자는 주장에까지 나아가지는 않았으나 상업세 증수(增收) 문제에는 구체적인 방법을 제시하였다. 그는 "시(市)에는 전(廛), 즉 텃세만 받고 정(征), 즉 상업세를 받지 않는다"고 한 맹자(孟子)의 말에 반대하면서

생각건대 만약 맹자의 뜻과 같다면 관(關)과 시에서는 세가 없어야 하며 세가 있으면 그것은 횡렴(橫斂)이 된다. 횡렴한 물건으로 천자의 의식에 제공하는 것은 부끄러운 일이 아닌가. 농부는 땀 흘리고 숨 가쁜데 임금이 세 받아먹는 것이 어찌 마음 편안하고 부상대고들이 수레를 연이어 금은비단을 운반하는데 임금이 세 받아먹는 것이 어찌 부끄럽겠는가. 천리(天理)에 비추어보아도 부끄러울 것이 없으며 왕정(王政)으로 상고해보아도 의문될 것이 없다. 지금 사람들이 다만 맹자만을 읽고 관(關)과 시(市)에 세 받는 것을 불의한 것으로 생각하니 어찌 의혹스러운 일이 아니겠는가.[17]

하여 상업세 징수를 주장하였다. 조선왕조 정부는 종래 도시에 정착해 있는 시전상인 등 이른바 좌고(坐賈)에게서는 수세해왔으나 행상에게서는 철저히 수세하지 못해왔는데 정약용의 시대에는 지방 상업·농촌 상업이 발전하여 행상들의 상업 규모가 커가고 있었으므로 이들에 대

16) 『經世遺表』 卷10, 地官修制 賦貢制3.
　　臣謹案 (…) 國之百用 惟依田租 淩削農夫 渴其膏血 而富商大賈 毫髮不侵 方可曰王政乎
17) 같은 곳.
　　臣謹案 若如孟子之義 則關市無征 有征則爲橫斂 以橫斂之物 共天子之衣食 不亦羞乎 農夫汗流脅息 人主征而食之 胡獨安心 富商大賈 連車結駟 運金銀錦繡 人主征而食之 胡獨靦顔 揆諸天理 而無可愧 巧諸王政 而無可疑 今人但讀孟子 每以關市之征 認爲不義之物 豈不或歟

한 철저한 수세를 강조하고 있는 것이다. 이 점에 대하여 그는 계속해서

> 우리나라의 좌시자(坐市者)는 비록 그 이윤이 적어도 모두 세를 받고 있는
> 데 큰 행상은 비록 만 석의 쌀을 팔고 천 필의 포를 팔아도 관(關)에서도 묻지
> 않고 주현(州縣)에서도 묻지 않는다. 1준(畯)의 논에 몇 말의 벼를 심는 자는
> 빼앗고 들볶아서 그들이 유리하여 없어진 것을 보고 난 다음에야 그친다면
> 이것을 어찌 인정(仁政)이라 하겠는가.[18]

하였다. 토지세와 좌고세(坐賈稅) 이외에 각 지방의 행상·선상 등의 큰
새로운 세원이 나타나고 있었던 것이며 이와 같은 큰 세원이 중앙의 귀
족적 관료나 지방관 및 아전들의 수중으로 들어가게 할 것이 아니라 국
가의 공세로 수납되어야 한다는 주장이라 볼 수 있을 것이다.

그러나 앞에서도 논급한 것과 같이 조선왕조의 수세체제는 움직이지
않는 토지에 대한 세와 사람이라 하여도 농토에 긴박된 농민을 대상으
로 하는 인두세 중심으로 되어 있었고, 상업세는 역시 영업장소가 고정
되어 있는 좌고 중심이었으며, 설령 행상에 대하여 세를 받았다 하여도
그것은 대부분 지방관의 사재로 들어갔을 뿐 정부의 공세(公稅)로 수집
할 만한 수세체제가 되어 있지 않았다. 따라서 유수원이 행상들의 상업
세 징수 방법으로 인표제(引票制) 등을 제시하였으며,[19] 정약용도

---

18) 같은 곳.
　　我邦坐市者 其利雖纖 皆有征課 唯行商巨豪 雖販穀萬石 貿布千匹 關不問焉 津不問焉 州
縣不問焉 唯一畯之田 耕數斗之稻者 剝之削之煎之爍之 期見其流離散亡而後已 斯可謂仁政
也乎
19) 姜萬吉, 앞의 책 제1장 참조.

생각건대 관소(關所)는 행상에게 세 받는 곳이요 시소(市所)는 좌고에게 세
받는 곳이다. 행상의 이익이 좌고보다 큰데 좌고에게는 세를 받고 행상에게
서 세 받지 않는다면 민역(民役)이 고루 부과되는 것이 못 되며 이것이 선왕
의 법에 반드시 관과 시를 같이 든 까닭이다. 그러나 천 리를 가는 행상에게
관마다 세를 거두면 견디지 못할 것이다. 그러므로 세를 이미 받으면 새절(璽
節)을 주어서 천하를 돌아다녀도 두 번 다시 막힘이 없게 하였으니 이것이 선
왕의 좋은 법이다. 후세에 와서 걸음마다 가로막고 끝없이 뜯어내었으니 이
것은 새절의 법이 없기 때문이다. 선왕의 법을 어찌 본받지 않겠는가.[20]

하여 행상에 대한 수세법으로 지방 관리들의 횡렴(橫斂)을 막고 세를
국세화하기 위한 새절의 발급을 제의하였다. 그는 행상세 징수에 있어
서 일어날 수 있는 일반 행인에의 불편까지 충분히 고려하면서

생각건대 물건을 가지고 관을 지나가는 사람 중 상인은 극히 적고 행인이
대부분이다. 행인에게 세를 받는 것은 지나치지 않겠는가. 그러나 구분하려
하면 상인이 모두 행인을 가탁하여 법이 제대로 시행되지 않을 것이니 마땅
히 법규를 만들어 구분하여야 할 것이다. 각 지방의 상인이 관권(關券)이 없
으면 토물(土物)을 매매하지 못하게 하고 이를 어길 경우 그 물건을 몰수하게
하면 장사 나가는 자는 부득불 관에 세를 물게 될 것이요 서울시전에 가서 물
건 파는 자도 관권이 없이는 시전상인과 매매하지 못하게 하고 이를 어길 경

---

20) 『經世遺表』 卷10, 地官修制 賦貢制3.
    臣謹案 關所以征於商也 市所以征於賈也 行商之利大於坐賈 若征賈而不征商 則民役不均
    此所以先王之法 關市必竝擧也 然適千里者 每關輸稅 則民不堪矣 故旣受其稅 乃爲璽節以賜
    之 使之周流天下 再無滯關 此先王之良法也 後世步步攔住 求索無厭 以無璽節之法也 先王之
    法 胡不效之乎

우 물건을 몰수하면 관에 세 바치지 않을 수 없을 것이다. 그런 연후에 일반 행인에 대한 통과세는 일체 엄금하고 다만 그 가진 물건이 매우 많은 자만 박한 세를 거두면 이치에 맞을 것이다.[21]

하였다. 행상세 징수를 위하여 새절의 발부와 관소에서의 징세 방법 등을 제시하였다. 한편 그 세율 역시 연간 일정액을 받는 토지세나 인두세, 그리고 좌고세와 달리 행상에는 그 자본 및 영업 규모가 작게는 등짐장수에서부터 크게는 1백여 바리〔駄〕를 끌고 다니는 육상(陸商)과 수백 석의 곡물을 싣고 다니는 선상(船商)들이 있어서 과세의 기준을 정하는 것이 종래의 수세체제로서는 쉬운 일이 아니었다. 이 점에 대하여 정약용은

농사는 이(利)가 박하지만 안전한 일이며 장사는 이가 후하지만 위험한 일이다. 만약 꼭 같이 10분의 1세를 부과한다면 상인이 없어져서 물화가 유통되지 못할 것이다. 그러나 식리(殖利)의 많고 적음은 오직 상인만이 알 뿐인데 어떻게 10분의 1을 정할 수 있겠는가. 만의 이윤을 얻었으면서 천만 얻었다 하고 천의 이윤을 얻었으면서 백만을 얻었다 한다면 관부에서는 어찌할 것인가.[22]

---

21) 같은 곳.
　　臣謹案 齎貨由關者 商販極小 行旅居多 行旅而輸其稅 不亦過乎 然苟欲辨別 商販皆託於行旅 法又不成 宜著爲式 凡諸路興販者 若無關券 不得貿易土物 犯者沒入 則其出者 不得不稅關矣 凡市肆入賣者 若無關券 不得交付京賈 犯者沒入 則其入者 不得不稅關矣 夫然後行旅過稅 一切嚴禁 惟其所齎甚鉅者 乃有薄征 庶乎其中理矣
22) 같은 책, 卷10, 地官修制 賦貢制4.
　　農之利雖薄 此完術也 商之利雖厚 此危道也 若一冒之以什一之率 則商賈絶 而貨物不通矣 然此殖利多少 惟商獨知 何以定什一乎 利萬而曰千 利千而曰百 官將奈何

라고 하여서 상업세는 토지세와 같이 수확량을 기준으로 한 일률적인 10분의 1세를 부과할 수 없을 뿐 아니라 상업세의 경우 그 정확한 부과 기준을 얻기가 어려움을 충분히 이해하고 있었으며, 또한 상업세를 철저히 징수하되 그것이 지나쳐서 상업발전을 저해하는 단계에는 이르지 않아야 함도 이해하고 있었다. 상인의 이윤 폭을 정확하게 산출할 만한 아무런 장치가 없었던 당시로서는 상업세 징수의 방법 자체가 연구되지 않을 수 없었으며 특히 유수원과 정약용 등 실학자들이 이에 대하여 깊은 관심을 가졌던 것이다. 정약용은 상업세 징수 방법을 다음과 같이 구체적으로 제시하고 있다.

상인의 수레 안에는 그 본전과 이윤이 함께 실려 있으므로 여기에다 10분 1세를 부과하면 이것은 10분 1세가 아니라 그 절반을 빼앗는 일이 된다. 겨우 하나의 진(津)을 지나면 또 하나의 진을 만나고 겨우 하나의 관(關)을 지나면 또 하나의 관을 만나게 되는데 진마다 세를 받고 관마다 그냥 통과시키지 않는다면 천 리를 가는 동안에 남는 것이 얼마나 되겠는가. 나의 생각으로는 도성 안에서 나가는 자는 제일 처음 관에서만 그 1백분의 1을 세로 받고 그 가는 곳을 물어 공문을 주면 지나는 길과 마지막 관에서도 조사만 하고 세는 받지 않으며, 외방에서 들어오는 자는 마지막 관에서 그 상품의 실제 수를 조사하였다가 제일 처음 관에 도착하면 1백분의 1을 세로 받고 지나는 길에서는 조사만 하고 세를 받지 않으면 될 것이다.[23]

23) 같은 책, 卷10, 地官修制 賦貢制3.
　　臣謹案 (…) 商車之中 本利竝載 而征其什一 則此非什一 直奪其半矣 且纔過一津 又逢一津 纔過一關 又逢一關 若津津皆討 關關不赦 則行及千里 貨其餘幾 臣謂自內出者 自首出關 征其百一 問其所適 授以公文 凡沿路所經 至于終關 皆使之譏而不征 其自外入者 自終關 攷其實數 令至首關 乃輸百一 沿路所經 皆使之譏而不征

유수원은 상업세원을 적극적으로 확대하기 위하여 특권상업을 인정하고 각 지방도시에서도 서울의 시전상인과 같은 금난전권을 가지는 상설점포 즉 그가 말하는 '액점(額店)'을 설치할 것을 주장하였지만,[24] 정약용은 상업세원의 확대 문제에 깊은 관심을 가지면서도 관권과 결탁한 특권상업이나 매점상업을 반대하고, 상업세원의 확대 방향을 지방의 행상세를 철저히 징수하는 데서 더 구하고 있으며, 바로 이 점에 두 사람 사이의 차이가 있는 것이 아닌가 한다.

그 이유는 정약용의 경우 18세기 후반기 및 19세기 전반기에 걸친 시기 농민들의 상품생산 발전을 배경으로 하여 그 자본 및 영업 규모가 커간 지방의 행상들이 지방 관료들과 결탁하여 폭리를 취하고 있는 점에 더 주목하고 이들에게서 상업세를 철저히 징수함으로써 정부의 재정 수입에 도움을 얻을 수 있다고 생각한 결과라 할 수 있을 것이다.

유수원이 특권상업을 인정하면서까지 상인자본을 육성하고 그것을 통하여 정부의 세수입을 높여야 한다고 생각하였지만, 특권상업은 소생산자층과 소상인층을 희생시킨 반면 그 세수입은 정부의 공세(公稅)로 흡수되기보다 지방 관료나 아전들의 사세(私稅)로 들어가는 경우가 많았고, 이 때문에 정약용에 와서는 특권상업을 반대하면서 정부의 세수입을 높이는 방향에서의 방법이 추구된 것이라 생각할 수 있지 않을까 한다.

---

24) 姜萬吉, 앞의 책 제1장 참조.

3. 광공업정책론

(1) 기술개발론

조선왕조 후기의 경제발전, 특히 수공업발전에 있어서 가장 큰 저해조건의 하나는 기술이 낙후된 점이었다. 그리고 여기에는 상공업 억제정책, 철저한 쇄국정책 등 조선왕조 본래의 경제정책적 원인이 있었으며 특히 병자호란 이후에는 북벌론적 대청(對淸)정책 및 의식구조 때문에 종래 선진기술의 유일한 수입로이던 중국 측 통로가 거의 막히다시피 한 데도 큰 원인이 있었다.

병자호란 이후 약 2백 년간 악화된 대청관계와 청국 문화를 명나라시대와 달리 선진문화로 인정하지 않으려는 지배계급 일반의 청국관 때문에 청국 자체의 발달한 기술문명은 물론 그곳에 수입된 서양의 기술문명이 거의 수입되지 못하였고 이 때문에 국내의 기술수준은 점점 낙후하였던 것이다.

이와 같은 조선왕조 지배계급 일반의 대청관에 반대하면서 청나라의 선진문명을 적극적으로 수입하여야 한다는 주장을 펴는 사상가들이 나왔으니 곧 18세기 후반기의 북학파(北學派) 학자들이었다. 박지원·박제가 등으로 대표되는 북학파 학자들은 청나라 문화, 특히 그 기술문화를 시급히 받아들여 낙후된 국내 기술을 발달시켜야 생산력이 향상되고 국부(國富)를 이룰 수 있다고 왕에게 건의하였고, 청국에 와 있는 서양인 선교사를 국내에 초빙하여 젊은이들에게 그 선진기술을 가르치게 하여야 한다고 건의하기도 하였다.[25]

정약용도 비록 북학파 계통은 아니지만 그들의 사상을 수용하여 국

내 기술이 낙후한 원인과 그것을 타개하는 방법을 정확히 제시하였다. 그는 중국 기술 배우기를 주장하면서

우리나라의 각종 수공업 기술은 모두 옛날에 배워 온 중국의 방식인데 수백 년 이래로 끊고 다시는 중국에서 배워 올 계획을 세우지 않았다. 중국은 새로운 방식과 교묘한 제도가 계속 발달하여 수백 년 전의 중국이 아니다. 우리는 막연하게 서로 묻지도 않고 다만 옛날 방식대로만 하고 있으니 어찌 이렇게 게으르기만 한가.[26]

하고 안타까워하였다. 북벌론적 사고방식 및 정책이 국내 기술을 낙후하게 한 원인임을 그는 이해하고 있었던 것이다. 그는 또 이웃의 류우뀨우(琉球) 및 일본의 예를 들면서

근세에 와서 류우뀨우 사람들은 중국의 태학(太學)에 가서 10년 동안 오로지 그 문물과 기술을 배웠고(『芝峰集』) 일본은 강소(江蘇)와 절강(浙江)을 왕래하면서 온갖 정교한 기술을 옮겨오기에 힘썼기 때문에 류우뀨우와 일본은 바다 가운데 동떨어져 있으면서도 그 기술이 중국과 대등하게 되어 백성은 부유하고 나라는 강성하여 이웃나라가 감히 침범하지 못하게 되었으니 그 나타난 효과가 이와 같다.[27]

---

25) 朴齊家『北學議』丙午所懷.
26) 『與猶堂全書』詩文集 技藝論1.
　　我邦之有百工技藝 皆舊所學中國之法 數百年來截然 不復有往學中國之計 而中國新式妙制 日增月衍 非復數百年以前之中國 我且漠然不相問 唯舊之是安 何其懶也
27) 같은 책, 詩文集 技藝論3.
　　近世琉球人 處太學十年 專學其文物技能(芝峰集) 日本往來江浙 唯務移百工織巧 故琉球日本 在海中絶域 而其技能 與中國抗 民裕而兵强 隣國莫敢侵擾 其已然之效 如是也

하여 조선왕조의 대청정책을 간접으로 비판하는 한편 중국에서 배워 국내 기술을 발전시키기 위한 관청으로서의 이용감(利用監)의 설치를 제의하였다. 그는 이용감의 설치 문제에 대하여 "어떤 사람들은 바야흐로 국력이 빈약한데 왜 관서를 증설할 것인가 하겠지만 나의 생각에는 국력이 빈약하기 때문에 이용감을 급히 설치하려는 것이다"[28] 하고

> 옛날의 장신(將臣) 이경무(李敬懋)가 일찍이 나에게 말하기를 "지금 병기와 화기가 모두 새로운 것들이며 일본 조총도 지금에는 구식이다. 이후 남쪽과 북쪽으로 외침이 다시 있으면 적이 조총이나 편곤(鞭棍)은 다시 가져오지 않을 것이다. 지금의 급무는 북쪽으로 중국에 가서 배우는 데 있다" 하였는데 참으로 시무(時務)를 알고 하는 말이었다. 내가 이용감이라는 관서를 따로 설치하려는 것은 오로지 북학을 직무로 하기 위해서이다.[29]

하여 이용감의 설치 목적이 전적으로 중국으로부터의 기술 도입에 있음을 분명히 하였다. 정약용의 이와 같은 중국 기술 도입에 대한 적극적인 자세는 기술발달이 곧 생산력을 높이는 첩경임을 절실하게 이해하고 있었기 때문이었다. 그에 의하면 "농기가 편리하면 힘을 적게 들여도 곡식은 많고 직기가 편리하면 힘을 적게 들여도 포백(布帛)이 풍족하며 주차(舟車)의 제도가 편리하면 힘이 적게 들어도 멀리 떨어진 곳의 물화들이 원활히 유통되어 정체되지 않고 인중기중(引重起重)하

---

28) 『經世遺表』卷2, 冬官工曹 第6 利用監.
　或曰 國力方貧 何以增官 臣謂國力貧故急設此官也

29) 같은 곳.
　昔將臣李敬懋 嘗謂臣曰 今兵器火器 皆是新制 日本鳥銃 今爲古調 此後南北有憂 不得以鳥銃鞭棍至矣 今之急務 在於北學中原 誠識務之言也 臣謂別設一司 名之曰利用監 專以北學爲職

는 법이 편리하면 힘을 적게 들여도 대사(臺榭) 제방(堤防)이 견고해질 것"[30]이었다.

그러나 그가 살고 있던 19세기 전반기까지의 조선왕조 사회의 각종 기술수준은 대단히 낙후된 것이어서 개혁이 시급한 것이었다. 그의 지적에 의하여 몇 가지 실례를 들어보자. 우선 비단을 짜기 위하여 고치를 가리는 문제만 하여도

중국에서 비단을 만드는 데는, 고치를 가리는 데 표준이 있고 고치를 삶는 데도 일정한 수효가 있으며 고치를 켜는 데도 방법이 있다. 켜낸 실이 여러 개의 고리를 지나면서 바람에 마르는 까닭에 실이 고르면서 도타우며 깨끗하면서도 질기다. 우리나라의 실 켜는 법은 여러가지 고치를 서로 섞어서 그 크고 작음이 같지 않고 고치를 삶는 데도 일정한 수효가 없어서 그 성기고 밴 것이 같지 못하다. 실 켜는 데도 일정한 방법이 없어서 엉클어진 것을 가리기도 어렵고 부뚜막에 말리니 처음부터 썩게 되어 있으며 모래나 돌로 눌러두고 감고 풀기를 여러 번 함으로써 인력이 허비되고 물건도 성기게 되니 모두 가르치지 않은 것이 허물이다.[31]

하고, 이용감에서 중국의 발달한 방법을 배워 와서 서울과 지방에 보급시키는 것이 국책상 중대한 일이라 여겼다. 고치실 만드는 과정에 있어

---

30) 같은 곳.
　農器便利 則用力少 而穀粟多 織器便利 則用力少 而布帛足 舟車之制便利 則用力少 而遠物不滯 引重起重之法便利 則用力少 而臺榭隄防堅
31) 『經世遺表』 卷2, 冬官工曹 第6 織染局.
　臣聞中國之爲繪帛也 擇繭有模 烹繭有數 繅繭有法 重環遞傳 風以乾之 故其絲 均平而敦實 潔白而堅靭 我國之法 衆繭相雜 其大小不同 烹繭無數 其麤細不同 繅繭無法 其縈亂難理 乾之以灶脣 其腐爛在初 壓之以沙石 其纏解屢變 人力費而物體麤 皆不敎之過也

서의 중국과의 기술적 차이를 소상히 말해주고 있다. 다음, 그는 또 당시 우리나라 조선술(造船術)의 낙후성을 지적하면서

내가 배 만드는 것을 보니 척도를 쓰지 않고 다만 눈어림으로 하며 재목이 또 일정하지 않아서 재목에 따라서 배의 모양이 달라졌다. 혹 바닥은 짧으면서 뱃전은 길고 또 바닥은 좁은데 들보는 넓으며, 혹 몸체는 작으면서 키는 길고 몸체는 크면서 돛대는 짧다. 그리하여 머리와 꼬리가 서로 맞지 않아 배와 등이 움직임에 따라 서로 당겨져서 혹 키를 틀어도 뱃머리가 돌려지지 않거나 또 돛을 펼쳐도 뱃머리가 나아가지 않는다.[32]

하고 전함사(典艦司)에서 조선(漕船)과 병선(兵船), 그리고 상선(商船)을 모두 9등급으로 한정해놓으면, 첫째 선재(船材)를 준비할 때 그 등급을 미리 요량하고 나무를 베어서 인력을 절약하게 될 것이며, 둘째 배를 수리할 때 다른 배의 재목을 이용할 수 있을 것이고, 셋째 화물운반을 맡길 때도 배의 크기에 따라 일정하게 맡길 수 있으며, 넷째 선박세의 징수도 배의 크기에 따라 알맞게 할 수 있을 것이다[33] 하고 조선(造船) 기술은 중국이나 왜국 선박이 표류되었을 때 이용감의 관원을 보내어 그 재료와 유회(油灰), 그리고 틈을 메우는 법, 양쪽 날개에 판자 붙이는

---

32) 같은 책, 卷2, 冬官工曹 第6 典艦司.
　　吾觀其造船 不用尺度 但用目力 材又不均 故隨材而異其體樣 或底短而舷長 或底狹以梁廣 或體小而柂大 或體大而桅短 首尾不相感應 腹背動有掣礙 或捩柂而頭不開 或張帆而艫不前
33) 같은 곳.
　　凡公私所用 漕船兵船商賈之船 皆於九等之中 用其一例 (…) 船限於九等 則伐木者 度其等 而斲材 其不中等者 不出于山 人力以省 其利一也 改船者取他船之材 而易之如合符節 其利二也 商賈量其貨任其船 其算計素定 可以遙決 其利三也 平賦司之徵稅 分爲九等 其斂至均無廳雜勒定之咨 其利四也

법 등을 배워 오게 하는 것이 곧 북학이라 하였다.[34] 선진기술을 습득할 수 있는 모든 기회를 이용하여야 한다고 생각하였던 것이다.

한편 실학자들의 대부분이 그 기술개발을 위하여 높은 관심을 가졌던 문제 중의 하나가 운반수단으로서의 수레의 개발이었지만 정약용도 예외는 아니었다. 유형원은 수레를 사용할 줄 모르기 때문에 도로가 개발되지 않는 것이라 하였고[35] 박제가도 중국의 수레 이용을 상세히 알리면서 국내에서의 수레 제작 및 사용을 적극 주장하였지만,[36] 정약용은

> 우리나라는 3면이 바다로 둘려서 수운하기에 편리하므로 예부터 수레가 없었다. 그러나 배가 풍파에 침몰하기도 하여 안전하게 운반하기 어렵고 물길이 험할 때는 오래 머물게 되어 비용은 많이 들고 이익은 적다. 따라서 상업이 발달하지 못하고 물화도 유통하지 못한다. 나라가 여위어가고 백성이 가난한 것은 모두 수레가 없기 때문이다.[37]

하고 "북학이 익숙해지면 전궤사(典軌司)라는 관청을 만들어 공사 간에 사용되는 수레를 모두 이곳에서 만들어 백성들에게 값을 받고 나누어 주되 사사로이 만드는 것을 엄금하는 것이 옳다"하고[38] 수레제작법을

---

34) 같은 곳.
　唐船倭船之漂到沿邊者 歲以十數 琉球呂宋之船 亦有時乎漂到 其制樣 皆奇妙精堅 能出沒風濤 不致摧陷 若於漂到之初 則遣利用監郞官與巧匠之精於分數者 合同照檢 其諸物諸體之長短廣狹 銳鈍軒輊 皆察之詳密 書其尺寸其材料所用及油灰袽舱之法 兩翼浮板之制 皆問規式 詢其功效 自我倣造 不差毫髮 則於是乎北學矣

35)『磻溪隨錄』卷25, 續篇上 道路 橋梁.

36)『北學議』內編 車.

37)『經世遺表』卷2, 冬官工曹 第6 典軌司.
　我邦三面環海 便於水運 故自古無車 然風漂覆沒 利涉極艱 險阻留滯 費多而利少 商旅不興 食貨不通 國瘠民貧 皆無車之故也

상세히 설명하였다.

이상과 같이 정약용의 기술개발론은 무엇보다도 병자호란 이후의 중국 기술 도입 부진으로 인한 국내 기술의 낙후성을 깊이 인식한 데서 출발하여 중국 기술과 국내 기술의 차이점을 구체적으로 비교하면서 그 타개책을 북학론(北學論)에서 구하고 있다. 특히 기술개발에 있어서 이용감·전함사·전궤사와 같은 관청을 두어 그것이 중앙정부 중심으로 이루어져야 한다고 생각한 점을 지적할 수 있다.

(2) 광산국영론

조선왕조의 후기에 와서 광업정책상의 하나의 변화는 설점수세법(設店收稅法)이 실시된 점이다. 임진왜란 이후 정부의 광산개발 정책이 비교적 활발해졌고 이에 따라 관채(官採)와 민채(民採)가 아울러 실시되다가 1651년(효종 2)에는 관에서 광산지역에 설점하고 민간인에게 채굴을 허가한 다음 일정한 세를 받는 설점수세제가 실시되었다.[39]

광업에 있어서의 설점수세법의 실시는 민간자본이 광업에 투입되는 계기가 되어 민간자본에 의한 광업발전을 전망할 수 있는 한편 정부도 세수를 통하여 재정수입을 높일 수 있었기 때문에 정약용의 시대에도 설점수세제를 지지하는 의론이 많았다. 예를 들면 우정규(禹禎圭)도 그의 『경제야언(經濟野言)』(1788)에서 "은이 많이 나는 곳에 설점하고 부상대

---

38) 같은 곳.
  北學旣熟 別設一司 名之曰典軌司 凡公私所用 悉自典軌司製之 計其工費 定其恒價 令萬民 輸其價而受其車 其或私造者 嚴禁之可也
39) 柳承宙「朝鮮後期 鑛業政策論」, 成均館大學校 大東文化研究院 編『韓國思想大系(2): 社會·經濟思想篇』, 1976.

고들이 각기 물력을 내어 일꾼을 모집하면 농토가 없어 농사짓지 못하는 백성들이 점민(店民)이 되어 살아나갈 수 있을 것이며 호조에는 점세(店稅) 수입이 있어서 국가와 백성이 모두 편리하게 될 것이다"[40) 하였다.

정약용도 그가 28세이던 1789년(정조 13)의 내각친시(內閣親試) 때 쓴 「지리책(地理策)」에서는

사금(砂金) 나는 곳과 은광(銀礦)에는 모두 금령(禁令)이 있고 동로(銅爐) 철점(鐵店)에서는 모두 중세(重稅)를 징수하므로 부민은 침탈을 두려워하여 경영하지 않고 가난한 백성들은 파산하여 옮겨간다. 마땅히 특별 지시를 내려 각 지방의 동광(銅鑛)은 민간인의 제련을 허가하고 철점의 세법을 너그럽게 하면 산택(山澤)의 이(利)가 날로 일어나서 백성과 나라가 함께 부유하게 될 것이다.[41)

하여 광산개발의 민영론을 지지하였었다. 그러나 귀양살이 때 저술한 『경세유표』와 『목민심서』 등에서는 국영론을 주장했다. 『경세유표』에서 "금·옥·주석(朱錫)·보석 등의 광물이 생산되는 지역을 관장해 사굴(私掘)을 엄금하는" 사광서(司礦署) 설치를 제의하면서 다음과 같은 광업정책을 제시했다.

생각건대 우리나라는 산이 웅장하여 금·은·동·철이 곳곳에서 생산된다.

---

40) 禹禎圭『經濟野言』銀店勿禁之議.
　蓋有銀處設店 則富商大賈 各出物力 募得傭人 無土不農之民 願爲店民 賴爲資生 而納稅於地部 則可謂公私兩便
41)『與猶堂全書』詩文集, 對策 地理策(乾隆己酉 閏5月 內閣親試 御批居首).
　金砂銀卝 俱有禁令 銅爐鐵店 皆徵重稅 富民畏削而不營 貧民敗貲而遷徙 今宜別下明旨 凡諸路産銅之穴 許民鼓鑄 諸山鐵冶之店 寬其稅法 則山澤之利日興 而民國俱富矣

강계(江界)의 은파동(銀坡洞)과 수안(遂安)의 홀곡점(笏谷店) 등은 우연히 드러난 곳이다. 관가에서 채굴을 금지하는 것이나 간민(奸民)들이 법을 어기고 도채(盜採)하는 것이 모두 마땅하지 않다. 금·은·동광은 모두 관부에서 비용을 들여 채굴하고 사채자(私採者)가 있으면 몰래 주전(鑄錢)한 것과 동률(同律)로 다스리고 다만 철광만은 백성들에게 사채를 허가하는 것이 마땅하다고 생각한다. 그리고 동을 제련하는 법은 이용감이 중국에서 배워 와서 사광서에 가르치는 것이 마땅하다.[42]

농기구 제조에 필요한 철을 제외한 모든 광물은 민간의 채굴을 금하고 모두 정부가 직접 채굴해야 한다고 주장하였다. 그 이유를 알아볼 만한 그의 의견 몇 가지를 들어보자.

금·은은 모두 귀한 것이어서 백성에게서 부세(賦稅)로 받을 수 없으며 반드시 그 땅의 제후가 본래 관채(官採)가 있어서 공납에 충당하였던 것이다.[43]

금·은·동·철은 배가 고파도 먹을 수 없고 추워도 입을 수 없는 것이다. 옛 성왕(聖王)이 백성에게 사채를 허가하였을 리가 없다. 이제 이 경서(經書)를 상고하니 관에서 지키고 관에서 채굴하였음이 명백하다.[44]

---

42) 『經世遺表』 卷1, 地官戶曹2 司礦署.
　　臣竊伏念 我邦山嶽雄鉅 金銀銅鐵 處處皆山 江界之銀坡洞 遂安之笏谷店 特其偶顯者耳 公家設禁以自防 奸民盜採以犯法 皆非宜也 臣謂凡産金銀銅之穴 皆官出財以採之 其或私採者 與盜鑄錢同律 唯鐵冶 許民私採 抑所宜也 然且鑄銅之法 宜自利用監 北學中國 以詔于司礦署
43) 같은 책, 卷11, 地官修制 賦貢制5.
　　臣謹案 金銀皆貴物 不可以徵賦於民 必本地諸侯 原有官採 得以充貢也
44) 같은 곳.
　　臣謹案 金銀銅鐵 飢不可食 寒不可衣 古之聖王 無許民私採之理 今案此經 其爲官守而官採之明矣

350

소금 생산을 정부가 독점하는 것은 백성의 이(利)를 빼앗고 백성의 식생활을 가로막는 일로서 할 일이 못 된다. 다만 금·은·동·철은 반드시 관에서 채굴하고 백성에게 허가해서는 안 된다.[45]

금·은·동·철은 반드시 관에서 채굴함이 마땅하며, 그렇지 않으면 차라리 폐쇄하는 편이 낫다. 백성의 사채를 허가하면 간사한 도둑이 모여서 난을 일으킬 것이니 반드시 허가해서는 안 된다.[46]

이들 자료에서는 철광까지를 포함한 광산의 국가경영을 주장하면서 그 이유로서 광물이 백성들의 생활과 직접적인 관계가 적다는 생각을 가졌던 것 같고 또 민간인에게 채굴을 맡기면 광산을 중심으로 반란이 일어날 가능성이 많다고 생각하였던 것 같으며, 특히 관채를 하지 않으려면 차라리 폐광하는 편이 낫다는 생각까지 가졌음을 볼 수 있다.

그러나 정약용의 '광산국영론'의 진의는 백성들의 광물 수요가 너무 적다거나 홍경래란(洪景來亂)과 같은 반란을 염려한 데만 있는 것이 아니며 그가 말한 "한번 파내어버리면 천년을 두고 다시 얻기 어려운"[47] 광물을 민간인이 채굴하여 낭비하거나 외국으로 흘러들어가게 할 것이 아니라 그것이 국가 재정과 직결되면서 이용되게 하려는 데 있었음을 알 수 있다.

---

45) 같은 곳.
　臣謹案 榷鹽者 奪民之利 妨民之食 不可爲也 惟金銀銅鐵 必當官採 不可以許民也
46) 같은 곳.
　臣謹案 金銀銅鐵 必當官採 不然寧錮閉爲愈 若許民私採 則奸盜相聚 寇亂以作必不可許也
47) 같은 책, 卷2, 冬官工曹 第6 典圜署.
　臣竊伏念 五金八石 皆以日月諸星之精 積年凝結 乃成其形 一礦旣鑿 千年不復 此有限難得
　之寶也

그에 의하면 우리나라에는 도처에 광물이 매장되어 있어서 "절골(折骨)된 사람이라도 백 보를 나가지 않아서 생동(生銅)을 캘 수 있을" 정도이며 "성주(星州)와 창원(昌原)에는 모래를 일어서 금을 얻는 것이 매년 만(萬)으로 헤아려지며 간사한 백성들이 밤을 타 도굴하는데 죽인다해도 그만두지 않을" 정도인데도 국가에서 채굴을 엄하게 금하기만 하고 관채를 하지 않은 이유는 광산을 개발할 경우

첫째 중국에서 알면 끝없이 구색(求索)할 것이 두렵다는 것이고, 둘째 무뢰배들이 광산에 모여들어 도망꾼을 감추어주고 간사한 무리들을 숨겨주어서 그 수가 증가하면 반란을 도모할까 두렵다는 것이며, 셋째 군자지도(君子之道)가 이(利)를 물리치고 재물을 가벼이 여기는데 취렴(聚斂)하는 신하는 도신(盜臣)보다 못하다 하여 홍리(興利)하는 자는 모두 소인이라 말하기 때문이고, 넷째 놀고 있는 사람과 떠도는 사람들이 광산으로 가버려서 농가에서 일꾼을 구하기가 어려워질 것.[48]

이라는 데 있다 하고 이들 관채를 하지 않는 네 가지 원인에 대하여 일일이 반박하였다.

우선 광물 생산, 특히 금 생산이 중국에 알려져서 왕조초기와 같이 진공(進貢)을 독촉받을 것이라는 우려에 대하여 정약용은 이미 우리나라의 금이 다량으로 중국에 들어가고 있어 그것을 막는 것이 급한 일이라

---

48) 같은 책, 卷7, 地官修制 田制9 井田議1.
　　今星州昌原之間 淘沙得金 歲以萬計奸民 乘夜盜採 雖殺之不止 銅錫之産 益無定處 凡折骨
之人 不出百步 必採生銅 其布地可知 乃所以國設厲禁 不許官採者 其說約有數端 其一曰 中
國知之 恐求索 無厭也 其一曰 無賴屯聚 藏亡匿奸 恐其漸大 謀爲不軌也 其一曰 君子之道 斥
利輕財 聚斂之臣 不如盜臣 凡言興利者 皆小人也 其一曰 游手浮民 以店爲歸 力農之家 難得
備雇也 凡此數者 皆不然之言也

하고

　금이 중국에 들어가지 않도록 하려면 마땅히 금화를 만들어 국내에 유통시
켜서 금값이 중국보다 높게 하면 날마다 매질하며 중국에 가도록 하여도 가
지고 가는 자가 없을 것이다.[49]

하였고, 홍경래가 금광을 근거로 하여 반란을 일으켰고 지금도 그런 일
이 있을까 두려워하지만

　이것은 오직 관에서 채굴하지 않고 민간에게 사채를 허가하였기 때문에 이
와 같은 간악한 도적이 일어난 것이다.[50]

하였으며, '군자지도'가 이를 물리치고 재물을 가벼이 여긴다는 문제에
대해서도

　산림(山林)과 조정의 신하들이 책을 끼고 경연에 나아가면 오직 이기설(理
氣說)과 심성설(心性說)만 논할 뿐이고 한 글자 반 글귀라도 감히 재부(財賦)
에 대하여 언급하지 않는다. (…) 재부를 전혀 더러운 물건이라 하여 감히 입
에 올리지도 못하는 것은 천하 국가를 경영하는 일이 못 된다.[51]

---

49) 같은 곳.
　欲金之勿入燕 宜作金錢 行於國中 使其直 高於燕直 則雖日撻 而求其燕 亦無有齎去者也
50) 같은 곳.
　嘉慶壬申 嘉山賊洪景來等 因多福洞金店 起兵作亂 今之所大懼者此也 然此惟不自官採 而
許民私採 故致此姦允
51) 같은 곳.
　山林經幄之臣 挾冊登筵 惟理氣心性之說 是論是奏 一字半句 未敢或及於財賦 (…) 專以財

하고 비판하였다. 또한 유휴노동력이 광산에 집중되어 역농가(力農家)가 일꾼을 구할 수 없을 것이라는 우려에 대해서도 그는

　　(…) 천하의 백성이 반드시 모두 농사만 하도록 권하지 않았다. 농부는 농사하고 광부는 광업에 종사해도 서로 방해되지 않는다. 광산에서 몇 리 안에 있는 농부는 혹 일꾼을 얻기가 어려울 수도 있겠으나 어찌 모두를 돌볼 수가 있겠는가.[52]

하였다. 결국 정약용은 광산개발을 적극화하지 못한 종래의 고정관념, 즉 공물 문제로 인한 중국과의 문제, 홍경래란 이후 크게 경계하기 시작한 반란에 대한 우려, 유교국가로서의 명분의 문제, 농본주의적 경제관의 문제 등을 모두 비판하면서 광산의 국영론을 적극적으로 제시하였다. 이제 그의 이와 같은 광산국영론의 목적이 어디에 있었는가를 살펴볼 필요가 있다.

　　그는 이들 네 가지 우려를 일일이 반박한 후 다음과 같이 말했다.

　　나의 주장은 각 지방의 금·은·동·철이 나는 곳에 관야(官冶) 수백 개소를 설치하고 빨리 광물을 제련하여 그 소득으로써 서울과 지방에서 방출된 유전(留錢)을 보충하고, 세출을 모두 주화(鑄貨)를 쓰되 금·은·동 세 가지 돈을 각각 3등으로 하여 9종의 돈을 국내에 유통시킴으로써 금·은이 중국에 들어가는 길을 영원히 막으며, 공전(公田)의 값을 차차 충당하는 일도 중지할 수

賦 爲汚穢之物 不敢以登諸口吻 非所以爲天下國家也
52) 같은 곳.
　　不必天下之民 悉勸之爲農也 農者爲農 礦者爲礦 不相妨也 礦穴數里之內 或其農夫 患得備雇 豈可以悉顧之哉

없다.[53]

결국 그의 적극적인 광산국영론은 그것에서 얻는 이익을, 첫째는 정부의 유고전(留庫錢)에 충당하여 그 재정을 튼튼히 하고, 둘째 금·은·동의 화폐를 주조하는 비용으로 충당하며, 셋째 장기적으로는 그가 토지제도 개혁론의 하나로 제시한 정전제(井田制)에 있어서의 공전(公田)을 매입하는 비용에 충당하려는 것이었다. 다시 말하면 광업생산액을 모두 국가 재정에 충당하려 한 것이다.

이와 같은 광산국영론은 그의 「여전론(閭田論)」에서 보이는 생산수단으로서의 토지를 국유화하려는 생각과 상통하는 것으로도 볼 수 있다. 그러나 그도 모든 생산수단을 국유화 내지 공유화하려 한 것은 아니었다. 예를 들면 "진실로 국가가 백성과 더불어 이익을 다투는 것이 불가하다면 각염(榷鹽)·각주(榷酒)·각다(榷茶)·각반(榷礬) 등을 제일 먼저 없이하여야 할 것이다"[54] 하여 소금·술·차·백반 등의 전매제도를 반대하였고, 또

소금을 관에서 생산해서 관에서 판다면 상평(常平)이라 할 수 없다. 반드시 백성들이 사사로이 생산하도록 허가하고 백성들이 사사로이 팔도록 허가하여야 하며 정부는 소금이 흔하면 값을 더해서 사들이고 소금이 귀하면 값을 내려서 팔아야 비로소 상평이라 할 수 있으며 염정(鹽政)에 있어서는 상평보

---

53) 같은 곳.
臣謂諸路金銀銅鐵 置官冶數百所 亟行淘鑄 細以所得 補中外留錢出散之數 乃以歲出 全用鑄幣 金銀銅三錢 各具三等 以此九幣 行於國中 永塞走燕之路 徐充公田之價 未可已也

54) 같은 책, 卷10, 地官修制 賦貢制4.
臣謹案 苟以與民爭利爲不可 則榷鹽·榷酒·榷茶·榷礬 首宜去之

다 좋은 것이 없다.[55]

하여 소금의 경우 철저한 민영론을 주장하였으며, 중국이 차를 정부가 전매하는 것을 비판하면서

차라는 것이 처음에는 대개 약초 중의 하찮은 것이었다. 그것이 오래되자 수레와 선박으로 매매하게 되었고 이에 지방관이 세를 받지 않을 수 없었다. 그러나 이것도 매매하는 물건의 하나이니 알맞게 (세를) 징수하면 족한데 어찌하여 관에서 스스로 장사하고 백성의 사사로운 매매를 금하여 죽여도 그만두지 않게 되었는가.[56]

하고 반문하였다.

조선왕조는 17세기 이후 동전의 사용, 조총의 상용무기화, 대청무역의 발달 등으로 금·은·동·철 등 광물의 수요가 급격히 높아져갔고 이에 따라서 광산개발 및 광물제련술도 활발해져갔다. 이에 따르는 정부의 광업정책은 대체로 설점수세법 중심으로 나아갔고 그 결과 상인자본 등 민간자본의 일부가 광산에 투입되어 일부 광산에서는 자본주의적 경영방식이 발달하였다고 논증되기도 하였다. 그러나 이와 같은 설점수세법에 의한 민간경영의 광업이 조선왕조 정부의 재정수입과는 직접 연결되지 못하였고, 한편으로 일부 지방에서는 잠채(潛採)가 성행하

---

55) 같은 책, 卷11, 地官修制 賦貢制5.

臣謹案 官煮而官賣之 則不可曰常平 必許民私煮 許民私賣 鹽賤則增價以糴之 鹽貴則減價以糶之 然後方可曰常平 鹽政莫善於常平也

56) 같은 곳.

臣謹案 茶之爲物 其始也蓋藥艸之微者也 及其久也 連輜車而方舟舶 則縣官不得不征之 然是亦商販之一物 量宜收稅 斯足矣 何至官自爲商 禁民私賣 至於誅殺而不已乎

여 정치적 불안의 한 요인도 되었다. 정약용의 광산국영론은 이와 같은 당시의 광업 사정을 배경으로 한 가운데 그의 토지개혁론 등에서 보이는, 기본적 생산수단을 국유화하여 귀족세력의 경제기반을 약화시키고 왕권강화를 위한 경제기반을 조성하려는 생각이 그 바닥에 깔려 있다고 여겨진다.

4. 맺음말

정약용의 상공업정책론을 특권상업 및 매점상업 반대론, 상업세원 확대론, 기술개발론, 광산국영론만으로 모두 설명할 수 있다고는 생각하지 않지만, 우선 이런 문제들을 통하여 그의 상공업문제에 관한 관심을 일단 정리해보았다. 그리고 그것을 통하여 우리가 얻을 수 있었던 회답 중의 하나는 그는 상공업론에 있어서도 선배 학자들의 생각을 종합하고 있다는 점이다.

우선 유수원과 같은 학자들이 깊은 관심을 가졌던 상업세원 확대론을 다소 소극적으로나마 수용하고 있으며, 기술개발론에 있어서는 북학파들의 이론을 받아들여 더 구체적으로 전개시켰음을 알 수 있다. 그러나 특권상업 및 매점상업 반대론의 경우는 특히 유수원의 상업론과 상반되는 것을 볼 수 있는데, 그것은 대체로 두 가지 점에서 그 이유를 구할 수 있지 않을까 한다.

첫째, 유수원의 경우는 북학파 학자들과 같이 주로 도시 상인들의 사정을 바탕으로 하여 상업문제를 입론하였고 반대로 정약용은 농촌 상업 및 상업적 농업을 경영하는 농민층의 사정을 초점으로 하여 상업문제를 생각하였던 데서 온 차이점이라 할 수 있을 것이다. 유수원의 경우 특권을 주더라도 대자본 상인을 육성하여야 상업이 발달하고 정부의 상업세 수입이 증가한다고 생각하였지만, 정약용의 경우 그 특권상업이 농촌 상업 및 농민의 상업적 농업에 직접으로 미치는 영향을 주목한 것이다.

둘째, 두 사람의 상업정책론의 차이는 역시 그들이 산 시기의 차이에서 온 것이라 할 수 있으며, 그 계기점을 1791년의 신해통공에서 구할 수 있지 않을까 한다. 즉 유수원의 특권상업론은 정부에 의하여 금난전권의 적용 범위가 계속 확대되어가던 18세기 중엽의 상업적 추세를 반영하고 있으며, 정약용의 특권상업 반대론은 신해통공으로 금난전권이 한때 크게 제한되었으나 세도정권 시기를 통하여 일부의 상인들이 관료들과 결탁하여 금난전권을 다시 얻으려 획책한 데 대한 반발을 바탕으로 한 것이라 할 수 있을 것이다.

정약용의 광산국영론은 토지문제에 있어서의 여전론과 함께 특징 있는 경제정책론의 하나였다. 여전론이 국가와 농민 사이에 존재하는 지주를 없이하여 농민을 경제적으로 국가권력과 직결시키려는 경제정책의 표현이었다고 할 수 있다면 광산국영론도 광산 경영에 있어서의 민간자본의 존재를 배제하고 광업생산을 국가 재정과 직접 연결시키려는 경제정책이었다고 할 수 있을 것이다.

따라서 여전론과 광산국영론에 한정하여 그의 경제사상을 성격짓는다면 중세적 귀족세력 및 그것과 결탁한 경제세력의 경제기반을 무너뜨리고 왕권 내지 국가의 권력을 강화시키려는 것이었다고 말할 수 있지 않을까 하며, 경제적인 면의 근대 지향성을 자본주의적 경제체제, 사유제 경제체제의 지향에 한정한다면 확실히 새로운 관점으로 연구되어야 할 점이 아닐까 한다.

개화기의 상공업문제

1. 머리말

문호개방 이후 '한일합방'까지 34년간의 한국사는, 관점에 따라 차이가 있겠지만, 우리의 안목으로는 대개 3기로 구분할 수 있다고 생각된다. 그것은 1876년의 문호개방으로부터 '갑오개혁(甲午改革)'과 '을미개혁(乙未改革)'을 겪을 때까지의 약 20년간에 걸치는 제1기와 대한제국이 성립한 때부터 러일전쟁이 발발한 때까지 약 8년간의 제2기, 그리고 러일전쟁 이후부터 '한일합방'까지의 제3기이다.

제1기는 내부에서의 충분한 준비 없이 외세와 접촉함으로써 심한 충격과 혼란을 겪을 수밖에 없었으며, 이 충격과 혼란 때문에 근대화를 위한 노력도 실패하지 않을 수 없었던 시기였다. 이 시기에 있었던 이른바 위로부터의 근대화 작업인 갑신정변(甲申政變)은 외세 의존과 외세 간섭 때문에 실패하였고, 밑으로부터의 개혁운동이었던 동학혁명(東學革命)도 외세의 간섭 때문에 실패했다. 그리고 갑오개혁은 갑신정변과 동학혁명정신이 구현된 것이라 할 수도 있지만 자율성이 결여되었던 점도 간과될 수 없다.

이와 같은 제1기의 실패가 밑거름이 되어 자율적으로 그리고 전통체제와의 타협 아래 근대화를 이루려는 노력이 일어나는 시기가 제2기이며 대한제국의 성립은 이와 같은 노력의 구체적인 표현의 하나였다. 그리고 이 시기의 근대화를 위한 작업은 제1기의 그것에 대한 반성을 바탕으로 한 점, 정부 측의 정책적 노력과 독립협회를 비롯한 여러가지 민간 측의 그것이 아울러 일어나고 있던 점, 또 한반도에 있어서의 일본과 러시아의 세력균형이 이루어졌던 국제정세를 이용한 점, 그리고 자본주의가 제국주의화해가고 있었던 세계정세와 관련하여 민족주의적 기초 아래 이루어지고 있었던 점 등의 특성을 가지고 있었다.

제3기는 제2기에서 나타난 이와 같은 자율적 노력을 위험시한 외세가 그것을 분쇄하기 위하여 압력을 한층 더 강화한 결과로, 또 제2기에 있었던 한반도에서의 일본과 러시아 사이의 세력균형을 깨뜨리지 않을 수 없었던, 그리고 만주시장을 러시아의 독점 상태에서 풀어놓지 않으면 안 되었던 일본과 그것을 둘러싼 국제정세 때문에 러일전쟁이 발발하고, 영국과 미국 등의 간접 지원을 받은 일본이 한반도 내에서 러시아 세력을 구축함으로써 한반도가 일본의 독점적 세력권 내에 들어가고 마침내 그 식민지로 전락하는 시기였다.

이 글은 이 3기 가운데 제2기, 즉 개항 직후의 혼란을 극복하고 또 무정견적인 근대화 작업에 대한 반성이 일어나서 자율적이고 합리적인 노력이 이루어지고 있던 시기에 있어서의 경제 분야의 문제점과 그 개혁의 방향이 무엇이었던가를 살펴보고자 한 것이다.

우리의 관점과 같은 입장에서 이 시기의 경제문제를 다룬 연구업적으로는 김용섭(金容燮) 교수의 「광무연간(光武年間)의 양전사업(量田事業)에 관한 일연구(一研究)」(『亞細亞研究』 通卷 31號, 1968)가 있고, 또 김영호(金泳鎬) 교수가 「한말 서양기술의 수용」(같은 잡지)의 일부분에서 다루었지만, 우리는 이와 같은 업적에 유의하면서 이 시기에 있어서의 상공업상의 문제점을, 주로 이때의 진보적 여론을 선도하던 신문의 논설을 분석하여 입론해보고자 하는 것이다.

2. 都賈商業體制의 해체 문제

조선왕조 상업계에 도고상업(都賈商業) 형태가 발달하기 시작한 것은 대개 17세기 후반기부터였다. 이 시기부터 중국·일본을 대상으로 하는 실질적인 민간무역이 발달하였고 국내 상업계에 있어서도 도시 상업과 농촌 상업이 모두 왕조전기의 침체기에서 벗어나 활발한 움직임을 나타내고 있었다. 17세기 이후부터의 이와 같은 상업계의 발전 현상은 한편으로 상인들 사이에 심한 경쟁을 빚어내었고, 이 경쟁에서 이겨남기 위하여 일부 상인으로 하여금 특권상업체제 내지 독점상업체제를 형성하게 하였으니 도고상업이 그것이었다.[1] 그리고 이와 같은 도고상업체제는 이 시기 상업자본 집적의 수단이 되었지만, 한편으로는 그 특권성과 매점성 때문에 상업계 전반의 자유로운 발전을 저해하는 요인이 되었고, 따라서 대개 18세기 후반기부터 도고상업체제를 해체하려는 일련의 움직임이 일어나고 있었다.[2] 그러나 문호개방 이전의 상업계는 아직 일부의 특권상인과 사상인의 매점상업에 의한 도고상업체제가 지배하고 있었고, 또 사실 도고자본이 그 시기의 대표적인 토착자본

---

1) 姜萬吉『朝鮮後期 商業資本의 發達』, 高麗大學校出版部 1973, 제5장 「都賈商業과 反都賈」참조.
2) 같은 곳.

으로 발전하고 있었던 것이다.

1876년에 비롯된 조선왕조 정부의 문호개방 정책은 상업계에도 큰 변화를 가져왔다. 이미 일부 진행되고 있던 도고상업체제의 해체작용이 본격화한 것이다. 문호개방 이후의 도고상업체제 해체작용은 대개 두 가지 측면에서 일어나고 있었는데, 그것은 첫째 국내의 개화파 정치세력에 의한 것이었고, 또 하나는 외래자본에 의한 것이었다.

문호개방 이전에도 이미 진보적인 학자, 예를 들면 채제공(蔡濟恭)·정약용(丁若鏞)·이규경(李圭景) 등에 의하여 반도고론(反都賈論)이 전개되었지만,[3] 이들의 도고상업해체론은 문호개방 이후 개화파 정치세력에게 계승되어 그 경제정책의 중요한 문제로 다루어졌다.

김옥균(金玉均) 등의 개화파가 갑신정변을 일으킨 후 발표한 14개조의 정강 중에는 '惠商公局革罷事'가 있다. 혜상공국(惠商公局)은 정변이 일어나기 전년 즉 1883년에 설치한 보부상단체로서, 당시 보수적 정치세력이던 민태호(閔台鎬)·한규직(韓圭稷)·민영익(閔泳翊)·윤태준(尹泰駿)·민응식(閔應植)·이조연(李祖淵) 등이 당상(堂上)과 총판(總辦)을 맡아 자유상인의 경제활동을 억제하고 그들을 침탈한 특권상인 단체였으며, 정부는 혜상공국에 소속되어 있는 보부상들을 이용하여 개화파 세력을 견제하려 하였던 것이다. 개화파 정권이 그 정강 중에 이 혜상공국의 폐지 문제를 들고 있는 것은 종래의 특권경제체제를 해체하고 근대적 경제질서를 수립하려는 조처였던 것이다.

김옥균과 함께 갑신정변을 일으켰다가 실패하고 오랫동안 일본에 망명해 있던 박영효(朴泳孝) 역시 망명지 일본에서 1888년에 고종에게 보낸 「개화에 대한 상소(上疏)」에서 "勿論何物 不可許都賈 獨沾其利以困民生

---

3) 金泳鎬 「實學과 開化思想의 聯關問題」, 『韓國史硏究』 8호, 1972.

事"라 하여 도고상업체제를 해체할 것을 건의하고 있으며,[4] 역시 개화
파 정치인의 한 사람이었던 유길준(兪吉濬)도 그의 저서『서유견문(西
遊見聞)』에서

政府의 商賈 保護ᄒᆞᄂᆞᆫ 道ᄂᆞᆫ 人民의 財物 與受ᄒᆞᄂᆞᆫ 規模를 信實케 홈과 物品 輸
運ᄒᆞᄂᆞᆫ 方道를 便利케 홈에 在ᄒᆞ니 與受ᄒᆞᄂᆞᆫ 規模ᄂᆞᆫ 法律을 嚴明히 守ᄒᆞ기에 在
ᄒᆞ고 送運ᄒᆞᄂᆞᆫ 方道ᄂᆞᆫ 道路를 修平ᄒᆞ기에 不過ᄒᆞᆫ지라 (…) 國家의 政令은 衆人
의 利를 都賈ᄒᆞᄂᆞᆫ 者를 決斷코 勿許홈이 可ᄒᆞ니 時勢가 古今의 異홈이 有ᄒᆞᆫ則 事
情의 變홈이 人生의 自然한 理라[5]

하여 도고상업을 금지할 것을 주장하고 있다.

유길준의 이론은 정부가 상인을 보호하고 상업을 발달하게 하는 길
이 거래의 공정성을 확립하고 도로를 수리하여 교통을 편리하게 하는
데 있지 도고상업 특권을 특정 상인에게 주는 데 있는 것이 아니라는 점
을 강조하고 있다. 이와 같은 그의 상업관은 군소상인의 성장을 억제하
고 대상인과 관상(官商)에 대하여 도고상업권을 인정하는 것이 당면한
상업발전책이라 생각하였던 18세기경의 진보적 사상가의 상업관[6]과
비교하면 그 시대적 차이점이 잘 나타나 있는 것이라 할 수 있다.

한편 개항 후 국내에 침투한 외국 상인자본에 의한 도고상업 해체작
용도 대단히 집요한 것이었다. 개항 후 국내의 각종 도고는 이 외국 상인
들이 국내 생산품을 국외로 반출하는 데 저해작용을 하였으며 반대로 그

---

4)『新東亞』1966년 1월호 부록『近代韓國名論說集』.

5) 兪吉濬『西遊見聞』, 第14編「商賈의 大道」.

6) 이와 같은 예로서는 18세기 후반기의 실학자 유수원(柳壽垣)의 상업관을 들 수 있다.
　강만길, 앞의 책 제1장 참조.

들이 자국 상품을 조선에 반입·판매하는 데도 여러 제약을 주었기 때문에 외국 상인에 의한 도고상업의 해체작용이 강력하게 일어났던 것이다.

　개항 후 외국, 특히 일본과의 무역이 본격화해가던 1880년대부터 일본 측은 자주 조선 수출항에서의 도고 철폐 요구를 하였는데, 1882년(고종 19)에 있은 주부산(駐釜山) 일본영사관의 우피도고(牛皮都賈) 철폐 요구를 예로 들어보자. 당시 부산주재 일본대리영사이던 미야모또 히구마(宮本羆)는 동래부사 김선근(金善根)에게 보낸 조회(照會)에서 조선 정부의 파견인이 초량(草梁)·고관(古館) 등지에 산재하여 일본 상인들이 수매한 우피를 집탈(執奪)하여 그들에게 큰 해를 입히고 있다 하고

　　然而爲都賈之事 貴國古來所行 則當修好之初 尙恐有此等之弊害 我理事官宮本小
　　一 與貴講修官趙寅熙往復公文 其所爲類似権酤者 宜阻絶莫復行 成約確實 明如皦日
　　矣 今貴國有此擧 乃得無違成約耶[7]

라 하여 수출항에 있어서의 도고는 그것이 비록 '고래소행(古來所行)'이지만 수호조약에 위반되는 것이라 하고 그 철폐를 요구하고 있다.

　도고상업은 국내 상업에 있어서 특수상인을 옹호하는 것으로서 자유상업의 발전을 저해하였으므로 상업의 근대적 발전을 위하여 지양되어야 할 것이었다. 그러나 한편 그것은 개항 후에 있어서는 외국 상품의 지나친 유입과 국내 자원의 무제한적 유출을 제지하는 역할을 하였고 이 때문에 외래자본에 의하여 집요한 해체작용을 당하였던 것이다.

　문호개방 이후 조선왕조의 도고상업체제에 대한 외국세력의 해체작용이 가장 집요하게 나타난 것은 서울시전(市廛), 특히 육의전(六矣廛)

───────────

7)『舊韓國外交文書』日案, 1882年 6月 15日條.

의 경우였다. 서울 시내의 일반시전이 가진 도고권 즉 전매특권은 이미 1791년의 '신해통공(辛亥通共)'으로 일단 해소되었고 이후부터는 대체로 통공정책에서 제외된 육의전만이 도고권, 금난전권(禁亂廛權)을 가지고 있었다. 문호개방 이후에도 육의전의 도고권은 여전히 효력을 가지고 있었지만 개항 초기에는 외국 상인 특히 일본 상인의 상권이 개항장에만 한정되어 있었으므로 그들과 서울시전의 도고권 사이에 직접적인 충돌이 일어나지 않았으나 차차 외국 상인 세력이 서울 시내에까지 침투해옴에 따라 양국 상인 간의 충돌이 표면화하기 시작하였다.

1888년(고종 25)에는 일본 상인들이 서울 시내에서 백목(白木), 즉 무명을 마음대로 판매하고 있는 데 대하여 백목전인(白木廛人) 김득성(金得成) 등이 그 금지를 요청하고 있는 것을 볼 수 있다. 이즈음에는 조선 국내에 있는 일본 상인들이 전라도 지방에서 생산되는 백목을 서울에 반입하여 판매하고 있었으므로, 백목전인들이 그것을 그들의 도고권을 침해하는 일일 뿐만 아니라, 국내 생산품의 수출만을 허가한 조일통상장정(朝日通商章程)에도 위배되는 것이라 하여 일본 상인의 국내 생산품의 국내 전매(轉賣)를 반대하고 있는 것이다.[8] 그러나 이와 같은 서울 백목전인의 요구에 대하여 일본공사관 측에서는 통상장정 속의 조문이 국내 생산품의 국내 전매(轉賣)도 포함하고 있는 것이며 조선정부가 서

---

8) 같은 책, 1888年 10月 26日條.

　　大朝鮮署理督辦交涉通商事務趙 爲照會事 玆據白木廛市民金得成等稟稱 各廛元有市案 主物毋得混淆 卽我國平市典式 而供奉國役 各守資業 垂五百年之久矣 自夫國通商以來 漢城與有中日兩國商民首先開棧 然各將外國物貨 運入售賣而已 至於本國各廛之主物 尙無冒賣奪利 現査泥峴羈留日本商人 有自全羅道貿運白木 坐肆擅賣 則是日商壤商等之資業 奪商等之利權 徒今以往 資業以以各守 國役無以應供 公私情勢 豈不至冤乎 玆取具籲 伏乞洞燭後將此實狀 轉照日本公使 俾日商不准擅賣白木 毋侵本廛之主物 以完商等之資業等據此 査貴我通商章程 第二十一·二款 俱有朝鮮土貨字樣 此指土貨之運送出口而言 幷無日本商民將朝鮮土貨販賣於朝鮮地方之明證.

울에서의 일본 상인의 개잔(開棧)을 허가한 것은 곧 그곳에서의 상행위를 허가한 것이며, 양국 간의 수호조규에 양국민이 관리의 간예(干預) 없이 자유롭게 무역할 수 있게 규정하고 있다는 사실을 들어 거부하고 있다.9) 이로써 백목전인의 도고권, 즉 금난전권은 일본 상인의 상행위에 관해서는 사실상 적용되지 않게 된 것이다.

국내에서의 외국 상인의 상권이 서울 시내에까지 미쳐오고 이 때문에 육의전의 도고권이 침해당하게 되자 육의전 상인들이 정부에 대하여 외국 상인의 서울 시내에서의 상행위를 금지해줄 것을 계속 요청하였고, 이에 정부에서는 1890년(고종 27)에도 당시 조선에 와 있던 청총리교섭통상사의(淸總理交涉通商事宜) 위안 스카이(袁世凱)와 일본대리공사 콘도오 마스끼(近藤眞鋤) 등을 불러 서울 시내에 행잔(行棧)을 개설하고 있는 양국 상민(商民)을 용산으로 이동시킬 것을 요청하였으나, 양국이 이에 응하지 않으므로 정부가 조종하여 육의전을 모두 폐시하게 한 일이 있었다.10)

그러나 이와 같이 육의전의 특권옹호책도 결국 갑오경장을 계기로 무너지게 되었고, 그 결과는 외국 상인 특히 일본 상인에게 큰 이익을 가져다주었다. 육의전의 도고권이 무너짐으로써 서울 시내 일본 상인이 얼마만큼의 이익을 얻었는가 하는 문제는 당시 서울에 설립되어 있던 일본 상인 단체인 경성상업회의소가 조사한 한 보고서에 잘 나타나

---

9) 같은 책, 1888年 12月 27日條.
　　大日本代理公使近藤 爲照覆事 照得接准貴歷戊子九月二十三日照會內稱 據白木廛市民金得成稟稱云云 (…) 查通商章程第二十一‧二款之意 本使所見與貴署督辦有所稍異 請評說之原來該兩款 雖指運送土貨一事言之 販賣土貨之權 自存其中 (…) 開港開棧其意則一 故在通商各港 我商民所得之權利 在開棧之地 亦可得之 貴政府旣准漢城開棧 商民通商 毫與各港無異 況於基所謂禁止者固非修好修規之盛意乎.
10) 『統理交涉通商事務衙門日記』 高宗 27年 1月 11日.

366

표 1_ 육의전이 전매상인에게 부과한 세율

상품명	단위	세액
금건류(金巾類)	1필(疋)	45문(文)
백려(白絹)	1필	100문
마포(麻布)	1반(反)	15문
이쌍직(二雙織)	1반	20문
목면(木綿)	1반	15문
한랭사(寒冷紗)	1본(本)	15문
견목면(絹木綿)	1반	5문
윤자(綸子)	1필	100문
명태(明太)	1태(馱)	1관 500문

표 2_ 일본 상인의 연간 판매량에 대한 세율 적용액

상품명	연간 판매량	연간 세액
한랭사	200,000(필)	300(貫文)
금건	48,000	2,160
백려	10,000	1,000
마포·백목면·紺木綿	5,000	25
윤자	1,000	100
합계		11,085
일화통가(日貨通價)		334원(圓)

있다. 「육의전 징세로 인한 폐해요점 조서」[11]로 이름 붙여져 있는 이 보고서에 의하면 당시 육의전은 서울 시내에서 상행위를 하는 일본 상인에게는 도고권을 행사할 수 없었지만 대신 일본 상인에게서 외제상품과 국내 생산품을 매수하여 이를 내국인에게 전매하는 조선 상인에게

---

11) 「日韓通商協會報告」, 제1호, 1895년(明治 28) 9월호.

는 도고권을 행사하여 수세하였으며 그 세율은 표 1과 같다. 이 세율을
일본 상인이 당시 서울에서 연간 판매하는 상품량에 적용 통산(通算)한
내용은 표 2와 같다.

이 보고서는 육의전의 도고권에 의한 수세가 직접 일본 상인에게 행
사되는 것은 아니지만 육의전이 그 대행인을 두어(당시의 대행인은 이현泥
峴에 사는 선달先達 유경춘柳景春이었고 그의 가택이 대행소였다 한다) 그의 파원(派
員)이 일본인 상점 앞을 지키게 하였다가 그곳에서 물건을 사가지고 나
오는 조선 상인을 추적하여 수세하므로 결국은 화주(貨主)인 일본 상인
이 세액만큼 원가에서 감하지 않을 수 없다 하였고, 이 무렵 서울 시내
에 있는 일본 상인의 연간 수입총액이 평균 120만 원(圓, 日貨)이므로 육
의전의 도고권에 의한 징세액은 결국 그들의 총수입액의 3.695%에 해
당하며, 또 이 금액은 당시 서울에 있던 전체 일본 상인의 연간 경영비
의 10%에 해당하는 것이라 하였다.[12] 육의전의 도고권은 개항 후의 국
내 상업계에 있어서 종래적인 특권상업체제를 해체하고 자유로운 상업
활동을 유발하기 위하여 해소되어야 할 것이기도 하였지만, 한편 그것
이 해소된 것은 외국 상인 특히 일본 상인들에게 큰 이익을 주었음도 간
과할 수 없는 일이었다.

이상에서 예를 든 바와 같이 조선왕조 상업계의 도고상업체제는 개항
이후 대내적으로는 개화세력에 의하여 대외적으로는 외국 상인 세력에
의하여 해체되고 있었으며, 『독립신문』이 "도고라 ᄒᆞᄂᆞᆫ 것은 인민에게
큰 폐막인 고로 갑오신식 이후로 경향 각쳐에 쇼위 도고 명식은 정부에
셔 일병 혁파ᄒᆞ고 사름ᄆᆞ다 각기 다 싱업을 고르게 ᄒᆞ엿거늘 (…)"[13]이

---

12) 같은 문서.
13) 『독립신문』光武 元年 12月 16日 雜報.

라 한 바와 같이 갑오경장으로 도고체제는 공식적으로 폐지된 것이다.

그러나 오랫동안 지속되어온 도고체제가 갑오경장으로 일시에 폐지되지는 않았으며, 특히 대한제국시기는 개항 후부터 갑오경장까지의 무정견한 외국제도 모방 일변도의 개혁정책에 대한 반성과 함께 구제도를 바탕으로 하여 여기에 새로운 제도를 참용(參用)하려는 일종의 절충적 제도가 시도되던 때이므로, 이와 같은 추세에 편승하여 오히려 도고제도가 강화되어가는 일면도 있었다. 대한제국이 성립되던 1897년(건양 2)의 『독립신문』 각부신문 난에 다음과 같은 기사가 실려 있다.

농상공부에서 지난달에 츙청남도 관찰ᄉ 리건하씨에게 훈령ᄒ기를 례산군 덕산군 포구 여각 샹민 리덕슈 등의 쇼지를 본즉 ᄂᆡ포 각 군에 쏠쟝ᄉ 등이 각 포구 여각에 와서 시가ᄃᆡ로 곡식을 사고 팔고 ᄒᄂᆞᆫᄃᆡ 셔울 사ᄂᆞᆫ 리운학이가 나려와서 궁ᄂᆡ부에 부쇽ᄒᄋᆞᆺ다 칭ᄒᆞ고 도여각을 챵셜ᄒᆞ야 곡식 갑을 죠종ᄒᆞ여 각 포구 여각 샹민들의 취리ᄒᄂᆞᆫ 즁에서 돈 두 냥 닷 돈식을 슈렴ᄒᆞ고 짐 싯ᄂᆞᆫ 빈사ᄅᆞᆷ의게 곡식 미매ᄒᆞ러 온 사름의게도 전에 업던 빅일셰라 칭ᄒᆞ고 슈렴을 ᄒᆞ니 각 항 슈셰와 도고와 도여각을 임의 혁파ᄒᆞ엿ᄂᆞᆫᄃᆡ 유독 리운학이가 이ᄀᆞᆺ치 쟉폐ᄒᄂᆞᆫ 고로 각 포구 샹민들의 영업홀 길이 업스니 금단ᄒᆞ여지이라 한바 리가ᄂᆞᆫ 엇던ᄒᆞᆫ 잡유로 궁ᄂᆡ부에 부쇽ᄒᄋᆞᆺ다 칭ᄒᆞ고 각 샹민의게 침손ᄒᄂᆞᆫ지 두 고을에 신칙ᄒᆞ야 리가를 잡아 가두고 엄히 증치케 ᄒᆞ며 각 포구 도여각은 일병 혁파ᄒᆞ야 샹민들의 싱업을 편안케 ᄒᆞ고 리가의 늑탈ᄒᆞᆫ 셰전을 사실ᄒᆞ야 곳 도로 물녀 ᄒᆡ군에 봉유ᄒᆞ고 써 죠판홈을 기다리라 ᄒᆞ엿다더라.[14]

---

14) 같은 신문, 建陽 2年 2月 11日 各部 新聞.

궁내부(宮內部) 소속을 청탁한 특권상인이 지방에 도여각(都旅閣)을 설립하고 일반 상인에게서 징세하다가 정부의 처벌을 받은 내용을 전해주고 있으나, 이 시기의 도고체제는 지방에서만 되살아난 것이 아니라 서울시전상업계에도 다시 나타나고 있었다. 다음과 같은 『독립신문』 기사가 그것을 말해주고 있다.

갑오 이후에 대황제 폐하의 지극히 공변되신 칙령으로 각항 무명잡세를 영위 혁파ᄒ엿ᄂ딕 유독 셔울 하미젼에서 셰를 믹일 십여 원식 밧아 소위 좌샹들이 분식ᄒ니 이것은 대황제 폐하의 칙령을 억일쑨더러 동포형뎨를 무리ᄒ게 먹ᄂ 것인 고로 일젼에 황성신문에 말이 잇스시나 종시 농샹공부에서 못들은 톄ᄒᄂ 것은 필경 하미젼 좌샹들과 비밀ᄒ 약죠 잇서 이럿케 영구히 셰를 밧게 되ᄂ 것이라고들 ᄒ다니 만일 하미젼에 셰 밧ᄂ 것이 업스면 이런 말이 허황되려니와 지금ᄭ지 잇고 보면 이런 말 듣ᄂ 것이 가할 줄노 우리ᄂ 아노라고 본샤에 편지가 왔기에 우리ᄂ 긔직믄 ᄒ거니와 이런 잡셰 밧ᄂ 것은 농샹공부에서 곳 ᄉ실ᄒ여 엄히 금단ᄒᄂ 것이 맛당ᄒ다더라.[15]

이와 같이 대한제국시기에는 소위 '率舊章而參新規'[16]를 기본 정책으로 함으로써 한때 이를 가탁한 일부 상인층에 의한 도고체제가 부활하기도 하였다. 그러나 이 시기의 경제사상사적 조류는 도고상업체제를 해체하고 자유상업을 발전시키는 방향으로 흐르고 있었으며, 그것은 또 외부의 정치 및 경제세력의 작용에 의해서가 아니라 전근대적 특

---

15) 같은 신문, 光武 2年 4月 28日 雜報.
16) 『日省錄』 428冊, 丙申(建陽 元年) 8月 18日(陽 9月 24日)條에 있는 내각 관제를 폐지하고 의정부 관제를 반포한 조서의 근본 취지이다. 金容燮 「光武年間의 量田事業에 關한 一研究」, 『亞細亞研究』 通卷 31號, 1968 참조.

권상업체제를 지양하고 자유상업체제를 확립하려는 국내 여론이 뒷받침된 것이었다. 이 시기의 이와 같은 국내 여론을 집약적으로 나타내고 있는 것으로는 역시 신문의 논설을 들 수 있을 것이다.『황성신문(皇城新聞)』의 논설은 도고체제의 해체 및 자유상업론에 대하여 많은 지면을 제공하고 있지만, 그 가운데 몇 논설을 인용하여 당시 경제사상의 동향을 들어보고자 한다. 1899년(광무 3) 3월 14일자 논설은

> 凡 商務는 一國의 大政이라 萬一 政府에서 其取利홈을 任便케 못하면 商業이 日로 衰微ᄒ야 民이 能히 聊生치 못ᄒ고 國이 從ᄒ야 貧弱ᄒᄂ니 故로 西人의 交易ᄒᄂ 一途ᄂ 다 商民의 自便홈을 聽ᄒ야 限禁을 不加ᄒ니 其實은 驪를 探하야 珠를 得홈이라

하였다. 정부가 상업발전을 뒷받침하기 위해서는 상인으로 하여금 '任便' '自便'케 하는 방법밖에 없는 것이라 하여 자유상업체제를 강조하고 있으며 당시 자유상업의 발전을 저해하는 여러가지 요인을 들어 지적하고 있다. 이 논설은 계속하여

> 근일에 각 포구에 傳說을 聞하고 각 場市의 物情을 見한즉 水稅派員이라 稱名하는 者들은 각 포구에 列坐하야 來來去去하는 船商에게 其裝載한 바 物品을 隨하야 收稅하는딕 米鹽 木布 魚藿 等物을 無論하고 百一稅니 十一稅니 抽取ᄒᄂ딕 此稅가 一二處만 有ᄒ면 容有可支ᄒ련마는 無浦無之에 一無遺落ᄒ니 千里行商에 如干所利는 水稅員의 貪膓만 充ᄒ엿도다 (…) 또 各 場市에는 都監官이라 稱ᄒᄂ 者 各樣物種을 計數抽稅ᄒᄂ딕 米鹽과 牛隻 갓튼 物品에는 其稅의 多홈이 前日에 培加ᄒ야 其利益의 十分之四五分을 徵納ᄒ니 其餘利益으로 如干食費를 除給홈이 一年行商이 空便而已라

하여 당시 지방 상업계에 있어서의 수세파원, 도감관 등의 특권기관에 의하여 상인들의 자유로운 상업활동이 저해되고 있는 사실을 지적하고 그 시정을 강력히 요구하고 있는 것이다.

요컨대 대한제국시기에 있어서의 상업상의 가장 중요한 문제점은 도고상업체제를 해소하고 자유상업체제를 수립하는 문제였으며, 당시는 한때 외국 자본의 침입 앞에 경화되었던 도고체제를 시급히 해소하고 모든 상인의 자유로운 상업활동을 영위할 수 있는 소지를 마련하려는 여론이 지배적인 시기였다. "금일이라도 국가에셔 民産의 自由홈을 不奪호면 不過 幾年에 民業이 稍饒호야 富强의 基礎를 立호리니 엇지 國家의 上瑞되지 아니호리오"[17]라고 한 논설은 이 시기의 진보적 경제관을 잘 요약하고 있다.

3. 특권회사 해체의 문제

개항 이후 조선왕조의 상업계에는 상회사(商會社)를 설립하여 근대적 상업체제를 발전시키려는 일련의 움직임이 일어났었다. 그리고 이와 같은 상회사의 설립은 대개 세 가지 측면에서의 자극에 의하여 일어난 것으로 이해되고 있다. 그것은, 첫째 문호개방 이후 김옥균 등 개화주의자들이 『한성순보(漢城旬報)』 등을 통하여 회사 설립의 필요성을 강조한 데 있으며, 둘째 이 시기 개항장과 서울에 들어온 세창양행(世昌洋行)·이화양행(怡和洋行) 등 외국인 상사의 영향을 받게 되었기 때문이며, 셋째는 조선왕조 정부가 객주와 보부상단 등 종래적인 상인들을

---

17) 『皇城新聞』 光武 3年 1月 18日 논설.

통제·보호하고 그 조직을 근대적인 것으로 개편하기 위하여 혜상공국과 같은 상인단체를 만든 데 자극된 것이었다.[18] 어떻든『한성순보』가 전하는 바에 의하면 1884년경에는 이미 "皆貴富家 合資而設"한 장통사(長通社)·연무국(烟務局)·보영사(保嬰社)·혜상국(惠商局) 등이 설립되어 있었으며 정부는 계속 상회사의 설립을 권장하였다.

정부가 상회사의 설립을 권장한 것은 종래의 도고상업체제를 지양하고 상회사를 허가제로 함으로써 영업세제를 실시하려는 데 목적이 있었으며, 그러므로 도고와 상회사 사이에 영업상의 분규가 일어났을 때는 도고권을 인정하지 않고 상회사의 이익을 보호한 예도 있었다.[19]

그러나 이 시기에는 정부의 도고혁파 정책으로 설 자리를 잃게 된 종래의 도고자본이 정책 전환에 편승하여 상회사를 설립하는 경우가 많았다. "幾個商民成都賈則便是會社一樣也"[20]라 한 바와 같이 종래의 도고가 그 구성원의 합자방식을 주식제로 바꾸고 자본규모를 확대시키면 곧 상회사가 되는 것이었다. 따라서 이 시기의 대부분의 상회사는 도고자본을 바탕으로 하여 이루어진 것이었고, 그러므로 종래의 도고가 가지고 있던 상업상의 특권을 그대로 가지게 되었으니 도고가 해체되는 한편 특권회사가 나타난 것이다. 1897년(광무 원년)의『독립신문』이 전하고 있는 다음과 같은 기사는 이 시기에 설립된 상회사가 실제로 어떤 성격을 가지고 있었던가를 잘 말해주고 있다.

    은진군 론산 강경 두 포구에 사는 슈천 명 빅성이 본리 쟝스로 살더니 문득

---

18) 韓㳦劤『韓國開港期의 商業研究』, 一潮閣 1970, 205면 참조.

19) 같은 책 219면 참조.

20) 三港口關草 第2冊 丙戌(1886) 3月 15日 監理釜山港通事務書目; 韓㳦劤, 앞의 책 212면 참조.

올여름에 회샤를 두 포구에다 셜시ᄒ야 포구 빅셩들의게 이익홈을 구ᄒ여 굴ᄋᄃᆡ 각기 고본젼 몃빅 량식을 내여 회샤에 붓친 연후에야 쟝ᄉ들을 ᄒ지 만일 고본젼을 아니낸즉 결단코 그 쟝ᄉ의 업을 힘쓰지 못ᄒ리라 ᄒ나 두 포구 빅셩들이 다 회샤에 들기를 원ᄒᄂᆞ 즈이 업거ᄂᆞᆯ 이에 회샤에셔 포구에 들어오ᄂᆞ 빈들을 모두 잡아들이고 포구 빅셩들은 ᄒ나도 간셥치 못ᄒ게 ᄒ고 쏠과 쇽음과 어곽 등쇽을 회샤에셔 억지로 잡고 쟝ᄉᄒᄂᆞ 포구 빅셩들은 손을 듸지 못하게 ᄒᄂᆞ 대범 회샤라 ᄒᄂᆞ 것은 실샹인직 빅셩들의 싱업을 위ᄒ여 낸 것이지 당쵸에 도고ᄒ라ᄂᆞ 것은 아니어ᄂᆞᆯ 쟝령은 시힝 아니ᄒ고 포구 빅셩에게 억지로 고본젼을 토식ᄒ다 (…)[21]

논산과 강경은 이미 개항 전부터 발달한 상업도시이며 객주가 발달하여 그들을 중심으로 도고가 형성되어 있었는데, 이 시기에 정부의 회사 설립 정책에 의하여 몇몇 대상(大商)들이 회사를 설립하고 군소상인들로 하여금 모두 출자하게 하되 출자하지 않은 상인의 상행위를 금하고 그 상품을 독점적으로 매점하였던 것이다. 『독립신문』의 기사에서도 지적한 바와 같이 이 경우의 회사는 사실상 도고와 본질적인 차이가 없는 것이었다.

이 시기에 설립된 상회사가 실질적으로 종래의 도고와 차이가 없었던 또 하나의 예를 든다면, 1900년(광무 4)에 오원묵(吳元默)이란 사람이 함흥에 설립한 곡자회사(麯子會社)는 "農部에 請願ᄒ기를 개화의 목적을 從ᄒ야 鳩財設立ᄒ얏ᄂᆞᄃᆡ 股本金은 每股 四百元이오 上納은 春秋兩等 四百元式 收捧이라 ᄒ얏ᄂᆞᄃᆡ 所謂 章程은 都賈와 無異ᄒ"[22] 것이었고,

---

21) 『독립신문』光武 元年 10月 28日.
22) 『皇城新聞』光武 4年 10月 16日.

실제로 이 곡자회사의 장정은 "永興 定平 咸興 三郡 麯子는 본사 所造 아니면 不得賣買오 若潛造潛賣면 該 物件은 본사에 沒入한다"[23]는 내용으로 되어 있었다. 이 곡자회사는 농상공부의 허가를 받아 매 주당 4백 원(元)씩의 주를 모집하여 설립된 회사였지만, 연 8백 원의 영업세를 납부하는 대신 함경도 3개 군의 곡자 제조와 그 판매를 독점하는 것이었으니, 소위 개화의 목적에 따라 종래의 도고들이 근대적 상회사의 체제를 갖추기는 하였으나 실제로는 도고가 가졌던 특권을 그대로 유지하고 있었던 것이다.

한편 이들 상회사는 그 특권을 이용하여 생산자층을 선대적(先貸的)으로 지배하기도 하였다. 예를 들면 1900년(광무 4)에 완도에 사는 이관의(李寬儀) 등이 자본을 모아 설립한 어채회사(漁採會社)는 가사리초(加沙里草)를 비롯한 기타의 어물류를 상품으로 취급하였는데, 정부에 대하여 세금 1백 원을 납부하는 대신 "漁人의 자본이 부족하야 興販치 못하는 者는 자본금을 借貸幇助하고 各 物種을 右 社會에만 賣與하고 물가를 私意로 低昂치 못하게 하고 外他 潛商은 금단한다"[24]는 조건으로 농상공부에 청원하였다. 이 회사는 어부들에게 생산자금을 대여하는 대신 그 생산품을 독점적으로 매수하며 그 수매가격도 스스로 조종하고 생산품의 자유판매를 금하는 특권회사였던 것이다.

이 시기에 설립된 이들 특권회사들은 또 종래의 도고가 대부분 그러하였던 것같이 왕실 재정 문제와의 연계 아래 이루어진 것이었으며, 그러므로 그들의 특권은 대개 궁내부로부터 인정받고 있었다. 한 가지 예를 들면 1901년(광무 5)의 옥구항(沃溝港)에 설립된 영흥(永興)회사는 그

---

23) 같은 신문, 光武 4年 10月 26日.
24) 같은 신문, 光武 4年 1月 10日.

곳을 지나는 선척(船隻)에 대하여 미(米) 매 석당 2전 5푼씩을 수세하였으며, 이 회사는 병정 복색을 한 사령(使令) 수십 명을 해상에 순라(巡邏)시켰고 그들은 모자에 어(御) 자 표를 붙이고 행악(行惡)이 무쌍(無雙)하였다. 그 사장인 신재현(申在鉉)은 궁내부의 훈령을 빙자하고 이와 같은 특권 행사를 감행하였던 것이다.[25]

이와 같이 이 시기의 상업사적 문제점의 하나는 종래적인 도고상업 체제의 해소 문제에도 있었지만, 한편 도고가 해체되면서 생겨난 상회사들이 도고의 경우와 같은 특권성을 가지게 되었으므로 이들 특권회사의 해체 문제가 또 하나의 당면 문제로 나타나게 되었던 것이다. 앞에서도 든 바와 같이 『독립신문』의 기사에서 "대범 회샤라 ᄒᆞᆫ 것은 실샹인직 빅셩들의 싱업을 위ᄒᆞ여 낸 것이지 당쵸에 도고ᄒᆞ라ᄂᆞᆫ 것은 아니어늘"이라고 하여 회사의 특권성 배제를 주장하고 있다. 신설되는 회사들이 특권회사가 되는 것을 방지하기 위하여 특별히 관심을 나타내고 있는 것이다.

이제 소[牛]보험회사의 경우 하나만을 예로 들어보자. 『독립신문』은 광무 2년(1898) 6월 25일자 잡보란에

최학규씨가 쇼보험회샤 홀 일노 칙교를 밧드럿다 칭ᄒᆞ니 과연 그러ᄒᆞᆫ지ᄂᆞᆫ 몰으나 만일 이런 일이 잇스면 다믄 인민의 도탄믄 익식홀 쑨 아니라 대황뎨 폐하의 칙령을 이런 일로 무릅ᄂᆞᆫ 것이 신민의 도리가 아닐너라

하여 이 시기에 추진되고 있던 소보험회사의 설립을 반대하는 기사를 실었다. 그러나 소보험회사의 설립은 실현되었고, 동 지상에는 우질(牛

25) 같은 신문, 光武 5年 5月 8日.

疾)의 유행으로 농우(農牛)를 잃고 실농(失農)하는 농민이 없게 하기 위하여 해(該) 회사에서

> 자본을 세우고 빙표를 간시하되 표비 보죠는 미쟝에 엽 일량식 밧고 우쳑
> 이 만일 죽으면 대우에 엽 일빅량 즁우에 칠십량 쇼우에 ᄉ십량 징금하여 량
> 픠흔 빅셩으로 하여금 우쳑을 되립케 홈이요 빙표를 파시ᄒ여 표 업시 미미
> ᄒᄂ 우쳑은 간위흔 죄를 다스릴 디경이면 도적이 감히 우쳑을 투졀치 못홀
> 터이니 싱민의 혜틱이 이에서 더 큼이 어듸 잇스리오[26)]

라고 하여 그 설립취지를 밝힌 광고가 실려 있다. 농우의 병사와 망실에 대비하기 위하여 전국의 농우를 대상으로 하는 소보험회사를 설립한 것이었으나 그 자유로운 매매를 금지하고 있는 이 회사의 규정은 특권성을 가질 염려가 있는 것이었고, 또 황제의 칙령을 빙자하여 설립한 이 회사는 특히 전국의 농우를 강제로 가입시키고 보험금을 강제 징수할 가능성이 있는 것이었다. 이에 『독립신문』의 논설도 이 점을 경계하면서

> 본샤 신문 칠십삼호에 쇼보험회샤 홀 일노 칙교를 밧드럿다 흔 잡보를 낼
> 째에는 다믄 풍셜인 줄만 알고 긔지ᄒ엿더니 그 회샤에서 광고흔 것도 보고
> 쏘 들니도 알아본즉 우리가 말흔 것이 과연 젹실흔 일이라 지금 셰상에 보험
> 회샤 업는 나라이 어듸 잇스리요 인명 슈지 화지 기외 각식 보험회샤가 도쳐
> 에 잇슬 쑨외라 민국에 대리가 잇스니 우리나라에 보험회샤가 싱기는 일이
> 치하홀 것이요 죠곰도 반대홀 일이 아니로되 우리가 쇼보험회샤를 불긴타 흔

---

26) 『독립신문』 光武 2年 6月 28日.

말은 다름 아니라 쟉년에 리윤용씨가 농샹대신으로 잇슬 째에 빅셩의 편리홈을 위하야 쇼보험회샤를 시쟉ᄒ엿더니 불힝히 그 회샤 사원들이 각쳐에 다니면셔 쇼보험 ᄒ다 칭ᄒ고 쇼 ᄒ 필에 엽젼 ᄒ 량식 토싴ᄒ야 민폐가 대단히 된 것은 다문 ᄒ 사름의 말뿐이 아니라 각쳐 디방관들의 보고가 ᄌᄌ히ᄒ야 필경은 그 회샤를 쳘파ᄒ 일은 경락용씨 ᄒ던 ᄉ업 즁에 데일 고맙다 ᄒ 것이라 (…) 보험회샤라 ᄒ면 누구던지 와셔 보험ᄒ여 들나 ᄒᄂ 사름의 쇼문 보험 ᄒ 일이지 그 쥬인의 의견이 엇더ᄒ던지 억지로 보험 싴히고 돈을 토싴ᄒᄂ 것은 도가 ᄒᄂ 젼례요 우리나라에 큰 폐단이라 새로 난 회샤가 억지로 ᄒ랴ᄂ 죠건문 업시 사름마다 그 ᄌ유권리로 쇼를 보험ᄒ던지 말던지 ᄒ게 ᄒ면 후폐가 업스려니와 그 회샤 규칙 데 팔죠를 본즉 그 속에 말ᄒ엿스되 그 회샤 빙표 업시ᄂ 쇼를 미미 못하고 그 빙표 엇으랴면 엽젼 ᄒ 량식 낸다 ᄒ니 이ᄂ 다른 사름의 ᄌ유권리를 업시ᄒ고 다문 쇼 ᄒ 필에 돈 ᄒ 량식 밧ᄌᄂ 도가이라[27]

라고 하여 동 회사의 장정(章程)을 예시하면서 그 특권성을 비판하고 있는 것이다.

이와 같은 특권회사의 해체를 주장하는 여론은 이 시기의 경제정책에도 어느정도 반영되고 있어서 정부가 상인을 보호하고 상업을 발전시키기 위하여 설립을 인가하는 회사가 정부의 인가를 빙자하여 특권을 행사하는 일이 없도록 조처하고 있는 경우를 흔히 볼 수 있다. 역시 『독립신문』의 건양(建陽) 2년 1월 28일자 각부(各部) 신문 난에

이달 십구일 농상공부에서 황히도 관찰ᄉ의게 훈련ᄒ기를 샹민 안영원의

---

27) 같은 신문, 光武 2年 6月 30日.

청원셔를 본즉 누룩회샤를 히쥬부에다 셜시ᄒ겟스니 관허ᄒ여지이라 ᄒ바 그 청원을 의쟈ᄒ야 인가ᄒ니 샹민 보호ᄒᄂ 싸에 맛당히 싱각ᄒ여줌이 잇슬지라 지내ᄂ바 각 고을에 무뢰빅가 침어ᄒᄂ 것과 관속 등의 토식흠과 일흠 없는 잡셰를 억지로 물리ᄂ 폐단을 일절히 금단ᄒ야 샹업을 흥왕케 ᄒ되 만일 누룩회샤 샤원이 다른 사롬의 쟝ᄉ길을 침노하여 손샹케 ᄒ거나 혹 ᄌᄀ 의 로고를 일삼ᄂ 폐가 잇거던 쏘흔 금단ᄒ야 샹무를 균편케 ᄒ라 ᄒ엿더라

라고 하여 회사 설립에 관한 농상공부의 정책적 입장을 전하고 있는 것을 그 하나의 좋은 예로 들 수 있다.

농상공부가 상민(商民) 안영원의 해주에서의 누룩회사 설립을 인가한 것은 상민을 보호하고 상업을 흥왕(興旺)케 하기 위한 정책에 근거를 두고 있으며, 그러므로 동 회사에 대한 '무뢰배'의 침해와 지방 관리의 토색 내지 무명잡세의 강징을 금지하되, 한편으로는 이 회사 소속의 상인들이 여타의 누룩 상인에 대하여 독점권을 행사하는 일이 없도록 아울러 조처하고 있는 것이다.

요컨대 대한제국시기의 상회사 문제는 이 누룩회사에 대한 정부시책이 보여주는 바와 같이 종래의 도고체제를 근대적 회사체제로 전환시키며, 상업을 발전시키기 위하여 그것에 가해지는 각종 경제외적 침해를 저지하고 그것을 보호하되, 종래의 도고가 가지고 있던 특권성이 이들 상회사에게 전승되지 않는 일, 즉 특권회사체제가 형성되지 않게 하는 점에 있었던 것이다. 이 시기의 회사는 상업회사와 공업회사로 대별할 수 있는데, 다음 절에서 논급되겠지만 공업회사의 경우는 관립이나 사립을 막론하고 특권성을 가지지 않았지만, 상업회사는 그것이 대부분 종래의 도고자본을 바탕으로 하여 성립된 것이었기 때문에 특권성을 가지게 되었고, 그러므로 그것을 배제하는 일이 이 시기 경제문제의

중요한 쟁점의 하나로 나타났던 것이다.

4. 공업 진흥 및 산업공장 설립 문제

대한제국시기의 경제문제 중 가장 중요한 것의 하나는 무엇보다도 근대적 공업을 진흥시키는 일이었고 그것을 위하여 산업공장을 설립하는 일이었다. 자율적인 산업혁명을 이루지 못하고 문호를 개방하여 외국 자본주의의 침략을 받았고 이 때문에 20여 년간 정치적·경제적으로 심한 혼란을 거듭한 후였으므로 이 시기에는 경제 분야에 있어서도 외세로 인한 혼란을 극복하고 자율적이고 근대적인 체제로 전환하기 위한 노력이 일어나고 있었으며, 그것을 위한 가장 핵심적인 문제로 대두된 것이 근대적 공업의 진흥 문제였던 것이다.

이 시기에 있어서의 근대공업 진흥 문제는 우선 일상생활용품으로서의 공업제품의 자급 문제에서부터 인식되기 시작하였다. 문호개방 이전부터 이미 중국을 통하여 양화(洋貨)로 통칭된 서구 상품이 유입되었고, 그 가운데서도 양목(洋木)·당목(唐木)·광목(廣木) 등으로 불린 자본주의 제품의 면직물이 저지망을 뚫고 흘러들어와서 일부 상류사회에서 애용되고 있었다.[28]

그러나 자본주의 제품이 본격적으로 밀려들어온 것은 역시 문호개방

---

28) 자본주의 제품의 면직물이 들어와서 국내 상업계에 파문을 일으키기 시작한 것은 대략 19세기 전반기부터인 것 같다. 1837년(헌종 3)의 기록에서 "靑布廛市民等以爲 西洋布及大布三升之木廛賣買 一切禁斷事也"(『備邊司謄錄』225册, 憲宗 3年 1月 11日條)라 한 것은 이 시기에 이미 서구 면직물이 시전상업계의 중요한 상품으로 등장하고 있음을 알 수 있게 한다.

이후부터이며, 아무 제한 없이 급격히 유입해온 자본주의 제품은 도시인은 물론 농민층에게까지도 깊이 침투해가서 그 생활용품을 급변시켜 갔다. 그리고 그것을 구입하기 위한 막대한 재화가 국외로 유출되었고 이 때문에 이미 생활필수품화한 이들 공업제품을 국내 생산품으로 자급하지 않고서는 경제적 혼란을 극복할 수 없는 것이라 인식하게 되었다. 따라서 공업품 생산 공장의 설립이 시급한 것이라 생각하였던 것이며 다음과 같은『독립신문』의 논설은 이 시기의 공업생산품의 자급 문제에 관한 관심도를 잘 나타내주고 있다.

(…) 세계에 부강한 나라들은 농사도 힘쓰려니와 데일 힘쓰는 것이 물건 데죠와 쟝사라 죠션서는 이런 수정을 다 알고 안젓시니 정부에서 아모죠록 어리셕은 빅셩들을 フ르쳐 물건도 데죠하고 쟝사도 경계 잇게 ᄒ도록 ᄒ여주어야 홀 터이라 아즉 죠션이 물건을 데죠ᄒ야 외국에 슈츌ᄒ야 외국 데죠쇼들과 결어볼 슈는 업시나 아모죠록 물건을 넉넉ᄒ게 쓰게 ᄆᄂ드러 죠선 사름들이 쓸 것을 외국 것 아니라도 넉넉히 견듸게 ᄒ여주어야 외국으로 돈이 나가지를 아니홀 터인듸 지금 죠션셔 그즁 만히 쓰는 옷가음이 모도 삼분에 이는 외국 것을 사셔 입고 켜는 기름이 외국 기름이요 쓰는 셩양이 외국 셩양이요 죠션 죠희는 빗수기도 ᄒ려니와 판박이는 듸는 쓸 슈 업시 ᄆᄂ드는 고로 각쳐 신문샤와 기외 죠희 만히 쓰는 듸셔들 외국 죠희를 여러 쳔원엇치식을 해 ᄆᄂ다 사다 쓰며 죠션 사름이 유리 등 외국 사름들 ᄀᆞᆺ치는 쓰지 아니ᄒ나 죠곰식 쓰는 것이라도 모도 외국 것을 사다 쓰며 심지어 샤긔ᄉᆡ지라도 외국 것을 모도 쓰니 국즁에 사름 몇빅 명이 농사 ᄆᆞ직이나 ᄒᆞ야 쓸셥 콩믈이나 ᄆᄂ드러 싱계를 ᄒᆞ게 ᄒᆞ나 그 돈이 모도 매일 힝용ᄒᆞᄂ 물건 사 쓰기에 다 업셔지니 엇지 국즁에 돈이 만히 잇시리요.[29]

문호개방 이후 조선왕조의 대외무역의 성격은 황현(黃玹)이

外貨入國者十 則人造居其九 我貨出國者十 則天産居其九 甚矣我人之頑鈍也 蓋其
入國者 不過繪表緞鍾楙漆 淫巧奇袞之物 而出國者 摠米豆皮革金銀 平常樸實之寶也
國欲不瘠得乎[30]

라고 한 바와 같이 수출품은 모두 곡물이나 원자재였고 수입품은 가공
사치품이었다.

　개항 후 20여 년간에 빚어진 경제적 혼란의 원인은 크게 두 가지 측
면에서 구할 수 있다. 그것은, 첫째 자본주의 제품이 대량으로 유입됨으
로써 일상생활용품의 외제품 의존도가 높아지고 소비성향이 발달한 데
있으며, 둘째 미곡류와 금은 등 국내 생산품이 무제한 유출됨으로써 심
한 물가고를 초래한 것이었다.

　문호개방 직후의 한때는 비록 자연품일지라도 수출이 증대되어 정부
의 재정이 호전되는 것 같았지만 자본주의 제품의 수입과 보급이 확대
됨에 따라 국내 재화의 유출이 급증하고 따라서 국민생활이 날로 궁핍
해지게 되었으며, 이와 같은 경제적 악조건을 극복하기 위한 방책으로
강구된 것이 수입공산품의 국내 생산 문제였던 것이다.

　1899년(광무 3) 6월 1일자의 『독립신문』은 「껍질쌘이라」라는 제목의
논설을 통하여

　(…) 지금 대한 형편을 슬펴본즉 각국과 통샹흔 이후로 닉디와 각 항구에

---

29) 『독립신문』建陽 2年 8月 7日.

30) 『梅泉野錄』卷1上, 甲午以前.

각식 물건을 미미ᄒᄂ는 것이 그젼보다 얼마큼 흥황ᄒᄋ엿스니 응당 국고에 셰입
ᄒᄂ는 돈도 더 늘어갈 것이요 대한 빅셩들도 직물이 풍비ᄒᄋ야 싱이가 요죡ᄒᄂᆯ
것이어늘 엇지ᄒᄋ야 대한 사ᄅᆷ마다 말ᄒᄋ기를 이졔ᄂᆫ 무엇을 싱익하야 살ᄂᄂ지
그젼에 여간 쟝ᄉᄒᄂ던 이도 다 실업ᄒᄋ야 모도 유리홀 디경에 이르럿다 ᄒᄂ니
이것은 무슴 ᄭ닭이뇨 (…) . 셰계샹에 긔명ᄒᆫ 나라들을 보 량이면 각국 사ᄅᆷ
이 와셔 쟝ᄉᄒᄂᆫ 이가 대한보다 몃빅 비나 몃쳔 비가 더 되여도 그 본국 사
ᄅᆷ의게 죠곰도 손해되ᄂᆫ 것이 업고 샹무의 권리를 그 본국 사ᄅᆷ이 다 ᄎ지ᄒᄂ
ᄂᆫ 것은 다름 아니라 무슴 물건이던지 졔 나라에 업ᄂᆫ 것을 타국 샹고가 와셔
팔 디경이면 깁히 싱각ᄒᄀ고 궁구ᄒᄋ야 그 물건을 뎨죠ᄒᄋ되 그 모양으로ᄆᆫ 효
측홀 ᄲᅮᆫ 아니라 아모죠록 타국 사ᄅᆷ보다 더 낫게 ᄆᆫ들어 방미ᄒᄀ고 갑을 더 젹
게 밧은즉 그 나라 사ᄅᆷ들이 동가홍샹이면 데 본국 사ᄅᆷ의 물건을 살 터인ᄃᆡ
흠을며 물건은 더 죳코 갑은 더 젹을 것 ᄀᆺ흐면 엇지 내 나라 사ᄅᆷ의게ᄂᆫ 사지
아니ᄒᄀ고 타국 사람의게 가셔 미미홀 리가 잇스리오.

라 하여 문호개방 이후의 국민생활의 피폐상과 그 원인 및 타개책을 제
시하고 있는데, 역시 이미 생활필수품화한 자본주의 제품의 자국 생산
을 주장하고 있는 것을 볼 수 있다. 그리고 이 논설은 공산품의 국내에
서의 생산과 조달을 가능하게 하기 위해서는 내국 상인들의 매판적인
상행위를 지양해야 하는 문제도 지적하여 "대한에 원릭 업던 물건을 타
국 사람들이 와서 팔아도 당쵸에 그 모양으로 효측ᄒᄋ야 뎨죠홀 싱각은
두지 아니ᄒᄀ고 다ᄆᆫ 그 물건을 사다가 거긔서 리를 남기랴고 더 빗ᄉ게
파는" 상행위를 규탄하고 있다.

한편 공산품의 국내에서의 생산·조달이 재화의 유출을 막는 데에만
의의가 있는 것이 아니라 그 결과 고용이 증대되고 나아가서 제품의 수
출까지도 가능하다고 전망하고 있음을 볼 수 있다. 1899년(광무 3)의 『독

『립신문』논셜은

　　대한정부에셔 국즁 인민을 위ᄒᆞ야 급션무로 ᄀᆞᆯᄋᆞ쳐셔 ᄉᆞ무를 확쟝ᄒᆞᆯ 일은
첫ᄌᆡᄂᆞᆫ 공쟝이오 둘ᄌᆡᄂᆞᆫ 샹업이라 공쟝을 힘쓸 것 ᄀᆞᆺᄒᆞ면 졔죠물이 싱길 것
이오 졔죠물이 싱기고 보면 샹업이 흥왕ᄒᆞᆯ 터인ᄃᆡ 지금 젼국 인민 즁에 버리
ᄒᆞ고 먹ᄂᆞᆫ 사름을 통계ᄒᆞ야 말ᄒᆞ거드면 빅 사름 즁에 ᄒᆞ나둘이 겨우 되고 그
남어지 九十八九명은 다 놀고 먹ᄂᆞᆫ 사름이니 엇더케 빈궁지환을 면ᄒᆞ리오 빅
셩이 빈궁ᄒᆞᆫ즉 나라도 ᄯᅡ라셔 가ᄂᆞᆫᄒᆞᆯ지라 이ᄯᆡ를 당ᄒᆞ야 사름마다 면궁ᄒᆞᆯ 계
칙은 ᄒᆞ나밧긔 업ᄂᆞᆫᄃᆡ 그 계칙이 무엇인고 ᄒᆞ니 사름마다 무슴 일이던지 직
죠 ᄒᆞᆫ 가지식 가지고 버러먹어야 그 사름이 ᄌᆞ쥬독립ᄒᆞᆫ 사름도 되고 ᄯᅩ 국즁
에 각식 쟝ᄉᆡᆨ이 만히 싱겨셔 다른 나라 물건을 사셔 쓰지 안코 각식 물건을
ᄆᆞᆫ들어 대한 사름의게 사셔 쓰게 될 것이오 그 졔죠ᄒᆞᆫ 물건을 ᄯᅩ 외국으로도
슈출ᄒᆞ야 리를 볼 터이니 그 리해를 혜아리고 보면 국즁에 쟝ᄉᆡᆨ이 만히 잇게
ᄆᆞᆫ드ᄂᆞᆫ 것이 뎨일 긴요ᄒᆞ고 큰 ᄉᆞ업이 될 것이오[31]

라고 하여 근대적 공업을 진흥시킴으로써 국내에 가득 찬 유휴노동력
을 흡수하는 것이 급선무이고 나아가서 그 생산품을 수출할 수 있는 것
이라 내다보고 있다. 또 이 시기의『황성신문』논설도 "具備ᄒᆞ면 民不失
職ᄒᆞᆯ 것이오 民不失職이면 生財必有道" 하는 세 가지 방법 중의 하나로서
"外國物品은 我物로 代用ᄒᆞ며 內地物品은 外國에 輸出ᄒᆞ야 一年輸出物이
多ᄒᆞ고 輸入物이 少홈"을 들고 있는 것이다.

　이와 같이 근대공업 진흥의 필요성을 공산품의 자국 생산과 유휴노
동력의 흡수, 국내 생산품의 수출로 인한 국제수지의 균형 유지 등 세

---

31)『독립신문』光武 3年 5月 22日.

가지 측면에서 구하고 있는 것을 볼 수 있지만, 한편 이 시기의 신문 논설들은 공업 진흥을 위한 구체적인 방안을 제시하고 있다. 그것은, 첫째 공업에 있어서의 재래적인 수탈의 방지와, 둘째 공업의 기계화와, 셋째 제조회사의 설립 문제였으며 회사 설립에 있어서는 주식회사의 형태를 적극 권장하고 있다.

조선왕조 본래의 수공업에 대한 수탈체제가 이미 무너지기 시작한 것은 왕조후기부터였지만, 오랜 타성 때문에 아직도 그 잔재가 있었고 특히 근대공업의 진흥을 위해서는 그것의 청산이 긴요한 일이었다.

> (…) 製造가 有名한 郡邑에는 各項 匠色을 隨目捉拏ᄒ야 工作을 嚴督ᄒ니 假令 統營 涼臺匠과 定州 宕巾匠과 東萊 烟竹匠과 全州 簾扇匠 等을 亦不可臚列이로되 若或一入官府ᄒ면 半年一年을 滯留ᄒ야 其雇는 十分之一을 收ᄒ며 其力은 十倍를 費ᄒ니 現者 逃躲ᄒ며 後者 厭學ᄒ야 零散에 漸至ᄒ니 製造日減이라 由是로 國의 不振홈이 此에 全在홈이라 更張以後에 此等宿弊를 盡革ᄒ기로 內外에 令布ᄒ얏스나 如今에도 誅求討索의 虐을 不施ᄒ며 苞苴賄賂의 路를 拒絶ᄒ얏스면 無過幾年에 物産이 復興홀 것이오 製造 興홀 것이니 (…)[32]

라고 한 『황성신문』의 논설은 근대적 공업을 진흥시키기 위해서는 관부(官府)의 수탈이 철저히 배제되어야 함을 다시 강조하고 있는 것이라 하겠다.

공업진흥책으로서 공업의 기계화가 주장되고 있는 것은 너무도 당연한 일이었다. 문호개방 이후 정부가 신사유람단(紳士遊覽團)·영선사(領選使) 등을 일본과 중국에 파견하여 근대기술을 습득해 오게 하였고 그

---

32) 『皇城新聞』光武 3年 11月 25日.

결과 무기 제조 기술을 비롯한 각종 서양 기술이 도입되어 주로 관부에서 설치한 각종 제조소를 통하여 일부 개혁이 일어났다. 한편 민간의 각종 제조장에 있어서도 일부 공업의 기계화·동력화가 추진되어가고 있었지만 아직 원초적인 단계에 지나지 않았다. 따라서 이 시기의 근대공업진흥책으로서는 민간제조장에 있어서의 기술개혁 즉 그 기계화·동력화가 시급한 일이었으며, 그것이 곧 이 시기의 절박해진 제국주의 침략을 극복하고 경제적 자립을 이루는 첩경이라 생각되었던 것이다. 다음과 같은 『황성신문』의 논설이 그것을 잘 말해주고 있다.

海禁이 旣開홈익 女紅이 衰凋ᄒ고 抒柚이 俱空ᄒ야 洋布의 輸入을 全藉ᄒ니 國이 不貧코져 ᄒ며 民이 不匱코져 흔들 那得ᄒ리오 其故가 安在흔고 請言之호리라 有機器者 出ᄒ야 水火의 力을 全藉ᄒ야 憂花繰絲와 以紡以績에 唯汽力是恃ᄒ고 只倩人管理ᄒ니 一日夜의 織成홈이 小者ᄂ 數十百丈이오 大者ᄂ 萬尺에 至흔다 ᄒ니 其便利迅速홈이 豈不偉哉리오 民을 敎育홈이 水의 性과 如ᄒ야 決諸東方則東流ᄒ고 決諸西方則西流ᄒ야 使之宣導ᄒ기에 在ᄒ니 今에 民이 洋布의 便易홈만 旣知ᄒ야 女紅의 艱難을 旣廢ᄒ고 綿田에 易豆홈이 處處皆然흔즉 古壁에 梭를 懸ᄒ고 一指를 不動ᄒ야 絲身을 坐致ᄒ니 地産을 不務ᄒ며 人工을 懈怠ᄒ야 貿易ᄒᄂ 金額이 尾閭之泄에 歸ᄒ니 國이 貧ᄒ며 民이 匱ᄒᄂ 理由가 此에 在홈이라 何不警省고 老工의 職에 在흔 者이여 振發홀 方針을 思惟ᄒ야 百姓을 導率ᄒ기가 一時爲急ᄒ니 機器를 製造ᄒ야 織工을 便易迅速흔 技術로 家興而戶起ᄒ얏스면 國을 可富오 民도 쑛흔 可히 財를 阜ᄒ리로다.[33]

다음 제조회사의 설립 문제 역시 이 시기에 이미 일부의 민간기업가

33) 같은 신문, 光武 3年 10月 4日.

들에 의하여 이루어지고 있던 현실을 바탕으로 하여 거론하였다. 논설들이 지적하고 있는 가장 유망한 민간 제조회사로는 잠업회사와 직포회사 및 연초회사 등이 있다. 우선 잠업의 경우 1894년(고종 31)에 이미 정부가 경향(京鄕)의 농민도 입사할 수 있고 서양식 종상법(種桑法)을 채용하며 서양의 직조기기를 도입하여 그 직조기술을 습득하는 것을 내용으로 하는 농상회사(農桑會社)를 설립하였다.[34] 1900년(광무 4)에는 인공양잠소를 설치하여 서병숙(徐丙肅)을 소감(所監)으로 삼아 그것을 운영하게 하였는데, 그것에 깊은 관심을 가졌던 『황성신문』이 그 논설을 통하여 동소가 보낸 "假令 六百株桑으로만 桑蠶所費와 繭絲所利를 一通計算한" 예산표(豫算表)를 게재하고

假令 六百株로 一年三次를 養ᄒ고 一千二百株를 種ᄒ야 摘餘新葉이 長養홈을 교환ᄒ면 一年에 六次를 養하야 四千餘兩의 利益을 能收할지니 從今以往으로 人人種桑ᄒ고 家家養蠶ᄒ야 實業을 勉勵ᄒ얏스면 人民利厚之幸福과 國家富強之基本이 實在於是ᄒ니 勖哉어다[35]

라고 하여 민간의 양잠업을 적극 권장하고 있는 것을 볼 수 있다. 이 인공양잠전습소(人工養蠶傳習所)는 종래의 양잠법을 개혁하여 "1년에 7~8차를 사육"할 수 있는 '양잠법'의 전습을 목적으로 설립된 것으로 일본에서 신식 양잠법을 배우고 온 강홍대(姜鴻大)·윤수병(尹壽炳) 등을 초빙하고 황제가 준 내탕전(內帑錢) 1천 원과 소장 민병석(閔丙奭)이 의연(義捐)한 1천여 원이 기금이었다. 정부는 이때 농상공부 안에 잠업

---

34) 韓沽劢, 앞의 책 229~32면 참조.

35) 『皇城新聞』 光武 4年 10月 11日.

과를 두고 서울과 평안도·함경도·경상도·충청도에 잠업시험장을 설치하여 근대적 양잠업을 발전시키기에 노력하고 있다.[36]

한편 이와 같은 여론과 정부의 장려책이 뒷받침이 되어 이 시기에는 실제로 민간에 의한 양잠회사들이 설립되고 있었으며 그 대표적인 것으로 1900년(광무 4)에 서울에 설립된 대한제국인공양잠합자회사(大韓帝國人工養蠶合資會社)를 들 수 있다. 『황성신문』의 동년 3월 9일자 광고란에 실린 동 회사 주식모집 광고를 옮겨보면 다음과 같다.

> 我國에도 養蠶家이 無홈은 안이로되 術法이 精美치 못홈으로 巨大흔 이익을 不得흔지라 본국인 金漢睦, 方漢永, 韓宜東, 尹壽炳, 姜鴻大 諸君이 외국에 遊學홀 제 人工으로 一年에 八·九次式 養蠶ᄒᆞᄂᆞᆫ 기술을 卒業하고 歸國흔 故로 금차에 회사를 組織하고 地段과 桑秧을 購入ᄒᆞ깃기로 자금을 모집ᄒᆞ니 잠업상에 有志흔 僉君子ᄂᆞᆫ 南村倉洞 紅葉亭에 設立흔 香煙合資會社로 枉臨ᄒᆞ야 본 회사 사무소를 무르시고 一股金은 十元式이니 음력 二月晦內로 본사에 出付ᄒᆞ야 이익을 공동흠을 務望.

이 회사의 경영진은 사장에 김가진(金嘉鎭), 평의장에 박기양(朴箕陽), 간사에 서상면(徐相勉)과 서병숙으로 되어 있다. 김가진과 박기양은 모두 대신을 지낸 사람들이었고 서병숙은 앞에서 든 바와 같이 인공양잠전습소의 소감(所監)이었으며, 당시 잠업계의 중심인물이었던 것 같아서 1901년(광무 5)에도 농상공부의 참서관(參書官)으로서 동부 기수(技手)인 한의동(韓宜東)과 함께 양잠기계 구매와 양잠업지 시찰을 목적으로 일본에 가기 위한 여권을 신청한 기록이 있다.[37]

---

36) 같은 신문, 光武 4年 12月 13日.

이 회사가 어느 정도의 규모와 시설을 갖추고 있었는지는 상세히 밝힐 수 없으나 이후 계속 확대·발전된 것 같다. 그것이 설립된 해 11월에는 "本社實施가 至今一年이라 當秋成ᄒᆞ야 田土를 廣買ᄒᆞ고 桑木을 加植ᄒᆞ며 機械等屬을 亦貿計料ᄒᆞ기로 股金(每股 十元)을 募集ᄒᆞ오니 願入諸君者ᄂᆞᆫ 股金을 本社로 送交ᄒᆞ심을 望홈"[38)]이라고 한 광고를 다시 내어 주식을 증모하고 있는 것을 볼 수 있다

한편 직물회사의 경우는 어떤 계통의 생산회사보다 그 광범위한 설립이 요청되고 있었다. 문호개방 이후 외국 특히 일본으로부터의 수입품 중 가장 비율이 높은 것이 소위 '금건(金巾)' '한랭사(寒冷紗)'로 불린 포물류였고 이 때문에 아직도 농촌 부업의 단계에서 벗어나지 못하고 있던 국내의 목면 생산이 극심한 타격을 받았음은 이미 많이 지적된 사실이다. 도시인과 농촌의 부유층 그리고 일부의 농민들까지도 그 의복재료가 투박한 수직물(手織物)에서 고운 기직물(機織物)로 변하였고, 이 때문에 그것을 수입하기 위한 재화의 유출이 심하였으므로 기직포물(機織布物)을 국내에서 생산하기 위하여 직조기를 개량하거나 직조공장을 설립하려는 움직임이 일어났음은 당연한 일이었다. "東廟庫直 李仁基氏가 織造機를 新發明ᄒᆞ얏ᄂᆞᆫᄃᆡ 甚히 精簡便易ᄒᆞ지라 此를 定價 六十元에 發賣ᄒᆞ더라"[39)] 한 것이나 "忠州郡南倉里居 李泰浩氏ᄂᆞᆫ 我邦有志之士也라 嘗究泰西新學ᄒᆞ야 創造織造機械ᄒᆞ야 欲爲發佈全國이라가 適有外國人이 自外國으로 輸入外國人織造機械ᄒᆞ야 謀利營業故로 其所創之機ᄂᆞᆫ 未行而遂停이나 盖其覃精新學ᄒᆞ며 究硏工藝ᄒᆞ야 有意濟物之心이 試篤矣라"[40)] 한

---

37) 『農商工部去來案』9, 光武 5年 6月 27日.
38) 『皇城新聞』 光武 4年 11月 6日.
39) 같은 신문, 光武 4年 2月 20日.
40) 같은 신문, 光武 6年 12月 23日.

기록은 모두 이 시기에 있어서의 직조기 개량을 위한 노력의 일단을 말해주고 있는 것이라 하겠다.

민간에서의 직조회사 설립도 비교적 활발하게 일어나고 있었다. 몇 가지 예를 들면 1898년(광무 2)에 "엇던 유지훈 이가 직죠권업을 위호야 긔계를 사다놋코 다믄 무명 짜는 영업장을 친위대되 영문공해를 빌어가지고 샤립으로 셜시"[41]하는 직조권업장(織造勸業場)이 설립되었고, 1900년(광무 4)에도 "鍾路白木廛都家에 織造호얏는되 사장은 閔丙奭氏오 부사장은 李根澔氏인되 諸社員들의 所言을 聞호즉 每機 每日의 所織이 七十尺假量이라고 호더라"[42]는 종로직조사(鍾路織造社)가 설립되었다. 종로직조사는 종래의 시전자본이 중심이 되어 설립된 것이라 추측되어 흥미롭다.

이 시기에 설립된 민간 직조회사로서 그 규모와 작업 및 생산상황을 비교적 자세히 알 수 있는 것은 1901년(광무 5)에 설립된 한성제직회사(漢城製織會社)이다. 이 회사 실정을 알 수 있게 하는 자료는 동 회사가 광무 5년 5월 13일자의 『황성신문』에 게재한 직공모집 광고인데, 이제 그 전문을 옮겨보면 다음과 같다.

本會社에서 男女織工을 募集호는되 織機는 便利한 發動機를 利用호야 人力을 費호지 아니호고 織造호오며 鍊熟훈 者는 織機 二三座를 能히 運轉호며 生疎한 人이라도 七八日만 精密히 見習호면 一座에 每日 五六十尺을 能織호고 數十日 熟習호면 二座를 運轉호야 每日에 一百五六十尺은 無難히 織組홀 거시오니 生疎훈 人이라도 七八日만 精密히 見習호면 每日 七八兩 工錢은 無慮히 得홀 터이오 工

41) 『독립신문』 光武 2年 5月 21日.
42) 『皇城新聞』 光武 4年 5月 7日.

場 內에 男女를 區別ᄒ야 渾雜치 아니ᄒ게 ᄒ홀 터이오니 有志ᄒ 人는 速히 本會社로 來問ᄒᆞᆸ 但 來往이 不便ᄒ 人은 本會社 內에 留宿도 시키고 女人은 宿所도 區別히 有ᄒᆯ 터이옵.

이 광고문만 가지고는 이 회사가 어떤 성격의, 또 어느 정도의 자본에 의하여 설립된 것이었는지 밝힐 수 없다. 그러나 수직기가 아니라 동력기를 갖추고 있었던 점, 한 사람이 2대를 운전할 수 있다고 한 점, 기숙사 시설까지를 갖추고 있었던 점 등으로 미루어보아 이 회사의 경우 전혀 손색없는 근대적 생산공장을 갖추고 있었던 것이라 생각된다. 뿐만 아니라 이 시기에는 한성제직회사와 같이 기계화·동력화한 민간 직조공장이 상당수 설립되고 있었다고 생각되는데, 이 회사의 발동기에 의하여 움직여지는 직조기가 매일 대당 50~60척을 생산하였던 것으로 미루어보아 앞에서 든 종로직조사의 매일 70척씩 생산하는 직조기도 동력기였음을 미루어 알 수 있겠다.

다음 연초회사의 경우는 소위 궐련(卷煙) 제조 공장의 설립을 가리킨다. 담배는 문호개방 전에 이미 그 재배가 널리 보급되었고 또 청국 등에의 수출도 원활히 이루어지고 있었지만, 개항 후에는 외국으로부터 궐련이 수입되어 그 수요가 날로 높아갔으므로 이 시기에는 국내에서의 궐련회사 설립의 필요성이 인식되고 있었으며, 또 실제로 설립되기도 하였다. 1899년(광무3)의 『독립신문』 기사에 의하면 "칠송정 사는 셔샹면씨가 연초회샤를 설립ᄒ고 권연쵸 ᄆᆞᆫ드는 법을 신발명ᄒ엿는듸 모양도 절묘ᄒ고 갑도 지혈ᄒ거니와 ᄆᆞᆺ시 대단히 향긔 잇고 외국 권연쵸보다 오히려 승ᄒ다더라"[43]라고 하여 이 시기에 민간의 궐련회사가 설

43) 『독립신문』 光武 3年 6月 24日.

립되었음을 전해주고 있다.

그러나 이 연초회사는 곧 폐업한 것 같고 그러면서도 궐련의 수요
는 높아갔다. 따라서 그것으로 인한 재화의 유출이 심하였으므로 궐련
의 국내 생산이 시급히 요청되었고 이에 신문에서도 연초회사의 설립
을 권장하고 있는 것을 볼 수 있다. 1899년(광무 3) 12월 16일자 『황성신
문』은 「권연초흥업(勸烟草興業)」이란 논설을 통하여 "近來我韓에 捲烟會
社를 成하야 營業하다가 初手不熟하고 製造不法하얏던지 利無所收하야 旋
卽腐敗함으로 後人도 前車의 戒가 有ᄒ다 錯認ᄒ고 殖利를 拋棄ᄒ니 此는
不覺之甚이로다" 하여 민간 연초회사의 폐업이 잘못된 것이라 지적하고
다시 연초회사를 세울 것을 권장하고 있다. 이 논설이 연초회사 설립을
권장하는 근거를 보면 '여송(呂宋)'은 궐련으로 일국의 재정을 보조하
며 일본의 무라이회사(村井會社) 궐련은 1년 이익이 70만 원을 내리지
않는다 하고 우리나라의 연초도 수원의 홍초(紅草)와 평양의 일초(日
草), 충주의 개천초(開天草), 광주의 금광초(金光草) 등이 유명하며, 이
무렵 서양의 화학가들이 우리나라의 연초를 분석하고 그 품질이 좋음
을 입증하였으므로 "殖産興業에 有意한 人과 資本家에셔 泰西에 烟草種耕
ᄒᄂ 法을 講究하야 上等品을 擇하여 好品種子를 求하야 培養摘取 曬乾 蒸
熟等法을 務用 實學하야 稍成佳品 하거던 商岸에 出口ᄒ얏스면 外國이 爭
買할 것이니 呂宋葉捲烟이 何以專美며 村井히이로가 亦當讓頭할지라" 하
였다. 궐련 제조 역시 우리나라에서 산출되는 품질 좋은 원료를 가공하
여 증가 일로에 있는 국내 수요에 충당하고, 나아가서 외국에 수출할 수
있는 유망한 산업이라 평가하고 국내의 자본가들이 서구식 재배·가공
법을 도입하여 근대산업으로 발전시킬 것을 권장하고 있는 것이다.

이상과 같이 이 시기에 있어서의 가장 유망한 민간산업으로서 잠업
과 직포업과 궐련제조업 등이 지적되고 있다. 한편 그 회사를 설립하기

위한 자본의 조달 문제에 있어서는 "(…) 반다시 회샤가 잇고 쟈본인즉 여러 千萬원을 흔두 사름의 힘으로 홀 슈 업눈 고로 여러 사름들이 고금 을 내여 쟈본을 몬들미 쟈본이 넉넉흔 고로 (…)"[44] 한 바와 같이 국내 자본의 모집을 권장하기도 하였지만, 또 한편에 있어서는 외국인과의 합자 문제도 긍정적으로 받아들여지고 있는 것을 볼 수 있다.『독립신 문』의 한 논설에 의하면[45] 1897년(건양 2)경에 대조선저마제사회사(大 朝鮮苧麻製絲會社)라는 것이 설립되었다. 이 회사는 우리나라에서 생산 되는 삼(麻)과 모시(苧)를 합사하여 외국의 직조공장으로 수출하기 위 하여 외국인 3명과 내국인 몇 사람이 합자·설립한 것이었다.

그 출자 비율은 외자가 4만 원, 내자가 3만 5천 원이었고 당분간은 제 사(製絲)만 해서 수출하지만 그 채산은 마저사(麻苧絲) 1톤의 생산비가 5백 원이며 그 수출가는 1톤당 1400원으로 당시로서는 대단히 이익률 이 높은 것으로 평가되고 있다. 그리고 또 이 회사에는 이미 70여 명의 직원이 고용되어 있었고, 국내에 주(株)를 공모한 결과 하루에 1만 7천 여 원이 들어왔다 하였고, 그 경영진은 안경슈, 부회장에 리치연, 장무 관(掌務官)에 '리근배'와 '윤규섭', 서기관은 방한덕·윤효정·우항션, 주 무관은 안경슈·리근배·윤규섭 등 내국인과 외국인으로 미국인 타운션, 데슬나, 영국인 존숀과 이밖에 당시 미 국적을 가지고 있던 서재필(徐載 弼, 미국명 제숀) 독립신문 사장 등이었다.

사장 서재필이 관여하고 있는 탓이기도 하겠지만『독립신문』의 논설 은 이 합자회사의 설립을 적극 지지하면서 "만일 죠션셔 삼과 모시를 만히 심어 이 법으로 실을 몬들 것 궃흐면 금광보다도 빅배가 리가 잇

44) 같은 신문, 光武 3年 5月 15日.

45) 같은 신문, 建陽 2年 6月 12日.

고 이 회샤에 쟈본을 내여 증셔를 사두는 거슨 샹등논 산는 이에셔 삼
빅갑졀이 리가 잇는지라"하엿고 나아가서 "이 회샤에 흔 둘 안으로 쟈
본금들을 보내여 증셔를 뭇하 두거드면 첫지는 이 일이 되야 죠션 빅셩
들이 먹고 살 싱익가 싱길 터이니 다힝ᄒ고 둘지는 쟈본금 낸 사름들이
큰 리를 볼 터이니 만히 이 회샤로 드러와 일고금을 내면 이십원이요 만
히 낼 사름들은 쳔고금까지라도 얻을 터이라더라"라 하여 내국인의 출
자를 적극 권유하고 있다.

요컨대 대한제국시기에 있어서의 상공업문제 중 가장 중요한 것의
하나가 공업의 근대화 내지 산업공장의 설립 문제였으며, 그것은 문호
개방 이후의 자본주의 상품의 생활필수품화와 그로 인한 자본주의 제
국에의 경제적 예속에서 탈피하려는 노력의 일단으로 나타난 것이었
다. 그리고 이와 같은 노력은 이 시기에 있어서의 한반도를 둘러싼 열강
의 제국주의적 침략 강화에 대한 경제적 대응책의 하나라 할 수 있을 것
이다.

5. 외국 상인 및 그 자본침투에 대한 문제

문호개방 이후 20여 년이 지난 대한제국시기에 있어서는 사회 일반
의 대(對)외국인관에도 여러가지 변화가 있었겠지만, 특히 그들의 국내
에서의 경제활동 문제에 있어서도 그것에 대한 인식과 대응책이 달라
지기 시작한 것이라 생각된다. 다시 말하면 개항 직후에는 외국인과의
접촉을 거부하는 입장과 지지하는 경우가 모두 그 논리의 단순성을 면
할 수 없었고 따라서 명분적이거나 또 감정적인 외인관이 형성된 것이
라 할 수 있다. 그러나 이 시기에는 이와 같은 외인 접촉 초기의 혼미와

흥분이 가시고 융통과 실리를 추구하는 접촉이 이루어져가고 있었으며, 따라서 절박한 위해가 따르는 청·일인과의 접촉에는 경계심이 강조되고 있는 반면 구미인, 특히 미국 측과의 접촉이 바람직한 것으로 인식되기도 하였다. 독립협회의 대외인관도 이런 시기적 특징이 있는 것이라 하겠다.

『독립신문』의 논설이 요약하고 있는 이 시기의 외국 상인 진출에 대한 일반적인 인식은

> 외국 사름이 죠션에 와셔 맛당흔 쟝스를 흐며 취리를 흐드릭도 그 돈을 죠션 사름의게 쓰며 죠션 사름을 고립흐야 일도 식히고 フ릭치기도 흐면 그런 외국 사름은 죠션에 만히 올소록 죠션에 유죠흐거니와 외국 사름 중에 여긔 와셔 돈을 모화가지고라도 그 돈 흔푼을 죠션 사름의게 쓰지 안코 다만 경영이 돈만 모화가지고 고국으로 도라가며 죠션흥망을 샹관치 안흔 외국 사름은 곳 죠션에 거머리와 굿흔지라[46]

라고 한 바와 같이 외국의 상인과 자본이 진출하되 그것을 통하여 내국인의 고용이 증대되고 그 이윤이 국내에서 재투자되어야 한다고 생각하고 있다. 그리고 이 논설은 개항 이후 20여 년간의 외국 상인, 특히 일본 상인과 청국 상인의 수탈적이고 모험적인 상행위가 국내 경제를 위하여 얼마나 독소적인 것이었던가를 충분히 인식하고 있는 것이라 생각된다. 이 논설은 계속해서 "아모 나라 사름이라도 여긔 와셔 버리를 흐되 죠션 사름이 능히 못홀 일을 홀 것 굿흐면 그거슨 그 사름이 돈을 벌드릭도 죠션에 유죠흔 거슨 흐나 잇는 거시 죠션 사름이 굿치 흐여볼

---

46) 같은 신문, 建陽 元年 5月 21日.

도리가 잇거니와 죠션 사름이 홀 만흔 일을 외국 사름들이 와셔 도모ᄒ
고 돈을 모흔 후에는 고국으로 도라가니 엇지 거머리와 다름이 잇스리
요"라고 하여 외국 상인의 해독적 요인을 강조하고 있지만, "셔양 사름
들ᄀ치 죠션 와셔 학교와 병원과 제죠쇼와 각쉭 긔화샹 일을 ᄒ야 빅
셩을 교육ᄒ며 죠션 사름을 고립하야 월급도 주고 직조도 ᄀᄅ쳐주며
(…)"라고 한 바와 같이 그것은 서구인을 가리키는 것이 아니라 청국과
일본 상인의 경우를 말하고 있는 것 같다.

문호개방 직후에는 외국 상인의 상활동이 대개 개항장에 한정되어
있었고, 차차 이른바 '내지상업(內地商業)'이 이루어졌다 하더라도 그것
은 '내지행상(內地行商)'에 지나지 않았으나 청일전쟁과 갑오개혁을 겪
고 난 후인 대한제국시기에는 외국 상인, 특히 일본 상인들이 서울을 비
롯한 각 지방 중요 도시에 침투하여 그곳에 상점을 개설해갔으므로 이
시기의 여론은 외국 상인의 '내지상업'에 대하여 민감한 반응을 나타내
고 있음을 볼 수 있다. 특히 이 시기의 외국 상인 문제에 대해서는 당시
보수적 정치세력과 진보적 정치세력 사이에 한때는 이견을 보였으나
곧 같은 보조를 취해가는 과정을 엿볼 수 있어서 흥미롭다.

1898년(광무 2) 4월 8일에 당시 보부상단체를 이끄는 주동인물의 한
사람이었던 홍종우(洪鍾宇)가 '대소인민' 1천여 명을 이끌고 경운궁 앞
에서 나아가 소본(疏本)을 올렸다. 그 내용은, 첫째 곡가의 급등으로 인
민이 아사 상태에 빠진바, 이것은 모두 외국인에 의한 지나친 곡물의 수
출에 원인이 있으니 방곡령(防穀令)을 내릴 것, 둘째 외국의 병참(兵站)
을 모두 퇴거시킬 것, 셋째 외국인의 무단 내지 여행을 금지시킬 것, 넷
째 절영도(絶影島)의 외국조계를 분명히 할 것, 다섯째 서울 안의 외국
인 개시(開市)를 모두 철폐할 것, 여섯째 외국 화폐의 사용을 금할 것 등
이었다.[47] 이와 같은 문제는 당시 경제적 자립성을 유지하기 위해서는

시급하고 요긴한 일이었으나, 진보적 정치세력의 대변지라 할 수 있는 『독립신문』은 그 논설을 통하여 홍종우 등의 대(對)정부건의안을 논평하면서 다음과 같이 그것이 부당한 것이라 지적하고 있다.

　　(…) 도하에 잇는 외국 쟝ᄉ를 항구로 보ᄂᆡᄌ ᄒ엿시니 첫ᄌᆡᄂ 이왕에 각국과 ᄒᆞᆫ 약죠를 곳쳐야 홀 터이라 지금 대한정부에서 외국과 이왕 ᄒᆞᆫ 약죠를 고치고져 ᄒᆞ면 무ᄉᆞᆷ 권리가 잇서 고치리요 공법에 말ᄒᆞ기를 두 나라이 약죠 ᄒᆞᆫ 후에ᄂ 언제던지 그 약조를 고치랴면 그 량국이 허락ᄒᆞ여야 약죠를 곳칠 터이요 둘 즁에 ᄒᆞ나라도 곳치기가 실타 ᄒᆞ거드면 그 약죠를 못 고치ᄂ 법이라 만일 약죠ᄒᆞᆫ 후에 뎌 사ᄅᆞᆷ의 허락을 밧지 안코 내가 고치고 십다고 혼ᄌᆞ 곳치거드면 그뒤ᄂ 의례히 뎌 사ᄅᆞᆷ이 언약을 배반ᄒᆞ엿다고 싸홈이라도 홀지라 만일 내가 강ᄒᆞ야 릉히 뎌 사ᄅᆞᆷ ᄒᆞ고 싸화 뎌 사ᄅᆞᆷ을 익을 도리가 잇시면 억지로라도 나 혼ᄌᆞ 약죠를 곳치려니와 지금 대한이 셰계 각국과 힘으로 겨러볼 쳐디가 되얏ᄂᆞᆫ지 아니 되얏ᄂᆞᆫ지 이 쟝쇼 ᄒᆞᆫ 이들이 싱각ᄒᆞ야보시오.[48]

　외국과의 통상조약에서 이미 외국 상인의 서울 시내에서의 개시(開市)를 허가하였으므로 조약을 개정하지 않는 이상, 또 대한제국이 군비가 강하여 전쟁이라도 불사할 만한 입장이 아닌 이상 그들을 서울에서 쫓아낼 수도 없는 것이라 하여 홍종우 등의 건의안이 실현성이 없는 것으로 단정하고 있다.

　같은 해에 서울 시내의 각종 시전상인이 모여 조직한 황국중앙총상회(皇國中央總商會)[49]가 "즁앙 각뎐이 통동히 회를 베프러 뎐의 디계를

47) 같은 신문, 光武 2年 4月 9日.
48) 같은 신문, 光武 2年 4月 14日.
49) 황국중앙총상회는 외국 상인의 진출 앞에서 서울시전상인들이 스스로의 상권을 보

뎡ᄒ되 동으로 쳘물교 셔으로 숑교 남으로 즉은 광교 북으로 안현ᄭ지
는 외국 사름들의 쟝ᄉᄒᄂ 것은 허락치 말고 그 디계 밧긔 본국 각뎐
은 본회에셔 관할ᄒᆯ 일이라"[50] 하여 서울 시내에서의 외국 상인의 활동
구역을 제한하고 농상공부로부터 그 인가를 받았을 때도 『독립신문』은
「춍샹회규칙 변론」이란 논설을 통하여

지금 그 춍샹회의 쟝뎡 대긔를 본즉 우리 ᄆᆞ음에 불가ᄒᆯ 죠건이 잇기로 대
강 말ᄒ노라 도셩 안 디계(地界)를 뎡ᄒ야 어듸어듸까지는 외국 사름들의 쟝
ᄉᄒᄂ 것을 허락지 안는다 ᄒ니 이것이 듯기는 죠흐나 일은 되지 못ᄒᆯ 말이
라 불힝히 한셩긔시를 허락ᄒ엿슨즉 젼일에 우리가 말ᄒ 듸로 별노히 도계를
뎡ᄒ기 젼에는 외국 사름들이 어듸 가셔던지 살 권리가 잇는지라[51]

라고 하여 다시 반대하고 있는 것을 볼 수 있다. 물론 독립협회를 중심
으로 하는 정치세력이 외국 상인의 국내 침투에 대하여 경계나 저항을
나타내지 않은 것은 아니지만,[52] 어디까지나 합리적인 방법으로, 그리

전하기 위해서 조직한 것이었으니, 이와 같은 사정은 다음의 동회 설립취지문이 잘 나
타내주고 있다. "셩죠 뎡졍ᄒ시던 쳐음에 긔디를 윤허ᄒ샤 나라의 긔쵸를 셰워 五百년
수이에 샹무가 발달ᄒ야 각근히 봉공ᄒ더니 요ᄉ이 외국 샹ᄉ는 흥왕ᄒ고 본국 샹ᄉ의
싱업은 죠준ᄒ야 심지어 뎐 ᄌ리를 외국 사름의게 방미ᄒᆯ 경우에 당ᄒ얏스니 이럿코
말지 아니ᄒ면 일편 즁앙의 긔디도 보호키 어려오니 이것이 다믄 뎐민의 실업일 ᄲᅮᆫ 아
니라 국계와 민싱의 젼판싱업이 수너질지라 우리가 혈심으로 본회를 셜시ᄒ고 규칙을
내여스니 우리와 뜻이 ᄒᆞ가진 이는 셔로 권면ᄒ야 츙의ᄒᄂ ᄆᆞ음으로 샹업의 흥융ᄒᆯ
방침을 확구ᄒ야 萬億년 무강케 공츅함." (『독립신문』 光武 2年 9月 30日)
50) 같은 곳.
51) 같은 신문, 光武 2年 10月 1日.
52) 예를 들면 『독립신문』이 광무 2년 9월 24일자의 「졍신 차리시오」라는 제목의 논설에
서 "쟉일 본사 신문 론셜에 한셩이 미구에 쳥인과 일본 사름의 셰계가 되리라고 ᄒ편
으로 통탄하며 ᄒ편으로 졍부가 죠흔 방법을 싱각ᄒ야 우리 도셩을 모도 남의 쌍이 되지

398

고 내국인의 각성에 의하여 그것을 저지할 수 있다고 생각하고 있는 것이다.

서울 시내에서 상점을 개설하고 있는 외국 상인을 개항장으로 추방해야 한다는 보부상단체나 시전상인단체의 주장에 대하여 반대의사를 나타내던『독립신문』의 논설도 외국 상인의 내륙지방 침투를 저지하는 문제에 대해서는 앞의 상인단체들과 공동보조를 취하고 있는 것을 볼 수 있다. 앞에서도 말한 것과 같이 이 시기에는 외국 상인들이 개항장이 아닌 내륙지방의 중소 상업도시에까지 침투하여 정착상인화하고 있었으므로 이것을 저지하는 문제에 있어서는 독립협회와 황국중앙총상회가 완전히 공동보조를 취하게 되었던 것이다. 다음과 같은『독립신문』기사가 그것을 말해주고 있다.

독립협회와 총상회에서 그젰긔 합동ᄒᆞ고 의론ᄒᆞ기를 각 도 각 군 디방에 외국 사ᄅᆞᆷ들이 집들을 사셔 안진쟝ᄉᆞ들을 ᄒᆞ고 ᄯᅩ 뎐답들을 산다니 이것은 당초에 외국과 교섭ᄒᆞᄂᆞᆫ 약죠 쇽에 업ᄂᆞᆫ 일이라 외국 사ᄅᆞᆷ들이 닉디에 와셔 좌시ᄒᆞ고 뎐답 사거드면 우리나라 인민들은 리죵에 살 집도 업셔지고 롱ᄉᆞ지ᄒᆞᆯ 뎐답도 업셔지겟스니 우리 두 회가 전국 二千萬 동포를 대표ᄒᆞ엿ᄂᆞᆫ지라 이 일에 대ᄒᆞ야 엇지 심상히 지닉리요 ᄒᆞ고 두 회에셔 각기 총디위원 三인식 합 六인을 선뎡ᄒᆞ야 어젰긔 외부에 보닉여 외국과 약됴ᄒᆞᆫ 문젹을 몬져 샹고식혀

않게 되기를 원ᄒᆞ엿거니와 잘못ᄒᆞ면 대한 十三도 강산이 모도 청인과 일인의 쌍이 될 염려가 잇기에 우견을 말ᄒᆞ노니 잠들을 ᄭᆡ기를 불ᄋᆞ노라 각 긔항한 곳과 한성은 됴약에 셕겨 살기를 허락ᄒᆞ엿거니와 타국 쟝ᄉᆞ가 물건을 가지고 닉디에 들어가서 뎐을 버리고 팔나는 것은 됴약에 허락ᄒᆞᆫ 빅이 업거늘 지금 숑도와 공쥬와 례산과 그외 다른 곳에서 청국과 일본 쟝ᄉᆞ들이 만히 들어가서 뎐을 버리고 잇스며 례산에ᄂᆞᆫ 청인의 집이 오십호나 된다 ᄒᆞ니 이것은 됴약 밧긔 일이라 정부에서 정신을 차렷스면 엇지 이러ᄒᆞ리요" 하여 청 상인과 일 상인의 '내지상업'을 경계하고 있다.

과연 외국 사름들이 닉디에 잡거ᄒ라ᄂ 됴관이 업슬 디경이면 두 회에서 곳 외부에 편지ᄒ고 우리나라 각 도 각 군 디방에 잡거ᄒᄂ 외국 사름들을 일병 다 내보닉고 집과 뎐답 사ᄂ 일졀을 일졀 엄금ᄒ여지이라고 ᄒ겟다ᄂ딕 그 편지 글을 죳ᄎ 엇어 긔지ᄒ겟노라.[53]

이후 양회(兩會)의 총대위원(總代委員) 6명은 외부에 대하여 "셔양 모 든 나라에 긔명ᄒ 인민은 통샹교셥에 피ᄎ 거릿김이 없스나 렬니지 못 ᄒ 인민으로 방ᄒ을 셰우지 아니하오면 셩난 슈풀 가온딕 간은 풀이 길 지 못흠과 ᄀᆺ하 본토 인종이 쇼삭홀지니 이ᄂ 셰계샹의 ᄌ연ᄒ 리셰라 그런고로 우리나라에서 당쵸에 외국 사름으로 더브러 통샹됴약을 뎡홀 새에 각 항구 안 죠계를 그어 아모 나라 쟝ᄉ 빅셩이던지 죠계 十리 밧 긔ᄂ 넘어가지 못ᄒ게 ᄒ고 각 항구 외에ᄂ 각식물화를 잡아 닉디로 운 젼ᄒ야 안져셔 쟝ᄉ질ᄒ고 파ᄂ 것을 쥰허치 말나 ᄒ엿스니 이ᄂ 렬니 지 못ᄒ 본토 빅셩을 보호ᄒ야 셩ᄒ 슈풀에 간은 풀의 환이 업게 ᄒ고 져 홈이라"[54]라는 내용의 건의문을 제출하였다.

독립협회와 총상회의 공동보조에 의하여 이루어진 이 대정부건의문 은 선진자본주의의 침입 앞에서 국내의 산업계·상업계를 보호해야 한 다는 생각이 뚜렷이 나타나 있으며 "약쟝 뎨十一관 즁에 응당 곳칠 곳은 쟉량ᄒ야 더ᄒ던지 덜ᄒ던지 ᄒ라ᄂ 긔졀이 잇스니 그런즉 뭇당히 곳 칠 곳을 곳치ᄂ 것도 ᄯ흔 됴약이라 一년 젼긔 ᄒ야 미리 셩명ᄒ야 셔울 인민의 급급ᄒ 졍형을 별반구원ᄒ고 보호ᄒ심을 업딕여 ᄇᆞᆯᄋᆞᆸ"이라 하여 '내지상업'뿐만 아니라 개항장인 서울의 경우도 통상조약을 개정

---

53) 『독립신문』 光武 2年 10月 18日.
54) 같은 신문, 光武 2年 10月 19日.

해서라도 외국인, 특히 일본 상인과 청국 상인의 침투를 저지해야 한다는 주장을 하고 있는 것이다.

이와 같은 두 단체의 건의에 대한 외부의 반응은

> 한셩에 외국인의 져ᄌᆞ 것을 일은 슈년 이ᄅᆡ로 이런 의론이 여러 번 잇섯스나 긔어히 것어가게 ᄒᆞ라 ᄒᆞᆫ즉 우리 정부에셔 그 집갑을 몰슈히 물어준 후에야 외국 사ᄅᆞᆷ들의 옴겨감을 ᄌᆡ촉할지라 그 슈다ᄒᆞᆫ 돈을 판비ᄒᆞ기가 용이치 못ᄒᆞ와 이 의론이 ᄉᆡᆼ겻다가 그ᄆᆞᆫ두엇스며 약됴 곳치ᄂᆞᆫ 것은 ᄯᆡ에 ᄆᆞᆺ당ᄒᆞᆷ을 헤아리고 이ᄒᆡ를 ᄉᆡᆼ각ᄒᆞ야 완젼ᄒᆞᆯ 방칙을 별노히 궁구ᄒᆞᆯ 터이니 한가지 이로옴과 한가지 ᄒᆡ로옴으로 약됴 고치ᄂᆞᆫ 것을 거론키 어려온지라 죠량ᄒᆞ심을 ᄇᆞ라노라[55]

하였다. 결국 서울 시내 외국인 상점을 철폐하는 일은 그 보상금을 마련하지 못하여 불가능하며, 조약의 개정은 기회를 보아 실시하리라는 것이었지만, 그러나 이후에도 외국 상인의 '내지상업'은 계속 확대되어갔으며, 따라서 이를 저지해야 한다는 여론도 계속 일어나고 있었다.

'내지상업'은 단순한 외국 상인의 국내에서의 상권 확대만을 뜻하는 것이 아니라, 이 시기에 있어서의 제국주의 세력의 한국 침략의 심화과정을 말하고 있는 것이다. 따라서 '내지상업'이 확대·발달되어감에 따라 그것은 이제 상업의 한계를 넘어서서 삼림과 토지를 매점 분할하여 제국주의 침략을 본격화시키는 앞잡이로서의 그 본색을 나타내가고 있었으며, 이 때문에 외국 상인의 '내지상업'을 저지하려는 여론은 더욱 높아갔다. 다음과 같은 『황성신문』의 논설이 그것을 잘 말해주고 있다.

---

55) 같은 신문, 光武 2年 10月 22日.

我韓이 自開國四百八十五年以來로 始與 日本及歐美各國으로 互准約款하고 開
九港一市場하야 與各國人通商交易이 凡數十年于妓矣라 其初締約之時에 倂有確定
條款하야 昭載文案하니 各宜遵守施行이 卽所謂天下之公理오 與國之明信이어늘
以目今形便而觀之면 各國人之行動이 與所立約款으로난 大相違背하니 惡在其約款
之本意歟아 試擧其一二尤著者證之컨된 租界十里以外에 購地設棧은 約章之所禁이
어늘 令外人之侵入內地하야 購買土地하며 開設棧屋이 迨不一而足으로되 我政府
不能擧章禁制하며 不通商口岸에 運貨貿易도 約所不許어늘 其貨物交易은 始捨하
고 如鬱陵島濟州島孤下島等과 其他不通商內地에 或多數占住하야 森林土地를 自爲
領轄하고 反禁韓民之採伐하며 或購買地段에 開棧設房하며 或稱買有全島而 桑營
農호되 無能禁制하고 (…)[56]

요컨대 대한제국시기는 자본주의 열강의 조선 침략이 제국주의적 방
식으로 전환되어가던 시기였으며, 이와 같은 현상이 구체적으로 나타
난 것의 하나가 외국 상인의 '내지상업'권의 확대와 그들에 의한 토지·
삼림의 매수 행위 등이었다. 그러나 한편 외국 상인의 이와 같은 동향에
대하여 국내의 여론은 강력한 반발을 나타내고 정부로 하여금 이를 저
지하도록 촉구하는 한편 이 문제와 연관되는 내국 상인의 자각을 높이
고 있었다. 이와 같은 여론의 움직임은 당시 한반도를 둘러싼 국제적 역
(力)관계에 편승하여 적어도 러일전쟁이 발발하기 전까지는 어느정도
의 효력을 나타낸 것이라 생각되기도 하는 것이다.

---

56) 『皇城新聞』 光武 7年 5月 11日.

6. 근대적 상공업자 양성의 문제

조선왕조시대의 전통적 상공업말업관(商工業末業觀)을 해소하고 사회의 모든 계층, 특히 양반계층까지도 아무 구애됨이 없이 상공업에 종사할 수 있게 하여야 한다는 사상이 이미 18세기경부터 나타나고 있었다. 예를 들면 18세기 전반기를 산 유수원(柳壽垣) 같은 학자가 그의 저서『우서(迂書)』를 통하여 적극 주장하고 있는 것을 볼 수 있다.[57] 이후 양반계층이 상공업에 종사하는 일은 점차 현실적인 추세로 나타나고 있었으며 따라서 상공업에 대한 말업관도 차차 해소되어가고 있었지만, 특히 문호개방 후에는 개화사상가들에 의하여 근대적 상공업관이 수립되고 상공업장려책이 강조됨으로써 실질적으로 그 말업관 내지 천업관(賤業觀)은 지양되어갔다. 1882년(고종 19)에는 양반이 상공업에 종사할 수 있게 하고 농상공인의 자제가 학교에 입학할 수 있게 하는 교서가 내려졌으며[58] 이후 근대적 상공업의 발달 문제와 말업관의 지양 문제는 서로 관련되어 일관된 이론으로 전개되어갔다.

1896년(건양 원년)에『독립신문』이 상무회의소 설립을 보도하면서 "죠션이 ᄌ래로 화식에 막미하여 샹고를 쳔히 녀기ᄂᆞᆫ 고로 샹업이 쇠잔ᄒᆞ야 인민의 싱계가 간졸ᄒᆞ더니 샹무회의쇼가 셜립ᄒᆞ여 샹고를 보호ᄒᆞ민

---

57) 姜萬吉, 앞의 책 제1장 참조.

58)『承政院日記』2907册, 高宗 19年 12月 28日條.

　　諭八道四都人民等書 王若曰 從來治化更新 先期破除成見 我國世貴之風 相治已久 貴族則支庶蕃衍 事育無資 賤士則地望寒微 屈抑終古 熾昌雖切 佑啓維艱 予甚悶焉 今當通商交涉伊始 凡官紳皂隷之家 皆許其阜通貨財 以臻富庶 農工商賈之子 亦准其廁身學校 而慶同升惟視才學之何如 不問出身之貴賤 其在官之虛縻爵祿 無補國是者 尤須應明 振刷自勵 庶成一道同風之治 而寓揚淸激濁之權 將此通諭八道四都

종금 이후로 샹업 흥왕하기를 브라겠더라"[59]라고 한 것이나 "ᄒᆞ물며 쟝ᄉᆞ의 업은 귀흔 사름이나 텬흔 사름이나 다 일반이라"[60] 한 것은 이 시기에 있어서의 상업관의 변화상을 잘 말해주고 있다. 『황성신문』도 1903년(광무7)의 한 논설에서

天下에 先有農工商하고 後有士하ᄂᆞ니 農 登穀하며 工 製器하며 商 通有無하야 此三民者난 皆養士者也로딕 所謂 士者난 不能養三民하며 兼不能自養者也[61]

라 하여 이 무렵에 있어서의 직업관 일반의 변화상을 나타내주고 있다.

이 시기에 있어서의 이와 같은 상공업관의 변화는 상공업 자체의 근대적 발전을 촉진하기도 하였지만, 한편으로 그것은 상공업계 전반에 걸친 근대적 개혁을 가져오는 기초가 될 새로운 상공업자 계층의 형성을 유발하는 전제조건이 되는 것이기도 하였다. 전통적 상공업말업관 내지 천업관이 해소되고 사회의 모든 계층이 자유롭게 상공업에 종사할 수 있게 되면, 종래적인 유리민적(流離民的) 상인이나 천민적 수공업자를 대신하여 근대적 직업의식에 바탕을 둔 새로운 상공업자 계층의 형성이 가능한 것이었다.

문호개방 이후 자본주의 상품의 침투가 활발해짐에 따라 조선왕조 사회의 외국무역체제와 국내 상업체제가 크게 변질하였고, 특히 일본 및 구미 제국과의 교역이 열림으로써 국내 상인들의 외국 상인과의 접촉이 빈번하여졌으나, 국내 상인사회의 인적 구성은 아직 종래적인 테두리에서 벗어나지 못하였으므로, 그것은 상업의 근대적인 발전을 저

---

59) 『독립신문』建陽 元年 6月 30日.

60) 같은 신문, 建陽 2年 6月 5日.

61) 『皇城新聞』光武 7年 10月 5日.

해하는 큰 요인이 되고 있었다. 그러나 문호개방부터 갑오경장기(甲午更張期)까지는 근대적 기술 수용을 위한 일부 기술자들의 외국 파견은 있었지만, 종래의 시전상인·객주·여각·보부상 등이 새로운 상업질서에 그대로 편승하였고, 그럼으로써 외국 상인과의 접촉 과정에서 여러 가지 마찰과 차질이 빚어졌으나 아직 근대적 상공업자를 양성하기 위한 교육기관을 설립하려는 움직임은 없었다.

갑오경장 이후에는 진보적 사상가들에 의하여, 혹은 정부 측에서도 근대적 상공업자의 양성이 시급한 것이라 인정되기 시작하였다. 유길준은 당시 상인이 갖추어야 할 새로운 지식으로서 대개 다음과 같은 여섯 가지를 지적하고 있다.[62]

첫째, 物貨去來와 財物與受에 條理 잇게 治簿ᄒᆞᄂᆞᆫ 法

둘째, 약속을 定ᄒᆞ며 자본을 合ᄒᆞ야 確實ᄒᆞ게 會社 ᄒᆞᄂᆞᆫ 事

셋째, 본국과 타국의 화폐를 互較ᄒᆞ야 時勢의 輕重을 磨鍊ᄒᆞᄂᆞᆫ 理致

넷째, 각국의 物産을 본국의 물산과 비교ᄒᆞ야 물가의 高低를 分別ᄒᆞᄂᆞᆫ 手段

다섯째, 본국의 物貨를 타국에 輸出홈이며 타국의 物貨를 본국에 輸入홈에 各國 海關의 各物抽稅ᄒᆞᄂᆞᆫ 法

여섯째, 他人의 船에 裝載ᄒᆞᄂᆞᆫ 約束과 何港에 至ᄒᆞ든지 卸物ᄒᆞᄂᆞᆫ 規則

종래의 상인은 그 활동의 대부분이 국내 상업에 한정되어 있었고, 개성상인의 경우와 같은 예외가 있기는 하였으나 대부분의 상인이 치부법(治簿法) 등에 등한하였던 데 반하여 개항 이후의 상인은 치부법과 자본의 집중 방법 등에 있어서 근대적인 방법의 채택이 불가피하였으며,

---

62) 兪吉濬, 앞의 책 第14編 「商賈의 大道」.

특히 외국과의 무역에 종사하는 경우 관세규칙, 화폐교환율 및 시장조사 등의 문제에 있어서 새로운 훈련이 시급하였던 것이다. 그는 종래적인 국내 상인이 외국 상인과 접촉하는 경우를 가정하면서 "만약 商賈 ᄒ 는 者가 工夫 업시 他國 商賈의 工夫ᄒ 者를 對ᄒ면 此는 目不識丁ᄒ는 村 夫가 有職ᄒ 學士를 對坐ᄒ야 文章을 論難홈과 同ᄒ지라"[63]라고 하였다.

유길준의 이와 같은 논설을 통하여 이 시기에 근대적 상업지식의 교육이 얼마나 절실히 요청되고 있었는지 짐작할 수 있지만, 실제로 갑오경장 이후에 새로 설치된 상무회의소에서는 1897년(건양 2)에 다음과 같이 상무학교(常務學校)의 설립을 주장하고 있다.

> 샹무회의쇼에셔 농상공부에 쳥원셔 ᄒ기를 (…) 쏘흔 죠목은 본쇼는 샹무 를 회의ᄒ야 샹민을 보호ᄒ며 샹업을 권쟝ᄒ는바 우리나라 샹민이 학문이 몽 미ᄒ야 샹업이 발달치 못ᄒ니 샹무학교를 셜립ᄒ고 학도를 십오셰 이샹브터 삼십셰 이하ᄭ지 총민흔 ᄌ로 흔 스십인을 쎱고 외국 교스를 쳥ᄒ야 쟝ᄉ 규 모와 산슐을 글ᄋ쳐 일년 졸업흔 후에 우등을 쎱아 각 도에 파숑ᄒ야 학교를 셰우고 그 ᄭ에 학교를 글ᄋ쳐 젼국 상무를 ᄀ명케 ᄒ겟노라 하엿고 (…)[64]

상업의 규모와 산술을 가르치며 이수연한을 1년으로 제정하였던 이 상무학교는 기성 상인의 근대적 상인으로의 전환을 위한 교육기관이 아니라 청소년층을 새로 교육함으로써 이들을 중심으로 새로운 상인층을 형성하려 한 것이며, 서울상무학교 출신으로 하여금 지방에 다시 같은 목적의 학교를 세우게 할 계획이었던 것으로 미루어보면 짧은 시일

---

63) 같은 곳.
64) 『독립신문』建陽 2年 3月 16日.

406

안에 신구 상인층의 교체를 이루려 한 것이라 생각되기도 한다. 그리고 이 상무학교의 경우 외국인 교사를 초빙할 계획이었지만, 이 시기에는 상공학(商工學)을 포함한 '실학(實學)'을 배워 오도록 하기 위하여 외국에 유학생을 파견할 것을 주장하는 논설들이 보이고 있어서[65] 근대적 상공업자의 양성 문제에 대한 여론의 적극성을 엿보게 한다.

상공업 교육기관의 설치 문제는 이 시기의 진보적 여론을 선도하던 독립협회에서도 적극 주장하고 있었지만, 1898년(광무 2) 10월 28일에 개최된 만민공동회(萬民共同會)의 대정부건의안 6개 항목 속에도 '設立 商工學校 以勸民事業'의 조항이 있었고, 이 건의안을 받아들여 반포한 조칙(詔勅)에서도 해항(該項)이 포함되어 있다.[66] 그리고 이 조칙이 내려진 6개월 후에는

國家之開設學校 作成人材 將以廣知見而求進益 以爲開物成務利用厚生之基本也 (…) 我國之人材 未必多讓於外國 而特以敎之無素 故人民之知見未開 農商之功業不興 以致民産日蹙 國計日絀 而新設學校 僅爲文具而止 全昧敎育之方 五六年來 了無寸進之效 至於商工學校 尤爲急先之務 曾有去年下勅 而迄無開設之議 如是心泄 何事可做 良庸慨然[67]

<hr />

65) 예를 들면 『독립신문』의 광무 2년 6월 14일자 논설은 "셔양 각국의 부강흠은 무슴 까둙이며 대한국의 빈약흠은 무슴 연고인고 흐니 셔양 각국은 실학을 슝샹흐야 문명흔 긔계를 신발명흔 뒤으로 나라 형셰들이 크게 떨쳐 셰계샹에 몬져 진보흔 나라이 되고 대한국은 다믄 허학믄 슝샹흐니 이난 셔양 각국에 대흐야 못흔다고 흘 믄흔지라 (…) 쥰수흔 ᄌ데들을 문명흔 각국에 만히 보닉여 그 나라의 갸양 학문 즁에 뎨일 조흔 걸노 빅화다가 본국에 학교를 여러 곳에 셰우고 국민들을 갈ᄋ 치거드면 대흔도 또흔 ᄌ연히 문명부강흔 경계에 이를지니 그러고 보건드면 텬하 각국을 대하야 무엇이 두려옴이 잇스리요"라고 하여 서양 '실학'의 도입과 그것의 국내에의 보급을 적극 주장하고 있다.
66) 『官報』 光武 2年 10月 31日; 『독립신문』 光武 2年 11月 1日.
67) 『日省錄』 456冊, 光武 3年 3月 18日條.

이라 하여 상공학교의 개설을 촉구하는 조서가 다시 내려지고 있다. 상공학교의 설립을 요구하는 여론과 그것을 수납(受納)한 조칙에 의하여 1899년 6월에는 상공학교의 관제가 발표되었다. 그것에 의하면, 이 학교는 상업과 공업의 필요한 실학을 교육하는 것을 목적으로 하며, 상업과와 공업과의 두 과를 두고 각 과의 작업연한은 4개년으로 하되 제1학년도는 예과(豫科) 나머지 3학년도는 본과로 하며, 직원으로는 주임관(奏任官)의 학교장과 주임관 혹은 판임관(判任官)의 교관과 판임관의 서기를 두도록 규정하였고 외국인 교관을 고용할 수 있으되 그들은 교수만 담당하게 하였으며 이와 같은 상공학교는 지방에도 설치할 수 있고 또 공사립을 모두 설립할 수 있게 하였다.[68]

이와 같은 상공학교 관제는 앞에서 인용한 바 있는 상무회의소의 상공학교 설립안을 그대로 받아들인 것이라 생각되지만, 다만 수학연한을 4년으로 늘린 것은 그만큼 전문적이고 자질 높은 상공인의 양성을 목적한 것이라 하겠다. 그리고 이 상공학교의 연간 모집인원을 어느 정도로 예정하였는지 알 수 없으나, 앞에서 든 상무회의소안과 같이 40명 정도로 정원(定員)하였다면, 각 지방의 상공학교가 시급히 설치되지 않는 한 근대적 상공업지식을 갖춘 상공인을 바탕으로 한 상공업 구조로의 개편은 짧은 시일 안에 이루어지기 어려운 것이었다. 그러므로 이 시기에는 4년제의 정규 상공학교 이외에 종래의 기성 상인층을 교육하는 속성과정의 상무학교 설립이 요청되고 있었다. 4년제 상공학교의 관제가 발표된 직후 『황성신문』은 그 논설에서

唯人이 最貴홈은 何오 我는 曰흥되 文學이 有홈이라 (…) 商賈貿遷도 文學으

68) 같은 책, 458册, 光武 3年 5月 17日條.

로 從ㅎ야 利益을 獲ㅎㄴ니 我國에 商賈는 有國以來로 自ㅎ야 文學으로 專門業의 工夫는 無有ㅎ고 稱曰負商이라 ㅎ야 男負女載ㅎ고 靡室靡家ㅎ야 旅店을 逐ㅎ야 止宿홈이 遊牧之人이 水草를 逐홈과 同規ㅎ고 負擔之勞가 牛馬의 苦工으로 더부러 셔로 上下ㅎ니 唯人이 最貴ㅎ다 ㅎ기에 惡在ㅎ리오[69]

라고 하여 종래 유리민적 상인의 생태를 지적하고 이와 같은 상업구조를 탈피하는 방책으로서 상무회사를 조직하고 "商務를 진흥ㅎ랴면 상무 전문의 學이 自有ㅎ니 상무학교를 실시ㅎ야 모집한 負商 기만 명을 일 년, 반 년간 속성과에라도 종사케 흔 연후라야 囂陵이 可靖ㅎ고 淨誕이 乃息ㅎ야 實業의 發達을 進步할지라"[70]라고 하여 부상층(負商層)에게 근대적 상업지식을 교육하기 위한 속성기관을 설치할 것을 주장하고 있다. 사실 이 시기에는 근대적 상업의 발달에 역행하는 부상층에 관한 문제가 상업문제로서뿐만 아니라 사회 및 정치적 문제로서도 크게 대두되고 있었으며, 따라서 이들에 대한 근대적 상인교육이 시급하였던 것이다.

한편 이 시기에는 이 상공학교 이외에도 정부의 근대적 기술교육 문제와 관련하여 여러가지 상공업자의 교육기관이 설치되었고 이들 교육기관을 통하여 새로운 상공인, 특히 공업기술자의 배출이 활발히 이루어지고 있었다. 예를 들면 이 시기에는 앞에서도 든 바와 같이 인공양잠전습소가 설치되어 많은 잠업기술자를 배출하였고, 이밖에도 광산기술자 양성기관으로서의 광무학교(鑛務學校)가 설립되었고,[71] 직조학교

---

69) 『皇城新聞』 光武 3年 10月 3日.

70) 같은 신문, 光武 3年 10月 3日.

71) 各部請議書存 第15冊 勅令 31號 및 金泳鎬 「韓末西洋技術의 受容」, 『亞細亞硏究』 31호, 1968.

(織造學校)도 설립되어 졸업생을 내고 있었으며[72] 공업전습소가 설립
되어 염직공(染織工)·직조공·제사공(製絲工)·금공(金工)·목공(木工) 등
의 공업기술자를 양성하였다. 그리고 국립이나 관립의 상공업자양성소
뿐만 아니라 민간의 각종 제조공장에서도 기술자양성소를 부설하고 있
는 것을 볼 수 있는데 민병석이 사장이던 한성남서예동직조단포주식회
사(漢城南署藝洞織組緞布株式會社)의 경우를 예로 들 수 있다. 이 회사가
『황성신문』의 1900년(광무 4) 3월 20일자에 낸 광고를 보면

　　宇內諸國에 克富克強은 無他道焉이라 학교를 設ᄒ야 인민을 교육ᄒ고 회사
　　를 立ᄒ야 재정을 확장ᄒᄂᆫ 기초라 今世에 各樣紬緞布木織造ᄒᄂᆫ 器械를 購來
　　ᄒ야 男女學徒를 分黨敎習ᄒ고 卒業日로 始ᄒ야 月銀備給ᄒᆯ 款을 立ᄒ고 社員에
　　資本金額은 一股에 一百圓을 定ᄒ야 利益은 每年陰六月臘月에 資本多少에 從ᄒ
　　야 梯分ᄒᆯ 權을 約ᄒ오니 有志ᄒᆫ 僉君子ᄂᆫ 枉臨ᄒ야 現今織造를 愛翫ᄒ고 資本
　　金을 速付本社ᄒ야 另圖富強홈을 務望홈

이라 하여 기술자 양성과 직물 생산을 겸한 민간 주식회사가 있었음을
전해주고 있다.

　　앞 절에서 논급한 바와 같이 대한제국시기는 종래의 상업구조를 개
혁하고 특히 특권상업체제를 해소하여 자유로운 상업 발달을 이룰 것
이 촉구되던 시기였고, 또 자본주의적 경영방식에 의한 각종 제조회사
의 설립이 요청되고 또 실제로 그것이 설립되어가고 있던 시기였다. 그
러므로 이와 같은 새로운 경제체제를 담당할 경영자와 기술자의 확보
가 시급하였고, 그것을 위하여 시대적인 요청에 부응하는 새로운 상공

---

72) 『皇城新聞』 光武 4年 3月 26日.

업자층을 양성하는 문제가 이 시기의 상공업문제 가운데 가장 중요한 것의 하나로 지적되고 있는 것이다.

7. 맺음말

머리말에서 언급한 바와 같이 대한제국시기는 개항 이후의 정치적·경제적 혼란을 극복하고 합리적인 개혁을 모색하던 시기였으며, 이와 같은 사실은 특히 경제 분야에서 두드러지게 나타나고 있다. 이 시기의 경제문제, 특히 상공업상의 문제점으로 부각되는 것을 우리의 관점에서 간추려보아 대개 다섯 가지로 대별할 수 있었다. 그것은, 첫째 도고 체제를 해체하는 문제, 둘째 이 시기에 나타나고 있던 상회사의 특권성을 해소하는 문제, 셋째 산업공장의 설립 문제, 넷째 외국 상인과 그 자본이 침투해오는 데 대한 대책 문제, 다섯째 이 시기의 근대적 상공업의 발달에 따르는 새로운 상공업자 양성 문제 등이었다.

도고상업체제는 개항 전 17세기경부터 본격적으로 발달했으나 18세기 말경부터 이미 내적 요인에 의하여 일부 해체되어가고 있었다. 개항 후에도 내적으로는 개화사상의 영향에 의하며 외적으로는 외국 자본주의 세력에 의하여 계속 해체되어가고 있었지만, 대한제국시기에도 전통적 상업체제 해체의 최종적 단계로서 이 문제가 드러나고 있었던 것이다. 특권회사는 종래의 도고상업체제가 해체되는 과정에서 그 자본이 중심이 되어 성립된 것으로서 도고체제가 정부의 상업보호정책에 편승하여 일종의 근대적 탈을 쓰고 변신한 것이었다. 그러므로 본질적으로는 도고체제의 연장에 지나지 않았고, 이 때문에 상업의 자유로운 발전을 촉구하는 이 시기의 진보적 사상가들에 의하여 그 해체가 강력히 주장되었으며 또 실제로 해체되어가고 있었던 것이다.

근대공업의 진흥과 산업공장의 설립 문제는 이 시기 경제문제의 핵심을 이루는 것이었다. 개항 후 20년간 자본주의 제품의 생활필수품화율이 급격히 높아짐에 따라 그것을 자급자족해야 할 필요성을 절실히 느끼게 됨으로써 이 문제가 경제 분야의 가장 중요한 문제로 드러났던 것이다. 자본 조달과 기술 및 기계의 도입 문제 등에 있어서 구체적인 방안이 제시되었고, 또 이 시기에 실제로 설립 운영되고 있던 공업회사의 경영 문제에 대해서도 깊은 사회적 관심이 표시되고 있었다.

한편 이미 생활필수품화한 기계제품을 자급화하려는 노력은 그것으로만 끝나는 것이 아니라 그 제품의 수출을, 그리고 나아가서 산업구조의 전면적 개혁을 전망하였던 것이라 생각되는 것이다. 이 시기에 있어서의 외국 상인과 그 자본의 침투에 대한 대책 문제는 주로 그들의 '내지상업'을 저지하려는 노력으로 나타나고 있다. 개항 당시 개항장 일원에 한정되었던 외국 상인의 상권이 점차 내륙지방으로 확대되어갔고, 특히 그들의 '내지상업'이 행상적인 단계에서 정착상인화하며 내륙지방의 중요 도시에 상점을 개설하기에 이르렀던 것이다. 이 문제는 국내 경제계에 심각한 위협이 되지 않을 수 없었으며, 이 때문에 대한제국시기의 여론은 이 문제에 대하여 크게 경계하고 있었던 것이다.

대한제국시기는 다른 분야에서도 마찬가지였지만, 특히 상공업 분야에 있어서는 그 기본적인 구조를 개혁하기 위하여 무엇보다도 그것에 종사하는 사람에 대한 새로운 훈련이 시급한 시기였다. 개항 이후 외국 상인과의 근대적 무역이 이루어짐에 따라 새로운 상업지식을 갖춘 상인의 양성이 요청되었고 기계공업의 도입과 더불어 새로운 기술자의 양성이 시급하였다. 종래의 시전상인과 보부상, 그리고 공장(工匠)을 다시 훈련하는 방법도 모색되었지만, 한편 근대적 체제를 갖춘 상공학교를 설립하여 신진 상공업자를 양성하고 이들로 하여금 이후의 근대적 경제체제를 담당하게 하려는 계획이 진행되어가고 있었던 것이다.

그러나 이와 같은 경제적·기술적인 면에 있어서의 근대화, 자본주의화도 정치적인 면에 있어서의 근대화를 전제로 한 것이 아니어서 그것만이 뿌리내리기는 어려운 실정이었으며, 경제 및 기술 면의 이와 같은 움직임도 한반도를 둘러싼 러·일 간의 세력균형이 러일전쟁으로 깨어짐으로써 모두 좌절되고 한반도는 결국 일본의 식민지로 전락했던 것이다.

(『亞細亞研究』 통권 제50호, 1973년 6월, 原題「大韓帝國時期의 商工業問題」)

IV

왕조전기 白丁의 성격

1. 머리말

　조선시대를 통하여 백정(白丁)이라 통칭되던 하나의 사회적 계층은 고려시대의 백정(白丁)과는 전혀 그 성격이 다르며, 이들이 화척(禾尺)·재인(才人)의 후예로서 조선초기에 백정으로 개칭되었음은 이미 알려진 사실이다. 이들에 관한 연구는 1938년에 발간된 아유가이 후사노신(鮎貝房之進)의 저서인『잡고(雜攷)』제5집「양수척조(楊水尺條) 수척조(水尺條) 화척조(禾尺條)」에서 비교적 상세히 다루어졌고 이 연구는 조선시대의 백정을 연구한 거의 유일한 것으로 널리 참고되어왔다. 그러나 아유가이(鮎貝) 씨의 연구는 백정계급을 체계적으로 다룬 것이라기보다 양수척·수척·화척 등에 관한 어의적 해설을 주로 문제삼았으며 조선시대의 백정 연구의 중요한 자료인『조선왕조실록(朝鮮王朝實錄)』이 전혀 참고되지 않아 그들의 이색적인 생활상을 철저히 구명하지 못하였다. 그러므로 중세사회 내에서의 그들의 사회적 위치, 조선왕조와의 특수한 관계, 북방유목민 출신이라 생각되는 그들의 농경사회에의 동화 정도 등 백정의 참모습을 찾을 수 있는 연구단계에까지는 미치지 못한 감이 있다.

『조선왕조실록』 속에서 백정들에 관한 많은 기록을 볼 수 있으며, 이 들 기록을 통하여 백정 생활의 참모습을 찾아볼 수 있다. 이 글은 백정 의 명칭에 관한 고증이나 그 어의적 해석을 가하기보다 『조선왕조실 록』에 나타나는 자료를 중심으로 우선 조선초기에 있어서의 그들의 생 활상을 살핌으로써 그들이 북방의 유목민계 출신이었음을 좀더 분명히 밝히며 이에 연유한 조선왕조 사회 내에서의 그들의 위치를 구명하고 나아가서는 농경사회에의 동화 경위를 살펴 그 존재를 좀더 정확하게 부각시키고자 한 것이다.

이미 알려진 바와 같이 고려시대부터 재인 혹은 화척으로 지칭되어 오던 이들이 정식으로 백정이라 개칭된 것은 세종 5년(1423) 10월이었 다. 『실록』 기사에 의하면 재인·화척은 본시 양인(良人)인데 그 직업이 천하고 호칭이 달라서 백성들이 모두 이류(異類)로 보고 그들과 혼인하 기를 꺼려 하니 그들을 백정이라 고쳐 부르자고 제의한 병조의 안을 왕 이 수락한 것이다.[1]

그 이후로는 과거의 재인과 화척을 통틀어 백정으로 불렀어야 하나 실제로는 『실록』 기사에서 보이는 바와 같이 화척·수척·재인·달단화척 (韃靼禾尺)·재백정(才白丁)·재인백정(才人白丁)·신백정(新白丁)·백정 등으로 혼용되고 있어서 옛 명칭을 버리지 못해 신·구명칭이 복합되어 불리기도 한 것같이 보인다. 그리고 화척·재인을 합쳐 백정이라 부르게 한 세종 5년 이전에도 그들의 호칭이 화척·재인만이 아니어서 『고려사

---

1) 『世宗實錄』 卷22, 世宗 5年 10月 乙卯條.
　兵曹啓 才人 禾尺 本是良人 業賤號殊 民皆視爲異類 羞與爲婚 誠可憐憫 乞改號白丁 (…) 從之

418

(高麗史)』「신우전(辛禑傳)」에 의하면 "禾尺卽楊水尺"[2]이라 하여 화척은
이전에 양수척이라 불리었음을 알 수 있게 한다. 뿐만 아니라『중종실
록(中宗實錄)』에는 "白丁卽前朝之揚水尺"[3]이라 하여 결국 백정 이전에는
화척, 화척 이전에는 양수척이었으며 재인은 백정 계열과는 그 근원이
다르고 또 생활상태도 다른 무리로 생각되는 면이 있고 또 사실 그렇게
취급되어오기도 하였다.

그러나 또 한편으로 세종 5년에 재인과 화척을 백정으로 개칭하였다
는 기록이나 세조 2년(1456)의 양성지(梁誠之) 상소문에 "白丁 或稱禾尺
或稱才人 或稱韃靼 其種類非一"[4]이라 한 기록 등을 위시하여 고려말기에
서 조선전기에 걸친 모든 기록에 전술한 백정·화척·재인이 그 생활상
태는 물론 직업에서도 거의 구별할 수 없게 표현되어 있다. 그런데도 백
정이라 개칭되기 이전에는 화척과 재인의 두 가지 명칭으로 불리었고
백정으로 개칭된 후에도 화척은 그대로 화척이라 불리거나 백정이라고
불리고 재인은 재백정 혹은 재인백정으로 불렸던 것 같다.

이와 같이 백정계와 재인이 그 호칭에 차이는 있으나, 이들은 모두 유
목민계 출신으로 그 생활상에 차이가 없었고 직업에 있어서도 사실상
차이가 없었다고 생각된다. 이 점에 관해서는 본론에서 인용하는 사료
들을 통하여 더욱 밝혀질 것이지만, 본고에서는 재인과 화척을 합쳐 백
정으로 개칭하였다는 기록을 근거로 하여 이들을 통칭 백정으로 표기
하여 서술할 것이다.

---

2)『高麗史』列傳 卷47, 禑王 8年 4月條.

3) 주 6 참조.

4)『世祖實錄』卷3, 世祖 2年 3月 丁酉條.
　　(…) 白丁 或稱禾尺 或稱才人 或稱韃靼 其種類非一 國家憫其不齒於齊民也 稱白丁 以變
　舊號 屬軍伍 以開仕路 然而至今 遠者五百餘年 近者數百年 本非我類

본론에 앞서서 백정에 관한 두 가지 문제를 살펴두고자 한다. 그 하나
는 그들이 한족계(韓族系)가 아닌 이민족 출신이었다는 점이며, 또 하나
는 그들이 언제부터 한족사회에서 생활하였는가 하는 점이다. 종래의
학자들 가운데에도 양수척 즉 백정계만은 대륙지방에서 유입한 이민족
이리라 추측한 경우가 있었다. 그러나『조선왕조실록』속에서 백정계뿐
만 아니라 재인까지 포함해서 그들이 이민족 출신이었음을 좀더 분명
히 믿을 수 있게 하는 기록들을 찾아볼 수 있다. 앞에서도 인용한 바 있
지만『세조실록(世祖實錄)』의 양성지 상소문 속에는 화척·재인·달단 등
으로 불리어서 그 종류가 하나뿐이 아닌 백정들을 '본비아류(本非我類)'
라 하였고[5)]『중종실록』속에도 우리나라에 별종인이 있으니 그 이름이
백정이라 하였으며[6)] 성종 때의 행첨지중추부사(行僉知中樞府事)였던
김영유(金永濡)의 상소 가운데도 우리나라의 재인백정은 그 선조가 호
종(胡種)이라 한 기록이 있고[7)] 역시 성종 때의 각 도 관찰사에게 보내
는 글에서도 재백정은 본래 모두 이류라 하였다.[8)] 뿐만 아니라 세종 때
4품 이상의 관리들이 제구책(制寇策)을 의논한 가운데 신백정 등은 수
렵에 익숙하고 말타기와 길 걷기에 뛰어나므로 만약 이들을 국방에 이

---

5) 주 4 참조.

6)『中宗實錄』卷12, 中宗 5年 8月 丁亥條.
　　我國有別種人 以射獵結造柳器爲業 異於編氓 名曰白丁 卽前朝之揚水尺

7)『成宗實錄』卷252, 成宗 22年 4月 戊辰條.
　　行僉知中樞府事金永濡上言 (…) 我國家才人白丁 其先胡種也 非徒善馳射 性皆驍勇 徒步
　　捕獸 習以爲常 跋涉險阻 履如平地 飢寒不以爲病 奔走不以爲苦 若驅之爲先鋒 則一可當百矣
　　每於調兵 置而不論 臣竊以爲欠事 伏願分遣朝官 纖悉推刷 隨才分等 籍記姓名 許補軍丁 但
　　此輩 不付兵籍 本無保丁 其兵杖衣糧 不可不慮 其節目 令大臣擬議 啓稟施行 則其於調兵 未
　　必少補

8) 같은 책, 卷69, 成宗 7年 7月 己未條.
　　下書諸道觀察使曰 才白丁 本皆異類 不事農業 屯聚無人之地 專以盜賊爲事 (…)

420

용하면 이른바 이이제이(以夷制夷)하는 것이 된다 하였고[9] 『중종실록』
에는 도성 내에 재인백정들이 많이 거주하여 도적들이 이들을 인연(因
緣)하여 출입이 빈번하며 또 재인백정들의 거처가 도적의 소굴이 되어
있으므로 재인백정들을 가려내려 해도 "그들이 범인(凡人)과 같아서 그
용모로는 분변할 수 없다"는 퍽 암시적인 기록도 있다.[10]

이상에서 제시한 자료들에 의하여 우리는 백정계와 재인이 모두 이
민족 출신이었다고 생각할 수도 있겠으나 이 단편적인 기록들에만 의
존하기보다 그들의 생활상을 통하여 좀더 정확한 답을 구할 수 있을 것
이며, 본론에서 다시 논급될 것이다.

다음 조선시대에 백정이라고 불린 이들이 이민족 출신이라면 언제부
터 한족사회에 들어와 생활하였는가 하는 점에 관해서는 그 진상을 밝
히기가 대단히 어렵다. 백정계에 관한 최고(最古)의 기록은 널리 알려
진 『고려사』 「최충헌전(崔忠獻傳)」이다. 최충헌의 생존시대는 대개 12
세기 말, 13세기 초이지만(1149~1219), 이 기록에는 양수척이 고려 태조
가 후백제를 공격할 때 제어하기 어려웠던 무리들의 후예라 하여[11] 양

---

9) 『世宗實錄』 卷73, 世宗 18年 閏6月 癸未條.

　　以前日 四品以上 所上制寇之策 (…) 本朝能射御者 皆兩班子弟也 或顚躓失馬 則雖一息難
步 或飮食失時 則雖一二里必困 此與山戎 不敵明矣 (…) 下三道營鎭屬及各官山行除役新白
丁等 常習畋獵 能騎能步 若用此輩 所謂以蠻夷攻蠻夷也 臣願 鹽干 新白丁內 能騎能步壯勇
出衆者 誘使應募 或旁求選揀

10) 『中宗實錄』 卷57, 中宗 21年 5月 丁亥條.

　　(…) 又東大門內兩橋間大路 南開川北人家 過半才人白丁所居 都城內外賊黨 因緣出入 聚
爲賊穴 (…) 才人白丁 分辨之事 尤爲不便 大抵白丁才人等 與凡人不異似 不得以容貌辨也
(…)

11) 『高麗史』 列傳 卷42, 叛逆3, 崔忠獻條.

　　至是契丹兵入寇 京城無備 人情恟懼 皆怨忠獻 初李至榮爲朔州分道將軍楊水尺多居興化雲
中道 至榮謂曰 汝等本無賦役 可屬吾妓紫雲仙 遂籍其名 徵貢不已 至榮死 忠獻又以紫雲仙爲
妾 計口徵貢滋甚 楊水尺 (…) 太祖攻百濟時 所難制者遺種也 素無貫籍賦役 好逐水草 遷徙無

수척이 북방에서 흘러들어온 것이 아니라 토착의 반역세력이라 하였으며, 이밖에 조선후기의 학자 이익(李瀷)도 그의 저서 『성호사설(星湖僿說)』에서 「최충헌전」과 같이 기록하고 있는데 『성호사설』의 기록은 「최충헌전」의 기록을 그대로 참고한 것인 듯하다. 어쨌든 이 점에 관하여 종래의 학자 가운데는 이 기록이 일종의 억설이라고 주장하는 사람이 있고 또 어떤 사람은 막연히 그대로 인정하기도 하였다.[12] 우리는 이 사실을 섣불리 인정도 부정도 할 근거를 가지고 있지 못하다. 다만 『조선왕조실록』 속에 그들이 이미 나말여초에 이 땅에 살고 있었다는 기록이 몇 곳에 보이기에 이를 제시해본다.

앞에서도 인용한 바 있지만 『세조실록』의 양성지 상소문 속에 화척·재인·달단 등으로 지칭되는 백정들은 멀리는 5백 년 전에, 가까이는 수백 년 전에 있었다고 한 기록[13]이 있어서 당시로부터 5백 년 전, 즉 대개 나말여초에 백정계나 재인이 모두 이 땅에 살고 있었음을 전하고 있으며, 『예종실록(睿宗實錄)』에서도 양성지는 양수척은 전조(前朝)의 초에도 있었고 고려 조정이 강화도로 천도하여 있을 때도 있었으며 재인 백정은 충렬왕 때에 있었고 공민왕 때에도 있어서 멀리는 5백~6백 년, 가까워도 수백 년을 내리지 아니한다 하였다.[14] 이 기록에서는 백정계

常 唯事畋獵 編柳器販鬻爲業 凡妓種本出於柳器匠家 後楊水尺等 帖匿名書云 我等非故反逆也 不堪妓家侵奪 故投契丹賊爲鄕導 若朝廷 殺妓輩及順天寺主 則可倒戈輔國矣 (…)

　이 기록 중 "凡妓種本出於柳器匠家"라 한 것에 대해 의문이 많으나 후고(後稿)로 미룬다.

12) 金庠基『高麗時代史』, 東國文化社 1961, 447면의 주 23 및 鮎貝房之進『雜攷』5, 朝鮮印刷 1938, 75~76면 참조.

13) 주 4 참조.

14) 『睿宗實錄』卷6, 睿宗 元年 6月 辛巳條.

　工曹判書梁誠之 上書曰 (…) 楊水尺者 前朝初有之 江都時亦有之 才人白丁 忠烈王時有之 恭愍王時有之 遠者五六百年 近不下數百年 其絃歌之習 宰殺之事 至今不改 (…)

와 재인을 구별하여 백정계는 최고 나말여초, 재인은 최고 여몽전쟁(麗蒙戰爭) 직후에 있었다고 전하고 있으니 결국 이들은 나말여초, 여몽전쟁 시, 여말선초와 같이 한족사회가 정치적으로 혹은 사회적으로 혼란하였을 때마다 나타난 것으로 이해될 수 있으며 한편 이들 기록은 단순히 『고려사』「최충헌전」을 참고한 것이라고만 볼 수는 없다.

우리는 과거의 역사기록 속에서 북방 유목민들이 여러가지 기회로 부단히 한반도에 흘러들어왔던 사실을 찾아볼 수 있다. 멀리까지 소급하지 않더라도 삼국통일 당시의 나당전쟁에 많은 거란인(契丹人)·말갈인(靺鞨人)들이 당병과 함께 신라를 공격하여 왔던 사실과 신라의 흑금서당(黑衿誓幢)이 말갈인으로 구성된 것을 『삼국사기(三國史記)』 속에서 찾아볼 수 있으며, 후백제를 공격하던 고려 태조 왕건(王建)의 군병 속에 흑수(黑水)·달고(達姑)·철륵(鐵勒) 등의 번군(蕃軍)이 포함되어 있었음을 알고 있고, 고려시대에도 여진(女眞)·거란인들이 귀화하거나 포로가 되어 왔으며 더구나 거란의 귀화인과 포로들을 수용하는 거란장(契丹場)이 있었음을 알고 있다.

이와 같이 유목민계 출신들이 농경사회에 들어와 생활하면서 한족사회에 혼란이 생길 때마다 그들의 거칠고 호전적인 기질을 드러냈으나 시간이 흐름에 따라 농경사회 속에 동화되어갔고 또 새로운 유목민이 흘러들어오고 그들이 또다시 혼란을 틈타 약동하였으리라 생각할 수 있을 것이다. 본고는 그중에서도 여말선초의 혼란기를 틈타 노략질을 하다가 점차로 정착되어간, 그리고 조선왕조의 치자들에 의하여 백정이라 통칭된 무리들의 생활상과 그들이 한족사회에 정착해가는 모습을 살펴보려고 하는 것이다.

2. 유목민적인 생활상

『고려사』나 『조선왕조실록』등의 여말선초 부분에서 대단히 비정착
적인 백정들의 생활상을 표현한 자료들을 찾아볼 수 있다. 앞에서도 인
용한 바 있는 『고려사』 「최충헌전」에서는 양수척들의 생활을 "好逐水草
遷徙無常"[15]이라 표현하고 있으며 『성종실록(成宗實錄)』에 백정은 "本
無居室 山屯野處成群爲盜"[16]한다 하였고 『중종실록』에는 "才人等 無恒産
無定居"[17]라 하였다. 즉 이들 기록에 따르면 일부 백정들은, 일정한 생
활기반을 가지고 있지 못하며 거처마저 일정하지 않아서 산이나 들에
서 무리를 지어 노숙생활을 하였던 것으로 생각되고, 또 그들이 수초(水
草) 즉 초원지대와 소택(沼澤)지대를 따라다니며 유전하였다는 것은 그
것이 곧 유목민적인 생활의 계속을 표현하는 것이라 생각되기도 한다.
더구나 『세종실록(世宗實錄)』의 기록에는 일반 백성과 섞여 살지 않고
구습을 가진 자는 "沒其所畜頭匹"[18]이라 하였고 신백정들이 마력(馬力)
에만 의지하고 농사짓지 아니하니 그들이 기르는 말을 조사하여 낙인
(烙印)하고 앞으로는 낙인되지 아니한 말을 기르지 못하게 하며 평민이
신백정에게 매마(賣馬)하는 것을 엄금하고 반면 신백정이 평민에게 매
마하는 것을 금하지 않으면 신백정들이 자연히 귀농하여 평민으로 화
할 것[19]이라 한 기록이 있는 것으로 보아 그들의 일부는 목축을 계속하

---

15) 주 11 참조.
16) 『成宗實錄』卷33, 成宗 4年 8月 戊辰條.
17) 『中宗實錄』卷21, 中宗 9年 12月 甲辰條.
18) 『世宗實錄』卷10, 世宗 2年 11月 辛未條.
19) 같은 책, 卷69, 世宗 17年 8月 辛丑條.

고 있었으리라 추측되기도 한다.

한편 세조 때 경상도에 파견된 경차관(敬差官) 조지하(趙之夏)의 보고 문에는 재인·화척들이 내외조의 이름을 모르는 자가 많다[20]고 하였으며 『고려사』「최충헌전」에는 양수척들이 "素無貫籍"하다 하였으니 그것은 그들이 유목민계의 이민족 출신으로 한반도의 전통적인 습속에 젖지 못하였던 한편 대단히 비정착적인 생활을 영위한 데 이유가 있는 것이라 생각된다. 한반도 내에 흘러들어와서도 유랑생활을 계속하던 이들 백정은 그 생계유지 방편으로 수렵에 종사하였으며 그것은 유목민으로서의 전통적인 생활양식을 유지하고 있었던 것이라 생각된다.

『고려사』「최충헌전」과 정약용(丁若鏞)의 『아언각비(雅言覺非)』 수척조에는 양수척들이 "唯事佃獵"이라 하였고 세종조의 황해감사 계문(啓文)에는 "明火爲盜"한 신백정 20여 명을 추포하였더니 남녀 10인이 모두 궁전(弓箭)을 가지고 "力射拒之"하더라[21] 하였으며 백정들의 생활을 "慣行山坂 熟於弓矢"[22] "不事農業 唯以弓馬爲事"[23]라 표현하였고 앞에서

<hr />

前此 京畿監司啓 (…) 率皆新白丁 專賴馬力 不事農務 請刷所畜之馬 竝皆烙印 自今 禁不得畜無印之馬 且堅禁平民賣馬於新白丁者 而勿禁新白丁賣馬於平民者 則自然歸農 化爲平民 矣 (…)

20) 『世祖實錄』 卷27, 世祖 8年 正月 壬戌條.

兵曹據慶尙道敬差官趙之夏啓 本啓 諸邑人口 單刷具錄四祖 而才人·禾尺則不知內外祖名字者頗多 (…)

21) 『世宗實錄』 卷40, 世宗 10年 閏4月 甲申條.

黃海道監司啓 江陰縣天神寺塔峴 有新白丁二十餘騎 明火爲盜 縣守率軍 追捕遇賊 男婦十人 皆佩弓箭 力射拒之 射賊男一人斃 又擒男婦七人 一女着男服 男二人 逃向開城王興山 追之不及 又於平山元積洞山峯 賊騎八人 皆帶弓箭 擧火一炬 白川護國山東峯 赤擧一炬相應 每遇賊追之 則皆向開城而走 是必居開城白丁才人也 賊黨射矢而拒 難以生擒 如有拒者 請皆射獲 且居開城新白丁才人 竝依他例 雜處平民 以解其黨 命下兵曹

22) 같은 책, 卷59, 世宗 15年 2月 辛亥條.

23) 같은 책, 卷10, 世宗 2年 11月 辛未條.

도 논급한 바와 같이 제구책(制寇策)을 강구하던 의견 속에 신백정들은 "常習畋獵"하여 "能騎能步"하니 "若用此輩"면 "以蠻夷攻蠻夷也"라 하였다.[24] 백정들이 수렵만 일삼고 남녀가 모두 궁전을 가지고 다니며 마력에만 힘쓰고 농사짓지 않았으며 그들이 능기능보함을 이용하여 국경경비에 동원시키려 하였다는 사실은 역시 그들이 농경민이 아니라 북방계의 유목민 출신이었음을 암시해주고 있는 것이라 하겠다.

이제 기록을 좀더 들어보면 성종 때의 전라도 관찰사 계문(啓文)에는 재인백정들의 생활상을 "不事耕鑿 以射獵興販爲業"[25]이라 했고 "非徒善馳射 性皆驍勇 徒步捕獸"[26]라 하였다. 영농 대신 수렵물을 판매하여 생활하고 도보로 짐승을 잡을 수 있을 만큼 그들의 생활은 수렵 위주였으며, 한편 조선왕조의 치자(治者)들이 그들의 수렵술을 이용하여 명나라에 보내는 모피물을 엽취(獵取)케 하려 했던 기록도 찾아볼 수 있다.[27]

이와 같이 백정들이 목축·수렵 등에 종사하면서 이동성 많은 생활을 하였지만 한편으로 그들 가운데 다른 일부는 한족들의 눈에 생소한 그들의 전통적인 가무를 연주하면서 방방곡곡을 떠돌아다니며 유랑생활을 계속했던 것으로 생각된다. 이와 같은 그들의 유랑생활을 『조선왕조실록』에서는 "托丐乞 成群橫行"[28] "作樂丐乞"[29] 등으로 표현하였고 또 "其絃歌之習 宰殺之事 至今不改"[30] "才人白丁行乞者 群行作戲"[31] "才人白

---

24) 주 9 참조.

25) 『成宗實錄』 卷54, 成宗 6年 4月 庚寅條.

26) 주 7 참조.

27) 『中宗實錄』 卷41, 中宗 16年 3月 丁巳條.
   戶曹啓曰 天使支待皮毛物獵取事 臣等之意 才白丁抄發 似爲有弊 而田畓踏損 亦可慮也

28) 『世宗實錄』 卷69, 世宗 17年 8月 辛丑條.

29) 『世祖實錄』 卷3, 世祖 2年 3月 丁酉條.

30) 주 14 참조.

426

丁等 本是無恒産之人 專業優戲"[32]라고 기록하고 있다. 이들 기록을 통하여 노래를 부르고 악기를 연주하며 간단한 무용이나 재주를 보이면서 구걸하며 전전하던 그들의 생활을 미루어 생각할 수 있을 것이다.[33]

백정들의 생활이 이동성 많은 수렵 위주이며, 그들의 생활에서는 유랑적인 일면을 찾아볼 수 있다. 그들은 농경사회에 침입한 유목민들이 일반적으로 그러하듯 이동이 잦은 생활과 수렵에서 얻은 기동성과 무술을 이용하여 조직적이고 계속적인 노략질을 함으로써 그것을 생활수단으로 삼아 사회적 혼란을 일으키기도 하였다. 『고려사』 기록에 의하면 우왕 9년에 재인·화척들의 "成群剽掠"함을 막기 위하여 방리인(坊里人)을 동원하여 사문(四門)을 지키게 한 일이 있다.[34] 수도에서 민간인을 동원시켜야 할 만큼 재인·화척의 표탈(剽奪)이 대규모적인 것이었는지는 의문이나 성질이 사납고 행동이 민첩한 그들이라 신중한 대비가 필요하였을 것이다.

백정들의 노략질은 조선시대에 들어와서는 그 규모가 도적이라기보

---

31) 『成宗實錄』 卷14, 成宗 3年 正月 丁卯條.

32) 『中宗實錄』 卷95, 中宗 36年 5月 己亥條.

33) 머리말에서도 언급한 바 있지만 재인과 백정을 그 유래나 직업 면에서 명확히 구별할 수 없으며 이들은 모두 유목민 출신으로 농경사회에 유입한 후 명칭에 구별 없이 혹자는 창우(倡優)에 혹자는 도살업 등에 종사하였던 것으로 생각된다. 즉 "托丐乞 成群横行"하는 자들도 재인·화척을 합쳐서 개칭한 신백정들이며 "作樂丐乞"하는 무리도 화척이라고도 부르고 재인이라고도 하고 달단(韃靼)이라고도 하는 백정들이며, "絃歌之習 宰殺之事 至今不改"하는 자와 "群行作戲"하는 자, "專業優戲"한다는 자들은 재인백정이라 하였다. 그런데 재인·백정 혹인 재백정이란 칭호는 백정으로 합칭되기 이전의 재인을 지칭한 것이라고도 생각되나 한편으로는 재인계와 백정계를 합칭한 것으로 종족 면으로 혹은 생활 면에서 재인계와 백정계의 좀더 긴밀한 관계를 나타내고 있는 것이라 생각되기도 한다. 한편 부언해둘 것은 앞으로 인용되겠지만 도살업에 종사하고 있는 무리도 화척이나 백정 이외에 재인·재백정·재인백정 등으로 표현되고 있다.

34) 『高麗史』 志 卷35, 兵1, 辛禑 9年 7月條.
 發防里人守四門 時才人 禾尺等 成群摽掠 故有此令

다는 거의 반(反)왕조집단이라 할 수 있을 만큼 크고 조직적인 것으로 발전하였다. 이제 몇 가지 기록을 들어 살펴보면 『세종실록』의 황해도 감사 계문에는 강음현(江陰縣) 천신사(天神寺) 탑현(塔峴)에 신백정 20여 기(騎)가 화적행위를 하여 수령이 이를 추격하였더니 남녀가 모두 궁전으로 대항하였는데 잡힌 여자들 속에는 남복을 입은 자도 있었으며 도망한 자들은 개성 왕흥산(王興山)으로 갔다 하였고, 이어서 평산 원적동산봉(元積洞山峯)에 있는 백정과 백천(白川) 호국산(護國山) 동봉(東峯)에 있는 백정들이 서로 신호불을 이용하여 연락하고 그들을 추격하면 모두 개성 쪽으로 달아나니, 개성의 백정들이 무리를 지어 살지 못하게 하자는 의견을 올리고 있다.[35]

말을 타고 무기를 가진, 수십 명씩의 신호불을 이용하는 백정집단이 당시 제2의 관아(官衙)도시로 행정력이 가장 잘 미쳤을 개성을 근거지로 하여 활약하고 있었다는 것은 그들의 세를 짐작할 수 있게 하며 그들이 신호불을 이용하여 기민하고 조직적인 행동을 하고 있었다는 사실과 세조 때 양성지의 상소문에 보이는 "白丁 (…) 親戚姻黨 連綿八道 小則饑饉 大則兵興 (…)"[36]이라 한 사정을 아울러 생각해보면 백정들의 표략(剽掠)행위가 결코 가볍게 생각할 것이 아니었음을 알 수 있겠다.

백정들의 노략질에 관한 비교적 상세한 기록으로는 세종 때의 전(前)동지돈령부사(同知敦寧府事) 조뢰(趙賚)가 향리에 우거하면서 직접 목격하고 경험한 사정을 적은 상소문을 들 수 있다. 그의 상소에 의하면 도적이 심하여 가옥이 불타고 생명을 잃은 자가 속출하고 그가 사는 촌락만도 정월, 2월 두 달 사이에 집이 불탄 자가 4인이고 노상에서 물품

---

35) 주 21 참조.
36) 『世祖實錄』 卷3, 世祖 2年 3月 丁酉條.

을 빼앗기고 상처를 입은 자가 3명이며 이밖에 우마와 가산을 잃어버린 자를 다 헤아릴 수 없던바, 이들 도적을 추포해보니 모두 재백정들이었으며 조뢰 자신이 몇 달 동안에 우마(牛馬) 4필을 잃고 도적을 추적하여 재백정들이 모여 사는 마을에 이르렀으나 잡지 못하였다 하고 백정들은 전택(田宅)이 없고 농사를 일삼지 않으며 구걸생활을 하므로 기한(飢寒)이 절박하여 그 수가 적으면 좀도둑 노릇을 하고 그 수가 많으면 살인·방화를 저질러 이르지 않는 곳이 없다 하였다.[37] 백정들의 노략질이 몹시 빈번하고 규모도 작지 않아 당시의 서민생활에 많은 위협을 주고 있었음을 알 수 있겠다. 한편 『중종실록』에도 집의(執義) 김숭조(金崇祖)가 전라도 재인들은 생활기반이 없고 무리를 지어 남의 재물을 겁탈하다가 뜻대로 안 되면 살인을 하고 도적이 되어 그 세가 점차 번져나가니 후환이 두렵다고 한 기록이 있다.[38]

이상 몇 가지 기록을 살펴보았지만 『조선왕조실록』에는 이밖에도 전국 각지에 걸친 백정들의 노략질에 관한 기록이 많으며 사실 그들의 행동은 주목할 만한 것이었다. 문종 때의 형조참판 안완경(安完慶)이 당시 각 도의 죄인 중 강도범과 살인범이 380여 명인데 그중 재인·신백정이

---

37) 『世宗實錄』 卷120, 世宗 30年 4月 甲子條.
　　前同知敦寧府事 趙賚上書曰 (…) 近年 盜賊興行 劃掠村落 耳目所及四隣之內 或被燒廬 或被刀杖 父母妻孥 僵仆流血 見者酸鼻 莫不痛惜 豈特老臣所居一村而已 八道皆然 而閭巷少民 因此失産者 不可以數 是誠國家所當深慮者也 (…) 姑以老臣寓居 一村觀之 今年正二月之間 燒焚人屋者四 路上搶奪傷人者三 牛馬家産被盜者 不可勝記 皆未知何人之所作也 但以顯迹者言之 前郡事尹臣 發捕馬賊 乃才白丁也 又有里人夫妻 爲強盜所害 隣里捕獲 乃禾白丁也 臣家數月之內 牛馬爲盜 所偸者四 跡之至才白丁聚居之里 然未卽捕獲 不敢言也 以是 知其强竊尤甚者 皆此輩也 蓋此輩 本無田宅 不事農桑 常以丐乞資生 飢寒迫切 少則穿窬夜竊 大則殺人火屋 無所不至 (…)
38) 『中宗實錄』 卷21, 中宗 9年 12月 甲辰條.
　　執義金崇祖曰 全羅道各官才人等 無恒産無定居 朋結作黨 規奪民財 少不如意 輒相殺害 轉爲盜賊 其勢滋蔓 恐於後日 將爲大患也 (…)

거반이라 한 것으로 보아도[39] 짐작할 수 있겠다.

　백정들은 전국 각 지방에서 무리를 지어 노략질을 하고 있었을 뿐만
아니라 그들의 무대는 서울에까지 미쳐서 치자들을 괴롭히고 있었다.
성종 3년(1472)에 한성부가 올린 '오부방리금도절목(五部防里禁盜節目)'
에 의하면 경성 내외에 강도가 성행하는 것은 오로지 재백정들에 연유
한다 하고 그들의 성내 잠입을 막기 위한 방책을 세우고 있으며[40] 형조
판서 정괄(鄭佸)의 계문에는 도하(都下)에 도적이 흥행하니 도하에 있
는 재인백정들을 원거지(元居地)로 쇄환(刷還)하자고 주장하였고[41] 중
종반정(中宗反正) 후에는 연산군 재위 시에 외방의 재인백정들이 서울
에 이주하여 명화적(明火賊)이 주야(晝夜)로 성행하니 재인백정을 원적
지로 쇄환하자는 대신들의 의견에 왕도 찬성하고 있었다.[42] 한편 정부
공사(公事)에서 동대문 내의 양교(兩橋) 간 대로와 남개천(南開川) 북방
인가의 과반이 재인백정의 소거(所居)인데 도성 내외 적당(賊黨)이 이
들을 통하여 출입하여 그곳이 도적의 소굴이 되었다 하고 이들을 쇄환
하는 데에는 여러가지 이점이 있음을 지적하고 있다.[43]

---

39) 『文宗實錄』卷10, 文宗 元年 10月 壬午條.
　　刑曹參判安完慶亦啓 各道囚徒內 强盜及謀殺人者 不下三百八十餘人 才人新白丁居半焉

40) 『成宗實錄』卷14, 成宗 3年 正月 壬寅條.
　　漢城府啓五部坊里禁盜節目 一京城內外 强竊盜盛行 專由京外才白丁 防禁踈闊 交通往來
結爲黨援 處處竊發 自 今居外方 潛入京城者 許其親戚兄弟隣里人 隨卽捕告 令刑曹 窮極推鞫

41) 같은 책, 卷232, 成宗 20年 9月 辛巳條.
　　刑曹判書鄭佸等來啓曰 近者 都下賊徒興行 (…) 且才人白丁 旅寓都下 因仍留住者 頗有之
才人白丁類 皆寇盜 不可不區別 請刷還元居 (…)

42) 『中宗實錄』卷3, 中宗 2年 6月 乙亥條.
　　大臣等啓曰 (…) 且廢主撤居時 外方才人白丁等 移居京師 近來明火賊徒 晝夜恣行 請一切
刷還原籍 上從之

43) 주 10 참조.

백정들은 전국 각지에서 무리를 지어 강도·방화·살인 등을 자행하였음은 물론 개성·한성 등지에까지 유입하여 치자들을 괴롭혔지만, 이와 같은 그들의 조직적인 행동은 단순한 절도행위라기보다 영농법을 모르는 그들의 생활방편의 하나였으며 나아가서는 한족사회에 대한 일종의 저항행위였다고 볼 수 있을 것이다. 한편 이민족 출신으로서의 백정들이 한족사회에 보여준 저항은 좀더 적극적인 일면도 있었다. 즉 그들이 외적과 내통하거나 외적으로 가장하여 작란(作亂)하는 것이었다. 고려 왕조의 말기에 양수척들이 침구(侵寇)해 오는 거란병의 향도(嚮導) 역할을 한 것은 널리 알려진 사실이다. 앞에서도 인용한 바 있지만『고려사』「최충헌전」에 보면, 양수척들이 이지영(李至榮)과 최충헌의 첩이던 자운선(紫雲仙)에게 소속되어 심한 공물을 바치는 데 원망을 품고 거란병이 침입할 때 그들의 향도가 되었다가 훗날 그들이 익명서를 보내어 반역행위가 본의가 아니었음을 밝히고 자운선 등의 처벌을 요구하였으므로 최충헌이 그들의 요구를 들어주었다고 한다.[44]『고려사』고종(高宗) 세가(世家)에도 거란적(契丹賊)이 국청사(國淸寺)에 들어가 승려를 죽였고 그 첩자들이 선의문(宣義門)에 들어간 것을 문졸(門卒)들이 포신(捕訊)하였던바 양수척과 항복한 고려 군졸들이라고 하였다.[45] 북방 유목민 출신인 그들이 거란군의 향도 역할이나 첩자 노릇을 한 것은 오히려 자연스러운 일이라 하겠다.

한편 백정들이 왜구로 가장하여 반항행위를 하였던 사실을 들어보면 『고려사』「신우전(辛禑傳)」에 왜구로 가장하고 영해군(寧海郡)을 침범

---

44) 주 11 참조.

45)『高麗史』世家 卷22, 高宗 4年 3月 丙戌條.
　遣將軍奇允偉 詣顯陵 奉遷太祖梓宮于奉恩寺 丹賊六人 入國淸寺 僧擒殺一人 餘皆散走 又 諜者三人 入宣義門 門卒捕訊之 乃楊水尺及我降卒也 (…)

하여 공해(公廨)와 민호(民戶)를 불지른 화척들을 추격해서 남녀 50여
명과 말 2백여 필을 포획한 사실이 있으며,[46] 역시 같은 시기에 화척·
재인들이 왜구를 가장하고 평창·원주·영주·순흥·횡천(橫川) 등 강원도
지방을 구략(寇掠)하므로 김입견(金立堅)·최공철(崔公哲) 등으로 하여
금 이를 추격케 하여 50여 명을 포참(捕斬)하기도 하였다.[47] 왜구로 가
장하여 침략(侵掠)하는 백정들을 공격해 남녀 50여 명과 말 2백여 필을
포획하였다는 기록으로 보아 그들의 저항은 얕볼 것이 못 되었으며 더
구나 남녀혼성집단이었음으로 보아 가족집단이 떼를 지어 전전하면서
침탈행위를 자행하고 있었던 사실을 알 수 있다.

　이와 같은 백정들의 이적행위와 가왜(假倭) 침략을 통한 반역행동은
조선시대에 들어와서도 치자들에게 기억되어서 그들에 대한 반감 혹
은 경계심으로 남아 있기도 하고 한편 이들 백정을 이용하여 모반을 꾀
하는 일이 있다고 조작되기도 하였다. 세종 때 홍주인(洪州人) 이성(李
成)이 회안군(懷安君)의 아들 맹종(孟宗)의 가노(家奴)에게 말하기를 같
은 고을의 이재(李才)란 자가 그 아들 을생(乙生)에게 화척과 재인을 거
느리고 홍주 고을을 치면 뜻을 얻을 수 있을 것이고, 뜻을 얻지 못하면
삼도(三島)의 왜인과 더불어 본국을 침구하여 승리할 수 있을 것이라고
했다는 기록이 있다.[48] 이와 같은 이성의 이야기는 결국 허위인 것이 판

---

46) 같은 책, 列傳 卷47, 辛禑 8年 4月條.
　　(…) 禾尺群聚 詐爲倭賊 侵寧海郡 焚公廨民戶 遣判密直林成味 同知密直安沼 密直副使皇
　甫琳 前密直副使姜筮等 追捕之 成味等 獻所獲男女五十餘人 馬二百餘匹 禾尺卽楊水尺 (…)
47) 같은 책, 列傳 卷48, 辛禑 9年 6月條.
　　禾尺 才人等 詐爲倭賊 寇掠平昌 原州 榮州 順興 橫川等處 元帥金立堅 體察使崔公哲 捕斬
　五十餘人 分配妻子于州郡
48)『世宗實錄』卷11, 世宗 3年 正月 癸酉條.
　　洪州人李成 言於懷安君子孟宗家奴曰 州人李才 密語其子乙生曰 吾率禾尺才人 草竊洪州
　界 則可以得志矣 如不得志 與三島倭 合謀寇本國 則可以屠城略地 而前日懷安之亂 斯爲下矣

432

명되어 이성이 무고죄로 처벌되기는 하였으나 백정들이 반역세력으로 이용될 수 있었던 가능성을 암시해주는 기록이라 하겠다.

한편 농촌사회에 유입한 유목민들이 생활방편으로 상업을 택하는 예는 거의 일반적인 현상이었다. 백정들의 경우는 유목민적인 생활의 연장으로 유기(柳器) 제조·판매와 수육상(獸肉商)에 종사하였다.

앞에서도 잠깐 언급한 바 있지만 초원지대를 따라 전전하던 그들은 한반도에 흘러온 후에도 그 유습을 버리지 못하고 수초를 따라 이른바 '천사무상(遷徙無常)'한 생활을 하였으나 한반도 내에서는 그들의 본거지에서와 같은 본격적인 유목생활을 할 수 없었으며 그러므로 그들은 자연히 소택지대에 흔한 초목을 생활방도로 이용하였으며 그것이 곧 유기의 제조·판매를 생업으로 가지게 된 동기라 생각된다.

백정들이 유기 제조에 종사하였다는 이야기는 『고려사』 「최충헌전」에서 양수척들이 "編柳器 販鬻爲業"한다 하였고 조선시대에 들어와서도 『세종실록』 속의 각 도 관찰사와 개성유수에게 내린 전지문(傳旨文)에서 재인과 화척은 농사짓지 아니하고 오로지 유기와 피물(皮物)을 다루어 생활한다 하였으며[49] 『중종실록』에서도 백정의 직업으로 수렵과 함께 유기 제조를 들고 있다.[50] 유기 제조가 백정들의 직업 중 중요한 하나였으며 『경국대전(經國大典)』 공장조(工匠條)에 경·외공장(京外工匠)을 막론하고 유기장이 없음을 보아 유기는 대부분 백정들에 의하여 제조되었던 것으로 생각된다.[51]

孟宗聞之 告牧使趙琓 琓率李成 騎馹赴京直啓 上命義禁府鞫之 成以誣告 杖一百流三千里

49) 같은 책, 卷97, 世宗 24年 8月 癸巳條.

傳旨各道觀察使及開城府留守 才人禾尺等 屯聚幽居 不事農業 專以柳器皮物資生 故曾改稱白丁 給土田 與平民雜處 相爲婚姻之法 載在六典 今聞 官吏人民等 因以新白丁爲號 視與平民區別 所在官守令 役於田獵等雜事 以至柳器 公然收斂者 或有之 (…)

50) 주 6 참조.

한편 유기 제조를 생활방법으로 택했던 백정들에 대해서는 자연히
그 제조품을 공납(貢納)하게 하였다. 앞에서 인용한 바 있는『고려사』
「최충헌전」의 기록 속에 이지영이 삭주분도장군(朔州分道將軍)으로 있
을 때 양수척들을 그의 기생 자운선에게 부속시켜서 "徵貢不已"하였고
그뒤 최충헌이 자운선을 첩으로 삼아 양수척에게 "計口徵貢滋甚"하였다
했으나[52] 그 징공(徵貢)이 무엇을 바치게 하였는지 밝혀져 있지 않다.
그러나 같은 기록 속에 양수척들이 "唯事畋獵"하고 "編柳器 販鬻爲業"한
다 한 것으로 보아 수렵에서 얻은 피물이나 유기가 공물이었으리라 추
측된다.

이와 같은 백정들에 대한 징공은 조선시대에 들어와서도 그대로 계
속되었다. 태종 때의 '저화통행조목(楮貨通行條目)'에 재인·화척의 신공
(身貢)과 어량선세(漁梁船稅)와 국용(國用) 어물(魚物) 이외는 모두 저
화로 바치게 규정한 것이 있으며,[53] 이보다 4년 후에 당시의 풍해도(豊
海道, 黃海道) 관찰사 이은(李垠)이 화척·재인의 납공법(納貢法)에 대해
계(啓)를 올려 재인은 저화 50장을, 화척은 저화 30장을 내자시(內資寺)
에 바치게 하자고 주장하여 왕이 그대로 시행하게 하였고 백정들이 과
거에는 농사에 종사하지 않고 "游手以食"하였으나 지금은 평민과 섞여
살고 군역에 편입된 자들이 많으므로 이들에 대해서는 그 공물을 면제
하여주기로 하였다.[54] 다음 절에서 언급하겠지만 백정들의 일부가 점

---

51) 본서의「왕조전기의 官匠制와 私匠」도표 참조.

52) 주 11 참조.

53)『太宗實錄』卷20, 太宗 10年 11月 甲子條.
　　命時散二品及各司西班 大護軍以上 各進通行楮貨條目 令議政府 揀擇以聞 議政府啓 各司
　　陳言內 可行條件 (…) 一才人禾尺 身貢及漁梁船稅 國用魚物外 皆以楮貨收納 (…)

54) 같은 책, 卷27, 太宗 14年 6月 甲寅條.
　　豊海道都觀察使李垠啓 禾尺才人納貢之法 啓曰 禾尺等 曾不務農 游手而食 國家欲革其弊

차 농경생활로 안정되어갔음을 보여주고 있으며 농경에 종사하는 백정
들에게 면제해준 공물은 역시 유기와 피물 등이었을 것이라 생각된다.

한족사회에 동화되어 농경에 종사하는 백정들에 대하여 그들이 유목
민 출신으로서의 전통적인 생활을 영위할 때 바쳤던 공물을 면제 혹은
견감(蠲減)해준 예는 이후에도 찾아볼 수 있다. 즉 세종 5년(1423)에 그
들의 명칭을 백정으로 개칭하고자 한 병조의 계문에 그 생활을 안정시
키기 위하여 그들에게 한전(閑田)과 진전(陳田)을 지급하여 농사에 종
사케 하고 유기와 피(皮)·엽(鬣)·근(筋)·각(角) 등의 납공을 견감해주
기로 한 기록이 있는 것이다.[55]

한편 백정들의 일부가 유기를 제조 판매하여 그 생계를 이어나가고
관가에서 그 유기의 징공을 강화하는 것은 결국 백정들을 농경사회에
동화시키기보다 그들로 하여금 유목민적인 생활을 단속하게 하는 결과
가 되는 것이었으므로, 세종 6년(1424)에는 그들이 바치는 유기를 일반
공물 속에 포함시키기로 하였다. 즉 경기감사의 상계(上啓)에 의하여
화척들의 전업(前業)을 금지하고 이들이 평민과 섞여 살게 하기 위하여
종래 이들에게서 징수하던 장흥고(長興庫)의 유사(柳笥)를 다른 공물과
같이 일반 민호에서 받아들이기로 하였다.[56]

농경에 종사하는 백정들에 대하여 유기 공납을 면제해주면서 그들의

才人則貢楮貨五十張 禾尺則貢楮貨三十張 納于內資寺 今則與平民雜居 皆從軍役 願除其貢
以厚其生 上曰可
55) 『世宗實錄』卷22, 世宗 5年 10月 乙卯條.
　　兵曹啓 才人 禾尺 (…) 乞改號白丁 令平民 相婚雜處 籍其戶口 給閑田與多占陳荒人田 使
之業農 除田獵之役 蠲柳器皮鬣筋角之貢 以安其生 (…) 從之
56) 같은 책, 卷23, 世宗 6年 3月 甲申條.
　　工曹據京畿監司關啓 在前長興庫柳笥 皆收於禾尺之戶上納 今才人禾尺 竝使平民 雜處婚
嫁 禁其前業 請柳器依他貢物例 斂於民戶上納 從之

정착영농을 장려하였으나, 전통적인 생활을 버리지 못하는 백정들의 유기 제조는 계속되어서 앞에서 인용한 바와 같이 세종 24년(1442)에 각 도 관찰사와 개성부 유수에게 내린 전지(傳旨)에는 재인과 화척을 신백 정으로 개칭하여 토지를 지급하고 평민과의 혼인을 권려함으로써 그들 을 동화시키려는 국가정책과는 반대로 관리 중에는 백정을 평민과 구 별하여 공연히 유기를 수렴(收斂)하는 자가 있다고 지적하고 있다.[57] 유기제조업은 유목민 출신인 백정들에게는 중요한 직업의 하나였으며, 이민족 출신인 그들을 전통적 농경생활에 동화시킴으로써 사회적 안정 과 농경 위주의 생활체제를 확립시키려 한 조선왕조 치자들은 유기제 조업에 종사하는 그들을 농업경영으로 전환시키려 하였으나 그 결과는 여의치 못하여서 백정들의 유기 제조는 계속되었던 것이다.

다음은 백정들이 농경사회에 흘러들어온 후 생활수단으로 택한 중요 한 직업 중의 하나인 도살업의 경우를 살펴보기로 한다. 유목민 출신으 로 육류가 주식물이었던 백정들이 농경사회에서 생활하면서 수렵만으 로 식물(食物)을 조달할 수 없었을 경우 자연히 가축을 재살(宰殺)하여 식물로 삼았고 나아가서는 전문적인 도살업자로 발전하여갔던 것이라 생각된다. 백정에 관한 최고의 기록이라 할 수 있는『고려사』「최충헌 전」에는 백정의 직업으로 수렵과 유기 제조만을 들고 있으나 같은 책, 「조준전(趙浚傳)」에는 "驅逋禾尺 以屠牛代耕食"[58]이라 하여 백정들이 식 물 취득 방법으로 이미 도살에 종사하였던 사실을 전해주고 있으며 조 선시대에 들어와서는『태종실록(太宗實錄)』에 "禾尺 屯處僻地 不事農務 以業宰殺"[59]이라 하여 역시 그들이 농업보다 도살을 업으로 하고 있었

---

57) 주 49 참조.

58)『高麗史』列傳 卷31, 諸臣, 趙浚條.

59)『太宗實錄』卷22, 太宗 11年 10月 乙巳條.

던 사정을 전하고 "申韈麤禾尺 宰殺牛馬之禁"[60]이라 하여 농경사회에서의 중요 생산수단인 농우의 도살을 금하고 있다.

백정들이 농경생활에 동화되지 못하고 그들의 전통적 생활습속을 유지하여 도살을 생활방도로 삼았던 사정에 관하여 세종 때의 전(前) 이조판서 박신(朴信)은, "우리나라의 도처에 있는 신백정은 영농 대신 도살을 하고 놀며 먹어서 국가에서 여러 번 조령(條令)을 내려 도살을 금하고 농사짓게 하였으나 그 습속이 농사짓는 것을 괴로워하여 농사는 본래 하던 일이 아니니 어찌 쉽게 배울 수 있겠는가 하며 도살을 계속하여 개전할 줄 모른다"[61] 하였다. 역시 유목민 출신인 그들에게는 농경보다는 수렵이나 도살이 몸에 익은 생활방편이었던 것이다.

백정들이 농경사회에서 생활하면서 체득한 생활방편으로서의 도살은 그 직업의 특수성과 독점성에 의하여 그들 전문의 영업으로 발전해 갔다. 『세종실록』에 의하면 당시 우마를 도살하는 자는 모두 신백정들이라 하고 우마육을 먹는 자들에 가하는 벌이 너무 가벼워서 사람들이 공연하게 우마육을 사먹는다[62]라고 하여 백정들에 의한 우마육 판매가

---

60) 같은 책, 卷11, 太宗 6年 4月 甲申條.

61) 『世宗實錄』 卷84, 世宗 21年 2月 乙丑條.
　　初前史曹判書朴信上言 我國家新白丁 無處無之 殺牛代耕 遊手而食 故自開國以來 屢降條令 禁殺牛 使耕稼而食 然其俗 以農爲苦 乃曰 農本不爲之事 豈易學之 其殺牛如前 無有悛改 無利於國家 有害於生民甚矣 自今限十年 以新白丁農事 實不實爲殿最 則守令 皆盡心勸課 終必有成効矣 下政府議之 政府啓曰 此言甚合事宜 歷考條章 新白丁 計口給田 賜鄉錄籍與平民 雜處 相爲婚嫁 假托丐乞 成群爲盜者 竝奪其馬 勒令賣之 以絶爲賊之 計其爲立法 纖悉無遺 各官守令 不體深意 皆未能奉行 請自今 守令不能奉行者 依律抵罪 亦依上言 考其白丁安業務農與否 以憑殿最 從之

62) 같은 책, 卷27, 世宗 7年 2月 甲辰條.
　　刑曹啓 謹按經濟六典 一款節該 食爲民天 穀由牛出 本朝設禁殺都監 上國有禁鬻牛肉之令 所以重農 而厚民生也 其盜殺牛馬者 專是新白丁 故於永樂九年 刷出新白丁 移置都城三舍之外 近來禁防陵夷 乃於城中及城底 竝還來住 與閑雜人 同盜牛馬 恣行屠殺 奸惡莫甚 (…) 且

성행하고 있었음을 시사해주고 있으며 역시『세종실록』에서 판중추원
사(判中樞院事) 이순몽(李順蒙)은 지금에는 신백정들이 평민과 섞여 살
면서 작당하여 도적이 되기도 하고 우마를 재살하여 이(利)를 보기도
한다고 하였다.[63] 한편 의정부의 계언(啓言)도 농우를 달단화척에게 판
매하는 자와 이것을 사는 달단화척은 모두 재살우마율(宰殺牛馬律)로
다스리게 할 것을 주장하고 또 외방의 도적이 그 장물(臟物, 牛馬)을 서
울로 가져와서 팔고 서울의 도적이 외방의 촌민이나 백정에게 팔고 있
다 하여[64] 도살된 농우의 매매 사정을 전해주고 있다.

이리하여 도살업은 점차 성행하였고 그것은 또 백정들의 대표적 직
업으로 발전하여갔다. 우리는『조선왕조실록』의 초기 부분에서 백정이
도살에 종사하였던 많은 기록을 볼 수 있으며, 나아가서 백정들이 지배
층에 속하는 일부 인사와 결탁하거나 혹은 그들에게 고용되어서 도살
에 종사하였던 기록도 볼 수 있다.『세조실록』에 의하면 세종의 부마(駙
馬, 貞顯翁主)이며 세조 때의 좌익공신(佐翼功臣)이었고 의정부 좌찬성이
던 윤사로(尹師路)의 보호를 받던 갑사(甲士) 출신의 김광수(金光守)란
자가 백정을 잠초(潛招)하여 도살을 하다가 백정과 함께 체포된 사실이
있으며,[65]『성종실록』에 실린 한명회(韓明澮)의 의론은 재백정들의 재

喫牛馬肉者 只加笞五十 人皆輕之 不問來處 公然買喫 以致盜殺不絶 甚爲不當 今後知情食肉
者 請亦以制書有違律論 令漢城府 搜捕嚴加禁斷 從之

63) 같은 책, 卷114, 世宗 28年 10月 壬戌條.
   判中樞院事李順蒙上書曰 (…) 今新白丁 與平民間居 相與作黨爲盜 宰殺牛馬之利耳 (…)

64) 같은 책, 卷115, 世宗 29年 3月 癸未條.
   議政府啓 (…) 如有賣農牛於韃靼禾尺者及韃靼禾尺 皆論以宰殺牛馬律 (…) 外方盜賊 以
   其臟賣于京城 京城盜賊 賣于外方村民及白丁 互相轉販

65)『世祖實錄』卷11, 世祖 4年 2月 丁酉條.
   傳旨義禁府曰 甲士金光守 潛招白丁 宰殺牛馬 現有臟驗 其鞫光守及隣近白丁等 光守居廣
   州草坪里 鈴川府院君尹師路 素所庇者

살행위에 조사(朝士)들이 관련되어 있었음을 암시해주고 있다.[66] 도살업이란 특수직업이 농경법을 모르는 유목민 출신인 백정들에겐 알맞은 것이었고 또 그 직업이 이윤이 많은 독점적인 것이었으므로 이후 백정들이 가장 많이 종사하여 백정들의 대표적 직업으로 발전하였던 것이라 생각된다.

그러나 적어도 조선초기에는 도살업이 백정들의 완전 독점직업은 아니었다. 즉『조선왕조실록』에 의하면 양민으로 표기된 거골장(去骨匠)이란 일군의 도살업자들이 있었다.『세조실록』에 의하면 서울 안에 있는 거골장이라 불리는 우마 도살업자를 오부관령(五部管領)과 방리인(坊里人)으로 하여금 "密封以告"케 하고 이를 무시(無時)로 수포(搜捕)하도록 형조에 전지(傳旨)하고 있으며,[67] 이들의 도살행위에 관해 당시 대사헌(大司憲)이던 양성지는 "옛날에는 백정·화척이 재살을 했으나 지금은 경외(京外)의 양민이 모두 재살을 하고 옛날에는 연연(筵宴) 준비로 재살을 많이 하였으나 지금은 시리(市裏)에서 판매하기 위하여 재살하며 옛날에는 도둑질하여 재살하였으나 지금은 시장에서 사서 재살한다. 백정은 유수(有數)하나 양민은 무수(無數)하며 연연은 유수하나 판매는 무궁하고 도살은 유수하나 매살(買殺)은 무궁하니 유수한 소를 무궁한 날에 무궁하게 재살하는 것은 남산의 소나무를 다 베어버림과 같다. 옛날에는 재우적(宰牛賊)이라 하였으나 지금은 거골장이라 하며 여염(閭閻) 각처에 잡거(雜居)하여 재살한다"[68]고 말했다.

---

66)『成宗實錄』卷172, 成宗 15年 11月 癸卯條.
　　韓明澮議 才白丁 以宰殺爲業 京中來接者多 朝士若許接 恣其所爲 固宜重論
67)『世祖實錄』卷34, 世祖 10年 8月 乙酉條.
　　傳旨刑曹曰 京城內 以屠牛馬爲業 號稱去骨匠者 令五部管領 坊里人 密封以告 無時搜捕
68) 같은 책, 卷41, 世祖 13年 正月 辛未條.
　　大司憲梁誠之上書曰 (…) 牛畜 生穀之具也 若無生穀之牛 則雖有納穀之倉 將安用哉 昔者

이 기록에 의하면 당시 도살업은 백정들만의 직업이었던 것이 아니라 거골장이라 불리던 양인들도 상당수가 도살업에 종사하고 있었음을 알 수 있으며, 이는 도살이 완전히 영리 목적의 직업으로 발전하고 있었던 것을 말해주고 있다. 이제 『성종실록』에서 거골장의 사정을 좀더 살펴보면, 정언(正言) 안침(安琛)은 거골장들이 후한 이익을 노리고 도살을 자행하니 이를 엄금하고 그들을 변지(邊地)로 옮기자고 제의하였고 김질(金礩)은 경중에 옛날에는 거골장이 없어서 사족가(士族家)가 혼인이나 제사가 있을 때는 반드시 사련소(司臠所)에서 육류를 청하여 썼는데 지금은 거골장이 없는 곳이 없으니 그들이 발견되는 대로 변지로 옮겨놓아야 한다고 주장하고 있다.[69)]

이 기록으로 미루어보아 백정 이외에도 많은 도살업자가 있었고 더구나 거골장이 없을 때는 사대부가의 잔치에 쓰는 육류는 사련소에서 가져다 썼다고 한 것으로 보아 이전의 백성들에 의한 도살은 그들 자신의 식물 취득이 주목적이었고 판매를 하였다 하더라도 그것은 규모가 작았으며 또 극히 비밀리에 행해진 것이었으며 도살이 본격적으로 영업화된 것은 백정에 의한 것이 아니라 오히려 이들 거골장에 의한 것이었으리라는 느낌을 주기도 한다.

이제 거골장들에 의한 도살이 얼마나 성행하였던가를 살펴보기 위하

白丁禾尺宰之 今則京外良民皆宰之 昔者多以爲筵宴之 備而宰之 今則以市裏販賣而宰之 昔者盜於人而宰之 今則買於市而宰之 白丁有數也 而良民無數 筵宴有數也 而販賣無窮 盜殺有數也 而買殺無窮 以有數之牛 行無窮之殺於無窮之日 必如南山之松 盡伐而後已矣 昔爲宰牛賊 今稱去骨匠 閭閻處處 雜居爲之

69) 『成宗實錄』 卷39, 成宗 5年 2月 壬戌條.

正言安琛啓曰 京城中無賴之徒 日以屠牛爲業 名爲去骨匠 以規(竅)厚利者甚多 不可不痛禁 前者 稱外知部者 皆徙邊 今依此例 盡刷業屠牛者徙邊 上問左右 (…) 金礩曰 京中舊無去骨匠 士族家婚姻祭祀時 必請於司臠所而爲之 今則稱去骨匠者 無處無之 隨其現露 徙邊爲便

여 기록을 하나 더 들어보려 한다. 성종 5년에 영사(領事) 홍윤성(洪允成)은 경연 석상에서 한발(旱魃)이 심한 것은 거골장들이 도살을 심하게 하기 때문이라고 말하고 있다. 즉 한발이 심한 것은 도성 안에 있는 거골장들이, 이윤이 많기 때문에 국가의 금법(禁法)을 두려워하지 않고 다투어 도살을 함으로써 우마의 골격(骨骼)이 길거리에 쌓여 "感傷和氣"하기 때문이라고 하고 있는데 이는 골격이 길거리에 쌓일 만큼 거골장들의 도살이 성행되고 있었음을 말해주며 정언 안침은 도성 내의 개골창에 소의 두골이 방치되어 있어서 통행이 불편할 정도이니 도살이 성행하고 있음을 알 수 있다고 말하고 있다.[70]

국가에서 법을 세워 도살을 금했으나 이윤이 많은 영업이었으므로 길거리에 우마의 뼈가 산재할 만큼 거골장의 도살이 심했다는 기록으로 미루어보아 당시 도살은 거의 공공연한 영업으로 발전하고 있었음을 알 수 있고, 그것은 또 백정들에 의해서라기보다 오히려 양인 출신의 거골장에 의한 것이라 생각되며 거골장들이 종친과 결탁하여 관리의 단속을 피해 도살한 기록도 찾아볼 수 있다. 성종조의 사헌부집의(司憲府執義) 이형원(李亨元)의 상서(上書)에 의하면 종친 동양정서(東陽正徐)가 김산(金山)이라는 거골장과 결탁하여 그의 집에서 도살을 하였는데 관리들이 이를 단속하려 하자 오히려 반항하였다 하고 거골장들은 관리들의 단속을 피하기 위하여 종친들의 집을 빌려서 도살을 한다고 말하고 있다.[71]

---

70) 같은 책, 卷44, 成宗 5年 閏6月 庚子條.
　　御經筵講訖 領事洪允成啓曰 今旱甚 必有所召 臣意 都城內 有稱去骨匠者 以屠牛爲業 國家雖立法嚴禁 其利甚厚 故人不畏法 爭效爲之 至以骨骼 積置路傍 感傷和氣 恐由於此 請盡刷此輩 迸諸遐裔 以痛懲之 正言安琛啓曰 臣見坊曲之間 頗以牛頭骨 置溝渠中 以通行焉 其屠殺之多 可知 (…)
71) 같은 책, 卷50, 成宗 5年 12月 戊子條.

이와 같이 조선시대 전기를 통하여 유목민 출신인 백정들이 한반도의 농경사회에 들어와 생활하면서 육식민으로서 식물(食物)을 취득하는 방편으로 도살에 종사하였다가 그것이 영리적인 것으로 발전하였고 한편 거골장이라고 불리던 양인들이 영리를 목적으로 하는 도살에 종사하고 있었다. 그러나 거골장이란 명칭은 중종시대의 북방사민(北方徙民) 대상으로 등장하는 기록[72]을 마지막으로 기록상에 나타나지 않고 이후의 도살업자는 모두 백정으로 통칭된 것으로 보아 이들 거골장들도 그들이 비록 한족 출신일지라도 모두 백정에 포함된 것이 아닌가 생각된다.

이상에서 살펴본 바와 같이 여말선초의 혼란기를 통하여 사회 표면에 나타난 백정들은 유랑·수렵·목축·절도·도살·이적행위 등으로 한족사회를 교란하였다. 이들 백정의 존재야말로 조선왕조의 치자들에게는 대단히 다스리기 힘든 것이었고 왕조의 정치적·사회적 안정을 위해서는 그들을 시급히 동화시켜야 했었다.

3. 농경사회에의 동화

앞에서 우리는 백정들의 생활상을 살펴봄으로써 그들이 한족이 아닌 북방의 유목민 출신이리라 생각해보았다. 유목민 출신이리라 생각되는

司憲府執義 李亨元等上箚子曰 臣等聞 東陽正徐 命只收丘史 臣等竊念 徐以宗親 交結去骨匠金山 使其奴卵同 許於其家屠牛 及爲本府吏所捕 不自畏縮 乃與其弟 率丘史 成群刦奪狂妄不道 罪犯至重 此而不治 何以懲惡 大抵去骨匠者 類皆借大家 垣墻扃鐍嚴固處屠殺 欲其不爲禁亂吏所發也 宗親之家 門戶深邃 禁亂吏卒 尤不得到 故交結無賴之人 恣行屠殺 事覺又不嚴治 則宗親將無所懲

72) 『中宗實錄』 卷10, 中宗 5年 3月 辛巳條.

그들이 한반도의 농경사회에서 가졌던 직업들은 그것이 모두 농업 위주의 한족사회에는 그대로 용납될 수 없는 것이었다. 즉 제법 조직적이고 규모 크고 빈번하였던 노략질은 서민생활에 위협을 주고 사회적 혼란을 가져왔음은 물론 조선왕조 자체에도 적지 않은 위협이 되었으며 수렵이나 창우(倡優) 행위 등은 형편에 따라 절도로 전환될 우려가 많을 뿐 아니라 유랑성이 많은 것이어서 중세사회적 질서를 문란시키기 쉬운 것이었으며 농경사회에서의 가장 중요한 생산수단인 농우를 대상으로 하는 도살업은 더욱 금지되어야 할 것이었다.

한반도 내에서 택한 백정들의 생활방도가 모두 해독적인 것이었으므로 조선왕조 치자들의 노력은 자연히 그들로 하여금 유목민적인 생활양식을 버리고, 한족사회의 전통적 농경생활에 동화되도록 하는 데 경주되었다.『조선왕조실록』의 기록을 통하여 치자들이 시도한 백정의 동화책을 몇 가지로 나누어볼 수 있고 또 그 효과에 대해서도 어느정도 짐작할 수 있다.

조선왕조 치자들의 백정 동화방책 중의 하나는 우선 백정들에게 농토를 지급하고 영농법을 가르침으로써 그들을 일반 백성과 같은 농민으로 동화시키려 한 것이었다. 백정들이 수렵이나 절도·창우 등에 종사하면서 유랑생활을 하는 것은 그들이 경제적 기반 즉 농토가 없기 때문이라 생각하고 그들에게 경제적 기반을 마련해주고 정착시켜 호적에 편입시키려 하였던 것이다.

이와 같은 치자들의 노력은 조선왕조의 개국 초부터 나타났다.『태조실록(太祖實錄)』4년조에는 당시의 지익주사(知益州事) 민유의(閔由義)가 재인·화척의 유이(流移)를 막기 위하여 "籍口給田"할 것을 상청(上請)하자 왕이 이 문제에 관하여 이미 명령한 바 있으나 이행되지 않은 것이라 하고 다시 각 도에 재명령하기로 한 기록이 있으며,[73] 태종 때에 들어와서도 영의정부사(領議政府事) 성석린(成石璘)이 왕에게 올린 시무 20조 가운데서 재인·화척 등이 재살만을 업으로 삼고 있으니 그들을 한곳에 모아 "給田耕種"시키고 유이(流移) 못하게 하면 그들도 쓸모가 있으리라 진술하고 있다.[74]

백정들을 동화시키려는 정책은 세종시대에 들어와 더욱 활발해지고 적극화한다. 우선 전술한 바와 같이 세종 5년(1423)에는 재인과 화척을 백성으로 개칭하고 그들에게 한전(閑田)과 진전(陳田)을 지급하여 농업에 종사하게 하였고[75] 동왕 17년(1435)에는 병조에 전지(傳旨)하여 토지를 지급받고 평민과 같이 녹적(錄籍)되었으면서도 농업에 종사하지 않고 유이하는 백정을 그 가족과 함께 북방의 여연(閭延) 등지에 사민(徙民)시킬 것을 의론케 하였다.[76] 백정들의 정착영농을 강조하는 한편 전혀 동화될 수 없는 자는 격리시키려는 정책을 쓰고 있었다.

한편 정착 영농하는 무리들에 대해서는 여러가지 적절한 시책을 적용시키려 했다. 세종 19년(1437)에는 각 도 수령으로 하여금 그 관내에 있는 신백정을 조사하여 각 마을에다 나누어 배치하고 적당량의 토지를 지급하되 '항산(恒産)'을 가진 자 즉, 정착하여 생활기반을 가진 자는 보

---

73) 『太祖實錄』卷8, 太祖 4年 12月 甲寅條.

　　知益州事閔由義上請 (…) 才人禾尺流移 籍口給田 上曰 此皆已有著令 第不能擧行耳 令使司移牒各道

74) 『太宗實錄』卷13, 太宗 7年 正月 甲戌條.

　　領議政府事 成石璘上書 陳時務二十條 命下議政府 議得書曰 (…) 宰殺牛馬 國有禁令 有司痛行禁治 其禾尺才人等 專以宰殺爲生業 宜令所在之處 完聚存恤 給田耕種 使不離散 此輩豈無用處

75) 주 55 참조.

76) 『世宗實錄』卷69, 世宗 17年 8月 丙寅條.

　　傳旨兵曹 大臣獻議 續典 才人禾尺 改稱白丁 量授土田 一依平民錄籍 其不事農業 彼此流移者罪之 乞申明曉諭 痛行禁止 如有不悛者 盡行推刷 幷其妻孥 徙入閭延等處 以實邊圉 實爲良法 其抄刷便否 擬議以聞

(保)에 편입시켜 그 마을 인구 속에 입적시키고 매월 순행(巡行)하여 이들을 보살피며 월말에 감사에게 보고하게 했다.[77] 또한 동왕 21년(1439)에는 전 이조판서 박신의 상언에 의하여 백정들이 정착 영농하는 정도를 그 고을 수령의 전최(殿最) 기준의 하나로 삼게 하기도 하였다.[78]

한편 『성종실록』에 의하면 전라도 관찰사의 계문에 의하여 안정된 직업을 가지지 못한 백정들은 국역(國役)에 편입시킴으로써 그들에게 고통을 주는 것을 피하기 위하여 가난한 자는 국역에 편입시키지 않고 토지를 지급하여 영농을 장려시키고 수년 후 그들이 부유하게 된 뒤에 국역에 편입시키도록 하였으며 그 명칭도 재인백정이란 말을 쓰지 않고 평민과 섞여 살게 하였는가 하면[79] 대사간(大司諫) 이평(李枰)은 백정들을 동화시키기 위하여 재백정이란 이름을 없애버리고 일반 백성과의 차이를 없애기 위하여 그들도 일반 백성과 꼭같이 부역에 응하게 하자고 주장하기도 하였다.[80] 한편 더 나아가서 세종 14년(1432)에는 예조

---

77) 같은 책, 卷78, 世宗 19年 7月 丙辰條.
　議政府啓 謹按元續六典新白丁區處之法 至爲詳悉 各官守令 視爲文具 慘然不察 監司亦不檢擧 因此 或彼此流移 或群聚爲盜 不革舊染者 比比有之 乞令各道守令 推刷境內新白丁 分置各里 量給田土 擇有恒産者保授 錄其里名人口及保授者 每月巡行糾察 每季 月具報監司 轉移戶曹 以次嚴加考覈 守令如有不用心存接 以致流亡者 皆治罪 從之

78) 주 61 참조.

79) 『成宗實錄』 卷54, 成宗 6年 4月 庚寅條.
　兵曹據全羅道觀察使啓 本啓 才人白丁 不事耕鑿 以射獵興販爲業 糊口四方 一朝盡隷卒伍 役同編戶 則將不勝其苦 聚爲盜賊 反害良民 不可不慮 請財産饒足 而願充軍伍者許之 其無産業者 不定役 給閑田 勸課農桑 期數十年 以待富實 然後定役 且今後 勿稱才人白丁 使雜處民居 與相婚嫁 令觀察使 具錄給田之數以聞 從之

80) 같은 책, 卷235, 成宗 20年 12月 壬辰條.
　御經筵講訖 大司諫李枰啓曰 今者 盜賊興行 中外騷擾 皆才白丁之類也 此輩無恒産 而役使甚苦 其爲盜固其所也 國家開生生之路 然後盜賊可弭也 許交嫁良民 此實美法 然州縣 視爲異類 令隣人 保守爲別牌而役之 不齒於良民 故才白丁 不事産業 聚爲盜賊 其弊難救 臣願悉革才白丁之名 一應賦役 皆如良民 則數十年之後 皆變爲良民 而盜賊可弭也 上問左右 領事盧思

에서 백정을 동화시키기 위하여 그 자제 중 독서(讀書)를 원하는 자는 향학(鄕學)에 부시(赴試)하게 하자고 주장하였고 그대로 실시되었다.[81]

이와 같이 조선왕조의 치자들은 백정들을 유목민적 생활에서 탈피시키고 농경 위주의 생활권에 포섭·동화시킴으로써 사회적 안정을 기하고자 그들이 영농 정착하도록 치밀한 노력을 경주하였으며, 그들에게 교육을 받을 수 있는 길도 열어주었다. 그러나 영농생활에 익숙하지 못하고 유랑성이 짙은 생활을 청산하지 못하는 그들은 조선시대를 통하여 일부 영농 정착한 자들도 있기는 하였으나 그 대부분이 수렵·도살·유기 제조·창우 등 유목민적 생활의 연장이거나 변형·발전이라 생각되는 직업에 종사하였다.

한편 조선왕조의 치자들이 백정을 동화시키기 위하여 시행한 또다른 방책으로 혼혈정책을 들 수 있다. 태종 11년(1411)에 사헌부의 상서에 의하여, 화척들이 외딴곳에 모여 살면서 농경을 하지 않고 도살만을 일삼으니 이유는 그들이 특정 거주지에서만 살고 저희들끼리만 혼인하기 때문이라 하고 평민과 섞여 살게 하고 저희들끼리의 결혼을 금하며 이를 어긴 자는 벌주게 하였고,[82] 세종 5년(1423)에 그들의 명칭을 백정으로 개칭할 때도 일반 백성과 섞여 살게 하고 서로 혼인하게 하였으며[83] 이후 계속해서 백정과 일반 백성의 결혼을 장려하였다. 백정들을 일반

懰對曰 許嫁良民 使之生生法非不立 猶相聚爲盜 革才白丁之名 何益 上曰 然當博議之
81)『世宗實錄』卷58, 世宗 14年 10月 丁酉條.
　　禮曹啓 新百丁 旣雜處平民 相爲婚嫁 差定軍役 其子弟 願讀書者 請許赴鄕學 從之
82)『太宗實錄』卷22, 太宗 11年 10月 乙巳條.
　　司憲府上書 (…) 四曰 宰牛之禁 已載六典 然而禾尺 屯處僻地 不事農務 以業宰殺 醜惡之
　風 世久不變 良由別處成屯 自相婚嫁之致 然其在永樂七年 令雜處平民 禁自相婚嫁 已曾敎下
　至今廢閣 乞依前降條 畫籍其戶數 分出雜處 與民婚嫁 其自相婚嫁者 離異論罪 (…) 從之
83) 주 55 참조.

백성과 혼혈시킴으로써 거친 기질을 순화시키고 유목민적인 생활을 영농 위주로 전환시키려 노력한 것이다. 그러나 이와 같은 노력도 쉽게 효과를 거둘 수 없었다. 앞에서도 인용한 조뢰의 상서 가운데, 신백정이라 이름을 고치고 그들에게 토지를 주고 그들을 군적에 편입시켰으며 그들이 평민과 서로 혼인하고 정착된 생활을 하게 하였으나 아직 평민이 백정에게 장가들었다는 말을 들어본 적 없고 백정이 평민에게 시집간다는 말을 들어본 적이 없으며, 백정들이 농사에 힘쓰고 있음을 들어본 적이 없다 하고 대개 평민이 백정을 이류(異類)로 생각하여 혼인하기를 싫어하고 수령이 백정에게 토지를 지급하는 일도 제대로 실시되지 않으니, 앞으로는 백정의 남녀노소를 모두 부적(付籍)하고 그들끼리의 혼인을 더욱 금하여야 할 것이라 말하고 있음으로 보아[84] 당시의 사정을 충분히 짐작할 수 있겠다.

백정들에 대한 혼혈정책이 원만한 효과를 거두지 못하였으나 치자들의 노력은 계속되어서 성종 때는, 첫째 백정들이 저희들끼리 혼인하는 것을 금하고, 둘째 그들이 바라는 대로 혼인할 수 있게 하며, 셋째 백정들이 저희들끼리 혼인한 것이 발각되었을 때는 그 이웃과 담당 관리와 수령을 처벌하도록 하는 3개 조항을 형조에 하교한 바 있다.[85]

---

84) 『世宗實錄』 卷120, 世宗 30年 4月 甲子條.
　　　前同知敦寧府事趙賚上書曰 (…) 歲甲辰 改號新白丁 給田籍軍 許令平民相婚 以安生業 然立法以後 未聞平民之婚白丁 白丁之嫁平民 而服田力穡者也 蓋平民 厭其異類 而不欲婚嫁守令 視爲餘事 而不給田宅 彼雖欲不盜 其可得乎 京外强竊 此徒過半者宜矣 臣竊謂 申明此法 男女老少 一皆付籍 仍禁自相婚嫁 勿論平民及公私賤 勒令婚嫁 違者痛繩以法 其中 年老及已成婚嫁者 官給閑田 俾令安業 如此猶且遊手恣惡者 竄于新設邊鎭 永充水卒 如或逃散 論以軍法以懲
85) 『成宗實錄』 卷222, 成宗 19年 11月 庚午條.
　　　先是 慶尙道觀察使成俶陳弊 (…) 一前者 刑曹受敎 第一條 白丁 自相婚嫁禁止 第二條 從其自望 量宜婚嫁 第三條 白丁 自相婚嫁現露 則切隣色掌守令 重論勿揀赦前 (…)

백정을 동화시켜서 후환을 없게 하려는 치자들의 노력과는 달리 일반 민간에서는 생활풍습이 다르고 가문적 전통을 가지지 못한 이들 외래민과 잘 어울리지 않았으며 더구나 그들과 통혼하려는 자들은 드물었다. 이런 사정은 앞에서 든 조뢰의 상서문에서도 알 수 있지만 성종 때의 대사간 이평은 백정들이 양민과 서로 혼인하게 한 것은 좋은 법이지만 백성들이 그들을 이류로 보고 부역을 하는 데도 따로 패를 지어 하며 잘 어울리지 않는다 하였다.[86] 결혼을 통한 백정의 동화는 사실 효과를 거두기 어려웠던 것 같다. 이와 같이 백정을 정착시키고 동화시킴으로써 사회적·정치적 안정을 기하려는 치자들의 노력과는 달리 실제 백정들과 어울려 살아야 할 일반 백성들은 그들을 용납하지 않았으며 그 때문에 백정들은 동화되지 못하고 유랑생활을 계속하거나 설사 정착한다 하더라도 그들만의 집단사회를 이루고 살게 되었던 것이다.

한편 영농이나 혼혈을 장려하는 이외에 백정을 정착·동화시키기 위하여 북방사민(北方徙民)들의 도망을 막고 행상들의 빈번한 왕래를 제한하는 데 이용하던 행장제(行狀制)를 적용시켜 유랑을 막고 생활집단을 해체시키려 노력한 사실을 찾아볼 수 있다. 세종 4년(1422)에는 군적(軍籍)에 오르지 아니하고 외딴곳에 모여 사는 재인·화척을 조사하여 군적에 올려서 평민과 섞여 삶으로써 농경법을 배우게 하고 3년에 한 번씩 그 자손을 조사하여 녹적(錄籍)하며 그들이 여행할 때는 일정한 기한을 주어서 행장을 발급하도록 한 바 있다.[87]

---

86) 주 80 참조.

87) 『世宗實錄』 卷18, 世宗 4年 11月 丁丑條.

　　兵曹啓 軍籍不付 才人禾尺等 檢考無門 因此 聚居隱處 暗行奸盜 或至殺人 請令諸道 軍籍 不付 才人禾尺 備細推刷 錄於軍籍 雜處平民 使習農業 三年一次 子枝推刷成籍 使不得他適 如有出入處 則限日 行狀成給 從之

행장제도 자체가 치자들이 그 사회구성원의 이동을 방지하기 위하여, 즉 전사회구성원을 가능한 한 농지에 얽어매놓기 위하여 고안한 것으로 유랑성이 많은 백정들의 이동을 막기 위하여 이를 적용시킨 것이며 이로 인한 부작용도 많았다. 성종 4년(1473)의 형조 계문에서는, 수교(受敎)에 의하여 도망하다 잡힌 재백정은 사민(徙民) 도망자와 같이 참형에 처하고 부득이한 출입자는 기일을 정하여 행장을 발급하고 행장 없이 횡행하는 자와 기일 이내에 돌아오지 않는 자는 의법 처단하는 법을 더욱 엄하게 하였다. 그러나 부모처자가 타지방에 있어서 상사(喪事)를 당하거나 구병(救病)할 일이 있어 부득이 출입코자 행장 발급을 신청하여도 수령들은 백정이 도망하고 그 벌이 자신에게 미칠까 두려워하여 행장을 즉시 발급하지 않기도 하고, 혹은 수령이 관아에 있지 아니하여 행장 없이 출입하면 이웃사람이 불고죄에 걸릴까 겁내어 이를 붙잡아 관에 고하게 되며 관에서는 그 실정을 불문하고 사민도망례에 부쳐 중형으로 다스리므로 백정들은 인근에도 마음대로 왕래하지 못하니 퍽 가련한 일이라 하고, 앞으로는 분명한 도망자가 아니고 족친(族親)을 만나거나 생활품 매매를 위하여 부득이 출입하는 자는 그 사정의 긴부(緊否)와 여정에 따라 기일을 정하여 행장을 발급하게 하고 만약 수령의 부재 시에 부모처자의 상사나 구병으로 미처 행장을 받지 못하고 출입한 자는 분별해서 면죄케 하며 행장 없이 횡행하는 자와 기한 내에 돌아오지 않는 자는 수교(受敎)에 의하여 관에 고하게 하며 또 즉시 행장을 발급하지 아니한 수령은 관찰사로 하여금 규찰하게 하라고 했다. 그리고 인근의 왕래에 일일이 행장을 가지게 하면 생활에 불편이 있을 것이므로 3일정(日程) 15일 왕래 이상자만 행장을 주고 그외는 이정(里正)에게 보고만 하게 하라 하였다.[88]

백정들의 유이(流移)를 막기 위하여 얼마나 단속을 하고 있으며 그것이 또 백정들의 생활에 얼마나 제약을 주고 있었는지 짐작할 수 있겠다. 앞의 계문보다 며칠 전 기록에서는 예천에 살던 백정 노대산(魯大山)이 그 형을 따라서 문경에 이주하였다가 형이 죽은 후에 다시 예천으로 돌아온 것이 사민도망죄에 저촉되어 사형에 처해질 형편이었던 실례를 볼 수 있다.[89]

백정들에게 행장제를 적용시키고 그들의 무단횡행을 사민도망죄에 해당시켜 극형에 처했다는 사실은 백정들을 영농 정착시키기 위한 일종의 강제수단이었고 또 그만큼 백정들의 생활을 구속하는 것이기도 하였다. 한편 그들의 생활집단을 해체시킴으로써 피해를 막고 일반 백성 속에 동화시키려 애쓴 흔적을 찾아보면 세조 8년(1462)의 『실록』 기사에 각 도의 관찰사에게 재인과 화척들이 모여 살지 못하게 하도록 명령한 바 있으나, 관찰사와 수령들이 제대로 실시하지 못하여 이들이 그대로 한곳에 모여 살면서 작적(作賊)하니 속히 이들을 분치(分置)시키고 보고하라 하유(下諭)한 바 있으며,[90] 성종 때도 재백정들이 그들끼

---

88) 『成宗實錄』卷33, 成宗 4年 8月 庚辰條.
　　刑曹啓 前此受敎 才人白丁 逃亡現捉者 依徙民逃亡例處斬 不得已出入者 限日給行狀 無行狀橫行者 過限不還者 並以制書有違律論斷 立法至爲嚴明 但如父母妻子 在他官 以奔喪救病 不得已出入 欲受行狀 雖或告官 守令 恐因此逃亡罪 將及己 不卽給狀 或値守令不在官 未得及期受狀 不得已出入 則里正切隣 怯於不告之罪 卽捕告官 守令 亦不覈實例 論以徙民逃亡 置之重典 故雖隣近官 不得隨意往來 誠爲可矜 自今 逃亡明白者外 如有族親相見 或買賣資生 不得已出入者 隨其程途遠近 事情緊否 計日給狀 若守令不在 因父母妻子 奔喪救病 未及受行狀者 分揀免罪 其無行狀橫行者 過限不還者 依前受敎施行 告官而不卽給狀守令 令觀察使糾察 從之 仍傳曰 隣近官來往 皆受行狀 則不得自由 終無樂生之道 其三日程 十五日往來以上者給狀 其餘 許告里正出入 違者 如法論
89) 같은 책, 卷33, 成宗 4年 8月 戊辰條.
　　御經筵講訖 (…) 上問左右曰 醴泉居白丁魯大山 隨其兄 移居聞慶 兄歿後 還于本邑 今例以徙民逃亡論死 予欲特減 何如 (…)
90) 『世祖實錄』卷28, 世祖 8年 6月 丙子條.
　　諭諸道觀察使曰 曾令才人禾尺 不置諸里 不得聚居 觀察使守令 不能奉法 亦致聚居一處 相

450

리 모여 살면 자연히 도적질할 마음이 생겨서 평민들을 해치게 되니 철저히 추쇄해서 저희끼리 모여 살지 못하게 하고 평민과 섞여 살게 하도록 하교하였고,[91] 또 경외의 재인백정을 모두 조사하여 각 부읍(部邑)과 방촌(坊村)에 분속(分屬)시키고 녹적을 명백히 하여 일건(一件)은 각 부 본관(本官)에, 일건은 한성부와 감사에, 일건은 형조에 보관하고 춘추로 그 동태를 조사하도록 한 바 있다.[92]

이와 같이 조선왕조의 치자들은 유목민 출신인 백정들을 농경사회에 정착·동화시키기 위하여 경제적 기반이 될 수 있는 토지를 지급하고 그들의 전통성과 거친 기질을 말살·순화시키기 위하여 결혼을 통한 혼혈을 도모하였고, 그들의 유이를 막기 위하여 행장제와 같은 일종의 강제수단을 쓰기도 하였으며, 그들이 모여 사는 것을 금하고 일반 평민과 섞여 살게 조처하기도 하였다. 그러나 농경생활에 길들지 못한 그들이 쉽게 영농 정착할 리 없었고 전통과 가문을 존중하는 유교사회가 혼혈을 위한 그들과의 결혼을 용이하게 받아들일 리 없었다. 강제적인 정착책은 오히려 백정생활에 불편을 주어 극소수를 제외하고는, 일반 민간 속에 포섭·동화되어 영농민이 되는 경우가 드물었으며 결과적으로 백정끼리의 결속을 굳게 만들고 그들이 특수거주지역을 형성하여 도살·유기 제조 등 그들 본래의 생활양식을 계승한 특수직업에만 종사하게 만

　與作賊 可速分置 其由以啓

91) 『成宗實錄』 卷1, 成宗 元年 2月 丁巳條.
　　教曰 才白丁 屯聚則盜心自生 害及平民 祖宗朝已令 與平民雜處 宜盡心推刷 勿使屯聚
92) 같은 책, 卷9, 成宗 2年 2月 辛酉條.
　　命院相 議捕盜事目 (…) 一强盜 率皆才人白丁所爲 是無他 不農不蠶 素無産業 祖宗以來
　　分授里巷 給田安業 使不得隨意聚散 已有著令 奉行不謹 徒爲文具 今令京外 盡刷才人白丁
　　以民戶多少 量屬諸部諸邑 分授各坊各村 明白錄籍 一件各部本官 一件漢城府監司 一件刑曹
　　每於春秋 生産逃亡物故 檢覈啓聞 (…)

들었던 것이다.

백정들을 동화시키기 위하여 조선왕조의 치자들이 세운 시책 중 비교적 성공한 것은 그들을 군역(軍役)에 동원하는 것이었다고 생각된다. 유목민 출신이라 생각되는 그들이 가진 민활한 행동성, 강인한 기질, 능한 마술(馬術)과 궁술(弓術) 등은 왜구(倭寇)와 여진(女眞)들의 위협에 당면하고 있던 조선왕조 측에는 대단히 유익한 군사력이 될 수 있었고 그것은 또 이른바 이이제이의 원칙에도 부합되는 것이었다.

이제 조선왕조의 치자들이 백정들의 군역 동원을 주장한 예를 들어보자. 세종 15년(1433)에 야인(野人) 정벌을 계획하였을 때 황희(黃喜) 등은 산판(山坂)을 잘 다니고 활쏘기에 능한 백정들을 동원할 것을 주장하고 있으며,[93] 경연에서는 당시 평안도 지방의 국경 경비를 맡고 있는 경중(京中) 군관(軍官)들은 말타기와 활쏘기에 능할 뿐 보행에는 능하지 못하므로 전라도의 신백정 중 무재(武才)가 있는 자를 뽑아서 국경 경비에 충당하자는 의견이 있었다.[94] 앞에서도 인용한 바 있지만 역시 세종 18년(1436)에 4품 이상의 관리들을 모아 국방책을 의논케 하였을 때 다음과 같은 의견이 나왔었다. 우리나라 사람으로 활쏘기와 말타기에 능한 자는 모두 양반 자제들이어서 혹시 말에서 떨어지면 잠깐도 걸을 수 없고 음식이 떨어지면 1~2리를 못 가서 지쳐버리게 되니, 이로써 산적들과 대적이 안 됨은 명백한 일이다. 수렵에 종사하여 말타기와

---

93) 『世宗實錄』卷59, 世宗 15年 2月 辛亥條.

　　召議政府 六曹及三軍都鎭撫使 (…) 黃喜等曰 京中侍衛 亦不可疎 虞古人有言 精兵一百 所向無前 不必加送 但抄平安黃海兩道新白丁 作牌入送 則此徒 慣行山坂 熟於弓矢 似有益也

94) 같은 책, 卷61, 世宗 15年 8月 癸巳條.

　　御經筵 (…) 崇善又啓曰 前大提學河演 與臣言曰 平安道赴防 京中軍官 只能騎馬射御而已 行步則實未能焉 且隨從之人 支對又煩 抄全羅道新白丁有武才者 赴防則可以除京中軍士供億之煩

452

보행에 능한 신백정을 동원하면 "以蠻夷攻蠻夷"하는 것이다. 신백정들 중에 말 잘 타고 걸음 잘 걷는 건장한 자를 모집하자고 주장한 것이다.[95]

또한 성종 22년(1491)에 행첨지중추부사(行僉知中樞府事) 김영유가 올린 북경(北境)방비책에는 우리나라의 재인백정은 원래 호종(胡種)인데 활쏘기에 능할 뿐만 아니라 성질이 효용(驍勇)하여 험한 산길을 평지처럼 다니며 짐승을 잡을 수 있고 기한(飢寒)에도 병들지 않으며 분주(奔走)해도 고됨을 모르니 만약에 이들로 선봉을 삼으면 가히 일당백이 될 것인데 조병(調兵)에 이들을 대상으로 하지 않고 있는 것은 잘못이다 하고 조관(朝官)을 파견하여 상세히 조사하고 그 재능에 따라 분류하여 군정(軍丁)으로 보충시키되 이들은 병적에 등록되어 있지 않아 보정(保丁)이 없으니 장비와 의복과 식량을 마련해주도록 하면 조병에 도움이 될 것이라 하였다.[96]

백정들을 군역에 동원하자는 의견이 많이 나오고 또 그 실효성이 구체적으로 지적되기도 하여 그들을 실제로 군역에 편입시키고 또 외적 방어에 이용하기도 하였으니 이제 그 실례를 들어보자.

백정들을 국방에 이용한 예는 고려말기부터 찾아볼 수 있다. 『고려사』 공민왕 세가(世家)에 의하면 양광도(楊廣道)와 전라도의 화척·재인을 서북면의 수졸(戍卒)로 충당했다 하였고,[97] 우왕 2년(1376)에도 왜구를 방어하기 위하여 대소 품관과 그 자제, 한산(閑散)양반, 백성, 각 궁사(宮司) 창고의 사노한(私奴漢), 승인(僧人), 향리와 함께 재인·화척 가

---

95) 주 9 참조.

96) 주 7 참조.

97) 『高麗史』世家 卷39, 恭愍王 5年 9月 庚辰條.
　　遣使于楊廣·全羅道 刷濟州人及禾尺才人 充西北面戍卒
　　『高麗史』志 卷36, 兵2, 鎭戍 恭愍王 5年 9月條.
　　遣使諸道 刷濟州人及禾尺才人 補西北面戍卒

운데 무재가 있는 자를 장비를 갖추어 동원하였으며,[98] 동왕 4년(1378)
에는 역시 왜구 방비를 위하여 양반·백성과 함께 재인·화척을 군인으
로 삼아 군익(軍翼)에 편입시키고 있다.[99]

이와 같이 고려말기부터 백정들의 군사적 역량을 인정하여 각종 군
역에 그들을 동원하고 있었으며 조선왕조에 들어와서도 그들의 군사
면에서의 활약은 주목할 만한 것이었고 군에 동원된 그들에 대한 대우
도 상당한 것이었다.

우선 그들은 세종 원년(1419)의 대마도 정벌에 하번갑사(下番甲士)·별
패(別牌)·시위패(侍衛牌) 등과 함께 참전하였고[100] 대마도 정벌군의 원
정으로 방비가 허소(虛疎)해진 각 포구의 수비에 역시 하번갑사·별패·
시위패·일수(日守)·양반 등과 함께 동원되었으며,[101] 대마도 정벌 후에
도 시위패·별패 등과 함께 왜구 방비에 활약하였다.[102] 한편 백정들의

---

98) 같은 책, 志 卷35, 兵1, 禑王 2年 7月條.
   禑曰 四方盜賊未息 軍政 當時所急 今後 每當興師之際 令各道都巡問使 (…) 大小品官幷
   及子弟 閑散兩班 百姓 諸宮司·倉庫私奴漢 才人禾尺 僧人鄕吏中 擇便弓馬者 各備兵器 及冬
   衣·戎衣 二朔料糧 末乾飯以待 如有緩急 元帥 各軍目 道兵馬使 及期來會
99) 같은 책, 志 卷35, 兵1, 禑王 4年 12月條.
   都堂議置軍翼 遣各道計點 元帥下旨限 倭寇寢息 依西北面例 各道 皆置軍翼 擇淸白能射
   御者 自奉翊至四品 爲千戶 五六品爲百戶 叅外爲統主 千戶統千名 百戶百名 統主十名錄軍籍
   其餘三品至六品 分屬各翼 備軍器衣甲 以兩班 百姓 才人 禾尺爲軍人 人吏 驛子 官 寺 倉庫
   宮司奴 私奴爲烟戶軍 (…)
100)『世宗實錄』卷4, 世宗 元年 5月 戊午條.
   兩上命召 柳廷顯 朴訔 李原 許稠等 議乘虛征對馬便否 (…) 卽命以長川 君李從茂 爲三軍
   都體察使 (…) 將慶尙 全羅 忠淸三道 兵船二百艘 下番甲士 別牌 侍衛牌及守城軍 營屬才人
   禾尺 (…) 等 以邀倭寇還歸之路 約以六月初八日 各道兵船 並集見乃梁以待
101) 같은 책, 卷4, 世宗 元年 6月 乙亥條.
   兵曹啓 今以諸道兵船 往征對馬島 因此 各浦防禦虛疎 令留防兵船 分運屯泊 要害之處 陸
   地 亦令下番甲士 別牌 侍衛牌 鎭屬及才人 禾尺 日守 兩班 可爲防禦者 分四番赴防 上王從之
102) 같은 책, 卷13, 世宗 3年 10月 庚子條.

454

활약은 왜구 방비에만 그치지 않고 국내의 도적 체포와 반란 진압에도
미쳤다. 세종 10년(1428)에는 백정들로 하여금 시위패·하번갑사·진군
(鎭軍)·한산인(閑散人) 등과 함께 흥행하던 초적(草賊)을 체포하게 하였
고,[103] 세조 13년(1467)에는 백정들이 이시애란(李施愛亂) 친정군(親征
軍)의 중요한 일익으로 편입되었던 것이다.[104]

백정들이 외적 방어와 내란 진압에 동원되어 그 군사적 자질이 인정
되고 그 이용도가 높아져서 그들의 군역 편입의 길이 넓어졌다. 세종 5
년(1423)에는 병조의 제의에 의하여 그들 가운데 무재가 있는 자는 시위
패에 혹은 수성군(守城軍)에 편입되었고 그중 무재가 특이한 자는 도절
제사(都節制使)가 취재(取才)하고 병조에서 다시 시험하여 갑사직(甲士
職)에 서용(敍用)하게 하였으며,[105] 동왕 7년(1425)에도 자질에 따라 별
패·시위패·수성군의 정군(正軍)으로 98명, 봉족(奉足)으로 426명이 편
입되었으며,[106] 이듬해에도 신백정들의 일부를 시위패에 편입시켜 번

慶尙道右道水軍都按撫使馳報 金海府吏四人 乘船至代浦 爲倭所虜 熊新縣二人 至巨濟島
神堂串 又爲倭所擄 倭賊出沒海中 乘間殺擄 構怨欲復 非一日矣 不可不備已 徵聚附近郡縣
侍衛牌 別牌 才人 禾尺以備之

103) 같은 책, 卷40, 世宗 10年 閏4月 辛亥條.
兵曹據京畿監司關啓 草賊興行 非惟京畿·黃海道亦然 請令京畿留後司 黃海·平安道各官居
住 侍衛牌 下番甲士 鎭軍及閑散人 新白丁有馬者 各於其面 不拘多少 隨所居附近定之如有賊
人 及時追捕 從之

104) 『世祖實錄』卷43, 世祖 13年 7月 甲子條.
諭諸道節度使曰 今七月初二日 予發京 親征李施愛 其速抄道內善射白丁 自願扈從者 慶尙·
全羅道 則各裏三十日糧 忠淸·黃海道 則二十日糧 京畿·江原道 則十五日糧 差人領至行在所

105) 『世宗實錄』卷22, 世宗 5年 10月 乙卯條.
兵曹啓 才人·禾尺 本是良人 (…) 有武才者 爲侍衛牌 其次守城軍 其中武才特異者 令都節
制使 取才移報 本曹更試 甲士職敍用 若因仍舊業 不事農桑 彼此流移者 依律論罪 仍考戶籍
卽令還本 其中私處奴婢 聽本主區處從之

106) 같은 책, 卷27, 世宗 7年 正月 癸巳條.
江原道監司啓 各官新白丁 居計才品分揀 於別牌 侍衛牌 守城軍 隨宜定役 其正軍九十八名

상(番上)시키고 나머지는 각 진에 소속시켜 영속군(營屬軍)과 같이 4번으로 나누어 부방(赴防)케 하였고,[107] 동왕 10년(1428)에는 그들을 시위패에 허속(許屬)시키고 갑사로 취재하게 한 기록이 있으며,[108] 세조 5년(1459)에는 이미 수성군이나 시위패에 속해 있는 재인·화척을 시험에 의하여 갑사로 보충시켰고 군역에 속해 있지 않은 자도 일반 평민보다 우대하여 취재를 통하여 사로(仕路)에 나아갈 수 있게 하였다.[109]

백정들의 군역 편입은, 치자들로서는 백정들이 가진 유목민적 자질이 군역에의 적응도가 높았으므로 이를 이용한 것이었고, 반면 백정들로서는 농경문화권 내부에서 유목민 출신으로 야만시되던 그들의 사회적 지위를 높이는 데 크게 도움이 되는 것이었다. 그들이 양반군대라는 갑사[110]가 될 수 있었던 것도 그 한 예인 것 같다. 군역을 통한 백정들의 포섭·동화책은 쌍방의 이익이 부합되어 영농이나 혼혈 정책보다는 비교적 성공을 거둔 방책이었으리라 생각된다.

백정의 일부가 군에 동원되는 한편 중종시대의 기록에는 지방 유력자나 관리들이 백정을 집단 점유하는 경향이 보인다. 예를 들면 중종 7

奉足四百二十六名

107) 같은 책, 卷31, 世宗 8年 正月 己亥條.

兵曹啓 曾奉敎旨 據忠淸道兵馬都節制使牒 與政府諸曹同議 (…) 請各道侍衛牌 竝依前數定爲十二牌 令一年一番上於各官 散住新白丁內 可當侍衛者 幷許充補 初年農月番上者 次年推移 相換點送 其屬侍衛牌 外餘剩軍 加屬各鎭 依營屬軍例 分爲四番赴防 從之

108) 같은 책, 卷41, 世宗 10年 9月 甲戌條.

兵曹啓 新白丁 已與平民例 論許屬侍衛牌 請依他侍衛牌 例幷甲士取才

109) 『世祖實錄』 卷16, 世祖 5年 4月 癸酉條.

兵曹啓 才人禾尺 曾屬守城軍 侍衛牌者 已令試充補甲士 其無軍役者 則不許取才 此輩非他平民之例 雖無軍役者 請竝許取才 以通仕路 從之

110) 車文燮 「鮮初의 甲士에 對하여(上)」, 『史叢』 4호; 「鮮初의 甲士에 對하여(下)」, 『史叢』 5호, 1959 참조.

년(1512)에 영사(領事) 유순정(柳順汀)이 조강(朝講) 자리에서 남원부 내에 있는 재백정 2천여 명을 모두 품관(品官)들이 사역(使役)하고 있는데 품관 1명이 보통 30~40명을 집안에서 부리고 있어서 수령들이 이를 추심하려 하면 오히려 해를 입힌다 하였고,[111] 이보다 2년 후에 대사간 김세필(金世弼)이 말하기를 "임신년에 유순정이 남원 토호품관의 백정 모점폐(冒占弊)를 말한 바 있지만 신이 곧 감사가 되어 전교(傳敎)를 받고 당지에 이르러서 수괄(搜括)하였던바 그 남점(濫占)하고 익사(匿使)한 것이 50~60명에 이르렀다" 하였고, 같은 자리에서 대사헌 송천희(宋千喜)는 전일 김안국(金安國)에게서 들은 말을 인용하여 경남 함안에 사는 이계현(李季賢)이란 자는 그 집에 재백정 30여 명을 감추어두고 타인의 우마를 공연히 잡아오게 하는데 우마 주인이 발견해도 두려워서 감히 고소하지 못한다고 하였다.[112] 농경·도살업·유기 제조 등의 직업에 의하여 정착하고 독립된 생활경제를 누리게 된 백정을 제외한 일부 유랑하는 백정들이 지방의 토호들에게 점유되어 거의 사노비와 같은 처지에 빠지게 되었던 사정을 말해주고 있다. 그들이 토호들에 의하여 무엇에 이용되었는지 분명하지 않지만 송천희의 계언(啓言) 속에서 역시 재살행위에 이용되고 있었던 일면을 찾아볼 수 있으며 또한 백정들이 사노비로 전환된 예도 찾아볼 수 있다.[113]

---

111) 『中宗實錄』卷17, 中宗 7年 11月 甲戌條.

御朝講 (…) 領事柳順汀曰 臣聞 南原品官强悍 府內才白丁 本二千餘人 皆爲品官所使 一品官率三四十人 而使居於其家 圍內箝制 未得督出 守令若推尋 則必中毒 (…)

112) 같은 책, 卷21, 中宗 9年 12月 丁未條.

御朝講 (…) 大司諫金世弼曰 壬申年 柳順汀啓 以南原等官 土豪品官 冒占白丁之弊 臣適授監司 親承傳敎 到界搜括 其濫占匿使 多至五六十 官奴婢亦多 隱接役使 臣未及畢推而遞 至今不啓 更命搜括 啓聞何如 上曰 下諭問之 可也 大司憲宋千喜曰 (…) 金安國 前日言 咸安 有李季賢者 家匿才白丁 多至三十餘人 人之牛馬 公然牽來 其主見之 畏不敢訴 (…)

113) 주 105 참조.

지방의 토호들이 백정을 점유하였던 한편 지방 관리들도 상당수의 백정을 점유 혹은 사역하고 있었던 것 같다. 역시『중종실록』에 의하면 강계부사이던 박영(朴英)이 재백정을 남점해서 파직당한 일이 있는데, 백정을 남점해서 파직당한 사람이 박영 이외에도 있었음을 시사해주고 있으며,[114] 동왕 19년(1524)의 대간(臺諫) 계언에 전라좌도 수사(水使) 유용(柳墉)이 순천의 재인백정 2백여 명을 천투(擅投)하였다는 기록이 있다.[115]

지방의 관리나 토호들이 백정들을 집단으로 점유하였다는 사실은 그만큼 그들의 노동력을 필요로 하였음을 시사해준다 하겠으나, 한편 토호들이 백정을 집안에 모아두고 부릴 수 있고 또 백정들 자신도 토호들에게 고용 또는 예속되어서 생활할 수 있을 만큼 순화된 것이라 생각되며, 더구나 이후부터는 백정들이 집단을 이루어 유랑하거나 작란한 기록이 그다지 보이지 않는 것으로 미루어보아 대개 중종조를 전후하여 백정들이 직업 면에서나 사회적인 조건에서 농경사회에 완전 동화되지는 못하였더라도 적어도 집단을 이루어 유랑·작란하던 생활만은 줄어들고 여러가지 방법으로 정착생활을 영위하게 된 것이라 생각된다. 여말선초의 혼란기를 틈타서 한반도를 어지럽히던 유목민 출신의 백정들은 16세기를 고비로 하여 점차 한족사회 내에 정착되어갔던 것이라 할 수 있을 것이다.

---

114)『中宗實錄』卷28, 中宗 12年 7月 丙子條.

　　三公啓曰 前江界府使朴英 以才白丁濫占 罷職 前此 濫占者 皆以赦前蒙有 英獨以赦後 不 得免焉

115) 같은 책, 卷52, 中宗 19年 12月 戊戌條.

　　臺諫啓曰 全羅左道水使柳墉 以私憤發遣本營羅將 鎖致順天府吏 杖百餘 (…) 且擅投 順天 才白丁二百餘名 (…)

4. 맺음말

한민족이 한반도에 이동해와서 농경민족으로 정착한 후에도 여러가지 방법으로 또 여러가지 기회에 걸쳐서 몽고인·만주인 등 북방민들이 한반도에 흘러들어와 한족문화권 속에 융화되어갔다. 그러나 민족적 근원이 다르고 생활방식이 다른 북방민들은 한족사회에 들어와서 생활하면서도 쉽게 동화될 수는 없었으며 그들이 한반도에 유입하여 한족에게 동화되기까지 여러가지 복잡한 문제가 야기되었다.

조선시대에 백정이라 불리었던 사람들도 그 조상은 북방에서 흘러들어온 유목민 출신이었으며 이들은 한반도의 농경사회에 들어와 생활하면서도 영농법을 배우지 못하고 그들의 전통적 생활양식을 계속 유지하였으며 농경사회로 이동해 온 유목민들이 일반적으로 그러하듯이 백정들도 뛰어난 무력과 기민한 행동성을 이용하여 농경사회를 약탈하였고, 한편으로는 도살, 유기의 제조·판매 등 상업에 종사하였으며 농경사회의 군인으로 채용되기도 하였다.

한편 이들에 대한 적극적인 동화정책이 시도되었으나 원래 영농민족이 아니었던 그들을 완전히 영농·정착시키기는 어려웠고 다만 16세기를 전후하여 그들의 유목민적인 유랑생활만은 종식시킬 수 있었던 것이다. 그러나 그들에 대한 차별의식은 조선후기까지도 계속되어서 그들의 직업은 특수화하였고 생활권도 격리되었으며 자연히 사회적 위치도 엄격히 구분되었다.

요컨대 조선시대의 백정은 원래 이민족 출신으로서 한반도의 농경민과 그 생활양식에 차이가 있었으며 한반도 내 주민의 전통적인 생활양식인 영농에 종사하지 못하고 유목민적인 생활양식을 계속한 데서 자연히 이류시(異類視)되고 또 그들이 영농사회와 타협하지 않으려는 데서 격리되어 천시되었던 것이라 생각된다.

(『史學硏究(痴庵 申奭鎬 博士 回甲紀念論叢)』18集, 1964, 原題「鮮初 白丁考」)

官業에서의 임금노동제 발달(1)
差備軍과 造墓軍의 雇立化를 중심으로

1. 머리말

    조선왕조사 연구에 있어서 그 전기와 후기의 차이점을 추구하는 작업은 여러가지 부문에서 한때 정력적으로 이루어졌다. 그 결과 조선후기 사회는 그 전기와는 달리 우리 역사에 있어서 중세사회체제가 특히 경제적·사회적·사상적 측면에서 전반적으로 무너져가던 시기였던 것으로 이해되기에 이르렀다. 조선후기 사회를 중세사회체제의 해체기로 이해하려는 연구업적이 이론적인 혹은 실증적인 면에서 부당하다거나 자료적 근거가 약하다는 비판이 일부 나타나고 있지만, 어떤 경우이건 전기 사회와 후기 사회의 구조적인 차이를 한층 더 면밀하게 분석하는 작업이 진행되어야 할 것이며, 그 결과에서 후기 사회의 성격에 대한 한층 더 확실한 답을 구할 수 있을 것이다.

    본고는 이와 같은 생각을 바탕으로 하여 조선전기 사회와 후기 사회의 또 하나의 차이점을 부역(賦役)노동의 측면에서 구하려 한 것이다. 조선후기의 사료들 속에는 그 전기에 모두 부역 동원된 노동력이 고립화(雇立化), 즉 임금고용 되어가는 사실을 전해주는 것이 많다. 이와 같은 사실은 조선전기에 강화되었던 부역노동제가 후기에 이르러서 역사의 발전에 따라 차차 무너져간 사실을 말해주고 있으며, 이 점에 있어서도 그 전기 사회와의 차이점을 나타내주고 있는 것이라 이해된다.

부역제가 붕괴되고 고립제(雇立制)가 발달한 근본 동기는 16세기경에 군적수포제(軍籍收布制)가 실시된 데서 구할 수 있으며, 그것이 정착화한 근거는 대동법(大同法)의 실시에 있다고 생각된다. 조선후기에는 군역 일부가 고립화된 것을 비롯하여 관역(官役)에 종사하는 공장(工匠), 특히 중앙관부에 사역(使役)된 이서(吏胥)들이 고립화되며, 이밖에도 일반 노동력으로서의 중앙관부의 차비군(差備軍)류, 농촌노동력으로서의 조묘군(造墓軍)·치도군(治道軍)·축성군(築城軍) 등이 고립화되어가고 있다. 이 가운데서 우선 도시노동력으로서의 차비군류와 농촌노동력으로서의 조묘군과 치도군의 고립화 과정 및 그 노동조건 등을 밝히려 한다.

2. 差備軍의 雇立化

(1) 왕조전기의 차비군 동원

차비군(差備軍)은 조선시대의 정부기관이나 궁궐 안에서 일반 잡무를 맡아 하던 사람들을 말한다. 『경국대전(經國大典)』에 의하면 궐내(闕內) 차비와 각사(各司) 차비노(奴)로 구분되어 있다. 전자는 궁궐 안의 잡무에 종사하였고, 후자는 각 관아의 잡무에 종사하는 관노들로서 근수노(根隨奴)와 함께 관노의 핵심을 이루고 있었다. 『경국대전』 성립기,

즉 15세기 중엽의 궐내 차비는 궁궐 안에서 음식물의 요리를 담당하는 별사옹(別司饔), 식탁의 준비를 맡아보는 상배색(床排色), 두부를 만드는 포장(泡匠) 등 모두 열여섯 종류가 있었다. 그리고 그 수는 태조와 그 왕비인 신의왕후(神懿王后) 및 태종의 위판(位版)를 모셔둔 문소전(文昭殿)에 58명, 대전에 186명, 왕비전에 74명, 세자궁에 72명으로서 모두 390명이었다.

한편 각사 차비노는 종친부(宗親府)와 의정부·충훈부(忠勳府) 등 83개의 중앙정부기관에 합계 2416명이 소속되어 있었고, 특히 장례원(掌隸院)은 그 자체의 차비노 7명 이외에 다른 기관의 부족을 메우기 위하여 262명을 확보하고 있었다. 15세기 후반기에 성립된 『대전속록(大典續錄)』에서 소경전(昭敬殿) 차비·사금청(司禁廳) 차비 등 288명을 더 추가하였으므로 조선전기의 차비군, 즉 궐내 차비와 각사 차비노는 총계 약 3천 명이 있던 셈이다.

중앙정부의 각 기관에서 잡무에 종사하는 차비의 경우 그들의 신분이 관노였음은 더 말할 나위가 없다. 『경국대전』 제사차비노조(諸司差備奴條)에 보면 이들 차비노는 경노(京奴)와 선상노(選上奴)로써 충당하고 부족한 경우는 보충대(補充隊) 중에서 충당하도록 규정하고 있다. 그리고 『대전속록』에서 각사 차비노를 가정(加定)하였을 때도 모두 선상노로써 충당하였다.

한편 궁궐 안에서 잡무에 종사하는 궐내 차비의 경우도 그들의 신분은 모두 관노였던 것 같다. 우선 『경국대전』 속의 궐내차비조가 형전(刑典) 중의 공사천조(公私賤條) 속에 있고, 1432년(세종 14)의 한 기록에 의하면 공사의 비자(婢子)가 평민과 결혼하여 낳은 소생은 지방에 사는 경우 진척(津尺)·창고직(倉庫直)·목자(牧者)·간(干)·급창(急唱) 등의 역(役)에 편입시키고 서울 안에 살고 있으면서 그 생활이 다소 안정된

사람은 궐내차비역에 종사하게 하였다.[1]

조선전기 공·사노비의 신분은 "凡賤人所係 從母役 唯賤人娶良女所生從父役"[2]이라 한 바와 같이 원칙적으로 종모법(從母法)이었으나 실질적으로는 종부종모법(從父從母法)이 적용되어 부모 가운데 어느 한쪽이 양인이더라도 그 소생은 천역(賤役)에 편입되었다. 이와 같은 사정으로 미루어보면 공사의 비자가 양인의 남자와 결혼하여 낳은 소생으로서 궐내차비역에 편입된 사람들은 모두 노비 신분이었음을 알 수 있다.

궐내 차비에는 이후 대체로 임진왜란 이전까지 노비 신분을 가진 사람들이 계속 편입되었던 것 같다. 1488년(성종 19)에는 장인(匠人)과 궐내 차비로서 그 소속 관아(官衙)의 역에 종사하고 있는 사람이 거의 없어서 곤란하다 하고, 이후부터는 상의원(尙衣院)의 긴요한 일에 종사하는 장인과 궐내 차비 이외에는 양인으로써 충당하여 차차 일을 배우게 할 것을 건의한 기록이 있다.[3] 이 시기는 중앙의 각 관청수공업장에 종사하는 장인들을 점차 양인으로 대체하던 때였지만[4] 왕실에서 필요한 의복류와 금패물(金佩物) 등을 만들어 조달하던 상의원과 궐내 차비는 계속 노(奴)로써 충당하였던 것이라 믿어진다. 16세기 초엽의 한 기록에도 의정부 소속의 노로서 궐내 차비로 근무하던 사람을 다시 소환하

---

1) 『世宗實錄』卷57, 世宗 14年 9月 丙辰條.

兵曹啓 今詳定內 永樂十二年 六月二十八日 以後 公私婢子 (…) 其嫁平民所生 居外方者 定爲津尺 倉庫直·牧子·干·急唱等役 居京者 有實人 則定爲闕內差備 已曾受敎 其餘人則定 爲繕工監營繕干載籍 稱爲白丁 女孫勿竝錄 其立役者 正役一名 給奉足 二名 年十六始役 至 六十除役 一依補充軍例 還下兵曹

2) 『經國大典』刑典 公賤條.

3) 『成宗實錄』卷213, 成宗 19年 2月 丙午條.

上御宣政殿 引見謝恩使成健 健啓曰 (…) 匠人及闕內差備役於本司者無幾 至爲未便 自今 如尙衣院事緊匠人及闕內差備外 以良人差定 漸次習熟何如

4) 이 책 「왕조전기의 官匠制와 私匠」참조.

려고 노력한 내용이 있다.[5]

　노비 신분의 사람들로써 충당된 조선전기 차비군의 노동조건을 알아볼 만한 기록이 많지 않아서 그 실정을 파악하기 어렵다. 그러나 왕조전기에 관역에 동원된 노비들의 일반적인 노동조건이 그러하였던 것같이 궐내 차비나 제사(諸司) 차비노도 모두 부역노동이었음이 분명하다. 궐내 차비의 경우『경국대전』에서 '分二番'한다고 밝히고 있는데, 그것은 역시 상·하번으로 나뉘어 교대로 부역 동원되었음을 말해주고 있는 것이다.

　앞에서 인용한 공사 비자와 평민이 결혼하여 낳은 자녀를 궐내 차비에 충당하게 한 1432년(세종 14)의 기록에 의하면 이들의 입역(立役)조건으로서 정역(正役) 1명에 봉족(奉足) 2명을 지급하며 16세부터 60세까지를 의무연한으로 하고 있다.[6] 부병제(府兵制) 원칙 아래서의 양정(良丁)들의 군역(軍役)과 같이 궐내차비역도 의무적으로 부역 동원되었던 것이다. 한편 제사 차비노의 경우도 경노와 지방의 선상노로써 충당하였고 부족한 경우는 보충대로 충당할 수 있게 하였으며 "每番 刑曹 先考 京奴羸縮 定選上 具數啓聞"[7]이라 한 것으로 보아 이들 역시 상·하번으로 나뉘어 부역 동원되었음이 분명하다.

　왕조전기에는 관노로서 분번(分番) 입역하는 각종 차비 이외에 서울 성내에 사는 일반 방민(坊民)이 왕의 거동을 비롯한 각종 행사에 부역 동원된 예도 많다. 흔히 인용되는 자료이지만,『경국대전』의 호전(戶典) 요역조(徭役條)에서 일반 농민의 경우는 "凡田八結出一夫 一歲不過役六日"

<hr>

5)『中宗實錄』卷11, 中宗 5年 6月 己亥條.
　　憲府又啓曰 政府請刷出本府奴婢之爲闕內差備者(下人執役者 名曰差備)
6) 주 1 참조.
7)『經國大典』刑典 諸司差備奴根隨奴定額條.

이라 하였고 그 말미에 "京城底十里內 皆京役"이라 한 것은 바로 서울 성 내와 그 주변 10리 안에 사는 일반 인정(人丁)의 부역을 규정한 것이다.

조선전기에 서울 성내의 일반 인정, 즉 방리인(坊里人)을 부역 동원 한 예가 많은데 그 가운데 하나의 사례를 들어보자. 1478년(성종 9) 3월 에 왕이 서산에 행행(行幸)하면서 수렵에 필요한 방리인을 동원하였을 때 사헌부에서 방리인을 군사의 예로 동원하는 것은 부당하다 하여 반 대하고, 방리인들은 모두 상공업에 종사하여 생계를 유지하므로 하루 를 벌지 못하면 조석의 끼니를 잃게 되며, 남정(男丁)이 없는 집의 경우 에는 사람을 사서 대신 보내야 하므로 어려움이 많다 하고 그 실정을 보 고하였다.[8]

궐내 차비와 각사 차비 등의 관노 신분은 물론, 정부의 각종 행사에 동원되는 서울의 방리인들도 모두 부역 동원되었고, 따라서 부역에 동 원되는 인정들은 그 비용을 원칙적으로 자담(自擔)하였다. 일시적인 방 리인 동원의 경우와 달리 궐내 차비나 각사 차비는 상번기간에 일정한 요(料)를 관부(官府)로부터 지급받았던 것이라 보여진다. 그러나 이 경 우의 요는 역시 비용으로서의 의미를 가질 뿐이며 결코 임금으로서의 의미를 가지는 것은 아니었다.

왕조전기의 차비군과 서울의 방리인이 관부의 각종 잡무에 부역 동 원되었던 사실을 우리가 확인하고자 하는 것은, 그렇던 것이 왕조후기, 대체로 17세기에 이르러서는 완전한 부역동원이 불가능해지고 그 절 반 이상이 고립(雇立), 즉 일종의 임금노동제에 의하여 고용(雇傭)된 사

---

8) 『成宗實錄』 卷90, 成宗 9年 3月 甲子條.
　　司憲府大司憲柳輊等上箚子曰 臣等伏聞 近者西山行幸時 抄坊里人 備打圍軍 臣等以謂坊
　里人 不可例視軍士 其稱雜色軍用之 特世祖一時事也 坊里人 專以興販爲生 一日失利 朝夕之
　費或絶 況家無男丁者 必雇人代 非徒騷擾 亦可矜憫 請停坊里人抄役 以安其業

실과 비교함으로써 왕조전기 사회와 후기 사회의 노동조건의 차이점을 파악하는 데 도움을 얻고자 하는 것이다.

(2) 왕조후기의 차비군 고립

조선시대의 모든 역제(役制)는 대체로 양정의 군역제를 기준으로 하여 편성되었고 또 군역제의 변화과정에 따라 같이 변화하였다. 왕조전기의 군역은 급보제(給保制)를 원칙으로 하여 편성되어 있었고 앞 절에서 살펴본 바와 같이 차비군의 경우도 이와 같았다. 조선의 급보제 군제가 가지는 불합리성은 15세기 중에도 이미 드러나기 시작하였지만 16세기로 접어들어서는 이의 전면적인 수정이 불가피하게 되었다. 처음에 호(戶) 단위로 편성되었던 보법(保法)이 곧 인정 단위로 개편됨으로써 군역의무자의 부담이 크게 증가하였고 이에 대하여 군역의무자들이 피역(避役)으로 대항함으로써 보법이 전면적으로 무너져갔던 것이다.

급보제 군제가 무너져간 또 하나의 원인은 군역대립(代立)과 방군수포(放軍收布)의 발달에도 있었다. 복역을 기피하는 정병(正兵)들이 스스로 인정을 고용하여 대리 입역시키는 경우도 있었지만, 반면 서울에 번상하는 군병의 경우 관부에서 오히려 대립할 인정을 확보해두고 이들에게 대립시킬 것을 종용하는 일이 많았다. 또 지방에서의 유방정병(留防正兵)의 경우 지휘관인 첨사(僉使)·만호(萬戶) 등이 이들을 방역(放役)하고 그 번가(番價)를 거두어들이는 경우가 많았던 것이다. 번상병(番上兵) 대립의 경우 각 관부의 하급 관리들에 의한 대립가(代立價) 남징의 폐단이 많았으므로 1541년(중종 36)부터 대립가를 공정화(公定化)하고 또 그 징수방법도 일원화하였다. 각 지방관이 관할 내 보병(步兵)의 공정번가를 일괄 징수하여 병조에 보내면 병조에서 이것을 각 역처

(役處)에 분송하고 각 역처에서 그것을 대립된 인정, 즉 고인(雇人)에게 지급하게 한 것이다.[9] 그리고 이때 대립의 공정가도 1개월당 5승(升) 면포 3필 반으로 정하였고 승수(升數)가 차지 않는 포물의 경우는 4필을 바치게 하였다.[10]

1541년의 이와 같은 결정은 곧 번상병에 있어서 군적수포법이 실시되는 전기가 되었지만, 아직 임진왜란 이후에서 보이는 것과 같은 용병제(傭兵制)가 실시된 것은 아니었다. 징수된 군포는 용병제를 실시하기 위한 경비로 사용되지 않고 일반 경상비에 충당되거나 번상병이 사역되던 토목공사 등에 대립된 인정의 고가(雇價)로 지불되었다.

조선시대의 역제 일반이 대체로 군역을 기준으로 하여 이루어졌고 또 변화하였다고 말하였지만, 번상군역(番上軍役)이 이와 같이 변화할 때 궐내 차비와 각사 차비의 역제도 이와 같은 과정을 밟아 변화해갔는지는 확인할 만한 자료가 없다. 그러나 17세기 이후에는 이들의 분번입역이 점차 불가능해지고 반면 각종 차비군의 고립률이 높아갔음을 볼 수 있다. 18세기 중엽에 편찬된 『속대전(續大典)』의 형전 궐내차비조에 보면 "文昭殿差備 今無"라 하여 대궐 안의 차비가 일부 없어져갔음을 알려주고 있으며 한편 동서(同書)의 제사차비노조에서 "大殿 皆以公賤選上立役 今以京人差定 每朔給布"라 하였다. 궐내 차비 가운데 아직 남아 있는 대전 차비나 왕비전 차비들이 계속 차비노로써 충당되었는지 혹은 일반 양민으로 교체되었는지는 분명하지 않다. 그러나 각 관부에 소속되어 있던 '제사 차비노'는 모두 없어지고 서울의 일반 방민들이 대신 고

<hr />

9) 이와 같은 제도가 결정된 것은 1538년(중종 33)이었으나 실시된 것은 1541년(중종 36)이며, 이때부터를 대체로 군포제 실시의 시점으로 생각해왔다. 육군사관학교 한국군사연구실 편『韓國軍制史: 近世朝鮮前期篇』, 육군본부 1968, 제1장 제1절 주 197 참조.

10)『大典後續錄』兵典 雜令條.

용되었음을 말해주고 있다. 노비 신분의 부역노동이 없어지고 일반 도시민의 고용노동이 대신 발달한 것이다.

　도시민을 차비군으로 고용한 기록은 『속대전』에 앞서서 17세기 전반기부터 이미 나타나고 있다. 1636년(인조 14)의 한 기록에 의하면 국장(國葬) 때의 여사군(轝士軍)을 고립하는 경우 한 사람의 고가로서 5~6 필(疋)이 소요된다 하였고,[11] 1647년(인조 25)에도 궐내의 토목공사에 필요한 부토군(負土軍)에 상번군사 대신 일반 도시민을 고용한 기록이 있다.[12] 한 가지만 더 예를 들면 1651년(효종 2)에도 경덕궁(慶德宮)을 수리하는 공사에 2백 명의 인부를 모집하였으나 날씨가 추워서 응모하는 사람이 거의 없었으므로 결국 고가를 더 올린 사실이 기록에 남아 있다.[13]

　국장 때 필요한 인부와 궐내의 토목공사 등에 충당된 부토군과 같은 노동력으로 왕조전기의 경우 대체로 궐내 차비나 각사 차비노가 사역되었고 공사의 규모가 큰 경우 상번군사나 서울 일원의 일반 방민이 동원되었다. 그러나 왕조후기에 와서는 앞에서 든 사례에서 본 바와 같이 점차 고가를 받는 서울 성내의 일종의 임금노동자들에 의하여 대체되었던 것이다.

　왕조후기에 있어서의 차비군 고립에 관한 자료를 우리는 주로 『승정

---

11) 『承政院日記』 51冊, 仁祖 14年 4月 25日條.
　　持平趙贇來啓曰 (…) 國葬時轝士軍 乃是莫重之役 而一名雇立之價 至於五六疋之多
12) 같은 책, 97冊, 仁祖 25年 5月 5日條.
　　傳曰 闕內負土軍 以上番軍使喚云必以爲苦 且役必不久 費亦不多 負土軍 使之雇立
13) 같은 책, 122冊, 孝宗 2年 12月 11日條.
　　兵曹啓曰 命下矣 在前如此修理之時 戶兵曹各出米布 雇立募軍矣 今此修理所會同之日 募軍二百名之價 專以兵曹價布磨鍊啓下 係是莫重時急之役 不敢推諉 自本曹旣已獨當 而因日寒役重 絶無應募之人 不得已添給之價 亦自本曹題給矣

원일기(承政院日記)』속에서 단편적으로나마 찾아볼 수 있다. 우리의 자료조사 범위가 너무 좁은 것이 아닌가 하는 우려도 있지만, 우선 이 기록을 주된 자료로 삼아서 그 실정을 밝혀보고자 한다.

『승정원일기』에 나타나는 차비군 고립에 관한 기록은 대체로 17세기를 중심으로 하여 많이 나타나고 있다. 앞에서 밝힌 바와 같이 17세기는 바로 차비군은 물론 일반 군병(軍兵)·공장 등의 고립제도가 발달해가던 때이며 이 때문에 그것에 관한 여러가지 문제점, 즉 고가염출(雇價捻出)·노동조건 등이 활발히 논의되던 시기이기도 하다. 따라서 관찬기록에 비교적 이에 관한 기록이 많이 기재된 것이라 생각되며 18세기 이후 고립제도가 일반화되어감으로써 관찰기록의 관심에서 벗어나는 것이 아닌가 추측되기도 한다.

17세기를 중심으로 하여 관부에서 주관한 각종 역사(役事)가 몇 번이나 있었고, 여기에 동원된 인부의 총수가 몇 명이나 되며 그 가운데 몇 명이 번상군병에 의하여 충당되었고, 또 몇 명이 민간인부에서 고립되었는지 정확하게 밝힐 만한 자료를 우리는 가지고 있지 못하다. 그러나 『승정원일기』속에는 1675년(숙종 1)부터 1726년(영조 2)까지 약 50년간에 왕이나 왕족의 거동 때, 정부가 주관하는 각종 제향 때, 중국에 가는 방물(方物)을 봉과(封裏)할 때 등에 동원된 차비군 총수와 그 가운데서 고립된 인부의 수가 정확하게 나타나 있는 기록이 34건 있다. 우리가 알다시피 숙종조의 원본『승정원일기』는 1744년(영조 20)의 화재에 모두 불탔고 지금 전하고 있는 『승정원일기』는 1747년(영조 23)에 개수된 것이다. 그러므로 이 34건의 기록이 특히 계수상으로 얼마나 정확한 것인지도 의문스럽다. 또 이 50년 동안에 34건보다 훨씬 많은 차비군의 동원이 있었으리라 생각되므로, 34건의 기록이 이 기간에 있어서의 실제 차비군 동원 횟수의 얼마만큼의 비율인지 가늠하기도 어렵다.

표 1_ 조선후기 차비군 동원 내용

연대	동원 차비군 수	役事 內容
1675(숙종 1)	2,950명	四殿移安時擧動差備軍, 敬思殿孝敬殿移安時差備軍
1676(숙종 2)	579	夏享大祭軍及祔廟牒呈時擧動差備軍
1679(숙종 5)	218	祈雨祭及方物封裹時架子軍
1679(숙종 5)	127	各陵殿秋夕祭軍, 山川大祭軍
1689(숙종 15)	681	迎勅擧動時各樣差備軍
1690(숙종 16)	970	宗廟永寧殿永昭殿冬享大祭及祔廟擧動差備軍
1697(숙종 23)	600	寒食及宗廟永昭殿望祭, 宗廟展謁擧動時差備軍
1700(숙종 26)	1,301	宗廟夏享大祭擧動時各樣差備軍
1701(숙종 27)	509	三虞祭虞祭宗廟永昭殿望祭, 永昭殿移奉明政殿時各樣差備軍
1703(숙종 29)	506	宣武祠祭, 敬寧殿再碁王世子親臨祭, 各陵殿秋夕祭, 大殿陳賀時各樣差備軍
1703(숙종 29)	828	謝恩使方物封裹差備軍, 社稷告還安祭差備軍, 永禧殿酌獻禮親臨擧動時差備軍
1704(숙종 30)	730	永昭殿親臨奠酌時各樣差備軍
1706(숙종 32)	1,037	康陵擧動時各樣差備軍
1708(숙종 34)	1,240	春享大祭, 宗廟展謁擧動時各樣差備軍
1708(숙종 34)	391	宗廟永寧殿敬寧殿望祭, 王世子敬寧殿展謁時各樣差備軍
1708(숙종 34)	289	永昭殿親臨奠酌禮時各樣差備軍
1708(숙종 34)	851	宗廟祈雨祭親臨擧動時各樣差備軍
1708(숙종 34)	1,022	社稷親臨祈雨祭時各樣差備軍
1708(숙종 34)	1,028	崇陵擧動時各樣差備軍
1708(숙종 34)	2,291	昌德宮還御時各樣差備軍
1709(숙종 35)	677	永禧殿酌獻禮擧動時各樣差備軍
1709(숙종 35)	427	秋享大祭時各樣差備軍
1710(숙종 36)	306	宗廟展謁擧動時各樣差備軍

1710(숙종 36)	573	宗廟永寧殿社稷永禧殿告還安祭及觀武才武科初試相値應入軍丁
1711(숙종 37)	690	宗廟展謁擧動時各樣差備軍, 山川祭, 文廟釋奠大祭軍
1712(숙종 38)	572	貞陵擧動時各樣差備軍
1712(숙종 38)	531	宗廟展謁擧動時各樣差備軍
1712(숙종 38)	1,346	移御時各樣差備軍
1713(숙종 39)	458	宗廟永昭殿敬寧殿冬享大祭時各樣差備軍
1725(영조 1)	685	練祭軍, 虞主埋安時各樣差備軍, 懿陵行幸時各樣差備軍
1726(영조 2)	618	春享大祭各樣差備軍, 社稷祈穀祭親臨擧動時差備軍
1726(영조 2)	545	懿陵行幸時各樣差備軍及先農大祭差備軍
1726(영조 2)	504	明陵行幸時各樣差備軍
1726(영조 2)	494	社稷親臨祈穀祭時各樣差備軍

우리가 가진 차비군 동원에 관한 기록이 이와 같이 불완전한 것임에도 불구하고 이 34건의 자료를 분석하여 왕조후기에 있어서의 차비군 동원의 실태와 나아가서 고립제 발달상을 이해하는 데 어느정도의 도움을 얻을 수 있을 것이라 믿어진다. 우선 차비군 동원에 관한 34건의 자료를 그 연대와 인원 수, 역사(役事) 내용을 밝혀보면 다음 표 1과 같다.

표 1에서 보는 바와 같이 차비군 동원은 기우제(祈雨祭)·영칙거동(迎勅擧動)·왕릉거동 중 비정기적인 경우도 있지만 종묘전알거동(宗廟展謁擧動)·사계절향대제(四季節享大祭)·문묘석전대제(文廟釋奠大祭)·사신 방물 봉과 등 정기적인 행사가 더 많다. 정기적인 행사가 기록에 남아 있는 비율을 생각해보면 앞에서 든 50년간의 34건 자료가 얼마나 부족한 것인가도 짐작할 수 있겠다. 그러나 우리의 관심은 몇 년간에 차비군 동원이 몇 번이나 있었는가에 있는 것이 아니라 그것이 어떤 조건 속에서 이루어졌는가에 있으며, 특히 전체 동원 수의 얼마만큼이 고립되지 않은 인원이었고, 또 얼마만큼이 고립된 인원이었는가 하는 점에 있다.

표 2_ 차비군에 있어서의 고립인원 비율

연대	총인원	비고립인원	고립인원	고립인원 비율
1675	2,950	462	2,488	84.34%
1676	579	160	319	55.09
1679	218	111	107	49.08
1679	127	0	127	100.00
1689	681	389	292	42.88
1690	970	385	585	60.31
1697	600	0	600	100.00
1700	1,301	700	600	46.12
1701	509	255	254	49.90
1703	506	260	246	48.61
1703	828	298	530	64.01
1704	730	302	428	58.63
1706	1,037	352	685	66.06
1708	1,240	580	660	53.23
1708	391	191	200	51.15
1708	289	142	147	50.87
1708	851	127	724	85.08
1708	1,022	324	698	68.30
1708	1,028	323	705	68.58
1708	2,291	350	1,941	84.72
1709	677	360	317	46.82
1709	427	186	241	56.44
1710	306	100	206	67.32
1710	573	306	267	46.60
1711	690	391	299	43.33
1712	572	337	235	41.08
1712	531	258	273	51.41
1712	1,346	445	901	66.94
1713	458	231	227	49.56
1725	685	161	517	75.47
1726	618	261	357	57.77
1726	545	265	280	51.38
1726	504	164	340	67.46
1726	494	213	281	56.88
합계	26,574	9,497	17,077	64.26%

이제 34건의 전체 동원인원 가운데 비고립인원과 고립인원의 실제 수와 그 비율을 따져보면 표 2와 같다.

표 1에서 보는 바와 같이 1회의 행사에 동원되는 차비군은 적을 때는 1백 명 단위도 있지만 대체로 5백 명이 넘는 경우가 많고, 많을 때는 2천 명이 넘는 경우도 있다. 1708년(숙종 34)에는 기록에 남은 것만으로도 7회에 걸쳐 연인원 7112명의 차비군이 동원되었다. 이해에 특별히 행사가 많았던 것 같지는 않고 다른 해의 동원기록이 적게 남은 것이라 생각되므로 이 시기에 있어서의 연간 차비군 동원 연인원 수는 대체로 이 수준을 상회하였던 것이라 생각할 수도 있겠다.

왕조후기에 와서 차비군의 동원횟수와 동원인원이 전기보다 빈번해지고 많아졌다는 사실도 어느정도의 의미를 가지기는 하지만, 우리의 관심은 그보다도 차비군으로 동원된 인원의 성격 문제에 있다. 표 2에서 보이는 바와 같이 이 시기에 차비군에 동원된 인원은 비고립인원과 고립인원으로 나눌 수 있다. 그리고 1679년의 127명과 1697년의 6백 명의 경우와 같이 전원이 고립된 때도 있었으나 대체로 비고립인원보다 고립인원이 더 많다.

왕조전기의 차비군은 앞에서 밝힌 바와 같이 모두 분번으로 부역 동원되었으나, 우리가 제시한 34건의 자료에 나타난 17세기 후반기부터 18세기 전반기에 걸친 약 50년간의 통계로는 전체 동원 수의 약 64%가 고립되었고 나머지 36%는 연배군(輦陪軍)·창군(槍軍)·기보병(騎步兵)·정초군(精抄軍)·각처 파정(派定)군사·각처 제출군(除出軍)·호군(扈軍)·위군(衛軍)·금위군(禁衛軍) 등으로 표기된 인원이 동원되었다.

왕조후기의 경우 연배군·창군·기보병 등이 완전히 군역 동원된 인정이며 고립된 군정, 즉 용병적 성격이 아닌가 하는 문제는 다시 구체적으로 밝혀져야 하겠지만 이 글에서는 일단 비고립인원으로 간주하고 다루기로 한다.

왕조전기에 비용으로서의 급료제에 의하여 전원 부역 동원되었던 차비군이 왕조후기에 와서 그 약 64%가 노임으로서의 고가제(雇價制)에 의하여 고립 동원되었다는 사실은 우선 역제에 있어서의 왕조후기의 변화상을 말해줄 뿐만 아니라 서울 일원에 한정된 것이기는 하나 도시에 있어서의 임금노동제, 특히 일고(日雇)노동제의 발달상을 나타내고 있는 것이라 할 수 있다. 차비군으로 고립된 64%의 인정이 어떤 계층의 사람들이며 그들이 어떤 경로를 통하여 고립되었고 또 그들의 노동조건이 어떠하였는가 하는 문제를 밝히는 일은 비록 관부에 의한 고립이기는 하나 도시 일고노동제 발달의 단초적인 형태를 밝히는 일이 될 것이며, 그것은 중세사회 말기에 있어서의 노동사적 변화의 일단을 파악하는 작업이 될 것이다.

(3) 고립차비군의 노동조건

조선후기에 와서 중앙관부의 각종 행사에 차비군·부지군(負持軍)으로 고립된 인정은 모두 서울 시내 각 부방(部坊)에 사는 방민들이었다. 앞에서 제시한 34건의 차비군 고립 자료에 나타나는 고립방법은 '坊民給價調用' '坊民調用後 依例給價' '依例給價次 坊民調用' 등으로 나타나 있다. 앞 절에서 인용한 바와 같이 왕조전기에도 궐내 차비나 각사 차비 이외에 서울 방민을 동원한 일이 있었다.[14] 그러나 이 경우는 완전히 부역동원이었지만 왕조후기에는 방민이 고립 동원되고 있으며 이 점에 큰 차이가 있다. 왕조전기에 부역 동원된 방민이 후기에 와서 고립된 것

---

14) 주 8 참조.

은 역제 자체의 변화에도 원인이 있겠으며, '專以興販爲生'하던 방민 이 외에 여사군(輿士軍)·부지군·부토군·차비군 등에 고용될 만한 새로운 방민, 즉 일고(日雇)노동자라 할 만한 계층이 나타나고 있었기 때문이고, 그것은 또 이 시기에 와서 도시 인구가 증가한 결과이기도 하였다.

관부가 방민을 차비군으로 고립하는 방법이 구체적으로 밝혀진 기록을 구하기는 어렵지만 단편적 자료들이 있다. 1637년(인조 15)의 한 기록에 의하면 이해에 장릉(長陵), 즉 인조비의 능을 파주 운천리에 건립하는 데 필요한 역군(役軍) 150명을 모집하면서 한성부로 하여금 각 방에다 방문을 붙여서 방민들이 응모할 수 있게 하였다. 그리고 이 방문에는 1일의 노임으로서 미(米) 5승(升)을 지급하고 또 식량미로서 별도로 1일 3승씩을 지급한다는 내용도 밝힌 것 같다.[15] 역군을 고립할 필요가 있을 때는 정부가 한성부에 그 인원 수와 노임까지도 알려서 모집하게 하고, 이에 한성부가 서울 성내의 행인이 많은 곳에 고가와 또 어쩌면 고립기간까지 밝힌 방문을 써 붙여 방민들이 모집에 응하게 한 것이라 생각된다. 한편 역군의 모집은 한성부뿐만 아니라 다른 기관에서도 담당하였던 것 같다.

1702년(숙종 28)의 기록에 의하면 왕이 거동할 때나 외국의 사신을 맞이할 때는 으레 부지군이 필요한데 이들은 서울 시내 5부의 방민을 고용하고 그 노임으로서 하루에 1인당 포(布) 2척(尺) 3촌(寸)씩을 위장소(衛將所)를 통하여 지급하였다.[16]

---

15) 『承政院日記』56册, 仁祖 15年 3月 4日條.

　　戶曹啓曰 以兵曹啓辭 長陵改修役軍 一百五十名 限十日役事 令戶曹給價何如 傳曰 依啓事 傳教矣 役軍給價之例 本曹無所考據 但當隨時磨鍊給之 卽今米穀甚貴 一日所食三升之外 一日役價 以五升計給 則一日米八升矣 令兵曹 以此掛榜知委 趁期調送之意敢啓 傳曰 知道事傳教矣 凡給價募立軍民之事 則例以漢城府 掛榜知委于坊民 募聚立役之意 令漢城府 預爲擧行事 移文何如 傳曰 依啓

여기에서의 위장소는 서울의 5방에 각각 설치되어 있던 오위(五衛)의 각 위장소를 말하는 것 같다. 오위제가 사실상 유명무실하였던 왕조 후기에는 위장소가 군제상의 기능은 거의 발휘하지 못하였던 것이라 생각되지만, 이 기록에서 보는 바와 같이 차비군으로 고립되는 방민들을 모집하고 정부에서 지급하는 노임을 관리하기도 하였던 것이라 생각된다.

한성부나 위장소를 통하여 모집되는 방민들이 정부기관에 고용될 때 일정한 기간 동안 계약된 조건 아래서 고용되는 것인지 혹은 필요 시마다 일고(日雇)의 형태로 고용되는 것인지 생각해보아야 할 것 같다. 앞의 표 1에서 본 바와 같이 차비군을 고용할 필요가 생기는 경우가 기우제·문묘석전 등을 비롯한 각종 국가적 제례와 왕릉거동·영칙거동 등 왕의 행차, 그리고 방물 봉과 등이 있을 때였다. 대부분이 부정기적인 행사 때였고, 또 정기적이라 하여도 매일 계속되는 행사가 아니라, 거의 대부분이 하루에 끝나는 행사였으며 토목공사의 경우는 "長陵改修役軍 一百五十名 限十一役事"라고 한 바와 같이 상당한 기간 계속되었다.

이와 같은 사정으로 미루어보면 방민의 차비군으로의 고용은 일단 일고적인 성격이었다고 보아야 하지 않을까 한다. 그리고 일고의 성격이었다 하더라도 이들을 고립하는 경우가 대단히 빈번하였던 것으로 미루어보아 17세기경의 서울과 같은 대도시에는 상업이나 수공업 등 일정한 기성 직업에 종사하지 않고 수시로 모집하는 차비군에 고용되는 것을 생활수단으로 하는 상당한 수의 일고노동자군이 이미 형성되어 있었다고 보아야 할 것이다.

---

16) 같은 책, 405册, 肅宗 28年 閏6月 24日條.
　　召對時 參贊官鄭澔所啓 事雖微細 有關民怨 臣有所聞 敢此仰達 凡大駕擧動 或客使郊迎時 例有負持軍 以五部坊民 雇出使役後 其價布 每一名 二尺三寸 計日出給於衛將所 使之分給

표 2에서 보는 바와 같이 한 번의 고용인원 수가 대체로 5백 명이 넘는 경우가 많았고 "兵曹大小上下坐起時 雇價出給 一日幾至 八百名"[17]이라 한 바와 같이 계속되는 행사 때문에 날마다 1천 명에 가까운 인정이 차비군으로 고용된 것이라 생각되며, 서울뿐만 아니라 개성에서도 여사군을 고용한 기록이 있는 것으로 보아[18] 이즈음에 대도시에는 상당한 수의 일고노동자군이 생겨나고 있었던 것이라 생각된다.

정부의 각종 행사에 일고되는 차비군의 노임액수를 시기별로 정확하게 밝힐 수 있는 자료가 없다. 다만 앞에서 인용한 바와 같이 1637년(인조 15)의 왕비릉 개수역(改修役)에 고용된 역군이 1일 식비로 미 3승과 역가(役價) 즉 노임으로 각각 5승씩을 받았고, 1702년(숙종 28)에는 왕의 거동 때나 외국 사신의 교영(郊迎) 시에 동원된 부지군이 1일 1인당 포 2척 3촌을 받은 기록이 있다.[19] 왕조후기의 5군영 중 용병제적 성격이 가장 강했던 훈련도감(訓鍊都監) 군병의 요미(料米)가 그 설립 당초인 임진왜란 중에 1인당 1일 2승이었고 『만기요람(萬機要覽)』이 편찬될 무렵 1개월 9두씩이었던 것으로 미루어보면[20] 차비군의 고가는 결코 낮은 것이 아니었음을 알 수 있다. 그러나 이렇게 책정된 고가가 일고차비군들에게 순조롭게 지급되지 못한 사실도 간과할 수 없다.

1677년(숙종 3)의 경우, 전년 8월부터 이해의 4월까지 제군(祭軍)·부지군·의장군(儀仗軍) 등으로 고립된 서울의 방민이 9회에 걸쳐 779명이나 되었으나 고가를 전혀 받지 못하여 민원이 철천(徹天)하였다는 기

---

17) 같은 책, 436冊, 肅宗 33年 6月 20日條.

18) 같은 책, 239冊, 顯宗 15年 4月 13日條.
  戶曹判書閔維重所啓 開城府輿士軍例用於上山之時 而上年雇立之價 多至銀子五兩云 (…)

19) 주 15, 16 참조.

20) 『西厓文集』卷16, 雜著 訓鍊都監條와 車文燮 『朝鮮時代軍制研究』(단국대학교출판부 1973)의 「宣祖朝의 訓鍊都監」및 『萬機要覽』軍政篇 訓鍊都監 軍料條 참조.

록이 있고,[21] 앞에서도 인용하였지만, 왕의 거동 때나 중국 사신을 영
접할 때에 고립한 부지군에게 1인당 포 2척 3촌을 위장소를 통하여 지
급하였던 1702년(숙종 28)의 경우도 위장소의 서원(書員)과 병조의 서리
(書吏)들이 함께 농간을 부려 고가를 횡령한 사실이 상세히 밝혀지고
있다. 이들 하급 관리들은 부지군을 고립한 후 그 고가를 그날로 지급하
지 않고 여러 번의 동원이 있고 난 후 고가를 한 번에 모아 지불하였다.
이때 부지군들의 작업일수를 속이고 고가포(雇價布)의 척수(尺數)를 감
량하여 5부(部)를 통하여 억지로 지급하였기 때문에 여러 날 고립된 사
람이라야 겨우 수삼 척의 고가포를 받았을 뿐 나머지 사람들은 1척도
받지 못하였고 따라서 그 일로 하여 민원이 자심하였다고 한다.[22]

이와 같은 사정으로 미루어보면 차비군의 고립이 일고적인 성격의
것이었기 때문에 고가의 지급도 원칙적으로 일급제였다고 생각된다.
따라서 계속해서 여러 날 고립되는 경우도 있을 수 있고 그렇지 못한 경
우가 있어서 고립된 차비군의 작업일수 사이에 차이가 있었으며, 그것
은 또 이들의 고립이 일고적인 형태였음을 한 번 더 분명히 해주는 것이
라 하겠다.

서울에서의 차비군 고립은 물론 관부에 의한 것이며 도시에서의 민
간 고용노동제의 발달과는 관련이 없다. 따라서 임노동제 발달의 사회

---

21) 『承政院日記』 259册, 肅宗 3年 4月 20日條.
　　禹昌績 以漢城府言啓曰 (…) 卽接西部牒報 則自精抄廳設立之後 諸處祭軍及負持軍 儀仗
　軍 兵曹他無推移之路 調用坊民立役之後 兵曹卽當計給其價 而自上年八月至于今 調用坊民
　者九巡 多至七百七十九名 而終未受一尺之布 故民怨徹天云
22) 같은 책, 405册, 肅宗 28年 閏6月 24日條.
　　(…) 衛將所書員 與兵曹書吏 符同弄奸 一巡擧動後 不爲及時計給 必待累次擧動 時月已久
　之後 始爲出給雇布 太牛偸竊 竝計累次 使役月日混同 計減尺數 勒給五部 使之分授 故負持
　軍累日使役者 僅得數三尺 其餘全無一尺之授 從前以此 民怨滋甚

경제사적 의미도 그만큼 제약성을 가진다. 그러나 도시에 있어서의 차비군 고립제의 발달은 우리의 생각으로는 대체로 두 가지 면에서 그 나름대로의 의미를 가지는 것이라 생각된다.

첫째, 차비군 고립제의 발달은 조선왕조의 중앙정부가 노역동원을 할 때도 이미 부역동원제(賦役動員制)는 동원능력이나 작업능률 면에 있어서 한계점에 이르고 있었음을 나타내고 있다는 점이다. 조선왕조의 역제가 현역복무제(現役服務制)에서 납포고립제(納布雇立制)로 바뀌어간 사실은 역제 자체의 발달을 뜻하는 것이기도 하지만, 그것은 곧 부역노동제의 모순성이 드러나기 시작했으며, 조선정부가 그것을 지속시킬 만한 능력을 잃어가고 있었던 결과이기도 하였다.

차비군 고립제의 발달이 가진 두번째 의미는 부역노동제가 무너져도 그것을 대신할 만한 일고노동자군이 나타나고 있었다는 점에 있다. 왕조후기의 사회경제적 여건이 이들 일고노동자군을 창출하였고 그것이 부역노동제 붕괴의 기초조건의 하나가 되었던 것이다. 『반계수록(磻溪隨錄)』에서 유형원(柳馨遠)이 사대부가의 사노비노동을 고공(雇工)노동으로 대체할 것을 주장한 사실과 차비군 동원 방식이 부역동원제에서 고립제로 바뀌어가는 사실은 그 궤를 같이하고 있는 것이라 말할 수 있을 것이다.

3. 造墓軍의 雇立化

(1) 왕조전기의 조묘군 동원

왕조전기에 노동력을 부역동원으로 충당하였으나 후기에 이르러서 부역노동이 지양되고 고립노동으로 변하여간 또 하나의 뚜렷한 예를 왕족이나 고급 관리가 죽었을 때의 조묘군(造墓軍) 동원에서 볼 수 있다. 전 장에서 다룬 차비군 고립이 도시에 있어서의 임금노동제의 발달을 말해주는 것이라면 조묘군 고립화의 경우는 농촌에 있어서의 임노동 발달상을 나타내고 있는 것으로 이해될 수 있을 것이다.

왕이나 왕족이 죽어 그 무덤을 만들 때 조묘군이 동원되었음은 물론, 고급 관료가 죽은 경우도 정부는 일정한 조묘군을 동원하였다. 1547년 (명종 2)의 한 기록에 의하면, 종1품의 관리가 죽으면 180명의 조묘군을 주었고, 판서 즉 정2품의 관리가 죽으면 150명을 지급하였다.[23] 왕족이나 고급 관료의 조묘군으로 동원된 인정(人丁)은 대부분 농민들이었고 왕조전기의 경우 이들은 모두 부역 동원되었다. 따라서 지방 관리들이 농민을 자주 사역함으로써 영농에 지장을 주는 경우가 많이 지적되고 있으며 특히 조묘군역의 동원으로 인한 폐단이 심하였다.[24]

왕조의 전기에 있어서도 조묘군의 농민 부역동원으로 인한 폐단이 자주 지적되었고, 따라서 그것을 억제하려는 노력이 없었던 것은 아니다. 1548년(명종 3) 좌의정 윤인경(尹仁鏡)이 죽어서 조묘군으로 연호군(烟戶軍)을 동원하려 하였을 때 연호군을 동원하는 예가 한번 만들어지면 그 폐단이 끝이 없을 것이라는 이유로 사헌부에서 반대하였다. 그러

23) 『明宗實錄』 卷6, 明宗 2年 12月 甲寅條.
　　禮曹啓曰 卒判中樞宋欽 退老鄕村 未爲行公 故禮葬事 前已取稟 以半減磨鍊事敎之矣 考諸橫看 則從一品禮葬 乃三等禮葬也 凡物略小 但造墓軍 則一百八十名也 宋欽已經判書 而判書造墓軍 亦一百五十名 若半減 則從一品 反不如判書 且宋欽 老成人也 依從一品 禮葬何如 傳曰 如啓
24) 『中宗實錄』 卷65, 中宗 24年 4月 辛卯條.
　　傳于政院曰 (…) 且近見京畿監司·都事等所爲之事 其爲私借役民之事 必多矣 京畿乃王都至近之處 尙且如此爲之 況遠道乎 或借役民 或給轎軍 妨農害民 其弊不細 一切禁斷事 幷諭各道如京畿 則造墓軍之弊 亦爲不貲 其幷諭之

나 왕은 조묘군으로 연호군을 동원하는 것이 폐단이 되리라 염려되기
는 하지만 장기(葬期)가 급박해 수군(水軍)이나 궐군(闕軍)을 동원해서
는 기일에 맞출 수 없으므로 부득이 연호군을 동원하지 않을 수 없는 것
이라 말하고 있다.[25]

왕조전기의 조묘군은 대체로 수군을 그들의 신역(身役)의 일환으로
서 동원함으로써 농민들의 부역을 피하려 하였음을 볼 수 있다. 그러나
을묘왜변(乙卯倭變, 1555) 이후부터 농사일이 바쁜 때라도 연호의 민정
(民丁)을 동원하게 되었고 이 때문에 폐단이 많았다는 기록도 있다.[26]
1566년(명종 21)에도 성종의 서자 운천군(雲川君) 연(演)과 중종의 부마
구사안(具思顏)의 무덤을 천장(遷葬)하면서 농민들에게 많은 폐단을 끼
쳤으므로 수군을 동원하여 경기도 지방 농민의 폐단을 없이할 것을 사
헌부가 요구한 기록이 있다.[27]

조묘군으로 농민이 동원되는 경우이건 혹은 수군이 동원되는 경우
이건 그것이 모두 순수한 부역동원이었음은 명백하다. 왕조전기의 수
군은『경국대전』에서 이미 그 역이 세전(世傳)으로 고정되었고 정병(正

25)『明宗實錄』卷8, 明宗 3年 9月 辛卯條.
　　憲府啓曰 (…) 今者因卒左議政尹仁鏡夫人上言 命從其願 至令幷役烟軍戶 重待元勳大臣
　　俾克襄事 此固盛意 然役民重事 若因一時之故 而一開其端 後弊無窮 請命勿役 答曰 (…) 尹
　　仁鏡造墓軍 以烟戶並給 自上亦非不計其弊 但葬期已迫 若給水軍·闕軍 則催促赴役之際 已不
　　及葬期 故不得已給之 不可改也
26) 같은 책, 卷33, 明宗 21年 9月 辛亥條.
　　憲府啓曰 凡禮葬時造墓軍 例以當領水軍 依橫看之數定給者 爲其準本役而立役 初無弊及
　　於農民也 自乙卯倭變之後 該曹爲公事 雖農務正急之時 調發烟戶民丁 以爲造墓之役 其間多
　　有任意濫數 侵擾徵價之弊 民不堪苦 怨咨盈路 殊不若水軍準本役者之便易
27) 같은 곳.
　　今者卒雲川君演(成宗庶子) 綾城君具思顏(中宗駙馬) 遷葬時 亦給造墓軍 其數與初葬無異
　　民弊不貲 物情未便 請自今後 凡禮葬 造墓軍 皆以當領水軍題給 遷葬則半減元數 以除畿甸民
　　弊 答曰 如啓

兵)이 '팔번이삭상체(八番二朔相遞)'로서 연간 3개월을 복무하는 데 반하여 수군은 '이번일삭상체(二番一朔相遞)'여서 연간 6개월 복무하는 고역(苦役)이었다. 특히 경기도의 수군은 궁성의 토목공사에 많이 동원되었다. 경기도 수군의 조묘군 동원도 그 한 예라고 할 것이다.

수군의 역이 고역이었기 때문에 15세기의 후반경부터 이미 대립(代立)과 방군수포(放軍收布)가 발달하였다.[28] 1493년(성종 24)의 기록에 의하면 관부의 대소 각종 공사에 동원되는 수군들이 그 역이 대단히 고통스러웠으므로 이를 견디지 못하여 '고인대체(雇人代替)'하는 경우가 많고 이 경우의 대립가는 1개월에 6~7필이나 되었다 한다.[29] 수군역 일반이 대립화하였으므로 조묘군의 경우도 수군들이 동원될 때는 대립이 발달하였다고 보아야 할 것이며, 수군이 아닌 일반 농민의 경우에도 역시 대립이 점차 나타나고 있었다고 보아야 할 것이다.

부역에 있어서 대립이 나타나는 원인은 사료들이 흔히 전하고 있는 것과 같이 역이 고통스러워서만이 아니었다. 상대적으로 역 담당자의 일부가 경제적으로 부유해짐으로써 육체적인 역 부담에서 벗어나기 위하여 대립자를 고용한 것으로도 이해하여야 할 것이다. 그리고 이와 같은 현상이 계속 발달하게 되면 왕조후기에서 보는 바와 같이 대부분의 역 부담자들이 현역동원에서 벗어나서 납포제화(納布制化)하게 되며, 따라서 부역제는 실질적으로 무너지고 납포제 아래서의 고립인은 역의 육체적 부담자라기보다 하나의 전업적인 직업인화하는 것으로 파악되어야 할 것이다. 역 부담자 전체의 현역동원제보다 납포제와 전업적 고

---

28) 李載龒「朝鮮前期의 水軍」,『韓國史研究』5號, 1970.

29)『成宗實錄』卷280, 成宗 24年 7月 庚戌條.
　　掌令黃啓沃上箚子曰 (…) 今者大小營繕 皆役水軍 領督甚急 不能支勝 於是雇人代替 至以綿布六七匹 償一朔之役 一歲之中 如此償役者不一

립제에 의한 작업이 훨씬 능률적이었으며 여기에 부역동원제가 무너지는 진정한 원인이 있었던 것이라 생각된다. 조묘군에 동원되는 수군역은 물론, 일반 군역까지도 15세기 후반기와 16세기에 걸쳐서 일반적으로 대립제가 발달하고 있어서 부역동원제 붕괴의 초기적인 현상은 이미 이때부터 나타나고 있었다. 그러나 그것이 본격화하는 것은 역시 17세기 이후부터이며 앞 절에서 말한 차비군과 함께 조묘군의 경우도 같은 것이었다.

(2) 왕조후기의 조묘군 고립

조선전기의 조묘군은 대체로 수군과 일반 농민이 부역 동원되었고, 15세기 후반부터 일부 대립제가 발달하였으나 그것은 역 부담자가 사사로이 고립한 것이었을 뿐 관부가 조묘군을 직접 고립하였던 기록은 없는 것 같다. 그러나 왕조후기에 와서는 차비군의 경우와 같이 조묘군도 관부에서 직접 고립하고 있음을 볼 수 있다. 차비군의 경우에도 그러하였지만, 왕조후기에 조묘군의 전부가 고립된 것은 아니었고, 아직 부역제와 고립제가 혼용되고 있었다. 그러나 점점 부역제가 지양되고 고립제가 일반화하는 방향으로 나아가고 있어서 역시 관부에 의한 고용이기는 하지만 농촌사회에 있어서의 임금노동제 발달의 한 단면을 볼수 있는 것이라 생각된다.

17세기 중엽의 몇 가지 사례를 들어보자. 1653년(효종 4)에 병조판서를 지낸 박서(朴遾)가 죽었을 때 장지인 금천(衿川)까지의 담지군(擔持軍) 동원은 우인(友人)들이 주선하거나 혹은 '급가고득(給價雇得)'할 수 있지만 조묘군은 전혀 동원할 길이 없다는 보고가 들어왔고, 이에 왕은 박서가 생시에 국사에 진심(盡心)하였음을 이유로 담지군과 조묘군을 정부에서 동원해줄 것을 명령하였다. 이에 대해 병조는 장례 때의 담지군은 형조가 각사(各司)에 할당하여 동원하고 조묘군은 병조와 선혜청(宣惠廳)이 절반씩을 '급가고립(給價雇立)'하는 것이 예사이므로 담지군은 형조가 조달하게 하되 조묘군은 장기(葬期)가 급박하여 '급가고립'하기 어려우므로 장지 근처의 연군(煙軍)을 동원하는 것이 마땅할 것이라 건의하였다. 그리고 경기도의 선혜청이 설치된 후에는 모든 역민(役民)은 그곳에서 차출하게 되어 있다는 이유로 이때의 연군 차출도 경기도 선혜청에서 처리하도록 하였다.[30] 이 기록으로 미루어보면 이 무렵에도 이미 대규모의 장사(葬事)에 있어서 담지군은 고립되고 있었음을 알 수 있고 조묘군의 경우도 장기가 급박하여 고립하기 어렵다 한 것으로 보면 역시 일반적으로 고립되고 있었음을 알 수 있다. 그리고 연군을 동원하는 일도 선혜청이 처리한다고 한 것으로 보아 일부의 급료가 지급된 것이 아닌가 한다.

박서의 장사에 동원된 담지군은 주로 서울 성내의 노동력이 고립되었고 조묘군은 장지인 금천 부근의 농민들이 부역 동원되거나 약간의 노임으로 동원된 것이라 생각된다. 이 시기의 서울과 같은 도시에는 장사에 고립되는 노동자군이 있었으니 향도군(香徒軍)들이 그것이다. 예를 들면 1672년(현종 13)에 흉년으로 죽어 가매장됐던 시체 3064구를 이장하기 위

30)『承政院日記』128册, 孝宗 4年 閏7月 25日條.

　兵曹啓曰 夕講時 侍讀官李端相所啓 故兵曹判書朴遾之喪 自上特下備忘 且給棺材 臣隣聞之 孰不感泣 伏聞 發引在再明 而頃者 自國家 有申明禁 故監司守令 於士大夫喪事 擔持造墓等軍 不敢依前題給 故朴遾葬地 乃衿川也 距京不遠 而擔持軍 或得於親舊 或給價雇得 造墓亦無辨出之路云矣 上曰 朴遾生時 盡心國事 而死後至不能禮葬 極爲矜惻 若無所達 幾爲虛事 擔持造墓等軍 竝令給之云云事 傳敎矣 凡禮葬時擔持軍 則自刑曹分定各司 造墓軍 則本曹與惠廳 分半給價雇立矣 擔軍 則該曹自當擧行 造墓軍 則葬期已近 給價雇立 其勢甚難 附近煙軍題給 勢甚便當 而京畿自設惠廳之後 大小役民 皆自本廳而出 令該廳處置何如 傳曰 允

하여 정부가 서울 성내 향도군 210명을 고립하고 있는 것이다.[31]

이 시기 조묘군 동원의 실정을 잘 나타내고 있는 또 하나의 사례는 1701년(숙종 27)의 건원릉(健元陵) 수축역(修築役)의 경우에서 볼 수 있다. 이때 능의 계석(階石)을 다시 배설(排設)하는 데 필요한 석재의 채취와 운반에 필요한 군역으로서 연군 40명을 동원하게 하였으나 바로 농절(農節)이 박두한 때여서 연군 동원이 불가능하였고 이 때문에 30명에 한해서 '급가고립'하였다.[32] 이때 고립한 30명의 역군이 서울 시내의 도시 노동인구인지 혹은 능 근처에 있는 농촌 노동인구인지 불분명하다. 그러나 한 가지 분명한 것은 부역으로 동원하려던 역군을 임금으로 고립하였다는 사실이다. 그리고 40명이 30명으로 줄어든 것은 역시 노임 문제 때문이었다고 생각된다.

능묘 건설에 필요한 노동력을 부역 동원할 것인가 혹은 고립할 것인가 하는 문제를 두고 크게 논란이 일어났던 또 하나의 예를 경종(景宗) 왕비릉, 즉 혜릉(惠陵) 개수 때의 경우에서 볼 수 있다. 1722년(경종 2)에 80명의 석공을 동원하여 석물을 만들면서 석재 채취 인부는 민폐를 염려하여 15명만을 고립함으로써 공사가 부진하였다. 이에 당시의 약방(藥房) 제조(提調) 한배하(韓配夏)가 한농기에 들어섰음을 이유로 경기 감사에게 명령하여 금천(衿川)·과천·고양 등 3읍의 인정 각 2백 명을 동원하여 한 사람이 석재 2장씩을 채취하게 할 것을 건의하였고 왕도 이에 동의하였다.[33]

---

31) 같은 책, 227冊, 顯宗 13年 4月 11日條.
32) 같은 책, 395冊, 肅宗 27年 2月 5日條.
  禮曹啓曰 卽接監官所報 則健元陵陵上三面階石 改排所入石物 浮出及運入陵所時 所用役
  軍 以煙軍四十名調用事論報 而當此農節迫近之時 煙軍調用 其勢重難 令該廳 限以三十名 給
  價雇立赴役 監役及員役工匠等 使各邑支供有弊 亦令該廳及戶曹 發料磨鍊題給事 分付何如
  傳曰允

486

그러나 중앙정부의 이와 같은 명령에 대하여 당시의 경기감사 이정신(李正臣)은 다음과 같은 몇 가지 이유를 들어 농민의 부역동원을 반대하였다. 첫째 혜릉석물도감(惠陵石物都監)의 공문에서 각 읍의 군정(軍丁) 6백 명과 가가(假家) 잡물을 모두 경기도에서 조달하라 하였지만, 경기도 감영에 있는 신구의 등록(謄錄)을 조사해보아도 산릉(山陵)의 역사(役事)에 '일군일물(一軍一物)'도 감영에서 조달한 일이 없으며, 따라서 전례에 없던 일을 한번 열어놓으면 뒷날의 폐단이 된다는 점, 둘째 이번 역사에 동원하라는 군정이 6백 명이라 하지만 역사가 끝날 때까지의 16일간에 대략 5천 명의 연인원이 교대로 동원되어야 할 것이며 이들은 모두 식량을 자비(自備)하여 하룻길이 넘는 곳을 왕래하여야 하므로 그 폐단이 크다는 점, 셋째 지난날의 조묘역군은 각 지방의 승군(僧軍)을 동원하거나 혹은 산릉도감(山陵都監)이 인정을 고립하는 것이 일반적인 사례라는 점 등을 들고 있는 것이다.[34]

---

33) 같은 책, 542冊, 景宗 2年 7月 19日條.

藥房提調韓配夏曰 臣以惠陵追排石物監董之任 往來看審 則石役浩大 與新陵無異 而石手八十名 冶匠八名 一時赴役 晝夜催督 盡爲浮出石材 今方運致陵所 而來月旬前 則足以排立 而當初爲慮民弊 募立雇軍十五名 僅僅使役 而卽今 則民間鋤役已畢 正當農歇之時 改封築時 則不可多用軍丁 楊廣兩州軍丁 計其容以調用 莎草軍 舊例每用都下民丁 今則衿川·果川·高陽三邑二百名 分排調用 一軍浮出二張 然後可以定役 臨時調送之意 京畿監司處 分付何如 上曰 依爲之

34) 같은 책, 542冊, 景宗 2年 7月 23日條.

京畿監司李正臣疏曰 (…) 卽伏見惠陵石物都監關文 則各色軍丁六百名及其他假家雜物 皆令本道進排 夫山陵事役 至重且大 揆以事體道理 宜不敢不趁卽擧行 而第伏念 凡係京外責應之事 勿論大小輕重 一切皆以前例爲准 遵而奉行 毋得違越 蓋慮其一創新規 後弊難防故也 臣試考本營所在新舊謄錄 則前後山陵之役 一軍一物 元無自本道責應之例 今此都監之分定 未知何所據而發也 (…) 今此軍丁之分定元數 泛稱則雖是六百名 自始役至畢役 首尾十六日之間 甲去乙來 日以遞代 逐日通計 則殆至五千名 而借貸裹糧 往返蹤日 此其爲弊 已極萬萬 (…) 自前陵役凡需 皆自京司 磨鍊進排 而軍丁則或以諸道僧軍充役 或自都監雇立此實有山陵已行之例 國朝不易之典 (…)

경기감사 이정신이 농민의 동원을 반대한 이유를 다시 분석해보면 이 당시의 부역동원이 왕조전기의 조묘군 동원과는 큰 차이가 있음을 알 수 있다. 경기도의 감영에 있는 등록들을 조사하여도 산릉역사에 부역군을 동원한 예가 없다고 말하고 있지만, 왕조후기에 와서 농민의 부역동원이 전혀 없었던 것은 아닐 것이다. 그러나 이제 왕조의 전기와 같은, 농민 각자가 식량을 자비하는 부역동원은 지방관들에게도 불가능한 것으로 인식되었고 부역동원 대신 인정을 고립하는 일이 타당한 것으로 생각되고 있었음을 엿볼 수 있다.

경기감사의 이와 같은 반대상소가 들어오자 한배하는 다시 다음과 같은 몇 가지 이유를 들어 농민의 부역동원을 주장하였고 왕도 이에 동의하였다. 첫째 일관(日官)이 택한 석물 배설(排設)의 길일(吉日)이 불과 6일밖에 남지 않았고, 둘째 전에는 사초군(莎草軍)으로 도민을 동원한 일이 있었지만, 지금에는 그것이 불가능하고 양주와 광주에서 능소까지 40~50리밖에 되지 않는데다 마침 번농기가 지났으므로 농민들을 하루이틀 부역 동원시키는 일은 그다지 폐단이 되지 않으며, 셋째 전에는 왕실에서 능역(陵役)비용을 내어 역군을 고립한 일이 있고 지금도 호조나 병조에서 고가를 내어 역사를 완성할 수 있겠지만 이들 관서가 경비를 염출할 수 없으므로 부득이 농민을 부역 동원할 수밖에 없다는 점 등을 들고 있는 것이다.[35]

---

35) 같은 곳.
　　藥房提調韓配夏曰 臣以惠陵石役事惶恐敢達 (…) 故排設吉日 問于日官 則今月二十九日
　　爲吉云矣 當初始役之時 正當農務方殷 爲慮民弊 募軍十五名 僅僅使役 而莎草軍 則自前調用
　　都民矣 今番慮其有弊 故臣於頃日 仰稟於榻前 果川·衿川·高陽軍三百名調用 一夫浮出二張
　　則乃是極歇之役 故分付畿營 而前頭改封築時 則軍丁容入之數 不啻倍蓰 而楊·廣州之去陵所
　　不過四五十里 此時飢民 雖曰有弊 卽今鋤役已畢 正値農歇 一二日之役 有不可憚勞者 故亦以
　　臨時調送之意 依定奪分付畿營矣 (…) 庚子年封陵時 則自內有降銀之事 故雇立軍丁以用之

주로 도시의 인정을 동원하였던 차비군의 경우 왕조전기에는 완전히 부역 동원되었으나 그 후기에 접어들면서 약 60% 이상이 고립되었음을 앞에서 보았지만, 대체로 농촌의 인정이 동원되었던 조묘군의 경우도 완전히 부역 동원되었던 전기의 경우와 달리 왕조후기에는 점점 고립제로 발전해가고 있었음을 볼 수 있다. 앞에서 예를 든 혜릉 석물의 경우 여러가지 사정이 부득이하여 농민들을 부역 동원하였지만, 이것은 역시 부득이한 경우이며 그 이전에도 그리고 이후에도 조묘군으로 농민들을 동원하는 경우 고립제가 적용되었음을 알 수 있다.

왕조후기에는 비단 조묘군의 경우뿐만 아니라 축성공사·치도(治道)공사 등 농촌지방에 실시되는 역사도 고립노동에 의하여 이루어진 경우가 많았다. 우선 축성공사 경우의 예를 한 가지 들어보자. 1744년(영조 20)의 안주(安州) 남당(南塘)축성 때 근처 10개 고을에서 농민들을 부역 동원하려 하였으나 농민들이 이에 응하지 않고 대신 매호 동전 2~3전씩을 부담하여 그것으로 다른 인부를 고립하였는데 영유현(永柔縣)의 경우 고전(雇錢)이 1200전이나 되었다 한다.[36]

축성공사에서 농민들을 부역 동원하려 하였으나 농민들이 이를 거부하고 금속화폐로써 대납하였으며 그것으로 다른 인정을 고립하였다는 사실은 몇 가지 중요한 문제를 시사해주고 있다. 무엇보다도 농민들의 부역의무가 금속화폐로 대납됨으로써 부역제 본래의 체제가 무너져

即今若自戶兵曹 出給雇價 則雇用軍丁 亦可完役 何必待用於飢民 而當此國儲蕩然之時 戶兵曹亦無酬應之勢 則民丁調用 實出於萬不獲已 (…) 依前定奪調用事 更爲分付之意敢達 上曰 依爲之

36) 같은 책, 971冊, 英祖 20年 4月 14日條.
　　同知柳復明疏曰 (…) 臣於安州南塘築城事 竊有所憂歎者 (…) 且安州等鎭管十邑 分定役夫 督令來赴 則諸邑農民 皆殫赴役 每戶一役夫之價 各出二三錢之銅 雇立其代 試以永柔一縣言之 役夫雇錢 至收一千二百之多 摠而計之 其數幾何 (…)

가고 있었던 사실이 주목되어야 할 것이다. 그리고 농촌에도 농민들을 대신해서 축성공사에 고립되는 노동력이 나타나고 있었다는 사실 또한 이 시기에 있어서의 농민층 분화의 한 단면을 나타내고 있는 것이다. 축성공사에 고립된 이들 농촌노동력은 농토에서 완전히 유리되었거나, 그렇지 않다 하더라도 영농만으로는 생계를 유지할 수 없는 영세한 농민층이었을 것이다. 그러나 무엇보다도 중요한 것은 이와 같은 부역제의 붕괴와 농민층의 분화를 일으킨 원인 중의 하나가 농촌지역에 있어서의 금속화폐의 유통에 있었다는 것, 금속화폐의 유통이 가능하게 만든 경제적 조건의 변화가 있었다는 점이다.

한편 왕조후기, 특히 18세기에 이르러서 활발해진 치도공사에 동원된 농촌지방의 노동력도 대체로 노임을 받고 고립되었다. 1784년(정조 8)의 한 암행어사의 보고에 의하면, 도로수치(道路修治)공사에 동원되는 농민들이 매일 쌀 3승(升)이나 13문(文)의 돈을 고가로 지급받았는데 이 노임은 비교적 만족할 만한 액수였고,[37] 그것은 또 당시의 일반 농가에서 농업노동자를 고용하였을 경우의 노임보다 높았기 때문에 농촌의 품팔이꾼들이 농업노동에 고용되는 것보다 치도공사에 고용되기를 바랐다는 기록도 있다.[38]

조묘군이나 축성공사 및 치도공사에 동원되는 역부 등 어느 경우를

---

37) 『日省錄』144冊, 正祖 8年 2月 19日條.
　　又教曰 楊州暗行御史入侍 予謂濟遠曰 今番道路修治時 得無呼冤之民乎 濟遠曰 無矣予曰 有何所聞乎 濟遠曰 伏承聖敎 採探民情 (…) 皆以爲每人一日之價 米爲三升 錢爲十三文 費一時之力 延數日之命者 匪勞伊惠云
38) 같은 책, 391冊, 正祖 16年 2月 24日條.
　　召見坡州牧使李敏輔于大次 (…) 予謂敏輔曰 今番治道 有從略爲之之敎 其果不煩民力乎 敏輔曰 道路旣從略修治 而民力則有儲置米會減之命 其所沾漑 猶勝於農家之傭價 故擧皆樂赴矣

490

막론하고 모두 관부의 역사에 동원되는 농촌노동력인데도 불구하고 부역 동원되는 것이 아니라 고립제에 의하여 동원되었다는 점에서 왕조전기 사회와 후기 사회의 차이점의 하나를 찾을 수 있으며, 나아가서 왕조후기 사회가 가지는 성격의 일단을 엿볼 수 있는 것이 아닌가 한다.

(3) 고립조묘군의 노동조건

앞에서 살펴본 바와 같이 왕조후기의 관부역사에 동원되었던 조묘군·축성군·치도군은 대체로 농촌노동력으로부터 충원되었던 것이다. 치도공사에 동원되는 인부들이 농가에 고용되는 것보다 임금이 높았다는 것에서 이 시기에는 농촌사회에 이미 일고노동자군이 생겨나고 있었음을 알 수 있으며, 관부에서 실시하는 각종 토목공사에 이들이 동원되었을 것이다.

농촌노동력이 관부의 토목공사에 동원되는 길은 대개 두 가지가 있었으리라 추측된다. 첫째는 토목공사의 노임이 중앙관부나 지방관부에서 지급되는 경우인데, 이 경우는 관부가 직접 노동자를 모집하였을 것이다. 예를 들면 1683년(숙종 9)에 왕족인 봉산군(蓬山君) 형신(炯信)이 죽었을 때 조묘군 180명을 고립하였고 고립가는 병조와 선혜청에서 각각 절반씩 부담하였다.[39] 이와 같은 경우는 묘지가 있는 곳의 관부에서 직접 조묘군을 모집·고립하였으리라 생각되는 것이다. 둘째는 관부에서 실시하는 토목공사의 노동력을 아직 관부가 부역동원체제에 의하여 동원하려고 하는 경우이다. 이 경우 요역(徭役)의무자로서의 농민들이 스

---

39) 『承政院日記』297册, 肅宗 9年 1月 27日條.
　領敦寧閔維重所啓 蓬山君炯信喪造墓軍一百八十名 自禮曹依例啓下 一牛九十名 自兵曹給價 一牛九十名 則宣惠廳 亦當給價

스로 부역에 나가지 않고 그 지방의 노동자를 고용하여 대신 보내는 것이다. 앞에서 인용한 안주 남당축성공사의 경우에서 그 예를 볼 수 있다.

왕조후기의 조묘군 등 농촌에서의 고용노동자의 임금액도 차비군의 경우와 같이 시기마다의 정확한 액수를 밝히기는 어렵다. 그러나 단편적인 자료에 의해서도 시대가 내려올수록 노임액이 증가해갔음을 볼 수 있다. 1653년(효종 4)에 풍정도감(豊呈都監)의 산릉역사에 고용된 32명의 인부들이 이미 지급받은 보목(步木) 1필 이외에 미 9두씩을 더 지급할 것을 요구하고, 산릉역사는 고역이어서 포 3필만을 받고는 고립에 응하지 않으려 하므로 경우에 따라서 대처하지 않을 수 없다고 말한 기록이 있다.[40] 이 경우의 노임액은 1개월분을 가리키는 것으로 생각되며 앞 장에서 말한 바와 같이 훈련도감 군병의 요미(料米)가 1개월 9두였던 것과 비교하면 이들의 노임은 높은 것이었음을 알 수 있다.

『속대전』의 호전(戶典) 수세조(收稅條)에 따르면, 세미(稅米)의 작목(作木) 비율이 삼남지방의 경우 1석당 3필 반으로 되어 있다. 이 비율을 적용시키는 경우 산릉역에 고립된 역부(役夫)들이 면포 1필과 미 9두를 받으면 이들은 대체로 1개월에 쌀 15두 즉 1석을 받는 셈이 된다. 훈련도감 군병보다 약 3분의 1을 더 받은 것으로 나타난다.

17세기 무렵에 산릉역사에 종사한 조묘군의 1개월 노임은 대체로 미 1석이었다고 보아도 좋을 것 같다. 1654년(효종 5)에 완성된 '호서대동사목(湖西大同事目)'에도 종래 9두씩 지급하던 조묘군의 1개월 고립가가

---

40) 같은 책, 129册, 孝宗 4年 11月 30日條.

戶曹啓曰 凡有國役 工匠料布 本曹則以米 兵曹則以布 各自題給 (…) 卽見豊呈都監移文 則募軍三十二名 各給步木一疋 以其本價不足 又責價米九斗於本曹 三十餘名所給之米 不至 浩多 而若因都監分付 輕易開路 則後弊可慮 曾於宮闕都監 乃山陵之役募軍等 以其役重 只受 價布三疋 不肯願立 故未免準給米斗 而其時則收合京外米布 輸積於都監 直爲雇立 或米或布 隨時變通 未有定式

492

대동법(大同法) 실시 이후 대동미 15두로 올랐다 하였다.[41] 1683년(숙종 9)에 왕족 봉산군 형신이 죽었을 때 동원된 조묘군은 모두 180명이었는데, 이들의 노임을 90명분은 병조에서 지급하고 나머지 90명분은 선혜청에서 지급하게 되었다. 전례의 고가액을 조사해본 결과 1663년(현종 4) 양전(量田)을 실시하기 전에는 조묘군으로 고립된 연군(煙軍) 1명당 1개월에 미 9두를 지급하였고 양전 후에는 1인당 2석으로 올렸다가 1670년(현종 11)에 다시 1석으로 내려서 이후 그대로 준용되고 있다는 기록이 있다.[42] 경기도 지방의 농민들은 조묘군역을 비롯한 각종 요역에 자주 동원되므로 1663년의 양전 때 세율을 낮추어주기도 하였으며, 이에 따라 한때 조묘군의 고가도 대폭 인상하였다가 다시 1석으로 내렸던 것이라 생각된다.

17세기경에 대체로 1개월에 1석씩 지급되던 조묘군의 고가가 이후 어떻게 변하였는지 분명히 밝힐 만한 자료가 없다. 그러나 같은 농촌노동력인 치도군의 경우 18세기 후반에는 1인당 1일 미 3승이나 전 13문을 받은 기록이 있다.[43] 이 고가를 1개월분으로 계산하면 미 9두나 전 390문, 즉 3냥 9전이 된다. 참고로 『속대전』의 세미작전율(稅米作錢率)을 보면 미 15두 1석당 전 7냥의 비율이며, 『대전통편(大典通編)』의 "黃海道山郡四邑永作錢" 비율과 "慶尙道嶺底邑竹嶺邑永作錢"[44] 비율은 1석당 5냥이다. 『속대전』에서보다 『대전통편』에서는 전가(錢價)가 높아져 있

41) 韓榮國「湖西에 實施된 大同法(下)」,『歷史學報』14집, 1961.
42)『承政院日記』297冊, 肅宗 9年 1月 27日條.
　　　領敦寧閔維重所啓 蓬山君炯信喪造墓軍一百八十名 自禮曹依例啓下 一半九十名 自兵曹給價 一半九十名 則宣惠廳 亦當給價 而取考謄錄 癸卯量田以前 則煙軍每名 一朔赴役價米給九斗 量田後則每名給二石 庚戌年爲始 每名減其一石 至今遵用矣
43) 주 37 참조.
44)『大典通編』戶典 收稅條 참조.

어서 고가(雇價)의 전문(錢文) 지급 비율이 높을수록 역부에게 유리하였음을 알 수 있다. 어떻든 앞에서 든 바와 같이 훈련도감 군병이 1개월에 9두의 요미를 받았고, 17세기경의 조묘군이 1개월 9두를 받다가 한때는 2석, 혹은 1석을 받았으며 18세기 후반기 치도군의 노임은 이에 비하여 낮았다. 농촌지방의 고립노동력 가운데 조묘군의 노임 수준이 대체로 높았다고 보아도 무방할 것 같다.

　18세기 후반기의 치도공사를 비롯한 기타의 각종 토목공사에 고용된 역부들의 노임이 전국적으로, 또 일률적으로 일당 미 3승과 전 13문씩 지급된 것은 아니었다. 예를 들면 1791년(정조 15)의 기록에 의하면 이해 경기도 과천현의 신작로 공사에 동원된 역부들이 1전, 즉 10문씩의 노임을 지급받았고[45] 1794년(정조 18)의 기록에는 역시 경기도 지방의 건축공사에 동원된 공장들이 일당 25문을 받은 데 비하여 치도공사에 동원된 노동력은 일당 1전씩의 노임을 받았다.[46] 앞에서 인용한 『속대전』의 미전(米錢) 환산비율이 대체로 1석당 7냥이었으나 『대전통편』에서는 1석당 5냥으로 변하여 일반적으로 전가(錢價)가 높아져갔음을 알 수 있지만, 18세기 후반기의 치도공사에서 지급된 일당 1전의 노임은 상당히 높은 수준이었던 것 같다. 역시 1794년(정조 18)의 경기도 금천 등 4개 읍 암행어사 유사모(柳師模)의 보고에 의하면 치도공사에 동원된 역부에게 지급하는 일당 10문, 즉 1전의 고가가 너무 높다 하여 장차는 미 5승으로 고가를 낮출 것을 현지의 현감이 말하였다 한다.[47] 일당 미 5승

---

45) 『書啓輯錄』7册, 正祖 15年 辛亥 正月 21日.
　　今正月十九日 果川·衿川·水原·廣州等地 暗行御史入侍時 暗行御史鄭東觀所啓 (…) 蓋果
　川縣 昨冬新作路時 赴役之民 每名各給一錢
46) 같은 책, 9册, 摘奸史官鄭文始書啓, 甲寅 11月.
　　一造舍時工匠料錢 每日米則三升 錢則二十五葉 而役軍雇價 每日爲二錢五分 固無稱冤之
　事是白遣 (…) 一治道時民戶 則或十五六日 或十三四日 分日赴役 而雇價每日爲一錢

이면 1개월에 15승 1석이 되므로 대체로 17세기경의 조묘군의 월당고가(月當雇價)와 같은 수준으로 되돌아가는 셈이다.

요컨대, 왕조후기 특히 17~18세기의 농촌사회에는 이미 농토에서 완전히 유리되었거나 혹은 농업겸영의 일고노동자군이 상당수 형성되고 있었다. 이들은 순수한 농업노동자로서 자작농가나 자소작 겸영농가, 경우에 따라서는 규모가 큰 소작농가에 고용되기도 하였지만, 다른 한편으로는 관부에서 벌이는 조묘역사·축성공사·치도공사 등에 고용되었다. 그리고 그것은 이 시기에 있어서의 농촌지역에서의 관부역사에 농민을 부역동원할 수 있는 체제가 이미 무너져가고 있었기 때문이며, 이와 같은 여건이 농촌지역에 있어서는 일고노동자군의 형성을 더욱 촉진시키기도 하였던 것이다. 그들의 고용조건이 농업노동의 경우에서보다 관부역사에서 일반적으로 더 좋았다는 사실과, 관부역사에 있어서의 임금률이 점점 상승하고 있었던 일 등이 농촌사회에 있어서의 일고노동자군 양출(釀出)을 촉진한 또다른 중요한 원인이 된다고 할 것이다.

4. 맺음말

지금까지 조선시대의 중앙관부에 사역된 도시노동력으로서의 차비군류와 농촌노동력이 동원된 조묘군 등의 고립화 과정과 그 고용조건 등을 살펴보았다. 극히 제한된 일부의 노동력에 국한된 고찰이기는 하

---

47) 같은 책, 9冊, 衿川等四邑暗行御史柳師模書啓, 甲寅 11月.
　本縣治道之役 試探民弊有無是白乎 則至處民人 皆以爲厚澤所感 樂趨不憚 雇價之日給十文 亦云過望 而始聞縣倅之言 則將以五升米爲一日雇價 計減於所納還穀云矣

지만 그것을 통하여 우리 나름대로의 몇 가지 결론을 도출할 수 있는 것이라고 생각된다.

첫째, 16세기경을 고비로 하여 발달한 군적수포제를 계기로 하여 군역과 각종 요역이 점점 납포제와 고립제로 구분되어갔으며, 이것은 결국 중세사회에 있어서의 부역제 일반이 무너져가는 과정의 하나로 이해된다. 부역의무자의 일부가 납포군화하는 것은 그들이 소위 노동지대적인 상황에서 벗어나는 것을 의미하며, 반면 부역의무자의 일부가 고립화하는 것은 이제 새로운 직업인으로 전화되어가는 것이라 이해되어야 할 것이다.

둘째, 차비군이나 조묘군·치도군 등이 모두 관부의 역사에 고용된 노동력이었으므로 그것으로써 민간에 있어서의 고용노동의 발달 문제와 연결시킬 수는 없다. 그러나 관부역사에서의 고립노동의 발달을 통하여 민간에 있어서의 고용노동의 발달도 미루어 짐작할 수 있는 것이라 생각된다.

차비군 고립의 경우에서 나타난 것과 같이 행사가 있을 때는 하루에 1천 명에 가까운 일고노동력이 고용되었다. 이와 같은 사실로 미루어보아 이 시기의 도시에는 이미 상당한 수의 일고노동자군이 형성되어 있었고, 따라서 이들 노동자군은 비단 관부의 역사에뿐만 아니라 민간의 역사에도 고용되었을 것이라 추측할 수 있을 것 같다.

그리고 농촌노동력의 경우도 치도군의 노동조건에서 본 것과 같이 치도공사의 노임이 일반 농가의 그것보다 많았다는 기록이 있었다. 이는 농촌에서도 이미 일고노동이 형성되고 있었음을 말해주는 것이다. 도시와 농촌을 막론하고 중세적 부역동원제가 무너져가고 이미 비교적 넓게 형성되어가고 있었던 일고노동자군을 바탕으로 하여 고용노동이 발달해가고 있었던 시기가 바로 왕조후기였다고 할 수 있을 것이다. 왕조후기에 있어서의 차비군·조묘군·치도군 등의 고립화 과정 속에서 우리 역사상에 있어서의 임노동제 발달의 단초적인 형태를 찾을 수 있는 것이 아닌가 한다.

(『韓國史研究』제13호, 1976년, 原題「朝鮮後期 雇立制 發達」)

官業에서의 임금노동제 발달(2)
皂隷와 羅將의 雇立化를 중심으로

1. 머리말

  15세기를 통하여 세워진 조선왕조적 지배질서가 16세기에 접어들면서 전면적으로 흔들리기 시작하고 임진왜란과 병자호란을 겪은 후 17세기에 이르러서는 큰 변화를 겪게 된다. 조선왕조가 성립되면서 세워진 부역제(賦役制)도 이와 같은 시대적 변화와 궤를 같이하고 있으며, 그 변화과정을 추구하는 작업은 개항 전 조선시대사의 변화·발전상, 특히 왕조전기 사회와 그 후기 사회의 차이점을 구하는 효과적인 일이 될 수 있다.

  조선왕조 초기에 수립된 노동력 수취체제로서의 역제(役制)는 16세기에 벌써 신역제(身役制) 원칙이 무너지면서 포역제(布役制)로 변해갔고, 17세기에 이르러서는 납포제(納布制)의 확립과 대동법(大同法)의 전국적 실시를 기반으로 하여 고립제(雇立制)가 정착되어갔다. 신역 부담이 포역 부담으로 바뀐다는 사실은 부역의무자 일반이 그만큼 국가권력에 의한 육체적 파악에서 벗어남을 뜻한다. 뿐만 아니라 관부(官府)

의 특정한 업무가 종래 부역노동력에 의하여 부담되다가 고립노동력에 의하여 담당된 것은 그것에 전업적으로 종사하는 일종의 새로운 직업인을 만드는 결과가 되는 것이며, 따라서 역제의 변화는 확실히 사회경제적으로 중요한 의미를 가진다고 하겠다.

조선왕조시대를 통하여 그 전기에는 신역제에 의하여 영위되던 관무(官務)가 후기에 와서 고립제로 바뀌어간 예를 우리는 이미 차비군(差備軍)·조묘군(造墓軍)의 경우를 들어서 살펴본 바 있다. 차비군·조묘군의 고립은 대체로 일고적(日雇的) 성격의 고용이었으므로 그것을 통하여 새로운 직업인의 형성을 전망한다기보다 오히려 조선후기 도시권 내에 있어서의 일고노동자군의 생성 문제를 가늠할 수 있었다. 그러나 본고에서 다룬 조례(皂隷)·나장(羅將)의 경우는 그것과 다른 일면이 있는 것이라 생각된다.

조례·나장은 경아전(京衙前) 중 서반(西班)아전에 속하지만 왕조초기의 경우 완전한 양정부역제(良丁賦役制)에 의하여 충당되었으며 대체로 17세기에 들어와서 고립제로 바뀌어갔다. 조례·나장이 일반 양정들의 부역제에 의하여 충당되었을 때는 아전계급으로서의 사회적 특징이 나타나기 어려웠고 오히려 고립제가 발달하고 그것이 일정한 사람들의 고정적인 직업이 됨으로써 그 사회적 성격이 선명해진 것이 아닌가 하는 생각을 가지게 한다.

유감스럽게도 이와 같은 우리의 생각을 확실히 뒷받침해줄 만한 결정적인 자료들을 찾을 수 없었다. 그러나 조례·나장의 신역제가 포역제로 바뀌고 대동법의 성립을 바탕으로 하여 고립제가 확립되어가는 과정을, 그리고 고립제 발달 이후의 고립 조건의 실제를 면밀히 검토함으로써 어느정도의 회답을 얻을 수 있지 않을까 한다. 물론 녹사(錄事)·서리(書吏) 등 경아전 중의 동반(東班)아전의 경우도 함께 밝혀져야 되겠지만 이 문제는 다음 과제로 미루고 본고에서는 서반아전만을 대상으로 하였다.

2. 조선후기 皂隷·羅將의 賦役動員

(1) 부역제의 성립과정

조선시대 중앙관청의 이속(吏屬)인 경아전은 녹사·서리와 같은 동반아전과 조례·나장·제원(諸員)과 같은 서반아전이 있어서, 전자는 이조(吏曹)에서, 후자는 병조에서 관할하였다. 이 가운데 조례와 나장은 소위 칠반천역(七般賤役)에 속해서 동반아전과는 그 담당 업무와 신분관계에 있어서도 상당한 차이가 있었다. 동반아전의 녹사와 서리는 중앙관부의 하급 행정실무 담당자로서 일정한 복무기간이 지나고 나면 수령(守令)이나 역승(驛丞)·도승(渡丞)으로 나갈 수 있는 기회가 원칙적으로 주어지고 있었다. 그러나 이에 비해서 조례와 나장은 행정사무 담당 아전이 아니라 관리의 호위·수행이나 형 집행을 담당하는 아전이었다.

조례는 별배(別陪)·구종(驅從)·사령(使令)·갈도(喝導) 등으로 불리는 아전으로서『경국대전(經國大典)』에 의하면[1] 종친부(宗親府)·의정부·육조 등 중앙의 관아에 소속되고 관리 1인당 최고 4명까지 배속되었다. 나장은 소유(所由)·사령·갈도 등으로도 불리었고 의금부(義禁府)·병조·형조·오위도총부(五衛都摠府)·사헌부(司憲府)·사간원(司諫院)·전옥서(典獄署)에 소속되어 있었다. 이들 관아는 대체로 사정(査正)과 형사 업무

---

1)『經國大典』兵典 京衙前條.

를 담당하는 기관으로서, 나장은 형 집행원으로서의 기능을 가지고 있었다. 그러나 같은 서반아전으로서의 조례와 나장은 그 부역조건과 신분관계에 있어서 그다지 큰 차이점이 없었고, 또 그들이 종사하는 일에도 특별히 차이가 없었던 것 같다. 예를 들면 나장만이 형리의 역할을 한 것이 아니라 조례도 집장(執杖)하는 경우가 있었던 것이다.[2]

한편 왕조후기에 이르러서는 유형원(柳馨遠)이 『반계수록(磻溪隨錄)』권15, 직관지제(職官之制)에서 "今所爲羅將·諸員者 本是皂隷一般 不必別立名號 當同名爲皂隷 而刑曹則稱爲羅將 如今皂其衣可也"라고 한 것과 같이 조례와 나장이 사실상 차이가 없었으며, 『속대전(續大典)』의 병전(兵典) 경아전조에도 '나장'으로 통일하여 표시해놓고, 사헌부에서는 '소유'로, 형조·도총부·전옥서에서는 '사령'으로, 사간원에서는 '갈도'로 각각 부른다 하였다. 뿐만 아니라 『경국대전』에는 의금부에 조례는 없고 나장만 있지만 왕조후기의 대부분의 기록에는 의금부 조례로 표시되어 있어서 나장과 조례가 통칭되었음을 말해주고 있다.

조선왕조 성립 당초의 중앙관부에 조례가 얼마나 있었는지는 확인할 수 없지만 각 관아의 낭청(郎廳)들도 조례를 거느리고 있었고[3] 1414년(태종 14)의 한 기록에 의하면 의정부 조례를 50명만 남겨 상·하번(上下番)으로 나누어 교대로 근무하게 하고 나머지 225명은 육조를 비롯한

---

2) 『中宗實錄』卷31, 中宗 12年 閏12月 丁酉條.

　領議政鄭光弼 右議政申用漑等啓曰 (…) 但士族婦女 若決罰 則羅將獄卒 必親執縛 其間有不可道之事 故臣等 反覆啓之 (…) 傳曰 決杖士族婦女 令皂隷執杖 甚爲不祥 予豈不計此而言乎

3) 『太宗實錄』卷2, 太宗 元年 10月 壬子條.

　命司平府郎廳 以門下府例 率皂隷 從詳定都監之啓也

　『太宗實錄』卷35, 太宗 18年 1月 戊辰條.

　命刑曹郎廳於朝路率皂隷 刑曹啓曰 各曹郎廳 皆率皂隷 而本曹杖首 如司憲府所由之例 未得率行 無引卒未便 請除杖首元數 爲郎廳陪皂隷何如從之

각 관아의 부족한 곳에 나누어 보내기 위해 병조로 보내었으나,[4] 이보다 22년 후인 1436년(세종 18)에는 다시 의정부 조례를 100명으로 증원하였다는 기록이 있다.[5] 의정부는 다른 관아에 비하여 조례 보유수가 비교적 많았던 것이라 생각된다. 예를 들면 호조의 경우에는 한 번 상번하는 조례의 수가 15명이었는데 그 업무가 번잡하다는 이유로 1421년(세종 3)에 5명을 더 증원하였다.[6]

왕조의 성립 당초부터 비교적 증감이 잦았던 것으로 생각되는 조례의 수는 『경국대전』의 성립에 이르러서 일단 안정되었다. 『경국대전』에 의하면 조례와 나장이 소속되어 있는 중앙의 관아는 종친부·의정부·의금부 등 27개 아문(衙門)이며 이들 아문에 동원된 조례와 나장의 수는 1번에 약 7백 명이나 되는데 조례·나장이 모두 3번제 윤번(輪番) 근무이므로[7] 결국 그 전체 수는 약 2100명인 셈이다.

조례가 비교적 많이 소속되어 있는 관아는 한 번에 40명이 상번한 한성부와 30명이 상번한 개성부, 20명이 상번한 장례원(掌隷院) 등이다. 한편 나장의 경우는 의금부가 232명으로서 가장 많고 형조의 45명, 사헌부의 43명, 전옥서의 30명이 비교적 많은 편이며, 개인이 부리는 조례

---

4) 같은 책, 卷27, 太宗 14年 4月 庚申條.

議政府啓目公事傳掌事 (…) 一皂隷府中上下番 一番二十五名留置外 二百二十五名 在前定送各處及六曹數小處分送事 送兵曹

5) 『世宗實錄』卷72, 世宗 18年 4月 己酉條.

議政府啓 本府典吏 舊額三十六人 皂隷一百六十人 歲在甲午 罷本府署事 仍革典吏十六 分屬六曹 皂隷只置五十 乞依舊例 復設典吏三十六人 皂隷則姑以一百爲額 (…) 從之

6) 같은 책, 卷12, 世宗 3年 6月 丁未條.

戶曹以事務煩劇 而皂隷每番只十五名 請依前例 有饌穀諸司日守奴各一名 役使何如 命皂隷每番各加五名

7) 『經國大典』兵典 京衙前條.

같은 책, 兵典 番次都目.

羅將·皂隷 三番一朔相遞 仕滿二千六百

502

는 의정급(議政級)이 각 4명, 판서급이 2명으로 되어 있다. 다소 특이한 경우는 의금부의 관리는 모두 나장을 부리고 사헌부의 대사헌과 사간원의 대사간은 나장과 조례를 함께 부리게 되어 있었던 점이다.

조례와 나장은 3번으로 나뉘어 1개월마다 교대 근무하게 되어 있으므로 결국 1년에 4개월을 부역에 응하게 되어 있었으며 훗날의 기록이기는 하지만 "義禁府啓曰 本府皂隷之規 癸亥以前 則京畿·江原·洪淸·黃海等四道 一依正軍例 皆以良民充定"[8]이라 한 것으로 미루어보아, 대체로 서울에서 가까운 4개 도의 양민을 교대로 동원하였음을 알 수 있다. 1474년(성종 5)의 한 기록에 충주·청주·천안 등 여러 고을의 한재(旱災)가 심해서 그 지방 출신의 조례들을 다음 해 맥숙기(麥熟期)까지 역을 풀어준 일이 있어서[9] 그것을 더욱 뒷받침해주고 있다.

경아전과 외아전(外衙前)을 막론하고 아전은 모두 부역의무에 의하여 복무하였지만 조례나 나장과 같은 서반아전은 녹사·서리와 같은 동반아전과는 그 복무조건이 달랐다. 동반아전이나 서반아전이 모두 부역이므로 녹(祿)이 없는 점은 같다. 그러나 녹사와 서리의 경우는 일정한 근무기간을 지나고 나면 녹사는 수령으로, 서리는 역승·도승 등으로 진출할 수 있는 길이 법적으로 열려 있었고 수령으로 나갈 수 없는 경우는 체아직(遞兒職)에 임명되어 일정한 녹을 받을 수 있는 길이 있었다.

『경국대전』에 의하면 녹사는 관부에 근무한 일수가 통산 514일이 넘고 품계가 종6품에 이르면 거관(去官)해서 수령취재(守令取才)에 응할 수 있고 이 수령취재에서 불합격하면 서반체아직을 받거나 영직(影職)

---

8) 『承政院日記』123冊, 孝宗 3年, 正月 15日條.
9) 『成宗實錄』卷45, 成宗 5年 7月 癸酉條.
　　兵曹據忠淸道觀察使啓本啓 忠州·淸州·天安等邑 旱荒尤甚 其邑皂隷·羅匠·補充隊 請限
　來年麥熟放送 從之

을 받을 수 있게 되어 있다. 서리의 경우는 근무일이 통산 2600일이 넘고 품계가 당상아문(堂上衙門)의 경우 종7품, 3품 이하의 아문이면 종8품에서 거관하여 역승이나 도승으로 나갈 수 있게 되어 있다.[10] "錄事勤仕七八年 或十餘年 乃得去官 其苦甚矣 吏曹受敎 使一等受祿 輒罷之 冤悶不賞"[11]라 한 바와 같이 녹사로 근무한 후 거관해서 겨우 녹을 받게 되면 곧 파직되기도 했겠지만 녹사와 서리의 경우에는 일단 거관법이 있었으나 조례·나장의 경우에는 그렇지 못하다. 조례의 경우에도 어느 시기까지, 즉『경국대전』성립 이전에는 거관법이 적용되기도 했었다. 예를 들면 1423년(세종 5)에 예조의 건의에 의해 의정부를 비롯한 각 관부의 조례와 갈도·소유·장수(杖首)들의 '실사최다자(實仕最多者)'를 도목(都目)·거관하게 한 기록이 있고,[12] 2년 후에도 각사(各司)의 이전(吏典)과 조례·나장(螺匠)·도부외(都府外) 등의 '실사최다자'를 거관하였다는 기록이 있다.[13]

이와 같이『경국대전』성립 이전에는 조례·나장의 경우에도 거관법이 적용된 구체적인 기록이 있지만『경국대전』에는 거관법이 없어졌다. 다음에 논급되겠지만 녹사·서리와 달리 조례·나장은 모두 사인(士人) 출신이 아닌 일반 농민 출신이었으므로 식자층이 아니었으리라 생각된다. 따라서 그들에게 거관법이 적용되었다 하여도 실제로 어떤 관직으로 진출할 수 있었을는지 의문스러우며, 이 때문에『경국대전』성립 시

---

10)『經國大典』吏典 京衙前條.

11)『成宗實錄』卷196, 成宗 17年 10月 丙子條.

12)『世宗實錄』卷20, 世宗 5年 6月 壬申朝.
　　禮曹啓 議政府皂隷 守公各司皂隷 喝導 所由 杖首 除差年先後 各以實仕最多者 都目去官 從之

13) 같은 책, 卷29, 世宗 7年 7月 庚午條.
　　兵曹啓 各司吏典及皂隷 螺匠 都府外等 皆以實仕最多者 去官

에는 거관법이 없어진 것이 아닌가 한다.

조례와 나장이 대체로 식자층이 아니었으리라고 말하였지만, 이 점에 있어서도 녹사나 서리와는 큰 차이가 있었다. 조선왕조 초기에 동반체아, 특히 녹사를 충당하는 방법은 이과취재(吏科取才)와 문음취재(門蔭取才), 그리고 이전거관인(吏典去官人) 및 생원(生員)·진사(進士)의 입사(入仕) 등 세 가지 길을 들 수 있으며 어느 경우이건 사족(士族) 출신이었던 것이다.[14] 그러나 이에 비하여 조례와 나장은

各司皂隷羅將 一年之內 四朔立番 (…) 請以京近官步正兵充定[15]

近來皂隷役苦 救弊之策誠難 請抄京中軍士保人 充定皂隷 抄外方皂隷 充給京軍保人[16]

各司皂隷羅將 一朔遞番 京畿人則往來不難 至於忠州·陰城·鎮川等官 距京四百餘里 業農無暇 日益貧窮[17]

이라고 한 사료를 살펴보면 의금부의 조례가 경기·강원·충청·황해 등 4도의 양민을 정군(正軍) 징발하는 예에 따라 충정(充定)했던 것과 같이 일반 군역(軍役)의무를 가진 양정들이 조례·나장으로 충당되었다.

동반아전인 녹사의 경우에도 조선시대에는 고려와 달리 토지나 정규

---

14) 韓永愚「朝鮮初期의 上級胥吏 '成衆官'─成衆官의 錄事로의 一元化 과정」, 『東亞文化』 10輯, 1971.

15) 『中宗實錄』卷7, 中宗 4年 正月 丙午條.

16) 같은 책, 卷7, 中宗 4年 正月 辛亥條.

17) 같은 책, 卷31, 中宗 12年 12月 戊午條.

적인 녹봉을 지급받지 못하였고, 체아녹을 받는다 하여도 3년 만에 1회 정도 받았다 하는데[18] 그것으로는 생활대책이 되지 못하였을 것이다. 결국 "今之錄事·書吏 齎私糧 艱苦從仕"[19]라고 한 바와 같이 식량을 자비 (自備)해야 하는 완전한 부역이었던 것이다.

사인(士人) 출신으로서 하급 행정사무를 맡아보던 동반체아가 신역 (身役) 형태로 동원된 것으로 미루어보면 조례·나장의 경우는 더 말할 나위도 없다.

近有天變民怨 不可不慮 如皂隸羅將之弊 朝廷與該曹 商確處置 (…) 分三番立役 番次頻數 羸糧甚苦 以此逃散者多[20]

라고 한 바와 같이 그들도 스스로 식량을 준비하여 중앙관부에 부역 동 원되었던 것이다.

동반아전과 서반아전이 모두 식량까지도 자비하는 부역동원이었고, 동반아전의 관리로의 진출이 점점 막힘으로써 양자의 입역(立役)조건 이 시대가 내려올수록 같아질 것 같지만 사실은 그렇지 않았다. 관리로 의 진출이 막혀도 동반아전의 경우에는 하급 행정실무자로서의 위치를 이용해 차차 부정을 할 수 있는 여지가 생겼고 그것이 그들의 활로가 되 었으며 이 점에 있어서도 조례·나장의 경우와는 차이가 있었다. 한 가 지 예를 들면 의정부와 같은 중앙관부에 소속된 서리(書吏)와 같은 아 전이 그의 직무와 관련하여 부정을 저지를 경우 이를 처벌하여 전가사 변(全家徙邊)을 시키거나 아전의 자리에서 물러나게 하지만 소위 '유권

---

18) 申解淳 「朝鮮初期의 錄事」, 『成均館大學校論文集』 18輯, 1973.
19) 『成宗實錄』 卷33, 成宗 4年 8月 癸亥條.
20) 『中宗實錄』 卷7, 中宗 3年 10月 辛未條.

아문(有權衙門)'이 아닌 곳에 소속된 서리들은 그것을 오히려 다른 관아로 옮겨가는 기회로 삼는다는 이유로 부정을 저지른 서리를 조례가 되게 할 것을 논의하고 있다.[21]

요컨대 조선초기 경아전의 입역은 동반아전이나 서반아전을 막론하고 완전한 부역동원에 의한 것이었다. 동반아전의 경우 초기에는 일부 관리로 진출할 수 있는 길이 열려 있었으나 그것은 차차 봉쇄되어갔고 대신 그들은 소위 '유권아문'에 소속되어 생활책을 마련해갔다. 그러나 조례·나장의 경우에는 입역조건이 당초부터 일반 군정(軍丁)의 그것과 전혀 다르지 않았을 뿐만 아니라 오히려 더 고역이어서 조례·나장의 역에 배속된 양정들이 그것에서 이탈하려는 피역(避役) 저항은 더욱 강해졌으며 이 때문에 이들에 대한 부역제도는 대체로 16세기에 들어와서 크게 흔들리게 되었다. 이 문제는 이 시기에 큰 전환점을 이루는 일반 군역의 변화와 함께 급격히 진전되어갔다.

(2) 부역제의 와해과정

15세기에 확립된 조례·나장의 부역동원체제가 본격적으로 무너져가기 시작한 것은 16세기에 접어들면서였다. 16세기는 15세기에 수립된 군역제도 일반이 전면적으로 무너져가는 시기로서 이미 조선왕조사 연구의 중요한 대상이 되고 있지만 조례·나장의 경우도 예외는 아니었다.

---

21) 같은 책, 卷80, 中宗 30年 8月 己丑條.
　　傳曰 豊儲倉奴子等 以各司書吏 紙地濫俸事上言矣 有權衙門下吏 操弄作弊 固非偶然 上言
　　內如元惡鄕吏例 全家徙邊云 當依允矣 然罪不至全家徙邊者 自有罷役不敍之典 若殘弊各司
　　下吏 則以罷役爲喜 而移于有權衙門 作弊依舊 無以懲之 近見兵曹公事 皂隷羅將不足云 其罪
　　之不至全家徙邊者 定于羅將皂隷 則似可懲也 此意招政府郞官 議于大臣 (…)

뿐만 아니라 조례·나장 부역제의 와해 과정을 추적하는 것이 오히려 이 시기에 있어서의 역제 전반의 변화상을 집약하는 중요한 문제의 하나가 될 수 있을 것이라 생각된다.

서울과 경기·황해·강원·충청 등 4개 도의 양정이 동원됨으로써 유지된 조례·나장의 부역제가 흔들리게 된 원인을 분석해보면 대체로 다음과 같은 몇 가지를 들 수 있다. 첫째 원인은 부역제도 자체의 불합리성을 들 수 있다. 조례·나장은 그 부역 근무처가 서울이지만 그것에 동원되는 사람들은 서울 시내 양정들뿐만 아니라 앞에서 말한 바와 같이 경기·충청·강원·황해도 지방의 양정들도 있었으므로 그들의 왕래와 서울에서의 복무에 여러가지 어려움이 따랐다.

앞에서 든 사료에서 나타난 것과 같이 경기도 지방에서 입역하는 조례·나장은 그렇지 않지만, 충주·음성·진천 등 서울에서 4백여 리 떨어진 지방의 입역자들은 1개월마다 체번(遞番)함으로써 농사에 종사할 틈이 없다 하였고,[22] 또다른 사료에서는 각사의 조례·나장들은 1년에 4개월간을 부역하고 또 조번(助番)이라 하여 2개월간을 더 입역하였다. 서울 가까운 지방에서 입역하는 사람은 기한 안에 올 수 있지만 5~6일 걸리는 지방에서는 기한 안에 올 수 없어서 대립제(代立制)가 생기고 이 때문에 그들이 견디지 못한다 하였다.[23]

연간 6개월을 신역에 동원되고 그것도 '일삭상체(一朔相遞)'하는 경우 서울 안에 거주하는 부역의무자의 경우에도 빈번한 입역 때문에 견

---

22) 주 17 원문 참조.

23) 『中宗實錄』卷7, 中宗 4年 正月 丙午條.
　　御朝講 (…) 特進官孫澍曰 各司皀隷羅將 一年之內 四朔立番 又有助番二朔 庶民中最爲艱苦者也 當其番上也 近道則猶可及期 如五六日之程 若或不及鞭撻隨之 代立之人 濫徵其債 騺及財産 尙不能支

디기 어려운 일이지만, 거주지가 5~6일정(日程)의 거리에 있는 부역의 무자는 부득이 대립시키거나 피역을 하지 않을 수 없었던 것이다. 군역을 비롯한 각종 신역의 경우 입역지가 부역의무자의 거주지와 먼 거리에 있는 경우 입역지까지의 왕래 문제뿐만 아니라 그밖에도 여러가지 면에서 난점이 많았고 그것이 부역제를 무너뜨리고 납포제 등이 발달하게 하는 원인이 되었던 것이다. 한 가지 더 예를 들면 1426년(세종 8)에 서울 시내에 큰 화재가 있어서 그 대책을 세우는 가운데 "外方人京役賃屋失火者 今朔當番 竝皆放送"하도록 결정한 기록이 있다.[24)

조례·나장과 같은 신역의무자의 경우 입역지에 거주하지 않는 사람은 입역기간의 생활비는 물론 거처까지도 자비하지 않을 수 없었으므로 그들의 경제적 부담은 그만큼 무거웠고, 이 때문에 대립·피역이 나타났으며 나아가서는 그들이 파산·유리하는 경우가 많아서 부역제가 무너지게 되었던 것이다. 왕조후기에 이르러서 원거리에 있는 부역의무자의 입역이 신역에서 납포역으로 변하고 입역지 거주자를 대상으로 고립제가 발달하는 원인의 하나가 여기에 있었던 것이다.

조례·나장의 부역동원체제가 변질하는 두번째 원인은 관료들의 조례·나장 '남솔(濫率)'에도 있었다. 16세기에 접어들면서 조례·나장을 비롯한 각종 부역의무자들의 배속 수가 『경국대전』의 원칙을 벗어나서 일반적으로 증가해갔다. 각 관아와 관료 개인이 불법적인 방법으로 부역의무자를 점유하였던 것이다. 이와 같은 실정은

答臺諫疏曰 (…) 往者 各司書吏·皂隷 依大典之數 餘皆定軍役之法甚當 其後反毁其法 復如前時 國家軍卒 與各司衙前 孰爲輕重 欲增軍額 在所當勉 史臣曰 伴倘之弊

---

24) 『世宗實錄』卷31, 世宗 8年 2月 乙酉條.

聖念若此 而人之務欲多占 良可痛也[25]

라고 한 왕과 사신(史臣)의 말에서 잘 나타나 있다. 구체적인 예를 일일이 들 겨를이 없지만 "各司皂隷 濫占數外 多至百餘人 有違於法"[26]이라 한 것과 같이 각 중앙관아들의 부역의무자 점유 수가 급격히 증가하였던 것이다.

이 시기에 이르러서 관아와 관료 개인이 조례·나장과 같은 부역의무자를 불법적으로 다수 점유한 것은 그들의 노동력의 수요가 증가하였다기보다 그들이 신역 대신 바치는 재화, 즉 신포수입(身布收入)을 얻으려는 데 이유가 있었다. 1550년(명종 5)에 사간(司諫) 김충렬(金忠烈)은 이와 같은 실정을 고발하면서

> 皂隷·羅將 其役最苦 各衙門官員 雖無皂隷·羅將 自有選上 不須冒占 貽弊也 古者士大夫 稍知廉恥 而不受綿布 今則自以爲應受之物 恬不知恥 以此民生日至困窮 不可不慮也[27]

라고 하여 관리들이 조례·나장을 모점(冒占)하는 원인이 어디에 있는지 암시해주고 있다. 또한 1561년(명종 16)의 대사간 이중경(李重慶)의 다음과 같은 상소문은 각 관아가 조례·나장을 점유하는 목적이 이제 그들의 노동력의 필요에서보다 재화의 확보에 있었음을 말해주는 한편 신역이 정부 방침에 의하여 포역화(布役化)해간 경위를 아울러 말해주고 있다.

---

25) 『中宗實錄』 卷23, 中宗 10年 9月 癸丑條.
26) 같은 책, 卷20, 中宗 9年 8月 甲辰條.
27) 『明宗實錄』 卷10, 明宗 5年 正月 癸巳條.

皂隷之番 間一月而立 一年之納布 多至於十四 加以爲官司者 點檢升數 輒見揮斥
故傾財敗産 相繼流亡 若依步兵之例 令該曹 捧而分之 則庶幾少除其弊[28]

조례·나장의 부역동원체제는 16세기에 접어들면서 그 자체가 가지
는 불합리성과 관아 및 관료들의 신포 수납을 위한 '남솔' 등이 원인이
되어 『경국대전』 체제가 흔들려갔으며, 이와 같은 원인은 조례·나장들
의 입역조건을 급격히 악화시켜갔고 이 때문에 그들의 적극적인 피역
저항을 초래하여 마침내는 부역동원체제 전체를 무너뜨려나갔다.
입역조건의 악화 현상은 먼저 대립제(代立制)를 발달하게 하였다.

在前皂隷·羅將 只以京畿人充定而有餘 今則至以忠淸道人 爲之代立者 皆是無賴之
徒 侵虐百端 民不堪命[29]

이라 한 것과 같이 처음에는 서울에 가까운 곳에 거주하는 인정(人丁)
만이 동원되던 조례·나장역이 점점 원거리의 인정에게까지 확대되면
서 대립 현상이 나타났고 이와 같은 현상은 점점 일반화되어갔던 것이
다. 1557년(명종 12)에 경연관(經筵官) 유승선(柳承善)이

京各司皂隷·羅將·諸員 其役最苦 故外方無知之人 不能自立 例備立番之價 以給代
立之人 從古然矣[30]

이라 한 것은, 입역조건의 악화로 인한 대립제의 일반화가 오래 전부터

---

28) 같은 책, 卷27, 明宗 16年 2月 辛亥條.
29) 『中宗實錄』 卷7, 中宗 3年 10月 癸未條.
30) 『明宗實錄』 卷23, 明宗 12年 8月 辛卯條.

이루어지고 있었음을 말해주고 있다. 조례·나장역의 대립제가 일반화되는 경우 구명되어야 할 몇 가지 문제가 있다. 우선 조례·나장역을 대립하는 일정한 인정이 어디에서 충당되는가 하는 문제이다. 본래 서울 안에도 조례·나장역에 동원되는 인정이 있었으므로 이들이 자신의 입역기간 이외의 기간에 원거리 거주의 신역의무자를 대신하여 입역하는 경우도 있었겠지만, 한편 이 무렵에는 농민들의 일부가 서울로 흘러들어와서 대립을 직업으로 삼는 사람들이 생겨나고 있었다. 예를 들면

凡書吏·皂隷 以大典續錄所載數爲之 不爲不足 令各司 雖加定百人 豈以爲足 蓋官員多率丘史 相尙故也 臣筮仕幾二十年 初見丘史立役者甚少 僅得僱人立之 今則代立者 爭先爲之 此官員多率丘史之驗也 故外方惰農 皆入京代丘史 立役資食[31]

이라고 한 사료는 부역대립제 발달로 인한 도시 인구 구성상의 새로운 변화를 암시해주고 있다.

부역대립제가 일반화함으로써 빚어지는 또 하나의 문제점은 거주지와 입역지의 거리가 멀어서 부역을 대립시키고 싶어하는 농민들과 타인의 신역을 대신 맡음으로써 그것을 생활수단으로 삼으려 하는 서울 안의 인정 및 서울에 흘러들어온 이농민 사이에 직접 대립(代立) 관계가 이루어지는가, 혹은 이 양자가 직접 연결될 수 없음으로써 정부기관이 그 사이에 개입하여 대립제를 형성시키는가 하는 문제이다.

대립제가 발달한 초기에는 부역의무자가 같은 지역에 사는 무직인을 고용하여 부역을 대립시키는 경우가 있었겠지만, 점차 대립제가 확대되고 서울 안에 부역 대립을 생활수단으로 삼는 일정한 인구가 형성

---

31) 『中宗實錄』 卷75, 中宗 28年 7月 乙卯條.

되어감에 따라 대립제가 정부기관에 의하여 운영되어갔던 것이다. 부역대립제가 정부에 의하여 운영되면서 그것은 결국 납포제와 고립제로 바뀌게 되었으며 이 때문에 부역의무자의 경제적 부담은 더 높아지게 되었다. 부역의무자와 대립자 사이에 대립 관계가 직접 이루어지면 대립가의 결정은 양자 사이에서 이루어지지만 정부기관이 대립 관계를 장악하게 되면 대립가의 결정이 정부기관의 담당 관리에 의하여 이루어지며 이 경우 부정이 개입되었다. 1513년(중종 8)의 한 기록에 의하면

各官皂隷·羅將 或逃亡 或物故 虛張其數者多 上番之日 其價徵於切隣近族 切隣近族逃 則徵於遠族遠隣 一歲四番立役 四番之價 幾二十餘匹[32]

이라 하여 대립을 시킬 경우 조례·나장의 연간 납포액은 20필에 이르렀고, 이는 이미 인족침징(隣族侵徵)이 자행되고 있었음을 말해준다. 이 무렵에는 일반 군역의무자에게 있어서도 자의 혹은 타의에 의한 대립이 거의 일반화되다시피 하였고 1541년(중종 36)에는

且步兵選上番價代立者 任意濫奉 役處之軍 則尤重其價 故酌定其數 正兵則一朔三匹半[33]

이라 한 것과 같이 정병(正兵)의 경우 1개월에 3.5필로 공정화하였다. 이 공정가를 조례·나장과 같이 연 4개월 대립하는 것으로 계산하면 결국 연간 14필이 되는데 이렇게 되면 조례·나장의 연간 입역가(立役價)

---

32) 같은 책, 卷18, 中宗 8年 9月 癸未條.
33) 같은 책, 卷95, 中宗 36年 4月 庚申條.

20필은 일반 군역의무자보다 무거운 것이었다. 그러나 조례·나장의 대립가도 이 무렵에 공정화되어 1543년(중종 38)에 반포된 『대전후속록(大典後續錄)』에는 "步兵番價 每一朔五升布三匹半 皂隷·羅將 選上則二匹半"[34] 이라 하였다. 결국 연간 4개월을 입역하는 대립가는 10필이 되는 셈인데 앞에서 든 사료에서 보이는 것과 같이 1561년(명종 16)경의 조례의 연간 납포액은 10필이었다.[35] 균역법(均役法) 실시 이전인 1704년(숙종 30)에 일반 군병의 연간 납포액이 2필로 통일되었고[36] 균역법 실시와 더불어 1필로 감해진 것을 보면 조례의 납포 부담이 어느 정도 높았는가를 이해할 수 있다.

조례·나장의 신역이 대립제·납포제로 바뀌어간 사실은 그들을 부역노동에서 해방시키는 일이 되기도 하였지만, 반면 그 경제적 부담을 크게 가중시켜서 그들의 피역 저항을 불러일으키는 결과가 되었다.

皂隷·羅將之役甚苦 全家逃散 則禍及一族 朝廷計無所出[37]

皂隷·羅將逃亡絶戶者 責債京主人[38]

皂隷·羅將之役 倍苦於他 不勝支當 流亡相繼[39]

---

34) 『大典後續錄』 兵典 雜令條.

35) 주 28의 원문 참조.

36) 車文燮 「壬亂 以後의 良役과 均役法의 成立」, 『史學硏究』 11號, 1961.

37) 『中宗實錄』 卷7, 中宗 4年 2月 癸亥條.

38) 같은 책, 卷13, 中宗 6年 5月 戊午條.

39) 같은 책, 卷86, 中宗 33年 正月 甲午條.

皂隷之役 最爲苦重 百姓之被侵流亡者 半由於此[40]

등의 사료는 16세기에 접어들어서 역제가 변화함에 따라 조례·나장의 피역 저항이 치열하게 일어나고 있었던 사실을 잘 말해주고 있다. 조선 왕조의 성립으로 다시 한번 강화되었던 피지배층에 대한 파악도는 그 부역제도 자체가 가지는 모순성과 피지배층의 피역 저항으로 다시 무너져갔으며 이와 같은 현상은 곧 조선왕조의 16세기가 가지는 역사적 추세이기도 하였다.

(3) 부역체제 와해에 대한 대책

15세기에 재편성되었던 피지배층에 대한 파악체제가 그 제도 자체가 갖는 모순과 피지배층의 저항 때문에 전면적으로 무너져가는 것이 16세기 조선왕조 사회의 일반적인 추세였으나, 조선왕조 지배층의 이에 대한 대책은 극히 피상적이고 임시적인 것에 불과하였고, 조례·나장의 경우도 예외가 아니었다.

15세기에 세워진 조례·나장의 부역동원체제가 가진 가장 불합리한 점은 앞에서도 논급한 것과 같이 입역지인 서울에서 멀리 떨어진 곳에 사는 인정이 입역대상으로 편입된 사실이었다. 이와 같은 제도의 결과 대역제(代役制)와 납포제가 발생하였던 것이지만, 그것은 부역제도 본래의 뜻에 어긋날 뿐만 아니라 부역제 자체를 무너뜨리는 원인이 되었으므로 그 대책을 세우는 관리들의 관심도 여기에서 시작되었다. 16세기 초기, 즉 중종조 초년에 집중적으로 논의된 그 대책은 우선

---

40) 『明宗實錄』 卷22, 明宗 12年 4月 甲辰條.

皂隷之類 其苦無比 在遠方者 立番爲難 今之宰相·功臣 比古爲多 其所占伴人 勿於
京畿 以京畿人 定皂隷·羅將爲當[41]

이라 한 것과 같이 조례·나장역이 가진 폐단을 해결하기 위하여 경기도
에 거주하는 인정으로 조례·나장역에 충당하여 그들이 직접 신역을 지
게 할 것을 건의하고 있다. 경기도에 거주하는 양정(良丁)은 일반 군역
이외에도 고급 관리의 반인(伴人) 등으로 차출되었고 이 때문에 조례·
나장역의 경우 경기도 이외의 양정에게도 부과되었던 것이다. 경기도
지방의 양정에게 조례·나장역을 한정하자는 의견은 결국 대립제·납포
제를 배제하고 부역제를 유지하려는 방안이었다.

한편 조례·나장의 신역을 서울 안 양정에 한정하려는 의견도 있었다.

近來皂隷役苦 救弊之策誠難 請抄京中軍士保人 充定皂隷 抄外方皂隷充給京軍保
人 則皂隷在京立役爲便 保人在外 亦不如皂隷之苦役[42]

이라 하여 서울 안에 사는 정군(正軍)의 보인(保人)을 조례에 충당하고
조례역에 편입되었으면서 서울 밖에 거주하고 있는 양정을 대신 서울
안에 사는 정군의 보인으로 충당하자는 의견이다. 그러나 서울에 사는
정군의 보인으로써만 조례에 충당하는 경우 수적으로 부족할 것이므로
서울 안에서는 관리의 반인까지도 충당해야 할 것이라는 의견도 나왔고
조례·나장으로 지방에 거주하는 사람이라도 그 생활이 부실한 경우에
는 계속 직접 부역을 지게 하되 솔정(率丁) 1명을 더 지급하자는 주장이

---

41) 『中宗實錄』 卷7, 中宗 4年 正月 丙午條.
42) 같은 책, 卷7, 中宗 4年 正月 辛亥條.

516

있었다. 또 경중(京中)에는 '보인'이라 하여 '한유(閑遊)'하는 인정이 많다 하고 이들을 적발하여 조례·나장역에 충당할 것을 강력히 주장하기도 하였고,[43] 더 나아가서 당시의 우의정 유순정(柳順汀)은 경중의 군사보인만으로는 역시 부족할 것이므로 반인과 악생(樂生)·서리(書吏)·삼의사(三醫司) 등의 솔정을 추별(推別)하여 조례·나장역에 충당할 것을 요구하여 그대로 채택되었다.[44]

조례·나장역을 경기도와 서울 안에 사는 인정으로 한정하자는 의견은 15세기에 세워진 부역제도의 불합리성을 시정하여 그것을 그대로 유지하려는 생각을 바탕으로 하고 있는 것이라 할 수 있다. 앞에서 말한 바와 같이 15세기에 수립된 부역제도의 가장 큰 표면적인 문제점이 입역지와 입역의무자의 거주지가 멀리 떨어져 있는 일이었고 이 때문에 신역제가 납포대립제로 바뀌어갔으며, 따라서 부역의무자의 경제적 부담이 급격히 높아갔다. 그 결과 이들의 피역 저항이 치열해져서 그들에 대한 부역동원체제를 유지할 수 없게 되었을 때 관료층이 강구한 대책은 조례·나장의 경우 경기도와 서울 안에 있는 양정에 한해서만 부역에 동원함으로써 부역체제를 계속 유지하려 한 것이었다. 그러나 일단 무

---

43) 같은 책, 卷7, 中宗 4年 2月 癸亥條.

　　大司憲安瑭曰 皂隷·羅將之役甚苦 全家逃散 則禍及一族 朝廷計無所出 議以京軍士保人充定矣 然保人則數少 皂隷·羅將數多 豈足充數 若刷出各品京中伴人 則可充數也 獻納柳思敬曰 皂隷·羅將居外方者 若富實則勿換定 加給率丁一人亦當 上曰 皂隷之弊 政丞欲救之 故已令磨錬 然若令皂隷 自望率丁則其於軍卒 得無難乎 洪景舟曰 今市中人 稱保人 閑遊者甚多 令推刷 則皆欲托屬於他役 若與漢城府 同議以定 則不得規免矣

44) 같은 책, 卷7, 中宗 4年 2月 戊辰條.

　　以各司提調事及抽出各品伴人充定皂隷事 命議于三公 從右議政柳順汀之議其議曰 (…) 皂隷之數果多 只以京中軍士保人充定必不足 京中東西班各品伴人 及樂生·書吏·三醫司等率丁竝令推刷充定 亦爲便當 但樂生·書吏·三醫司率丁中異居者則可矣 子壻弟姪 抽出充定 則一家兩役 恐不能堪

너지기 시작한 부역동원체제는 원형대로 돌이킬 수 없었다. 신역 대신 바쳐지는 포(布)는 이미 정부의 가장 중요한 재원이 되어갔으며 한편 대납제(代納制)의 발달은 부역의무자 측에 있어서도 경제적 부담을 가중시키기는 했으나 반면 그들을 신역의무에서 해방시키는 결과도 되었던 것이다.

일반 양역(良役)의 경우도 같지만 입역지인 서울에서 먼 지방에 사는 조례와 나장역 의무자가 납포로써 의무를 대신하면 실제로 나장·조례에 동원되는 사람은 서울 안에 사는 부역의무자와 지방의 의무자가 신역 대신 바친 포(布)에 의해 고용된 인정일 수밖에 없게 된다. 16세기에 이르러서 조례·나장의 부역제도가 무너지면서 정부가 세운 대책은 서울과 경기도 지방 등 입역지에 가까운 인정에게만 부역제를 실시하고 다른 지방의 조례·나장역 의무자는 납포역(納布役)으로 고정시키려는 것이었다. 다만, 이 경우 부역의무자와 납포의무자를 막론하고 조례·나장역 의무자의 피역을 방지하는 한편 일정한 인원을 확보하는 일이 중요했으므로 1543년(중종 38)에 편집된 『대전후속록』의 규정에는

皂隷·羅將 勿移定他役 其役屬者 論罪還本役 代立價濫徵者 及或於本番外 稱助番役使 或數外濫占官吏重論[45]

이라 하여 조례·나장역의 수적 확보를 위한 대책을 강구하고 있다.

임진왜란 이전에 제정된 마지막 법전인 『대전후속록』의 규정은 조선 전기에 있어서의 조례·나장 동원정책의 하나의 결론이며 그것은 아직 부역제도의 범위에서 벗어나지 못하고 있다. 그러나 서울과 경기도 지

---

45) 『大典後續錄』 卷4, 兵曹 皂隷·羅將條.

방에 사는 인정만으로써는 조례·나장의 신역제를 유지할 수가 없었고, 이들뿐만 아니라 납포자들에게 있어서도 계속 피역 저항이 증대되어가는 여건하에서는 부역동원제를 청산하고 다른 차원의 대책, 즉 전면적인 고용제를 채택하지 않을 수 없는 것이었다. 그리고 실제로 이 시기의 일부 선진적인 사상가들에게서는 조례·나장의 전면적인 고립제가 구상되고 또 건의되었다.

16세기의 사상가 가운데 조례·나장 등의 역제에 관심을 보인 것은 이이(李珥)였다. 그는 「만언봉사(萬言封事)」에서 당시의 양역 일반이 가진 폐단을 들면서 그 가운데서도 조례·나장·제원(諸員) 등의 역이 최고역(最苦役)이라 하고, 이들이 납포로써 역을 지면 그들이 소속한 관아가 그 포로써 다른 사람을 대립시키는데, 관아에서 불시에 경저리(京邸吏)에게 역가(役價)를 독납(督納)케 하면 경저리들은 출채(出債)하여 이를 대납하고 부역의무자에게는 그 이자까지 붙여 역가의 세 배 이상을 징수하므로 조례·나장역은 한 사람이 세 사람 몫을 지게 되며 이 때문에 족징(族徵)의 폐단이 생기는 것이라 하였다. 그는 이와 같은 폐단에 대한 대책으로서 조례·나장의 소속 관아와 또 조례·나장이라는 명칭마저 따로 둘 필요가 없으며, 모두 보병이 되어 병조에 납포하면 병조에서 징수한 포를 각 관아에 조례·나장이 필요한 수에 따라 나누어주면 폐단이 없어질 것이라 하여[46] 왕조후기에 일반화될 역제 일반의 변화를 이미 전망하고 있다.

---

46) 『栗谷全書』卷5, 疏箚 3, 「萬言封事」.

內外良役名目甚衆 不可枚數 而其中所謂皀隷·羅將·諸員者 最其苦役也 此亦以綿布償役而已 其所屬之司 旣以他人代立 而不時侵督邸吏 使償役債邸吏出息以納 而歷算所費 徵其三倍於當year 故一人每應三人之役 有所不支例徵一族 (…) 若所謂皀隷·羅將·諸員等 則不必各有所屬 悉廢其名 皆變爲步兵 納價布于兵曹 兵曹量各司立役之數 以給價布 則邸吏免不時之侵督 民間無三倍之暴斂矣

「만언봉사」에는 조례·나장역 의무자에게서 포를 징수한 정부가 그것으로 조례·나장의 일을 실제 담당하는 사람을 어떻게 확보할 것인가 하는 문제를 직접 제시하고 있지 않지만, 이 경우 고용제를 채택해야 할 것은 자명하며 실제로 이이는 「동호문답(東湖問答)」에서 이서(吏胥) 전체에게 상록(常祿)을 지급해야 할 것이라 주장하고 있다. 그는 이서들이 뇌물을 받는 일을 엄금하기 위해서는 그 생활비를 마련해주지 않을 수 없으며, 이서들에게 상록을 주지 않는 것은 우리나라 제도의 잘못된 점이라 지적하고 이서의 상록제를 실시하기 위한 재원은 각 관아에서 지금까지 허비되고 있는 속포(贖布)와 작지(作紙) 수입으로 충당할 수 있다 하였다.[47]

한편 이이와 같은 시대에 살았고 중국에 다녀와서 『동환봉사(東還封事)』를 쓴 조헌(趙憲)도 중국 측의 사정을 전하면서 서리들에게 월봉을 지급할 것을 건의하였다. 즉 그는 중국에서는 중앙관서의 연리(掾吏)와 지방관아의 서리로서 관무(官務)에 종사하는 문자(門子)·사수(寫手)·조례·뇌자(牢子) 등이 1개월에 2냥 5전의 월봉을 받고 있으며, 그들의 한 집에 사는 자제가 4~5명이 되어도 모두 면역(免役)이 된다 하고, 비록 천리(賤吏)라고 하더라도 하루 종일 관무에 종사하는 이상 늠료(廩料)가 없을 수 없는데, 우리나라는 중앙관아의 서리·조례·전복(典僕)과 지방관아의 아전·서원(書員)·사령 등이 하루도 관무에서 떠날 수 없을 만큼 그 노고가 막심하지만 한 푼도 지급되지 않으므로 이들은 농사도 지

---

47) 같은 책, 卷15, 「東湖問答」.
　　吏胥之求賄 誠可痛絶 而其代耕之資 不可不給 古者府史·胥徒 皆有常祿 仰食於上 今之吏胥 別無廩俸 若不漁奪 難免飢寒 此我國之制 有所未盡者也 客曰 經用不足 朝士之祿 尙且裁減 況給吏胥之俸乎 主人曰 吾非謂減經費以給吏俸也 但收國家虛棄之物 可以足給矣 何謂虛棄之物 今夫各司贖布及作紙 皆散之無用之地 若該曹收納無遺 則一歲所得 必不下數萬疋矣 以此爲吏胥之俸 而其餘足以有補經用 何不之有 此非賦外別科也 只是轉無用爲有用矣

을 수 없고 상공업에도 종사할 수 없어서 결국에는 부정을 할 수밖에 없는 것이라 하였다.[48]

16세기에 살면서 현실문제와 민생문제에 관심을 가졌던 사상가들에게 있어서는 조례·나장 등 서리들을 부역제에 의하여 동원하는 제도는 이미 불합리한 것으로 인식되었고 따라서 이들에게 일정한 급료를 주고 이들을 고용해야 할 것이라 생각하였던 것이다. 조헌도 서리들의 월봉 지급을 위한 재원은 중앙관아의 경우 관원들의 접객비와 서리들의 횡령으로 탕진되고 있는 공물작지가(貢物作紙價)와 형속목(形贖木)을 전용하면 될 것이며, 지방관아의 경우 각 고을마다 원곡(元穀) 1만 석을 대여하여 얻는 연간 1천 석의 이식 중 4백 석은 관아의 비용으로 쓰고 나머지 6백 석으로 관속(官屬) 50인에게 월 1석씩 지급할 수 있을 것이라 하였다.[49]

이이·조헌 등이 조례·나장 부역제의 불합리성을 인식하고 그 고용제가 바람직한 것이라 주장하면서 그들 나름대로 그 재원염출 방안을 제시한 것은 확실히 역제 변화의 바람직한 방향을 전망한 탁견이었다. 왕조후기에 이르러서 그들이 전망한 것과 같이 조례·나장은 고립제에 의

---

48) 『重峯集』 卷4, 疏.

臣竊聞 中朝 內自部府掾吏 外至鎭邑胥吏 凡仰於官者 如門子·寫手·皂隷·牢子之屬 莫不有月俸之銀(二兩五錢) 而一人在官 則在家子弟 雖至四五之多 皆不定役云 彼雖賤吏 而朝夕在官 不可以無廩 (…) 我國 則內自書吏·皂隷·典僕 外至衙前·書員·使令等 日不離官 其苦莫甚 而了無一錢之所及 旣不暇治農 又不能爲工爲商 而其衣其食 略無出處 作賊則不暇 丐乞則無閒 其欺官弄術 恃民要貨 絶簿盜財

49) 같은 곳.

且各司貢物作紙之價 及各道官吏刑贖之木 收而藏之 不過爲官員親舊相悅之費 及掌務吏胥盜用之資而已 是亦公物也 若合而計之 節其不當費 而用於當用之地 則庶司任事吏卒 不患其料之不足矣 且外邑 假有元穀萬石之地 則秋來費耗 至於千石矣 若不爲非禮之宴 不應私行之求 則以四百石 應官衙之用 以六百石 可分官屬五十人一年之料矣(月給人 租一石)

하여 충당되었다. 그러나 그 재원염출은 작지가나 속금(贖金)에 의하여
이루어지지 않고 우리가 알다시피 대동법이 실시됨으로써 해결되었다.
이이는 「동호문답」에서 수미법(收米法) 실시를 제시하였지만 그것을
조례와 나장의 고용제와 직접 연결짓지는 못하였다. 그러나 조례·나장
역의 납포제를 공식화시키고 이를 병조가 관장하여 조례·나장을 고용
할 수 있는 가능성을 제시하였던 것이다.

한편 이이와 조헌 등이 제기하였던 조례고립론은 왕조후기의 실학자
들에게 연결되어 유형원도 "皀隷募京人入屬"할 것을 말하고 좀더 구체
적으로는

> 又今見行之例 皀隷亦多公私賤募立者 不必良人爲之 (…) 或曰 是誠然矣 但通融如
> 許 則其良賤迭錯之間 無自相妨嫌之事 否曰 凡今吏隷 擧無廩給 而徒以名色定役故如
> 此 若使隨材受任 各食其廩 則自無此弊矣[50]

라 하였다. 조례에 양인과 천인의 구분을 두지 말고 천인이 조례가 되는
길을 더 열어야 할 것이라 하였고, 특히 고립제를 실시하는 것이 양인과
천인이 구별 없이 함께 조례가 되게 하는 길이라 강조하고 있다.

16세기경의 조선정부가 조례의 고립제를 전면적으로 제도화하지 못
하고 일종의 미봉책을 쓰는 데 그치고 말았지만, 일부 사상가들이 제시
한 바와 같이 조례역은 부역제에서 탈피하여 고립제로 바뀌어야 하는
것이 시대적 추세였고, 따라서 왕조후기에는 거의 전면적인 고립제가
발달했던 것이다.

---

50) 『磻溪隨錄』 卷15, 職官之制上.

3. 조선후기의 皂隷·羅將 고립

(1) 고립제의 성립과 고용가 조달

앞에서 언급한 바와 같이 16세기에 이미 조례역의 부역제가 무너지고 납포제가 일부 발달하고 있었으나, 그것은 아직 정부의 제도상의 조처는 되지 못하였다. 그러나 왕조의 후기에 접어들어서는『속대전』에서

> 大典 皂隷自外方選上 大同廳設行時 罷爲步兵 而京給價雇立 無米布衙門 一年內八朔 宣惠廳給價 有米布衙門 則皆自該曹給價[51]

라고 규정한 것과 같이 대동법 실시를 계기로 하여 고립제로 바뀌었다. 고립제의 성립이 대동법의 실시에 근거를 두고 있는 것은 사실이나 그 성립과정이 그렇게 단순한 것은 아니었다.

임진왜란 이전, 즉 16세기 말엽까지 실제로 조례·나장의 부역을 지고 있던 인정의 수가 얼마나 되었고 신역을 지는 대신 납포하고 있었던 인정의 수가 얼마나 되었는지 상세히 밝힐 만한 자료는 없다. 그러나 임진왜란이 끝날 무렵의 한 자료는

> 諸衙門皂隷應入之數 八百八十四戶 而目今餘存 只二百七十四戶 亂後人民 十無一二 決無充備之路 請令備邊司 別樣處置何如 傳曰 國家不成體貌 行幸時未具威儀 此時何可請皂隷 勿給[52]

---

51)『續大典』卷之四, 兵典 京衙前條.

이라 하여 전란을 겪은 직후의 조례 사정을 어느정도 전해주고 있다. 이 기록의 숫자가 얼마나 정확한지 의문이지만 전란이 발발하기 이전에는 조례역을 담당하던 민호(民戶)가 884호였던 것이 전란 중에 모두 흩어지고 274호만이 남아 있었으나 이를 보충할 길이 없었으며, 이 무렵에는 사실상 관리들의 조례 사역(使役)이 불가능하였던 것이 아닌가 생각된다. 전란 중에 거의 폐지되다시피 하였던 관리들의 조례 사역이 전란이 끝난 이후 차차 복구되어갔겠지만 그것은 아직 완전한 고립제에 의한 사역으로 변한 것 같지는 않다. 임진왜란이 끝난 6년 후의 한 기록에 의하면 이때 조례의 선상가(選上價)가 매월 포 2필인데 그것은 미(米) 20여 두에 해당하는 값이며 3개월 근무하면 60여 두를 받아 6품 관리의 녹봉액과 같은 수준이라 하였다.[53]

임진왜란 이후 조례의 사역제에 큰 변화를 가져오는 계기가 크게 두 번 있었는데 그것은 1623년 즉 인조 즉위년과 1637년(인조 15), 즉 병자호란이 끝나는 때였다. 뒷날의 기록이기는 하지만 이 두 번의 변화를 잘 나타내고 있는 자료를 하나 들어보면 다음과 같다.

① 義禁府啓曰 本府皂隷之規 癸亥以前 則京畿·江原·洪淸·黃海等四道 一依正軍例 皆以良民充定 每於歲末 啓聞輪回 逐朔上番 其餘老弱 收布上納 而本府一朔應立者 二百名矣

② 癸亥初裁省之時 皂隷之役 尤甚苦重 故只存京中皂隷 四道則竝爲罷定 軍役從田結 每結各收米三升 捧置于宣惠廳及兵曹 逐朔題給八十名之料 而一名所受之米至於

---

52) 『宣祖實錄』卷111, 宣祖 32年 4月 乙丑條.

53) 같은 책, 卷170, 宣祖 37年 正月 己未條.
　　皂隷選上之價 每朔不過二匹 而獨於步兵 月給三匹 未便莫甚 況亂後木價極高 一匹直米十有餘斗 二匹之價 通計三朔 六十餘斗 比今之六品祿之米也 下輩給價 甚爲優優 萬無不足之嘆

十八斗 以此定式 行之十有餘年

　　③ 丁丑經亂以後 四道收米停罷不捧 他無變通之路 不得已自戶曹 只給羅將三十名 料米各十二斗[54]

　　1652년(효종 3)의 기록이어서 시대가 다소 떨어지고 또 의금부 조례에 한정된 것이기는 하지만 임진왜란 이후의 조례제의 변화과정을 잘 요약하고 있다. 자료 ①에서 보이는 계해년이 곧 인조 즉위년이다. 그 이전에는 경기·강원·충청·황해도의 양민을 교대로 상번(上番)시켜 조례역에 충당하고 4개도의 조례역 의무자 가운데 노약자는 부역을 지는 대신 의금부에 납포하게 함으로써 한 달의 입역조례가 2백 명이었다고 한 것은 왕조전기, 대체로 15세기에 있어서의 의금부 조례 동원체제를 비교적 정확하게 파악한 것이다. 16세기에 들어와서 대립제·납포제가 본격적으로 발달하기 이전의 조례동원제는 대체로 자료 ①에서 지적한 그대로였으며 상번(上番)조례의 수도 『경국대전』에서의 상번 수 232명과 큰 차이가 없다.

　　16세기 이후부터 조례의 부역제가 무너지기 시작하였지만, 특히 임진왜란 때 조례 부역의무자가 흩어짐으로써 왕조전기적(前期的)인 조례제는 유지될 수 없었고, 이 때문에 이루어진 것이 1623년(인조 1)의 자료 ②에서 보이는 변화였다. 이때의 조례제 변화는 이해에 강원도·전라도·충청도에 대동법이 실시된 사실과 연관이 있다. 이때의 조례제 변화를 설명한 또다른 자료에서

　　李植以義禁府言啓曰 一自上年皁隷罷去之後 本府皁隷 減定其數 只以二百八十名

---

54) 『承政院日記』 123册, 孝宗 3年 正月 15日條.

分爲四番 每一番各七十名 故凡於擧動時 及有事之際 則自宣惠廳 給其價米 雇立使喚
名之曰 助番[55]

이라 한 것은 당시의 사정을 구체적으로 전해주고 있다. 임진왜란 전에
"諸衙門皂隷應入之數"가 884호 있었으나 전쟁 후에는 274호밖에 남지
않았다고 말한 자료를 앞에서 들었지만, 의금부 조례의 경우도 『경국대
전』에서 1번에 232명, 3번 총수 약 700명이던 것이 이때엔 280명밖에
남지 않았던 것이다. 그리고 이들이 4번으로 나뉘어 입역함으로써 1번
에 70명씩 배당되었으며 그것만으로는 부족하였으므로 조번(助番)이란
이름으로 임시적인 고립조례를 동원하였다.

　1623년의 조례제의 변화를 뒷날의 기록들에서는 '皂隷罷擧' '皂隷革
罷' 등으로 표현하고 있다. 이것은 전전(戰前)에 조례역에 편입되었던
인정으로서 전중(戰中)에 유망(流亡)한 인원을 모두 제적하고 실제 잔
존하고 있는 인정만으로써 조례역을 재편성하는 한편 소위 '擧動時及有
事之際'와 같이 조례가 많이 필요할 때는 임시로 조번을 고립하는 방책
을 채택하였던 것이다. 그러나 이와 같은 조례의 재편성이 성공한 것은
아니었다. 의금부의 경우 다음의 자료가 말해주듯이 1623년(인조 1)의 개
혁 당초부터 이미 이들 280명의 부역동원은 실시되지 못하였던 것이다.

　義禁府啓曰 一自上年皂隷革罷之後 一朔立番之數七十名 而當身自立者只三名 其
餘六十七名 則自宣惠廳·大同廳 各給米一石雇立矣[56]

---

55) 같은 책, 5冊, 仁祖 3年 4月 29日條.
56) 같은 책, 9冊, 仁祖 3年 10月 9日條.

의금부의 1번 입번(立番) 조례 수 70명 가운데 '當身自立者'는 3명뿐이고 나머지 67명은 선혜청과 대동청에서 비용을 내어 고립하였다는 사실은 좀더 생각해볼 여지가 있다. 이 자료에서의 '當身自立者'를 다른 자료에서는 '원조례(元皂隷)'로 표현하기도 하였다.[57] 이들은 앞에서 제시한 자료 ②에서 "皂隷之役 尤甚苦重 故只存京中皂隷"라 한 경우의 서울 안에 사는 조례역 의무자를 가리키는 것 같다. 이들 '當身自立'하는 '원조례'인 '京中皂隷'도 완전한 부역제에 의하여 동원된 것은 아니었고 나머지 67명과 같이 고립가를 받고 있었던 것이 아닌가 한다. 그리고 조번으로 불린 '當身自立'하는 '원조례' 이외의 고립조례에게 지급하는 고립가 자료 ②에서 보이는 것과 같이 경기·충청·강원·황해 4도의 조례부역을 폐지하는 대신 그 지방의 전지(田地) 1결당 미 3승씩을 거두어 충당하였던 것이다.

이와 같은 의금부 조례제의 변화가 기타의 다른 관아 조례에게도 그대로 적용되었는지는 의문이지만 대체로 같은 변화과정을 겪은 것이 아닌가 생각된다. 1626년(인조 4)의 한 기록은

皂隷 元是兵曹所掌 而役苦散亡 弊將及民 大同設行之日 忠淸道每一結 收米四升 以爲給價雇立之地 而京畿·江原·忠淸三道 及京中時存皂隷四百八十八戶 則自兵曹收布 以補步兵之不足 自大同廳 革罷之後 以收米來納之故 而仍責於本曹矣[58]

라 하여 의금부 이외 관아의 조례제 변화상을 일부나마 전해주고 있다. 1623년에 충청도·전라도·강원도에 대동법을 실시할 때 충청도는 전지 1

---

57) 같은 책, 12册, 仁祖 4年 3月 12日條.
58) 같은 책, 14册, 仁祖 4年 7月 11日條.

결에 미 4승씩을 거두어 그것으로 조례를 고립하고, 경기·충청·강원 3도와 서울 안에 사는 전체 조례역 의무자 488호에게서는 신역(身役) 대신 포를 거두어 일반 군정과 같이 병조에 넘겼으나 충청도의 대동법이 다음 해에 정파(停罷)됨으로써 조례고립가의 염출의 길이 막혔던 것이다.

이 자료와 앞에서 제시한 자료 ②는 같은 시기, 즉 1623년(인조 1) 조례제 변화 직후의 사정을 말하고 있는데도 조례고립제 성립 과정에 다소의 차이가 있다. 우선 이 자료에서는 충청도 전지 1결당 미 4승씩을 거두어 조례고립가에 충당하였고 자료 ②에서는 서울과 경기·충청·강원·황해 4도의 조례역 의무자를 모두 일반 군역으로 이관하고 어느 특정한 도인지 혹은 4개 도 전체인지 확실하지 않지만 전지 1결당 미 3승씩을 거두어 선혜청과 병조에서 관장하여 조례 80명을 고립하였던 것이다. 자료 ②가 의금부 조례에 한정된 것이고 이 자료가 전체 관아의 조례에 관한 것이기 때문에 생긴 차이인지 모르지만 충청도의 경우 대동법이 1년 만에 폐지된 후에도 조례가는 그대로 징수되고 있어서 암행어사에 의하여 민폐로 지적되기도 하였다.[59]

요컨대 1623년의 조례제 변화는 조선왕조 조례제 전체를 통해 하나의 획기적인 현상이 아닌가 한다. 16세기경부터 이미 무너지기 시작하던 조례신역제가 임진왜란을 겪으면서 전혀 그대로 지속할 수 없는 상태로 변하였고, 이 때문에 정부에서는 대동법 실시와 더불어 수미법(收米法)으로 전환하고 그것을 바탕으로 하는 고립제를 채택하였던 것이다. 앞에서 제시한 자료에서 보인 바와 같이 1회 상번조례 수 70명 가운데 3명만이 '當身立役'하였고 나머지 67명은 고립하는 실정이었지만, 다

---

59) 『仁祖實錄』卷20, 仁祖 7年 4月 丙申條.
　　引見四道暗行御史呂爾徵·金光炫·韓興一·沈之源等 (…) 光炫曰 湖西則 前年失稔飢饉 而西糧及五結收布·皀隷價 皆曩時所無之役 民甚苦之

음에서 제시될 『탁지지(度支志)』 자료에서 보이는 바와 같이 '當身立役' 하는 3명도 이미 부역노동이 아닌 고립노동이었던 것이다.

　본래 조례역 의무자들이 거주하는 경기·충청·강원·황해 등 4도의 전결(田結)에서 미곡을 징수하여 조례를 고립하는 제도가 10여 년 계속된 후 병자호란이 일어나고 1637년(인조 15)에 그것이 끝나는 때와 함께 또 한번의 조례제 변화가 있었으니 그것이 곧 앞에서 든 자료 ③의 내용이다. 자료 ③은 호란을 겪고 난 후 경기·충청·황해·강원 등 4도에서 조례가로 징수하던 미곡을 징수하지 못하게 되고 이 때문에 종래 70명 내지 80명씩 입역케 한 의금부 조례를 30명으로 줄이고 그 고가(雇價)는 호조에서 지급하였다는 내용이다. 병자호란이 끝난 2년 후인 1639년(인조 17)의 기록이

　　義禁府啓曰 經變以後 本府羅將 累給啓請 前後給料者 摠合二十五名矣 本府當直
　　分把使喚 不時拿來押去 相繼出使 恒存者無幾 每於坐起時 不成貌樣 自前擧動 侍衛羅
　　將十二名 該曹給價雇立 此外科擧禁亂 隨其入把多少 亦自該曹 給價雇立 亦是流來舊
　　例也[60]

라 하여 병자호란 이후 의금부 조례가 25명으로 줄었다고 전하고 있어서 자료 ③의 수와는 5명의 차이가 있다. 30명이건 25명이건 조례의 수가 크게 감소된 것은 사실이며, 25명 내지 30명으로는 의금부 당직이나 범인 압송 등 일상적인 업무에도 수가 부족하였다. 더구나 왕의 행차나 과거 때의 경비 등에는 모두 그때마다 임시 조례를 고립하였다 한다. 의금부에 상임으로 고립된 조례와 특별한 행사가 있을 때마다 임시 고립

---

60) 『承政院日記』 69册, 仁祖 17年 6月 4日條.

되는 조례 사이에는 대우상의 차이가 있었지만 이는 다음 절의 고립조
건에서 논급하기로 한다.

의금부 조례의 경우 1637년(인조 15)의 2차 변화 이후 정식으로 배속
된 25명의 급료는 호조를 통하여 정기적으로 지급되었다. 그러나 임시
로 고용되는 조례의 고립가 염출 문제가 논란의 대상이 되었다. 특히 전
상(戰傷)이 가시고 각 관아의 조례들이 다시 갖추어짐에 따라 그것은
더욱 심각한 문제로 등장했던 것이다. 이와 같은 사정을 구체적으로 전
하고 있는 자료는 많지만 그 가운데 하나를 예로 들면

李時楷 以戶曹言啓曰 兵曹啓下關內節該 明年正月初一月爲始 冠帶事已爲啓下 則
諸上司引路皂隷 亦當復設雇立 令戶曹前例 相考處置何如 傳曰允 事傳敎矣 皂隷雇立
之價 亂前 雖有田結 從略收捧之規 革罷十年 今難猝復 百爾思量 他無辦出之路[61]

라 하여 조례의 필요가 증대됨에 따르는 고립가의 염출 문제를 심각하
게 우려하고 있는 실정을 알 수 있다. 이 시기에는 이미 조례뿐만 아니
라 일반 군역(軍役)에 있어서도 군역의무자의 피역 저항이 증대되고,
따라서 소위 양역(良役)의 폐단이 심각해져가고 있던 때였다. 이 무렵
의 조례고립가는

今年畿甸田結 頗優於甲乙兩年應用 餘米幾至千餘石 且兵曹餘丁價布 亦儲
一百五十餘同 與軍布有間 以此米布 從略除出計給 今番皂隷之價 則可以支過一年 更
觀年運豐歉 隨便處置宜當云[62]

---

61) 같은 책, 95册, 仁祖 24年 12月 25日條.
62) 같은 곳.

이라 한 것과 같이 일정한 조달 대책이 없이 그해의 세입(稅入)에 따라 임시로 변통할 수밖에 없었지만, 각 관아와 관료 개인의 조례 사역은 전 전(戰前)의 체제로 복구되어가고 있어 1646년(인조 24)에는 종친부·의정부·돈령부(敦寧府)·충훈부(忠勳府)·중추부(中樞府)·의빈부(儀賓府)·경연관(經筵官)·홍문관(弘文館)·승정원(承政院) 등 중앙관부와 대군(大君)·왕자·대신·부마 등이 모두 조례를 사역하고 의금부 조례가 31명, 사헌부 조례가 24명, 사간원 조례가 15명이었다.[63] 이들 조례가 모두 완전한 고용조례여서 그 고용조건이 불리한 경우 언제든지 계약·고용 되었을 경우와 같이 조례역에서 자의로 이탈할 수 있었던 것은 아니었다. 그러나 정부가 고립가 조달에 부심하고 있는 것에서 알 수 있듯이 왕조전기의 조례들이 "番次頻數 羸粮甚苦 以此逃散者多"라 하였던 사정 과는 달리 그들은 조례역에 고용되는 것이 곧 생활수단이었고 순수하게 부역 동원된 것은 아니었다.

왕조후기의 조례들이 순수한 부역동원이 아니었기 때문에 정부가 이들의 고립비용 조달에 고심했지만 근본적인 대책이 세워지지 않은 채 고립제가 임시변통으로 유지됨으로써 점차 조례가 감소되어갔고, 따라서 의금부와 같이 조례 사역이 불가피한 관부에서는 여러가지 새로운 대책을 강구하지 않을 수 없었다. 1637년(인조 15)의 소위 '정축경란(丁丑經亂)' 후에 이루어진 조례제의 변화로서 앞의 자료 ③에서 보이는 것과 같이 경기·충청·강원·황해 4도에서의 수미법이 폐지된 이후 근본적인 대책 없이 조례고립제가 유지되다가 그것이 더이상 유지되기 어려워서 한 번 더 조례고립제에 대한 논의가 크게 일어나는 것이 1652년(효종 3)이었다. 이때의 의금부 조례제의 실정을 들어보면

---

63)『備邊司謄錄』10冊, 仁祖 24年 12月 30日條.

義禁府啓辭 (…) 癸亥前所定皂隷 則三十年來 幾盡老死 厥後 自本府聞見充定者
僅二十餘名 而非但率皆庸殘 不合於使喚 將此二十之數 分番於一年十二朔 則一朔所
立 不過二三名 其餘則皆是受料雇立者 而以其料薄役重 故應募者 無非雜類丐乞之徒
也 罪人拿來之時 定送此類 事體之未安 逮捕之虛疏 已不可論[64]

이라 하여 1623년(인조 1) 이후부터 시작된 조례제의 변화가 이 무렵에
이르러서 어떤 상태로 이르렀는가 잘 말해주고 있다.

계해년, 즉 1623년의 1차 조례제 개혁 때 80명(어떤 기록에는 70명)을 충
정(充定)했다가 1637년(인조 15)의 2차 개혁 때 30명으로 줄여 충당하
였던 의금부 조례가 1차 개혁으로부터 30년이 지난 이때에는 모두 늙
어 죽었고 그동안 의금부에서 수시로 충당한 조례가 겨우 20명밖에 없
었으며, 이들을 12개월로 나누면 1개월에 2~3명밖에 사역시키지 못했
을 뿐 아니라 이들도 모두 소위 '용잔(庸殘)'하여 사역하기에 부적당하
였던 것이다. 그리고 2~3명만으로는 부족하여 더 고립하였지만 고가가
적고 노역이 괴로워 응모하는 사람이 적었으며, 이 때문에 범인 체포 등
에 지장이 많았음을 말해주고 있다. 이 경우 20명만 남은 의금부 충당의
조례는 앞에서 말한 '當身自立者' 내지 '원조례(元皂隷)'를 가리키는 것
으로서 조례역 의무자 가운데 본인이 직접 입역하는 사람들이며, 주로
서울 안에 사는 조례역 의무자들이었으리라 생각된다. 그리고 이미 말
한 것과 같이 이들이 조례역 의무자라 할지라도 그 입역이 왕조전기와
같이 순수한 부역제가 아니라 조례역 의무를 다하면서 또 고가를 받았
던 것이라 생각된다. 1788년(정조 12)에 편찬된 『탁지지』에 의하면 의금
부 나장은 조례료를 받는 나장, 수시 급료되는 가(假)나장, 고립나장이

64) 같은 책, 15册, 孝宗 3年 正月 16日條.

있다. 결국 이 시기의 의금부 나장은 원(元)나장과 가나장, 그리고 고립나장의 세 종류가 있었으며 그 급료액도 원나장은 월급제로서 1개월에 미 9두와 전미(田米) 2두를 받았고 가나장은 일급제로서 하루에 고가미 6승을, 그리고 고립나장은 하루에 4승의 고가미를 받았다.[65] 이 경우 가나장과 고립나장이 구체적으로 어떻게 달랐는지 분명히 밝히기 어렵지만 이들은 원나장과 같이 정규직으로 고립된 것이 아니라 국청(鞫廳)이 열렸을 때와 같이 특별한 경우 임시로 고용되는 사람들이며 그들 가운데서도 가나장이 고립나장보다 더 관부와의 관계가 긴밀하고 자주 고용되었으리라 생각된다.

어떻든, 의금부의 원조례는 1개월에 불과 2~3명밖에 입역되지 않았고 임시로 고용되는 가조례나 고립조례도 소위 '雜類丐乞之徒'들이었으므로 정부는 이때 새로운 대책을 강구하면서 "京中皁隷亦當爲先充定"[66] 할 것을 결정하였다. 아마 서울 안에 사는 조례역 의무자 중에서 원조례를 더 많이 차출하여 조례제를 더욱 강화하려 하였던 것이라 생각된다. 그러나 이와 같은 의금부의 계획은 한성부나 병조에 의하여 크게 반발을 샀다. 한성부에서는 경중(京中) 조례 충당 문제에 반발하면서

禁府所謂京皁隷者 外方被抄之人 窮不備布 上來自立年久後 仍爲入籍 及其年老 或代其子孫 世傳其任者有之 實非京中所定也 丁丑以後 京內坊役極苦 良丁中有勢者 皆有屬名 無力者 移居近甸 無故閑丁 絶無而僅有 雖年例諸色軍闕額 亦難准定 況無前皁隷乎 大槪自本府 皁隷充定 曾無前例[67]

65) 『度支志』第二冊 二卷, 外篇, 各司皁隷料條, 同 各衙門隨時給料條.
66) 『備邊司謄錄』15冊, 孝宗 3年 正月 16日條.
67) 같은 책, 15冊, 孝宗 3年 正月 22日條.

라 하여 서울에는 본래 조례역에 배정된 인정이 없었고, 혹 있었다면 그
것은 지방에서 납포하지 못하고 신역을 섰던 인정이 입적(入籍)되었거
나 그들의 자손이 조례역을 세습한 것이라 하였다.

이 무렵에는 조례역이 비록 원조례라도 왕조전기와 같은 순수한 부
역동원이 아니라 일정한 고가를 받는 것이었지만 서울 안에 사는 인정
들은 조례로서 고립되기를 대단히 기피하고 있었음을 알 수 있다. 그 이
유는 서울에 사는 일반 인정은 그곳이 점차 도시적 양상을 갖추어감에
따라 상공업 등에 종사하여 취리(取利)할 수 있는 길이 넓어져갔으므로
경제 면에서나 권력 면에 있어서 그다지 혜택받지 못하는 조례역에 종
사하려 하지 않았을 것이며, 그에 반하여 한성부 측에서도 그들을 다시
구속력을 가지고 동원할 수 없었기 때문이라 생각된다. 앞에서도 언급
하였지만 왕조후기에 와서 대부분의 양정들이 신역에서 벗어나서 납포
역으로 바뀌었다는 사실은 그만큼 그들이 인간적으로 해방되었음을 뜻
한다. 비록 고가를 받아서 순수한 부역동원은 아니라 하더라도 점차 도
시화해가는 서울 안의 인정을 다시 조례역에 동원하기는 어려웠던 것
이다. 서울 안에 사는 양정의 조례역 편입을 반대한 병조에서는 대신

今番逆家奴婢 應爲沒官者 其數甚多 待該院畢査 勿論各衙門已受與否 抄擇京居奴
子年少有根着者三十六名 定給禁府 以爲排朔分番立役之地 而京居奴子 不滿其數 則
以近道奴子充數以給 其充定者之所産子 則世定皀隷 女則屬爲禁府婢子宜當 依此擧
行何如[68]

라고 하여 서울이나 그 근처에 사는 몰수역가노(沒收逆家奴)를 의금부

___

[68] 같은 책, 15冊, 孝宗 3年 正月 23日條.

조례로 편입시켜 그 역을 세습시킬 것을 건의하였고, 이에 대하여 왕도 '의계(依啓)'하라 하였다. 그리고 이때 이후부터 실제로 노(奴)들도 조례역에 편입되었다. 이보다 18년 후인 1670년(현종 11)에 완성된 『반계수록』에는 "今見行之例 皂隸亦多公私賤募立者 不必良人爲之"[69]라고 하였다. 조례역이 소위 '役重料薄'하여 양인층의 경우 고립 동원하기도 어렵게 되었고 이에 양인층보다는 아직도 예속성이 강한 노비층을 대신 동원하려 하였던 것이며 또 그것이 어느정도는 실천되었던 것이라 생각된다. 이 무렵에는 노비층, 특히 관노비나 외거(外居)사노비층은 이미 양인층과 큰 차이 없이 해방된 상태에 있는 경우가 많았지만, 노비층으로서는 조례로 고립될 수 있다는 사실이 또 한번 신분해방도를 높여주는 것이라 할 수 있다. 그리고 "禁府皂隸 役重料薄 願屬無人 雇立未久 旋卽逃避"[70]라고 한 것과 같이 역 부담자가 스스로 식량을 자비하여 부역하던 왕조초기와는 달리 고가를 지급받고 동원되더라도 고가가 적으면 피역하는 것이 왕조후기의 실정이었으며, 그것은 조례·나장 노동력 동원에 있어서의 왕조 전·후기의 차이점을 절실히 나타내준다.

한편 『경국대전』 성립기의 조례·나장은 3번을 합해 모두 2100명이 부역 동원된 것으로 추정되었지만, 『속대전』에서는 의금부에 40명, 병조에 20명, 형조에 9명, 도총부에 14명, 사헌부에 43명, 사간원에 14명, 전옥서에 5명 등 합계 165명으로 감소되고 있다. 그리고 이들은 대동청(大同廳) 설립과 함께 "自京 給價雇立"한다 하였으므로 실제로 하번(下番)조례는 없었다고 보아야 할 것이며, 이들 165명은 원조례로서 고정적으로 고립된 조례로 보아야 할 것 같다. 그러나 『속대전』에 규정된 조

---

69) 『磻溪隨錄』卷15, 職觀之制上.

70) 『備邊司謄錄』15冊, 孝宗 3年 2月 13日條.

례 수가 왕조후기 전체를 통하여 고정된 것은 아닌 것 같다. 다음 절에서 상세히 밝혀지겠지만 1788년(정조 12)에 편찬된 『탁지지』에 의하면 의금부의 40명은 『속대전』의 수와 같으나 다른 관아의 경우 약간의 차이가 있다. 조례 수의 가감은 그때그때의 사정에 따라 빈번히 있을 수 있었겠으나, 어떤 경우이건 『속대전』 경아전조에서 "無米布衙門 一年內 八朔宣惠廳給價 四朔戶曹給價 有米布衙門 則皆自該衙門給價"라고 한 것과 같이 그 동원조건은 고립제에 의한 것이었다.

(2) 고립조건의 변화

16세기에 접어들면서 조례·나장의 부역이 납포역으로 바뀌면서 역의무자는 비록 육체적 노동에서는 해방이 되었다 하여도 반면 경제적 부담은 대단히 높아졌다. 이미 자료를 제시한 것과 같이 그들이 신역을 지는 대신 바치는 신포(身布)가 1년에 10필에서 20필까지 올라간 때가 있었고, 이것은 『대전후속록』에서 2필 반으로 공정화되었다. 직접 신역을 지지 않는 조례역 의무자들이 바치는 이 신포가 그대로 고립가가 되어 고립조례나 고립나장들에게 지급된 것은 아니었다. 그것은 처음에는 담당 관리에 의하여 사적으로 징수되어 지급되었다. 그러다가 차차 정부가 공식적으로 징수하고 또 지급해나갔다.

부역을 직접 지지 않는 조례·나장역 의무자들이 1년에 10필 혹은 20필씩 납부하였을 때 대립인들이 실제로 고가를 얼마씩 받았는지 구체적으로 밝힐 만한 자료가 없다. 다만 1543년(중종 38)에 『대전후속록』이 성립되면서 조례·나장의 매삭 번가를 2필 반으로 규정한 것으로 보아 번가를 곧 대립인의 고가액으로 보아도 무방하지 않을까 생각한다. 이렇게 보면 대체로 임진왜란이 일어날 때까지 조례·나장의 고가액은 월

2필 반이었으리라 생각된다. 임진왜란 전에 월 2필 반이었던 조례·나장의 번가가 왜란이 끝난 직후인 1604년(선조 37)에는 "皂隷選上之價 每朔不過二匹"이라 하여 반 필이 감해졌음을 말해주고 있다. 그러나 앞에서도 말한 것과 같이 이때의 면포(綿布) 1필은 미 10여 두 값에 해당하여 월 2필, 즉 미 20여 두는 6품관의 녹미량(祿米量)과 같아서 선상가(選上價)가 그대로 고립가로 지급되었다면 고가는 비교적 높았던 것이라 할 수 있다.

한편 앞에서 지적한 조선후기 조례제의 제1차 변화 때인 1623년(인조 1) 무렵에는 소위 '當身自立者' 3명을 제외한 67명의 조례에게 선혜청·대동청에서 미 1석을 지급하고 고립하였으나 그해에는 풍년이 들어 면포가가 1필에 미 10두가량이나 되어서 고립가 1석이 면포 2필 값에도 미치지 않는 실정이었고 이 때문에 "人無願立者 前日雇立之輩 盡數避去" 한다 하였다.[71] 이때의 미 1석은 15두였다. 같은 무렵의 자료에 선혜청에서 미곡을 주어 고립하는 조례를 '조번(助番)'이라 불렀는데 "助番一日之價 只給米五升"[72]하였다는 기록이 있다. 1일 5승이면 1개월에 15두가 되므로 두 자료의 고가가 일치하고 있다. 앞에서 든 1604년(선조 37)의 기록과 비교해보면 면포 1필 값이 미 10두에 해당하는 점은 같지만 1604년의 조례가는 미곡으로 환산하여 20두인데 1625년(인조 3)의 고립가는 15두여서 오히려 5두가 감소되고 있다. 고립에 응하는 조례들이 없고 이미 고립된 조례들도 모두 도망간 이유가 여기에 있었던 것이라 생각할 수 있을 것 같다.

한편 이 무렵의 조례고립가는 그 지급량의 변화가 심하였고 또한 고

---

71) 『承政院日記』 9冊, 仁祖 3年 10月 9日條.
72) 같은 책, 5冊, 仁祖 3年 4月 29日條.

립조례의 고가 지급에도 여러가지 문제점이 있었음을 전해주는 다음과
같은 자료가 있다.

沈詻以義禁府言啓曰 自甲子年皂隷革罷之後 一朔立番之數七十名 而三名則以元皂
隷立之 其餘六十七名 則自宣惠廳·大同廳 分給其價而雇立 如有擧動及場屋設行之時
則數外雇立 名曰助番 上年則米價踊貴 而猶且日給八升 今年則米價甚賤 常木一疋 直
米十餘斗 而宣惠廳只給四升 人無願立者 故原立皂隷等 盡其家産添給 不能支當 目前
事勢 極爲悶迫[73]

이 자료에서 조번조례에게 하루 8승씩 지급하였다는 '상년(上年)'은
바로 1625년으로서 주 72의 자료에서 보인 것과 같이 조번조례들에게
하루 5승씩의 고가를 지불하여 불만이 높았던 때이다. 이 불만 때문에
고가가 5승에서 8승으로 올랐는지 모르지만, 그다음 해의 자료인 주 73
에서는 다시 4승으로 떨어졌다고 한다. 전년의 8승이 다음 해에 4승으
로 떨어진 것은 고가가 심하게 변하고 안정되어 있지 않음을 말해주는
데 그것은 원조례의 고가가 아니라 임시로 고용되는 조번조례의 고가
였기 때문이라 생각된다.
　조번조례의 고가가 떨어져서 입역을 원하는 사람이 없게 되자 원조
례를 가리키는 것이라 생각되는 '原立皂隷'들이 자신의 가산을 털어서
조번조례의 고가에 첨급(添給)하였다는 사실은 이 시기 조례의 고립조
건을 살피는 데 중요한 시사를 주고 있는 것이라 생각된다. 앞에서 이미
말하였지만, 왕조후기의 조례는 그 고립조건에 따라 원조례와 가(假)조
례 및 고립조례로 나누어졌다. 조번조례가 가조례와 고립조례를 통칭

---

73) 같은 책, 12冊, 仁祖 4年 3月 12日條.

하는 것인지 그 가운데 하나를 지칭하는 것인지 분명하지 않으나, 원조례와 가조례 및 고립조례 사이에는 가산으로 고가를 첨급하는 일종의 종적인 관계가 이루어져 있었다고 보인다. 그리고 이 종적인 관계가 필요한 조례노동력을 반드시 조달하여야 할 원조례의 정부에 대한 역(役)적 의무를 바탕으로 하여 이루어진 것인지, 혹은 필요한 조례노동력 조달을 정부로부터 하청부(下請負)받은 원조례의 정부에 대한 책임을 바탕으로 한 것인지는 분명하지 않다.

왕조후기의 조례고립제 성립과정에 있어서의 고립가의 변화과정을 정확하게 추정하기는 매우 어렵다. 의금부 조례의 경우만 보아도 1652년(효종 3)의 자료는 "丁丑亂初 不過六斗 而其後爲八斗 又其後爲十斗 今則爲十二斗 而將爲十八斗"[74)라 하여 고립가의 증가 추세를 말하고 있는가 하면 이보다 2년 후의 기록은

> 癸亥以後 皂隷則罷定軍役 一朔七十名雇立 其價則自宣惠廳 一名給料十八斗 自兵曹布二疋加給 丙子以後 減之又減 只四十名雇立 而自戶曹 一名給料十二斗 自兵曹給布一疋[75)

이라 하여 서로 다른 고가액을 나타내고 있을 뿐 아니라 오히려 감소 추세를 나타내고 있다. 의금부 이외 다른 관아 조례의 경우를 보면 1647년(인조 25)의 홍문관 조례의 경우

> 且本館皂隷 則上年復設之後 該曹只給十斗米 而今此新設皂隷 則十斗之外 加給價

---

74) 『備邊司謄錄』 15册, 孝宗 3年 2月 13日條.

75) 같은 책, 17册, 孝宗 5年 5月 6日條.

布一疋 均是皂隷 而所食懸殊 一向稱冤 若不得變通 則將有渙散之患[76]

이라 하여 의금부 조례보다 조금 적게 지급되었을 뿐만 아니라 같은 홍문관 조례 안에서도 고가의 차이가 있었음을 말해주고 있다. 그리고 이와 같은 조례고가액의 불안정성 때문인지 모르지만『속대전』에는 고가액이 책정되어 있지 않다.

왕조후기 각 관아의 조례고립가를 비교적 종합적으로 기록하고 있는 자료는 1788년(정조 12)에 편찬된『탁지지』이며 그것에 의하여 각 관아의 1개월분 조례고립가를 밝혀보면 다음과 같다.[77]

① 의정부의 조례는 인배(引陪)라 부르며 모두 5명이 있었다. 3명은 미 9두와 전미(田米), 즉 속(粟) 2두를, 나머지 2명은 미 8두와 전미 1두를 지급하였다.

② 중추원의 조례도 인배라 불렀고 미 9두와 전미 2두를 지급하였다.

③ 의빈부의 조례도 인배라 불렀고 미 8두와 전미 1두를 지급하였다.

④ 돈령부의 조례 역시 인배라 불렀고 모두 3명이 있었는데 각각 미 9두와 전미 1두를 지급하였다.

⑤ 의금부의 조례는 나장이라 부르고 모두 40명이 있었다. 각각 미 9두와 전미 2두를 지급하였으며 다른 관아의 조례들에게는 작은 달, 즉 29일인 달에는 1일분의 급료를 감하였으나 나장에게는 감하지 않았다.

⑥ 사헌부의 조례는 소유(所由)라 하였으며 34명이 있었다. 각각 미 9두와 전미 2두를 지급하였고 역시 작은 달에도 1일분을 감하지 않았다.

⑦ 승정원 조례는 인배라 하였고 모두 6명이 있었다. 각각 미 10두와 전미 2

---

76)『承政院日記』96冊, 仁祖 25年 正月 24日條.

77)『度支志』第二冊 二卷, 外篇, 各司皂隷料條.

두를 지급하였다.

　⑧ 사간원 조례는 갈도(喝導)라 불렀고 모두 15명이 있었다. 각각 미 9두와
전미 2두를 지급하였다.

　⑨ 홍문관 조례도 인배라 불렀고 11명이 있었다. 각각 미 9두와 전미 2두를
지급하였다.

　⑩ 종부시(宗簿寺)의 조례도 인배라 불렀고 3명이 있었다. 각각 미 8두와
전미 1두를 지급하였다.

　이와 같은 고가는 모두 원조례의 경우이며 이밖에도 수시로 고용되
는 조례의 경우에는 종친부의 인배가 1인당 미 6두를 받았고, 역시 4개
월분은 호조에서, 8개월분은 선혜청에서 지급하게 되어 있었으며, 의금
부의 설국(設鞫) 시에 사역되는 서리·나장들에게 매일 선반미(宣飯米)
로서 1승을 주고 가(假)나장은 고가미 6승을, 고립나장에게는 고가미 4
승을 지급한다 하였다.[78] 서리·나장에게 주는 선반미 1승은 월정 급료
인 미 9두, 전미 2두 이외에 설국하는 날에만 지급한 것 같고 가나장과
고립나장의 급료는 완전한 일급제였으리라 생각된다. 가나장의 경우
월급료로 따지면 월 18두로서 원나장의 급료보다 많고 고립나장의 경
우 12두로서 원나장의 그것과 비슷한 수준이다. 그러나 가나장과 고립
나장은 일급제이기 때문에 실제 생활은 원나장보다 어려웠으리라 추측
할 수 있다.

　한편 이와 같은 왕조후기의 조례고립가가 다른 고립인원의 그것에
비하여 어느 수준에 해당하였는가 하는 문제를 살펴보아야 할 것이다.

---

78) 같은 책, 第二冊 二卷, 外篇, 各衙門隨時給料條.
　　宗親府引陪 每名米六斗 四朔本曹上下 八朔宣惠廳上下 義禁府設鞫時 書吏·羅將 各每日
　　宣飯米一升 假羅將 雇價米六升 雇立羅將 雇價米四升上下

먼저 서반아전에 속하는 서리(書吏)의 고립가와 비교해보자. 1650년(효종 1)의 기록에 의하면

> 御營廳書吏三 各米九斗式 通禮院下人一 米六斗 內醫院書員一 各米六斗式 (…)
> 弘文館冊色書吏四 各太六斗式 元料十斗式 義禁府書吏十五 加給米一斗式 元料八斗式 儀賓府書吏二 加給米三斗式 元料六斗式[79]

이라 하여, 각종 경아전의 고립가가 밝혀져 있다. 조례고립가의 경우 1652년(효종 3)의 기록에 "今則爲十二斗 而將爲十八斗"라 했던 것과 비교해보면 조례의 고립가가 다른 경아전의 고립가에 비하여 오히려 높았던 것이 아닌가 한다. 앞에서 인용한 『탁지지』의 자료에서 비교해보아도 의정부의 녹사(錄事)는 미 12두를 받는 사람과 10두를 받는 사람이 있었고 의정부의 서리는 미 11두와 태(太) 2두를 받았다. 그리고 종친부의 서리는 미 9두, 의빈부의 서리도 미 9두, 돈령부의 서리는 미 6두와 전미 3두, 이조와 예조의 서리가 미 5두와 전미 1두, 의금부 서리 미 9두 전미 2두, 사헌부 서리 미 6두 전미 2두, 승정원 서리 미 12두로 되어 있어서[80] 대체로 조례의 고가와 비슷한 액수이지만, 돈령부의 조례료가 미 9두에 전미 1두인 데 비해 돈령부의 서리료가 미 6두에 전미 3두인 것과, 사헌부의 소유가 미 9두에 전미 2두인 데 비하여 서리가 미 6두에 전미 2두인 것을 보면 서반아전인 조례의 고가가 동반아전인 서리의 그것보다 높았음을 알 수 있다.

아전이 아닌 다른 고립인원의 고가와 비교해보자. 훈련도감(訓鍊都

---

79) 『備邊司謄錄』 14冊, 孝宗 元年 10月 16日條.

80) 『度支志』 第二冊 二卷, 外篇, 各衙門將校·吏隷等料條.

監) 군병의 고립가가 16세기 초엽에 1개월에 미 9두였고 18세기경 조묘군(造墓軍)에 동원된 노동력이 1일에 미 3승이나 전(錢) 15문(文)을 받았으며, 같은 무렵의 치도(治道)공사에 동원된 노동력이 일당 미 5승을 받은 것[81]과 비교해보면 고정급을 받은 훈련도감 군병과는 거의 비슷한 편이나 일고노동력적인 성격을 가진 조묘군이나 치도군(治道軍)보다는 고가가 적은 편이다.『탁지지』의 각사(各司) 조례료조에 "小朔各減一日料"라는 단서가 붙은 것을 보면 조례료가 월급제로 지급되었지만 본래는 일급제의 성격을 가진 것이라 할 수 있을 것 같다.

조례 동원이 부역제에서 고립제로 바뀌어감에 있어서 한 가지 더 추구되어야 할 문제는 조례역에 고립되는 노동력이 어디에서 생겼는가 하는 문제이다. 서울의 인구는 본래 양반관료와 그 하인 및 상공업자들이 그 중심을 이루었고 녹사와 같은 동반경아전(東班京衙前)의 경우 왕조초기에는 대체로 지방의 일부 서생(書生)들이 취재(取才)를 통하여 선발됨으로써 서울에 와서 살면서 근무하였지만, 조례·나장의 경우는 서울과 경기·충청·강원·황해도의 양정이 교대로 부역 동원되었으므로 서울 안의 양정으로서 조례역에 배당된 인원을 제외하고는 서울에 상주하는 조례노동력은 없었다고 보아야 할 것이다. 그러나 서울에서 원거리에 사는 양정이 조례역에 충당됨으로써 생기는 폐단 때문에

皂隷·羅將之弊 朝廷與該曹 商確處置 然近邑居民 因禁標撤去 未得還集 故以遠道之民定之 分三番立役 番次頻數 贏糧甚苦 以此逃散者多 臣意以爲 勿定遠道之民 以京中新出人丁 漸次充定 則庶乎得宜也[82]

---

81) 이 책「官業에서의 임금노동제 발달(1)」참조.

82)『中宗實錄』卷7, 中宗 3年 10月 辛未條.

라 하여 먼 지방의 인정을 동원하지 말고 서울 안의 인정만을 동원할 것을 제의한 경우도 있었다. 그러나 서울 안의 조례역 의무자만으로 조례 노동력 충당이 불가능하였고 따라서 조례역의 대립제와 납포제가 발달할 무렵에는 앞에서도 인용하였지만 "外方惰農 皆入京代丘史立役資食"하는 사람들이 생겨났고 이들이 고립조례로 충당되어간 것이라 생각된다.

한편, 왕조후기에 이르러서는 의금부 조례의 경우 1개월 입번조례 70명 가운데 3명만이 '當身自立者'이고 나머지 67명은 고립조례라는 자료가 있었다. 이 67명은 조례에 고립되는 것을 생활수단으로 하는 서울 안의 노동력이었다고 생각된다. 또한 조례의 고립조건이 나빠져서 고용되기를 거부·기피하는 일이 빈번해지자 의금부에서 "京中皂隷亦當爲先充當"할 것을 건의하였을 때 한성부에서

禁府所謂京皂隷者 外方被抄之人 窮不備布 上來自立年久後 仍爲入籍 及其年老 或代其子孫 世傳其任者有之 實非京中所定也[83]

라고 하였다. 이 경우 지방에서 조례역에 부역 동원되었던 사람이 그대로 서울에 정착하고 그 후손들이 계속 조례역에 종사하는 것을 가리키는데 이들 역시 고립조례의 중요한 인적 자원이 된 것이라 생각된다.

조례역은 공장(工匠)과 같이 특별한 기술이 요청되거나 녹사·서리와 같이 문자를 이해하여야 하는 조건 등이 필요하지 않았으므로 서울 안에 사는 일반 인정이면 누구나 고용될 수 있었을 것이다. 그러나 앞의 자료에서 보인 바와 같이 당초 부역 동원되어 서울에 온 조례들이 서울에서 계속 살게 되고 그들의 후손이 세습적으로 조례로 고립되었을 가

---

83) 『備邊司謄錄』 15册, 孝宗 3年 正月 22日條.

능성이 있다. 그리고 이와 같이 고립조건이 고정됨으로써 윤번으로 부역 동원되던 왕조전기의 조례보다는 고정적으로, 그리고 세습적으로 고립된 왕조후기의 조례에게서 오히려 조례계급의 사회적 성격이 더 뚜렷하게 나타날 수 있었으리라 생각되며, 일종의 직업인으로서의 그들의 위치가 확립되어간 것이라 생각된다.

4. 맺음말

조선왕조시대를 통하여 서반아전으로서의 독특한 사회적 위치를 차지하고 있었던 조례·나장은 왕조초기, 즉 15세기를 통해서는 서울과 그 가까운 지방의 일반 양정들이 교대로 부역 동원되었다. 그러나 이와 같은 양정의 부역동원제는 여러가지 불합리한 점이 곧 드러났고, 이 때문에 이들의 피역 저항이 일어나는 한편 대립제와 납포제가 발달하였다. 일반 군역의 경우도 그러했지만 대립제와 납포제의 발달은 부역의무자의 경제적 부담을 가중시켰고 그 결과 그들의 피역 저항을 더욱 심화시켰으나 관부의 이에 대한 대책은 근본적인 것이 되지 못하였다.

부역제의 와해는 그 제도 자체의 불합리성과 부역의무자들의 피역 저항에 그 주된 원인이 있었지만 부역의무자의 부역동원체제는 역사의 발전과 함께 필연적으로 무너지고 전업적인 일종의 직업인이 고용되어야 할 추세였다. 16세기경에 있어서의 부역제 와해에 대한 관부의 대책은 이와 같은 시대적 추세를 전혀 수용하지 못하고 있었지만 선진적인 일부의 사상가들은 고립제의 채택을 전망하였다.

임진왜란과 병자호란은 부역제의 와해를 급격히 촉진하였다. 전란기를 통하여 부역의무자들의 피역 저항이 좋은 기회를 만나 절정에 다다

랐고 이 때문에 정부는 부역동원제를 폐기하고 고립제를 채택하지 않을 수 없었다. 조례·나장의 경우 그 1차의 변화는 1623년(인조 1)에 있었고, 2차의 변화는 1637년(인조 15)에 있었다. 왕조후기의 조례는 원조례·가조례·고립조례 등으로 나뉘어 있었지만 이들은 모두 부역 동원된 것이 아니라 고립 동원되어 있었고 고립조건의 차이에 따라 세 종류로 나뉘어 있었던 것이다. 원조례의 경우는 월급제에 의하여 고정적으로 고용되었고 가조례와 고립조례는 일급제로 고용되었으나 실제는 이들도 거의 고정적으로 고용된 것이 아닌가 한다.

왕조전기의 부역제가 후기에 와서 고립제로 바뀐 사실은 역제 변화의 의미를 넘어서서 역사발전의 자연스러운 추세로 이해되어야 하겠지만, 한편 조례·나장과 같은 아전계급의 경우 조선전기의 윤번제에 의한 부역동원체제에서보다 일정한 인정(人丁)에 대한 고정적 고립제에서 그 사회적 성격이 뚜렷해진 것이 아닌가 생각한다.

(『世林韓國學論叢』 1집, 1977년 4월, 原題「朝鮮後期雇立制發達」)

한국 자본주의의 계보학,
해체적 재구성을 위한 토대

김윤희 전주대 한국고전학연구소 HK교수

자본주의 맹아론(이하 자맹론)은 1960년대부터 상공업 분야의 강만길, 농업 분야의 김용섭의 연구를 두 축으로 하여 그 내용적 뼈대를 갖추며 등장했고, 1970년대 카지무라 히데끼(梶村秀樹)의 내재적 발전론을 포섭하여 1980년대 가장 강력한 자장을 가진 한국사 연구담론이 되었다.

1988년 이영훈의 『조선후기사회경제사』(한길사)가 출판된 이후 농업 분야의 자맹론적 연구에 대한 비판적 연구들이 제출되었다. 이들 연구는 농업경영의 광작화, 경영형부농, 지주제 강화 등의 주장은 그 실증적 토대가 취약할 뿐만 아니라 서구적 자본주의 발전모델을 무리하게 대입하여 조선후기의 역사상을 단순화시켰다고 지적했다. 농업 분야에서 자맹론을 둘러싼 논쟁은 1890년대 대한제국의 양전지계사업과 1910년 총독부에 의한 토지조사사업을 둘러싼 논쟁으로 연결되었다. 그리고 이 과정을 통해 자맹론의 자장은 급속히 축소되었다.

그러나 농업 분야에서 전개된 자맹론에 대한 비판 연구와 비교해볼 때, 상공업 분야에서는 그것이 활발히 진행되지 못했던 것 같다. 이는 1980년대 한국근대사학계에서 유통되고 있었던 사회구성체논쟁, 계급

문제를 중심에 두고 자본주의를 이해하려는 경향과 관련이 있다고 할수 있다. 양극분해, 독립생산자와 노동자의 형성을 중심에 둔 자본주의 이행모델에 대한 신념화가 진행되면서 강만길의 상공업사 연구는 원시적 축적에서 자금요소를 강조한, 돕(Maurice Dobb)에 패배한 스위지(Paul M. Sweezy)의 논의로 간주되는 경향이 강했고, 자맹론의 핵심 연구는 김용섭의 연구라는 묵시적 기류가 있었다.

따라서 상업자본의 축적과 그것의 산업자본으로의 전환 과정에 대한 비판 연구는 진행되었지만, 관영수공업에서 민영수공업으로의 전환, 부역체제의 해체와 임금노동자층의 발달 등에 대한 비판 연구는 아직도 본격적으로 진행되지 않은 것처럼 보인다.

조선후기 경제사 분야에 과문한 필자가 비판 연구를 발견하지 못했을 수도 있다는 생각에 몇몇 조선후기 경제사 연구자들에게 문의했다. 그들의 대답은 모두 강만길의 『조선시대 상공업사 연구』(한길사 1984)에서 고찰한 수공업과 고립제 문제에 대해 몇몇 구체적인 사례연구와 그의 주장을 다소 조정했던 연구들이 있었지만 그의 실증연구와 연구관점을 전면적으로 수정하거나 그러한 현상을 새롭게 재해석한 연구가 진행되지 않았다는 것이었다. 자맹론에 대한 비판 연구가 활성화되면서 그가 실증한 현상을 어떻게 해석할 것인가에 대한 관심 자체가 거의 사라졌기 때문이라는 것이다.

이 책은 강만길이 1961년부터 1977년까지 학술지에 게재한 9편의 논문과 이 책에 수록하고 이후 논문으로 게재한 한 편의 논문(「정약용의 상공업정책론」)으로 구성되었다. 책은 「책을 내면서」에서 밝히고 있듯이 1부는 공장제의 일반적 변화상, 2부는 수공업장 사례연구, 3부는 상공업에 대한 개혁론, 그리고 4부는 임금노동자층의 발달로 편제되어 있다.

548

1부와 2부는 조선후기 관영수공업체제의 붕괴와 민영수공업체제의 형성과정을 고찰한 논문으로 수공업장의 민영화 과정에서 수공업자가 독립생산자로 등장한 사실이나 관영수공업장과 상업자본의 경쟁, 조선업에 대한 민간자본 개입 현상 등을 밝힌 것이다. 4부는 조선후기 부역(賦役)체제의 붕괴 현상으로서 역의 대립제(代立制)와 고립제(雇立制)의 확대를 고찰하고, 이 과정에서 광범한 임금노동자층이 발달하고 있음을 실증한 것이다.

반면 3부 두 편의 논문은 조선후기와 개항기 상공업개혁론의 고찰을 통해 강만길이 생각하는 자본주의의 발전경로를 제시한 것이다. 특권적인 도고상업체제의 해체와 상업의 자유, 상업자본의 산업자본으로의 전환 그리고 이를 위한 국가의 역할 등을 제시함으로써 산업생산에 토대를 둔 '국민경제'의 형성을 지향점으로 제시했다. 그러나 이 두 편의 논문은 이 책에 함께 수록된 논문의 분석들보다는 그의 박사학위논문이었던 『조선후기 상업자본의 발달』(고려대학교출판부 1973)의 말미에서 지적된 상업의 초기독점 그 이후의 전개과정과 연결성이 강한 것이라고 할 수 있다.

강만길은 돕-스위지의 자본주의 이행논쟁의 영향을 받아, 김용섭은 돕, 자신은 스위지의 입장에서 한국 자본주의 이행 문제를 다루기로 했다는 취지의 발언을 한 적이 있었다. 이 발언의 취지를 산업자본의 형성 문제로 국한하여 해석할 경우, 이 책에 수록된 수공업 관련 논문들은 상업에서 축적된 자본이 관영수공업에 개입하여 민영화를 촉진하거나 수공업 생산을 지배한 사례에 대한 실증적 분석으로 이해될 수 있을 것이다. 그래서 후학들은 상업자본의 산업자본으로의 전환 사례를 찾거나그 실패의 요인들을 찾아내려는 연구를 진행하기도 했다. 그러나 전환의 양적 규모와 기계화의 질적 수준이 산업자본 형성의 주요한 계기가 될 수 없었다는 연구를 비판하는 데는 성공하지 못한 것처럼 보인다.

그러나 이 책에 수록된 논문들은 관영수공업장에서 독립한 생산자가 형성되고 있었고, 입역(立役) 노동력이 거래되는 노동시장이 형성되고, 또 그러한 노동력의 거래를 정부가 묵인하고 있었음을 알려준다. 그리고 강만길은 이들 현상을 모두 산업자본의 형성과정에 구속시켜 해석해야 한다고 주장하지도 않았다. 수공업장의 변화, 고립제의 발달이 상품화폐경제의 확대에 의해 추동되고 또 그것을 추동하고 있다는 점을 다양한 사례를 통해 펼쳐놓고 있다.

적어도 필자가 보기에 그는 이 책을 통해 상품화폐경제의 발달을 실증하고 있었다. 그리고 그가 실증한 현상들은 맑스가 자본론의 1장 상품과 2장 화폐에 대한 분석만으로도 정의했던 자본주의의 모습, '상품으로 거래되는 노동력'과, '사적 소유에 기초한 상품생산'과 크게 차이가 나지 않아 보인다. 다만 그러한 모습이 국가와 사회에 의해 완전히 승인되지 못했던 것일 뿐이다.

한편 조선후기를 봉건제 해체기 또는 자본주의 이행기로 이해했던 자맹론의 관점에서 벗어나서 조선후기 경제운영 구조의 완결성을 탐색하는 연구담론의 자장이 확대되고 있고, 강만길이 이 책에서 실증한 현상이 자본주의 요소라고 할 수 없다는 주장의 연구들도 제출되었다. 그러나 이들 연구는 부정 술어가 발생시키는 자본주의 개념의 모호성을 그대로 드러내고 있으며, 각국 사례에서 발견되는 현상의 비교를 통해 자맹론의 자장을 축소시키는 우회 전략을 취하고 있다. 여기에는 '조선적 씨스템'의 외부였던 '자본주의'에 대한 사유 자체를 거부하는 감정적 기제들이 자리하고 있다. 외부를 사유하지 않고 구조를 분석한다면 우리는 구조주의의 함정에서 벗어날 수 없다.

자본주의를 상품화폐경제로 이해하는 방식에 대해서 지금까지 많은 연구자들은 계급투쟁의 관점을 결여한 유통주의적 입장으로 치부해버렸다. 산업생산 방식에서 발견되는 수탈받는 노동자에 대한 신화적 믿음은 돕-스위지 논쟁 이후 전개된 수많은 이행논쟁, 비맑스적 관점의 자본주의 비판론, 맑스 자본주의 개념에 대한 비판적 재해석 등의 연구를 백안시하도록 했다. 그리고 자맹론의 자장을 급속히 약화시키는 데 기여한 많은 연구들은 오히려 산업자본과 산업사회의 모델들을 더 엄격하게 적용해야 한다고 주장했다. 그로 인해 강만길의 이 연구들은 '현상에 대한 가치부여의 과잉'이란 비판의 결계 안에 갇힌 채 후학의 관심사에서 멀어졌다.

한국 역사학에서 자본주의를 명명했던 행위는 당시의 현실을 설명하거나 비판하여 대안을 모색하기 위해 필요한 분석도구를 확보하기 위한 것이었다. 식민사학의 정체성론을 비판하기 위한 도구가 자맹론이었고, 한국 자본주의의 대외종속성을 비판하기 위한 도구가 내재적 발전론이었다. 한국 자본주의의 급속한 성장을 설명하기 위한 도구가 한국경제성장사론이었다.

이들 연구담론은 자본주의를 산업자본으로 등치하고, 산업자본과 산업사회를 근대화의 보편적 경로로 상정했다는 점에서 동일한 분석개념을 공유하고 있었다. 그리고 대립하는 양자의 논쟁과정에서 각자의 정치지형이 확고하게 구축되기도 했지만, 다른 한편 이들 연구담론이 공유했던 분석개념이 현재의 자본주의를 설명하고 비판할 수 있는 것인가에 대한 의구심을 갖도록 했다. 더구나 탈산업사회의 자본주의 문제를 한국 역사학이 어떻게 설명하고 비판할 것인가의 문제를 고민한다면, 기존의 연구담론이 공유한 자본주의 개념의 한계를 분명히 인식하게 된다. 이 분야 연구에서 시급한 것은 실증이 아니라 분석개념을 확보하는 것이다.

이러한 점에서 강만길의 이 연구는 기존 연구담론이 주목하지 않았던, 스위지의 관점을 통해 새로운 현상을 실증했던, 실증연구에 대한 비판이 제기되지 않았던, 그래서 현재에도 유효한 내용들을 포함하고 있다. 돕에 대한 신화적 믿음으로 '계급이 종언된 현재'를 설명할 수 없다고 생각한다면, 적어도 스위지의 관점에서 진행된 선학의 연구에서 새로운 분석개념을 확보할 수 있는 단서를 얻을 수 있지 않을까?

나아가 비맑스적 자본주의 비판 연구들이 맑스적 자본주의 개념의 재해석에 커다란 영향을 미쳤다는 점을 상기해본다면, 산업사회가 장기지속의 자본주의 역사에서 하나의 국면에 지나지 않는다는 지적을 상기해본다면, 강만길의 이 연구는 자본주의에 대한 재개념화를 시도하기 위해 그리고 그것을 통해 한국 자본주의의 기원을 분석하기 위해 후학이 다시 관심을 갖고 들여다봐야 하는 연구다. 무엇을 위해 자본주의를 어떻게 명명할 것인가에 대한 고민 과정에서 이 책의 연구들이 해체적으로 다시 구성되기를 기대한다.

강만길 저작집 간행위원
조광 윤경로 지수걸 신용옥

강만길 저작집 03
조선시대 상공업사 연구

초판 1쇄 발행/2018년 12월 5일
초판 2쇄 발행/2020년 4월 6일

지은이/강만길
펴낸이/강일우
책임편집/신채용 부수영
조판/정운정
펴낸곳/(주)창비
등록/1986년 8월 5일 제85호
주소/10881 경기도 파주시 회동길 184
전화/031-955-3333
팩시밀리/영업 031-955-3399 편집 031-955-3400
홈페이지/www.changbi.com
전자우편/human@changbi.com

ⓒ 강만길 2018
ISBN 978-89-364-6056-3 93910
    978-89-364-6984-9 (세트)